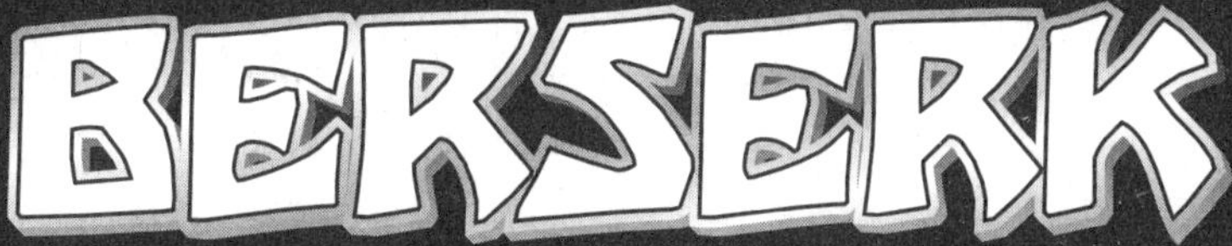

MAX

BAND 19

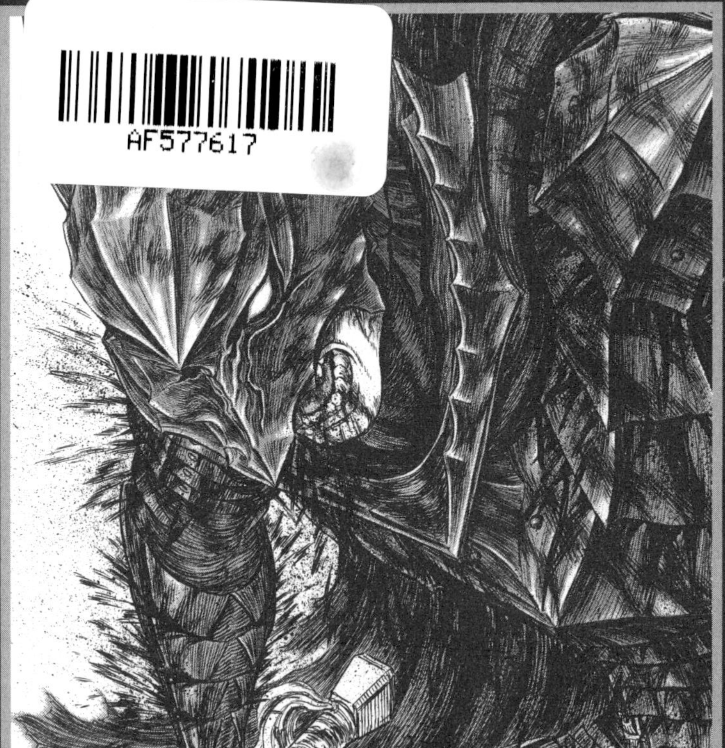

KENTARO MIURA

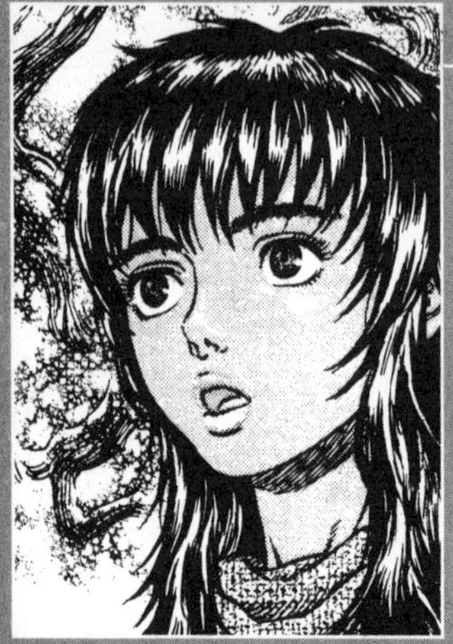

KJASKAR

Die Erlebnisse während der Finsternis haben bei der ehemaligen "Falkin" eine geistige Rückentwicklung ausgelöst. Kjaskar ist sprach- und emotionslos. Ihr auf das dämonische Böse reagierende Brandmal wird zurzeit durch das Amulett der Hexe Flora abgeschirmt.

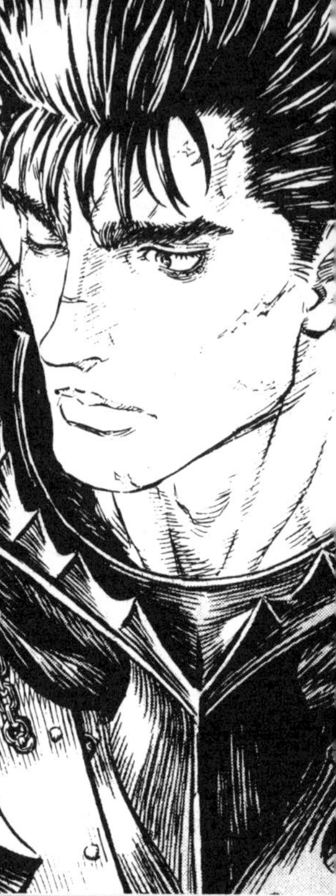

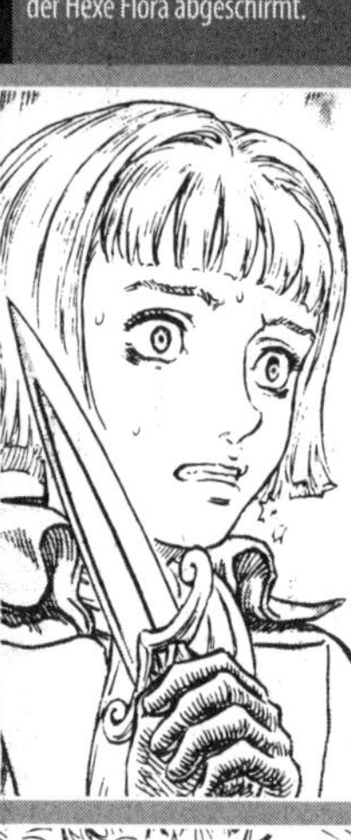

FARNESE

Die ehemalige Kommandantin der päpstlichen "Ritter von der Heiligen Kette" ist eine Tochter des ebenso vornehmen wie reichen Hauses Vandimion. Sie begleitet Guts, um mehr über die "wahre" Welt zu erfahren und von ihm die Kunst des Überlebens zu lernen.

GUTS

Die Hauptfigur dieser Geschichte lebt in einer Zwischenwelt und trägt den "Harnisch des Berserkers". Der "schwarze Ritter" will einerseits Kjaskar beschützen, andererseits aber auch Griffith herausfordern. Ein heroischer Kämpfer.

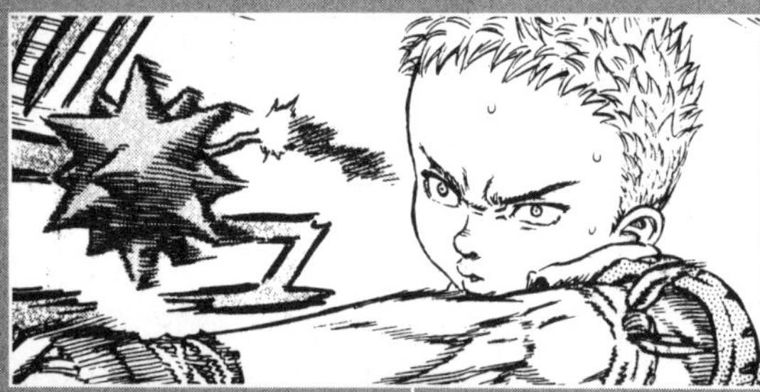

ISIDRO

Träumt davon, der größte aller Schwertkämpfer zu werden. In Wirklichkeit ist er davon allerdings weit entfernt. So bringt sich Isidro öfter in große Gefahr, doch das hält ihn nicht davon ab, weiter für seinen Traum zu kämpfen. Gegenwärtig ist er mit einem magischen Dolch ausgerüstet, der unter dem Schutz der Feuer-Elementare steht.

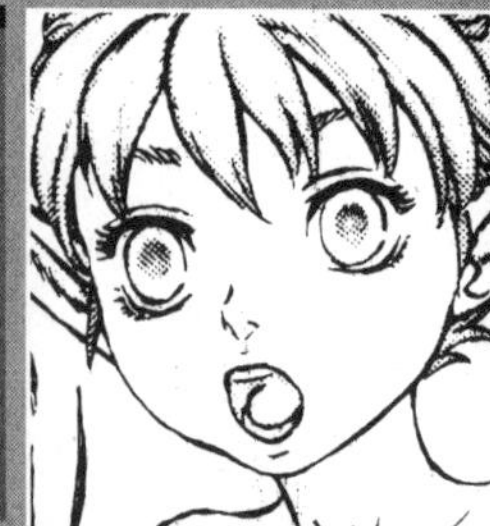

PUCK

Die Elfe Puck begleitet Guts schon seit Langem auf seinen Reisen. Ihre Schuppen ("Elfenpulver") können Wunden heilen. Außerdem gehören die Elfen zu den Windgeistern. Sie wird gelegentlich zur Marone.

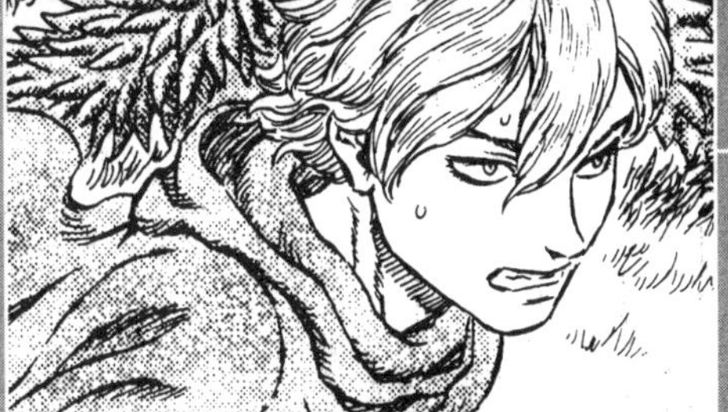

SERPICO

Farneses Gefolgsmann, in Wahrheit aber ihr Bruder, wovon Farnese allerdings nichts weiß. Er ist ein geschickter Kämpfer und trägt zurzeit ein Zaubermittel, das unter dem Schutz der Wind-Elementare steht.

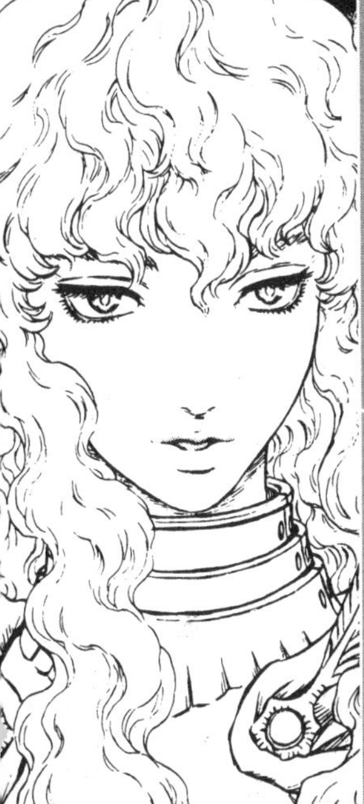

SCHIELKE

Die Schülerin der Hexe Flora. Mit immer neuen Zauberkünsten steht sie Guts und seinen Kameraden zur Seite. Gelegentlich kann sie die anderen dabei retten, manchmal aber gerät ihr das Zauberhandwerk auch außer Kontrolle.

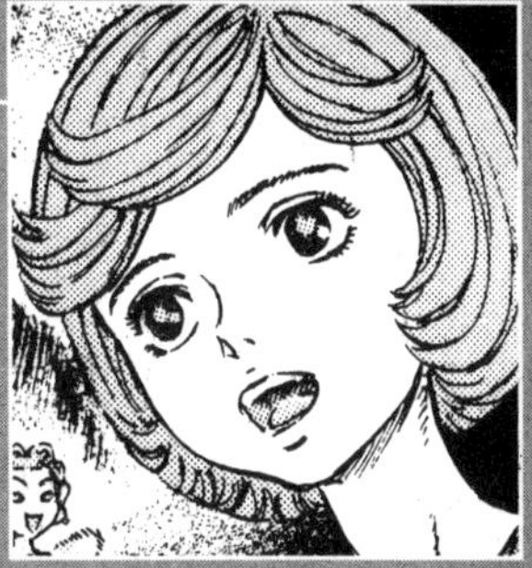

GRIFFITH

Mithilfe des roten Beheliths und der Finsternis wurde aus Griffith der God Hand "Femuth". Bei einer zweiten, "nachgeahmten" Finsternis, ausgelöst von einem eiförmigen Apostel, erhält er einen Körper aus Fleisch und Blut und kehrt in die materielle Welt zurück. Im Diesseits ist er eine einmalige, absolute Existenz. Anführer der "Neuen Falken".

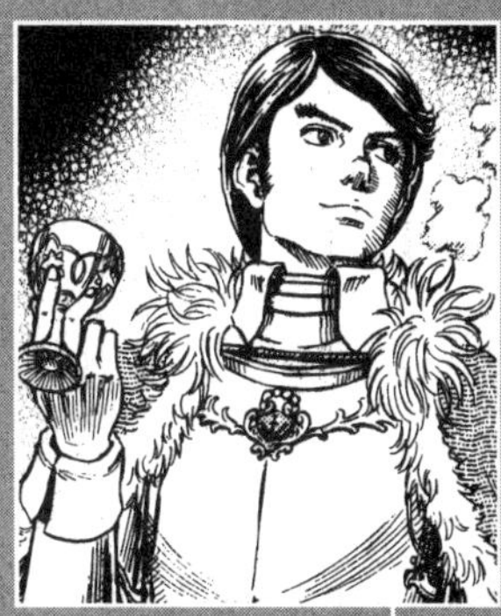

RODERICK

Kapitän der Kriegsmarine und dritter Thronfolger der Seemacht Yeath, die zu den Ländern in der Einflusssphäre des Heiligen Stuhls gehört. Der Verlobte von Farnese ist ein alter Freund ihres Bruders Magnifico. Er hat versprochen, mit seinem Schiff Guts und dessen Kameraden nach Elfhelm zu bringen.

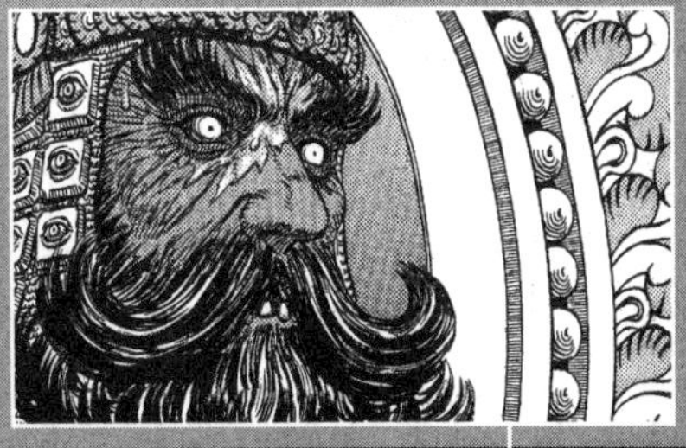

GANISHKA

Apostel und Herrscher über das Kushanen-Reich. Versucht, die God Hand zu übertreffen.

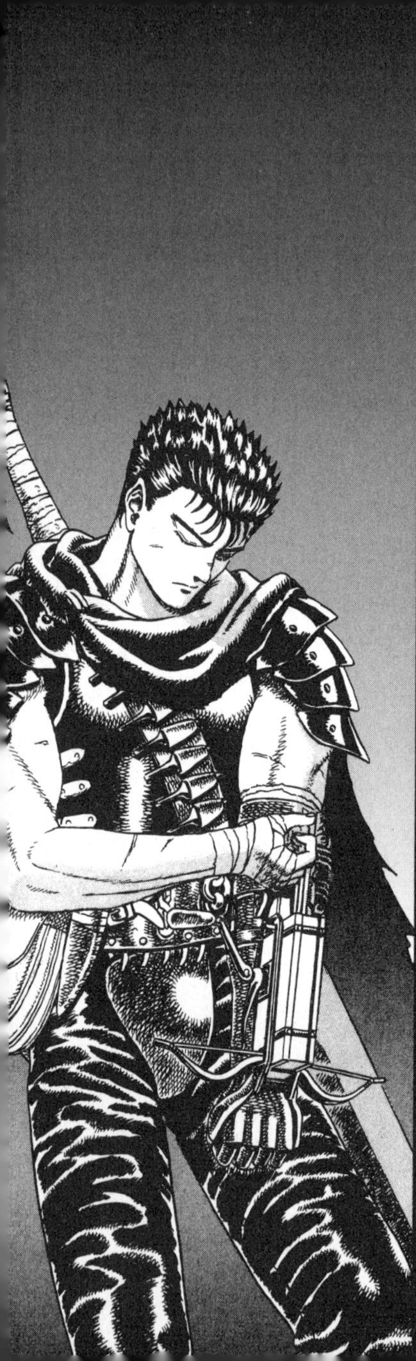

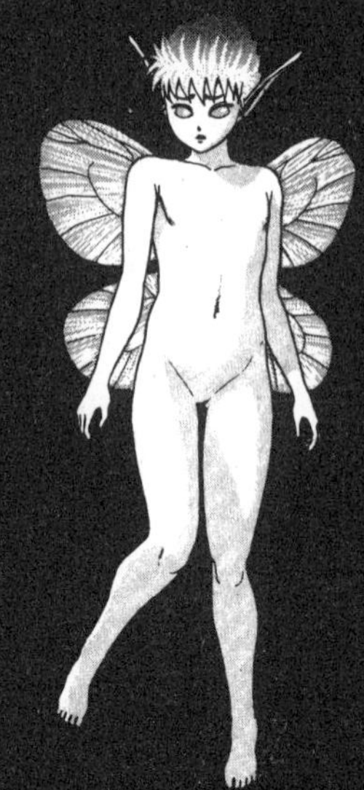

INHALT

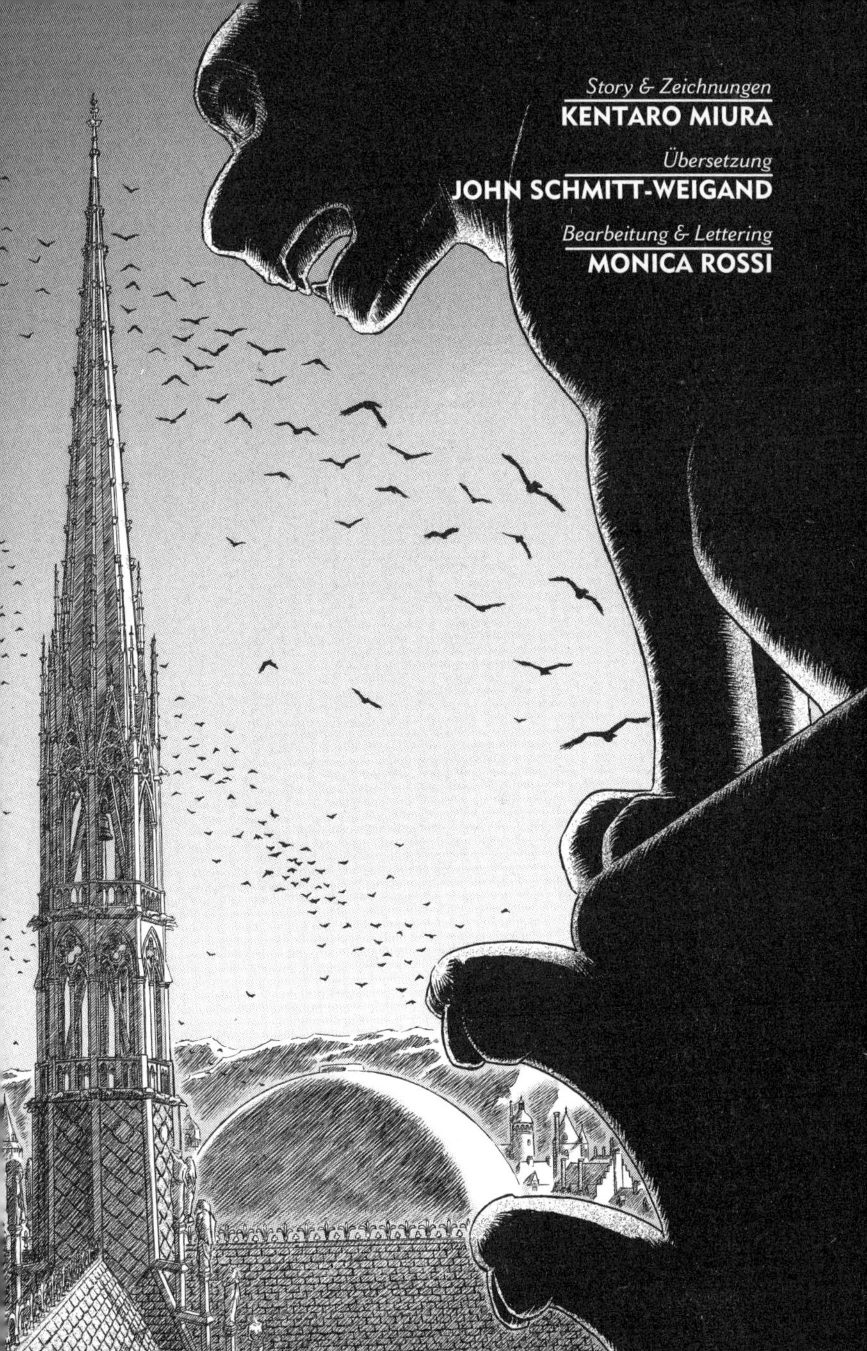
Story & Zeichnungen
KENTARO MIURA
Übersetzung
JOHN SCHMITT-WEIGAND
Bearbeitung & Lettering
MONICA ROSSI

FANTASIA: DIE ELFENINSEL | NIXEN (2)

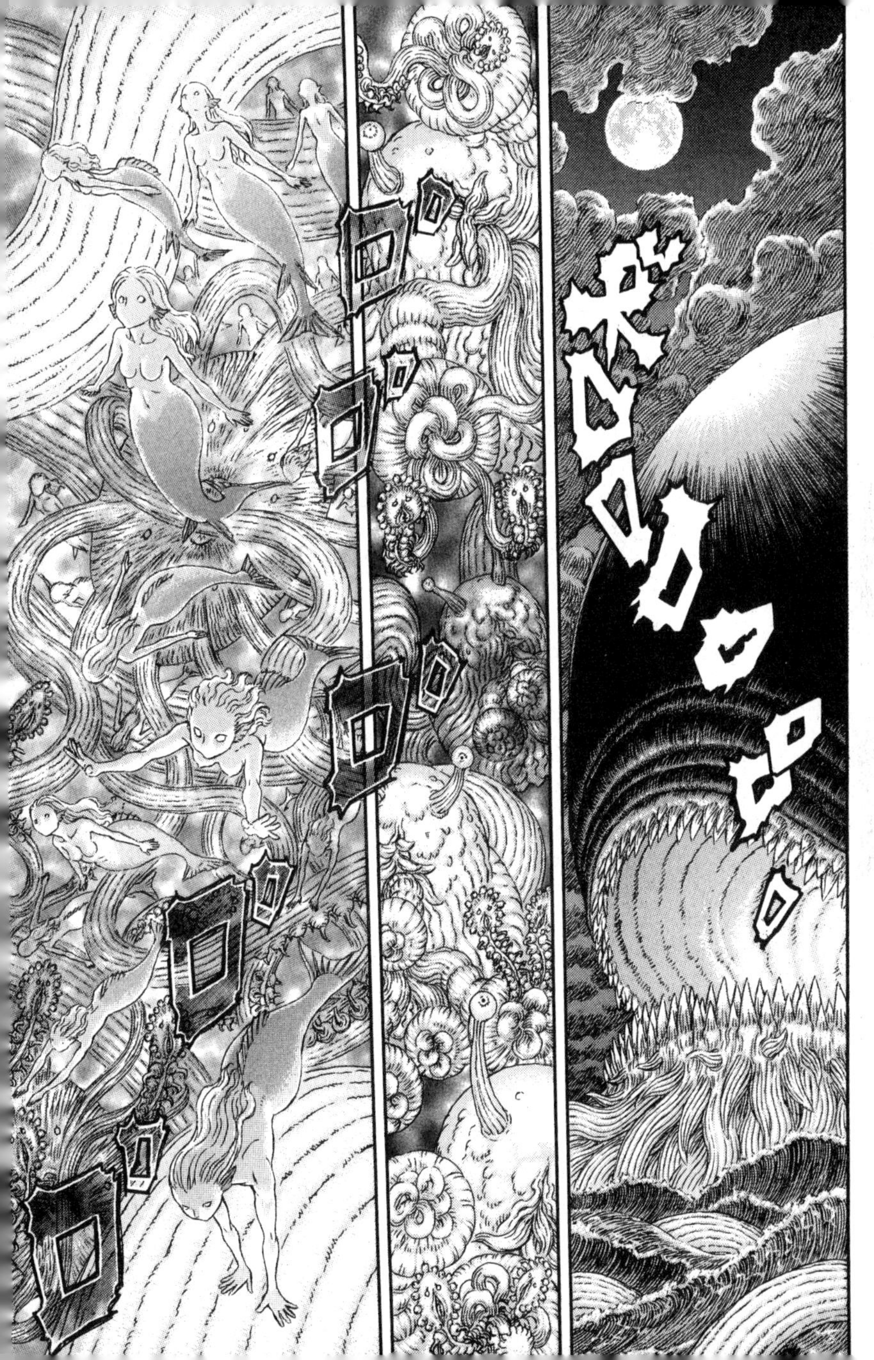
ボロロロロロロロ

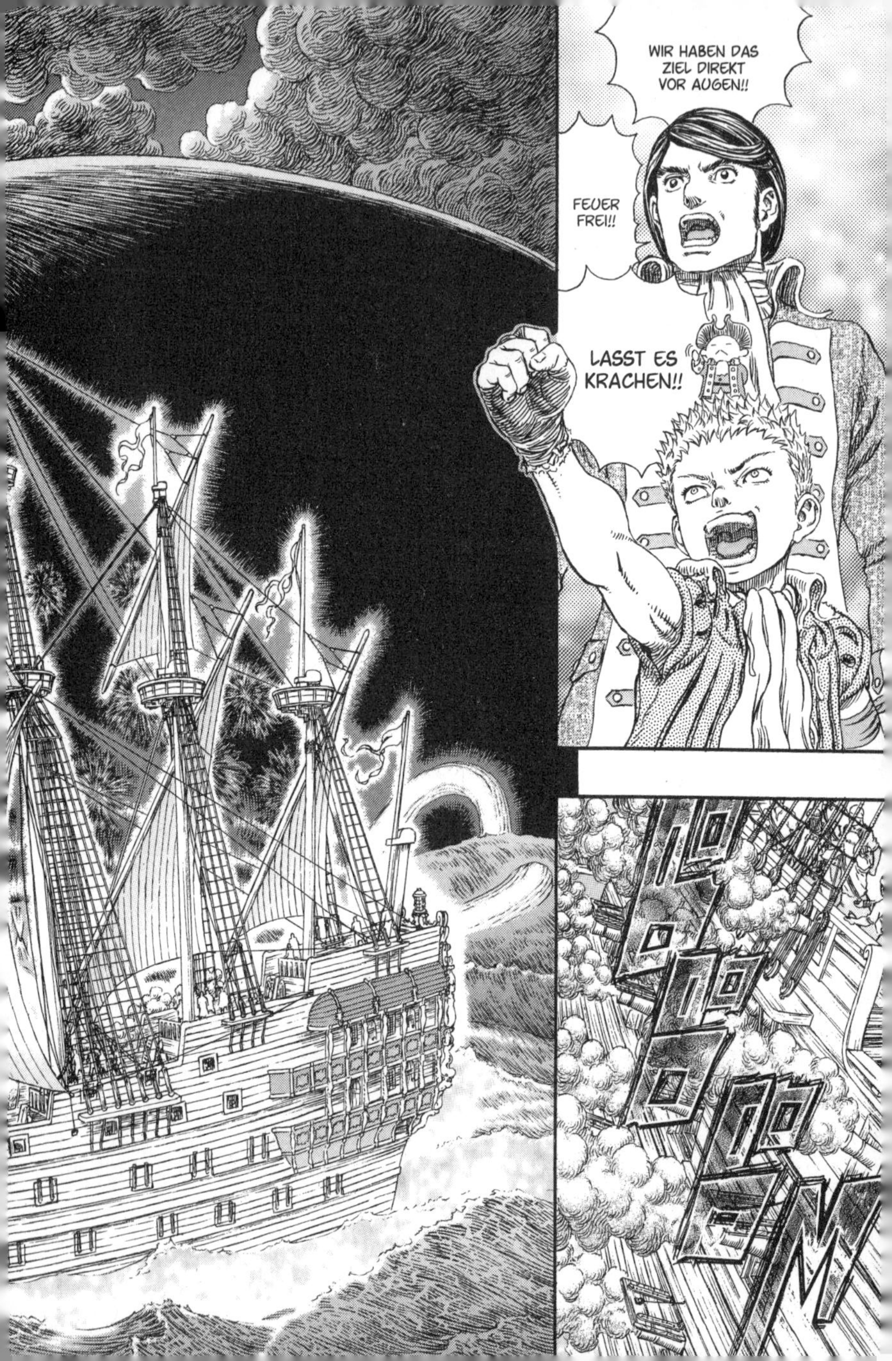
WIR HABEN DAS ZIEL DIREKT VOR AUGEN!!
FEUER FREI!!
LASST ES KRACHEN!!

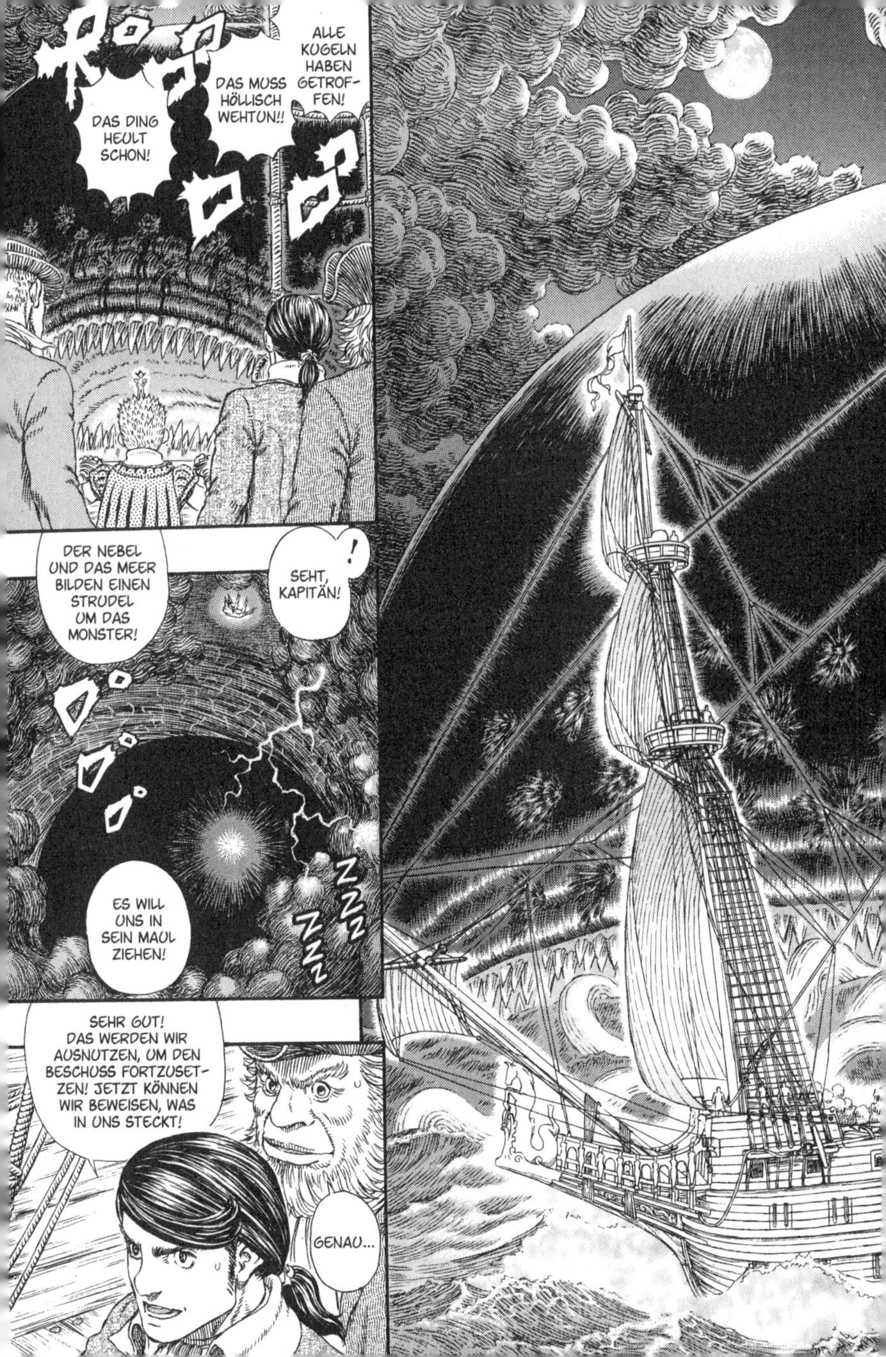
ALLE KUGELN HABEN GETROFFEN!
DAS MUSS HÖLLISCH WEHTUN!!
DAS DING HEULT SCHON!
SEHT, KAPITÄN!
!
DER NEBEL UND DAS MEER BILDEN EINEN STRUDEL UM DAS MONSTER!
ES WILL UNS IN SEIN MAUL ZIEHEN!
SEHR GUT! DAS WERDEN WIR AUSNUTZEN, UM DEN BESCHUSS FORTZUSETZEN! JETZT KÖNNEN WIR BEWEISEN, WAS IN UNS STECKT!
GENAU...

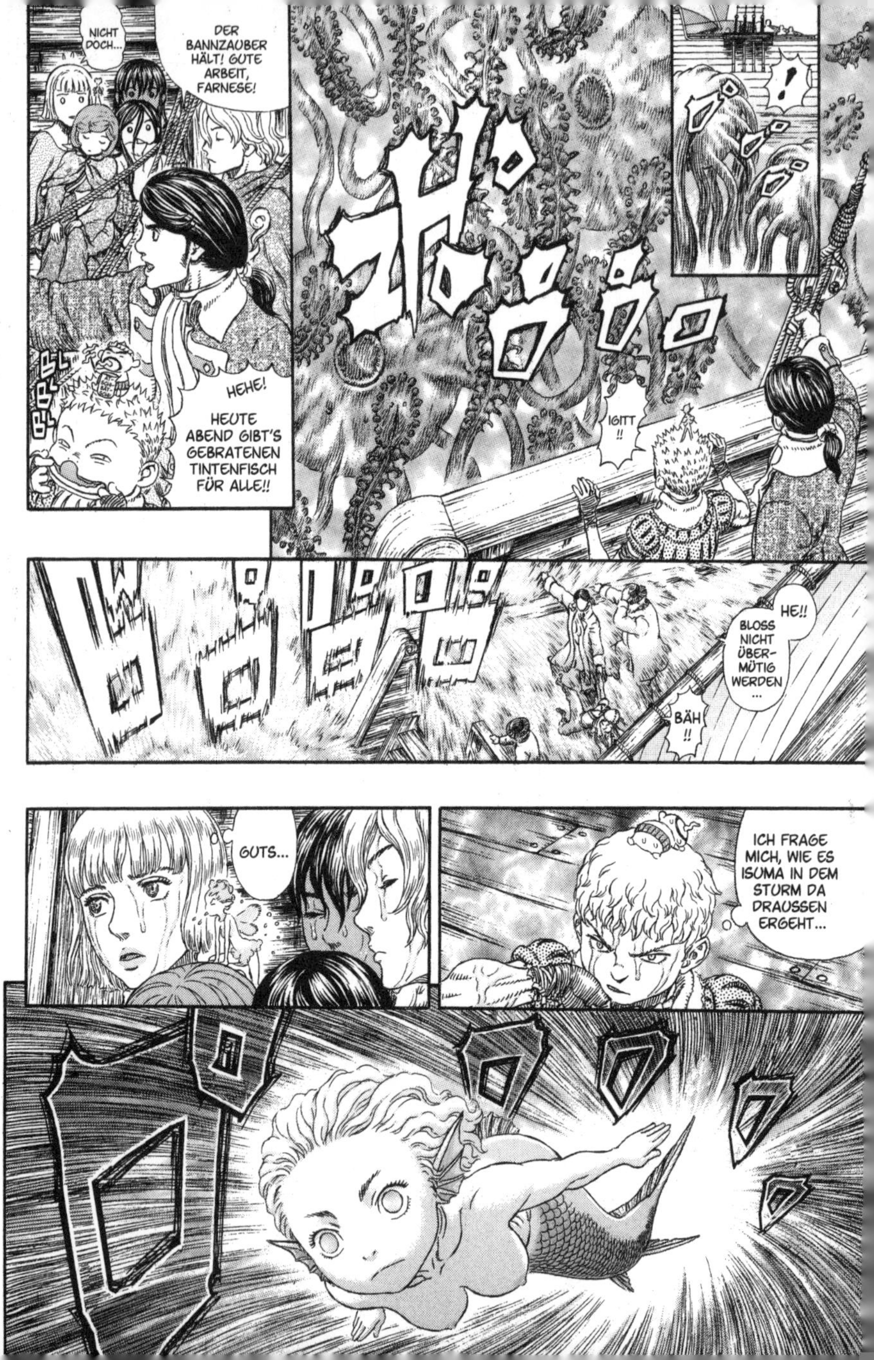

IGITT!!

DER BANNZAUBER HÄLT! GUTE ARBEIT, FARNESE!

NICHT DOCH...

HEHE!

HEUTE ABEND GIBT'S GEBRATENEN TINTENFISCH FÜR ALLE!!

HE!!

BLOSS NICHT ÜBERMÜTIG WERDEN...

BÄH!!

ICH FRAGE MICH, WIE ES ISUMA IN DEM STURM DA DRAUSSEN ERGEHT...

GUTS...

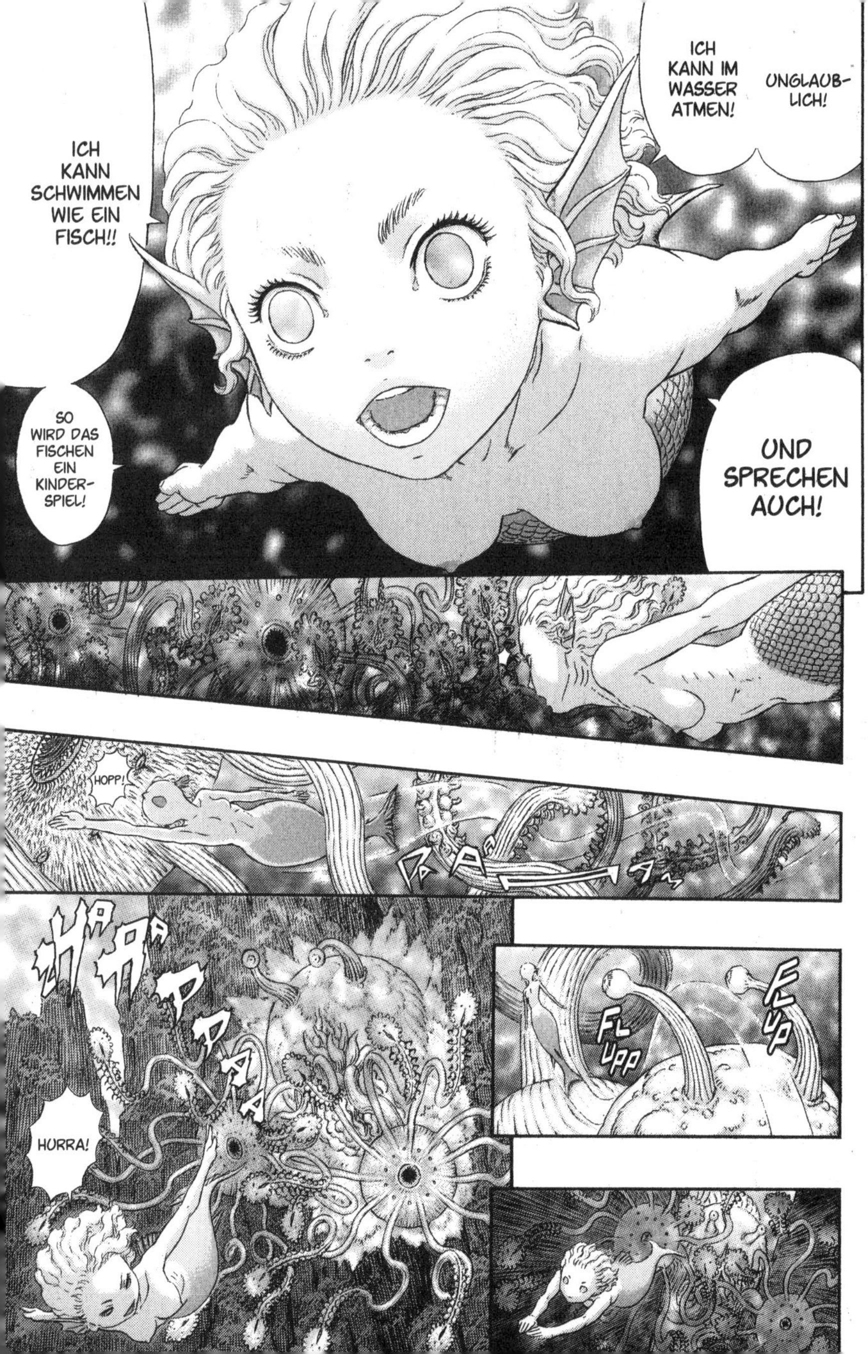
UNGLAUB-LICH!
ICH KANN IM WASSER ATMEN!
ICH KANN SCHWIMMEN WIE EIN FISCH!!
UND SPRECHEN AUCH!
SO WIRD DAS FISCHEN EIN KINDER-SPIEL!
HOPP!
HURRA!
FLUP
FLUPP

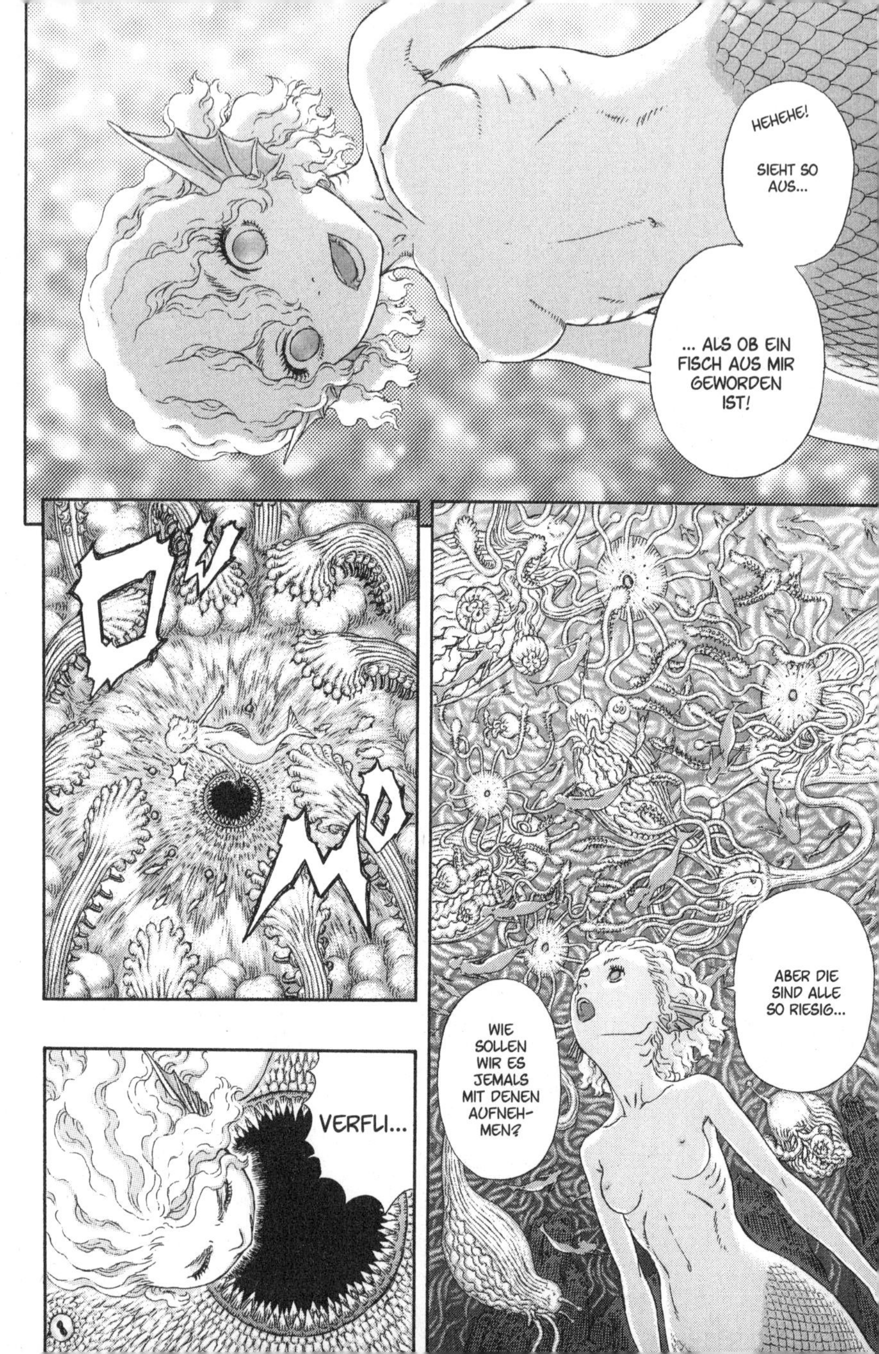
HEHEHE!
SIEHT SO AUS...
... ALS OB EIN FISCH AUS MIR GEWORDEN IST!
ABER DIE SIND ALLE SO RIESIG...
WIE SOLLEN WIR ES JEMALS MIT DENEN AUFNEHMEN?
DOWMO
VERFLI...

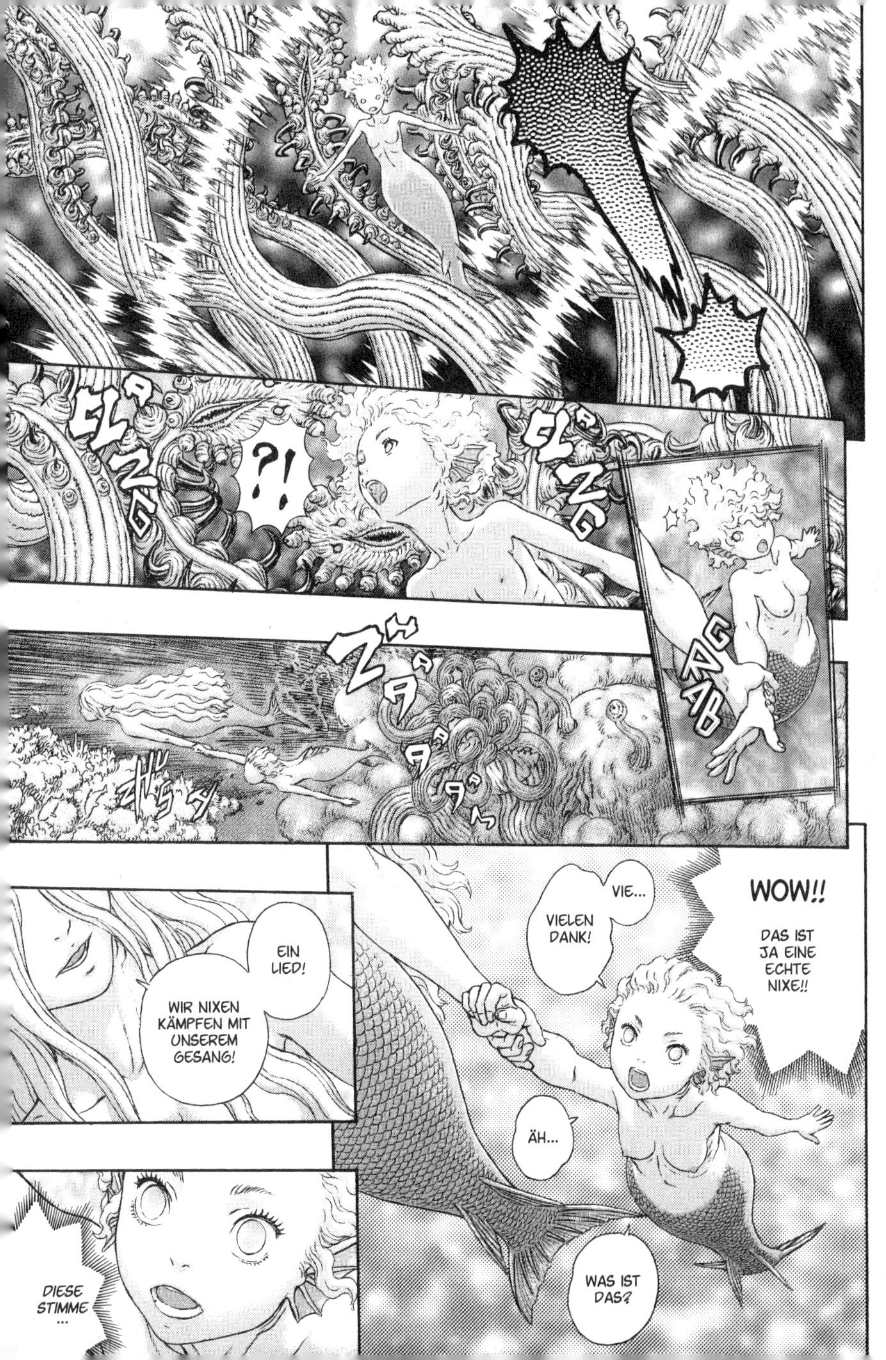
?!
GRAB
WOW!!
DAS IST JA EINE ECHTE NIXE!!
VIE...
VIELEN DANK!
ÄH...
WAS IST DAS?
EIN LIED!
WIR NIXEN KÄMPFEN MIT UNSEREM GESANG!
DIESE STIMME ...

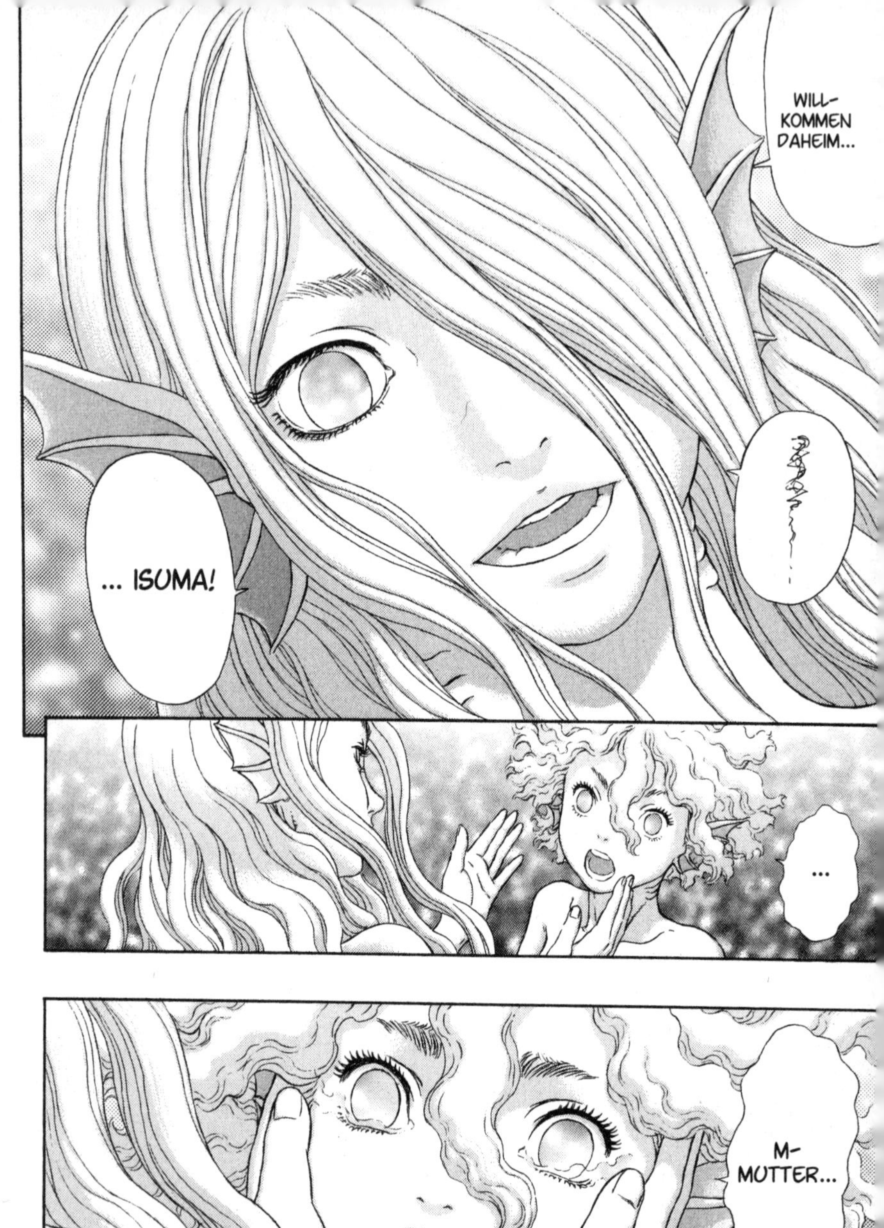
WILL-KOMMEN DAHEIM...
... ISUMA!
...
M-MUTTER...

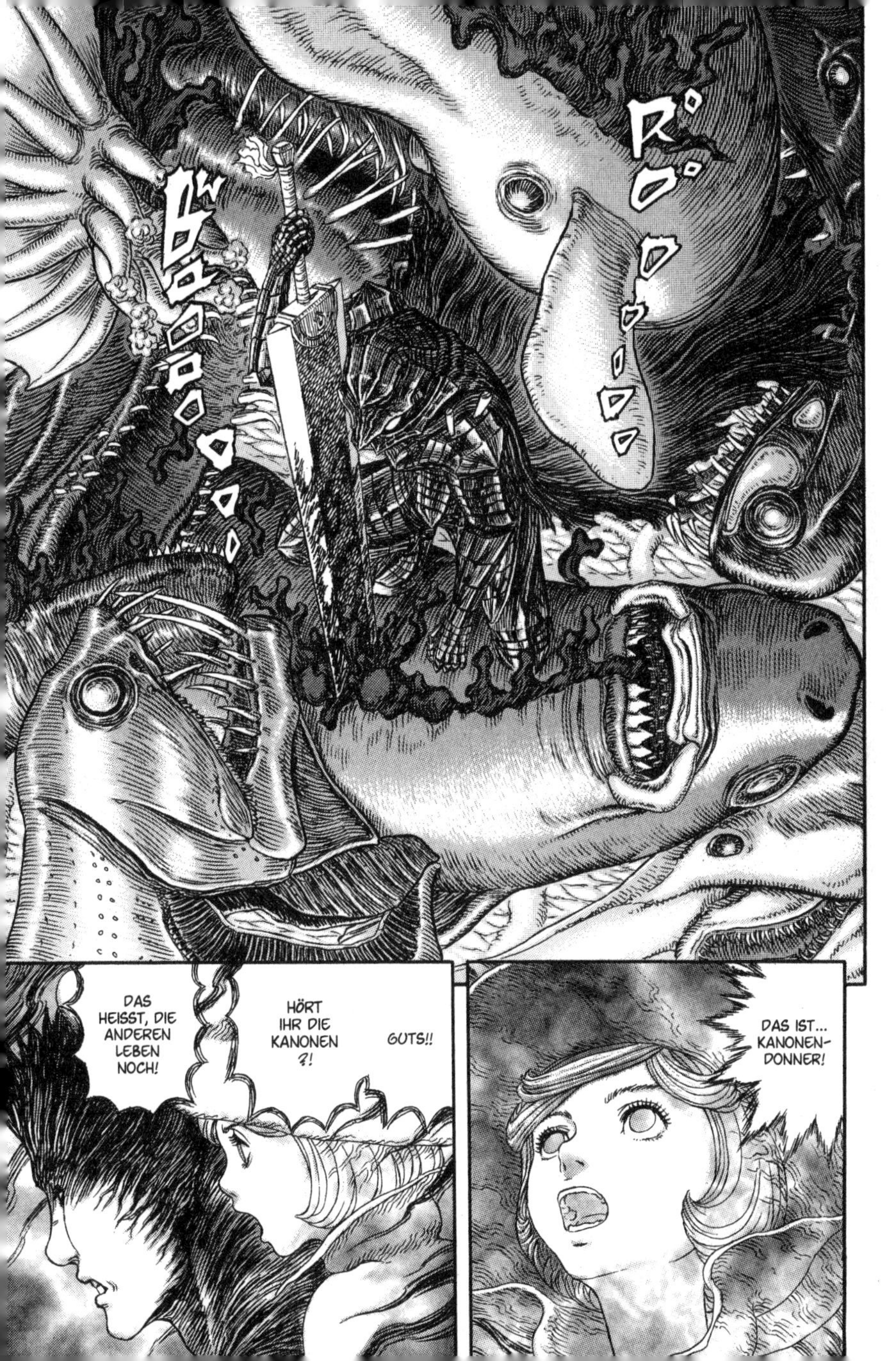
DAS IST... KANONEN-DONNER!
GUTS!!
HÖRT IHR DIE KANONEN ?!
DAS HEISST, DIE ANDEREN LEBEN NOCH!

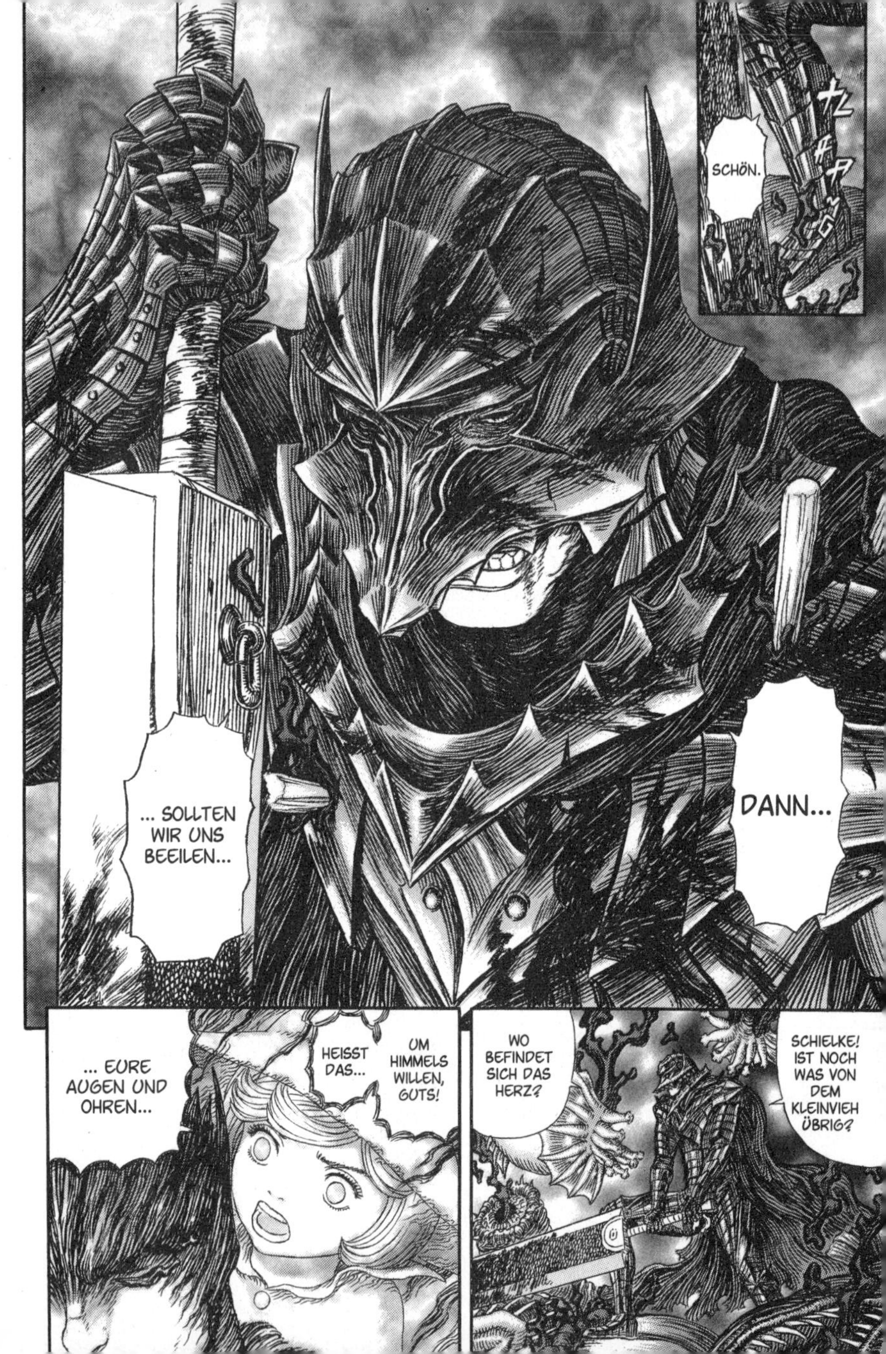
SCHÖN.
DANN...
... SOLLTEN WIR UNS BEEILEN...
SCHIELKE! IST NOCH WAS VON DEM KLEINVIEH ÜBRIG?
WO BEFINDET SICH DAS HERZ?
UM HIMMELS WILLEN, GUTS!
HEISST DAS...
... EURE AUGEN UND OHREN...

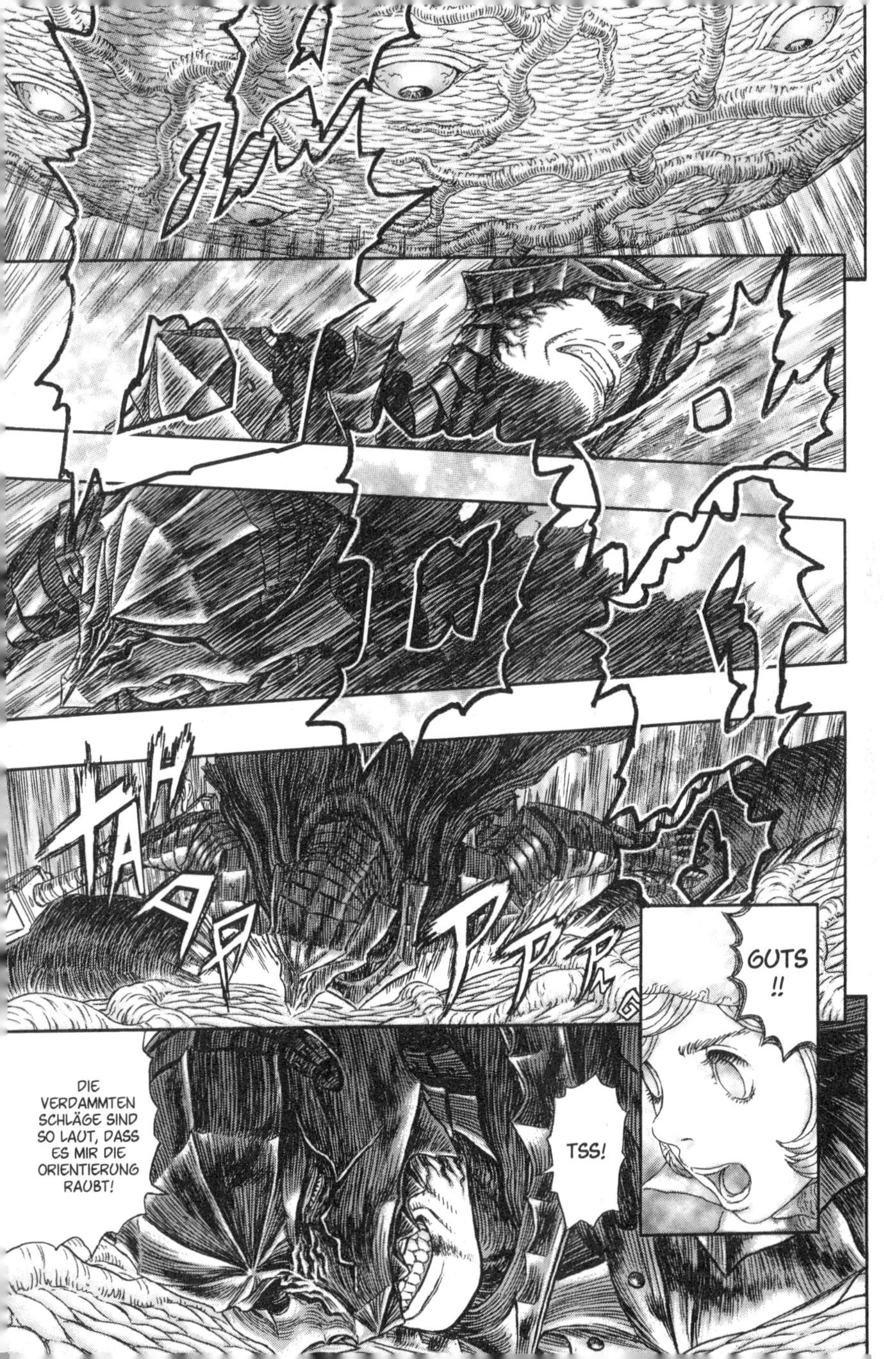
GUTS !!
TSS!
DIE VERDAMMTEN SCHLÄGE SIND SO LAUT, DASS ES MIR DIE ORIENTIERUNG RAUBT!

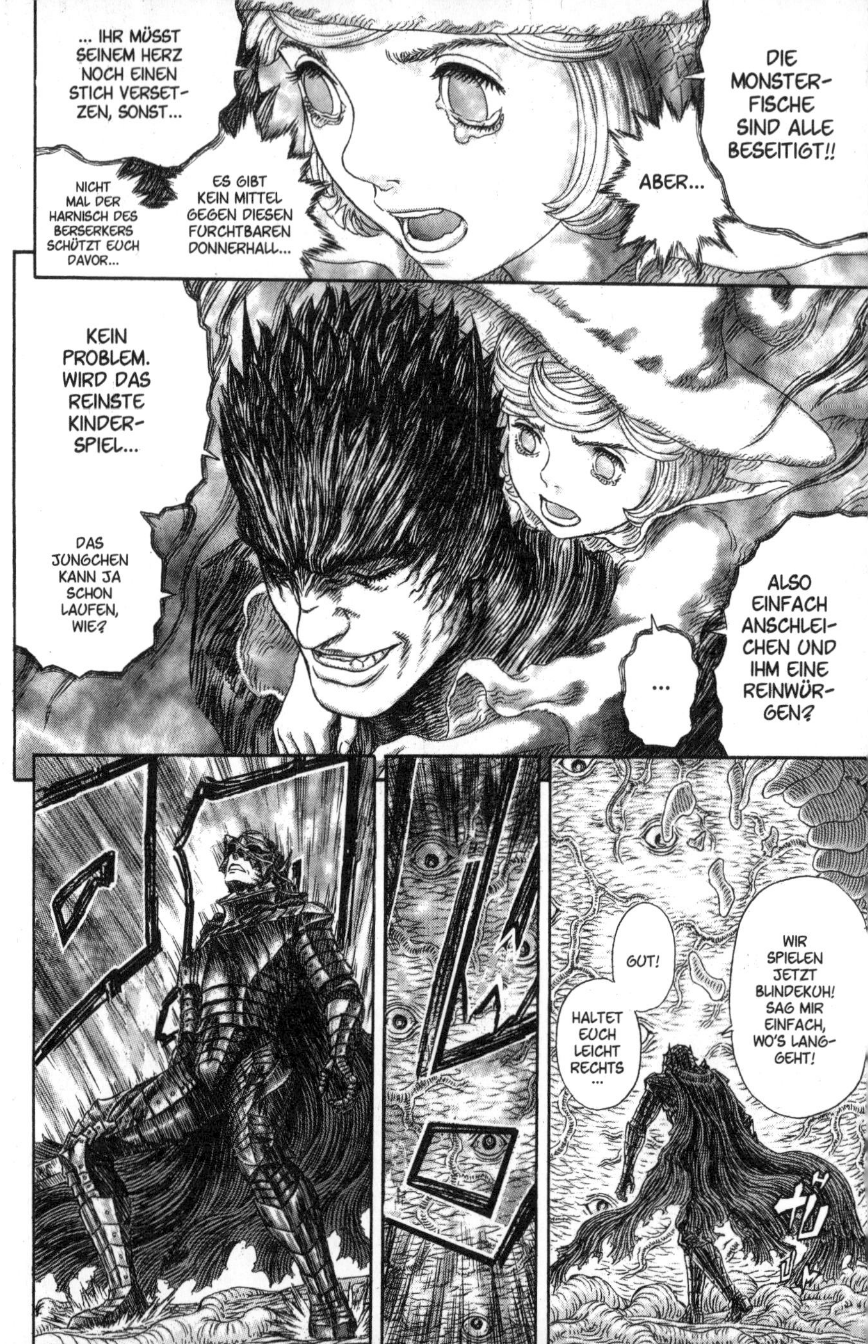

DIE MONSTERFISCHE SIND ALLE BESEITIGT!!
ABER...
... IHR MÜSST SEINEM HERZ NOCH EINEN STICH VERSETZEN, SONST...
ES GIBT KEIN MITTEL GEGEN DIESEN FURCHTBAREN DONNERHALL...
NICHT MAL DER HARNISCH DES BERSERKERS SCHÜTZT EUCH DAVOR...
ALSO EINFACH ANSCHLEICHEN UND IHM EINE REINWÜRGEN?
...
KEIN PROBLEM. WIRD DAS REINSTE KINDERSPIEL...
DAS JUNGCHEN KANN JA SCHON LAUFEN, WIE?
WIR SPIELEN JETZT BLINDEKUH! SAG MIR EINFACH, WO'S LANGGEHT!
GUT!
HALTET EUCH LEICHT RECHTS ...

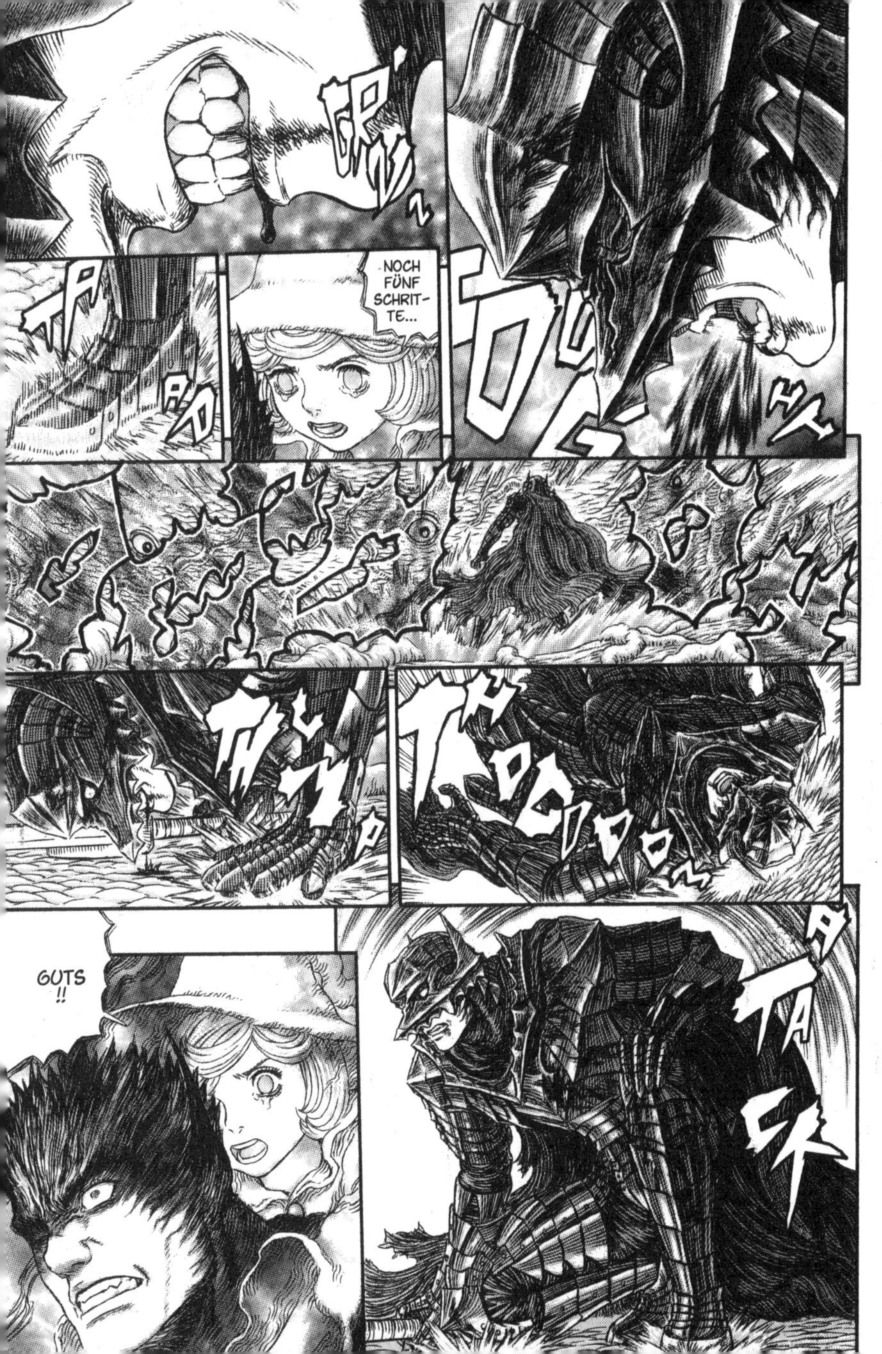

NOCH FÜNF SCHRIT-TE...
GUTS !!

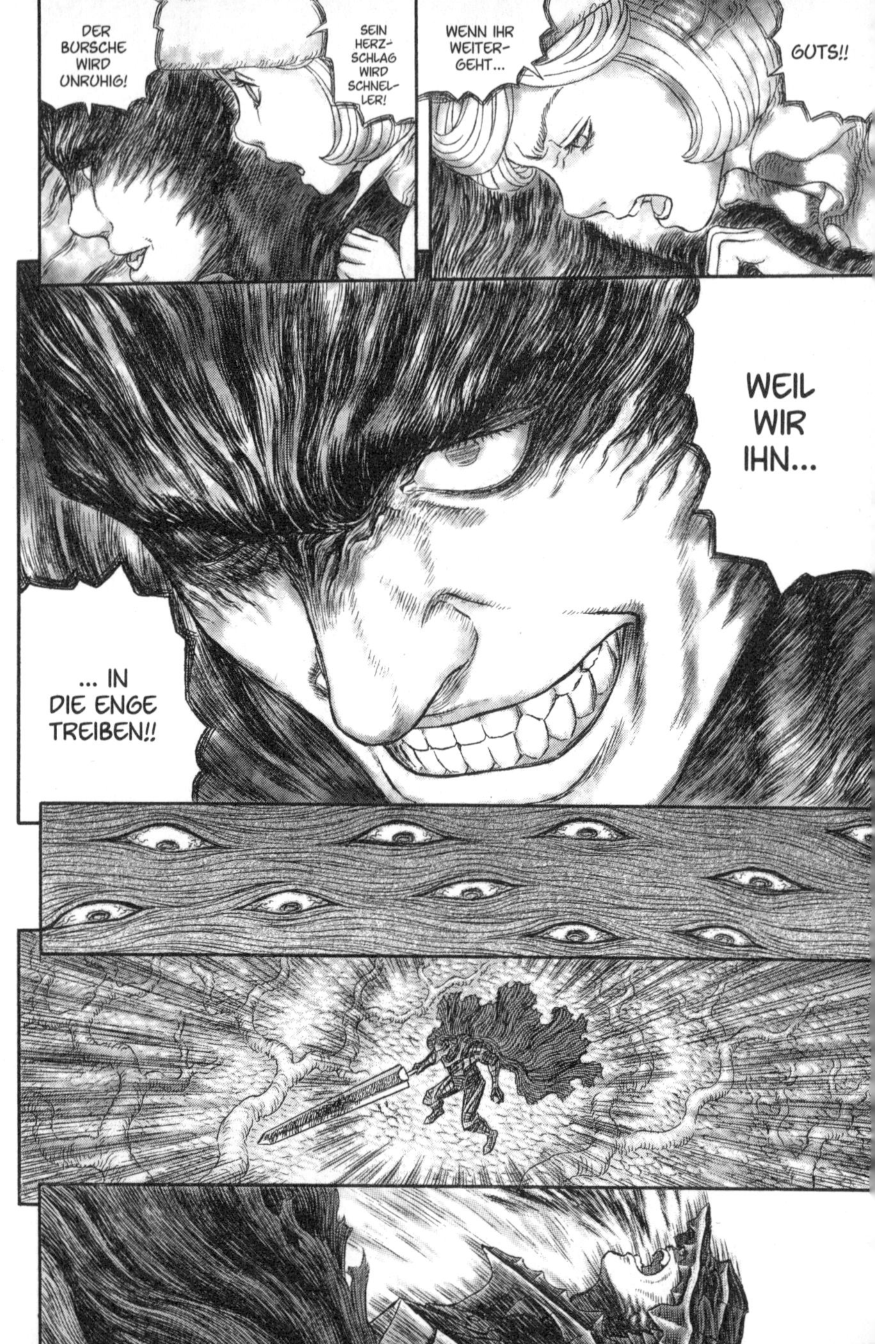
GUTS!!
WENN IHR WEITER-GEHT...
SEIN HERZ-SCHLAG WIRD SCHNEL-LER!
DER BURSCHE WIRD UNRUHIG!
WEIL WIR IHN...
... IN DIE ENGE TREIBEN!!

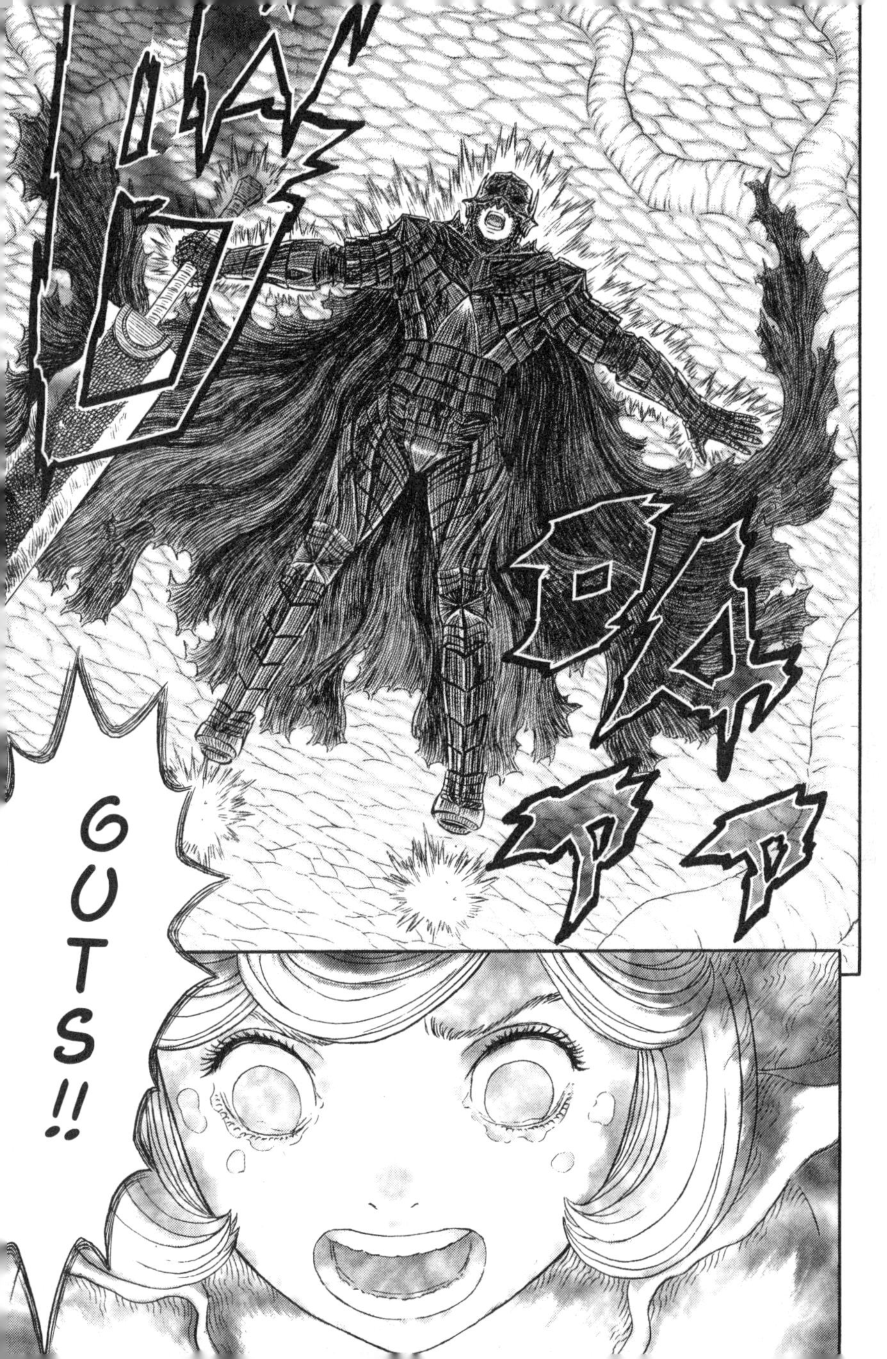
GUTS!!

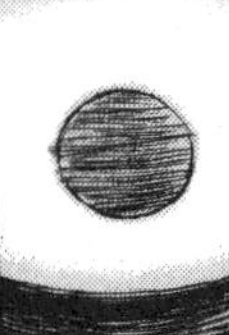
TSS...
MEINE FÜNF SINNE... WEG...
MEIN KÖRPER... TAUB...
ALS OB ICH WEDER ARME NOCH BEINE HÄTTE...
...
UND WAS JETZT?

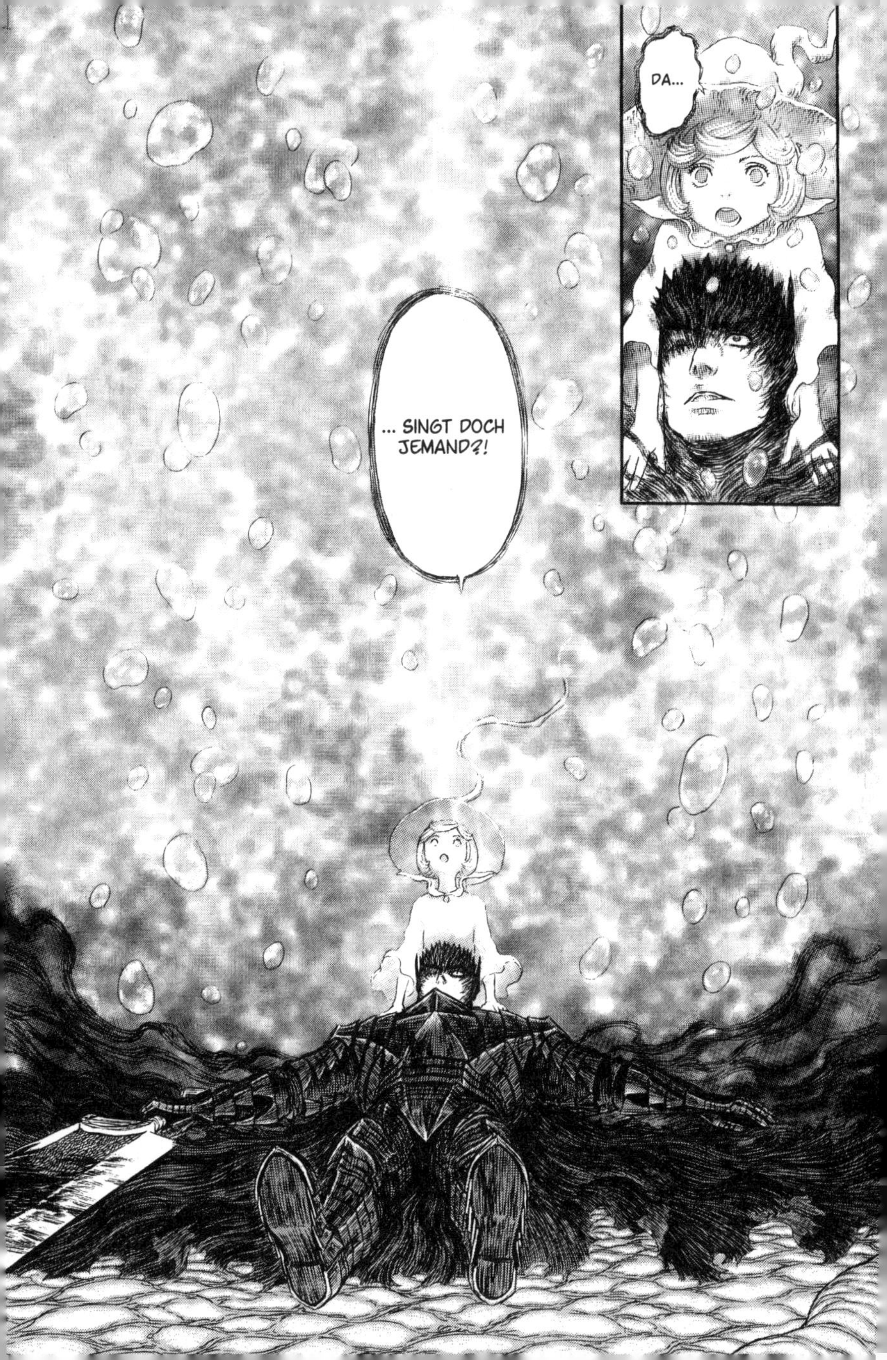
DA...
... SINGT DOCH JEMAND?!

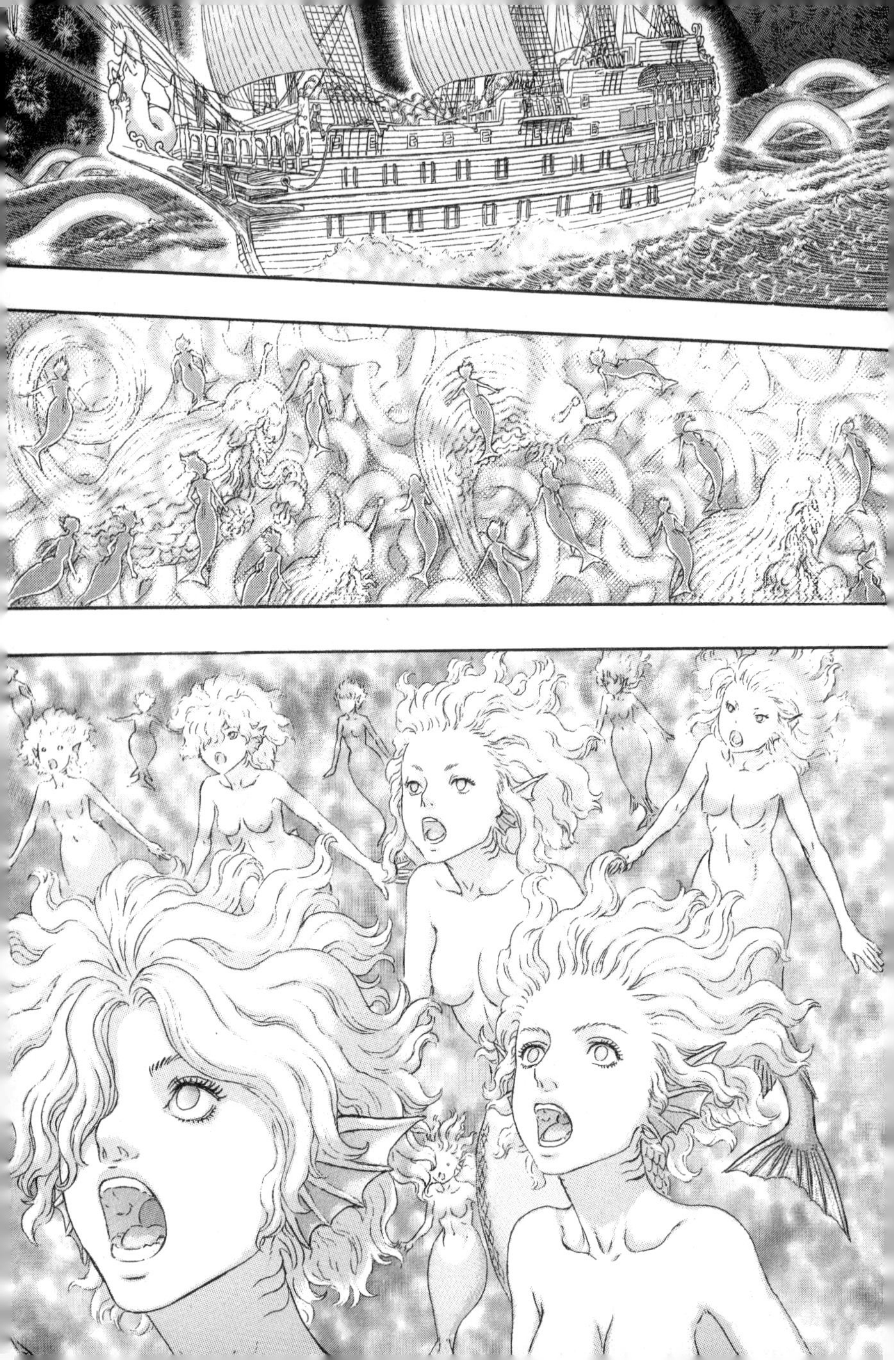

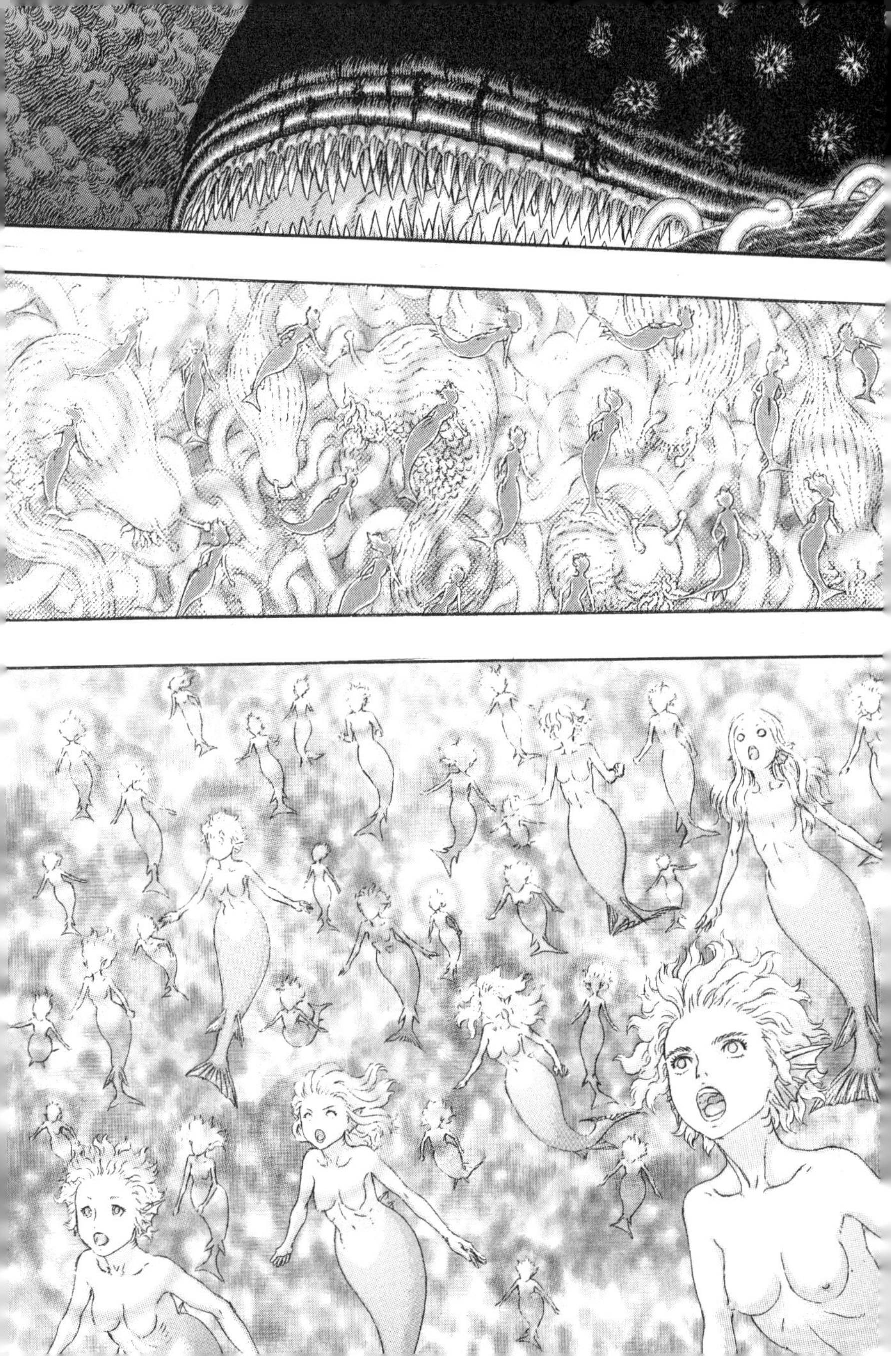

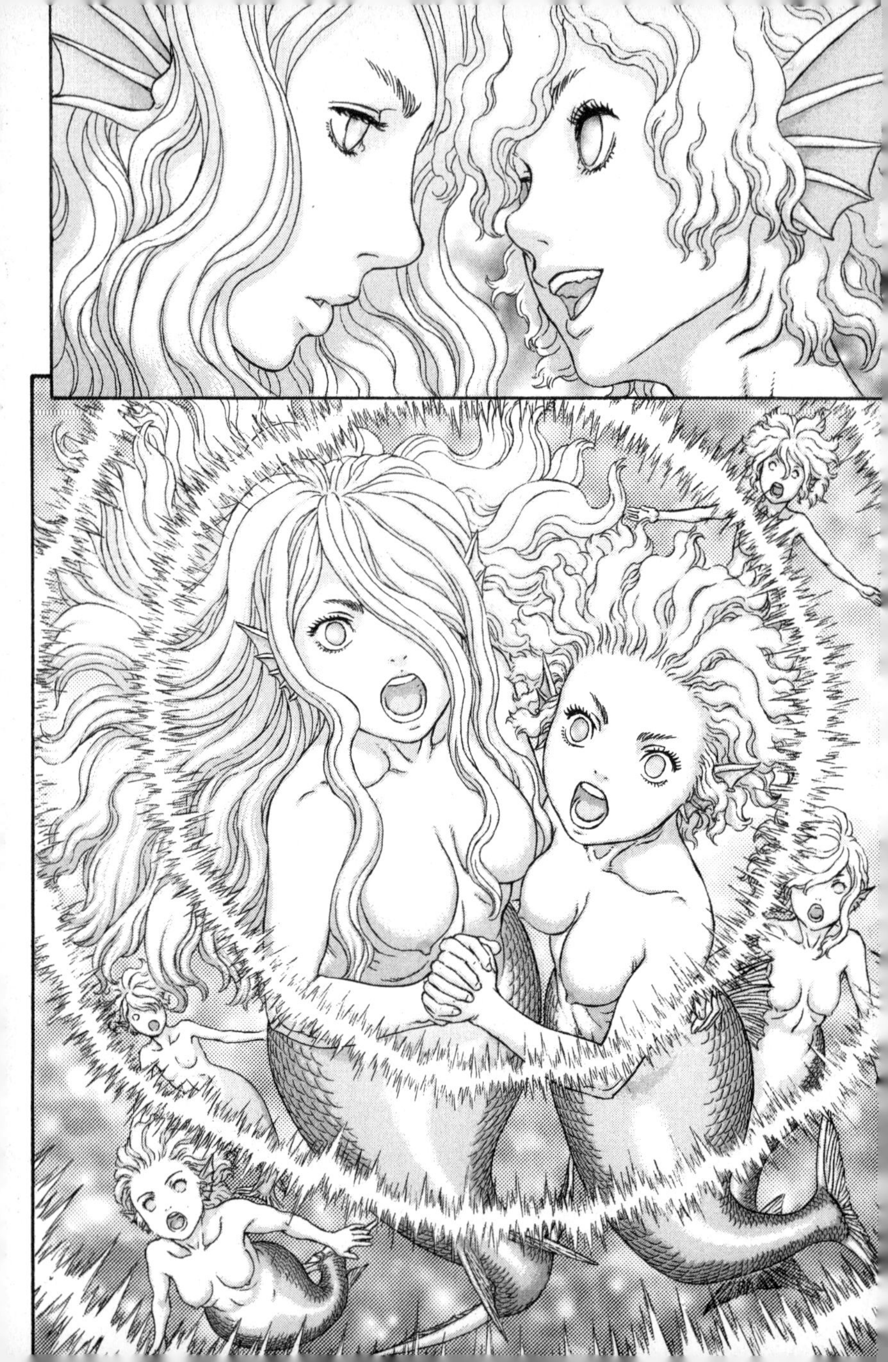

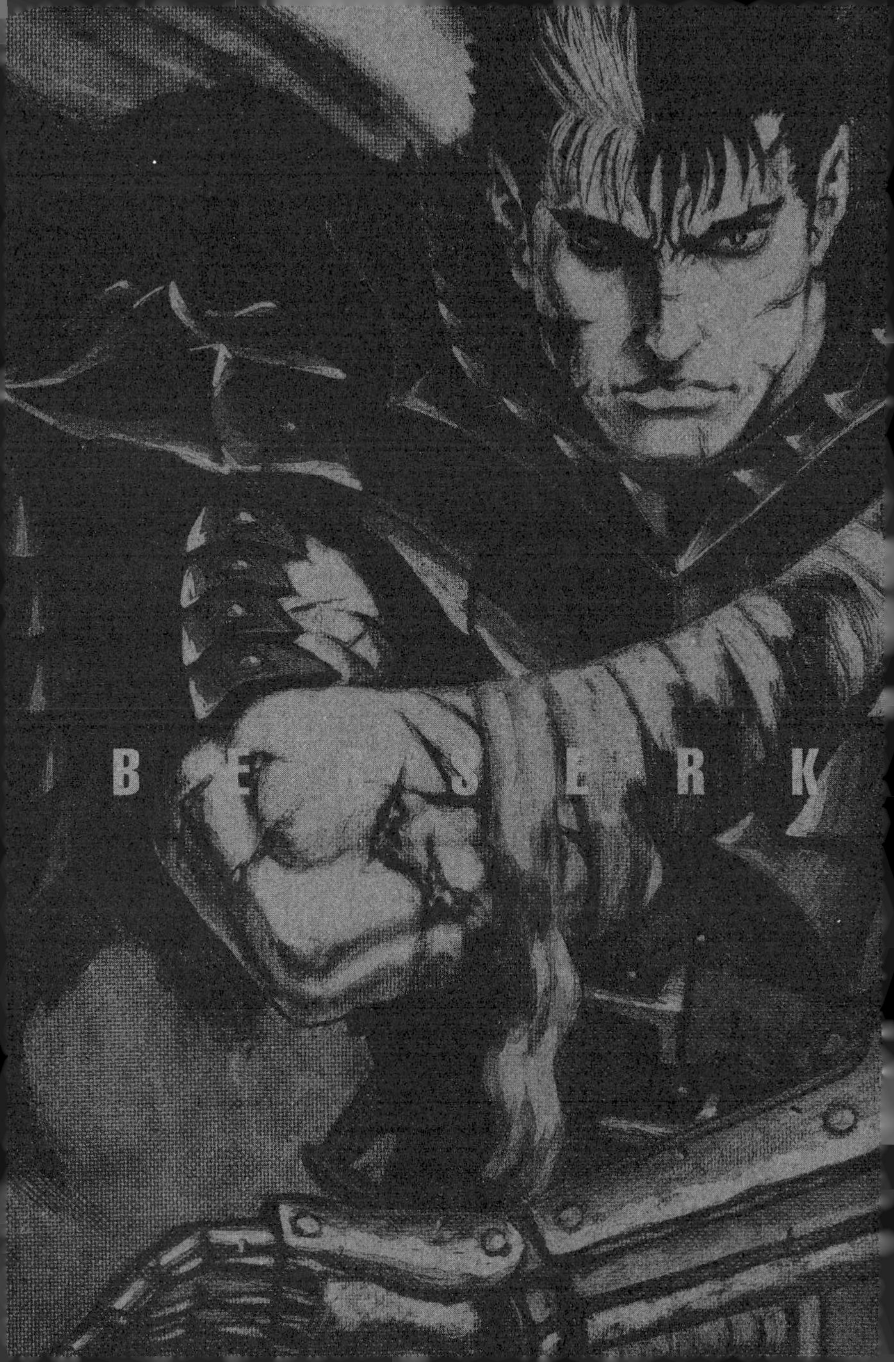

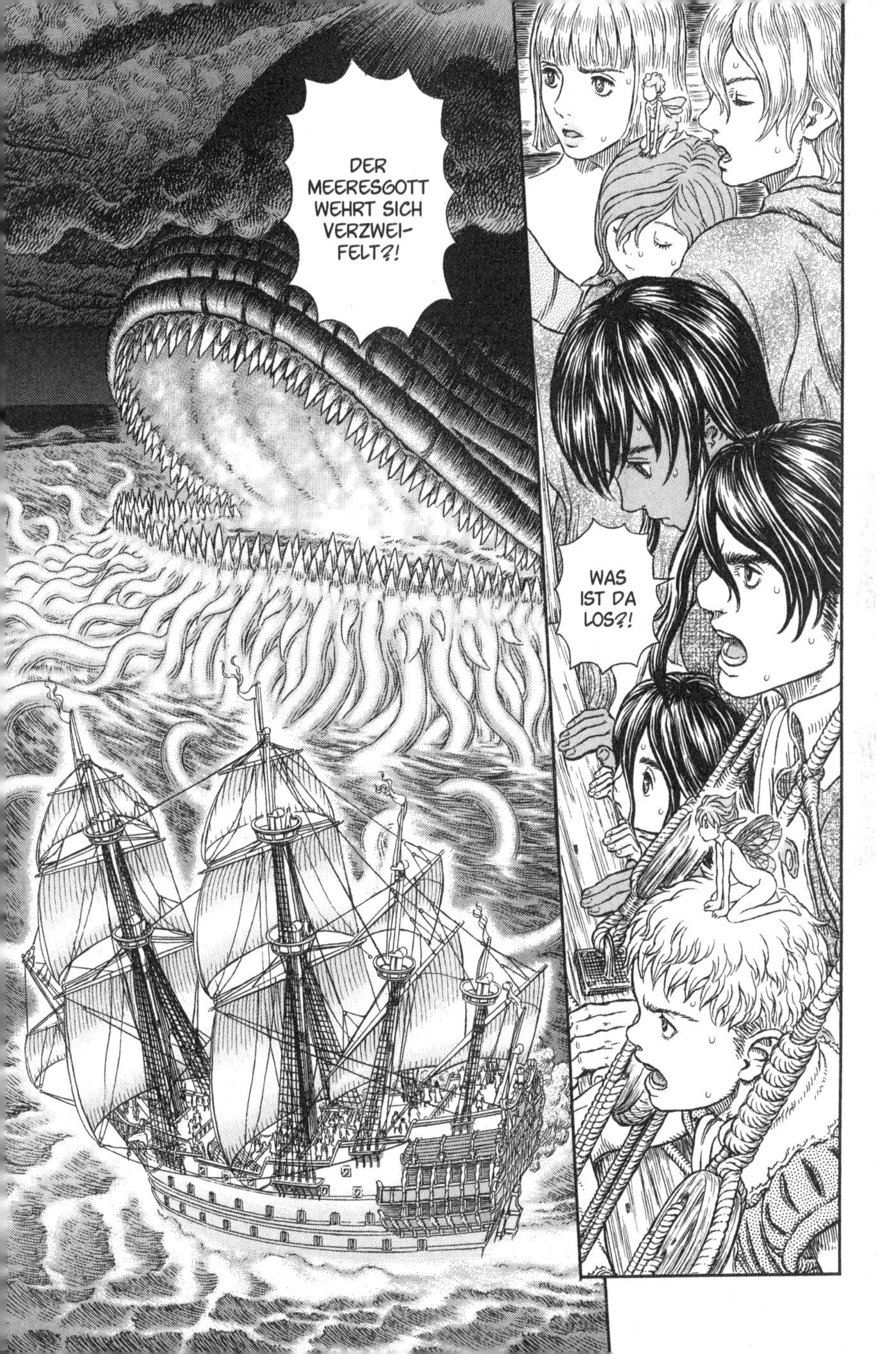
DER MEERESGOTT WEHRT SICH VERZWEI-FELT?!
WAS IST DA LOS?!

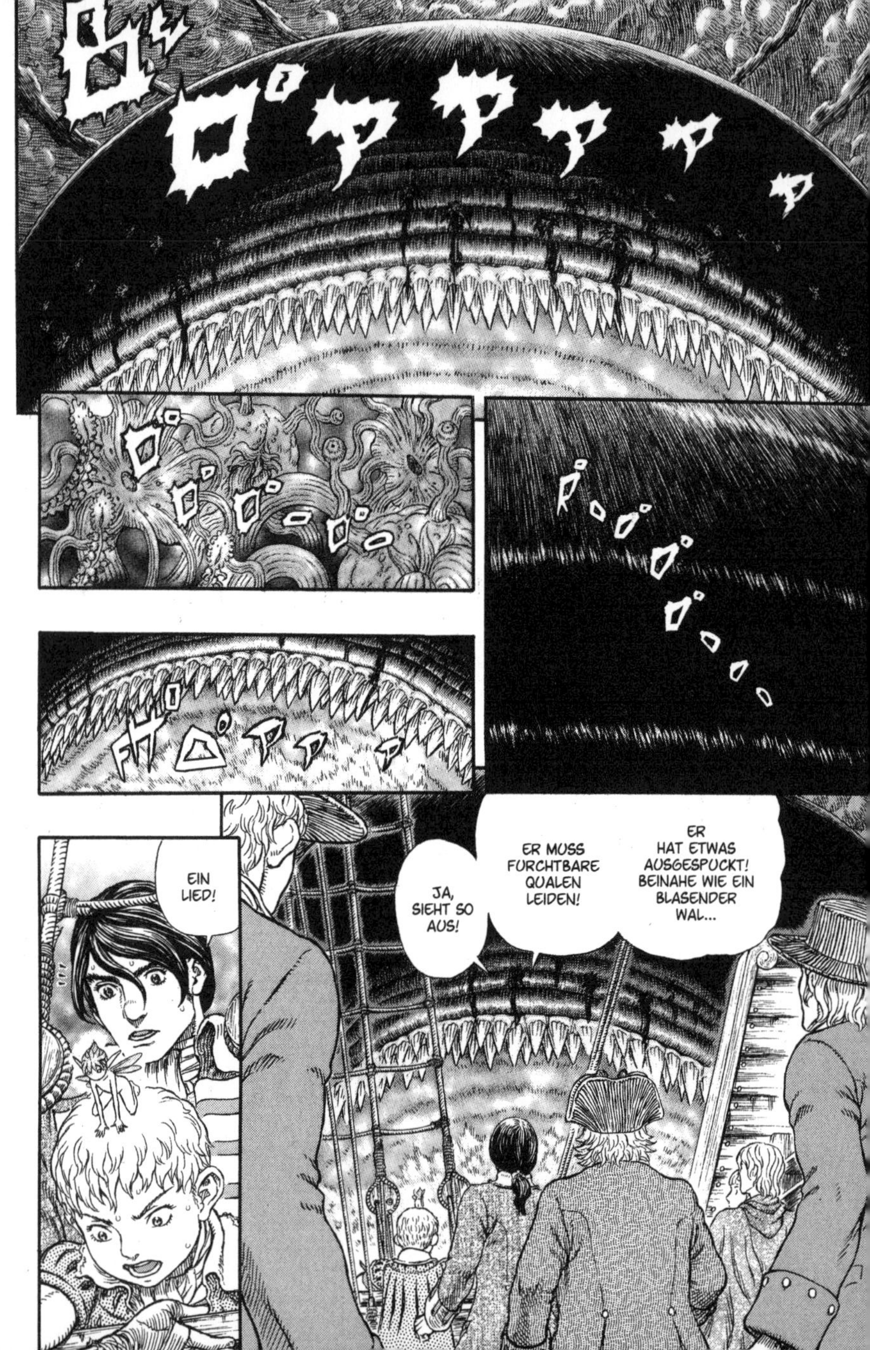
ER HAT ETWAS AUSGESPUCKT! BEINAHE WIE EIN BLASENDER WAL...
ER MUSS FURCHTBARE QUALEN LEIDEN!
JA, SIEHT SO AUS!
EIN LIED!

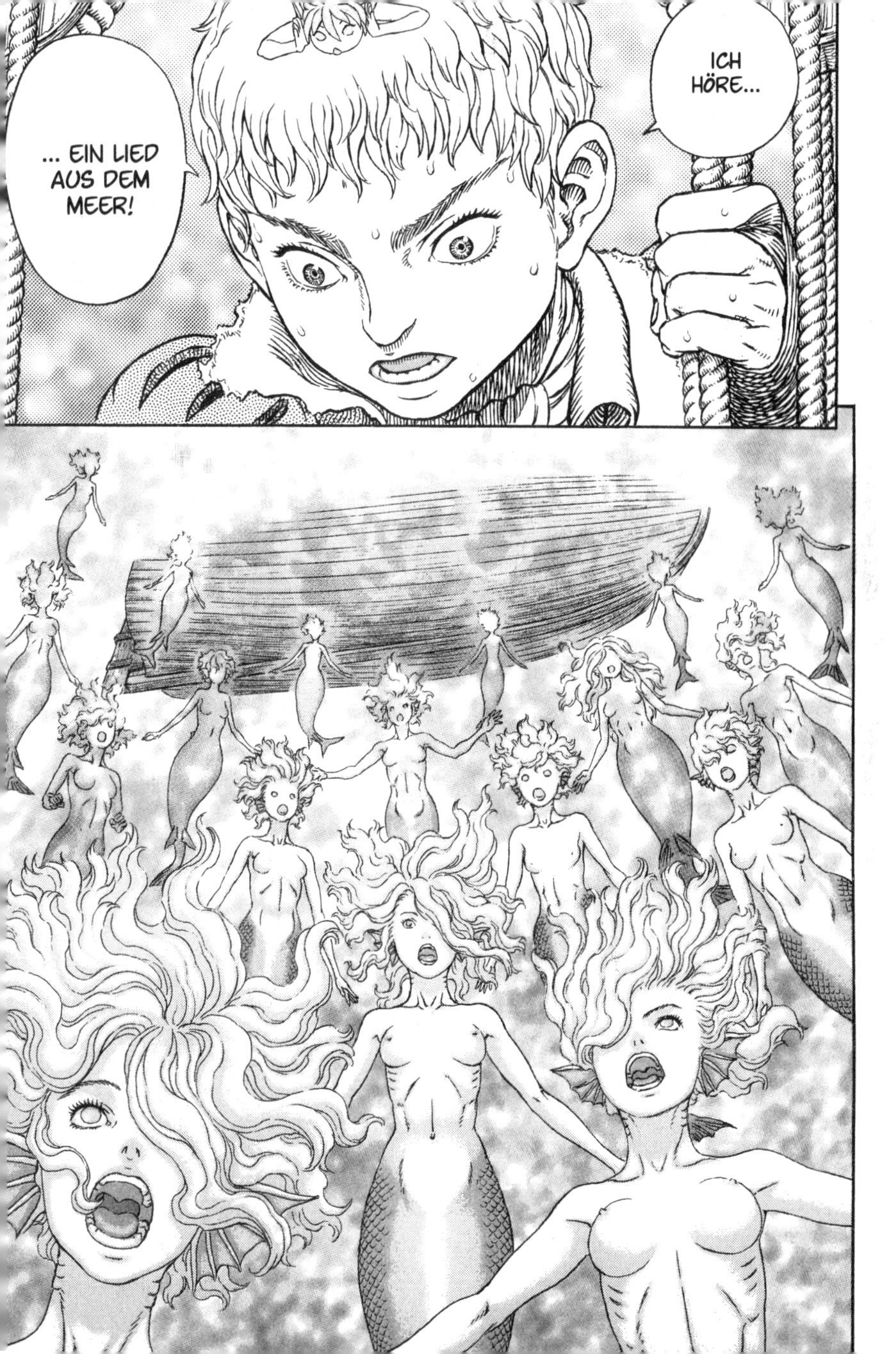
ICH HÖRE...
... EIN LIED AUS DEM MEER!

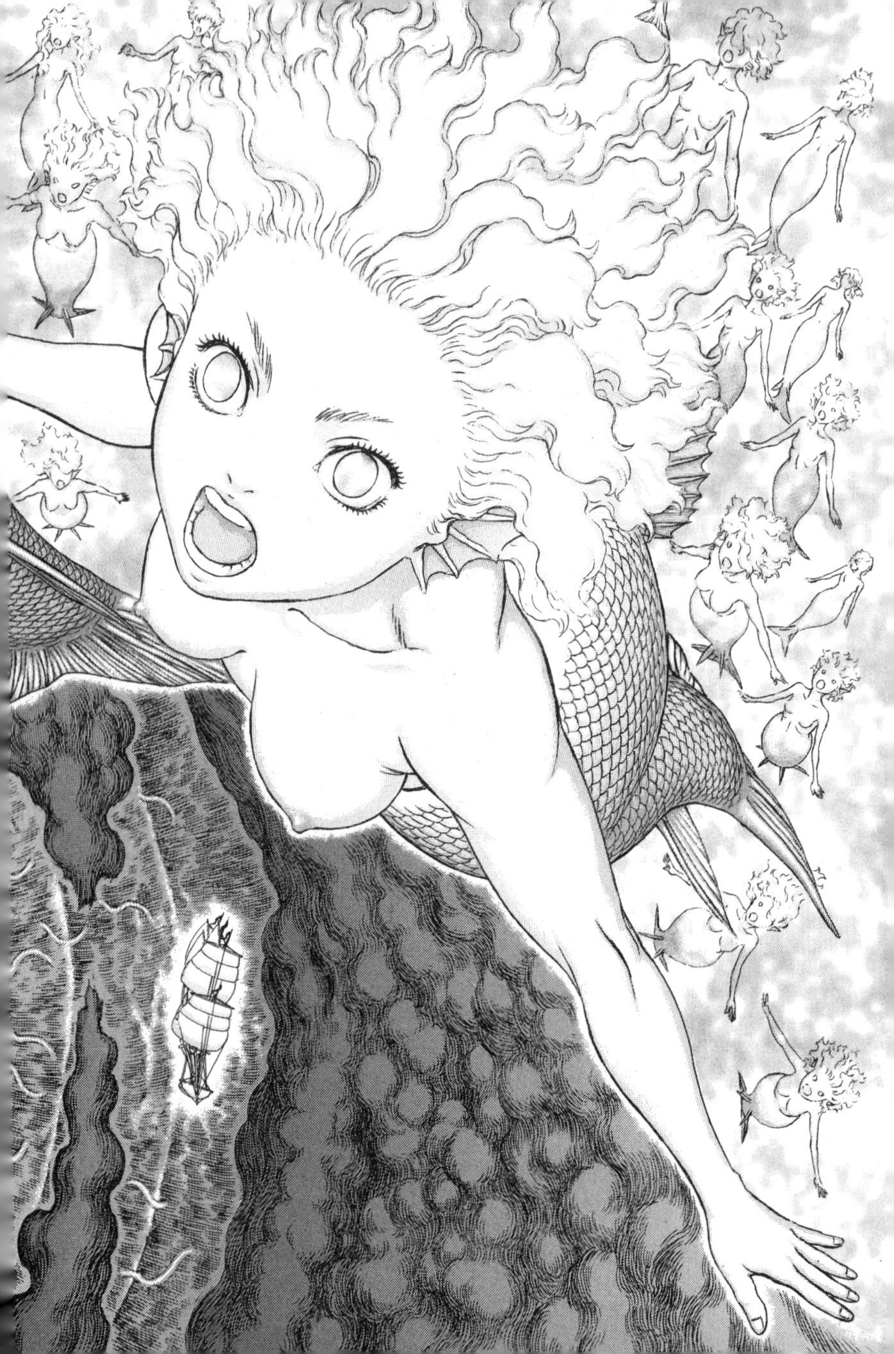

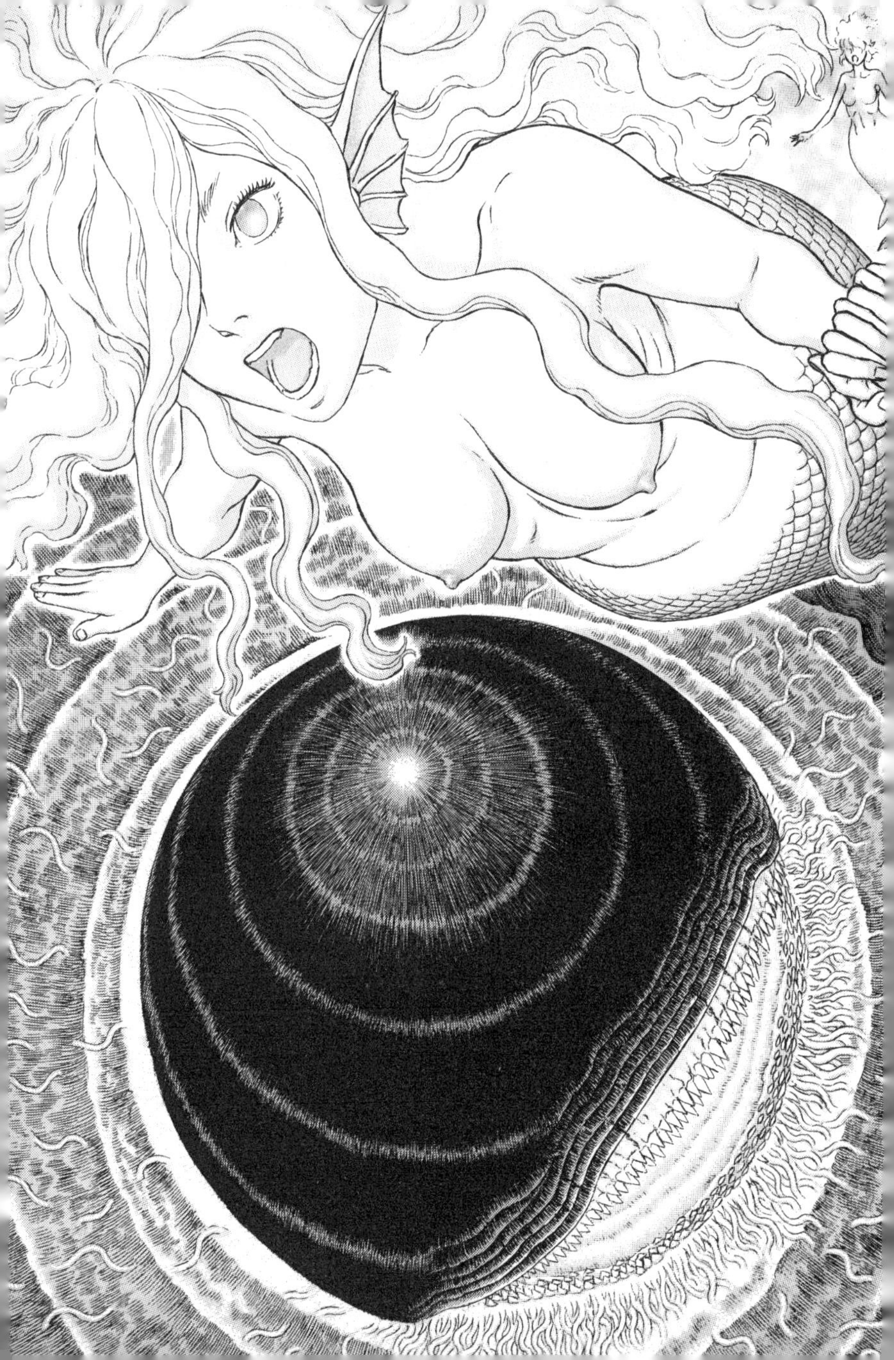

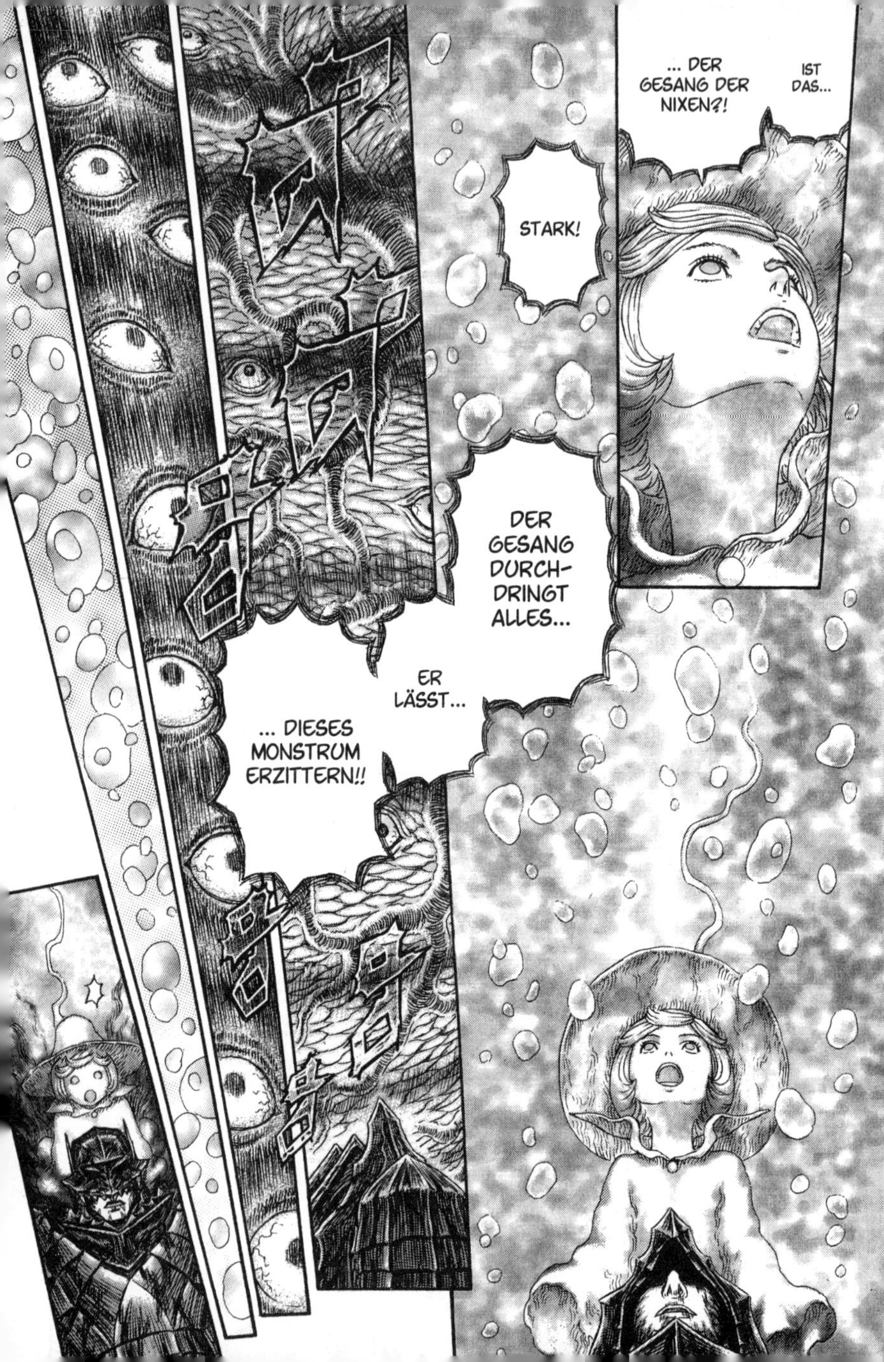
IST DAS...
... DER GESANG DER NIXEN?!
STARK!
DER GESANG DURCH-DRINGT ALLES...
ER LÄSST...
... DIESES MONSTRUM ERZITTERN!!

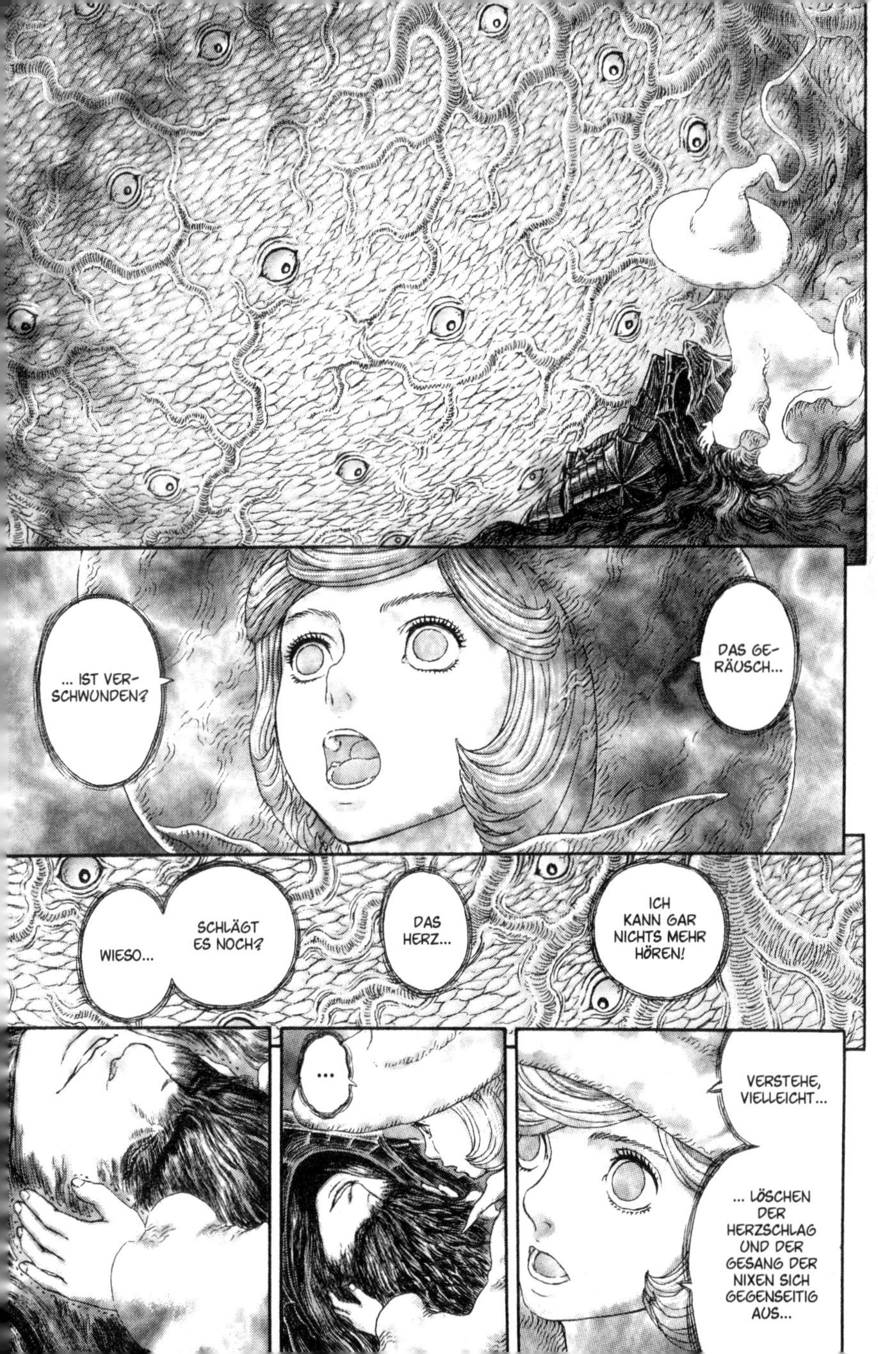
DAS GE-
RÄUSCH...
... IST VER-
SCHWUNDEN?
ICH
KANN GAR
NICHTS MEHR
HÖREN!
DAS
HERZ...
WIESO...
SCHLÄGT
ES NOCH?
...
VERSTEHE,
VIELLEICHT...
... LÖSCHEN
DER
HERZSCHLAG
UND DER
GESANG DER
NIXEN SICH
GEGENSEITIG
AUS...

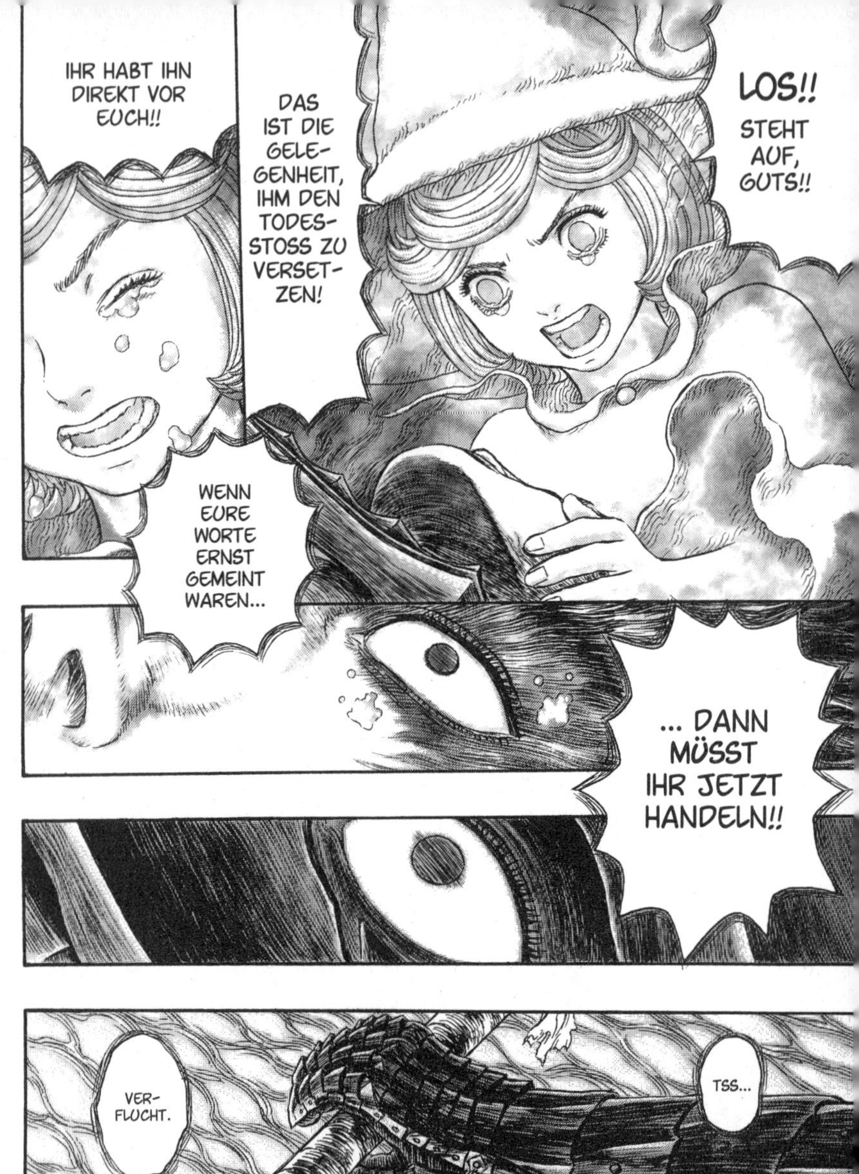
LOS!!
STEHT AUF, GUTS!!
DAS IST DIE GELEGENHEIT, IHM DEN TODESSTOSS ZU VERSETZEN!
IHR HABT IHN DIREKT VOR EUCH!!
WENN EURE WORTE ERNST GEMEINT WAREN...
... DANN MÜSST IHR JETZT HANDELN!!
TSS...
VERFLUCHT.
HE...

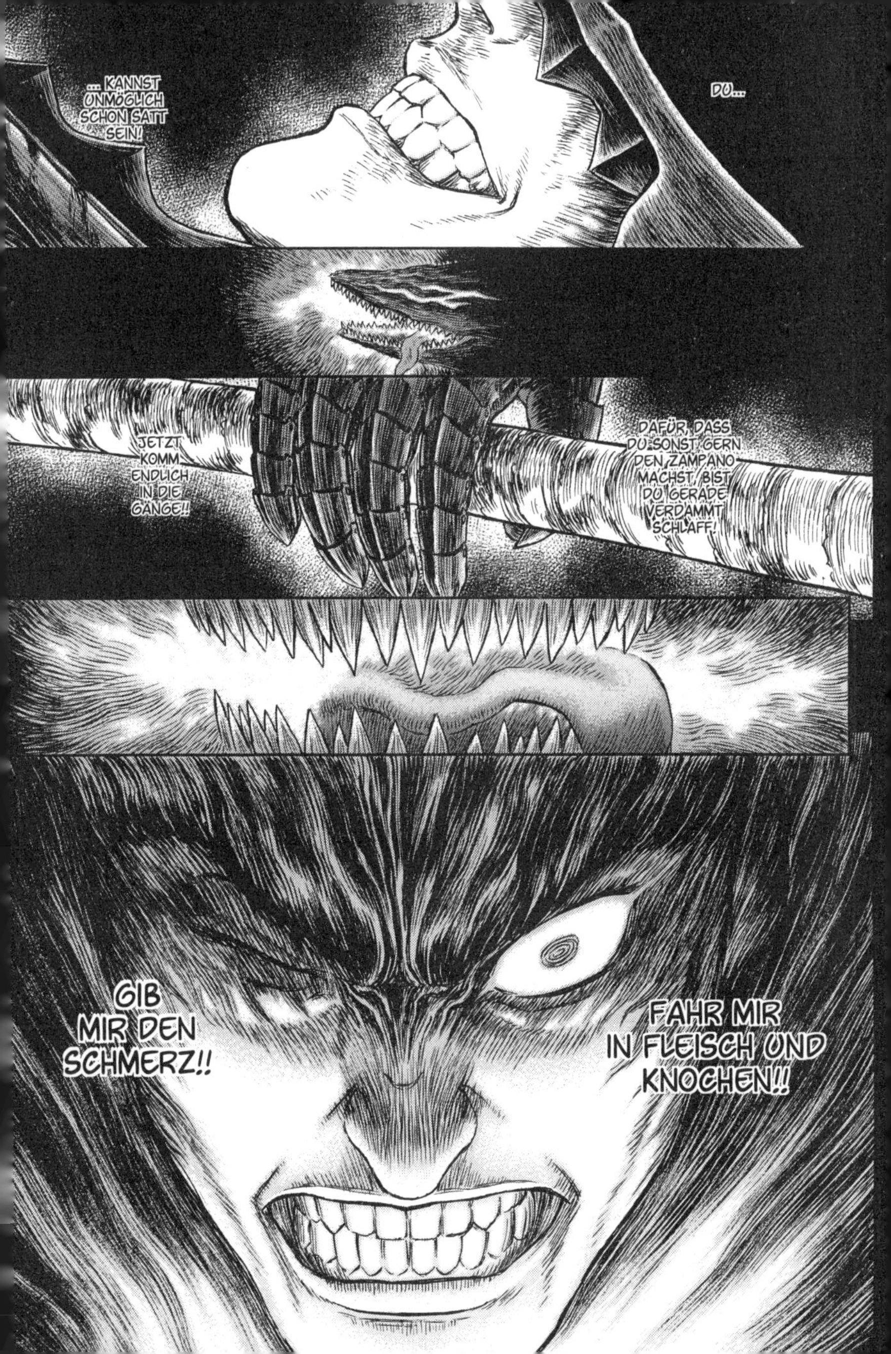
DU...
... KANNST UNMÖGLICH SCHON SATT SEIN!
DAFÜR, DASS DU SONST GERN DEN ZAMPANO MACHST, BIST DU GERADE VERDAMMT SCHLAFF!
JETZT KOMM ENDLICH IN DIE GÄNGE!!
FAHR MIR IN FLEISCH UND KNOCHEN!!
GIB MIR DEN SCHMERZ!!

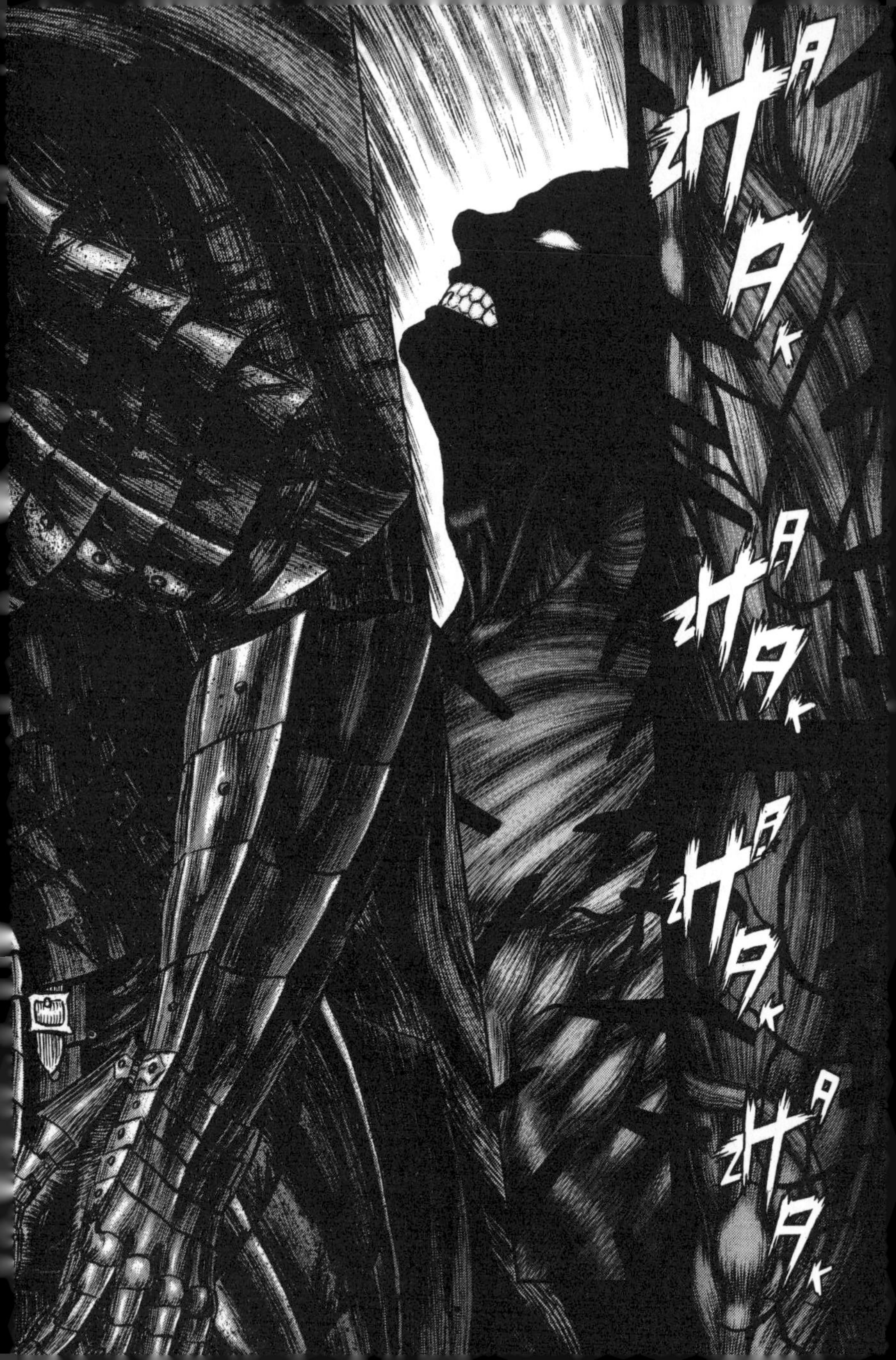

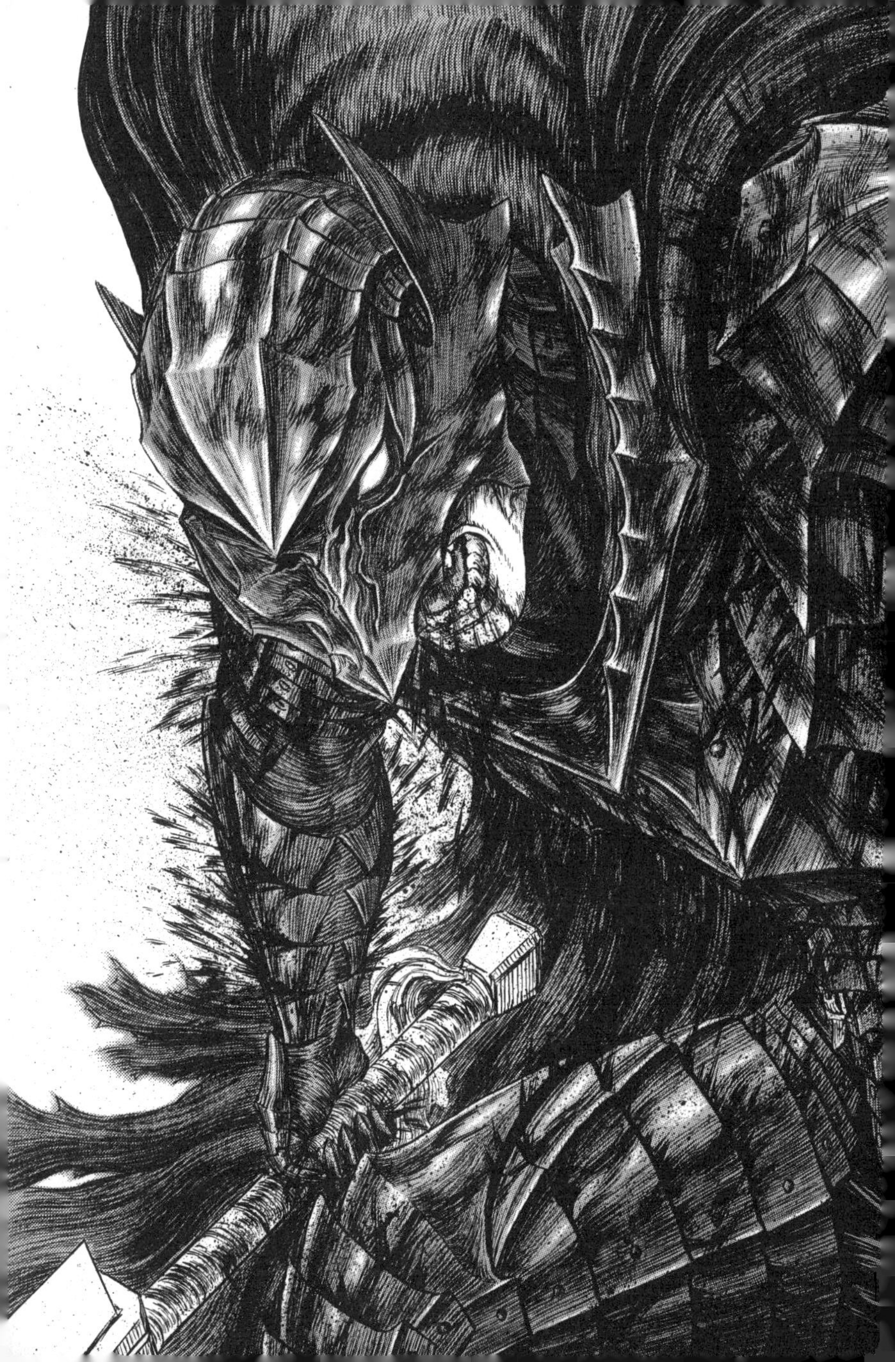

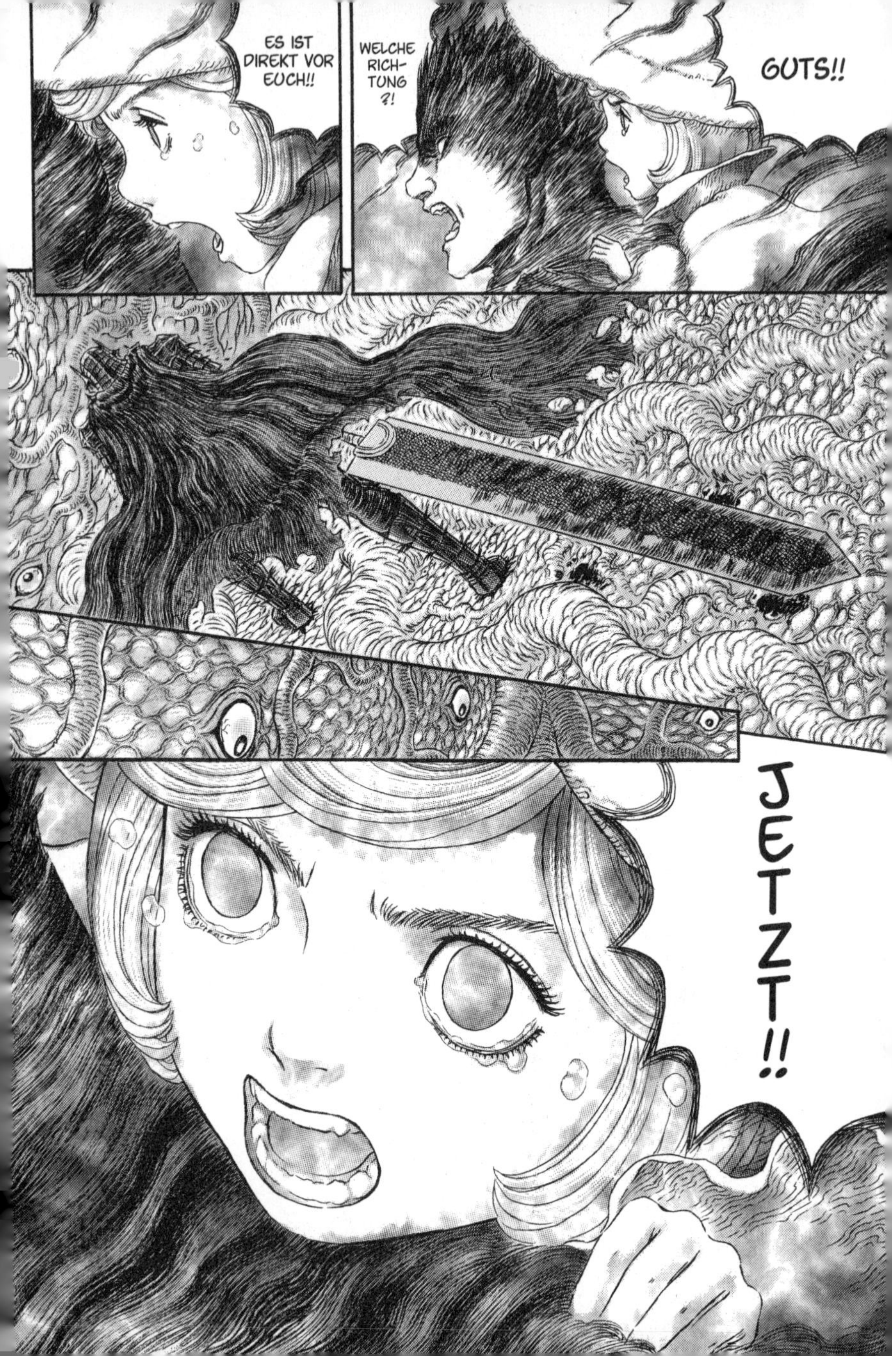
GUTS!!
WELCHE RICHTUNG ?!
ES IST DIREKT VOR EUCH!!
JETZT!!

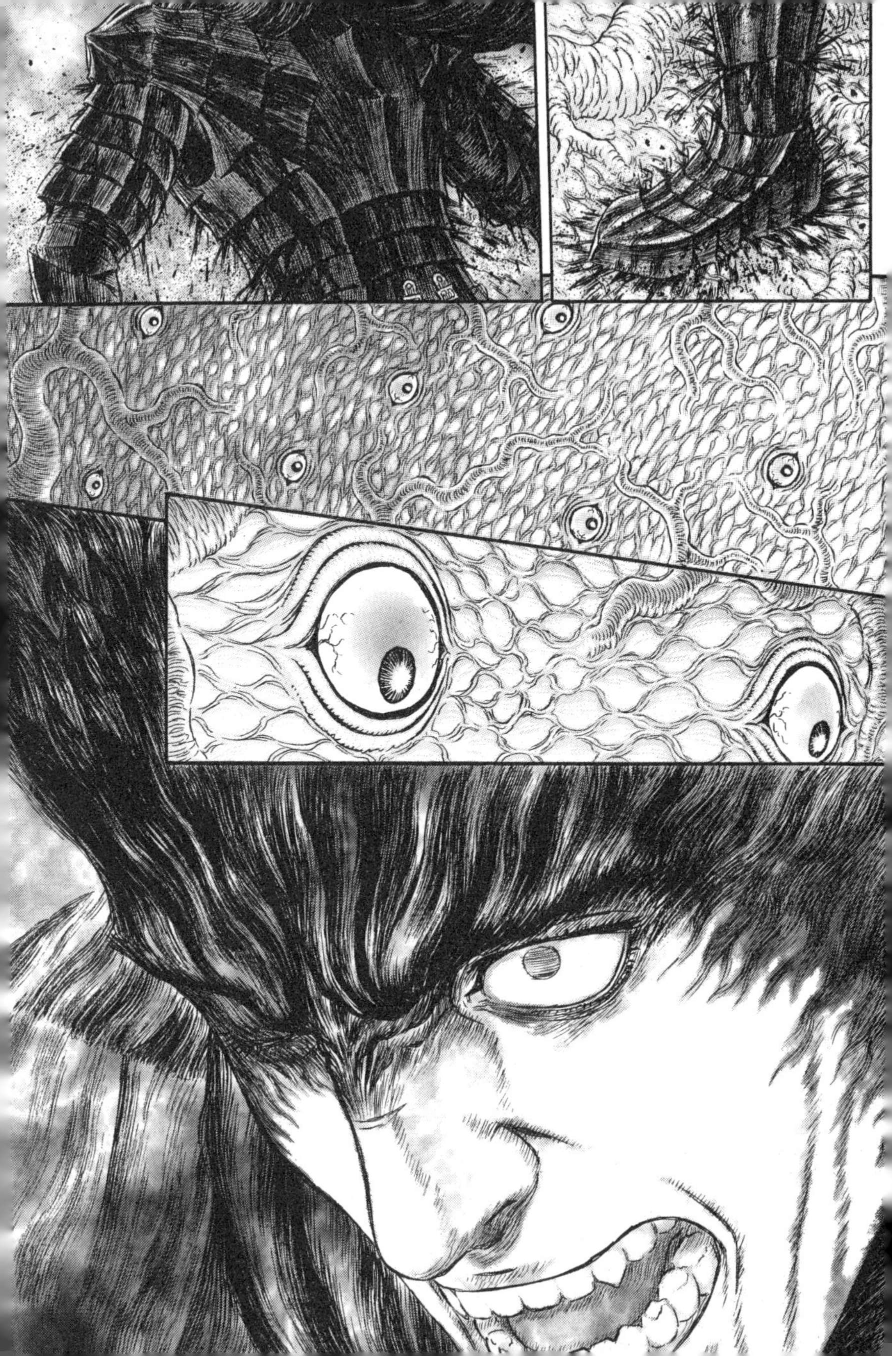

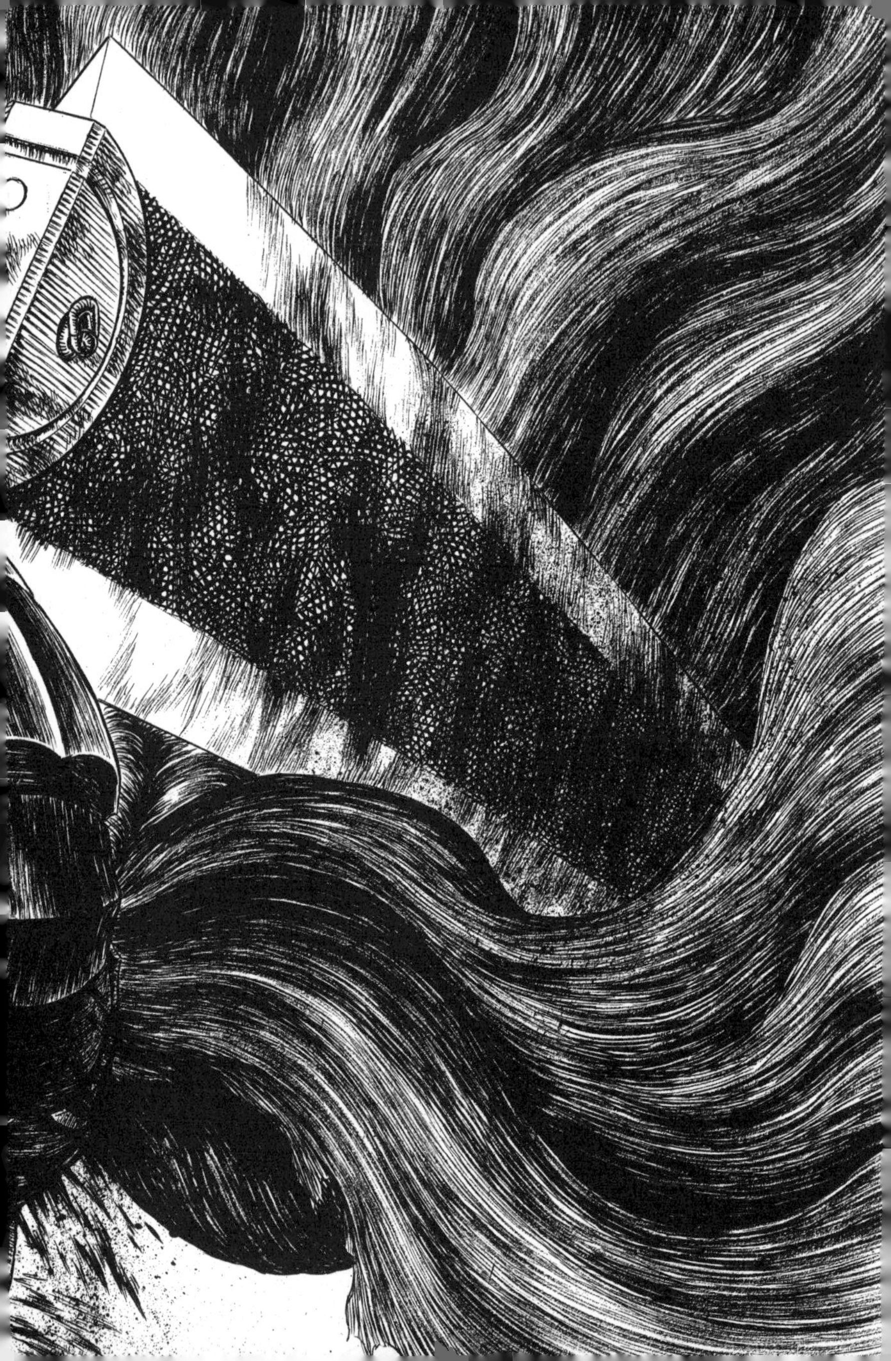

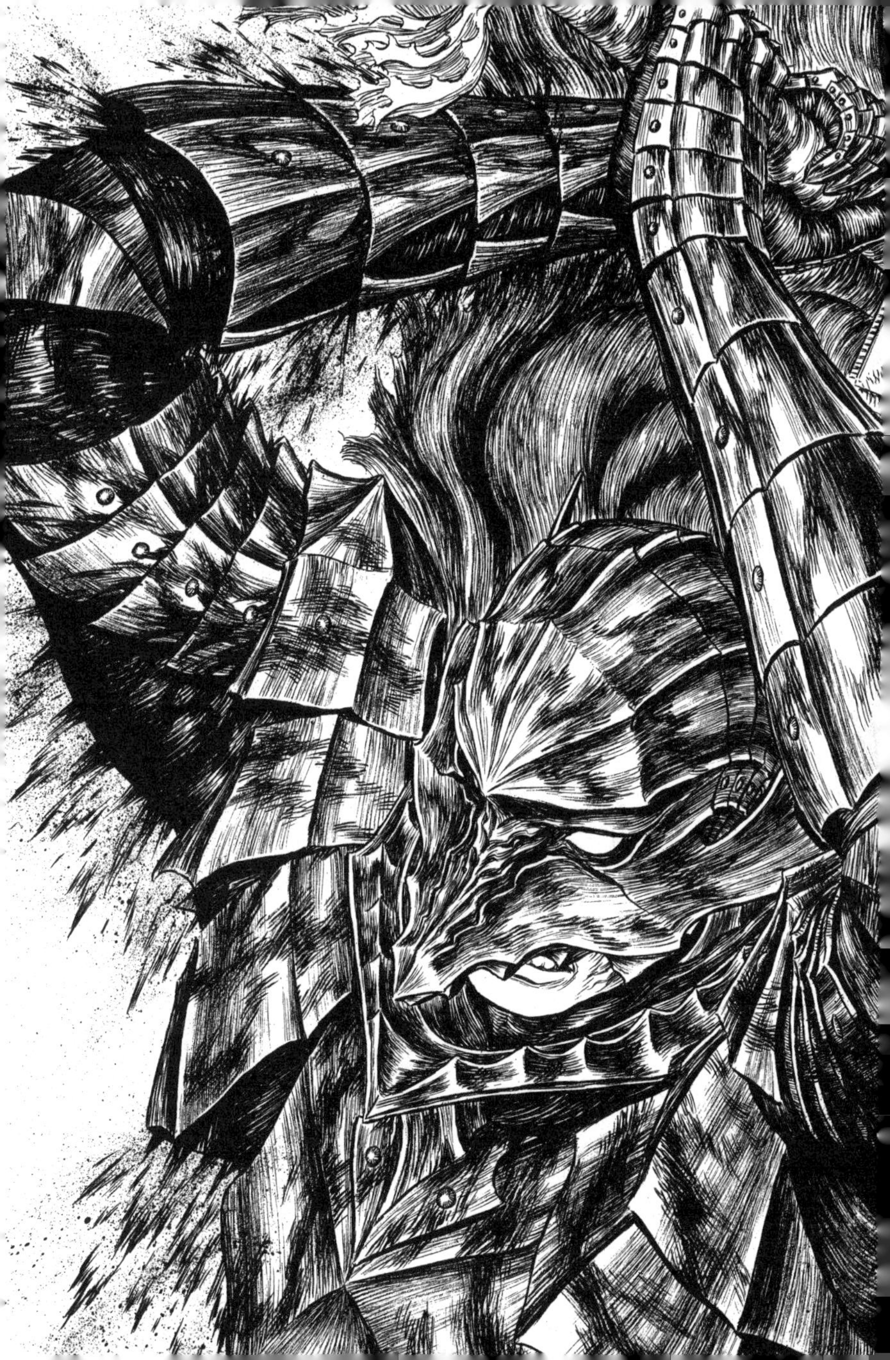

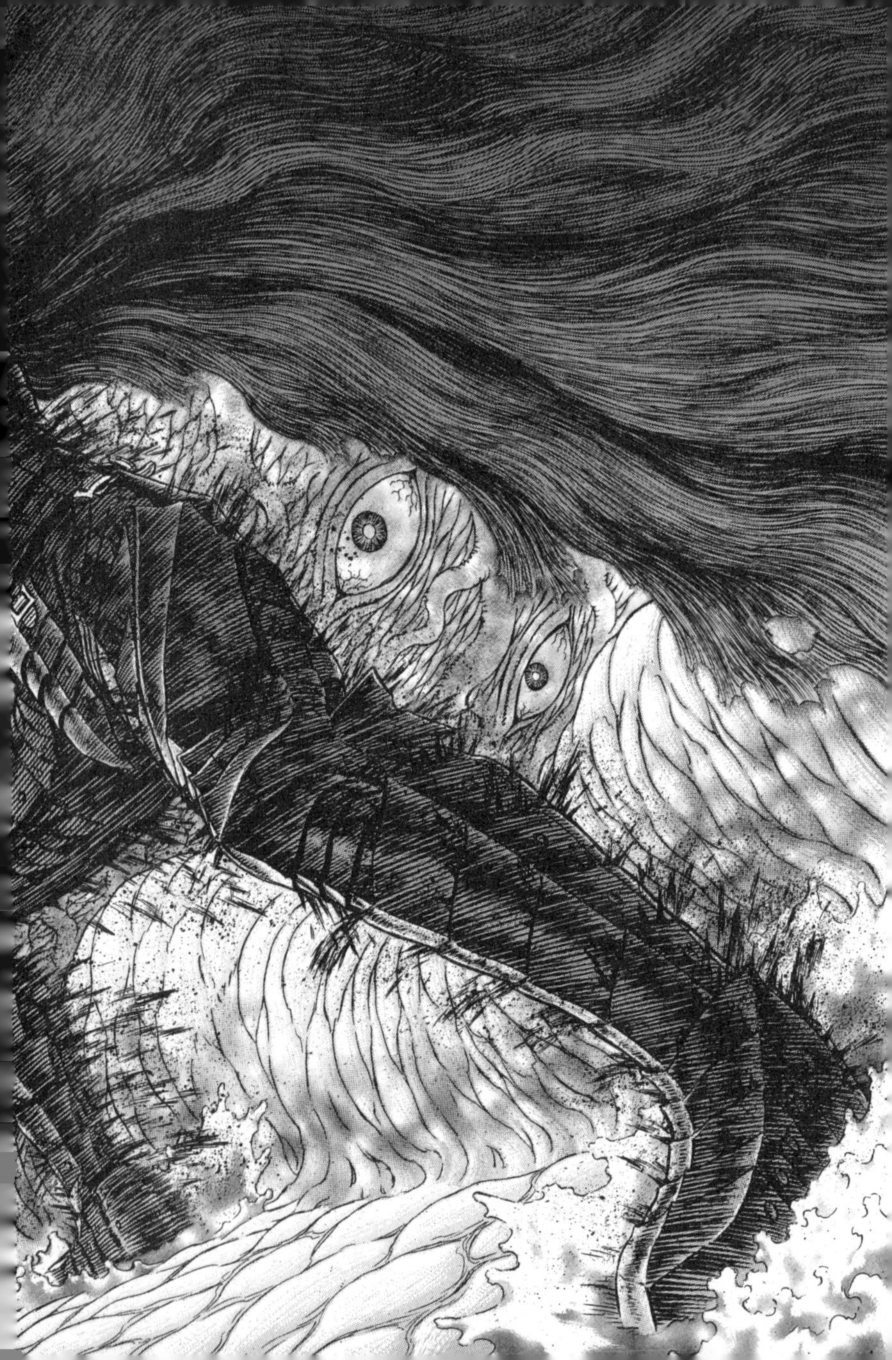

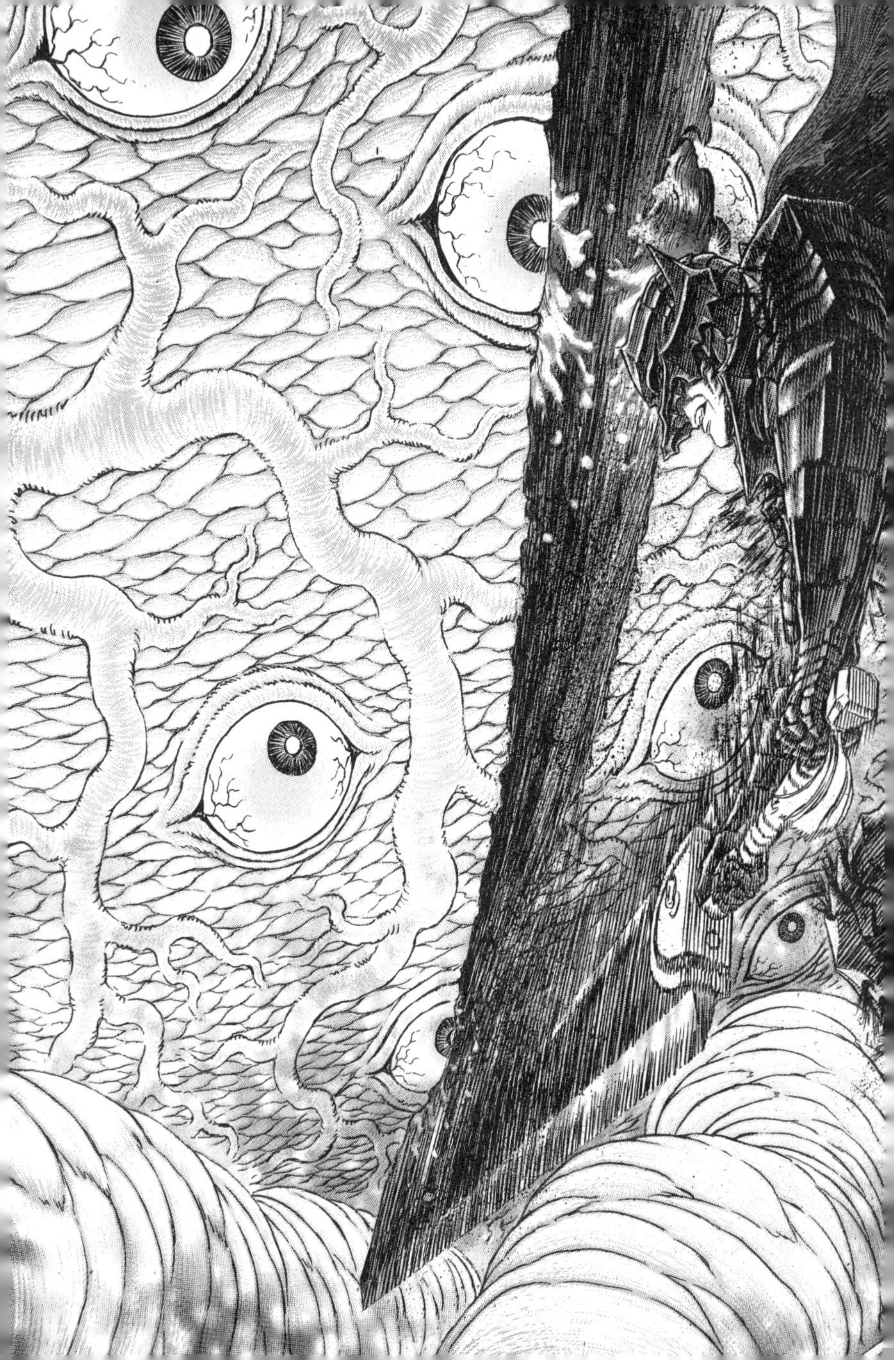

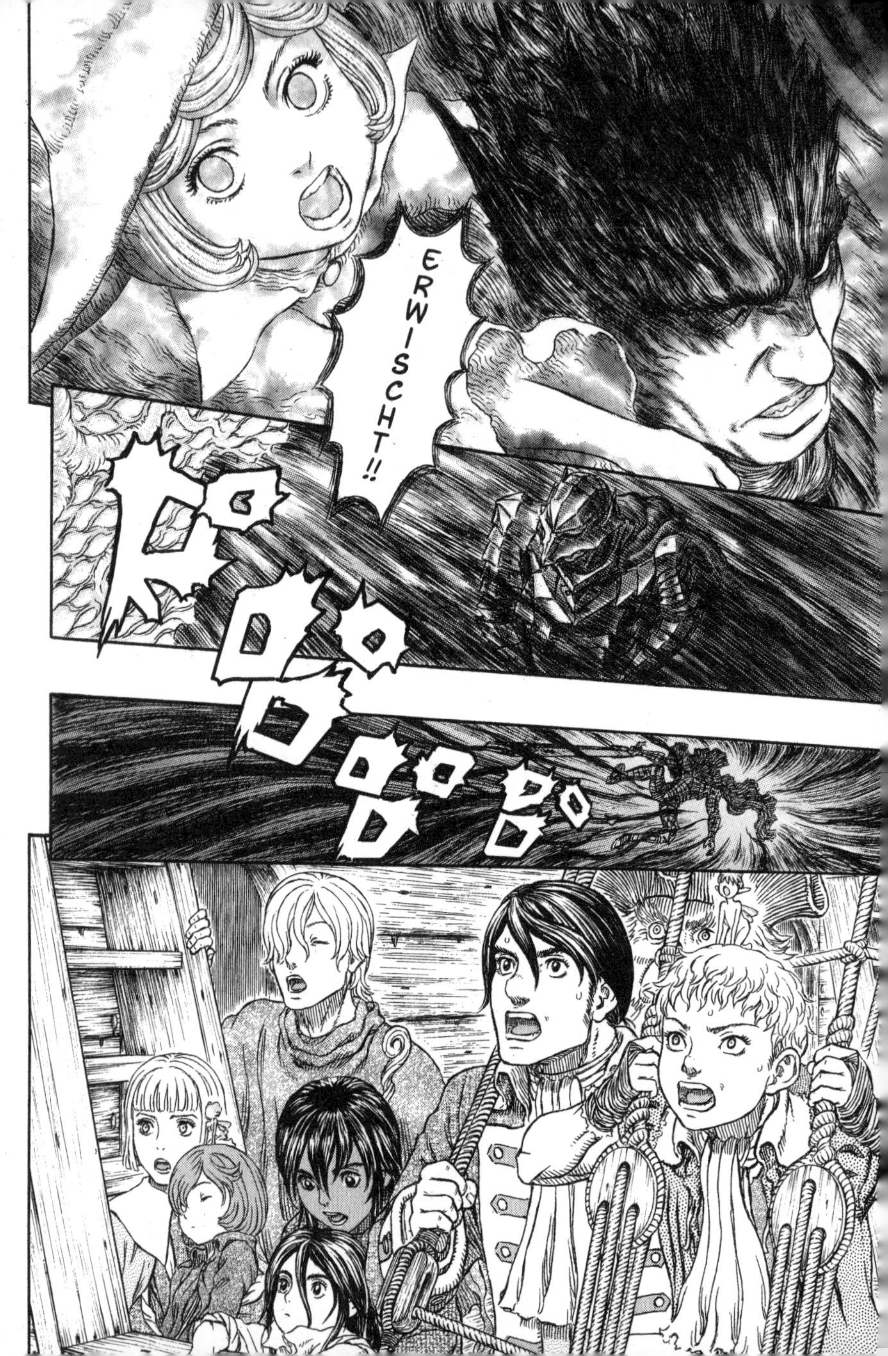
ERWISCHT!!

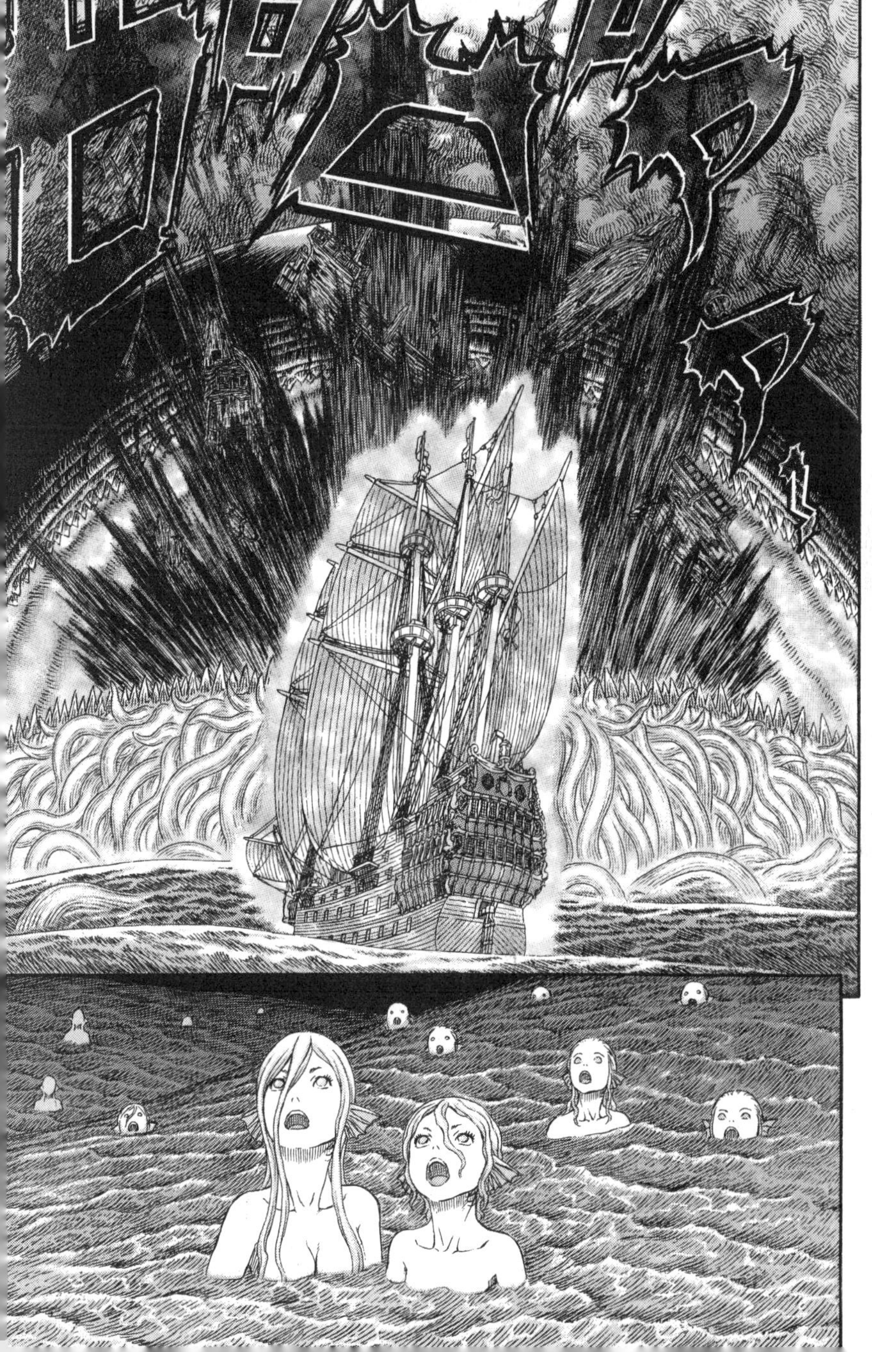

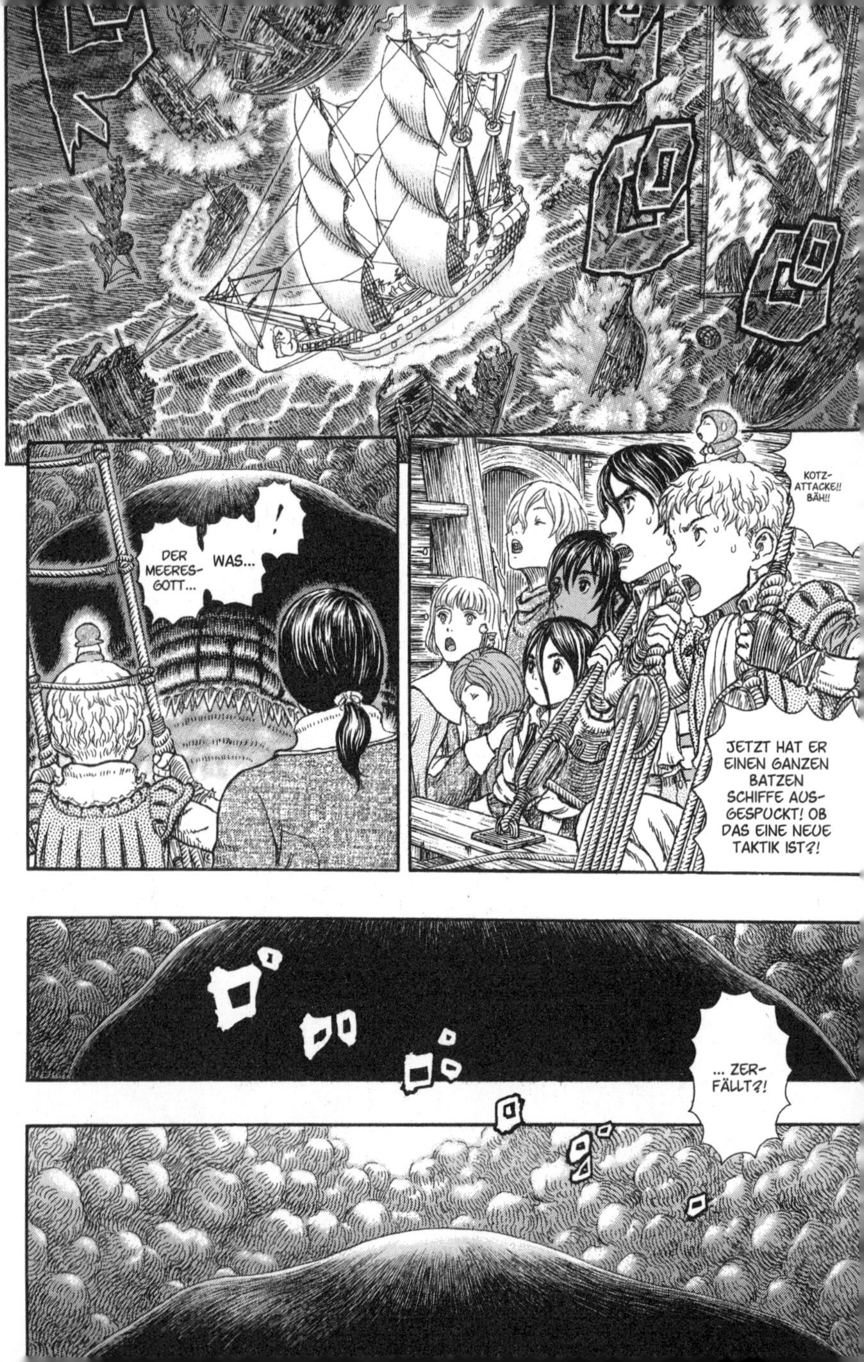

KOTZ-ATTACKE!! BÄH!!

JETZT HAT ER EINEN GANZEN BATZEN SCHIFFE AUS-GESPUCKT! OB DAS EINE NEUE TAKTIK IST?!

!

WAS...

DER MEERES-GOTT...

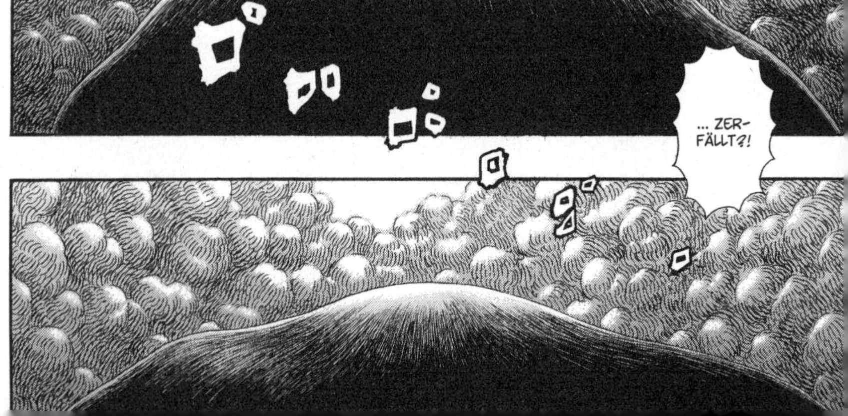

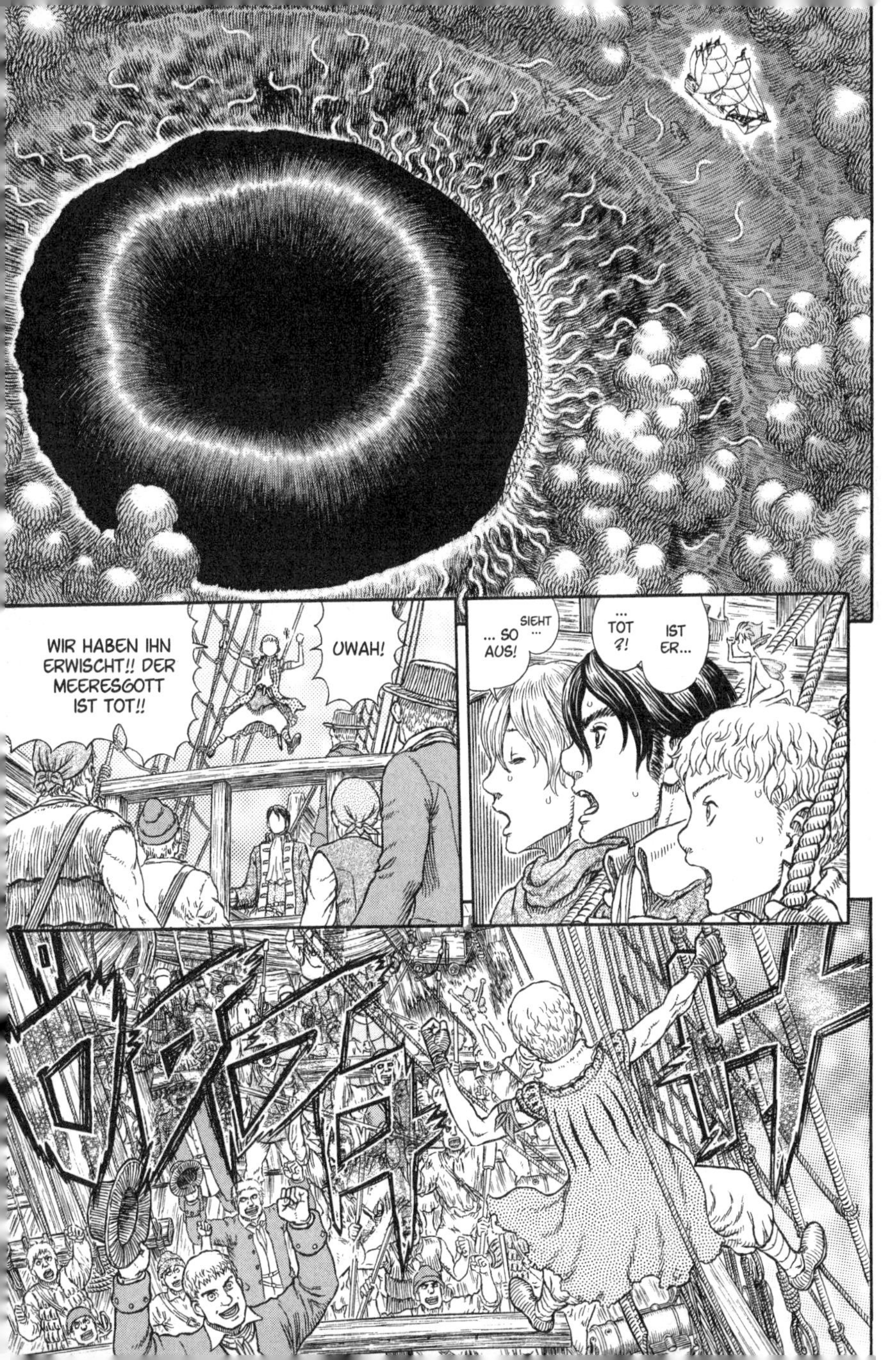

IST ER...
... TOT ?!
SIEHT ...
... SO AUS!
UWAH!
WIR HABEN IHN ERWISCHT!! DER MEERESGOTT IST TOT!!

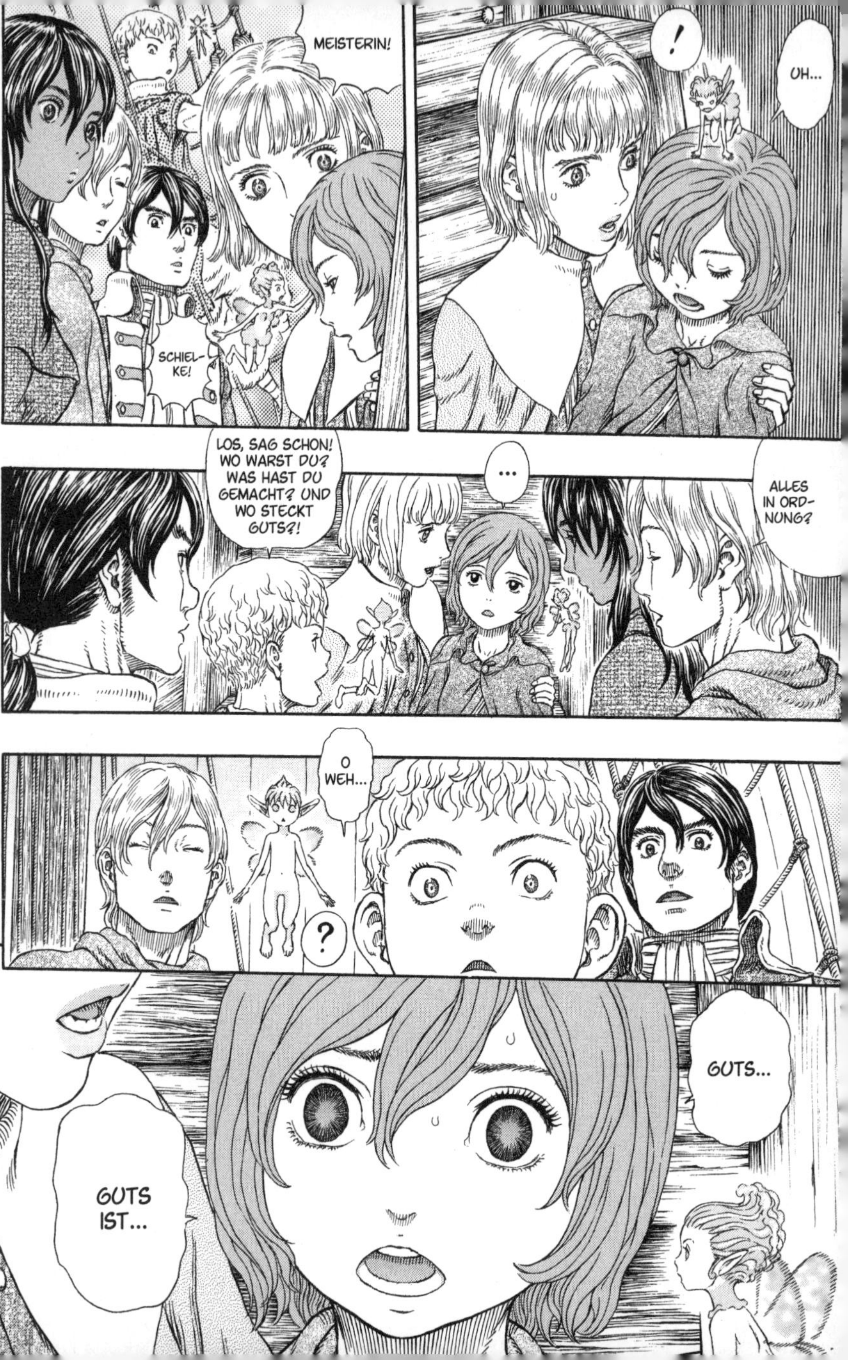

!
UH...
MEISTERIN!
SCHIEL-KE!
ALLES IN ORD-NUNG?
...
LOS, SAG SCHON! WO WARST DU? WAS HAST DU GEMACHT? UND WO STECKT GUTS?!
O WEH...
?

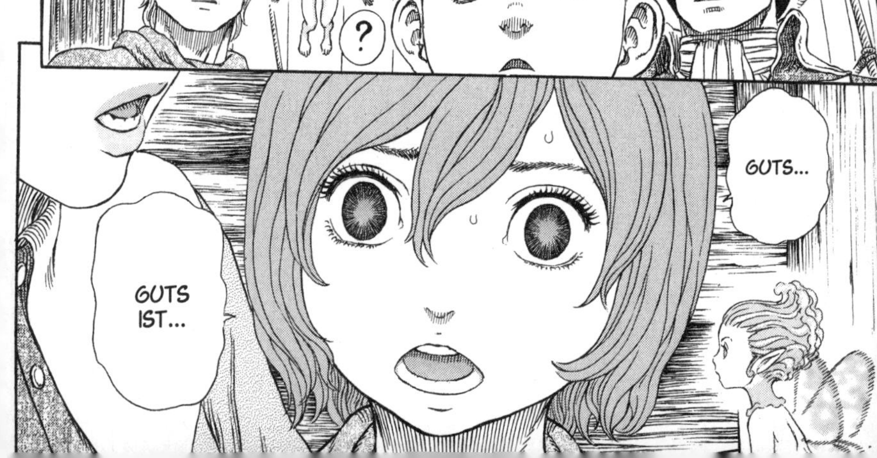

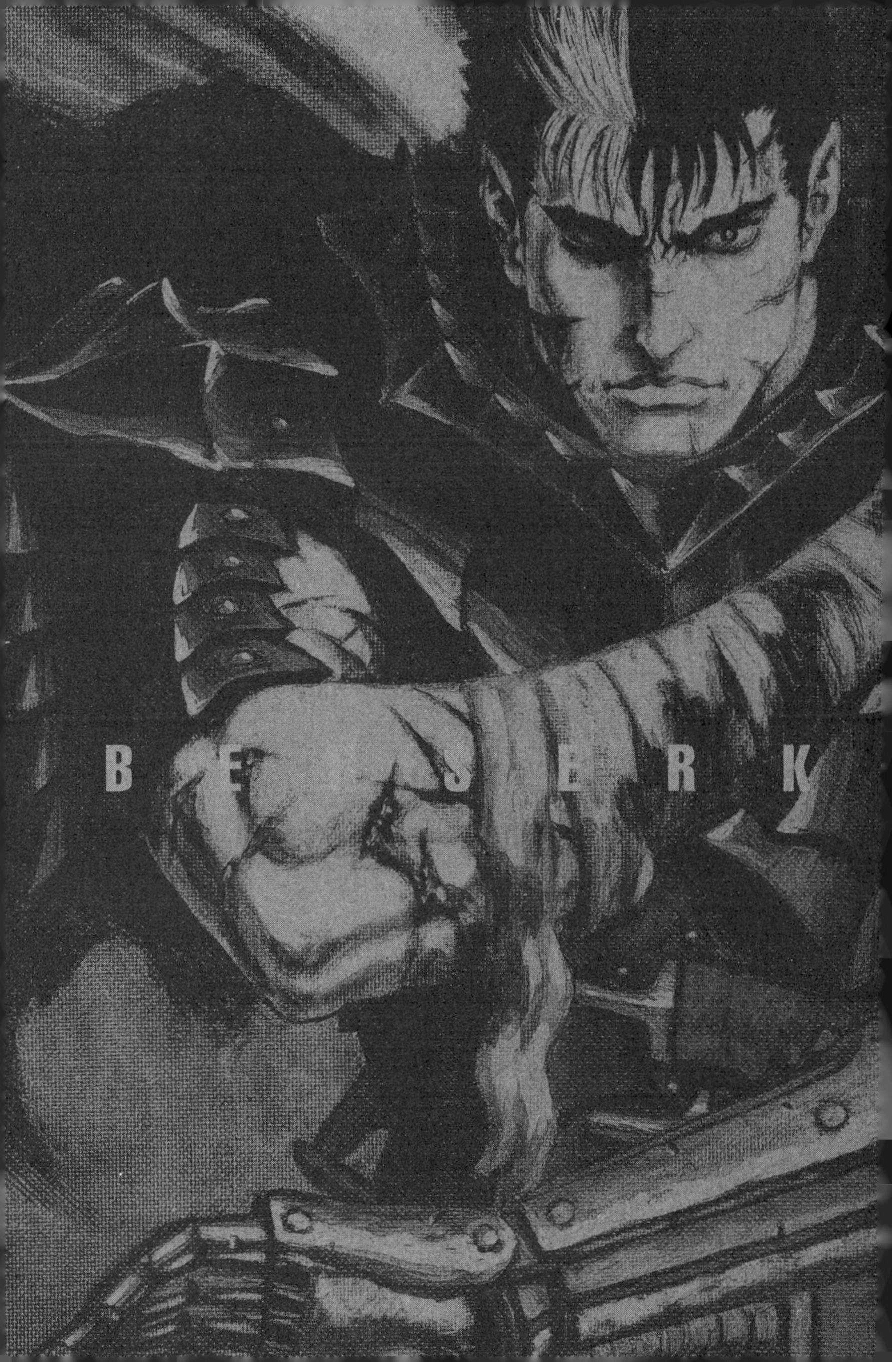

FANTASIA: DIE ELFENINSEL | AUFGETAUCHT

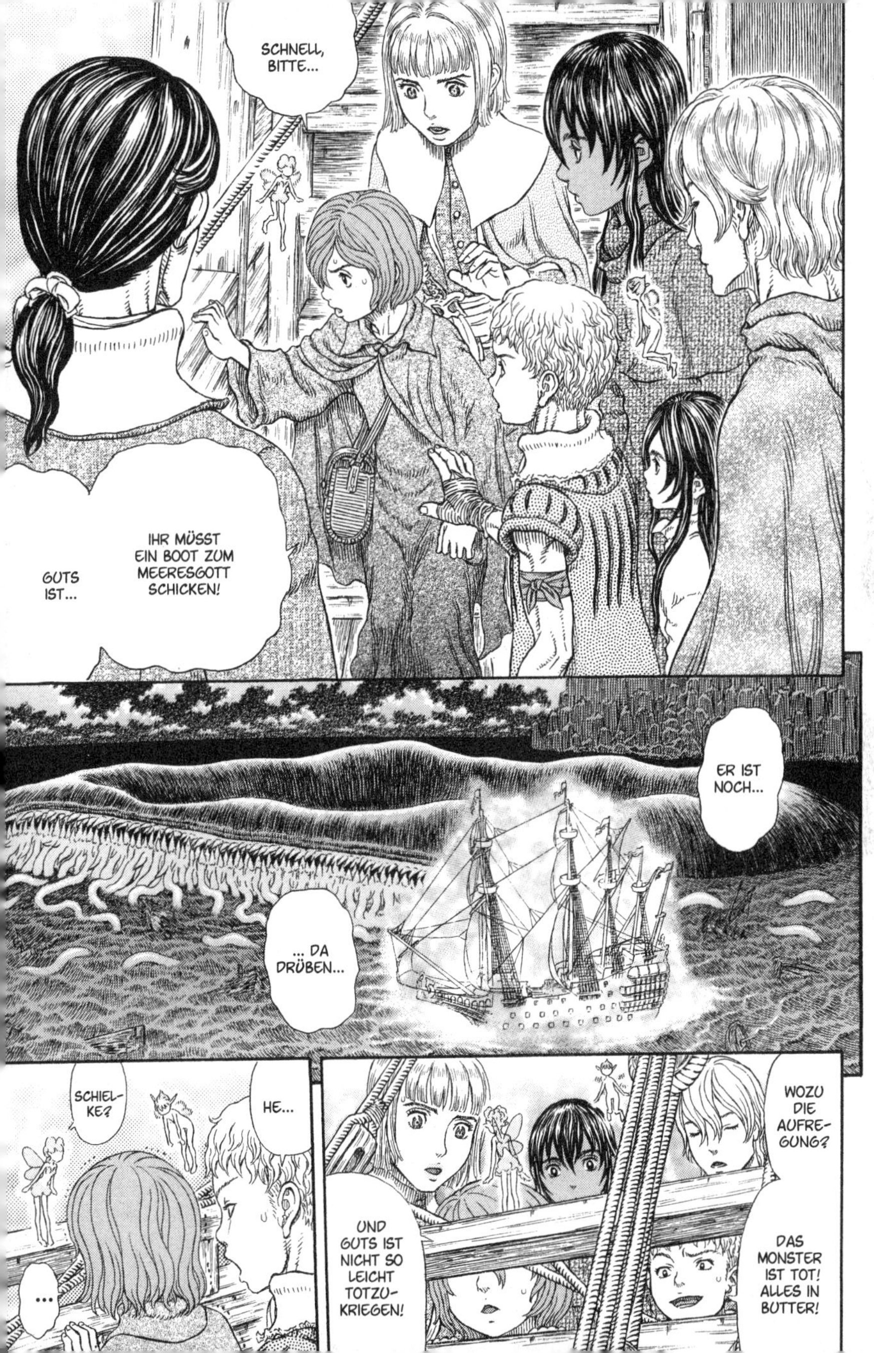

SCHNELL, BITTE...
IHR MÜSST EIN BOOT ZUM MEERESGOTT SCHICKEN!
GUTS IST...
ER IST NOCH...
... DA DRÜBEN...
WOZU DIE AUFRE-GUNG?
DAS MONSTER IST TOT! ALLES IN BUTTER!
UND GUTS IST NICHT SO LEICHT TOTZU-KRIEGEN!
HE...
SCHIEL-KE?
...

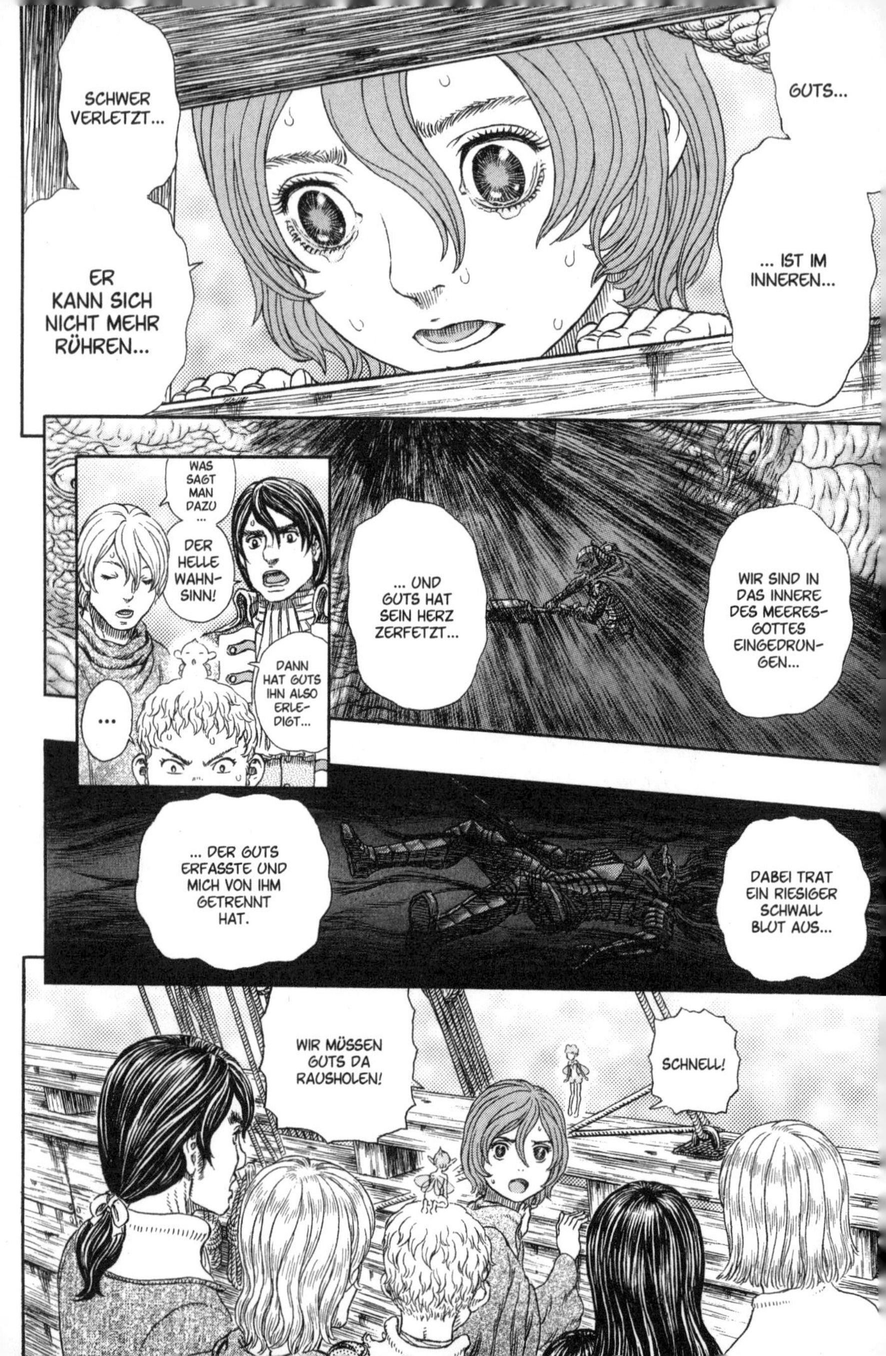
GUTS...
... IST IM INNEREN...
SCHWER VERLETZT...
ER KANN SICH NICHT MEHR RÜHREN...
WIR SIND IN DAS INNERE DES MEERES-GOTTES EINGEDRUN-GEN...
... UND GUTS HAT SEIN HERZ ZERFETZT...
WAS SAGT MAN DAZU ...
DER HELLE WAHN-SINN!
DANN HAT GUTS IHN ALSO ERLE-DIGT...
...
DABEI TRAT EIN RIESIGER SCHWALL BLUT AUS...
... DER GUTS ERFASSTE UND MICH VON IHM GETRENNT HAT.
SCHNELL!
WIR MÜSSEN GUTS DA RAUSHOLEN!

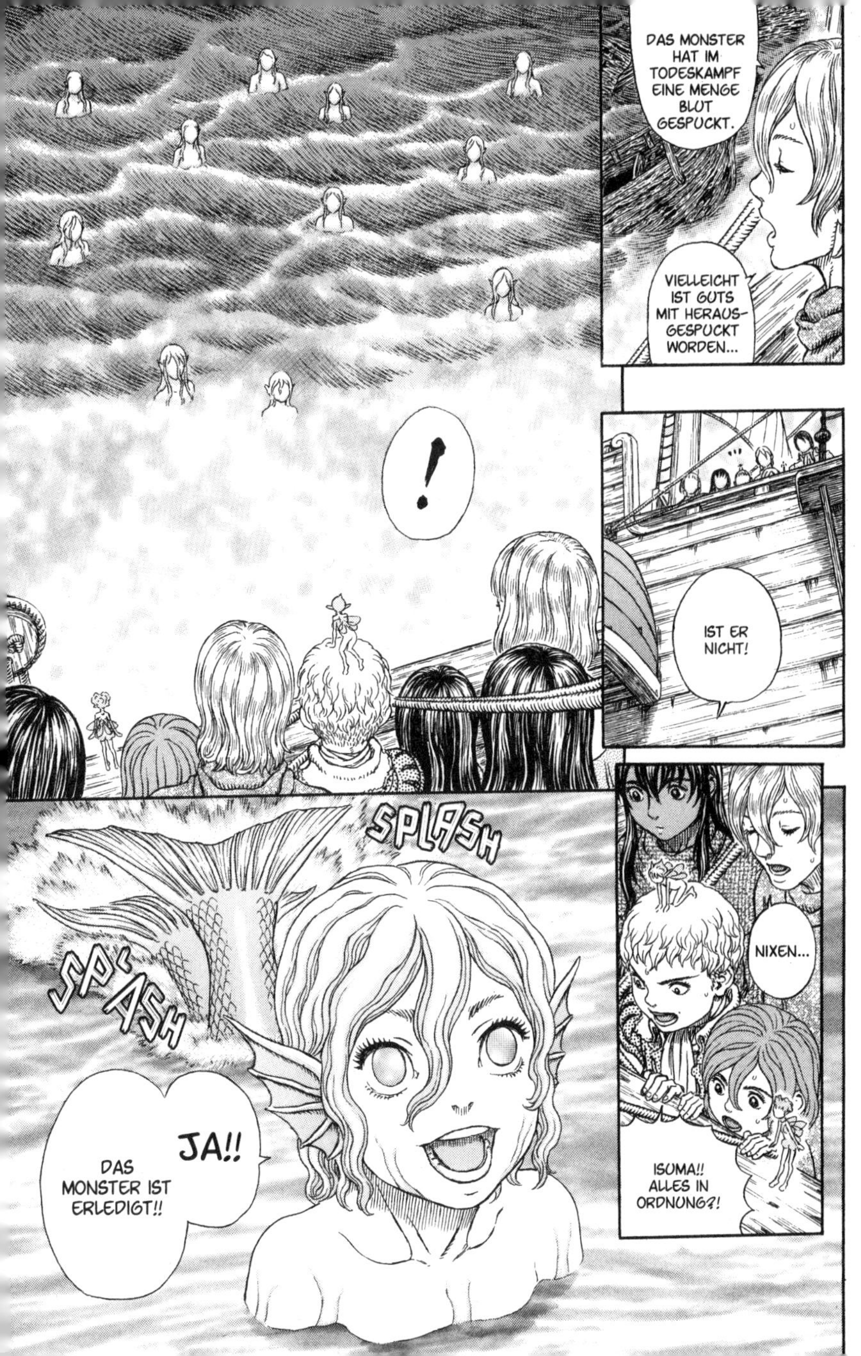
DAS MONSTER HAT IM TODESKAMPF EINE MENGE BLUT GESPUCKT.
VIELLEICHT IST GUTS MIT HERAUS-GESPUCKT WORDEN...
!
IST ER NICHT!
NIXEN...
ISUMA!! ALLES IN ORDNUNG?!
SPLASH
SPLASH
JA!!
DAS MONSTER IST ERLEDIGT!!

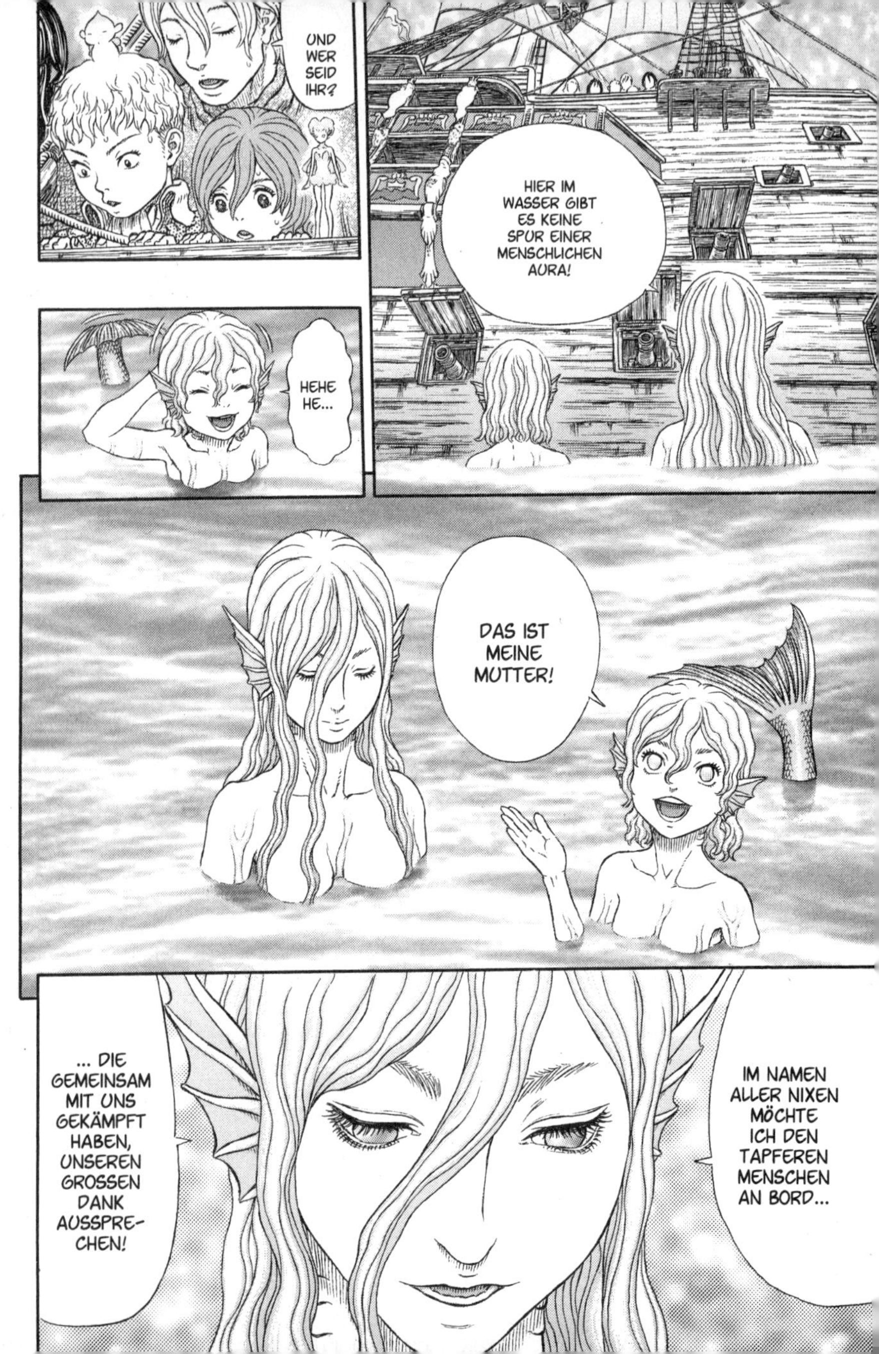
HIER IM WASSER GIBT ES KEINE SPUR EINER MENSCHLICHEN AURA!
UND WER SEID IHR?
HEHE HE...
DAS IST MEINE MUTTER!
IM NAMEN ALLER NIXEN MÖCHTE ICH DEN TAPFEREN MENSCHEN AN BORD...
... DIE GEMEINSAM MIT UNS GEKÄMPFT HABEN, UNSEREN GROSSEN DANK AUSSPRE-CHEN!

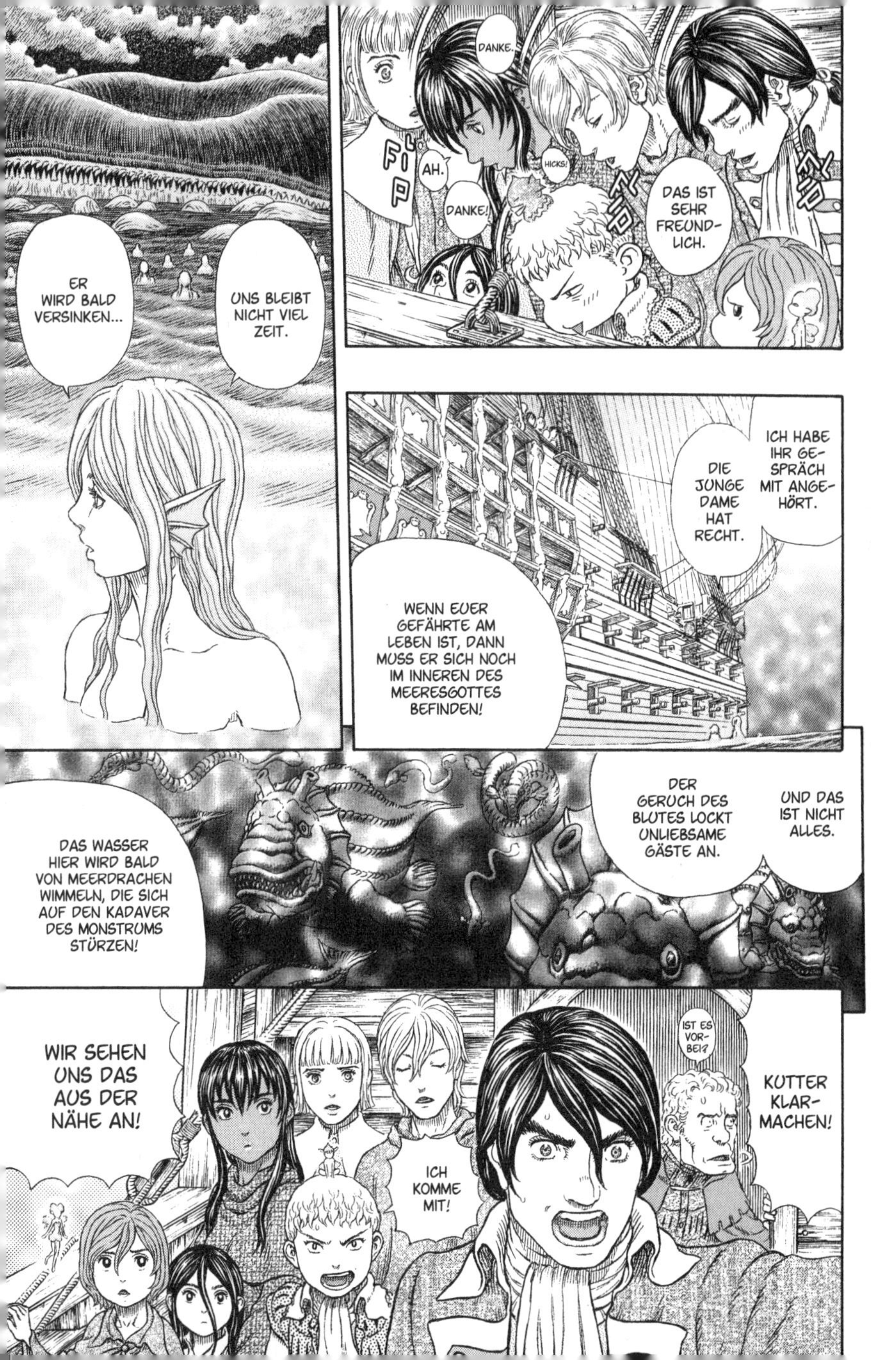

ER WIRD BALD VERSINKEN...
UNS BLEIBT NICHT VIEL ZEIT.
DANKE.
FIP
AH.
DANKE!
HICKS!
DAS IST SEHR FREUND-LICH.
FIP
ICH HABE IHR GE-SPRÄCH MIT ANGE-HÖRT.
DIE JUNGE DAME HAT RECHT.
WENN EUER GEFÄHRTE AM LEBEN IST, DANN MUSS ER SICH NOCH IM INNEREN DES MEERESGOTTES BEFINDEN!
UND DAS IST NICHT ALLES.
DER GERUCH DES BLUTES LOCKT UNLIEBSAME GÄSTE AN.
DAS WASSER HIER WIRD BALD VON MEERDRACHEN WIMMELN, DIE SICH AUF DEN KADAVER DES MONSTRUMS STÜRZEN!
KUTTER KLAR-MACHEN!
IST ES VOR-BEI?
WIR SEHEN UNS DAS AUS DER NÄHE AN!
ICH KOMME MIT!

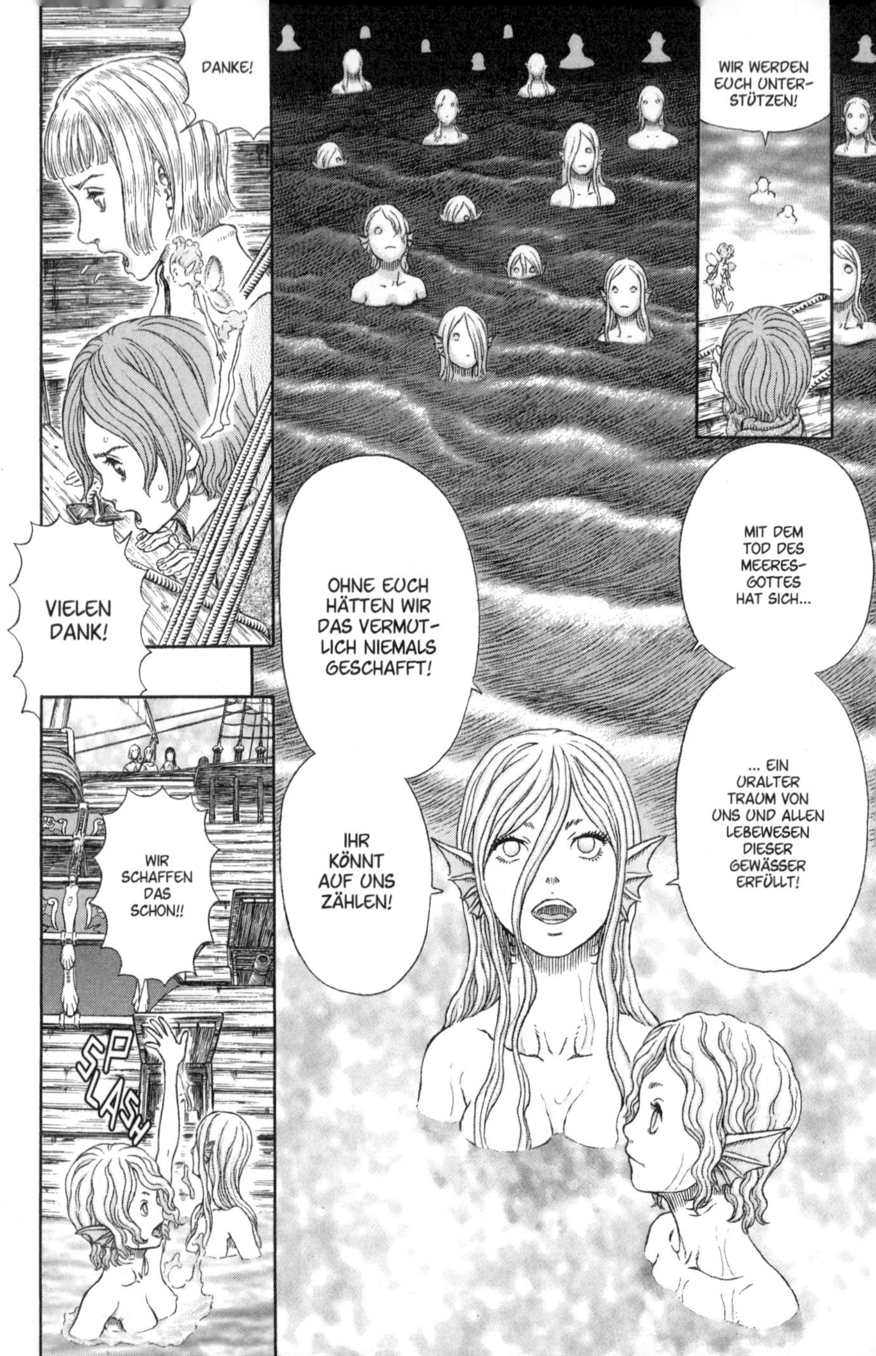
WIR WERDEN EUCH UNTER-STÜTZEN!
MIT DEM TOD DES MEERES-GOTTES HAT SICH...
... EIN URALTER TRAUM VON UNS UND ALLEN LEBEWESEN DIESER GEWÄSSER ERFÜLLT!
OHNE EUCH HÄTTEN WIR DAS VERMUT-LICH NIEMALS GESCHAFFT!
IHR KÖNNT AUF UNS ZÄHLEN!
DANKE!
VIELEN DANK!
WIR SCHAFFEN DAS SCHON!!
SPLASH

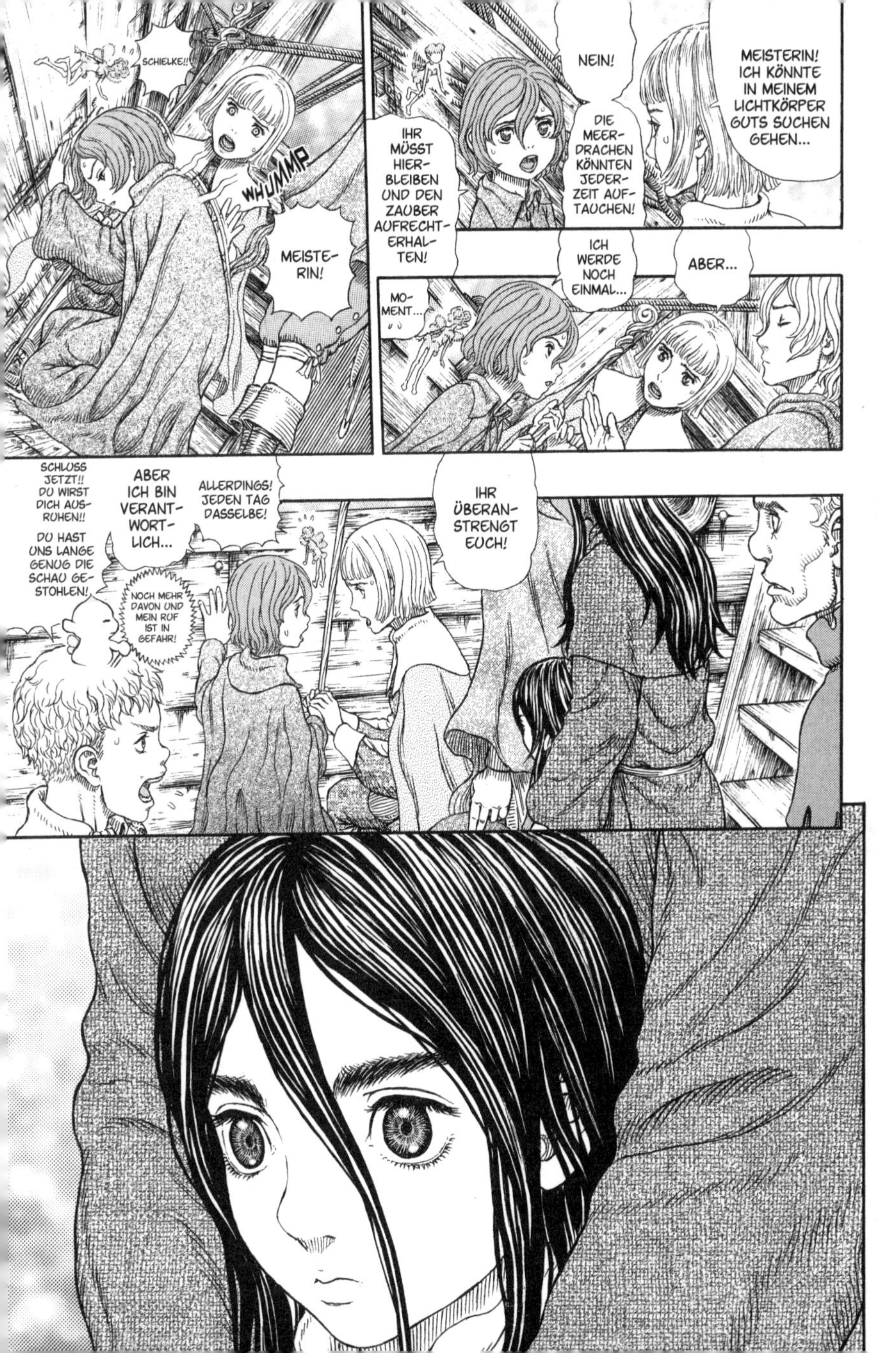
MEISTERIN! ICH KÖNNTE IN MEINEM LICHTKÖRPER GUTS SUCHEN GEHEN...
NEIN!
DIE MEERDRACHEN KÖNNTEN JEDERZEIT AUFTAUCHEN!
IHR MÜSST HIERBLEIBEN UND DEN ZAUBER AUFRECHTERHALTEN!
ABER...
ICH WERDE NOCH EINMAL...
MOMENT...
SCHIELKE!!
WHUMMP
MEISTERIN!
IHR ÜBERANSTRENGT EUCH!
ALLERDINGS! JEDEN TAG DASSELBE!
ABER ICH BIN VERANTWORTLICH...
SCHLUSS JETZT!! DU WIRST DICH AUSRUHEN!!
DU HAST UNS LANGE GENUG DIE SCHAU GESTOHLEN!
NOCH MEHR DAVON UND MEIN RUF IST IN GEFAHR!

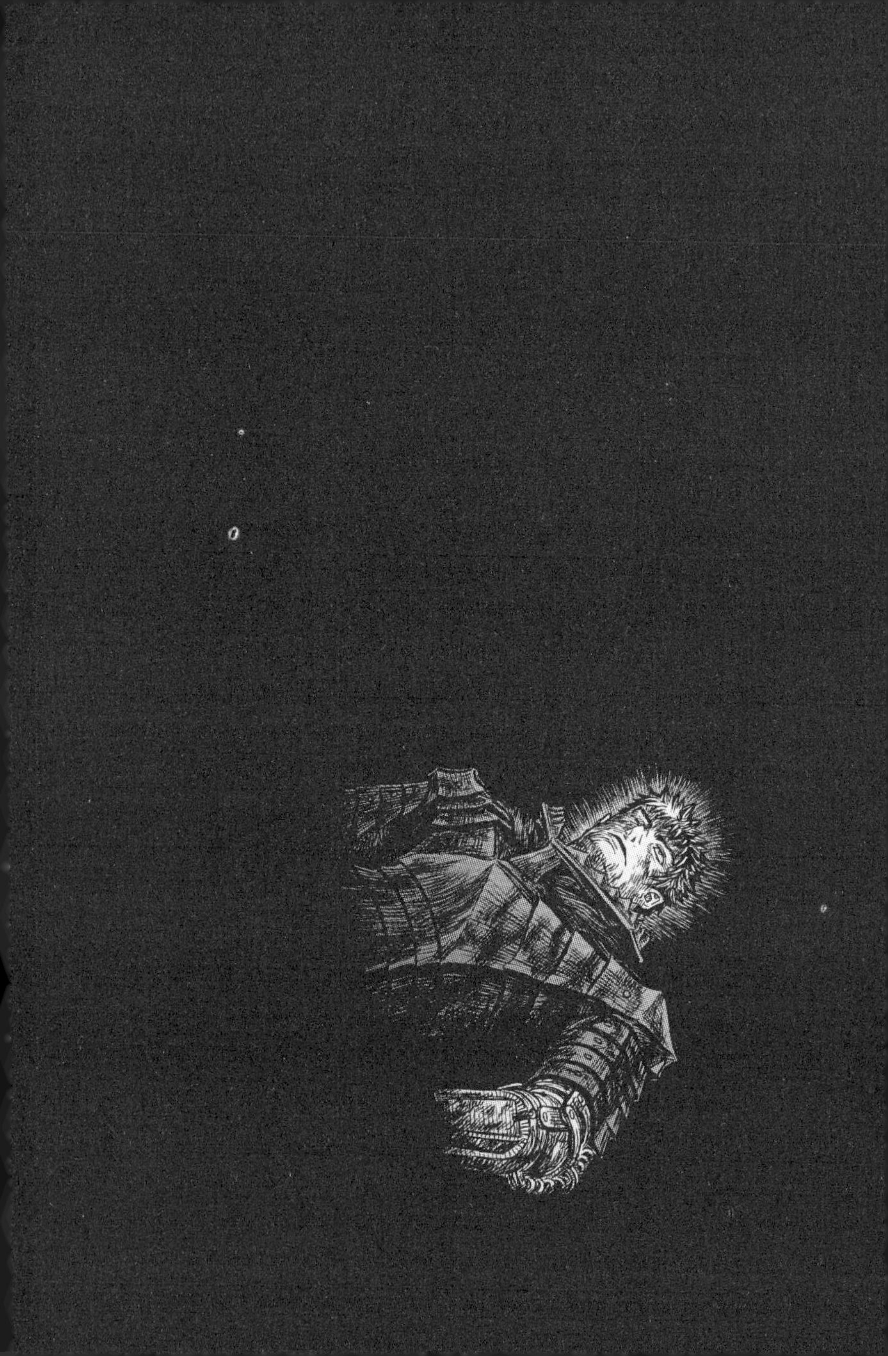

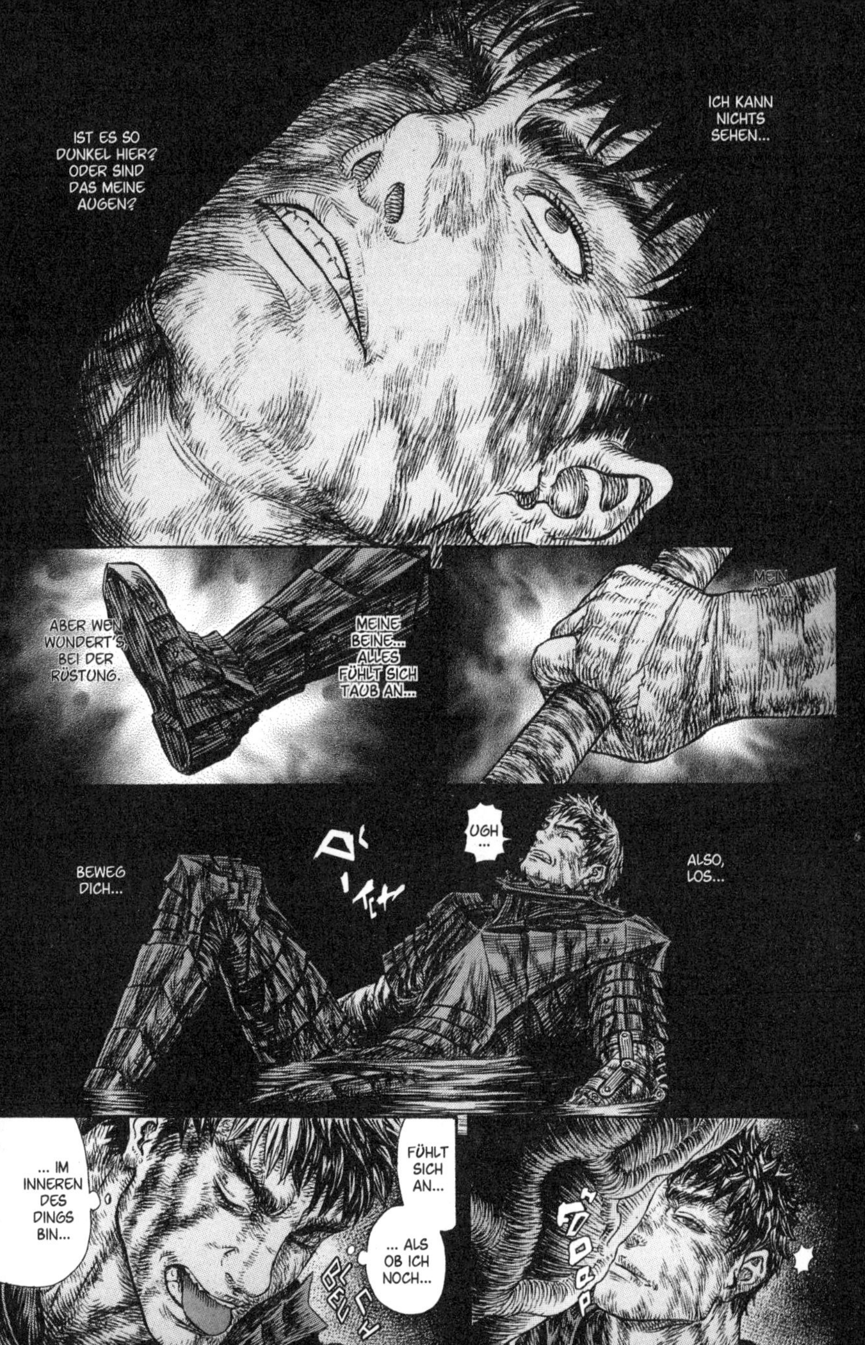
ICH KANN NICHTS SEHEN...
IST ES SO DUNKEL HIER? ODER SIND DAS MEINE AUGEN?
MEIN ARM...
MEINE BEINE... ALLES FÜHLT SICH TAUB AN...
ABER WEN WUNDERT'S, BEI DER RÜSTUNG.
ALSO, LOS...
UGH ...
BEWEG DICH...
FÜHLT SICH AN...
... ALS OB ICH NOCH...
... IM INNEREN DES DINGS BIN...

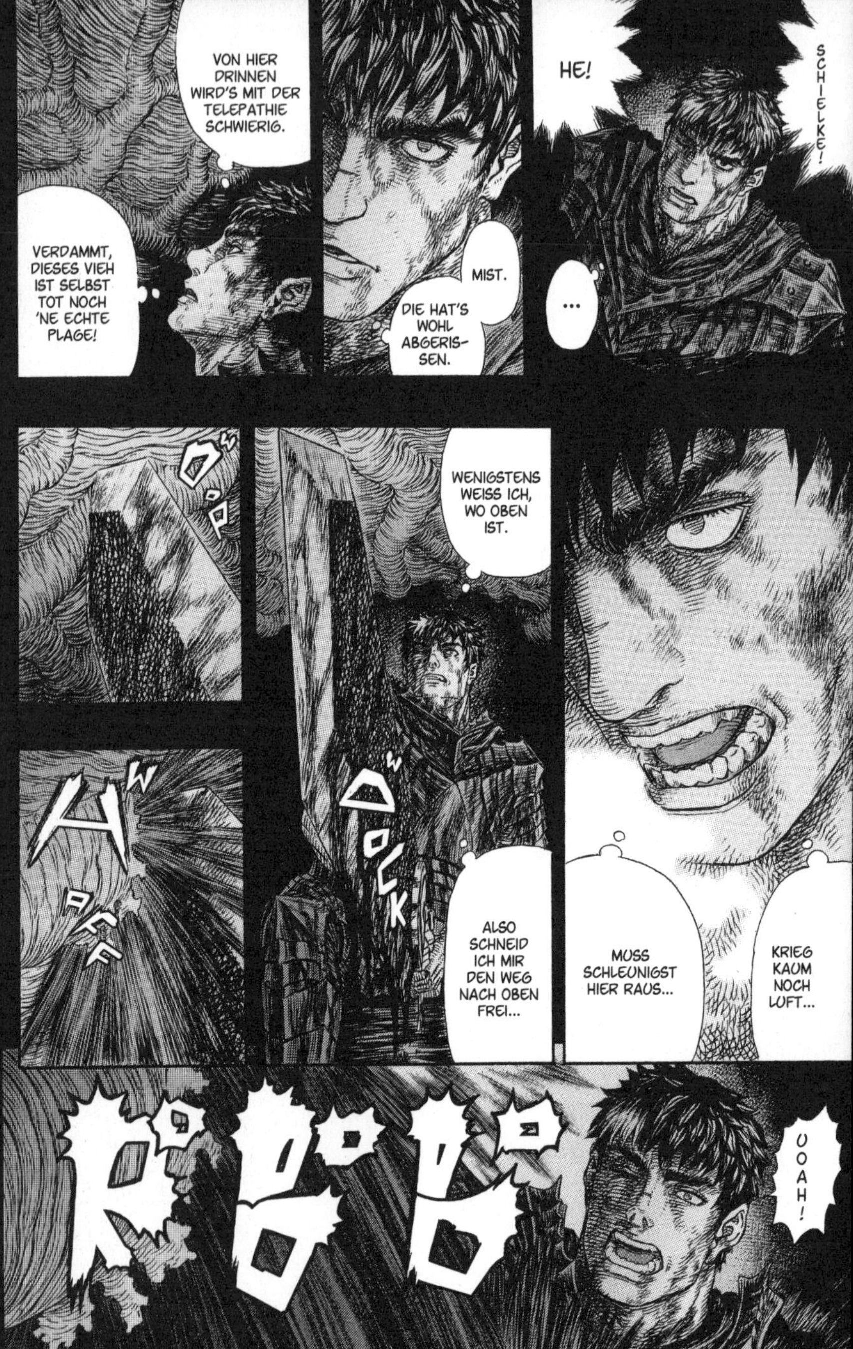
HE!
SCHIELKE!
...
MIST.
DIE HAT'S WOHL ABGERISSEN.
VON HIER DRINNEN WIRD'S MIT DER TELEPATHIE SCHWIERIG.
VERDAMMT, DIESES VIEH IST SELBST TOT NOCH 'NE ECHTE PLAGE!
KRIEG KAUM NOCH LUFT...
MUSS SCHLEUNIGST HIER RAUS...
WENIGSTENS WEISS ICH, WO OBEN IST.
ALSO SCHNEID ICH MIR DEN WEG NACH OBEN FREI...
UOAH!

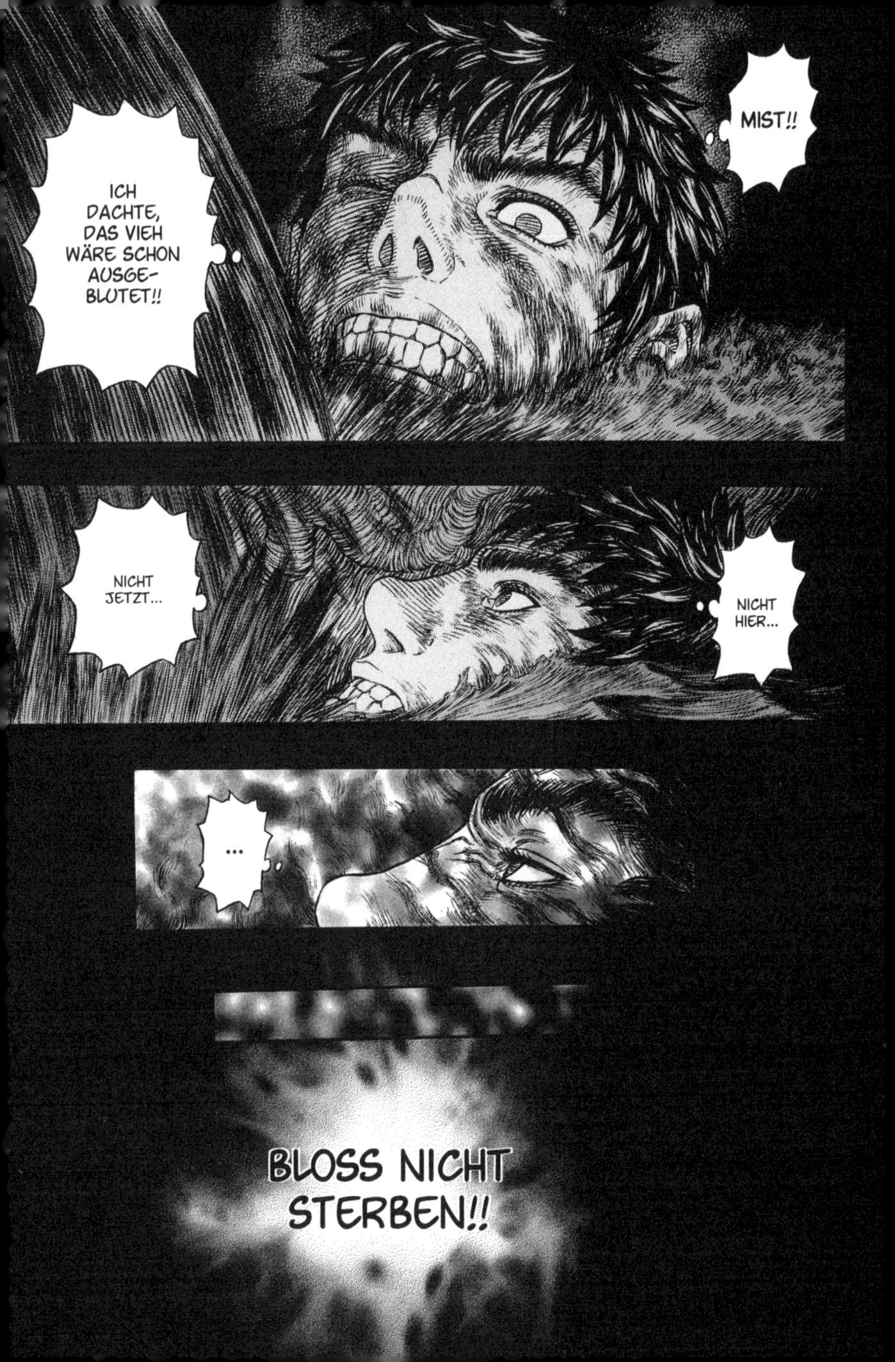

MIST!!
ICH DACHTE, DAS VIEH WÄRE SCHON AUSGE-BLUTET!!

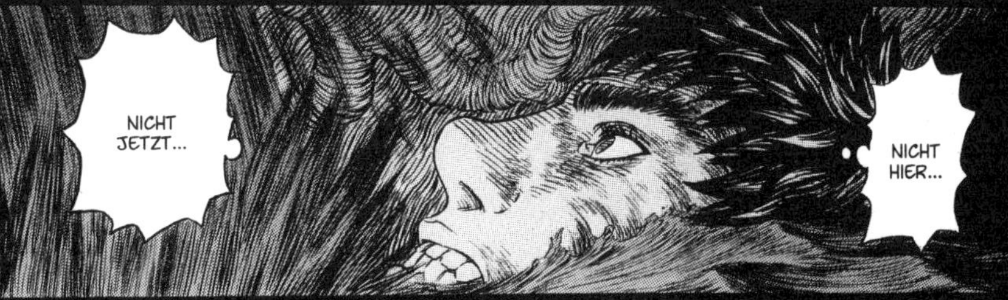

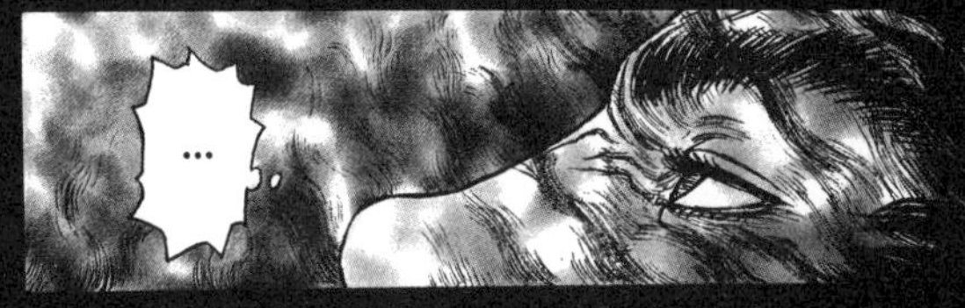

BLOSS NICHT STERBEN!!

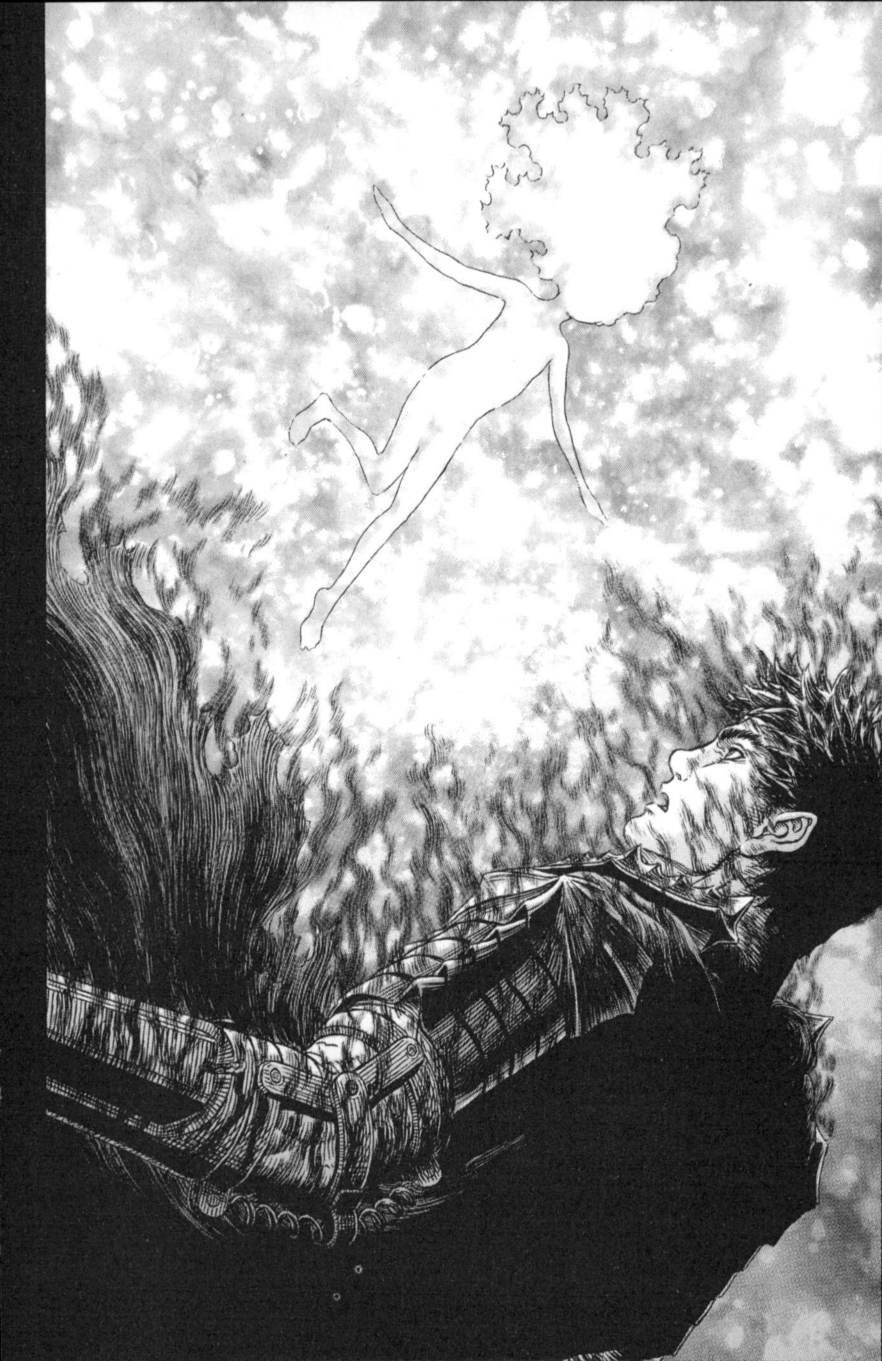

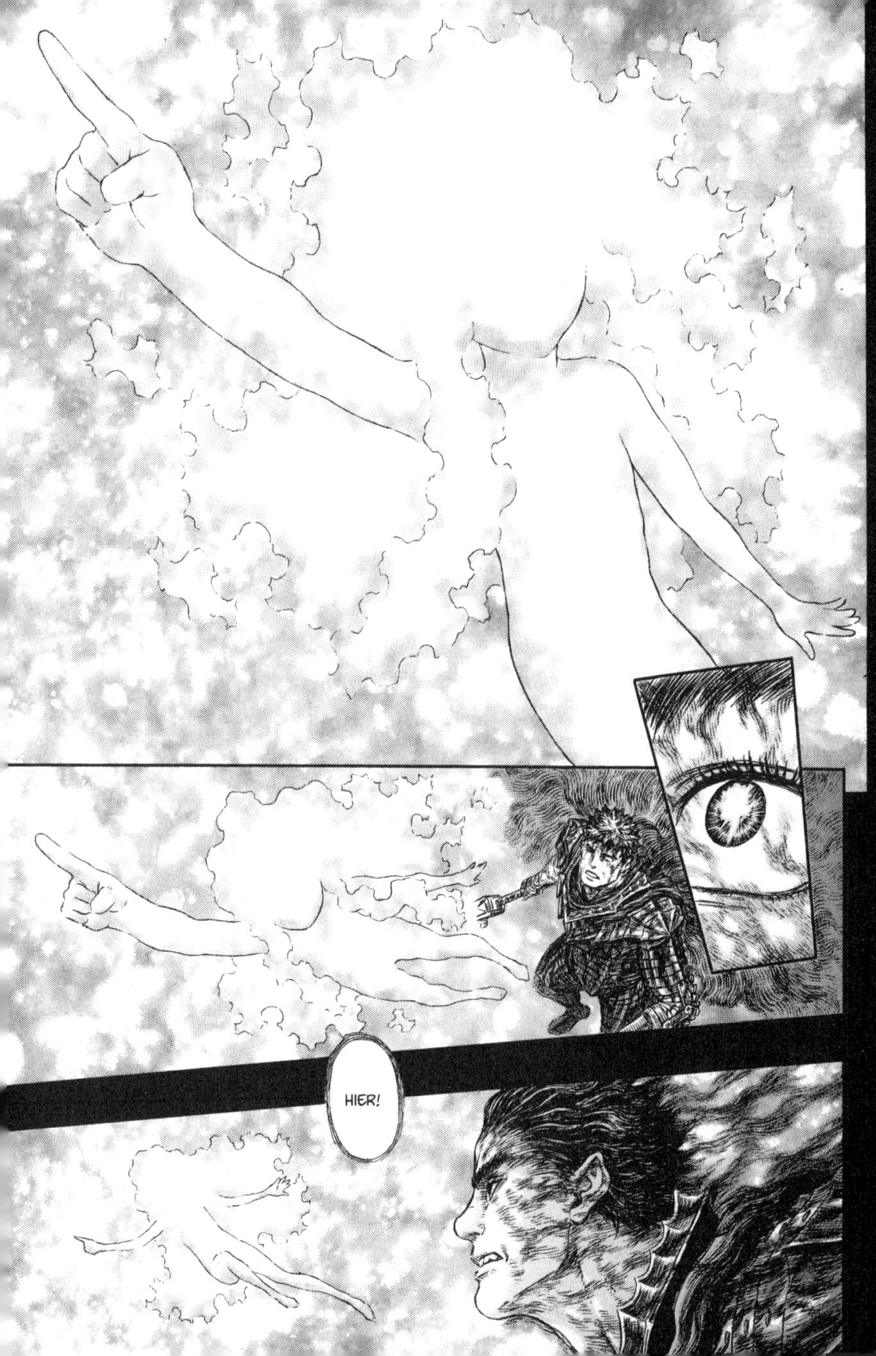
HIER!

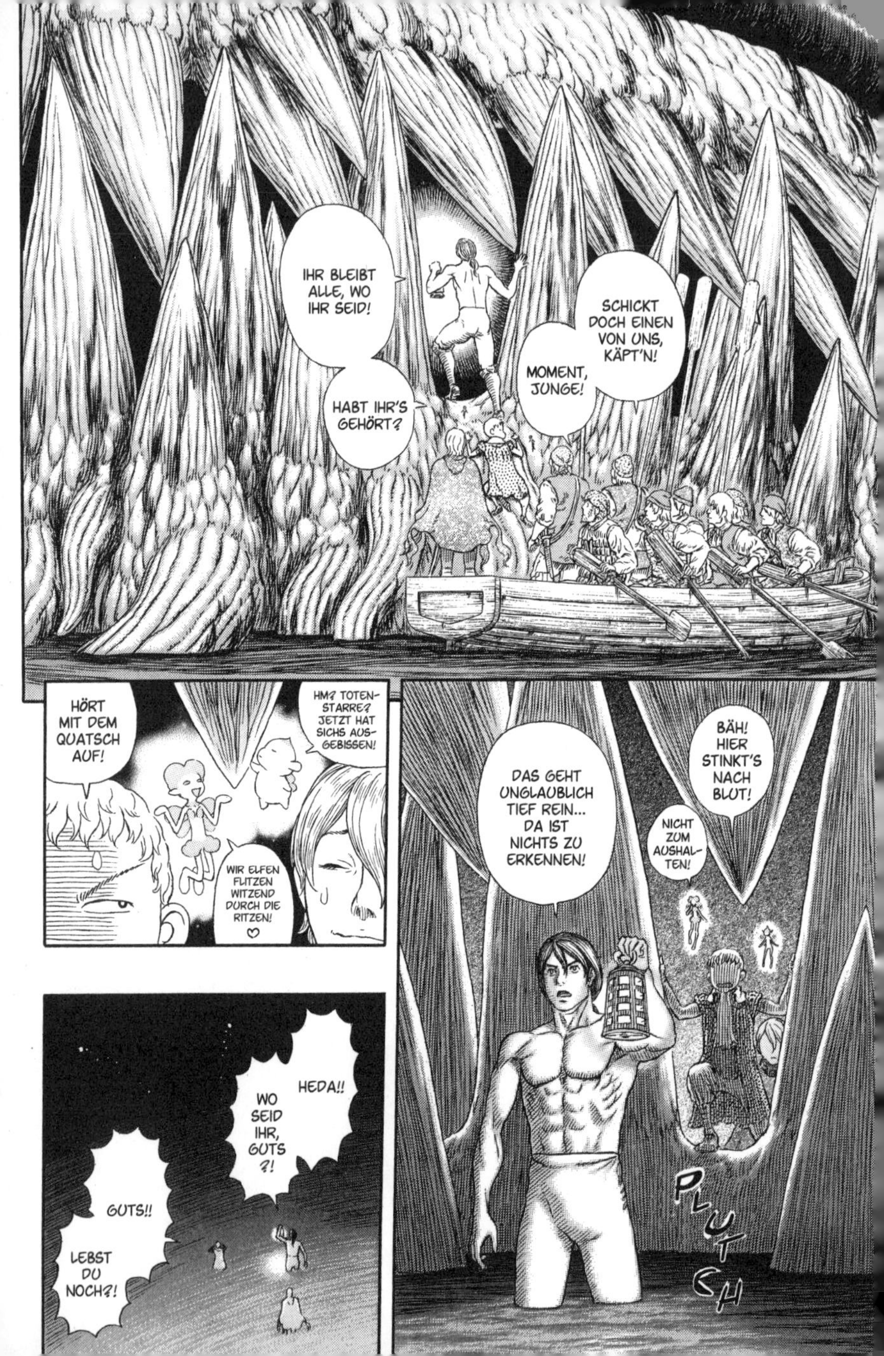
SCHICKT DOCH EINEN VON UNS, KÄPT'N!
MOMENT, JUNGE!
IHR BLEIBT ALLE, WO IHR SEID!
HABT IHR'S GEHÖRT?
BÄH! HIER STINKT'S NACH BLUT!
NICHT ZUM AUSHAL-TEN!
DAS GEHT UNGLAUBLICH TIEF REIN... DA IST NICHTS ZU ERKENNEN!
PLUTCH
HM? TOTEN-STARRE? JETZT HAT SICHS AUS-GEBISSEN!
HÖRT MIT DEM QUATSCH AUF!
WIR ELFEN FLITZEN WITZEND DURCH DIE RITZEN! ♡
HEDA!!
WO SEID IHR, GUTS?!
GUTS!!
LEBST DU NOCH?!

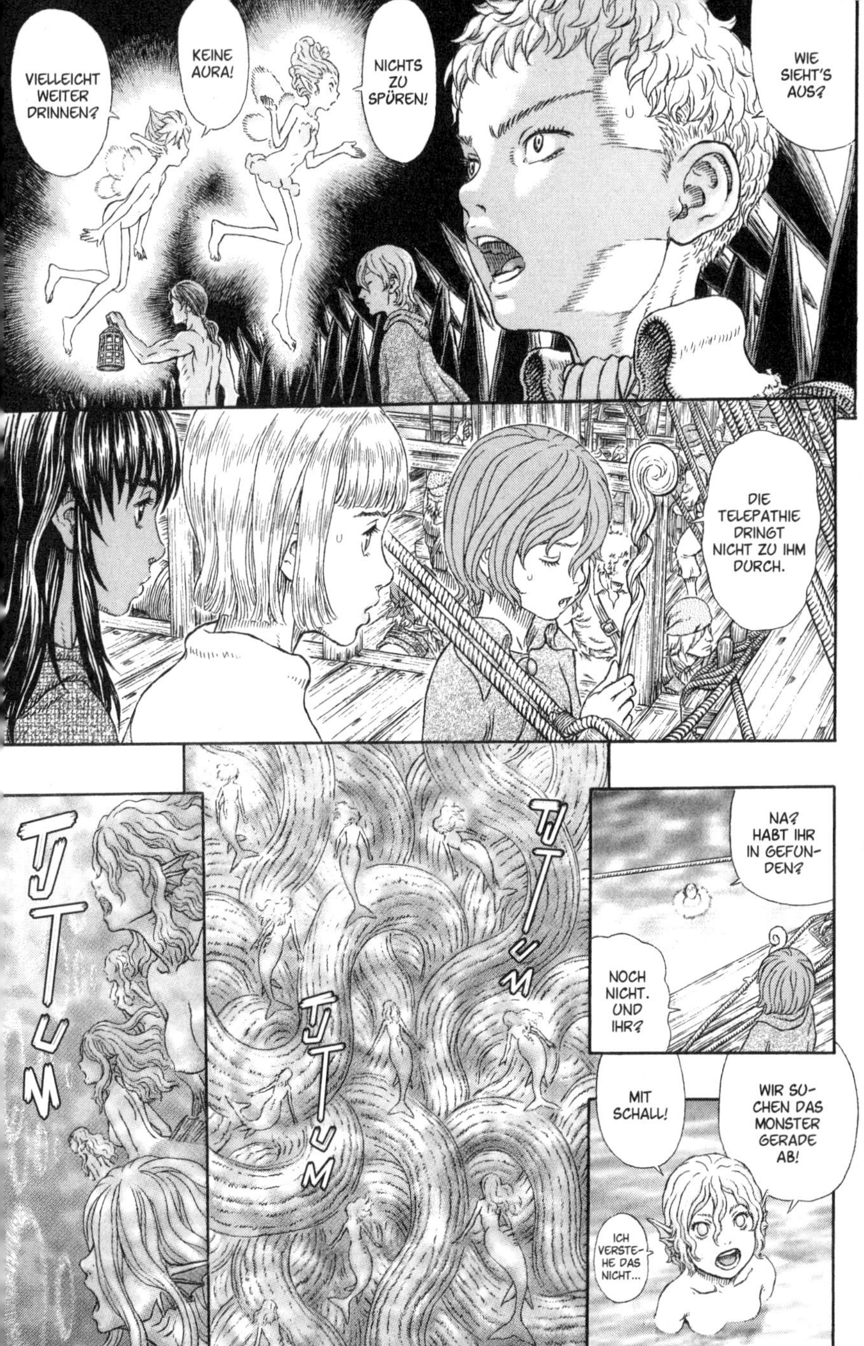
WIE SIEHT'S AUS?
NICHTS ZU SPÜREN!
KEINE AURA!
VIELLEICHT WEITER DRINNEN?
DIE TELEPATHIE DRINGT NICHT ZU IHM DURCH.
NA? HABT IHR IN GEFUNDEN?
NOCH NICHT. UND IHR?
WIR SUCHEN DAS MONSTER GERADE AB!
MIT SCHALL!
ICH VERSTEHE DAS NICHT...
TUTUM
TUTUM
TUTUM

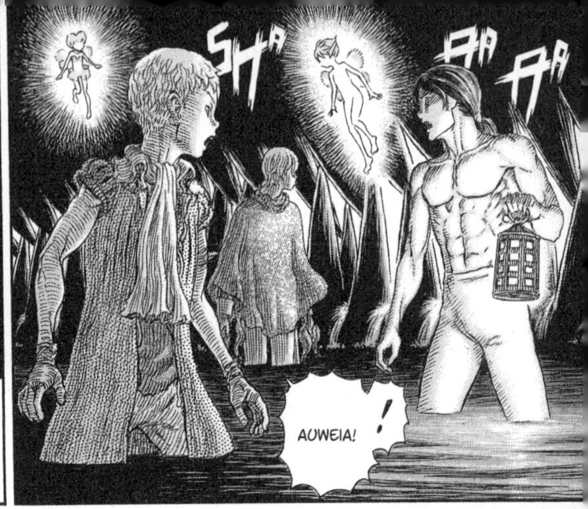
AUWEIA!
!

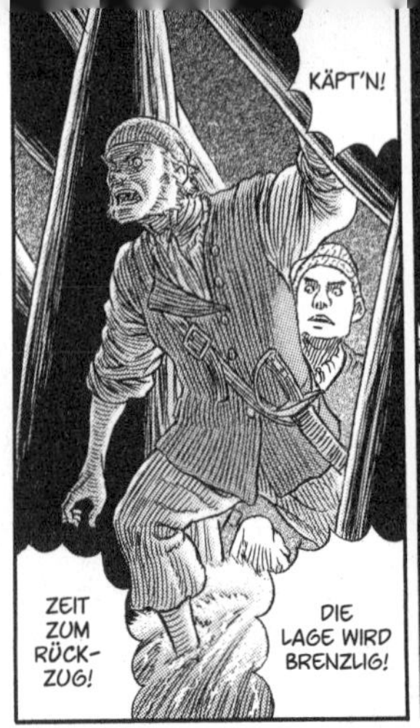
KÄPT'N!
DIE LAGE WIRD BRENZLIG!
ZEIT ZUM RÜCK-ZUG!

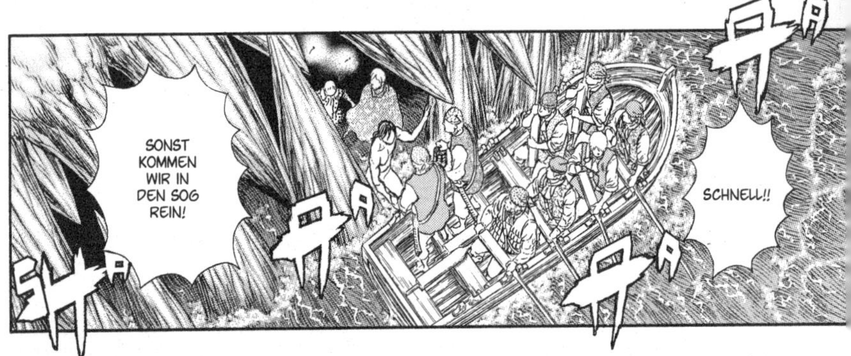
SCHNELL!!
SONST KOMMEN WIR IN DEN SOG REIN!

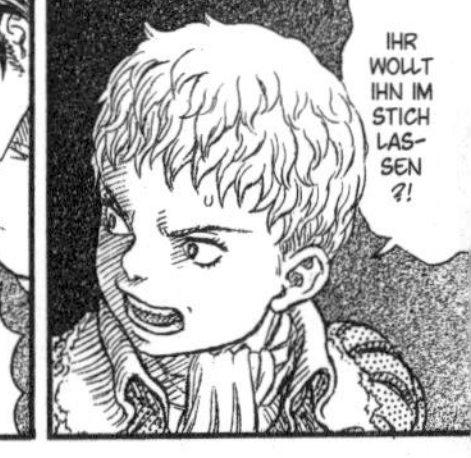
IHR WOLLT IHN IM STICH LAS-SEN?!

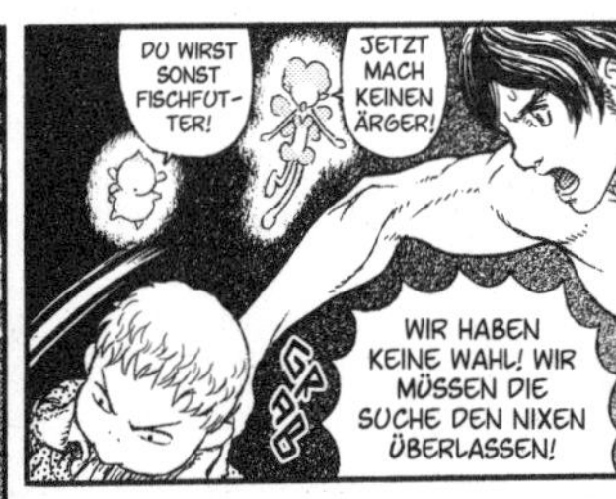
JETZT MACH KEINEN ÄRGER!
DU WIRST SONST FISCHFUT-TER!
WIR HABEN KEINE WAHL! WIR MÜSSEN DIE SUCHE DEN NIXEN ÜBERLASSEN!
GRAB

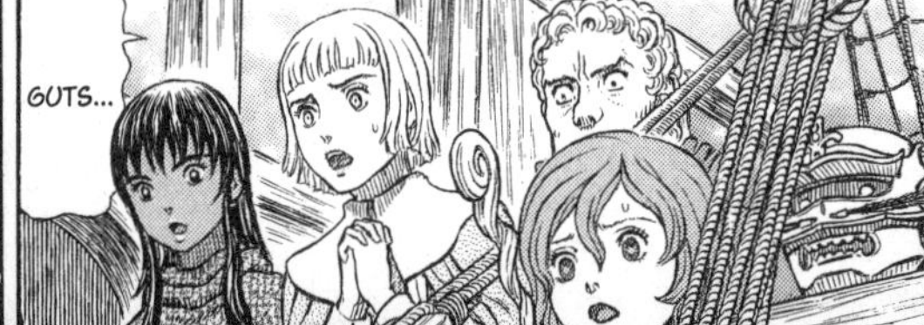
GUTS...

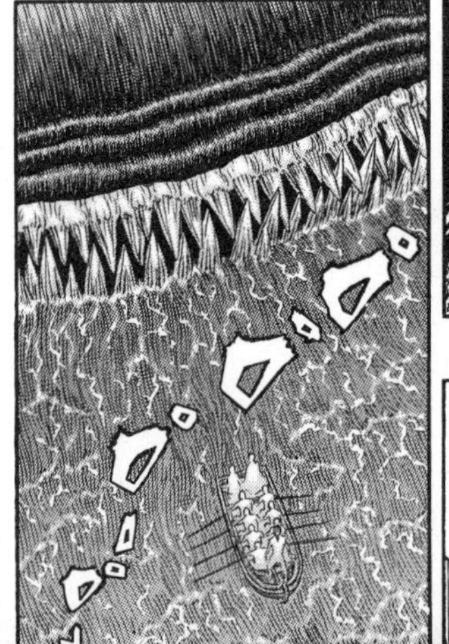

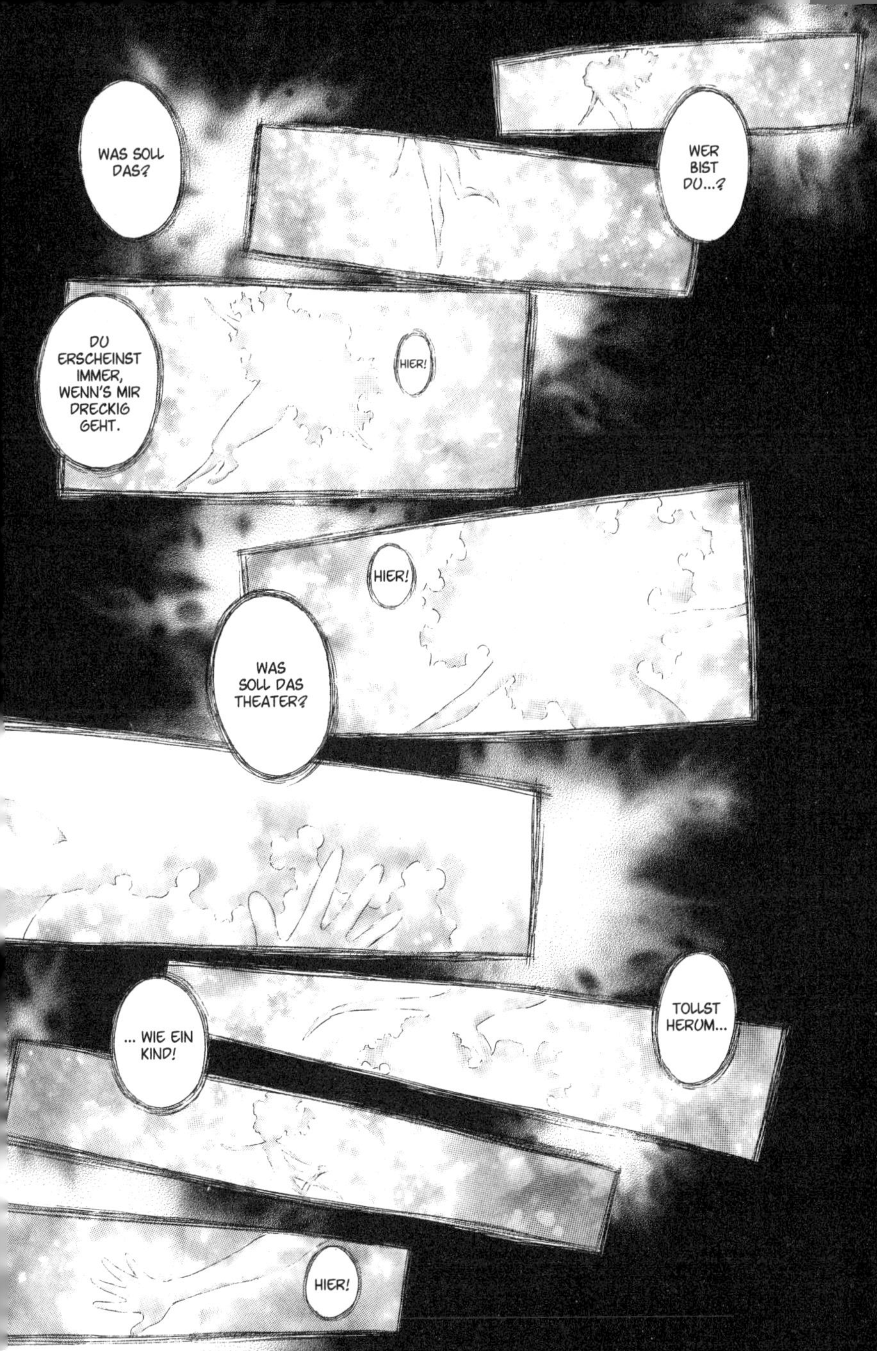

WER BIST DU...?
WAS SOLL DAS?
HIER!
DU ERSCHEINST IMMER, WENN'S MIR DRECKIG GEHT.
HIER!
WAS SOLL DAS THEATER?
TOLLST HERUM...
... WIE EIN KIND!
HIER!

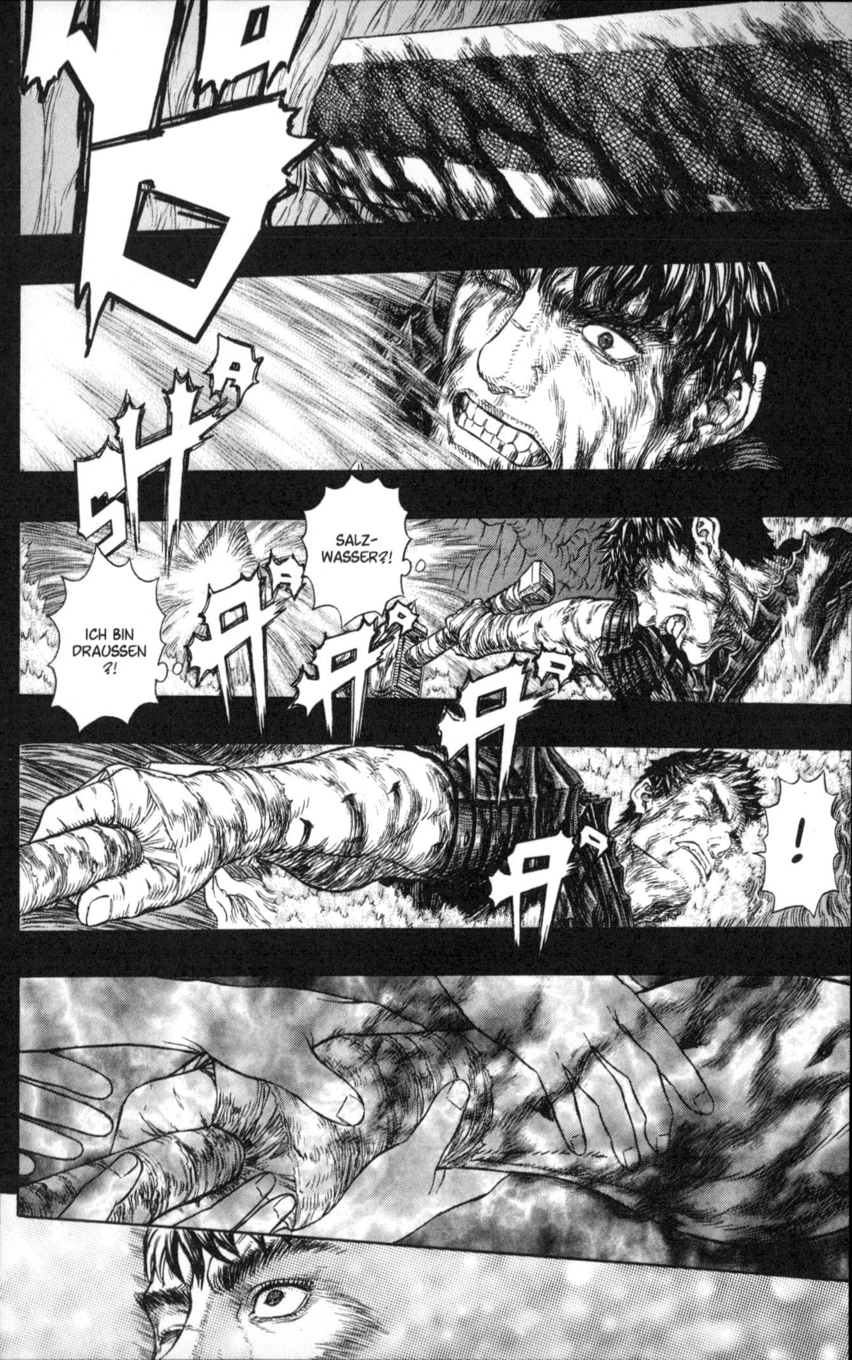
SALZ-
WASSER?!
ICH BIN
DRAUSSEN
?!
!

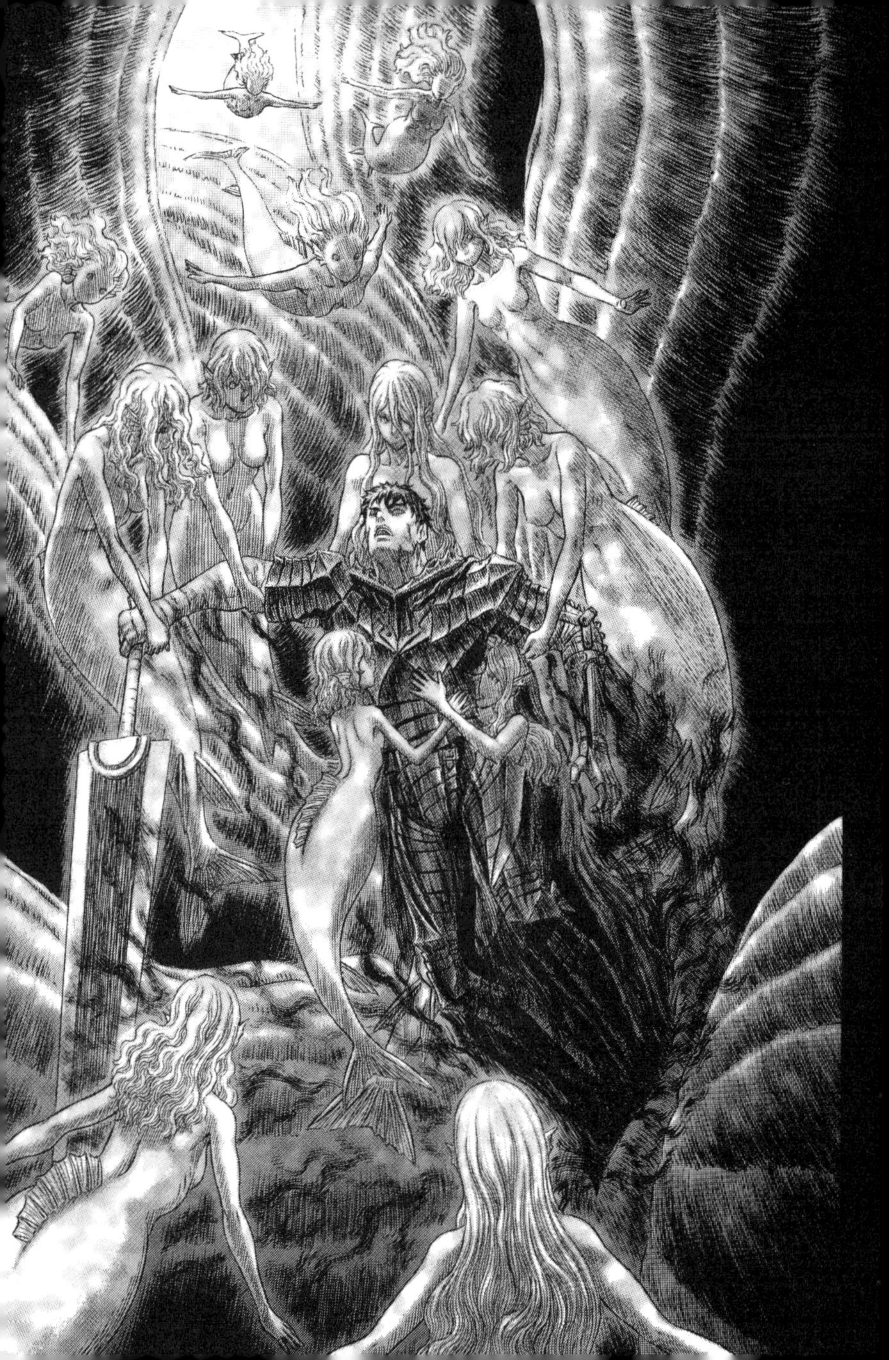

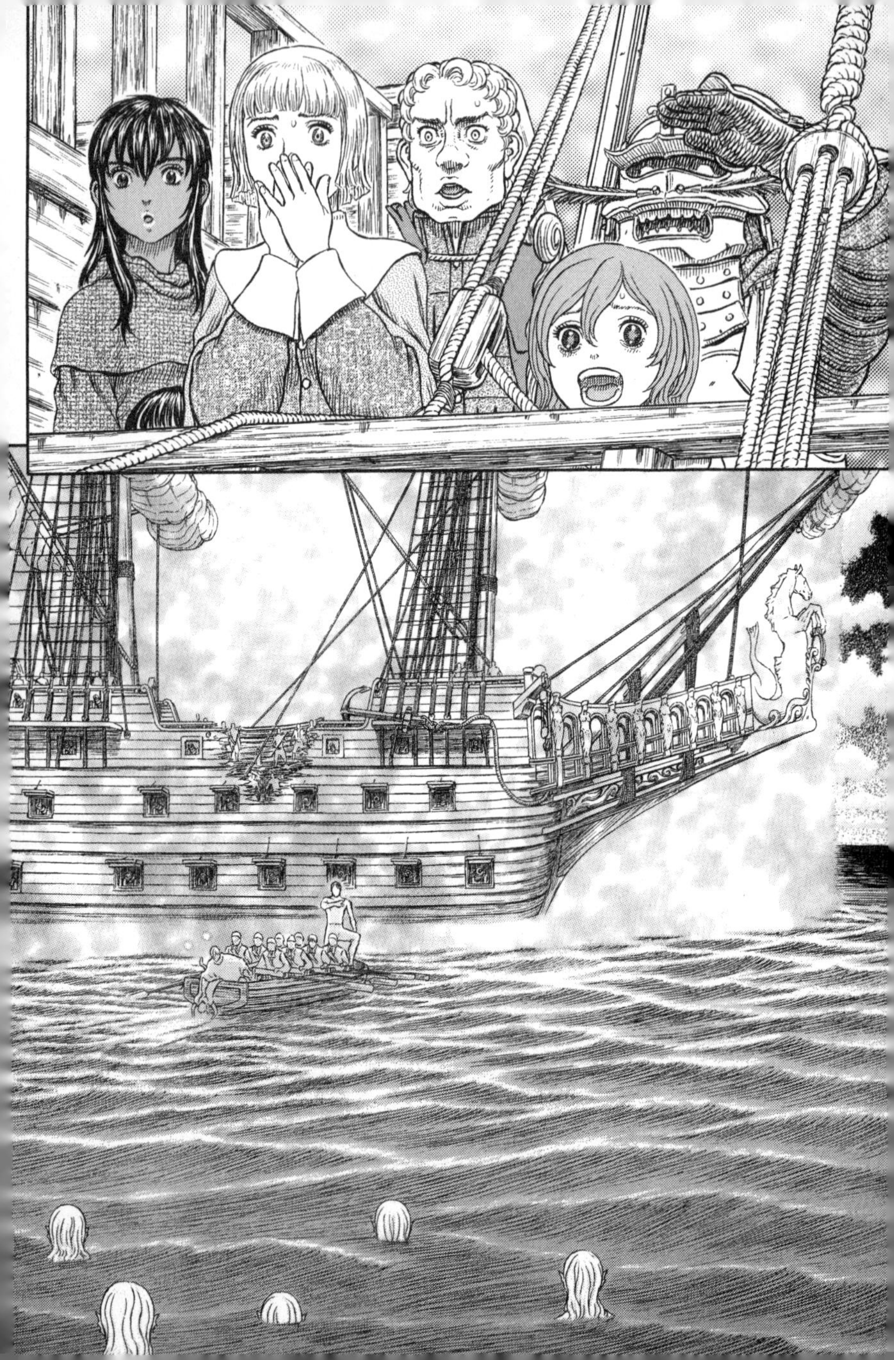

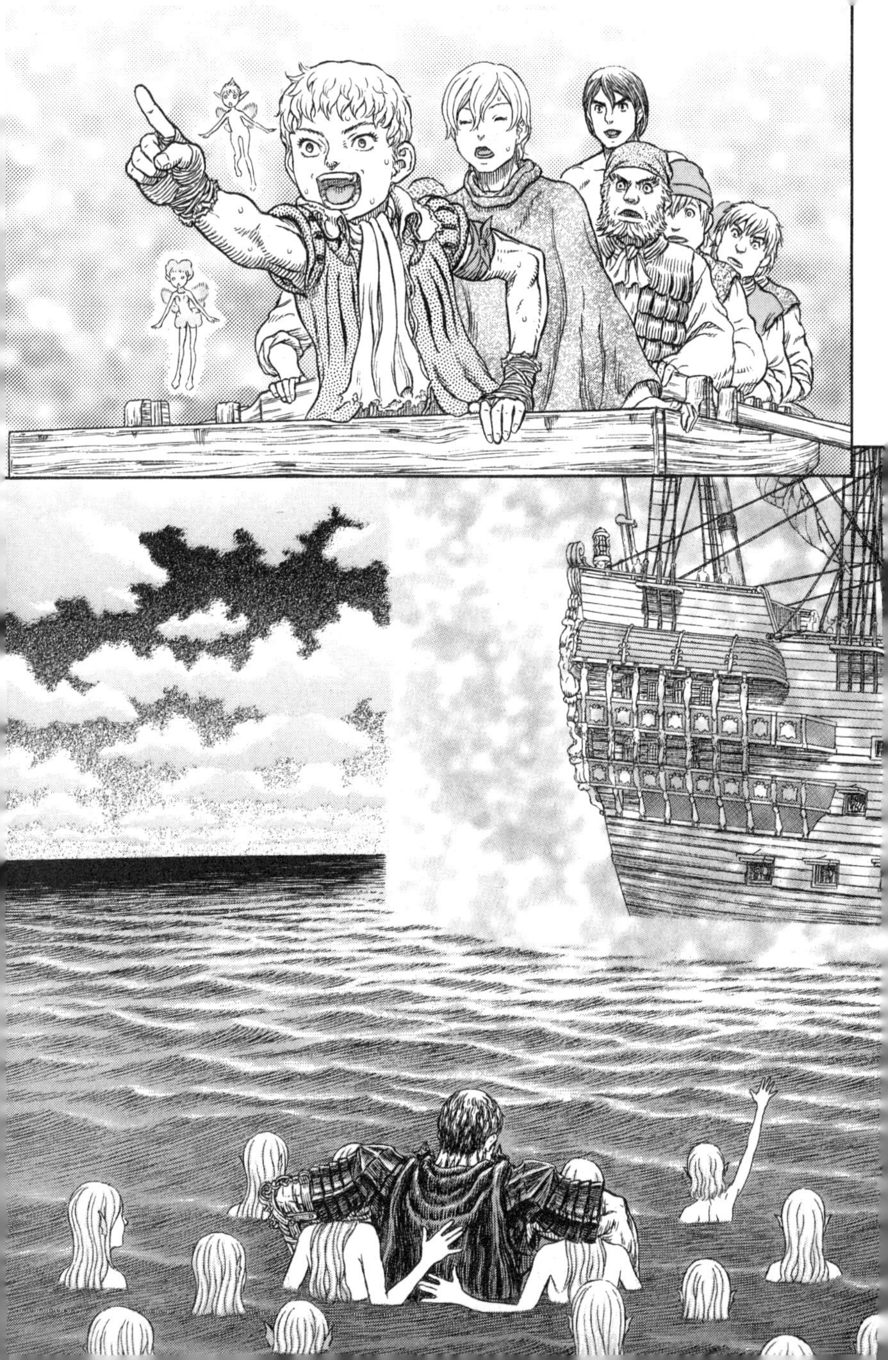

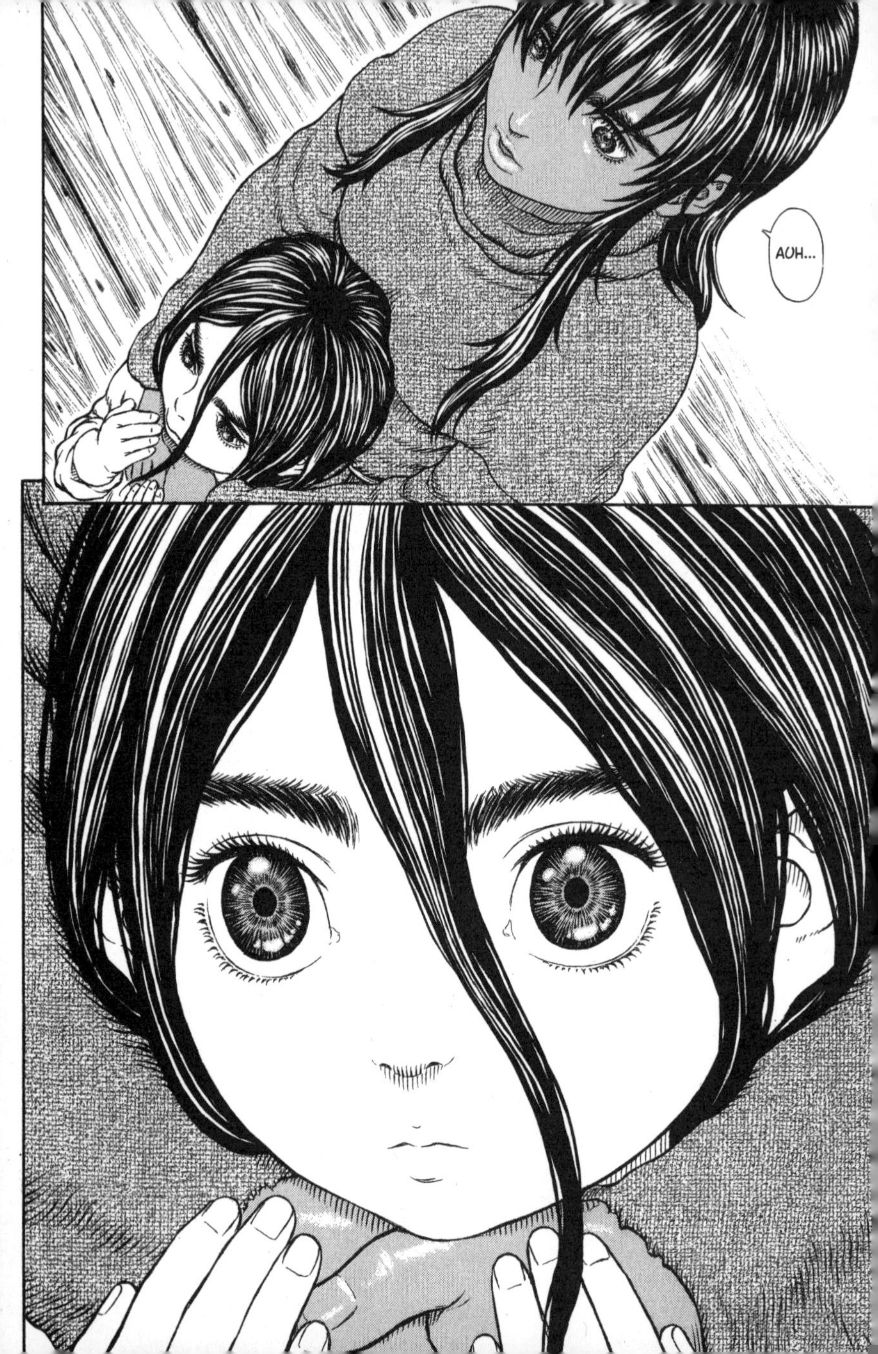
AUH...

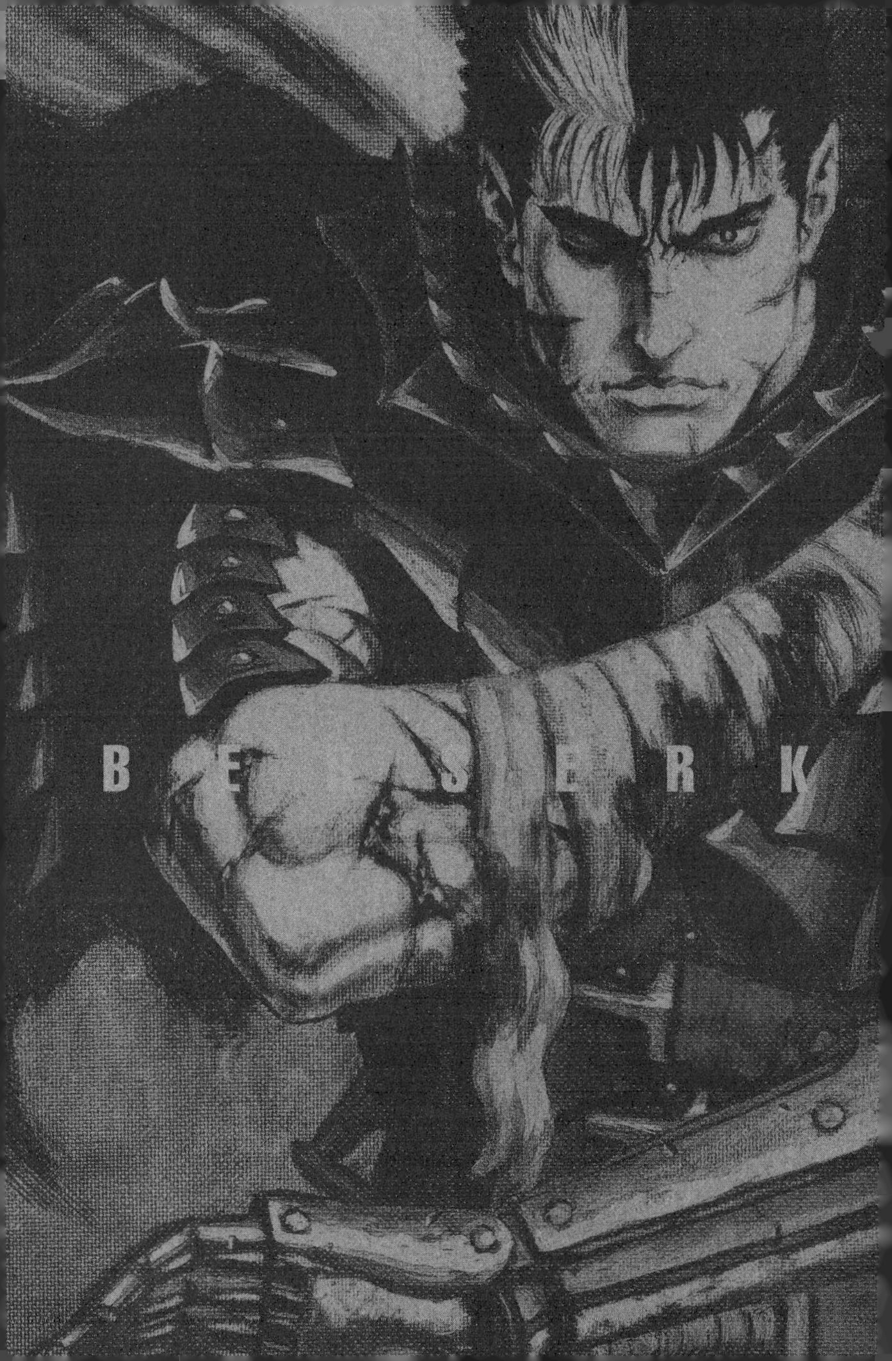

FANTASIA: DIE ELFENINSEL | STERNSCHNUPPEN

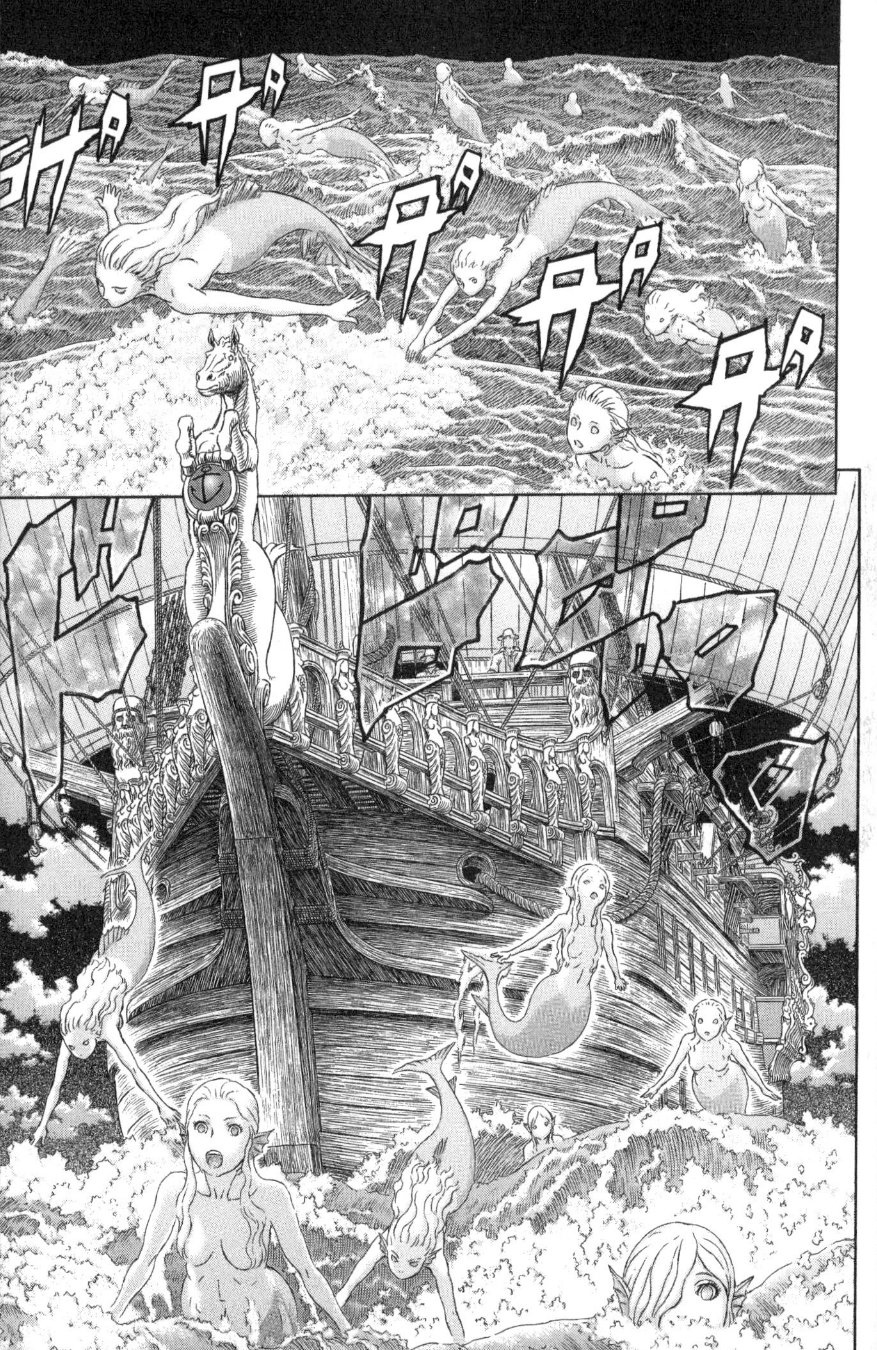

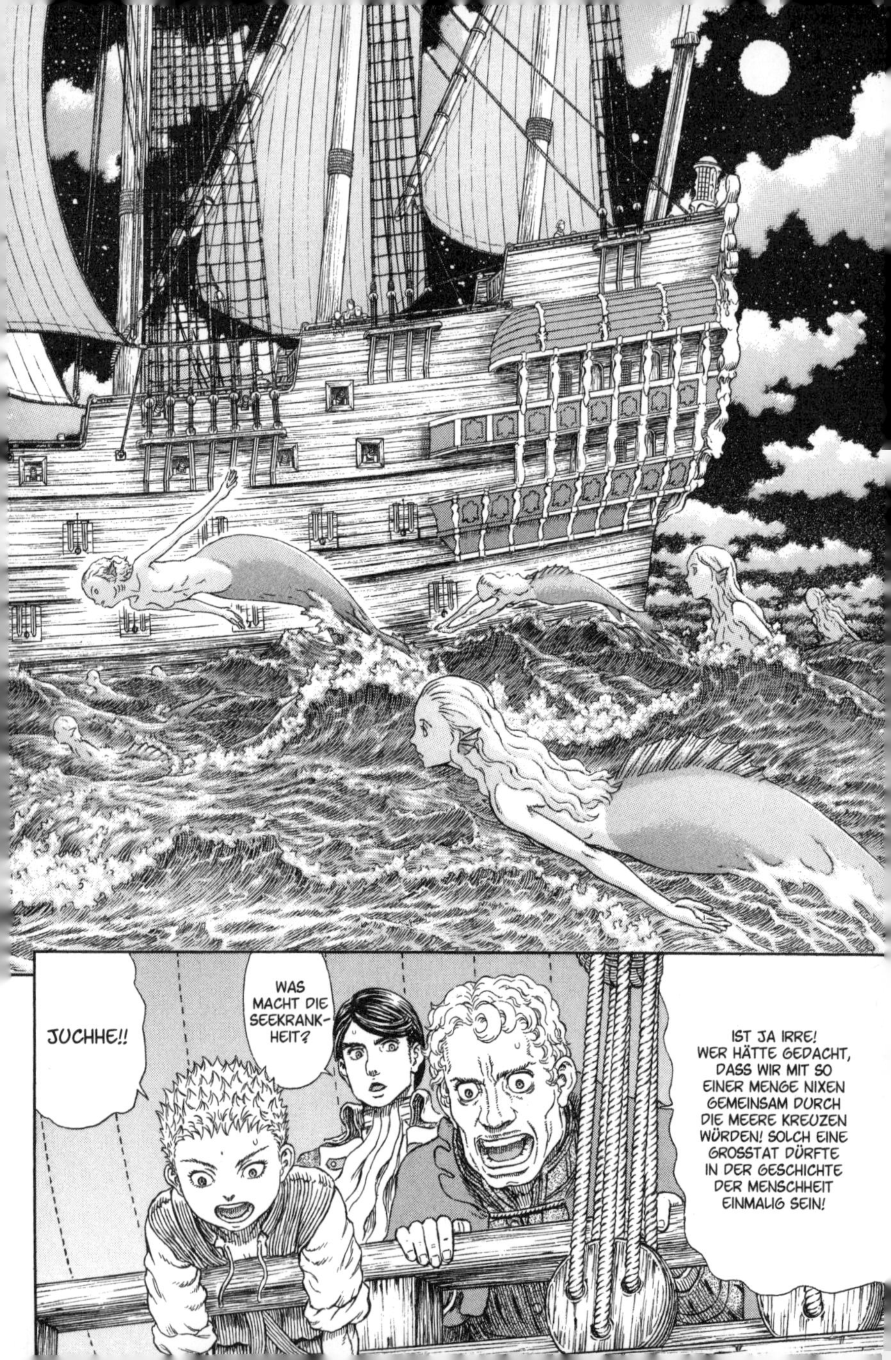
JUCHHE!!
WAS MACHT DIE SEEKRANK-HEIT?
IST JA IRRE! WER HÄTTE GEDACHT, DASS WIR MIT SO EINER MENGE NIXEN GEMEINSAM DURCH DIE MEERE KREUZEN WÜRDEN! SOLCH EINE GROSSTAT DÜRFTE IN DER GESCHICHTE DER MENSCHHEIT EINMALIG SEIN!

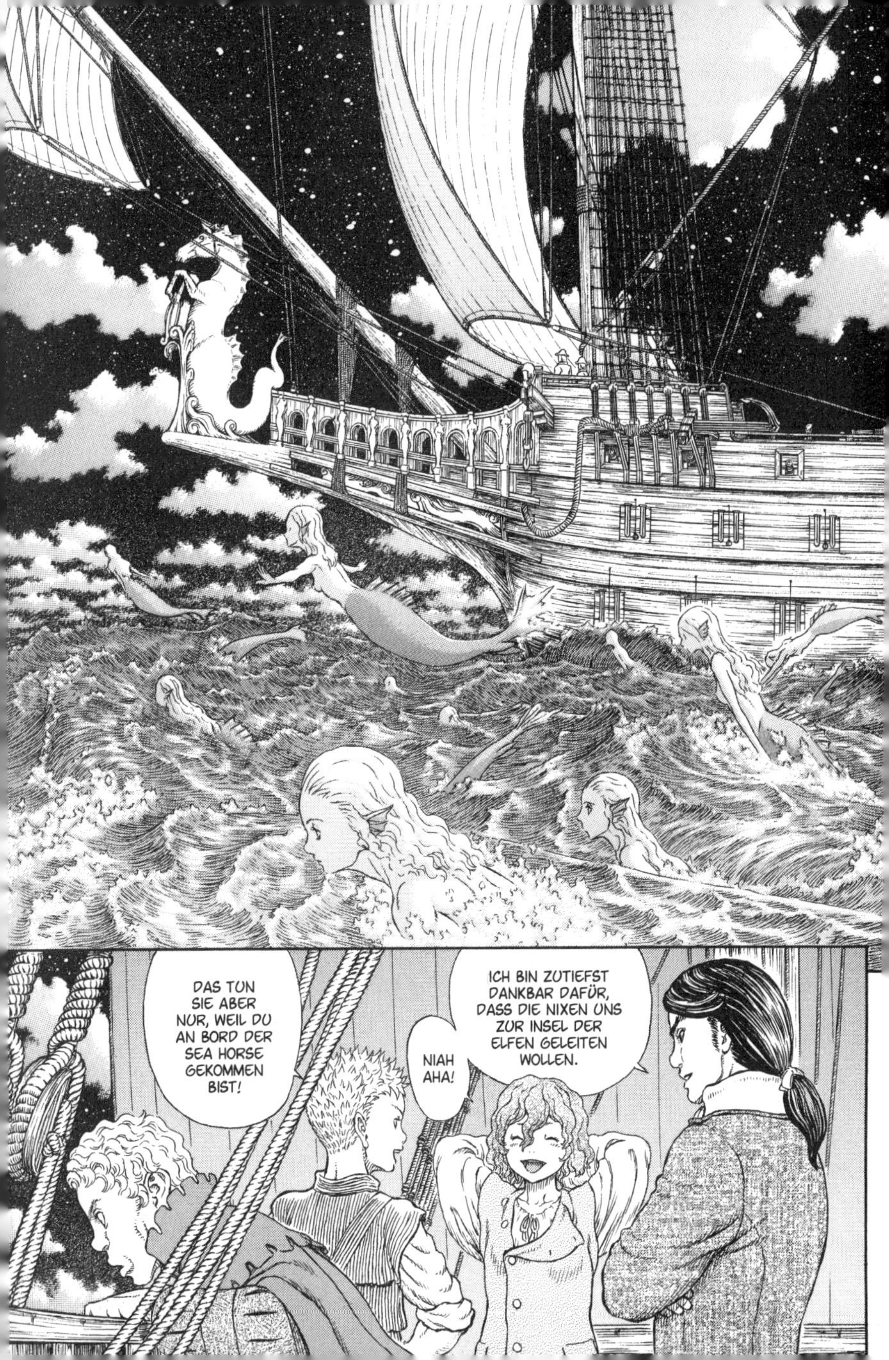
ICH BIN ZUTIEFST DANKBAR DAFÜR, DASS DIE NIXEN UNS ZUR INSEL DER ELFEN GELEITEN WOLLEN.
NIAH AHA!
DAS TUN SIE ABER NUR, WEIL DU AN BORD DER SEA HORSE GEKOMMEN BIST!

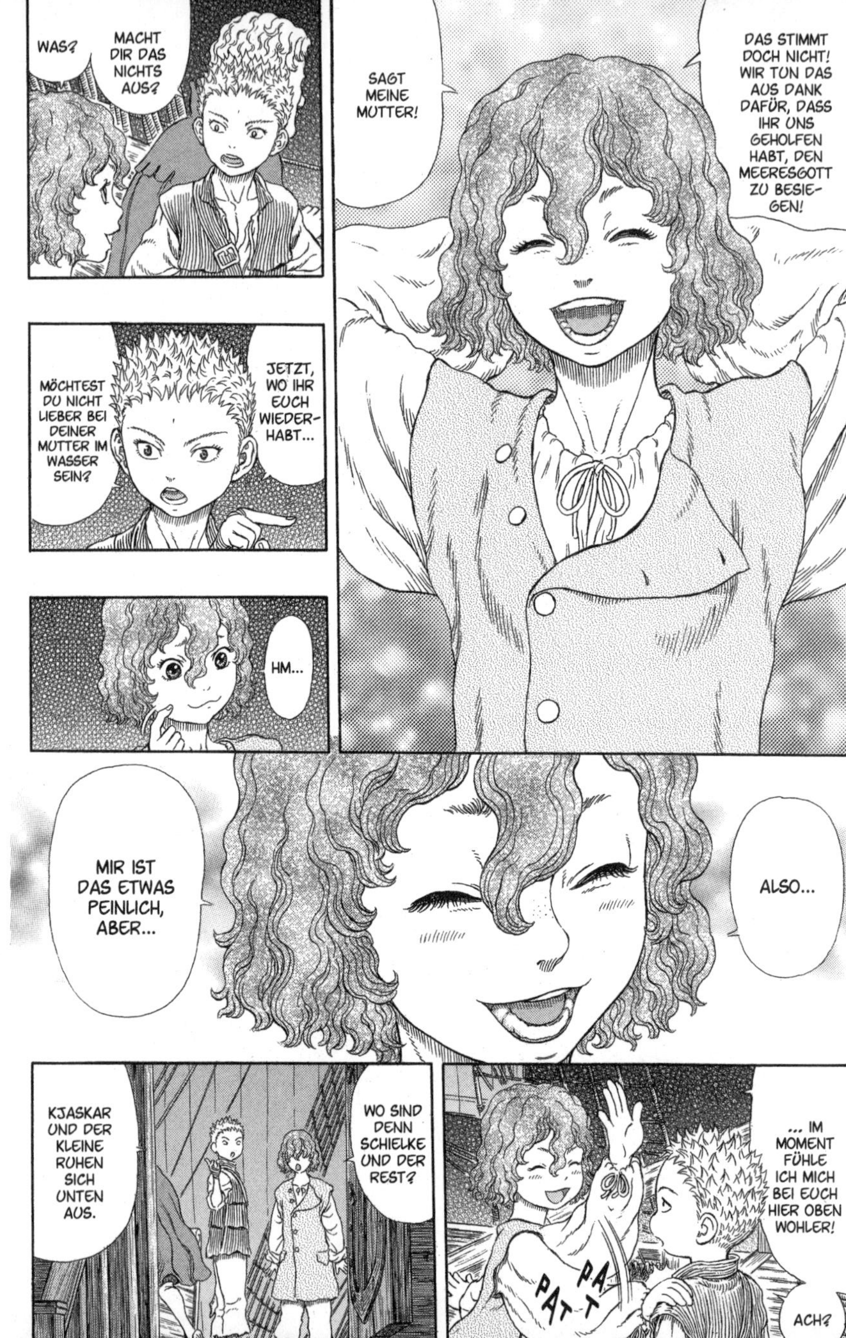
DAS STIMMT DOCH NICHT! WIR TUN DAS AUS DANK DAFÜR, DASS IHR UNS GEHOLFEN HABT, DEN MEERESGOTT ZU BESIEGEN!
SAGT MEINE MUTTER!
WAS?
MACHT DIR DAS NICHTS AUS?
JETZT, WO IHR EUCH WIEDERHABT...
MÖCHTEST DU NICHT LIEBER BEI DEINER MUTTER IM WASSER SEIN?
HM...
ALSO...
MIR IST DAS ETWAS PEINLICH, ABER...
... IM MOMENT FÜHLE ICH MICH BEI EUCH HIER OBEN WOHLER!
PAT
PAT
ACH?
WO SIND DENN SCHIELKE UND DER REST?
KJASKAR UND DER KLEINE RUHEN SICH UNTEN AUS.

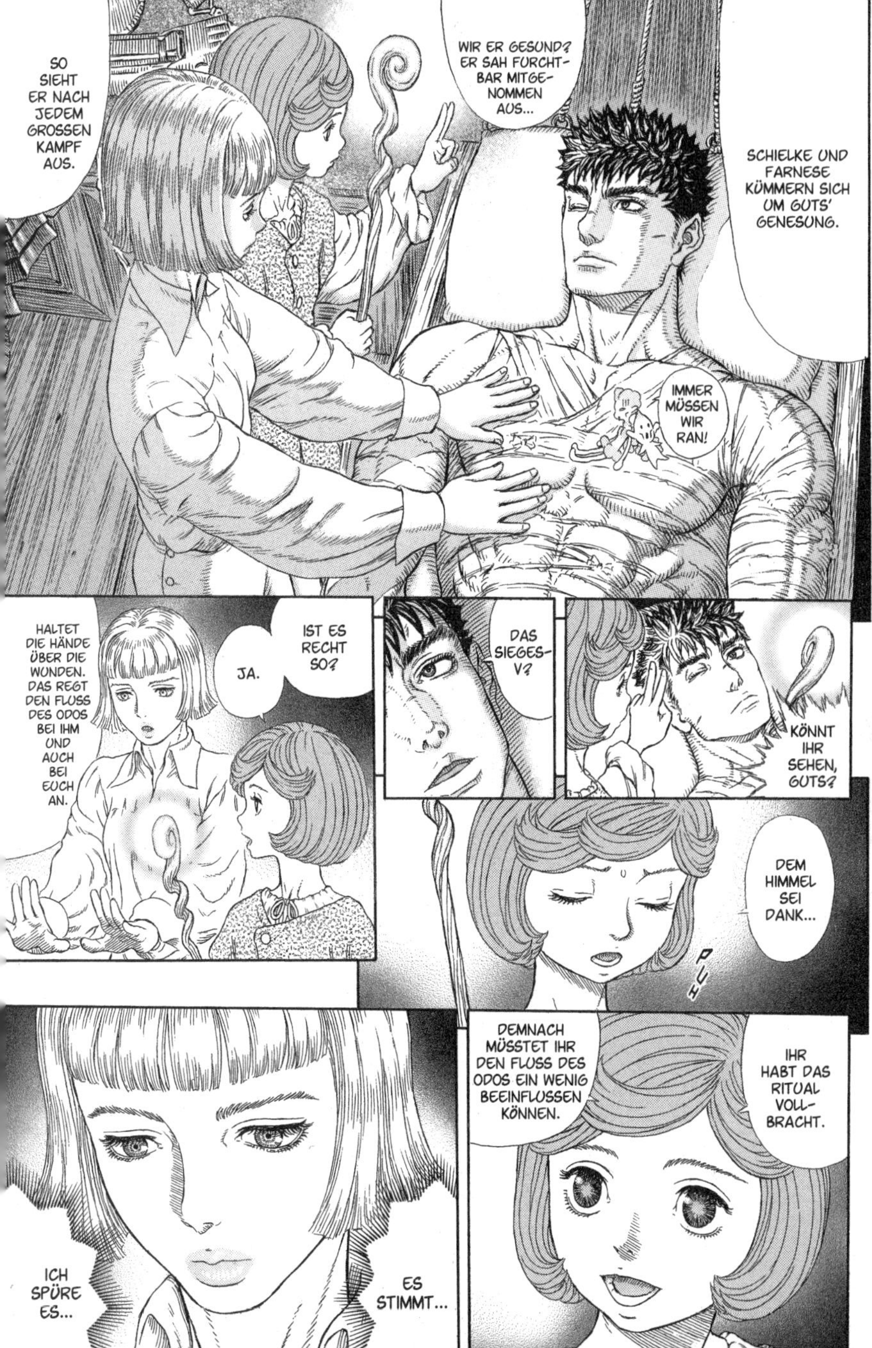
SCHIELKE UND FARNESE KÜMMERN SICH UM GUTS' GENESUNG.
WIR ER GESUND? ER SAH FURCHTBAR MITGENOMMEN AUS...
SO SIEHT ER NACH JEDEM GROSSEN KAMPF AUS.
IMMER MÜSSEN WIR RAN!
KÖNNT IHR SEHEN, GUTS?
DAS SIEGES-V?
IST ES RECHT SO?
JA.
HALTET DIE HÄNDE ÜBER DIE WUNDEN. DAS REGT DEN FLUSS DES ODOS BEI IHM UND AUCH BEI EUCH AN.
DEM HIMMEL SEI DANK...
PUH
IHR HABT DAS RITUAL VOLLBRACHT.
DEMNACH MÜSSTET IHR DEN FLUSS DES ODOS EIN WENIG BEEINFLUSSEN KÖNNEN.
ES STIMMT...
ICH SPÜRE ES...

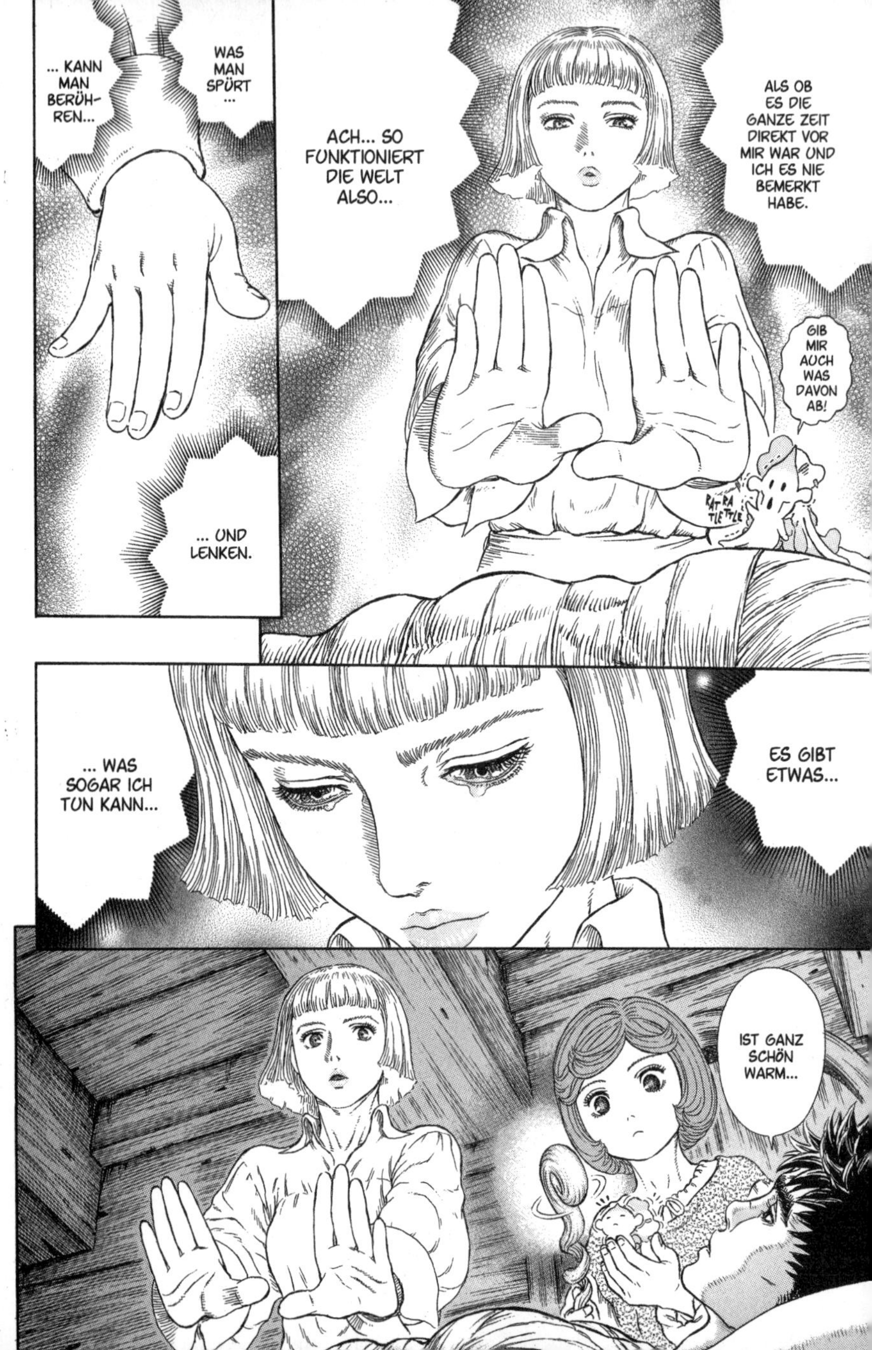
ALS OB ES DIE GANZE ZEIT DIREKT VOR MIR WAR UND ICH ES NIE BEMERKT HABE.
ACH... SO FUNKTIONIERT DIE WELT ALSO...
GIB MIR AUCH WAS DAVON AB!
RATTLE RATTLE
WAS MAN SPÜRT ...
... KANN MAN BERÜH-REN...
... UND LENKEN.
ES GIBT ETWAS...
... WAS SOGAR ICH TUN KANN...
IST GANZ SCHÖN WARM...

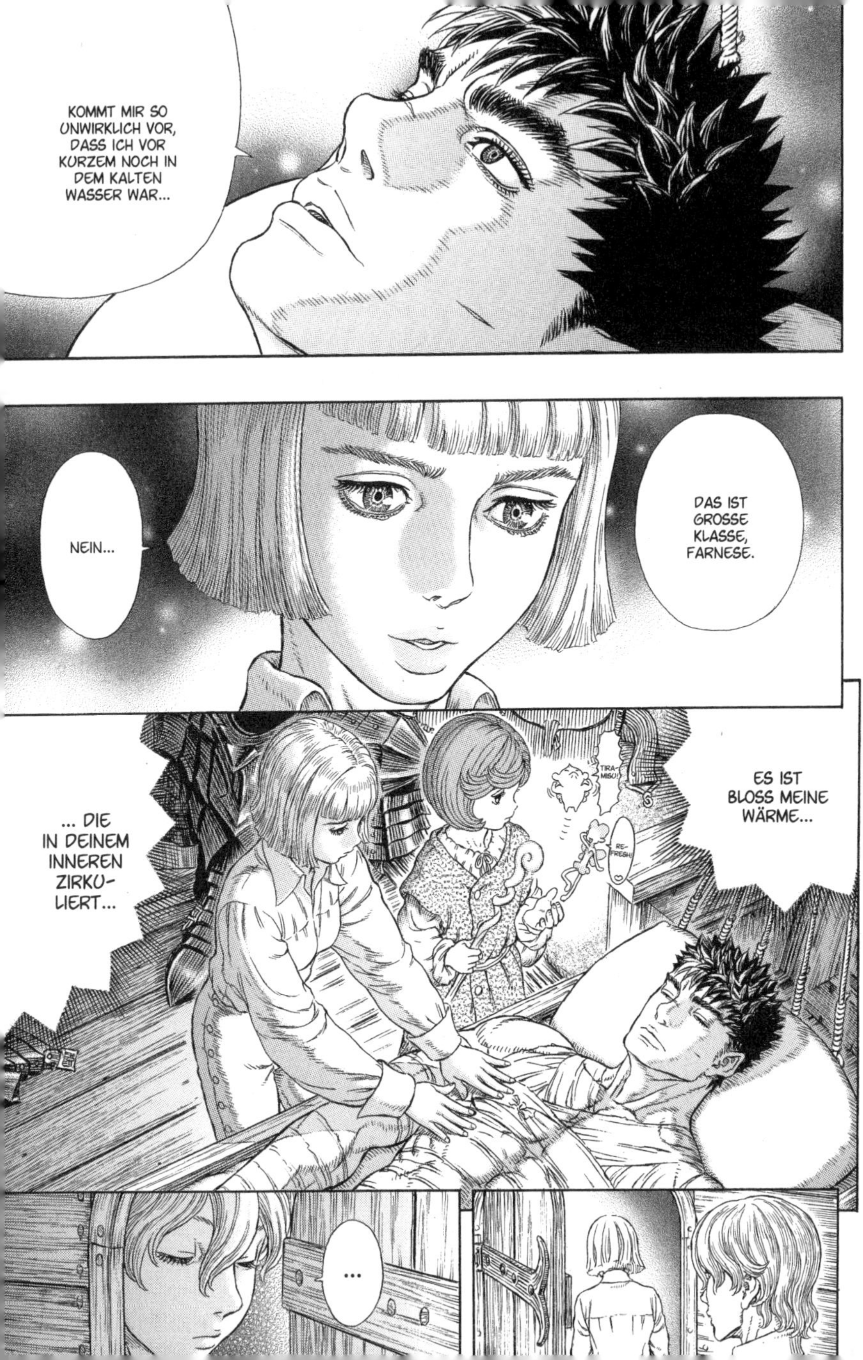

KOMMT MIR SO UNWIRKLICH VOR, DASS ICH VOR KURZEM NOCH IN DEM KALTEN WASSER WAR...
DAS IST GROSSE KLASSE, FARNESE.
NEIN...
ES IST BLOSS MEINE WÄRME...
... DIE IN DEINEM INNEREN ZIRKULIERT...
TIRAMISU!
REFRESH!
...

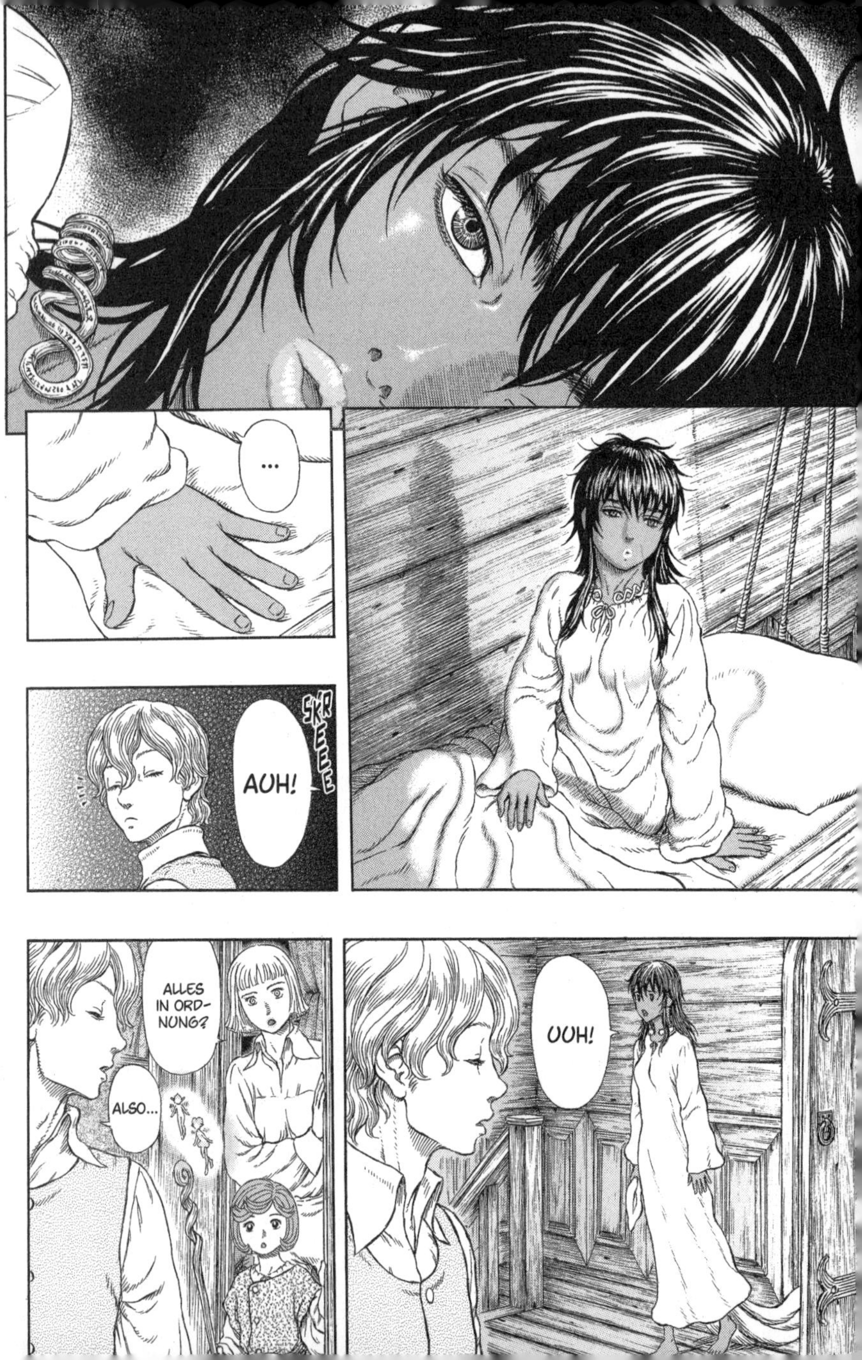

...
SKREEEE
AUH!
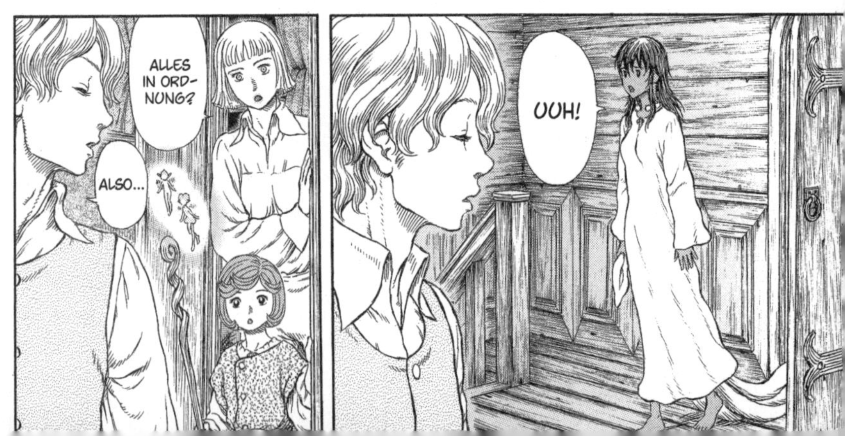
UUH!
ALLES IN ORD-NUNG?
ALSO...

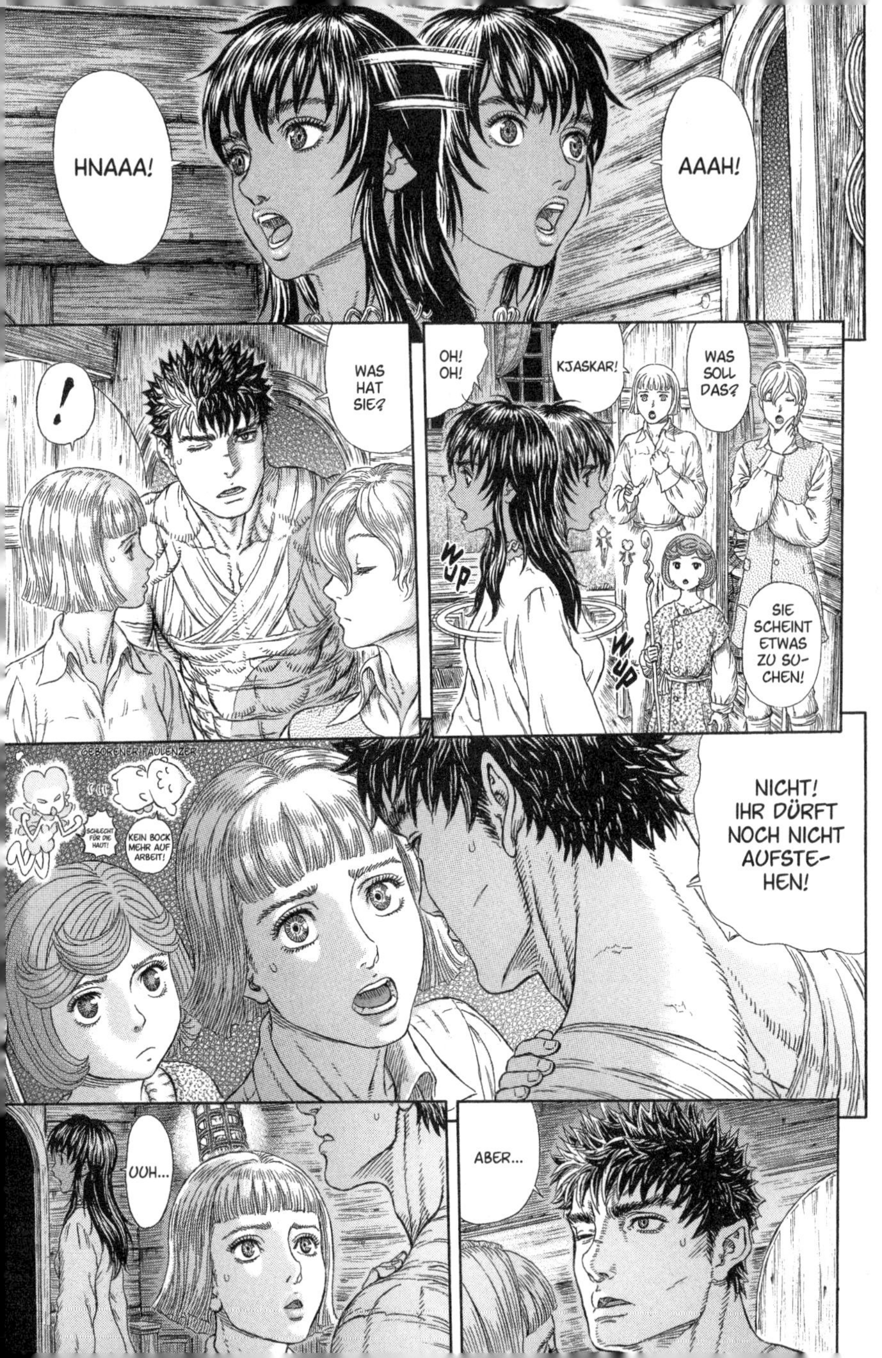
AAAH!
HNAAA!
WAS SOLL DAS?
KJASKAR!
OH! OH!
WUP
WUP
SIE SCHEINT ETWAS ZU SU-CHEN!
WAS HAT SIE?
!
NICHT! IHR DÜRFT NOCH NICHT AUFSTE-HEN!
GEBORENER FAULENZER
KEIN BOCK MEHR AUF ARBEIT!
SCHLECHT FÜR DIE HAUT!
ABER...
UUH...

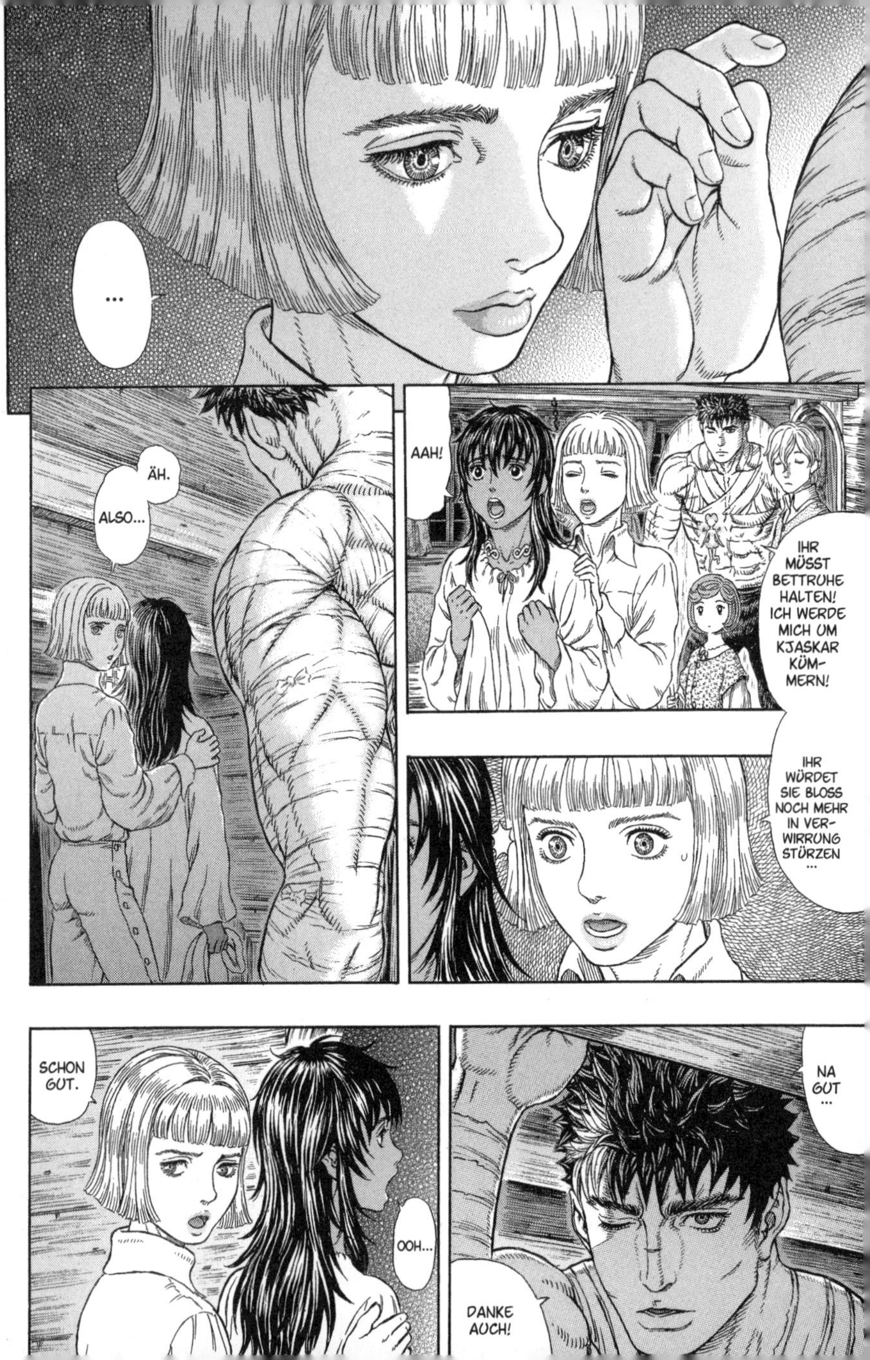

…

ÄH.

ALSO…

AAH!

IHR MÜSST BETTRUHE HALTEN! ICH WERDE MICH UM KJASKAR KÜMMERN!

IHR WÜRDET SIE BLOSS NOCH MEHR IN VERWIRRUNG STÜRZEN …

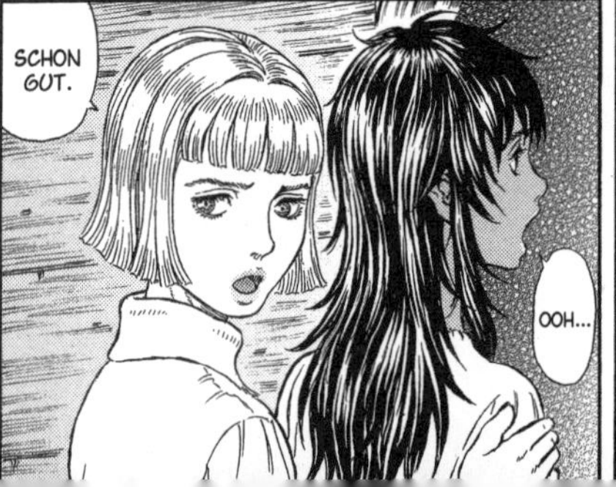

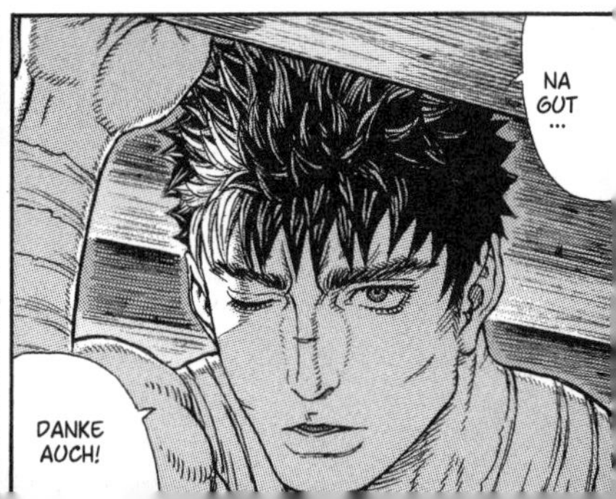

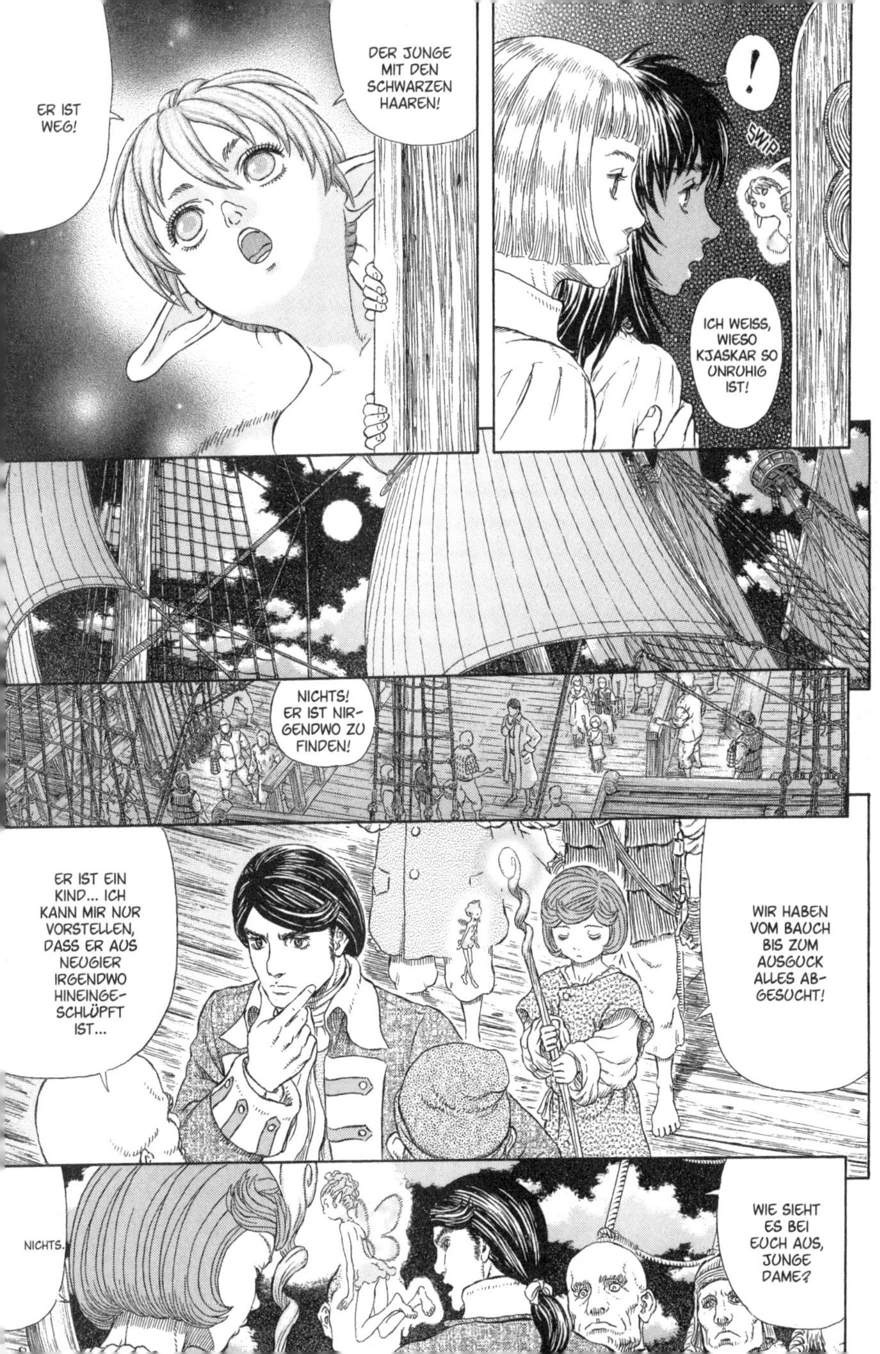
DER JUNGE MIT DEN SCHWARZEN HAAREN!
ER IST WEG!
!
SWIP
ICH WEISS, WIESO KJASKAR SO UNRUHIG IST!
NICHTS! ER IST NIRGENDWO ZU FINDEN!
WIR HABEN VOM BAUCH BIS ZUM AUSGUCK ALLES ABGESUCHT!
ER IST EIN KIND... ICH KANN MIR NUR VORSTELLEN, DASS ER AUS NEUGIER IRGENDWO HINEINGESCHLÜPFT IST...
WIE SIEHT ES BEI EUCH AUS, JUNGE DAME?
NICHTS.

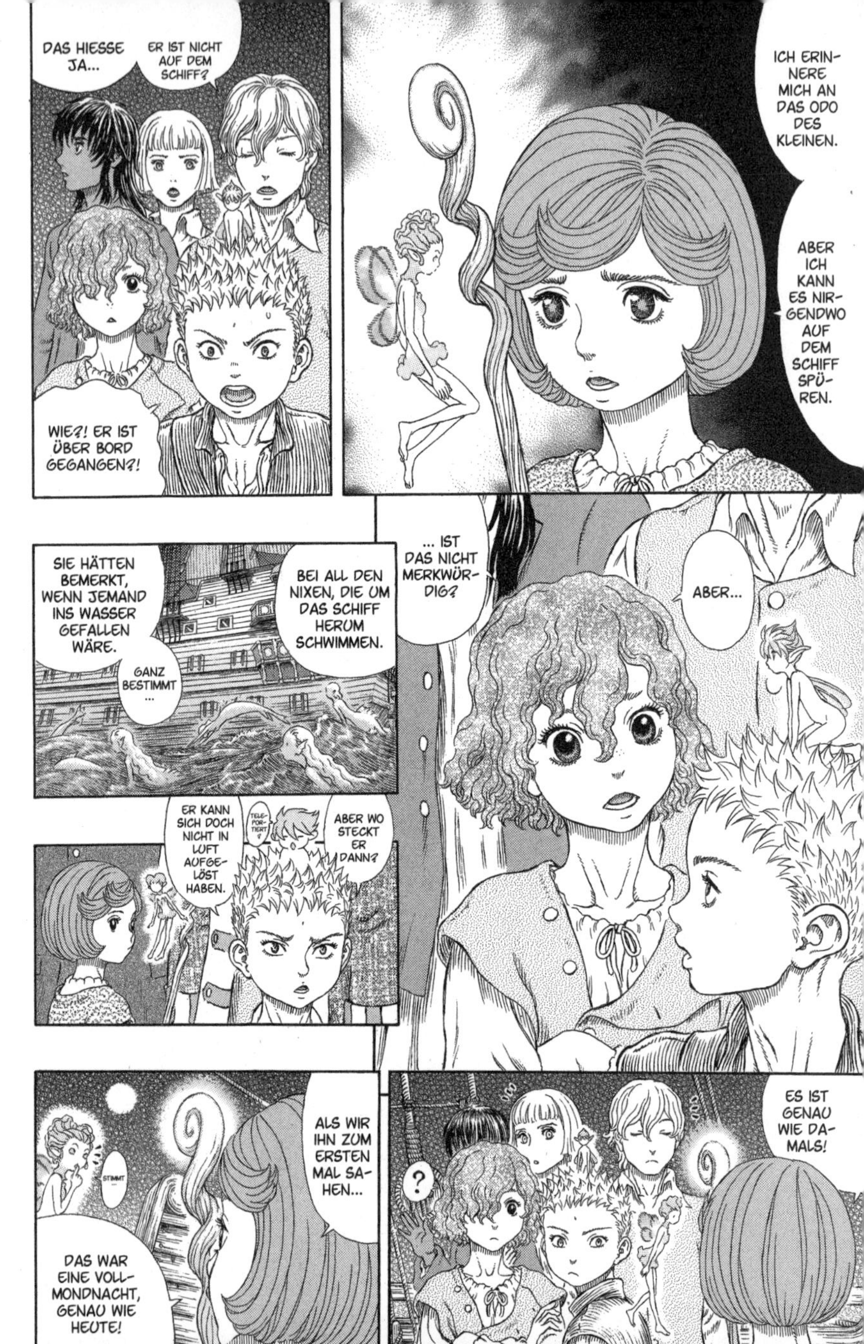
ICH ERINNERE MICH AN DAS ODO DES KLEINEN.
ABER ICH KANN ES NIRGENDWO AUF DEM SCHIFF SPÜREN.
DAS HIESSE JA...
ER IST NICHT AUF DEM SCHIFF?
WIE?! ER IST ÜBER BORD GEGANGEN?!
ABER...
... IST DAS NICHT MERKWÜRDIG?
BEI ALL DEN NIXEN, DIE UM DAS SCHIFF HERUM SCHWIMMEN.
SIE HÄTTEN BEMERKT, WENN JEMAND INS WASSER GEFALLEN WÄRE.
GANZ BESTIMMT ...
ABER WO STECKT ER DANN?
TELEPORTIERT?
ER KANN SICH DOCH NICHT IN LUFT AUFGELÖST HABEN.
ES IST GENAU WIE DAMALS!
?
ALS WIR IHN ZUM ERSTEN MAL SAHEN...
STIMMT ...
DAS WAR EINE VOLLMONDNACHT, GENAU WIE HEUTE!

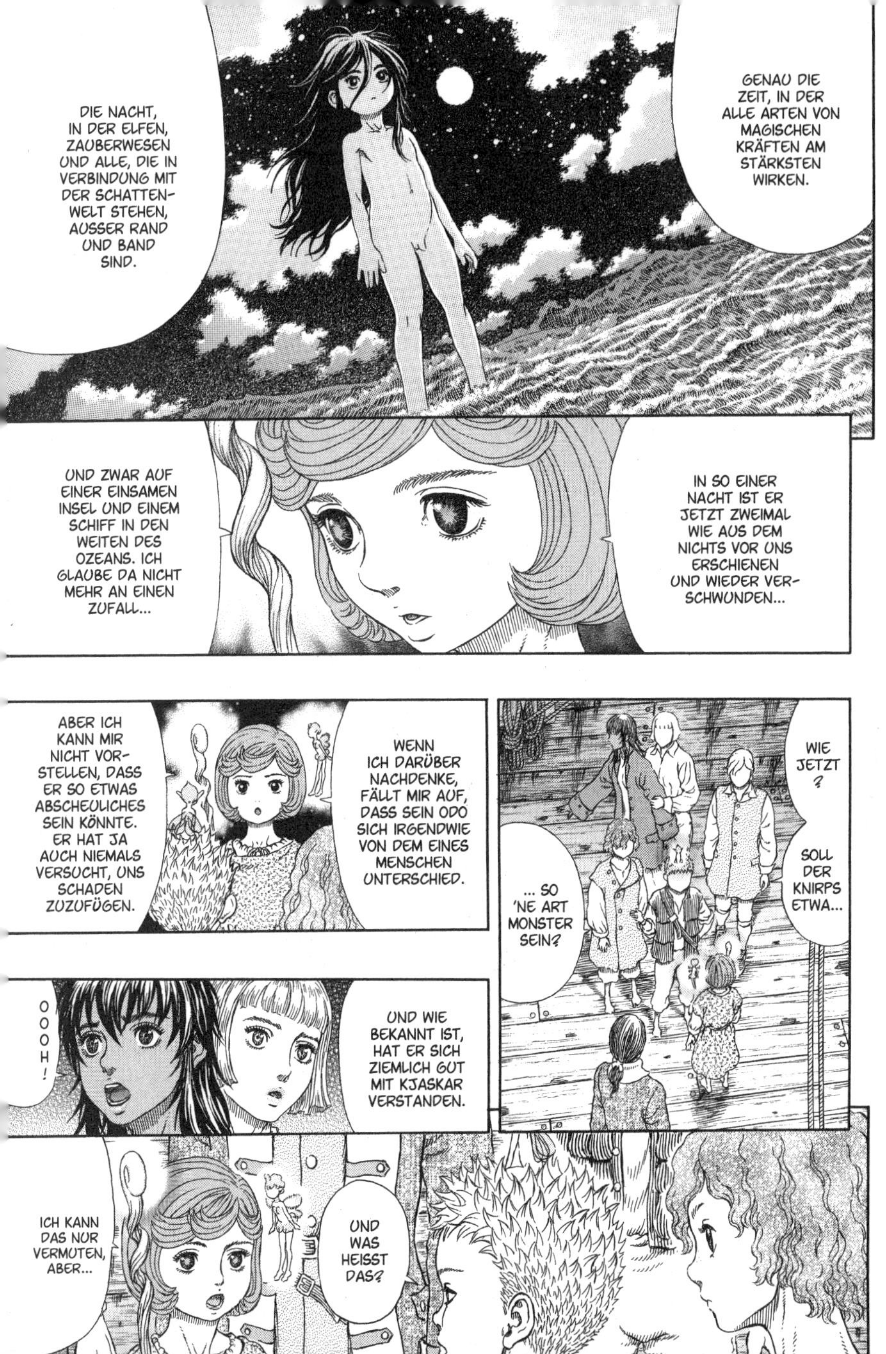
GENAU DIE ZEIT, IN DER ALLE ARTEN VON MAGISCHEN KRÄFTEN AM STÄRKSTEN WIRKEN.
DIE NACHT, IN DER ELFEN, ZAUBERWESEN UND ALLE, DIE IN VERBINDUNG MIT DER SCHATTEN-WELT STEHEN, AUSSER RAND UND BAND SIND.
IN SO EINER NACHT IST ER JETZT ZWEIMAL WIE AUS DEM NICHTS VOR UNS ERSCHIENEN UND WIEDER VER-SCHWUNDEN...
UND ZWAR AUF EINER EINSAMEN INSEL UND EINEM SCHIFF IN DEN WEITEN DES OZEANS. ICH GLAUBE DA NICHT MEHR AN EINEN ZUFALL...
WIE JETZT?
SOLL DER KNIRPS ETWA...
... SO 'NE ART MONSTER SEIN?
WENN ICH DARÜBER NACHDENKE, FÄLLT MIR AUF, DASS SEIN ODO SICH IRGENDWIE VON DEM EINES MENSCHEN UNTERSCHIED.
ABER ICH KANN MIR NICHT VOR-STELLEN, DASS ER SO ETWAS ABSCHEULICHES SEIN KÖNNTE. ER HAT JA AUCH NIEMALS VERSUCHT, UNS SCHADEN ZUZUFÜGEN.
UND WIE BEKANNT IST, HAT ER SICH ZIEMLICH GUT MIT KJASKAR VERSTANDEN.
OOOH!
UND WAS HEISST DAS?
ICH KANN DAS NUR VERMUTEN, ABER...

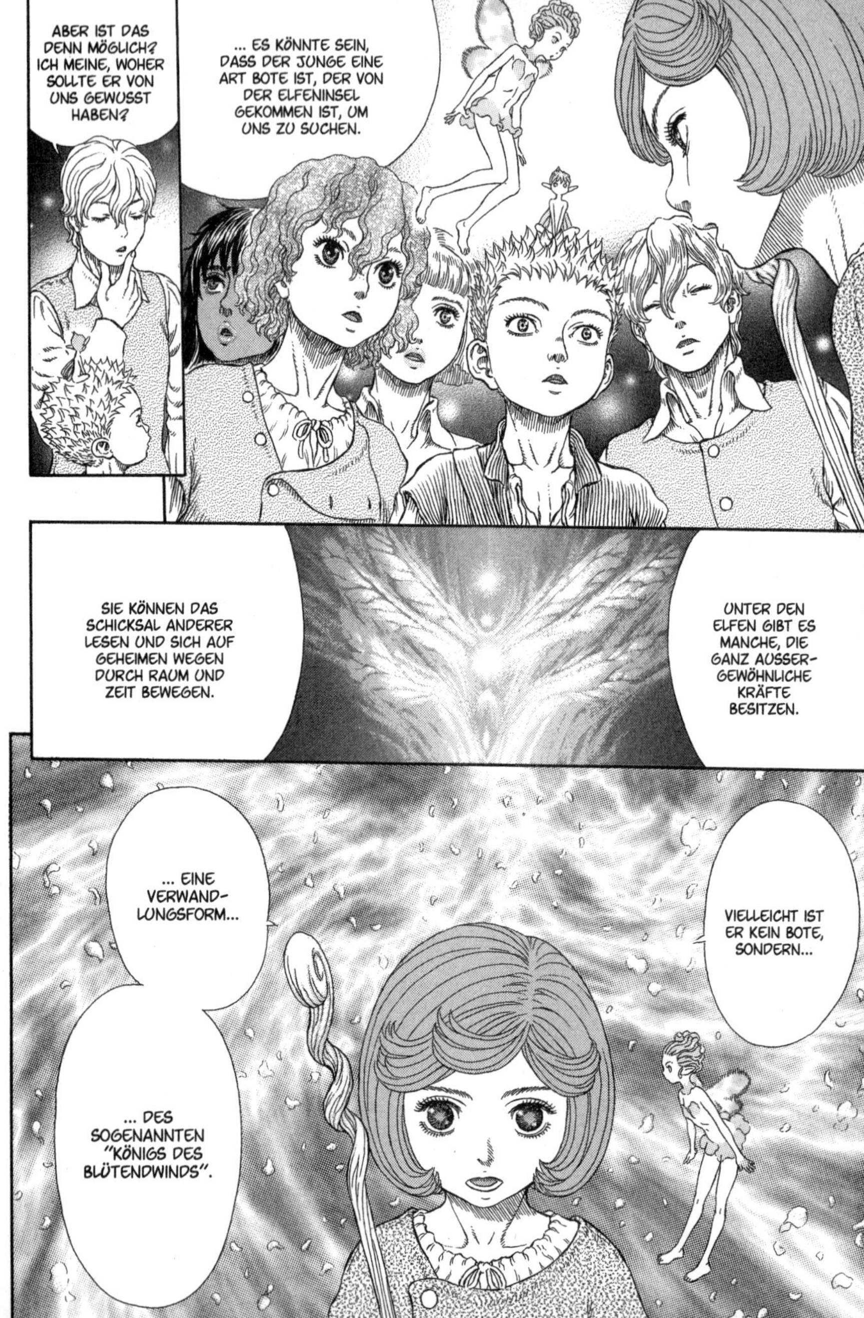
... ES KÖNNTE SEIN, DASS DER JUNGE EINE ART BOTE IST, DER VON DER ELFENINSEL GEKOMMEN IST, UM UNS ZU SUCHEN.
ABER IST DAS DENN MÖGLICH? ICH MEINE, WOHER SOLLTE ER VON UNS GEWUSST HABEN?
UNTER DEN ELFEN GIBT ES MANCHE, DIE GANZ AUSSER-GEWÖHNLICHE KRÄFTE BESITZEN.
SIE KÖNNEN DAS SCHICKSAL ANDERER LESEN UND SICH AUF GEHEIMEN WEGEN DURCH RAUM UND ZEIT BEWEGEN.
VIELLEICHT IST ER KEIN BOTE, SONDERN...
... EINE VERWAND-LUNGSFORM...
... DES SOGENANNTEN "KÖNIGS DES BLÜTENDWINDS".

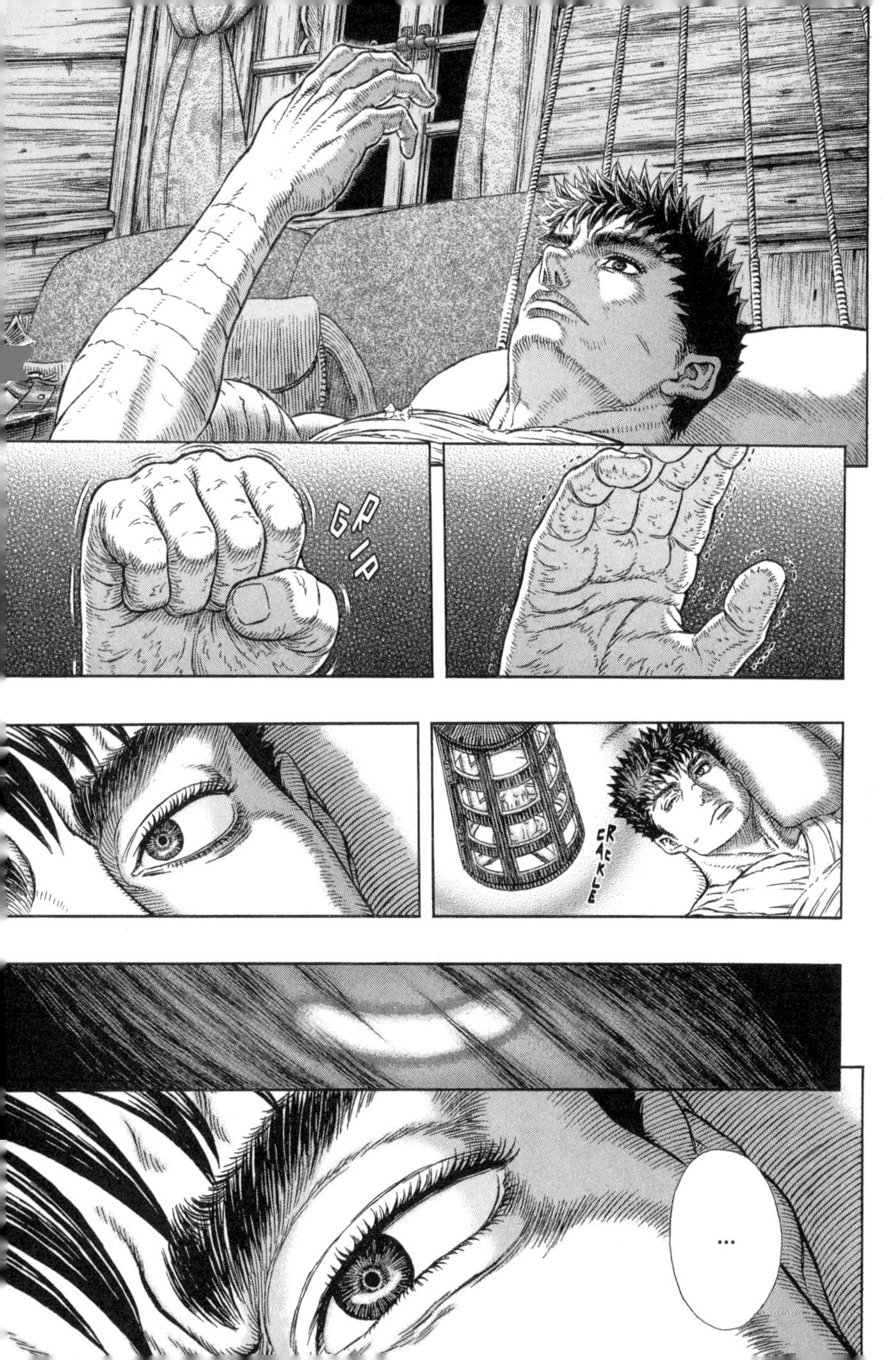

GRIP

CRACKLE

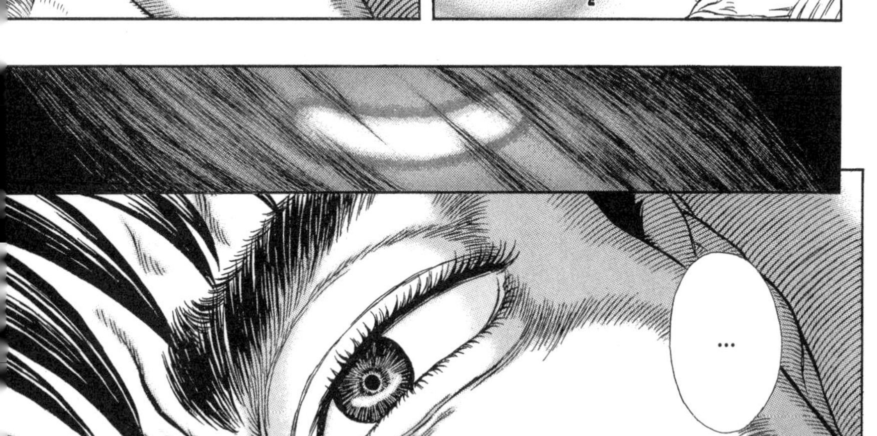

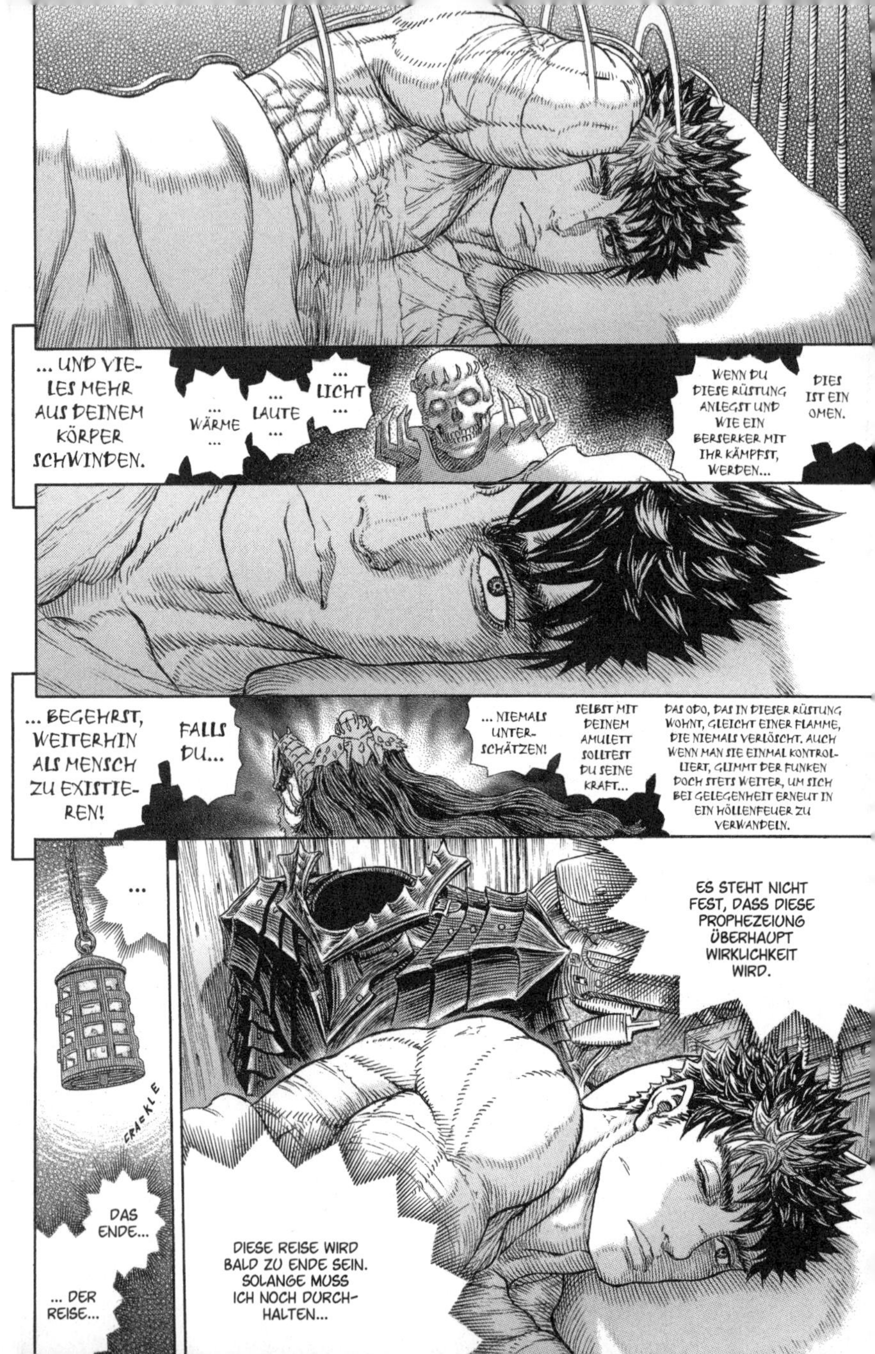
DIES IST EIN OMEN.
WENN DU DIESE RÜSTUNG ANLEGST UND WIE EIN BERSERKER MIT IHR KÄMPFST, WERDEN...
... LICHT ...
... LAUTE ...
... WÄRME ...
... UND VIELES MEHR AUS DEINEM KÖRPER SCHWINDEN.
DAS ODO, DAS IN DIESER RÜSTUNG WOHNT, GLEICHT EINER FLAMME, DIE NIEMALS VERLÖSCHT. AUCH WENN MAN SIE EINMAL KONTROLLIERT, GLIMMT DER FUNKEN DOCH STETS WEITER, UM SICH BEI GELEGENHEIT ERNEUT IN EIN HÖLLENFEUER ZU VERWANDELN.
SELBST MIT DEINEM AMULETT SOLLTEST DU SEINE KRAFT...
... NIEMALS UNTERSCHÄTZEN!
FALLS DU...
... BEGEHRST, WEITERHIN ALS MENSCH ZU EXISTIEREN!
ES STEHT NICHT FEST, DASS DIESE PROPHEZEIUNG ÜBERHAUPT WIRKLICHKEIT WIRD.
DIESE REISE WIRD BALD ZU ENDE SEIN. SOLANGE MUSS ICH NOCH DURCHHALTEN...
...
CRACKLE
DAS ENDE...
... DER REISE...

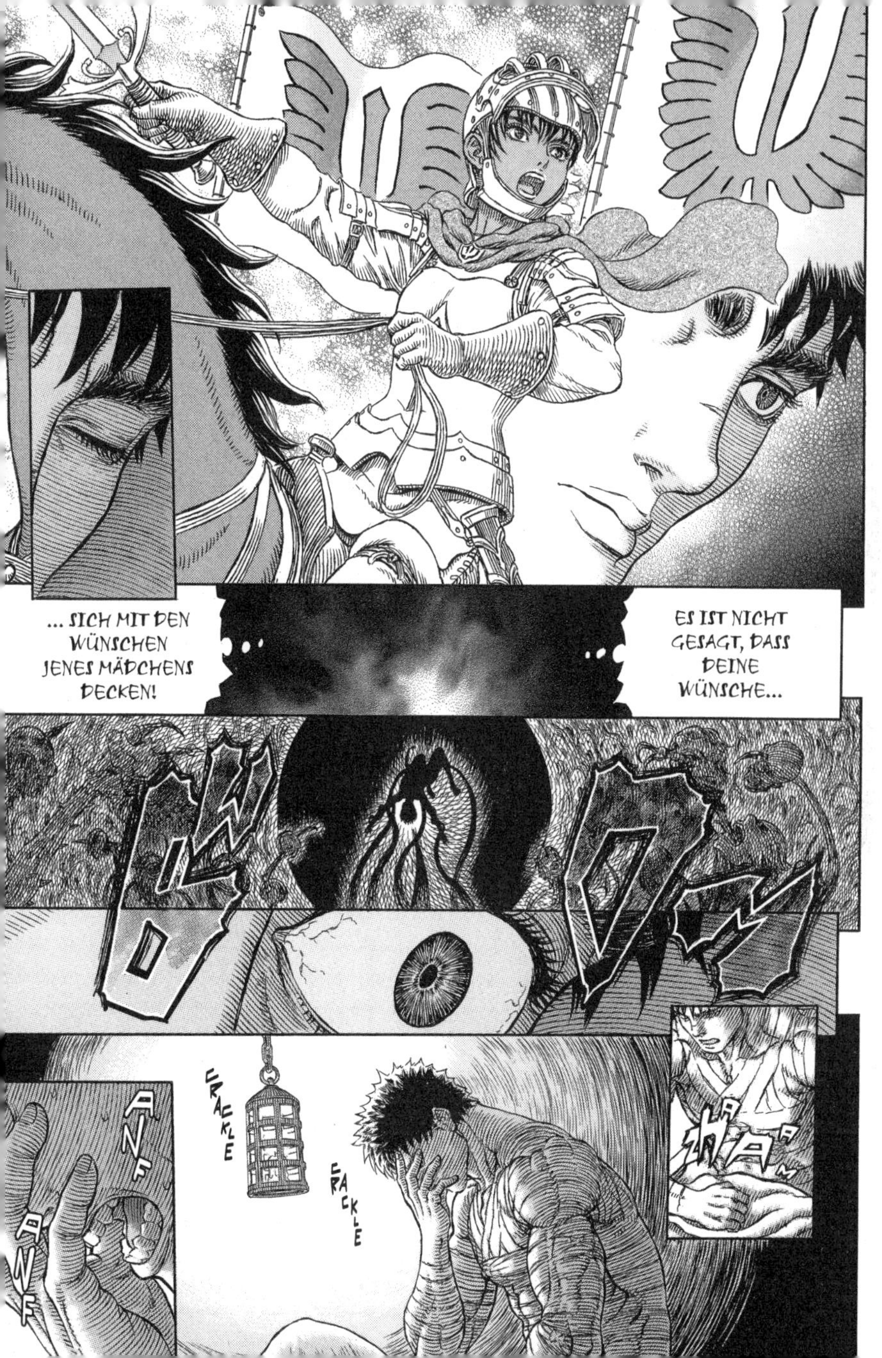
ES IST NICHT GESAGT, DASS DEINE WÜNSCHE...
... SICH MIT DEN WÜNSCHEN JENES MÄDCHENS DECKEN!
CRACKLE
CRACKLE
ANF
ANF

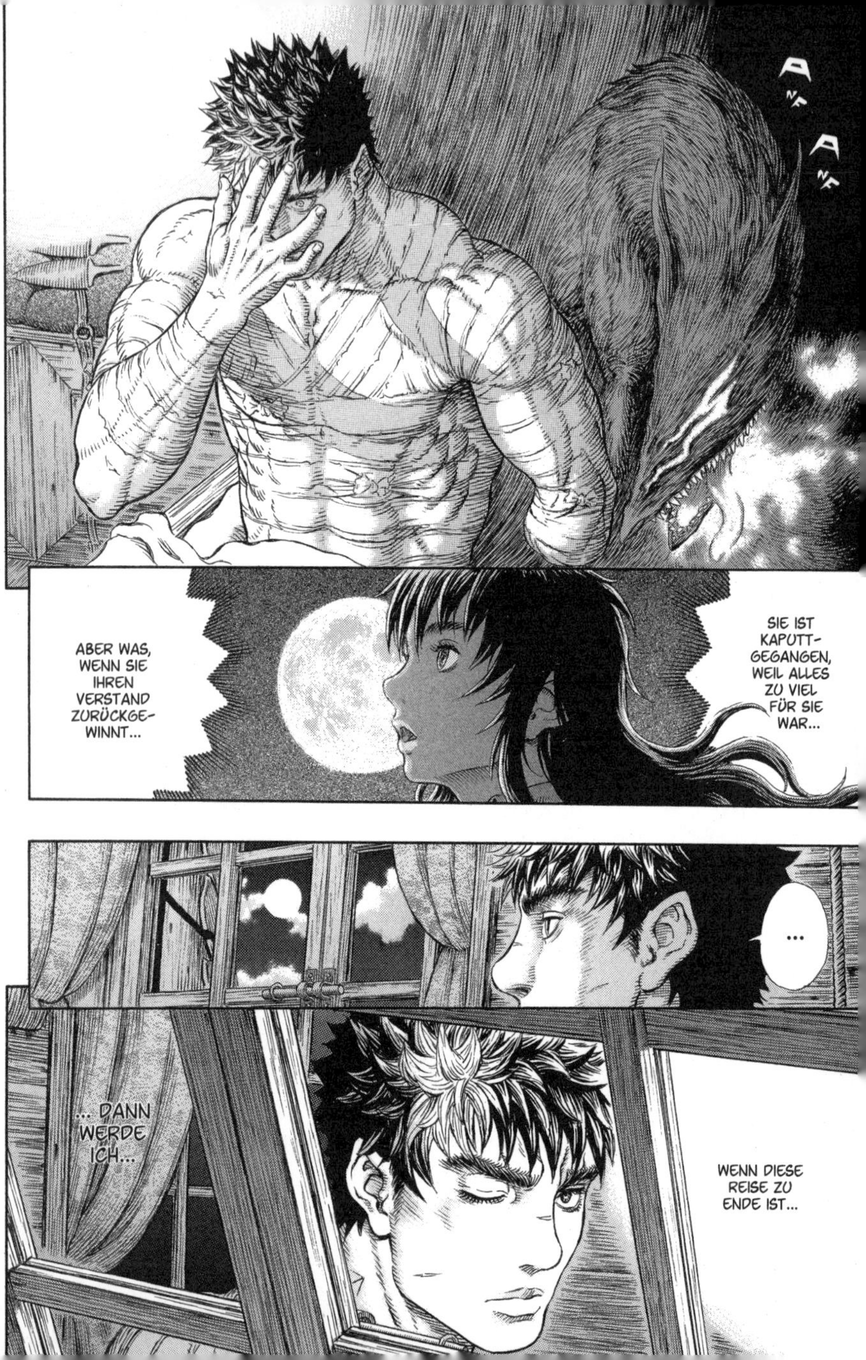

ANF
ANF

SIE IST KAPUTTGEGANGEN, WEIL ALLES ZU VIEL FÜR SIE WAR...

ABER WAS, WENN SIE IHREN VERSTAND ZURÜCKGEWINNT...

...

WENN DIESE REISE ZU ENDE IST...

... DANN WERDE ICH...

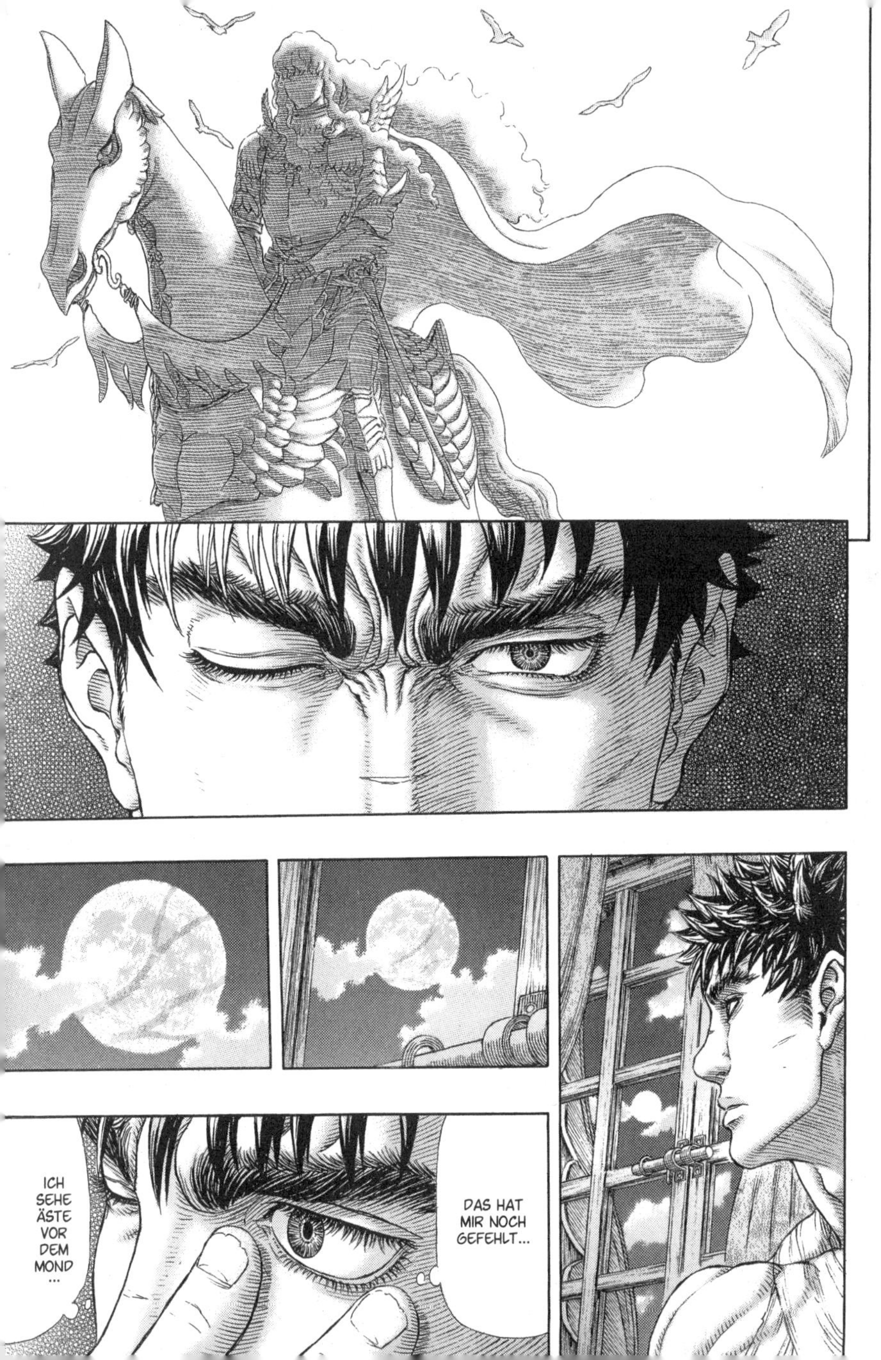

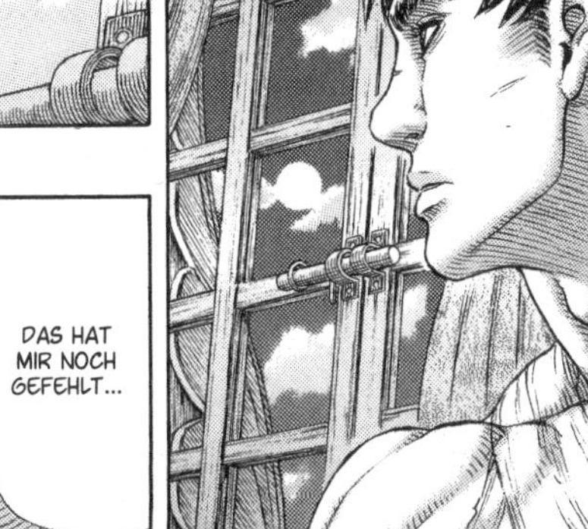

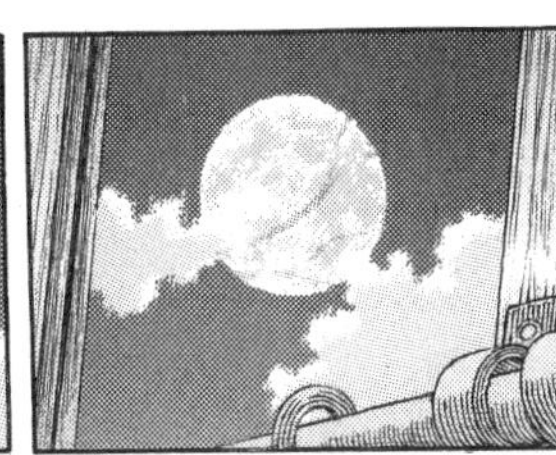

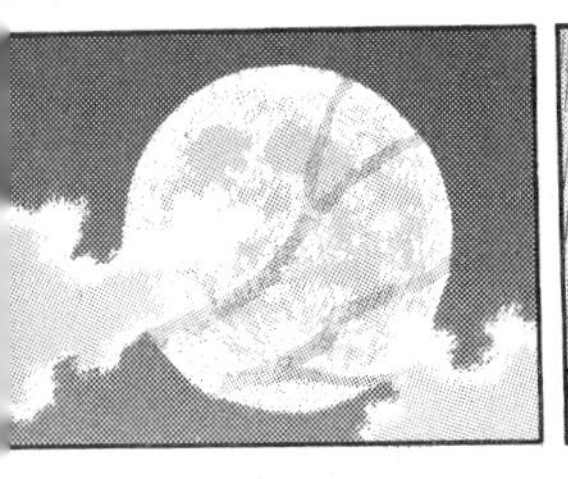

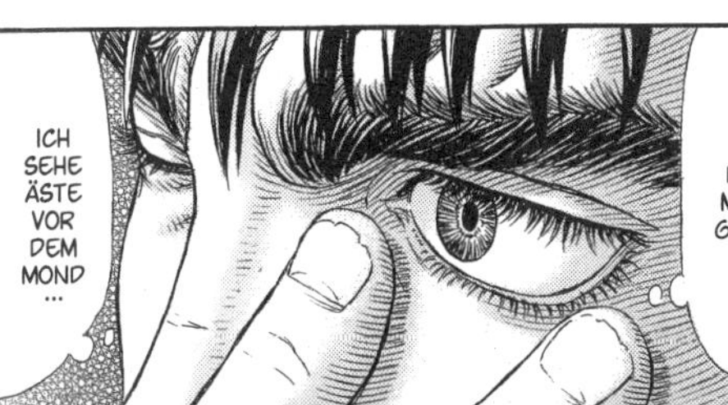
DAS HAT MIR NOCH GEFEHLT...
ICH SEHE ÄSTE VOR DEM MOND ...

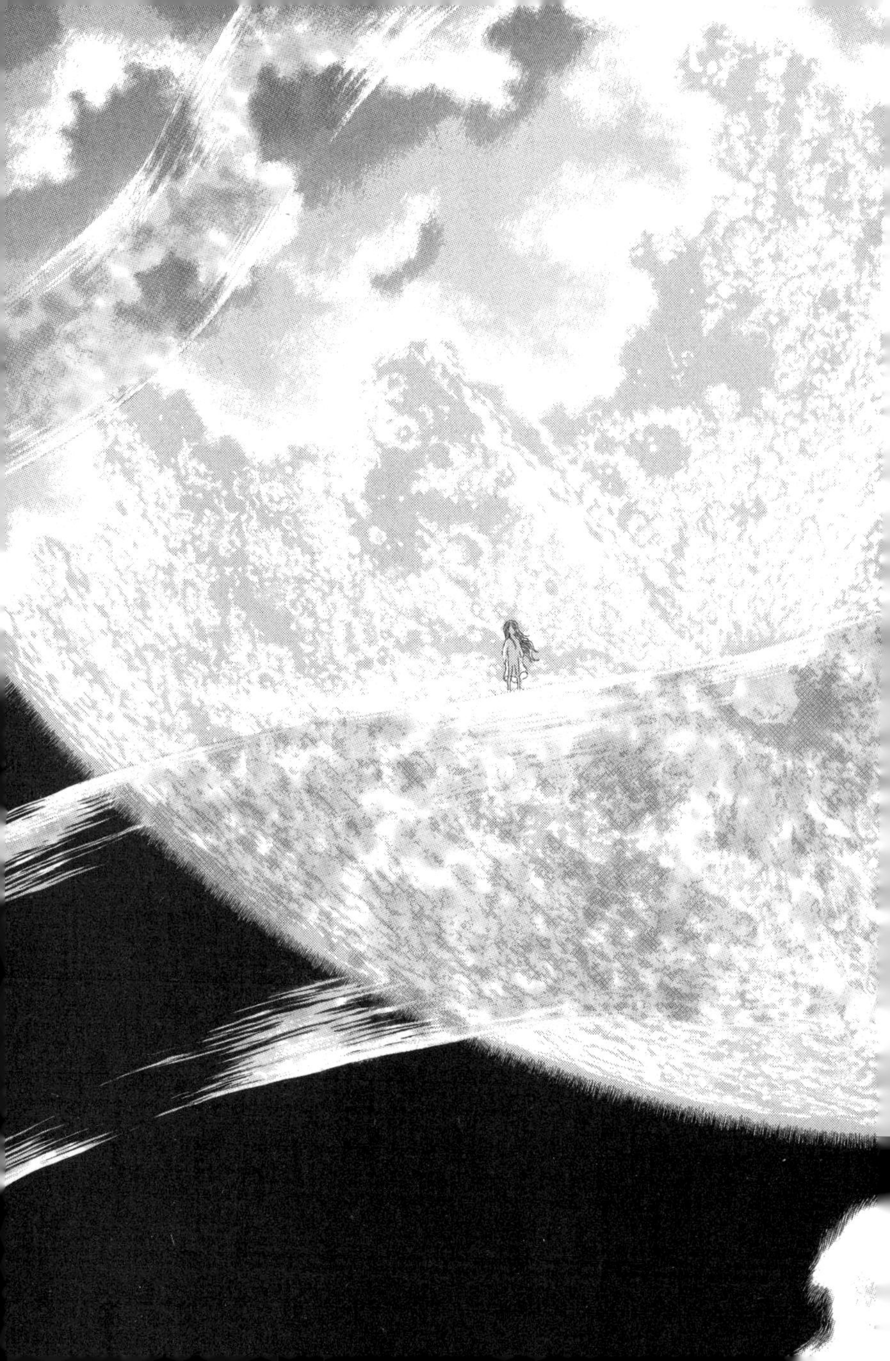

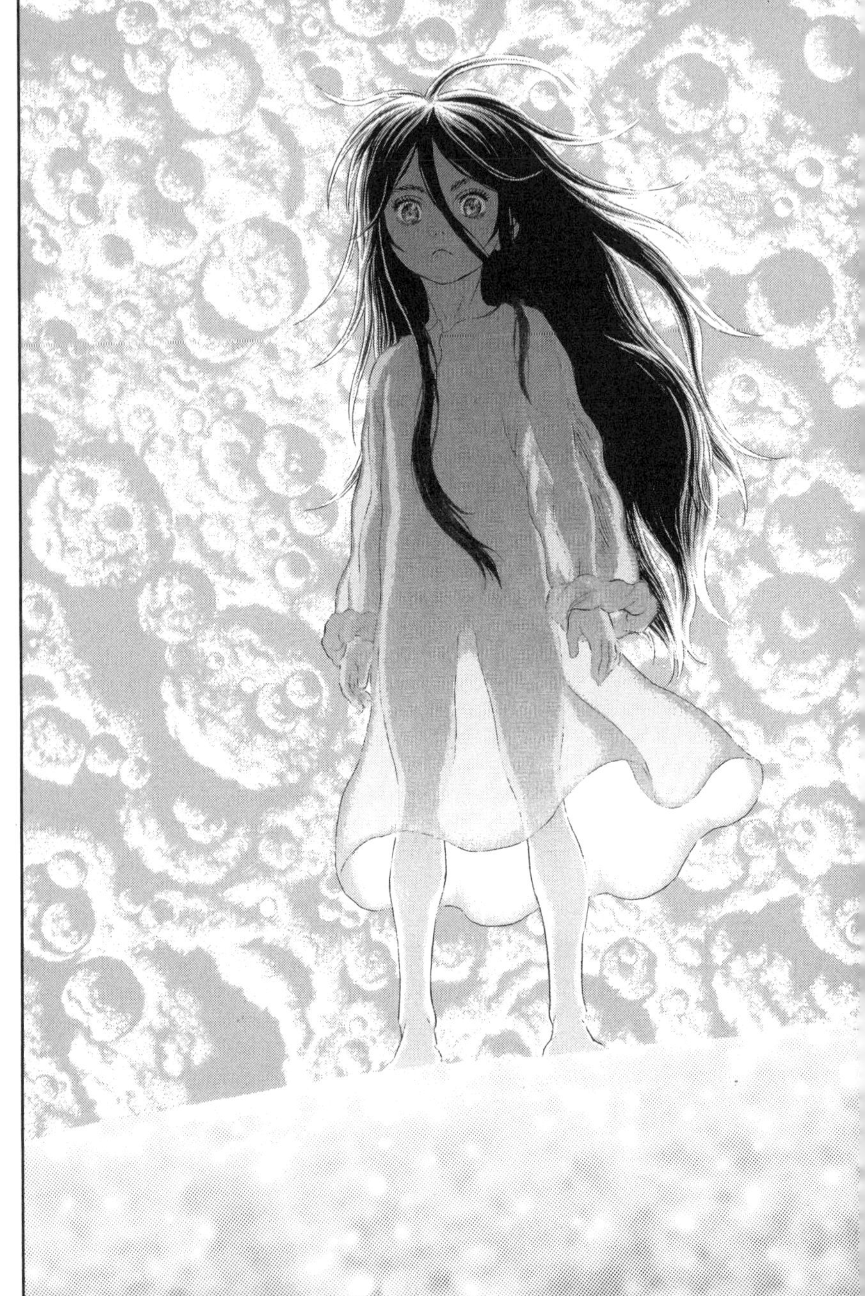

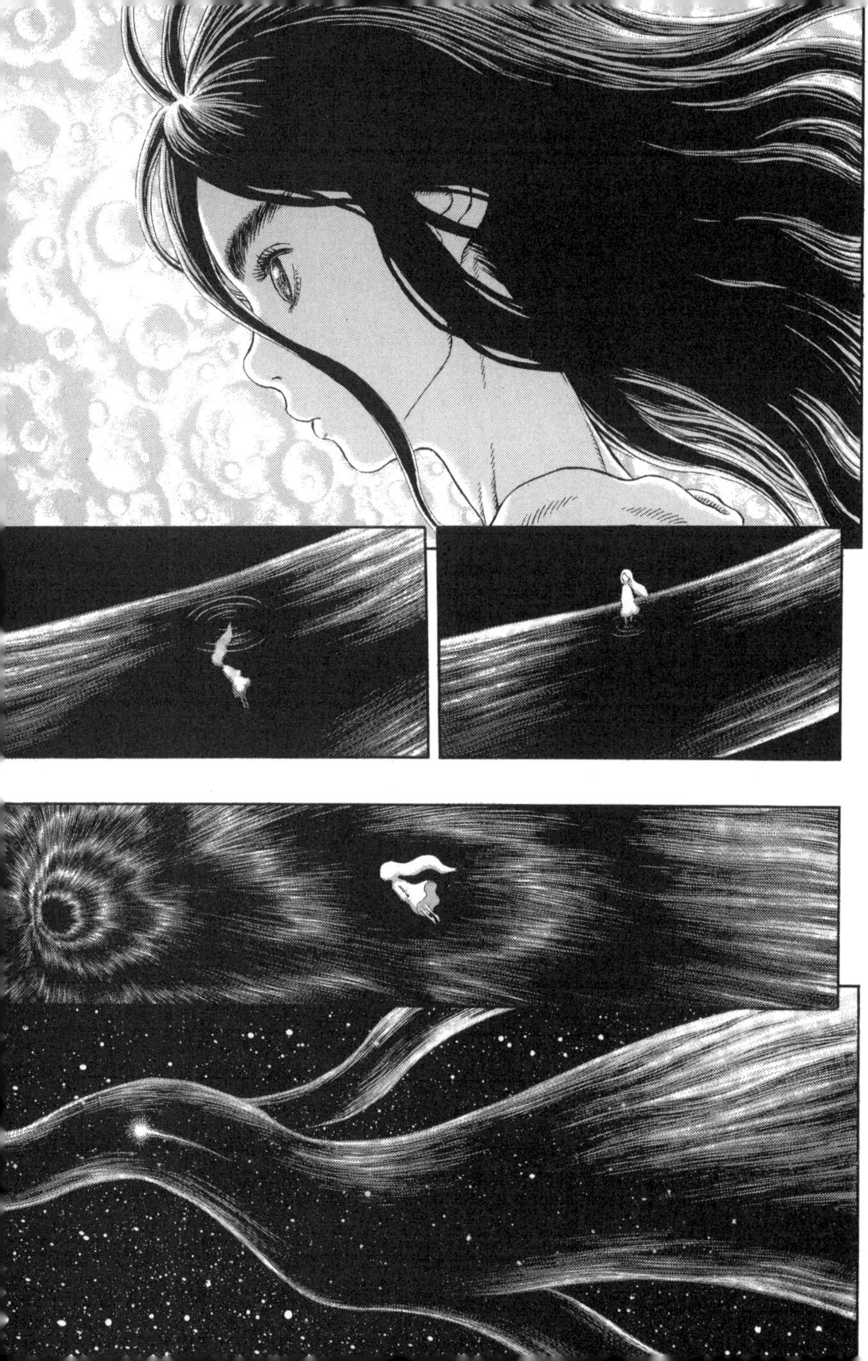

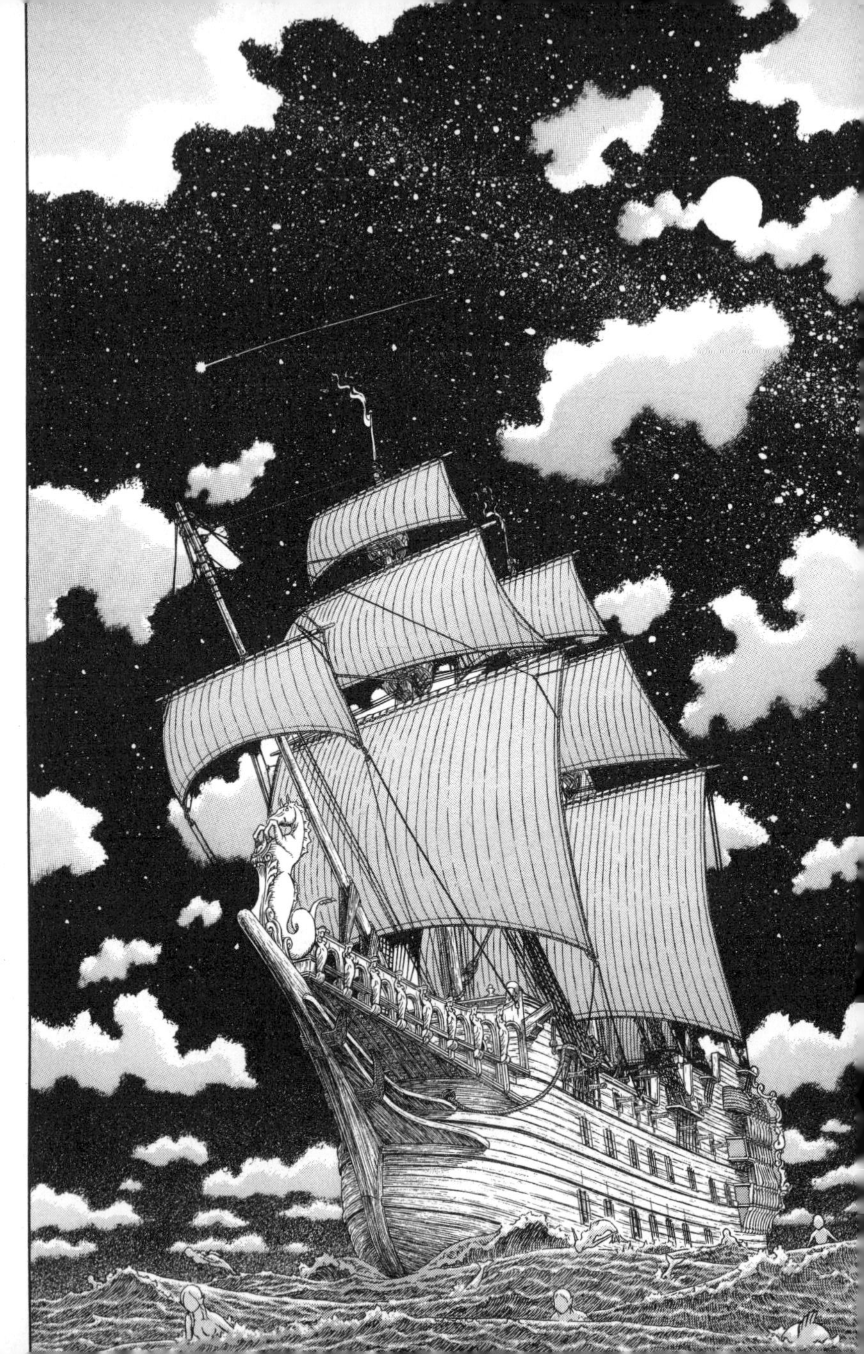

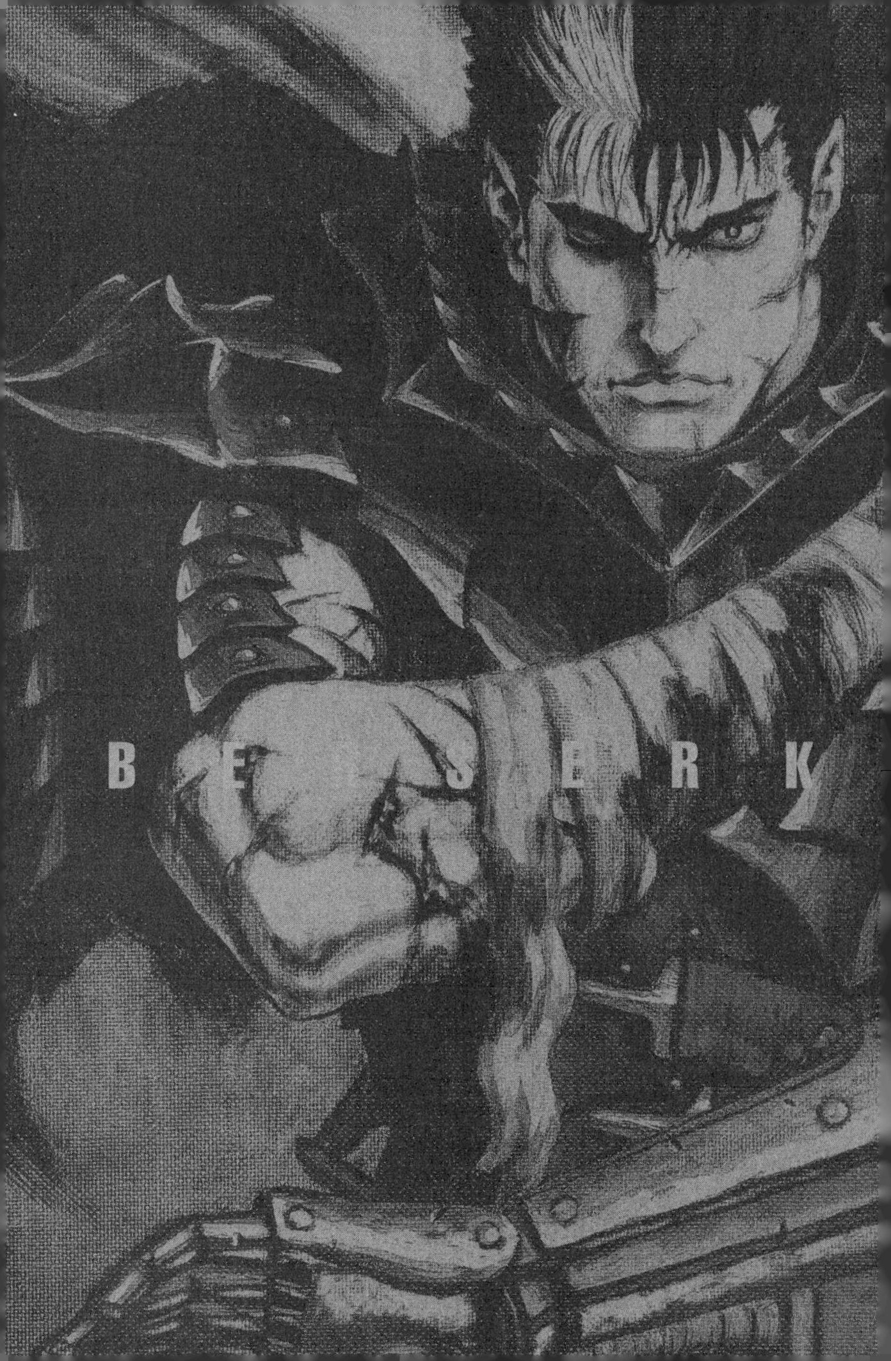
B E S E R K

FRÜHLINGSBLUMEN (1)

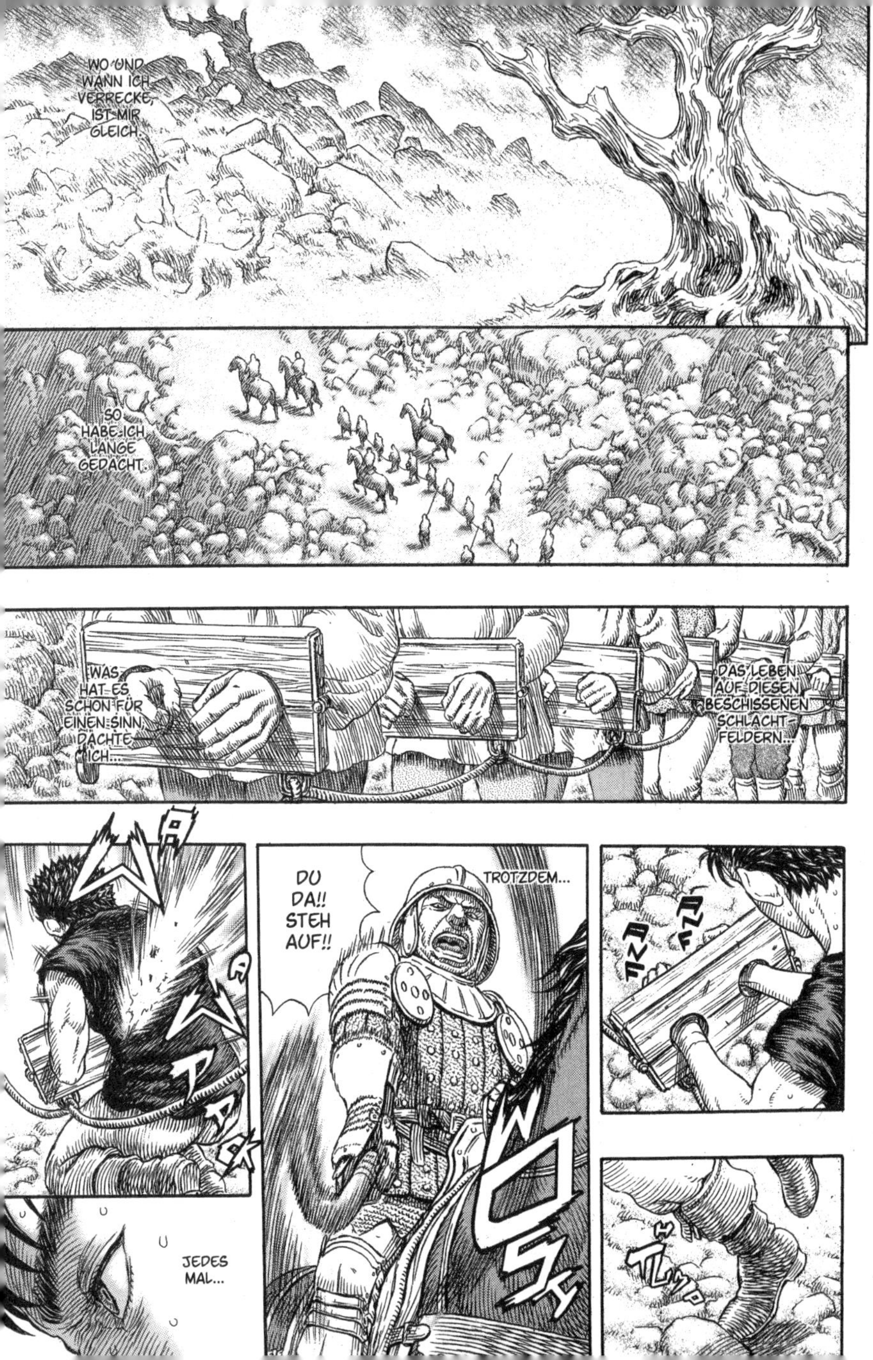

WO UND WANN ICH VERRECKE, IST MIR GLEICH.

SO HABE ICH LANGE GEDACHT.

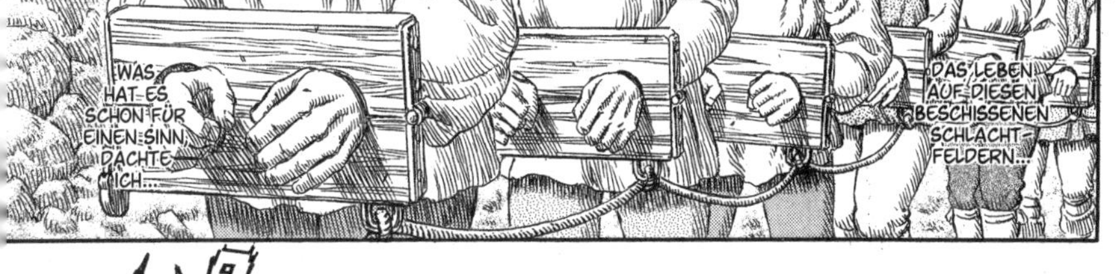

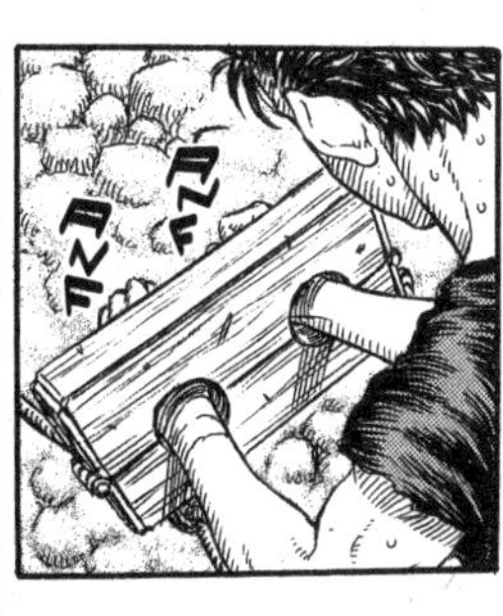

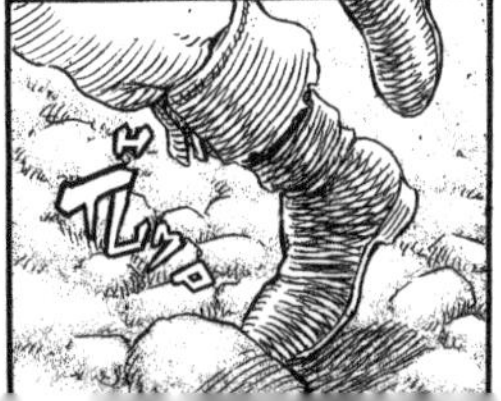

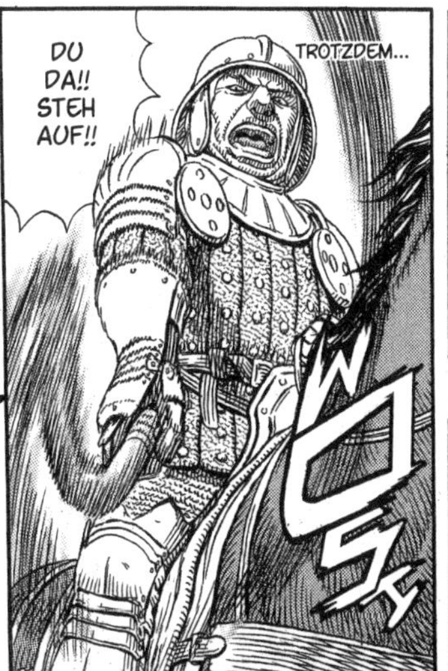

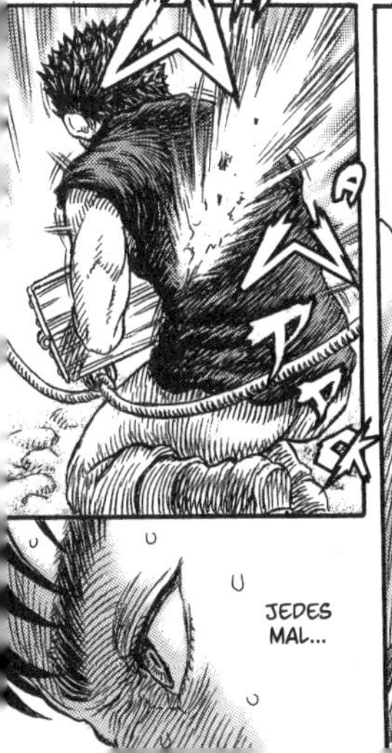

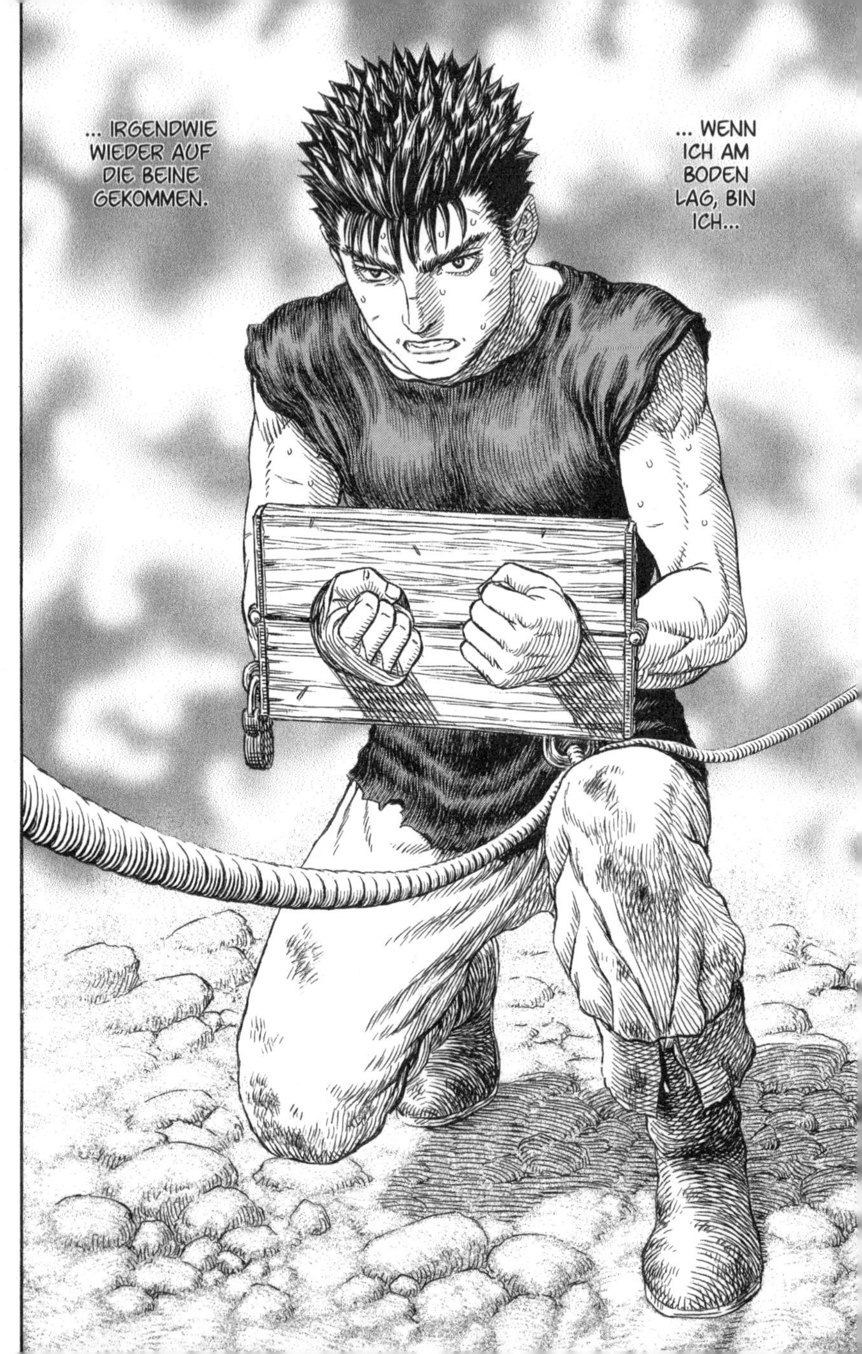
... WENN ICH AM BODEN LAG, BIN ICH...
... IRGENDWIE WIEDER AUF DIE BEINE GEKOMMEN.

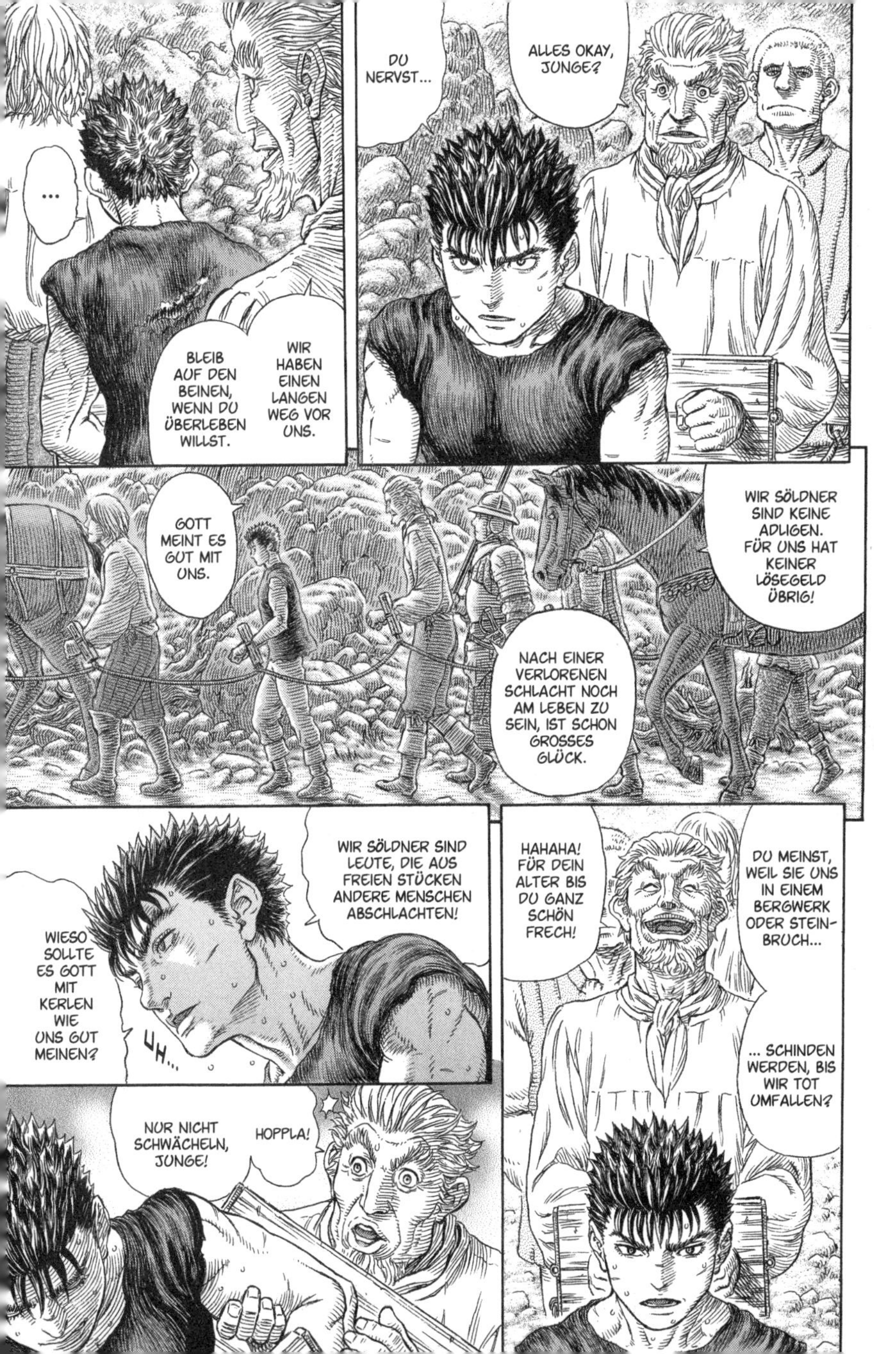

...
WIR HABEN EINEN LANGEN WEG VOR UNS.
BLEIB AUF DEN BEINEN, WENN DU ÜBERLEBEN WILLST.
ALLES OKAY, JUNGE?
DU NERVST...
WIR SÖLDNER SIND KEINE ADLIGEN. FÜR UNS HAT KEINER LÖSEGELD ÜBRIG!
NACH EINER VERLORENEN SCHLACHT NOCH AM LEBEN ZU SEIN, IST SCHON GROSSES GLÜCK.
GOTT MEINT ES GUT MIT UNS.
WIR SÖLDNER SIND LEUTE, DIE AUS FREIEN STÜCKEN ANDERE MENSCHEN ABSCHLACHTEN!
WIESO SOLLTE ES GOTT MIT KERLEN WIE UNS GUT MEINEN?
UH...
DU MEINST, WEIL SIE UNS IN EINEM BERGWERK ODER STEIN-BRUCH...
... SCHINDEN WERDEN, BIS WIR TOT UMFALLEN?
HAHAHA! FÜR DEIN ALTER BIS DU GANZ SCHÖN FRECH!
HOPPLA!
NUR NICHT SCHWÄCHELN, JUNGE!

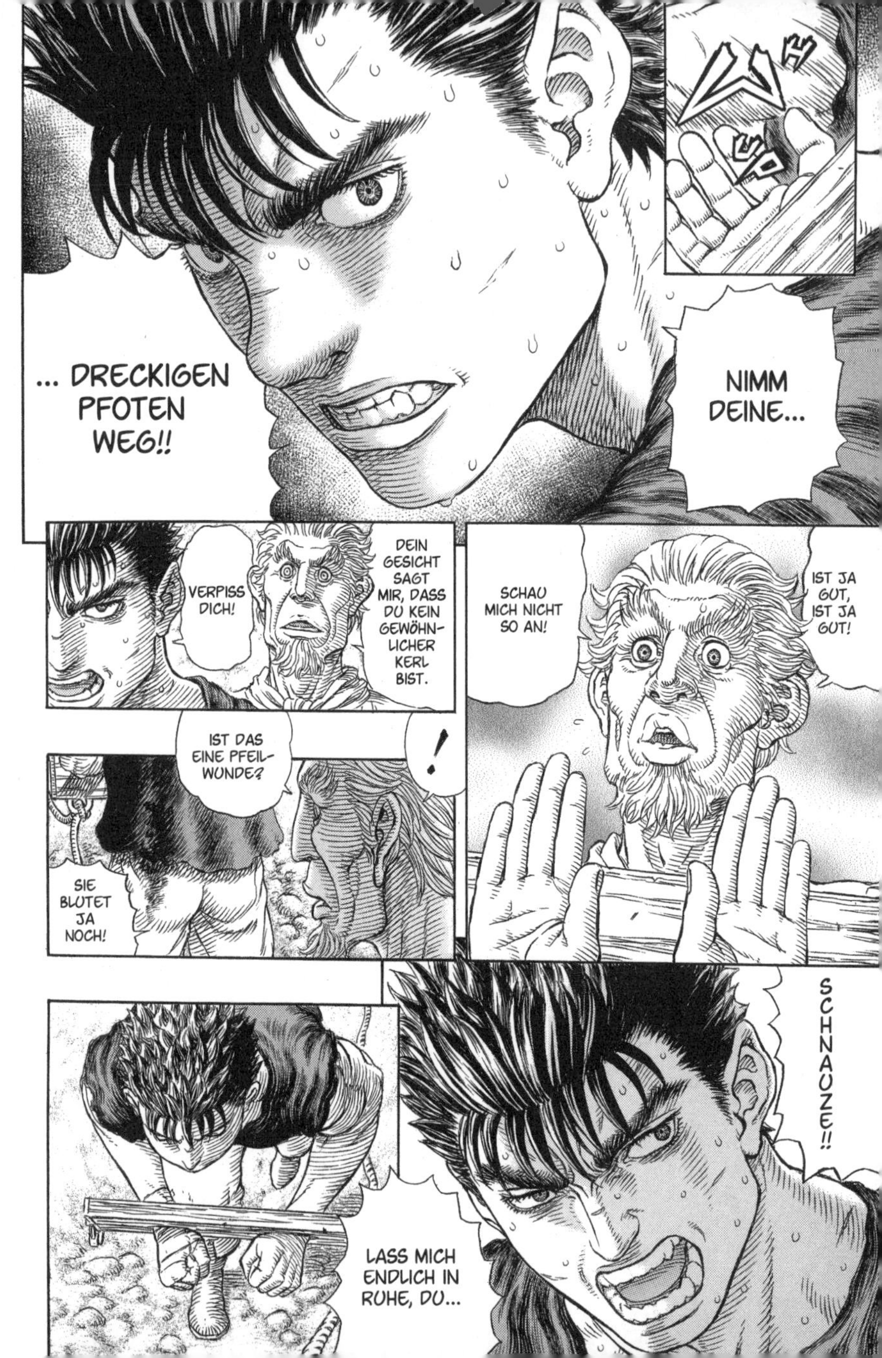
NIMM DEINE...
... DRECKIGEN PFOTEN WEG!!
DEIN GESICHT SAGT MIR, DASS DU KEIN GEWÖHNLICHER KERL BIST.
VERPISS DICH!
IST JA GUT, IST JA GUT!
SCHAU MICH NICHT SO AN!
!
IST DAS EINE PFEILWUNDE?
SIE BLUTET JA NOCH!
LASS MICH ENDLICH IN RUHE, DU...
SCHNAUZE!!

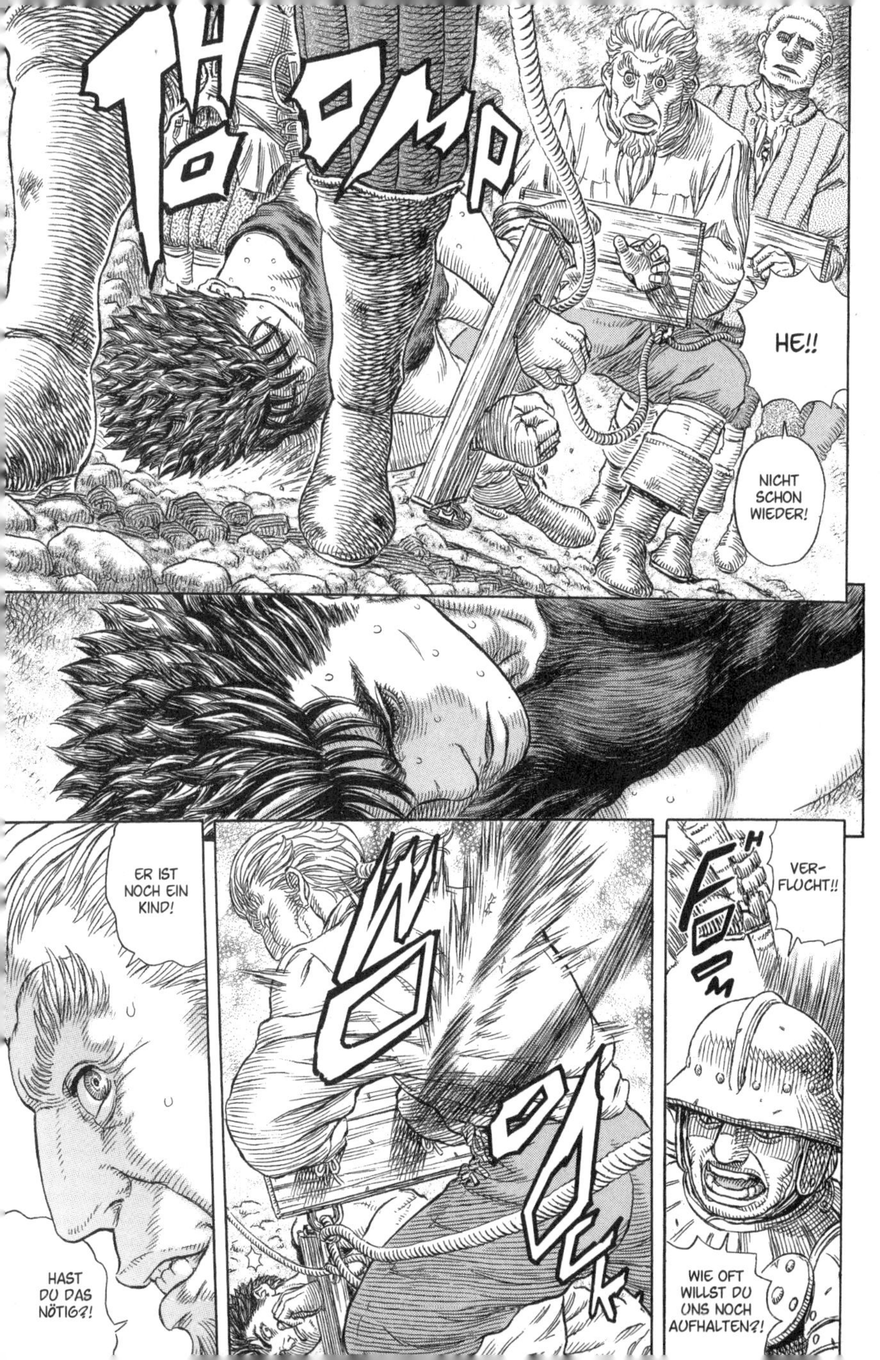
THOOMP
HE!!
NICHT SCHON WIEDER!
VERFLUCHT!!
WIE OFT WILLST DU UNS NOCH AUFHALTEN?!
ER IST NOCH EIN KIND!
HAST DU DAS NÖTIG?!

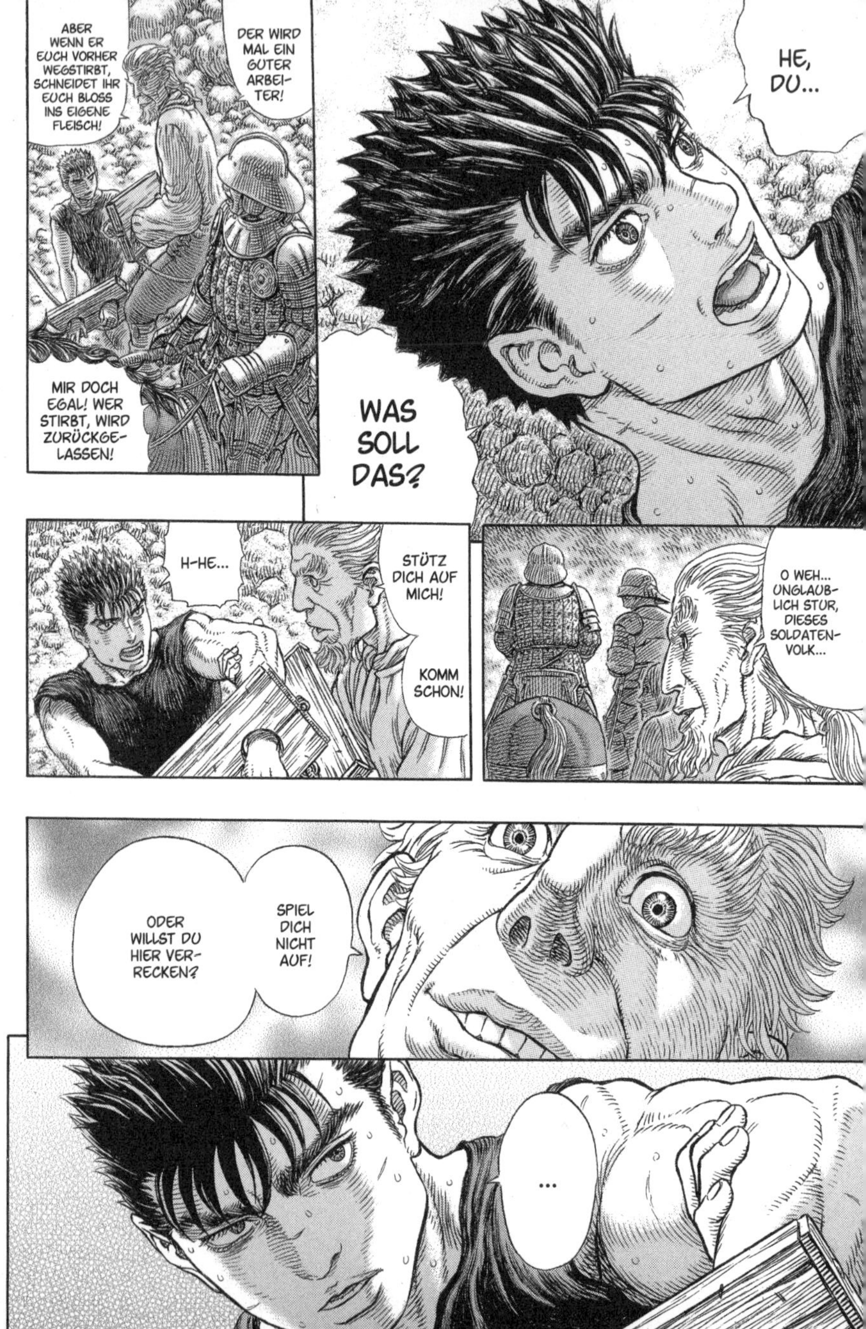
HE, DU...
WAS SOLL DAS?
DER WIRD MAL EIN GUTER ARBEITER!
ABER WENN ER EUCH VORHER WEGSTIRBT, SCHNEIDET IHR EUCH BLOSS INS EIGENE FLEISCH!
MIR DOCH EGAL! WER STIRBT, WIRD ZURÜCKGELASSEN!
O WEH... UNGLAUBLICH STUR, DIESES SOLDATENVOLK...
STÜTZ DICH AUF MICH!
H-HE...
KOMM SCHON!
SPIEL DICH NICHT AUF!
ODER WILLST DU HIER VERRECKEN?
...

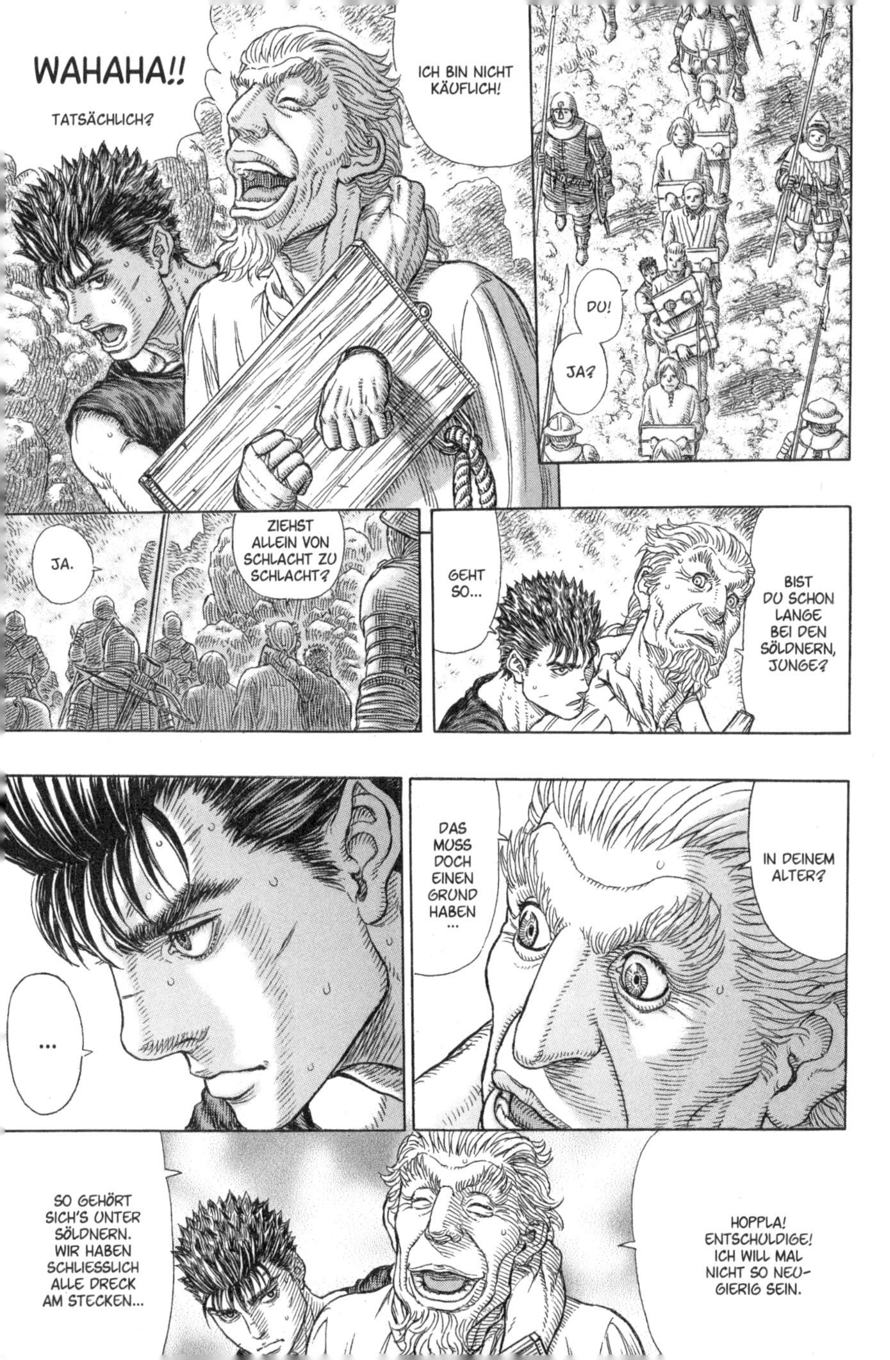

DU!
JA?
ICH BIN NICHT KÄUFLICH!
WAHAHA!!
TATSÄCHLICH?

BIST DU SCHON LANGE BEI DEN SÖLDNERN, JUNGE?
GEHT SO...
ZIEHST ALLEIN VON SCHLACHT ZU SCHLACHT?
JA.

IN DEINEM ALTER?
DAS MUSS DOCH EINEN GRUND HABEN...
...

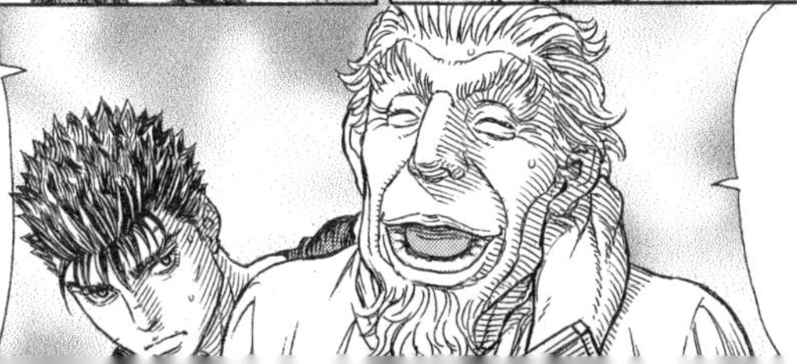

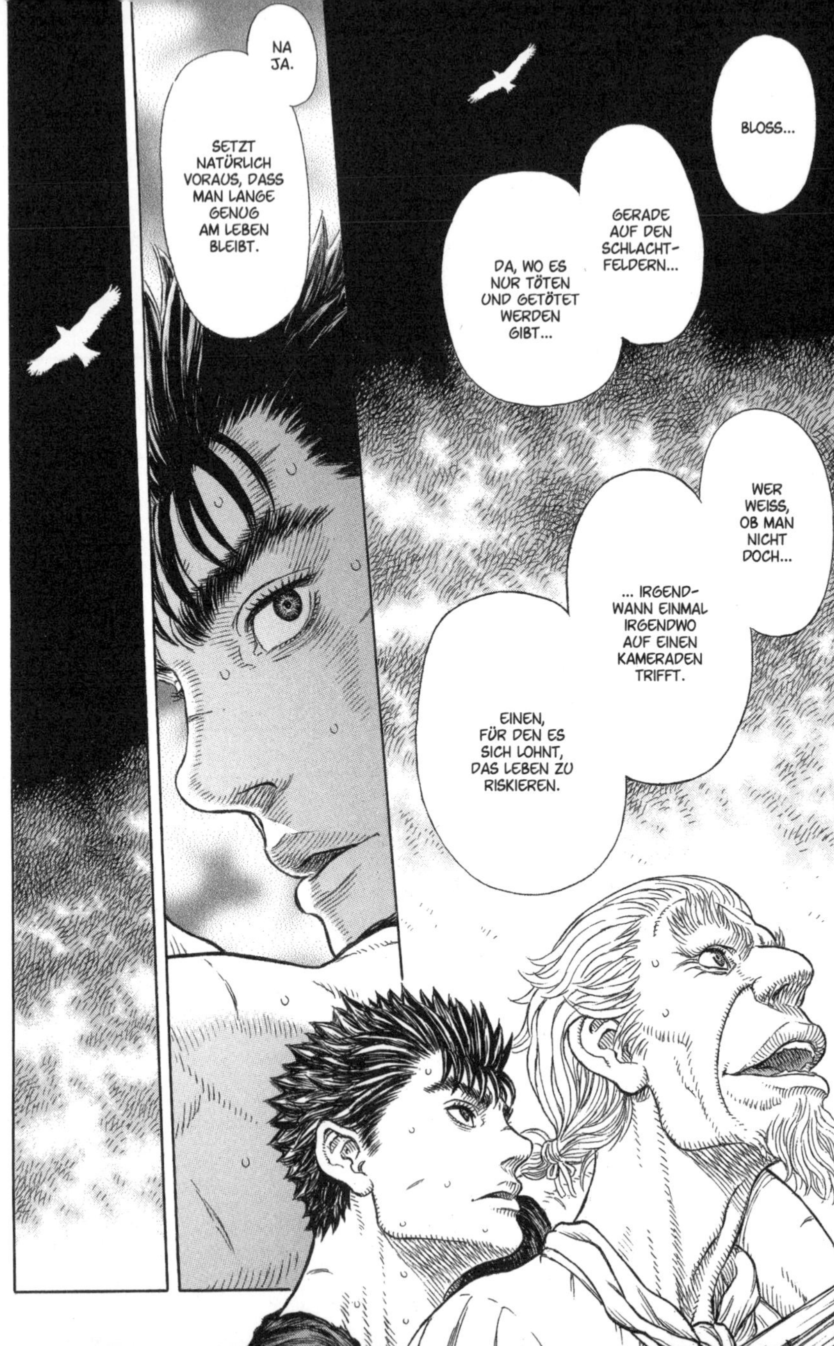
BLOSS...
GERADE AUF DEN SCHLACHT-FELDERN...
DA, WO ES NUR TÖTEN UND GETÖTET WERDEN GIBT...
WER WEISS, OB MAN NICHT DOCH...
... IRGEND-WANN EINMAL IRGENDWO AUF EINEN KAMERADEN TRIFFT.
EINEN, FÜR DEN ES SICH LOHNT, DAS LEBEN ZU RISKIEREN.
NA JA.
SETZT NATÜRLICH VORAUS, DASS MAN LANGE GENUG AM LEBEN BLEIBT.

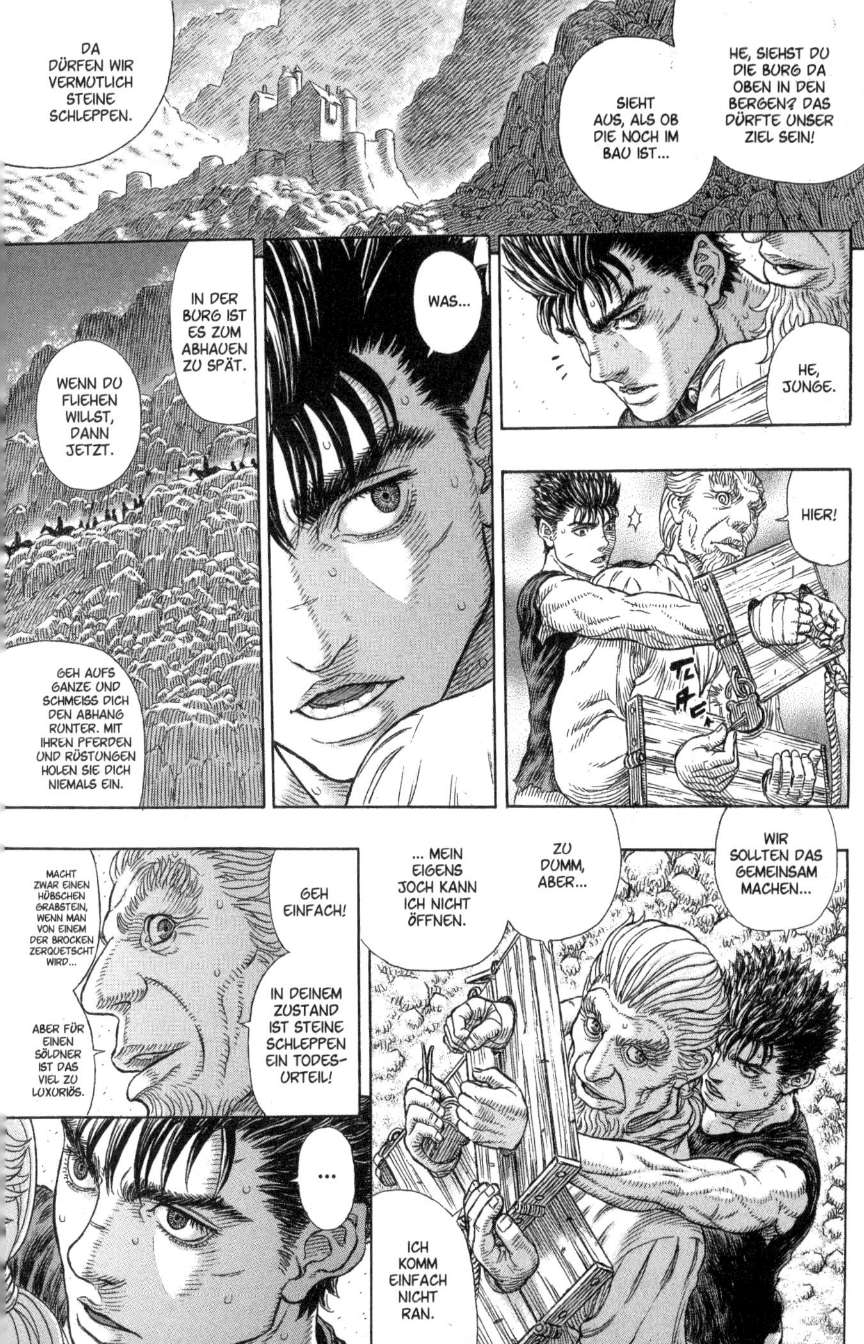
HE, SIEHST DU DIE BURG DA OBEN IN DEN BERGEN? DAS DÜRFTE UNSER ZIEL SEIN!
SIEHT AUS, ALS OB DIE NOCH IM BAU IST...
DA DÜRFEN WIR VERMUTLICH STEINE SCHLEPPEN.
HE, JUNGE.
WAS...
IN DER BURG IST ES ZUM ABHAUEN ZU SPÄT.
WENN DU FLIEHEN WILLST, DANN JETZT.
GEH AUFS GANZE UND SCHMEISS DICH DEN ABHANG RUNTER. MIT IHREN PFERDEN UND RÜSTUNGEN HOLEN SIE DICH NIEMALS EIN.
HIER!
WIR SOLLTEN DAS GEMEINSAM MACHEN...
ZU DUMM, ABER...
... MEIN EIGENS JOCH KANN ICH NICHT ÖFFNEN.
ICH KOMM EINFACH NICHT RAN.
GEH EINFACH!
IN DEINEM ZUSTAND IST STEINE SCHLEPPEN EIN TODES-URTEIL!
MACHT ZWAR EINEN HÜBSCHEN GRABSTEIN, WENN MAN VON EINEM DER BROCKEN ZERQUETSCHT WIRD...
ABER FÜR EINEN SÖLDNER IST DAS VIEL ZU LUXURIÖS.
...

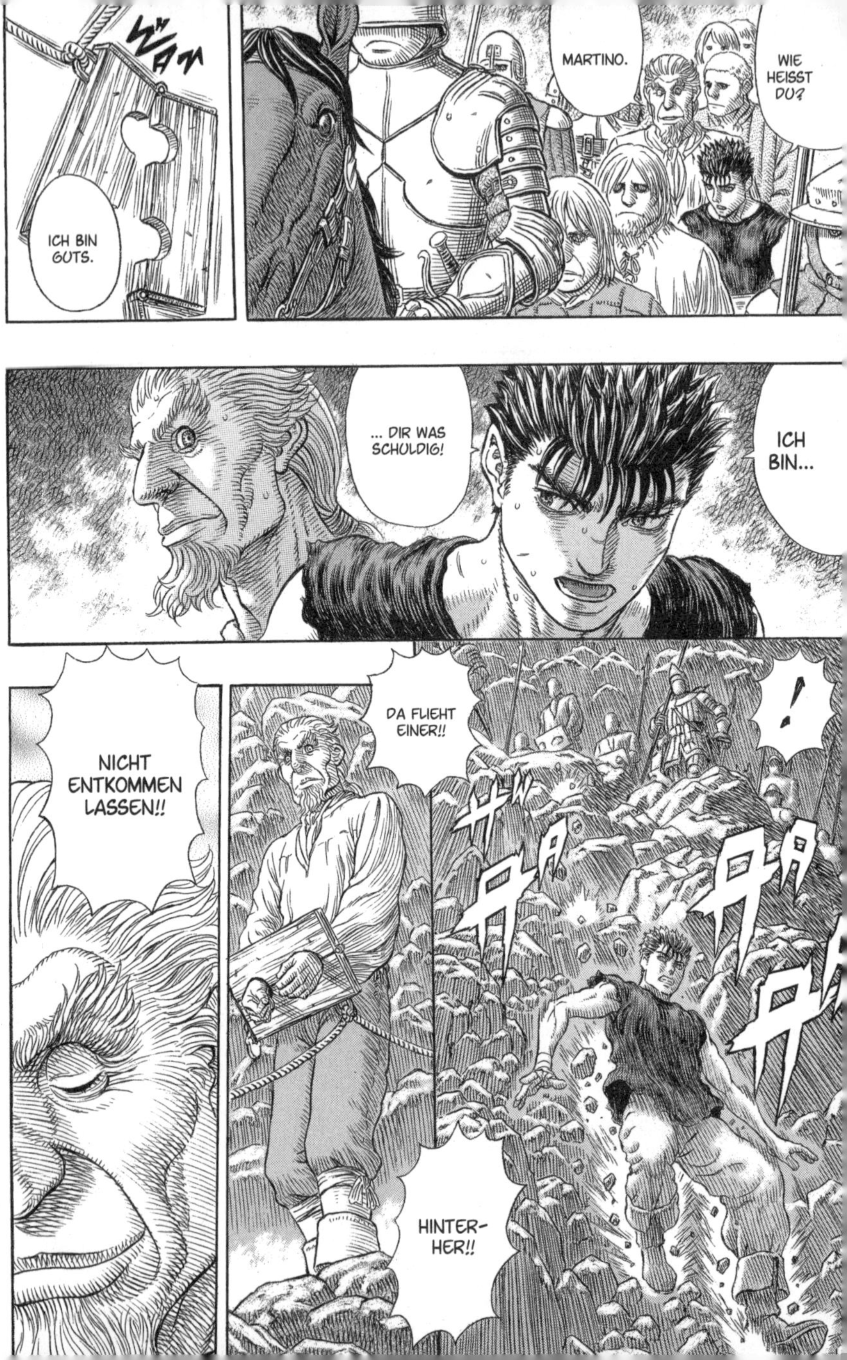

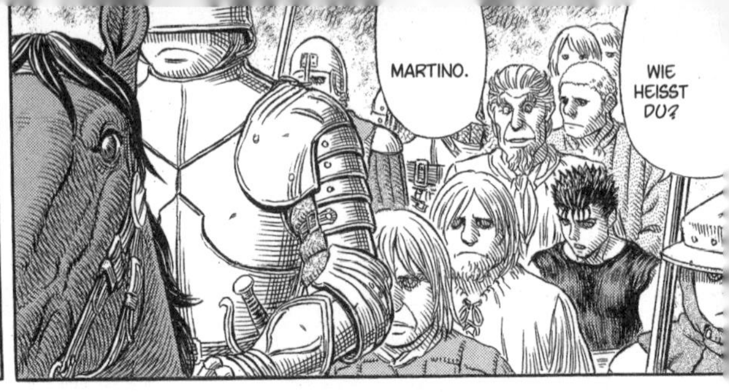

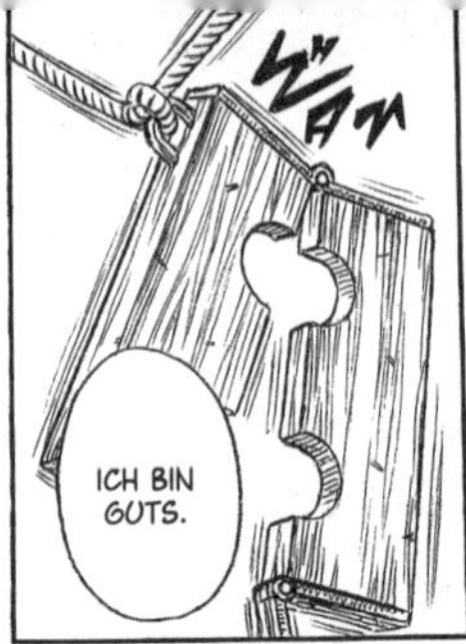

ICH BIN...

... DIR WAS SCHULDIG!

!

DA FLIEHT EINER!!

HINTER-HER!!

NICHT ENTKOMMEN LASSEN!!

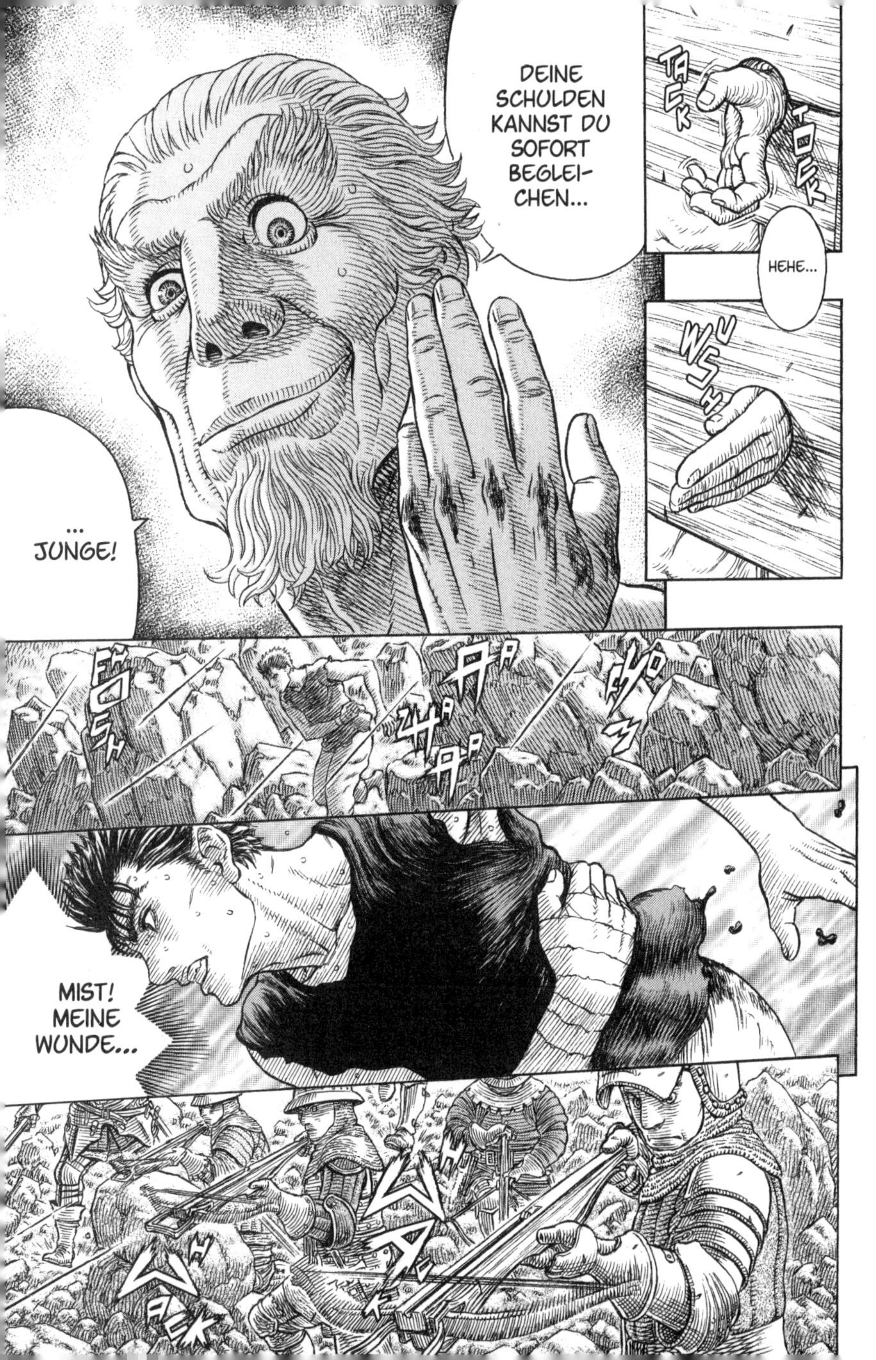
DEINE SCHULDEN KANNST DU SOFORT BEGLEICHEN...
... JUNGE!
TACK
TOCK
HEHE...
WUSH
FWOSH
ZWAA
KWOM
MIST! MEINE WUNDE...
WACK
WACK

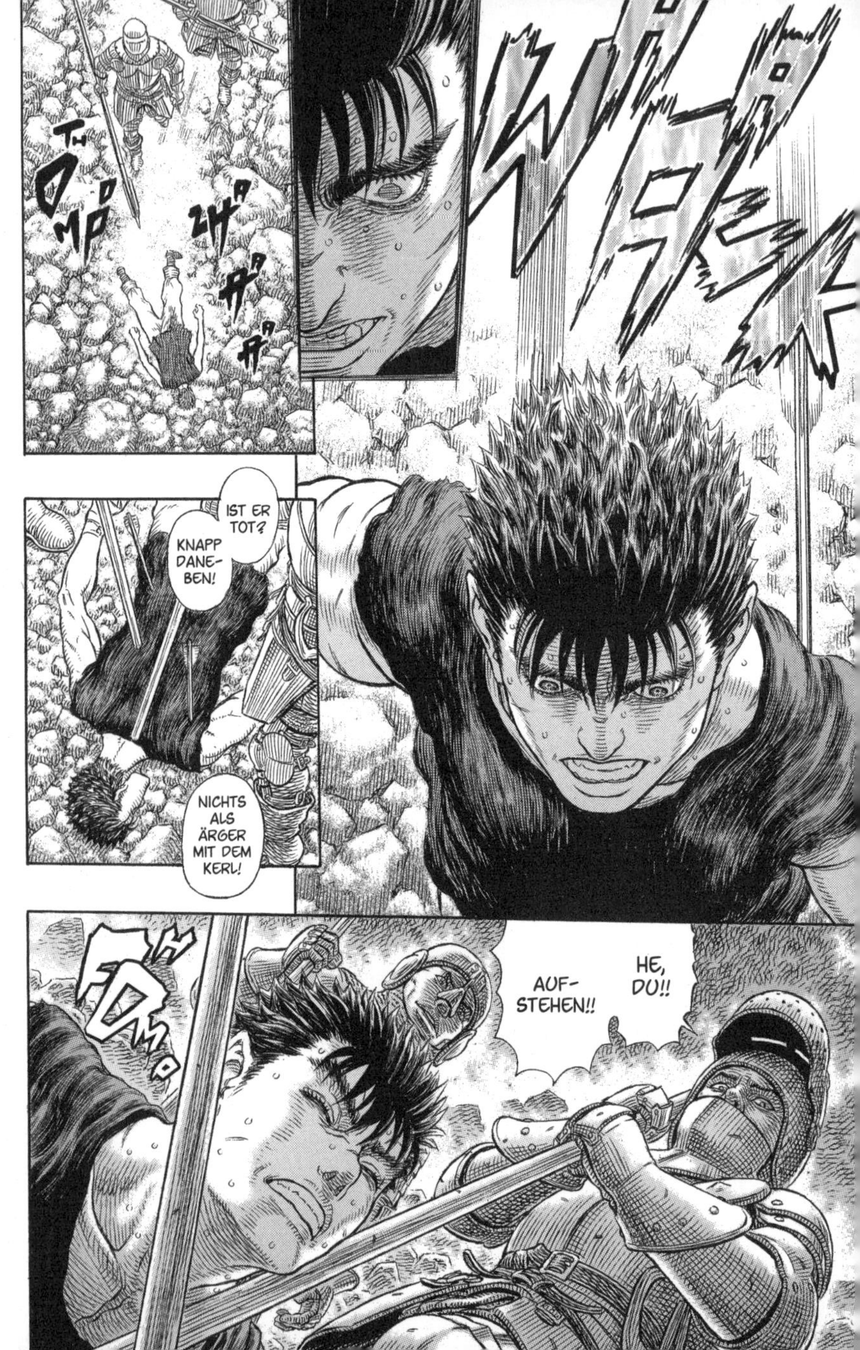
THOMP
ZHAAA
IST ER TOT?
KNAPP DANEBEN!
NICHTS ALS ÄRGER MIT DEM KERL!
HE, DU!!
AUF-STEHEN!!

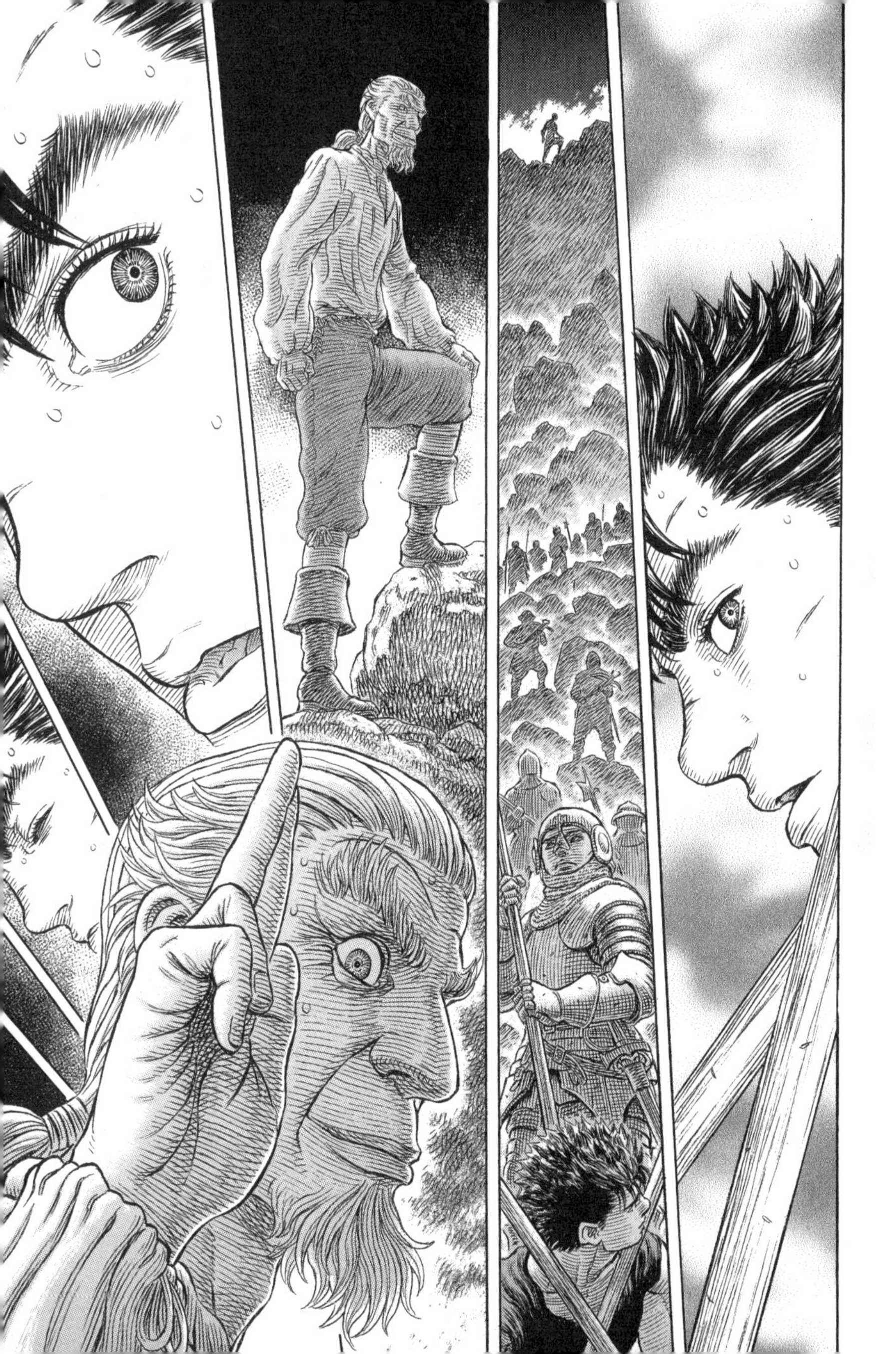

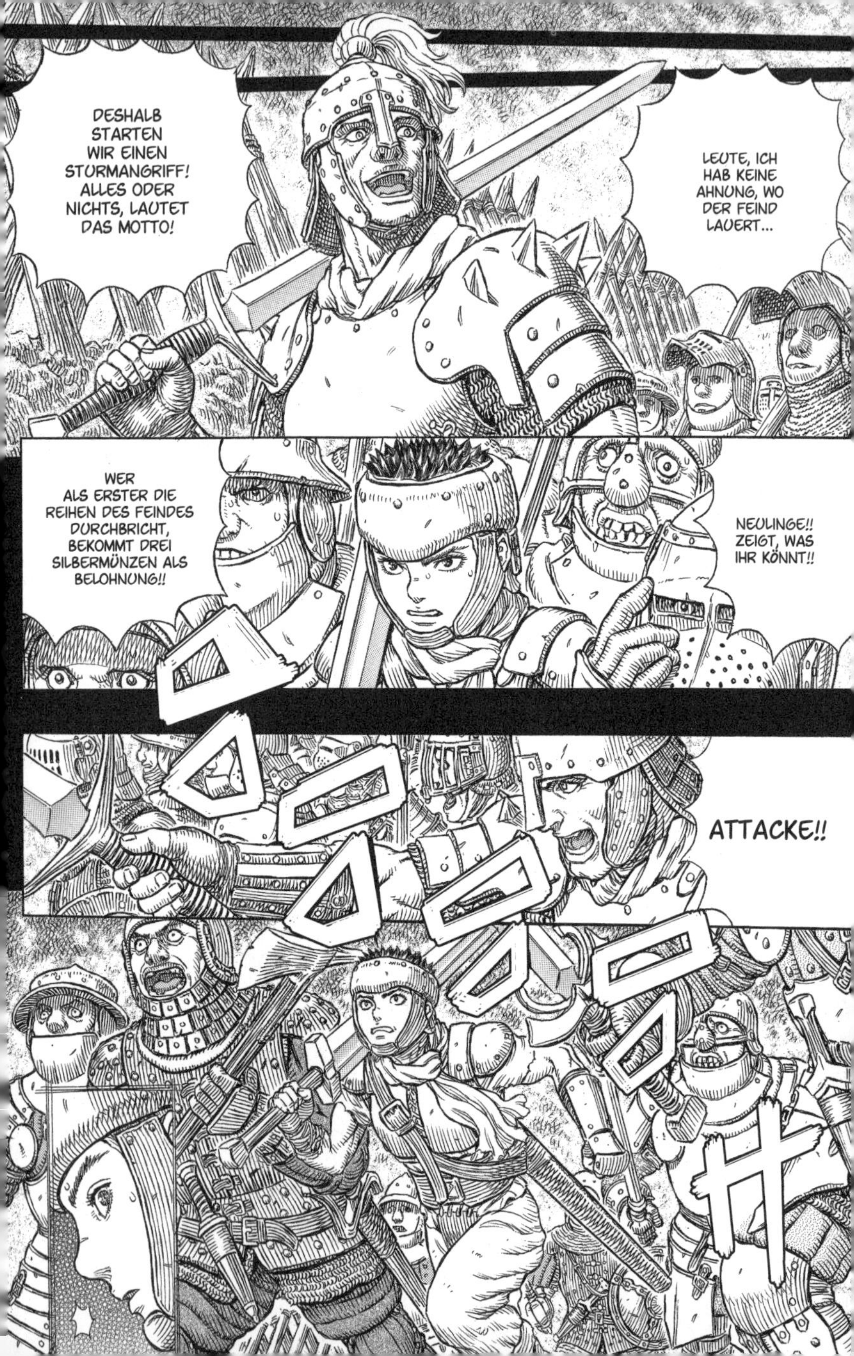
LEUTE, ICH HAB KEINE AHNUNG, WO DER FEIND LAUERT...
DESHALB STARTEN WIR EINEN STURMANGRIFF! ALLES ODER NICHTS, LAUTET DAS MOTTO!
NEULINGE!! ZEIGT, WAS IHR KÖNNT!!
WER ALS ERSTER DIE REIHEN DES FEINDES DURCHBRICHT, BEKOMMT DREI SILBERMÜNZEN ALS BELOHNUNG!!
ATTACKE!!

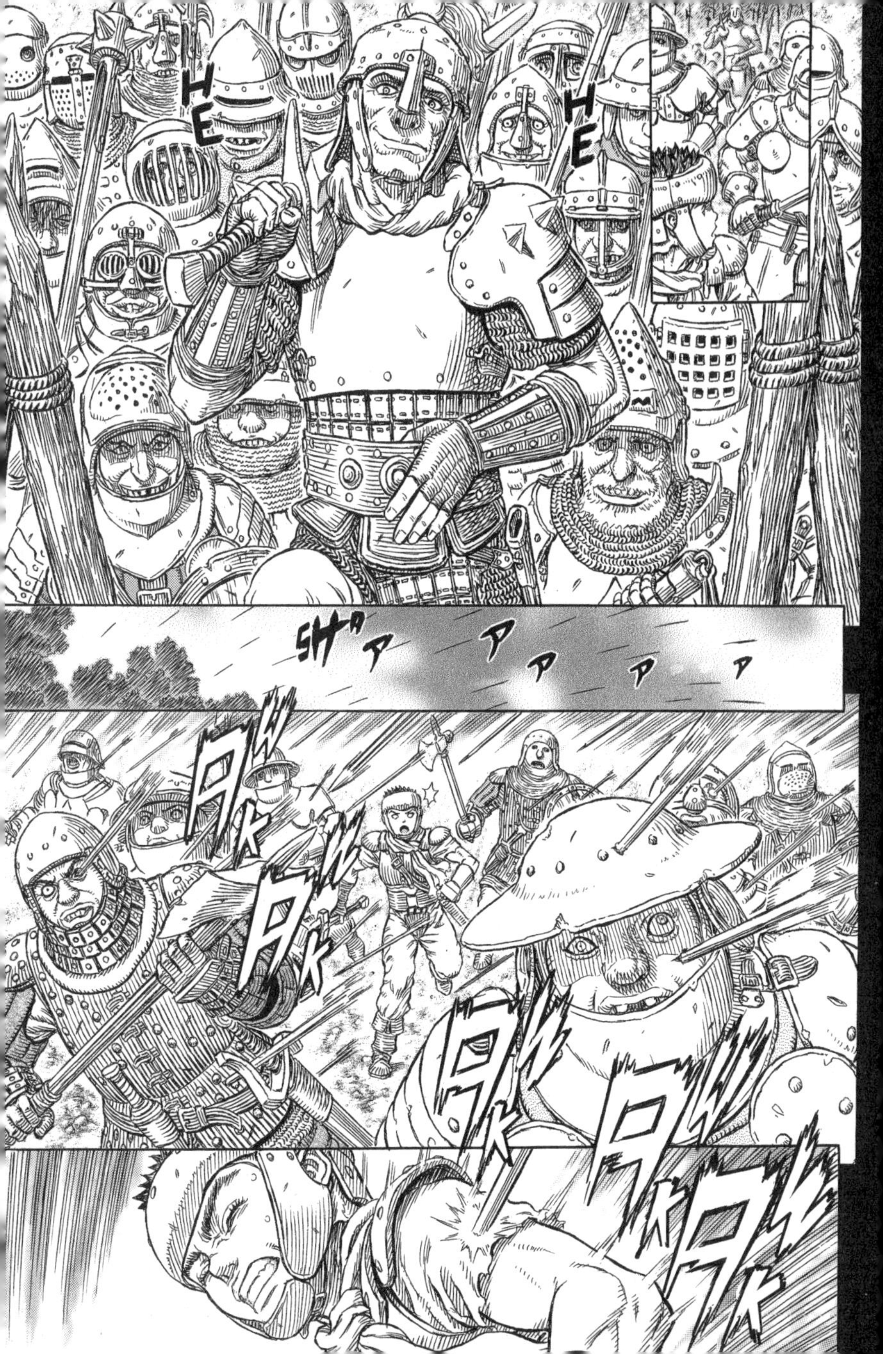
HE
HE
SH

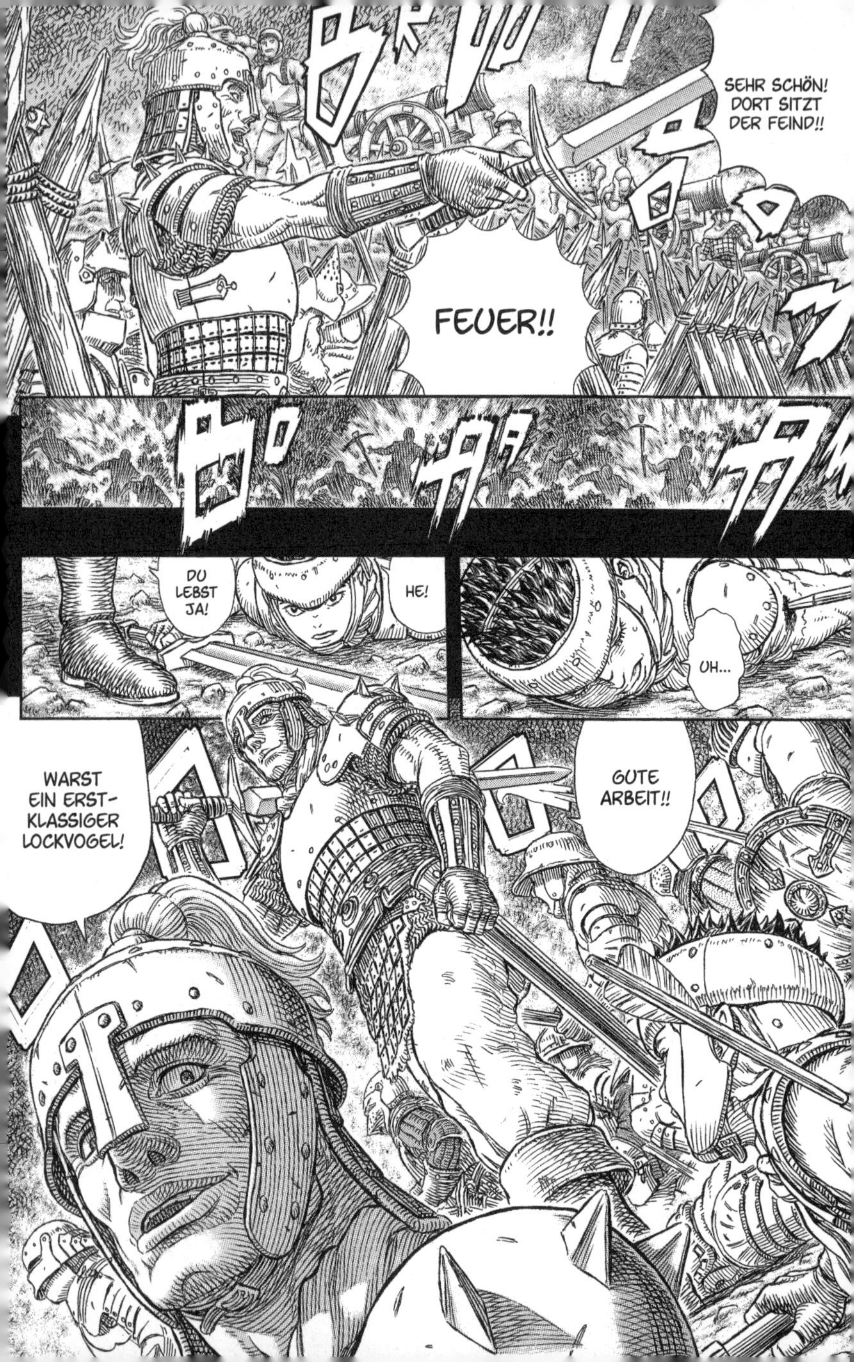
SEHR SCHÖN! DORT SITZT DER FEIND!!
FEUER!!
HE!
DU LEBST JA!
UH...
GUTE ARBEIT!!
WARST EIN ERST-KLASSIGER LOCKVOGEL!

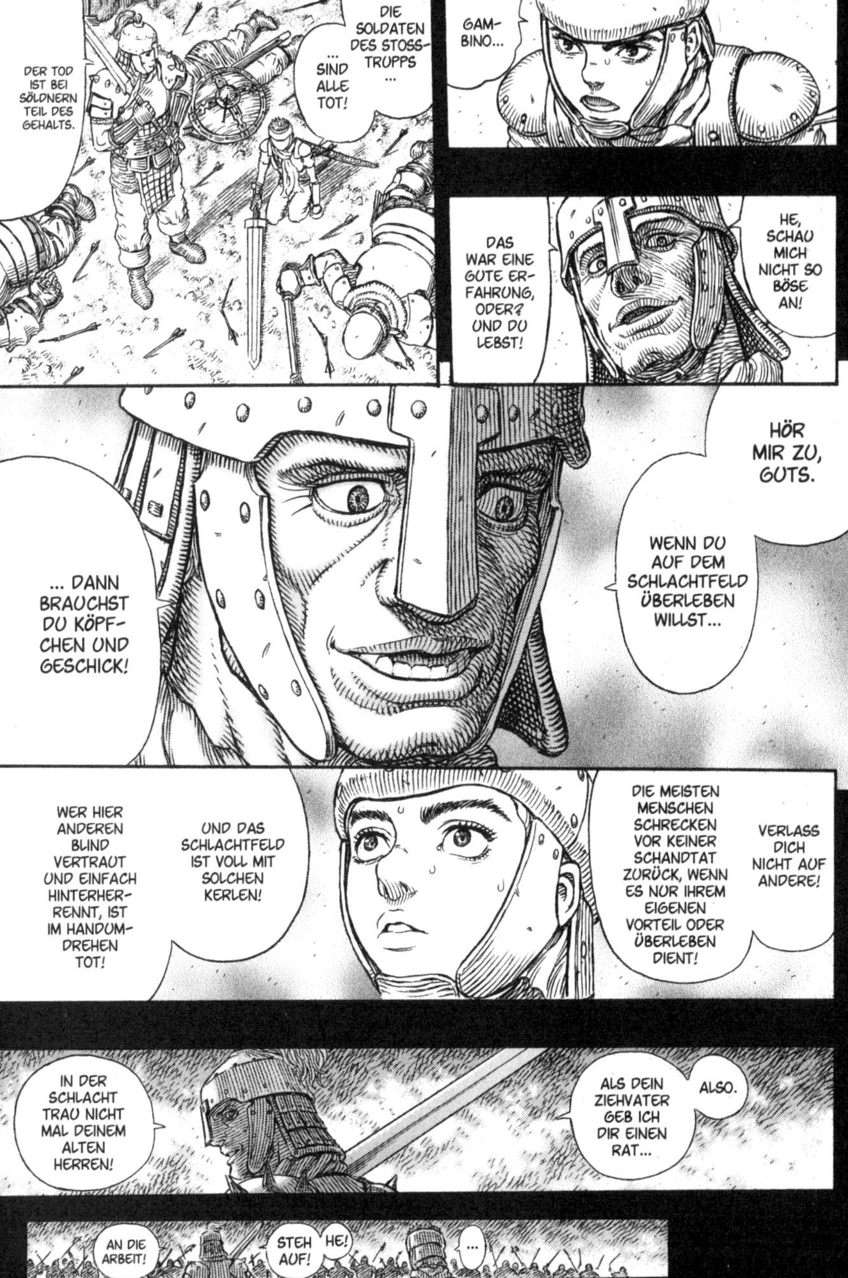

GAM-BINO...
HE, SCHAU MICH NICHT SO BÖSE AN!
DAS WAR EINE GUTE ER-FAHRUNG, ODER? UND DU LEBST!
DIE SOLDATEN DES STOSS-TRUPPS ...
... SIND ALLE TOT!
DER TOD IST BEI SÖLDNERN TEIL DES GEHALTS.
HÖR MIR ZU, GUTS.
WENN DU AUF DEM SCHLACHTFELD ÜBERLEBEN WILLST...
... DANN BRAUCHST DU KÖPF-CHEN UND GESCHICK!
VERLASS DICH NICHT AUF ANDERE!
DIE MEISTEN MENSCHEN SCHRECKEN VOR KEINER SCHANDTAT ZURÜCK, WENN ES NUR IHREM EIGENEN VORTEIL ODER ÜBERLEBEN DIENT!
UND DAS SCHLACHTFELD IST VOLL MIT SOLCHEN KERLEN!
WER HIER ANDEREN BLIND VERTRAUT UND EINFACH HINTERHER-RENNT, IST IM HANDUM-DREHEN TOT!
ALSO.
ALS DEIN ZIEHVATER GEB ICH DIR EINEN RAT...
IN DER SCHLACHT TRAU NICHT MAL DEINEM ALTEN HERREN!
...
HE!
STEH AUF!
AN DIE ARBEIT!

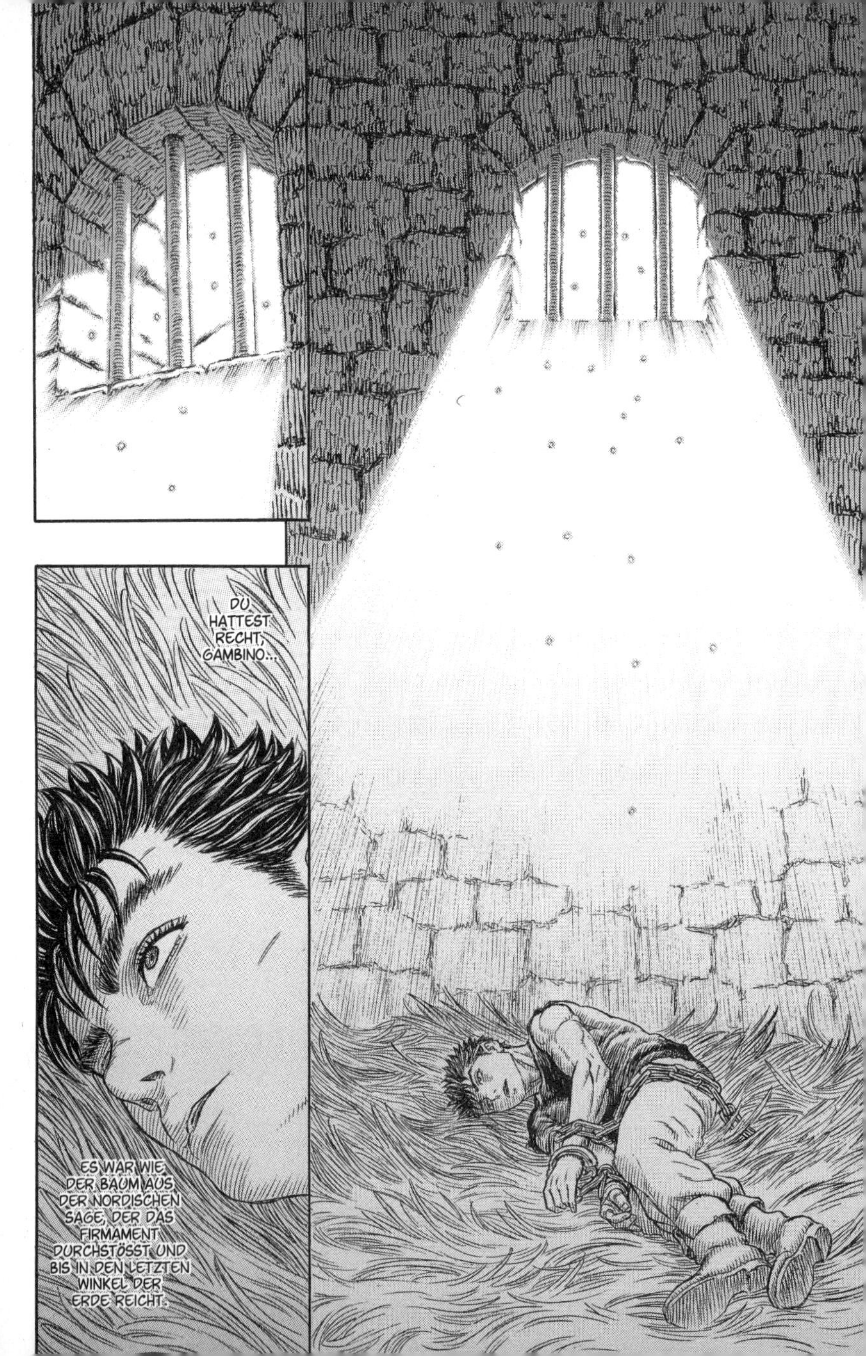
DU HATTEST RECHT, GAMBINO...
ES WAR WIE DER BAUM AUS DER NORDISCHEN SAGE, DER DAS FIRMAMENT DURCHSTÖSST UND BIS IN DEN LETZTEN WINKEL DER ERDE REICHT.

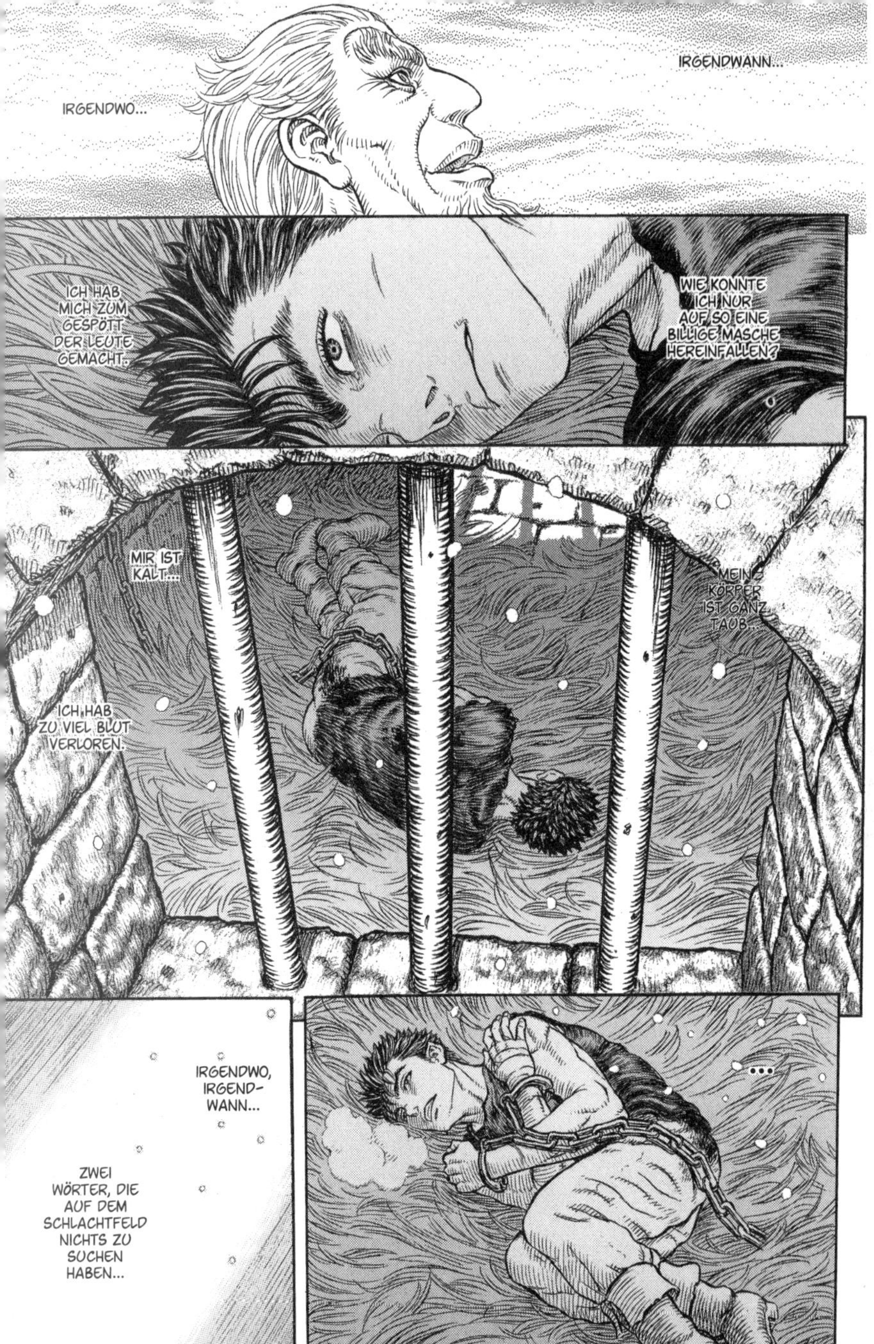
IRGENDWANN...
IRGENDWO...
WIE KONNTE ICH NUR AUF SO EINE BILLIGE MASCHE HEREINFALLEN?
ICH HAB MICH ZUM GESPÖTT DER LEUTE GEMACHT.
MEIN KÖRPER IST GANZ TAUB...
MIR IST KALT...
ICH HAB ZU VIEL BLUT VERLOREN.
...
IRGENDWO, IRGEND-WANN...
ZWEI WÖRTER, DIE AUF DEM SCHLACHTFELD NICHTS ZU SUCHEN HABEN...

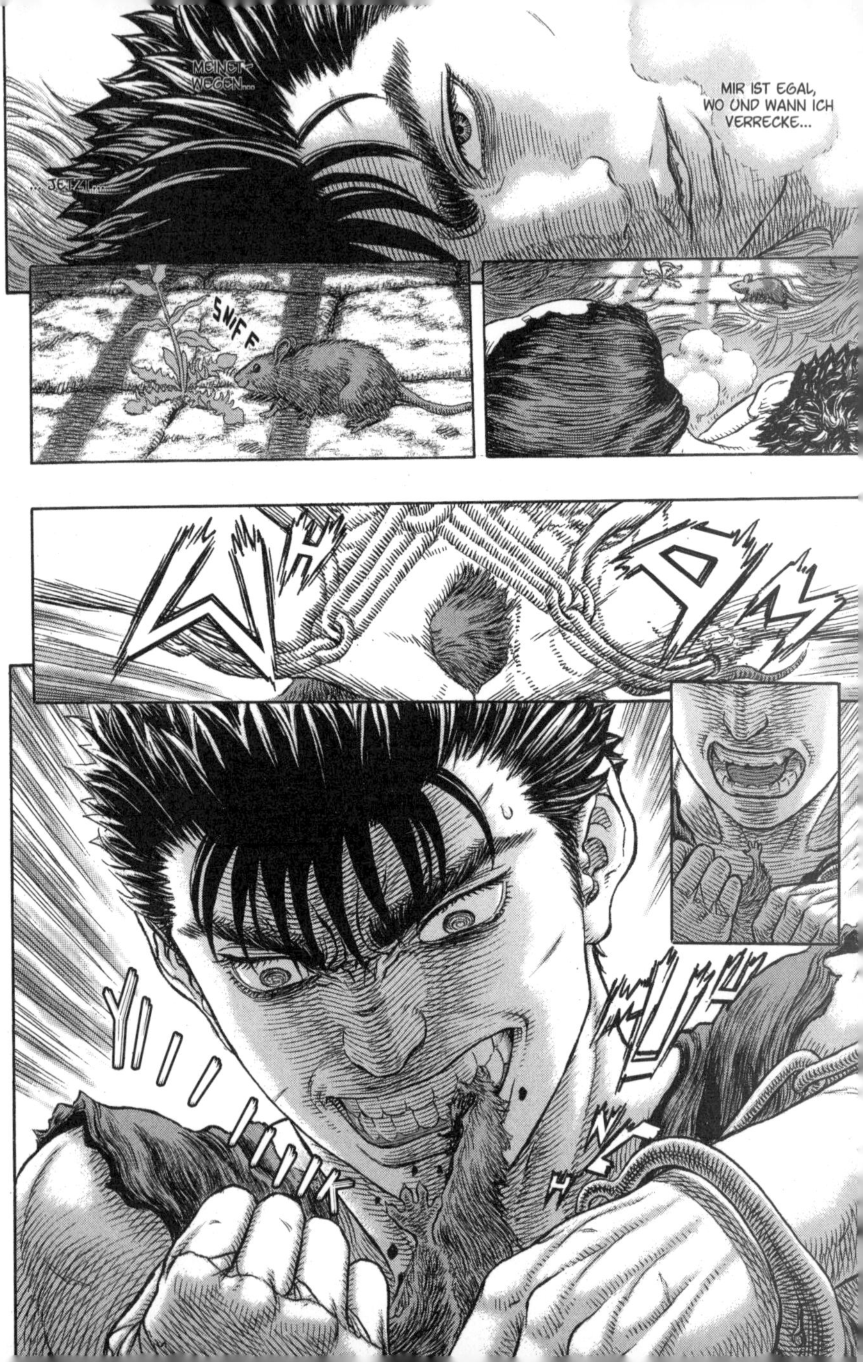

MIR IST EGAL,
WO UND WANN ICH
VERRECKE...
MEINET-
WEGEN...
...JETZT...
SNIFF
WHAM
YIIIIIIIK

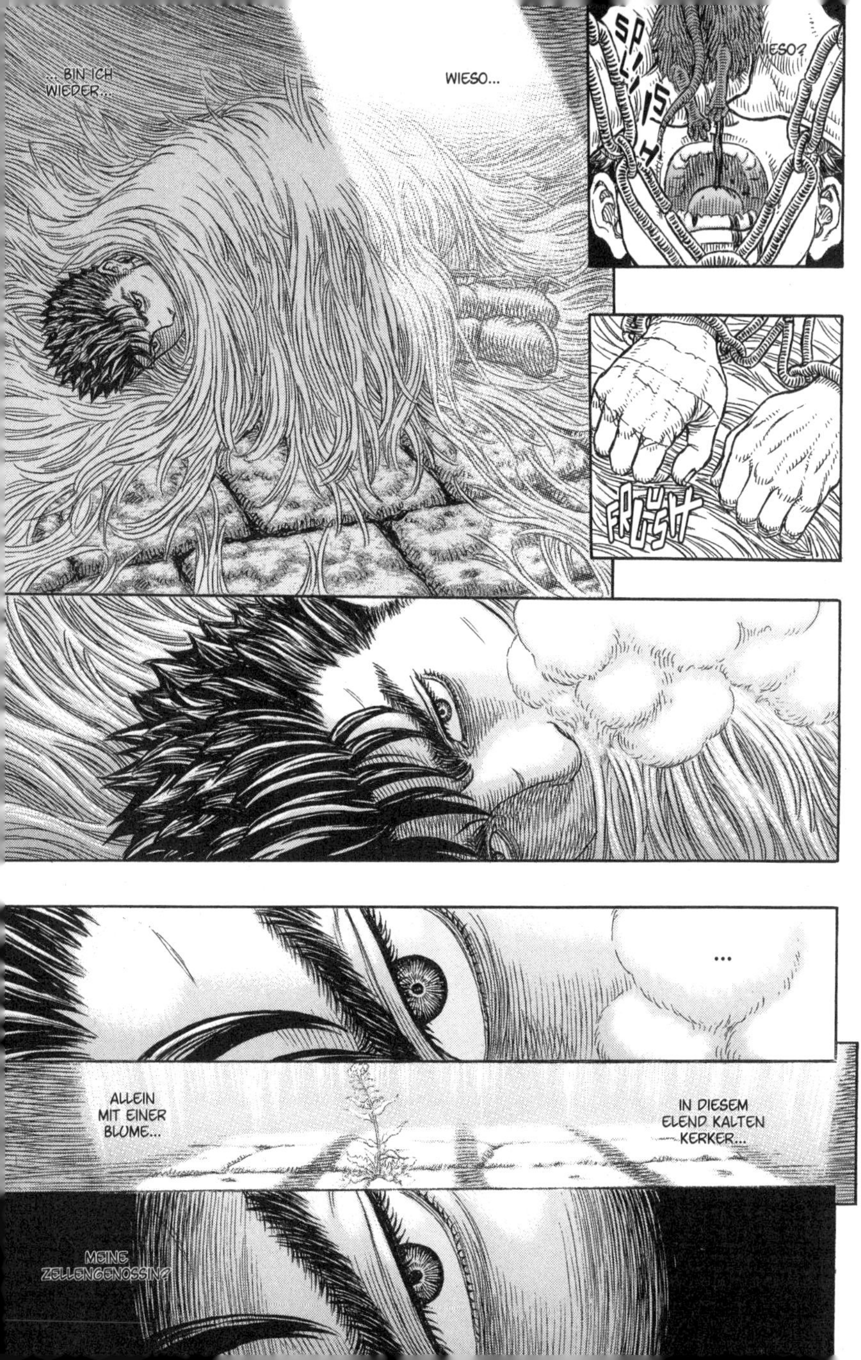

SPLISH
WIESO?
WIESO...
... BIN ICH WIEDER...
FRUSH
...

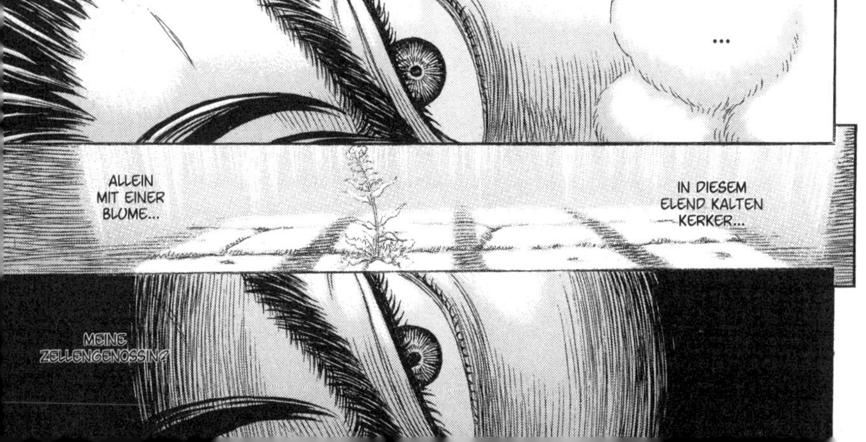

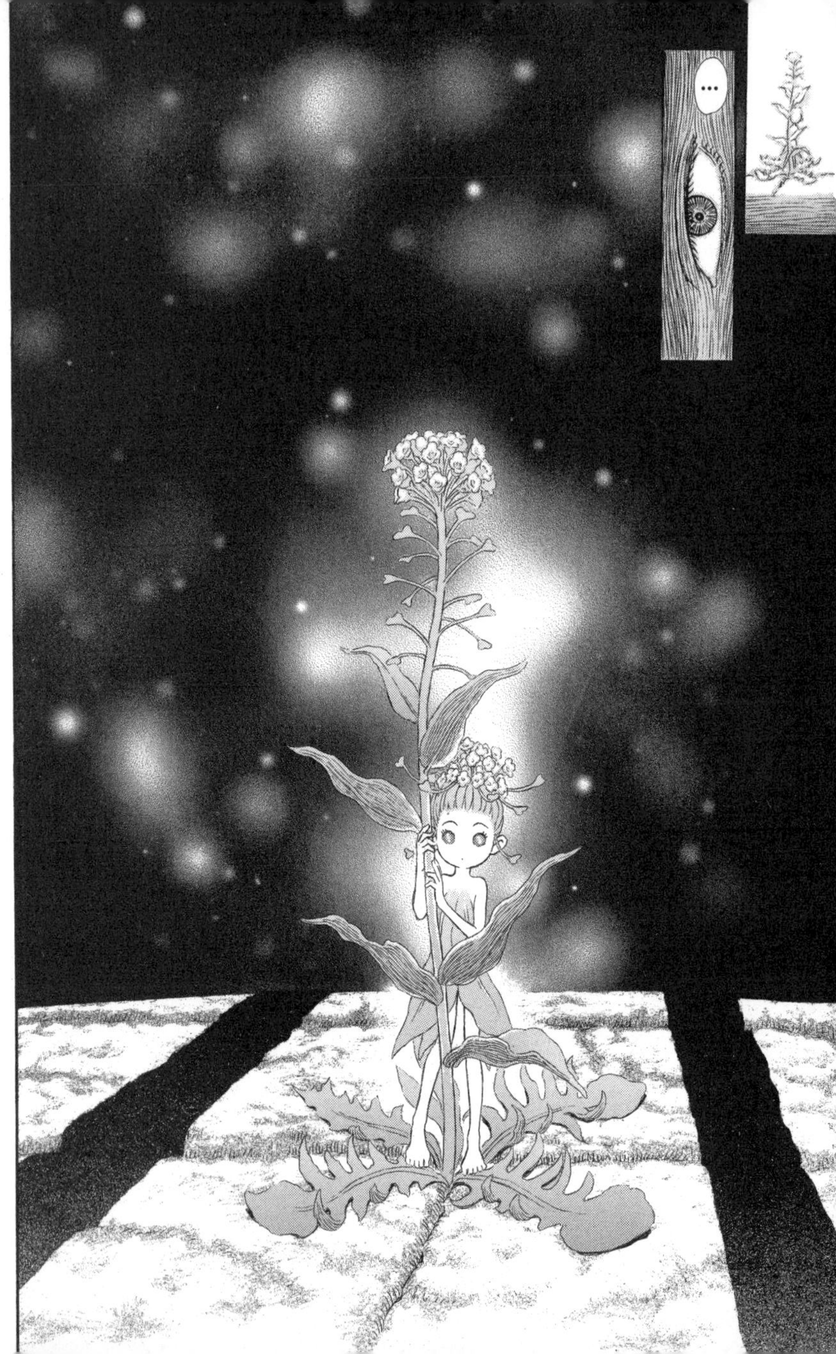

RED: "HIRTENTÄSCHEL"

FRÜHLINGSBLUMEN (2)

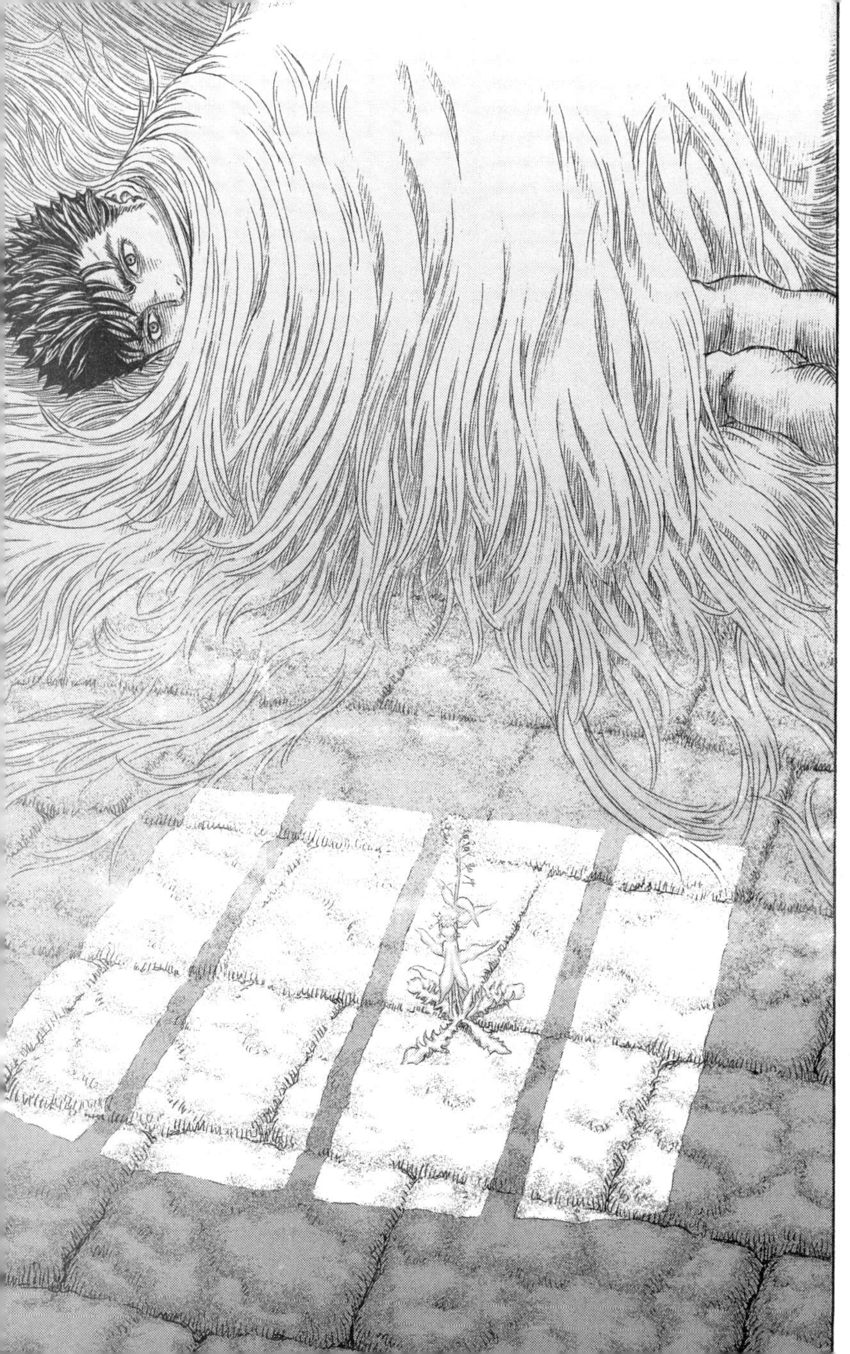

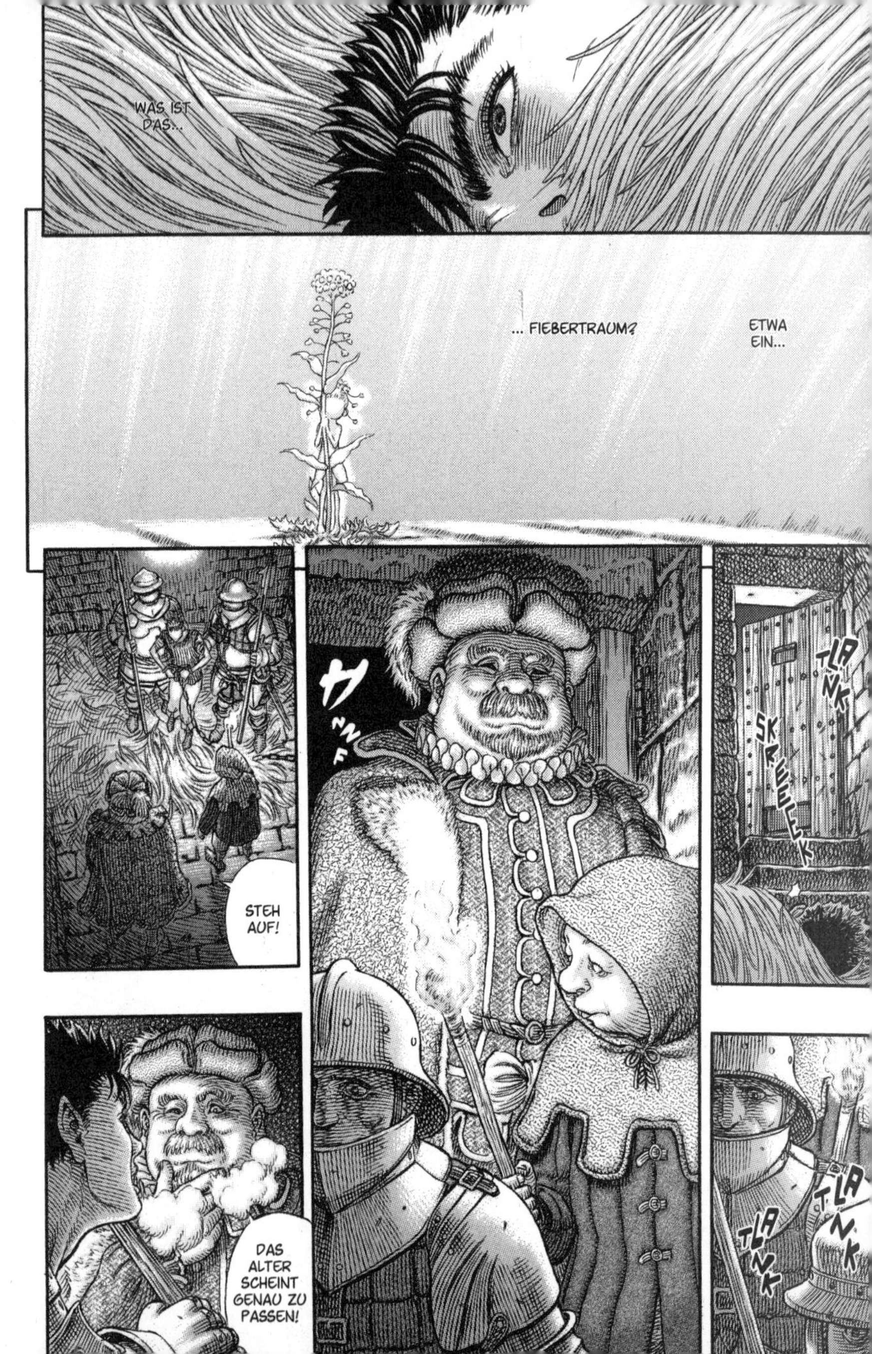
WAS IST DAS...
ETWA EIN...
... FIEBERTRAUM?
STEH AUF!
SNNF
TLANK
SKREEEK
DAS ALTER SCHEINT GENAU ZU PASSEN!
TLANK
TLANK

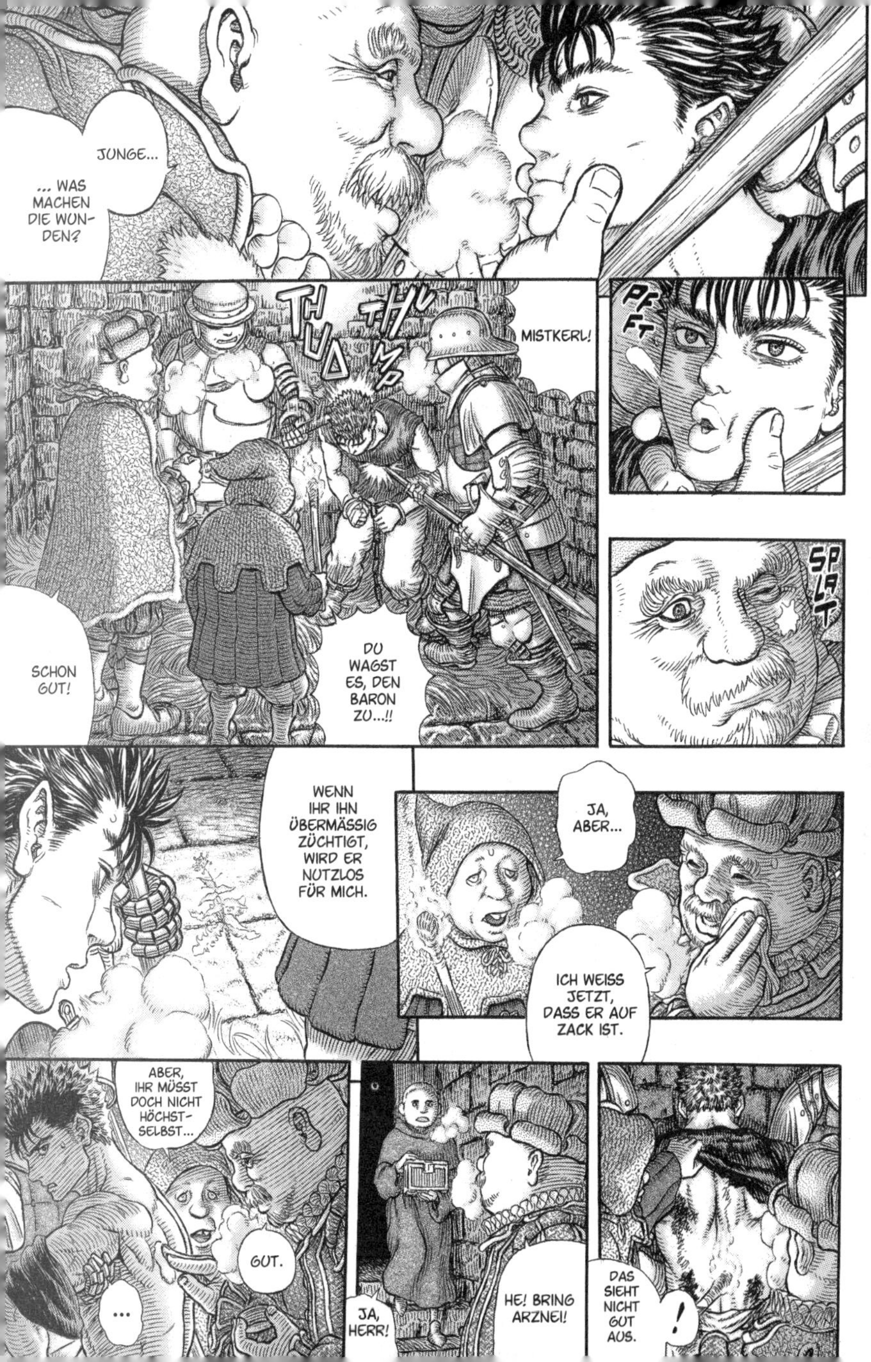
JUNGE...
... WAS MACHEN DIE WUNDEN?
PFFT
SPLAT
THUD
THUMP
MISTKERL!
DU WAGST ES, DEN BARON ZU...!!
SCHON GUT!
WENN IHR IHN ÜBERMÄSSIG ZÜCHTIGT, WIRD ER NUTZLOS FÜR MICH.
JA, ABER...
ICH WEISS JETZT, DASS ER AUF ZACK IST.
ABER, IHR MÜSST DOCH NICHT HÖCHST-SELBST...
GUT.
...
HE! BRING ARZNEI!
JA, HERR!
DAS SIEHT NICHT GUT AUS.
!

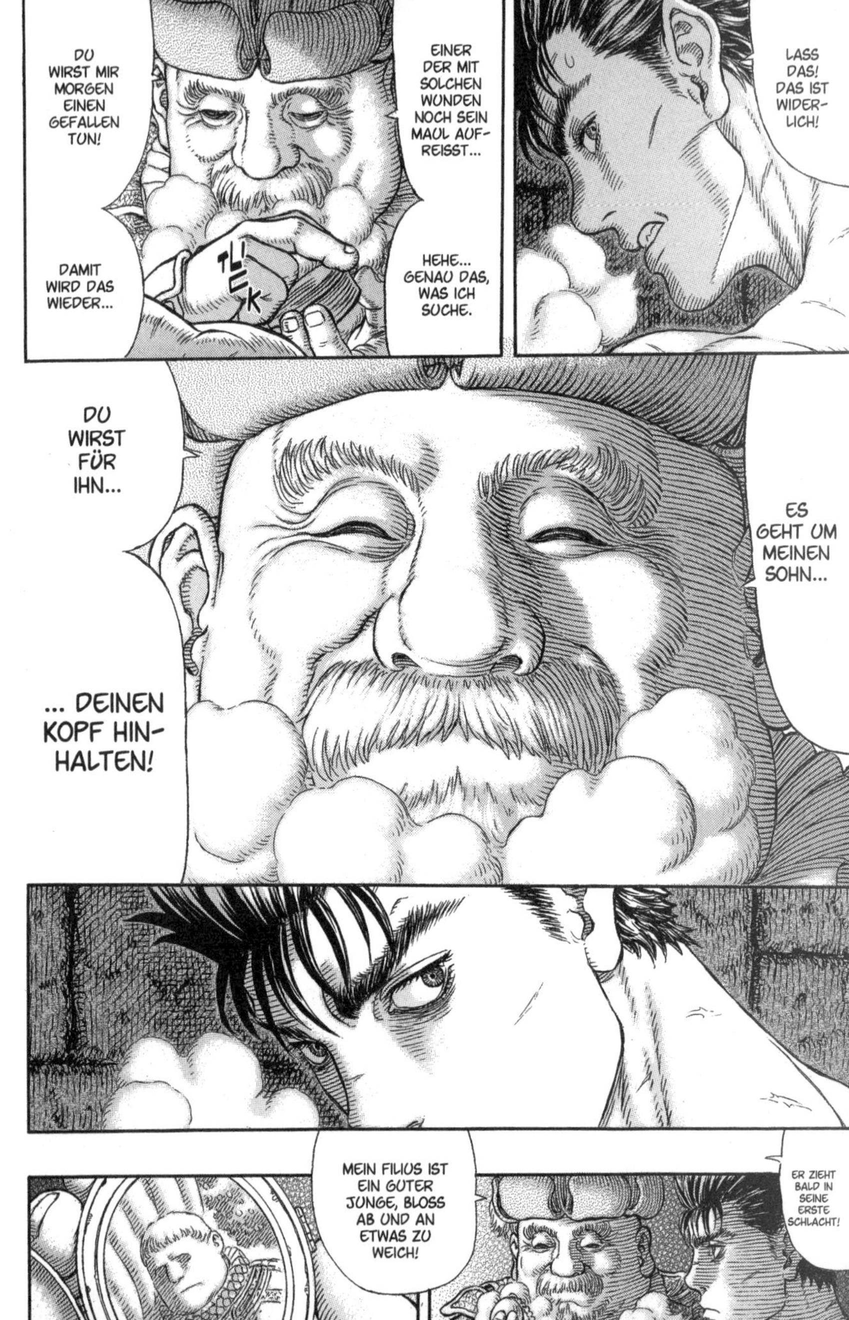
LASS DAS! DAS IST WIDERLICH!
EINER DER MIT SOLCHEN WUNDEN NOCH SEIN MAUL AUFREISST...
HEHE... GENAU DAS, WAS ICH SUCHE.
DU WIRST MIR MORGEN EINEN GEFALLEN TUN!
DAMIT WIRD DAS WIEDER...
TLICK
ES GEHT UM MEINEN SOHN...
DU WIRST FÜR IHN...
... DEINEN KOPF HINHALTEN!
ER ZIEHT BALD IN SEINE ERSTE SCHLACHT!
MEIN FILIUS IST EIN GUTER JUNGE, BLOSS AB UND AN ETWAS ZU WEICH!

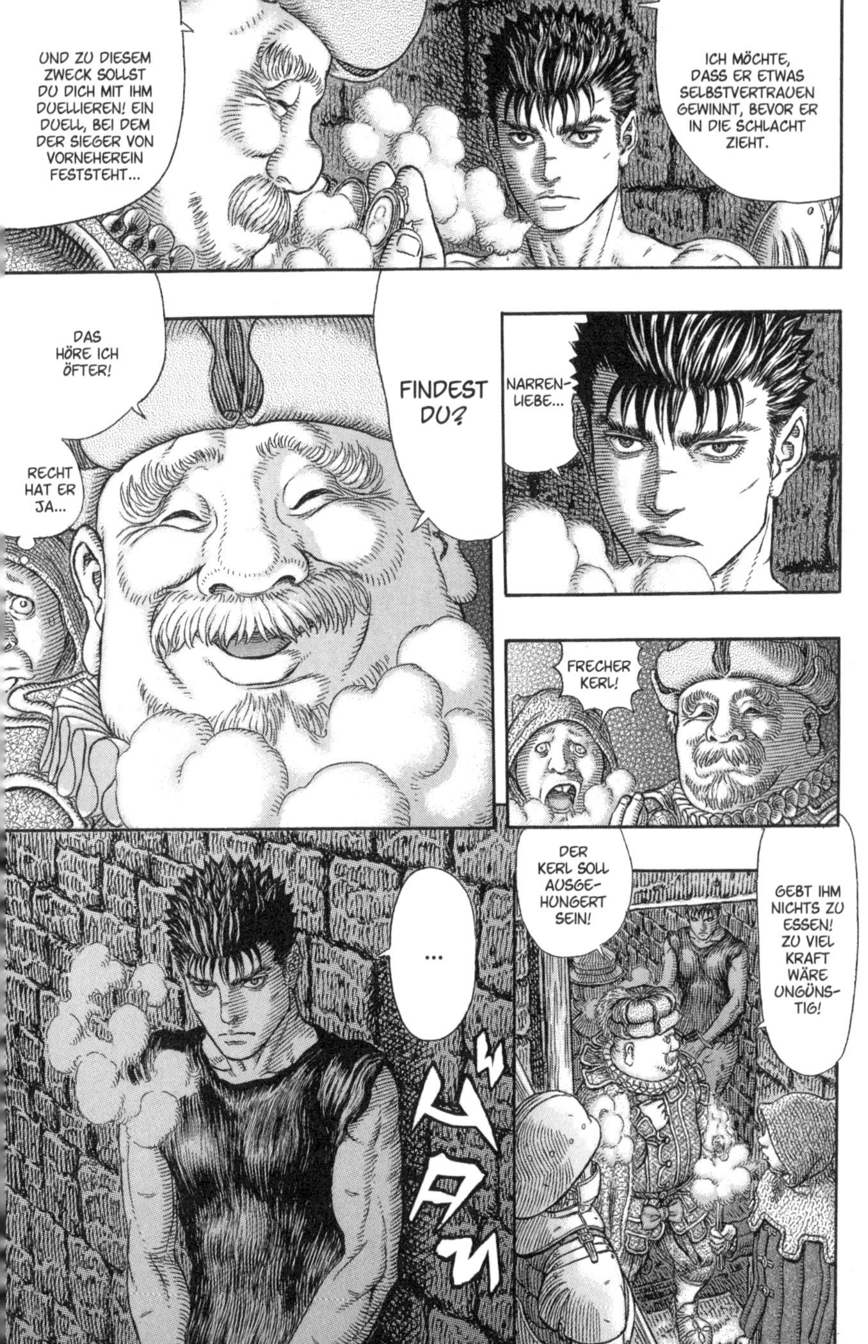

ICH MÖCHTE, DASS ER ETWAS SELBSTVERTRAUEN GEWINNT, BEVOR ER IN DIE SCHLACHT ZIEHT.
UND ZU DIESEM ZWECK SOLLST DU DICH MIT IHM DUELLIEREN! EIN DUELL, BEI DEM DER SIEGER VON VORNEHEREIN FESTSTEHT...
NARREN-LIEBE...
FINDEST DU?
DAS HÖRE ICH ÖFTER!
RECHT HAT ER JA...
FRECHER KERL!
GEBT IHM NICHTS ZU ESSEN! ZU VIEL KRAFT WÄRE UNGÜNS-TIG!
DER KERL SOLL AUSGE-HUNGERT SEIN!
...

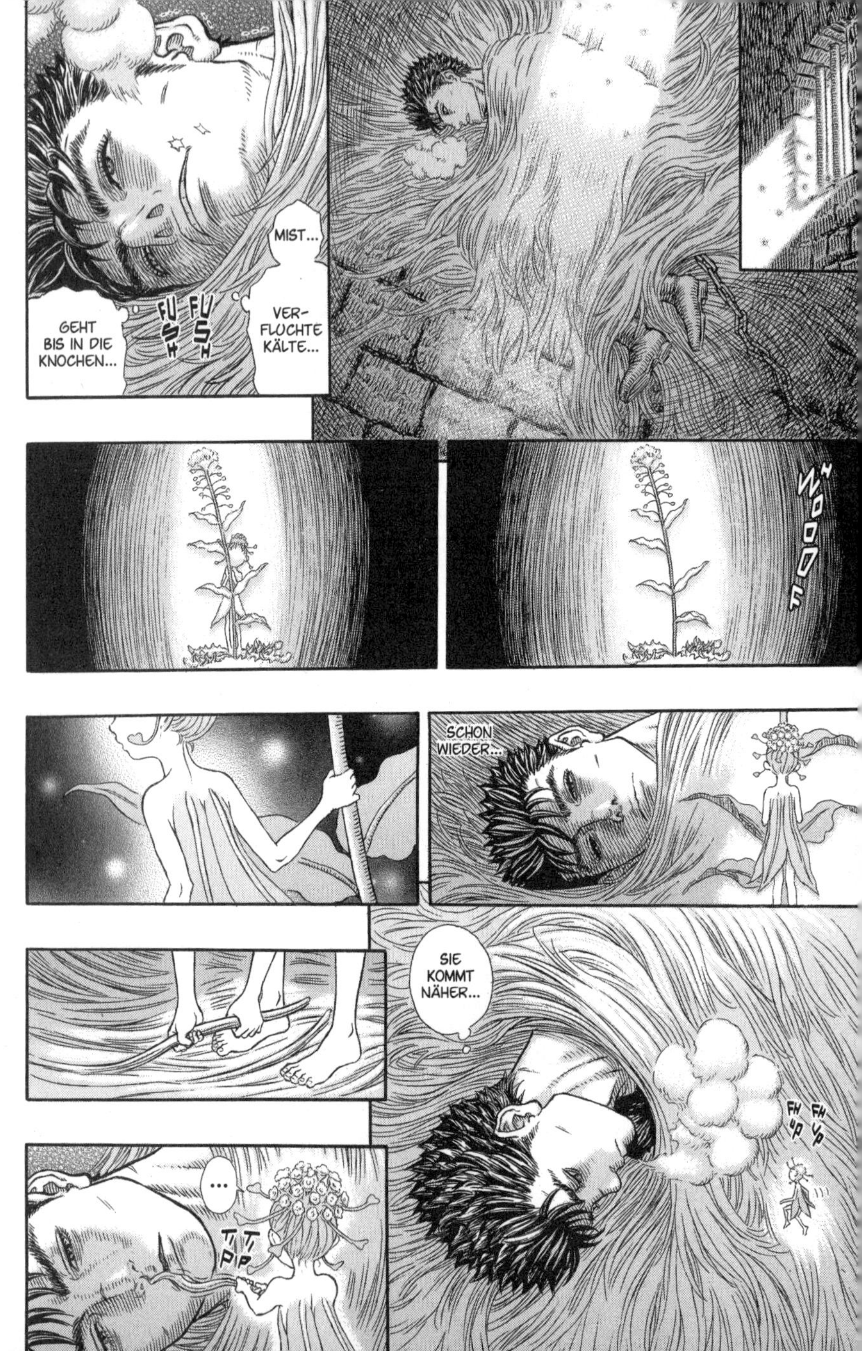

MIST...
VER-FLUCHTE KÄLTE...
FUSH FUSH
GEHT BIS IN DIE KNOCHEN...
FOOOSH
SCHON WIEDER...
SIE KOMMT NÄHER...
FHUP FHUP
...
TIP TIP

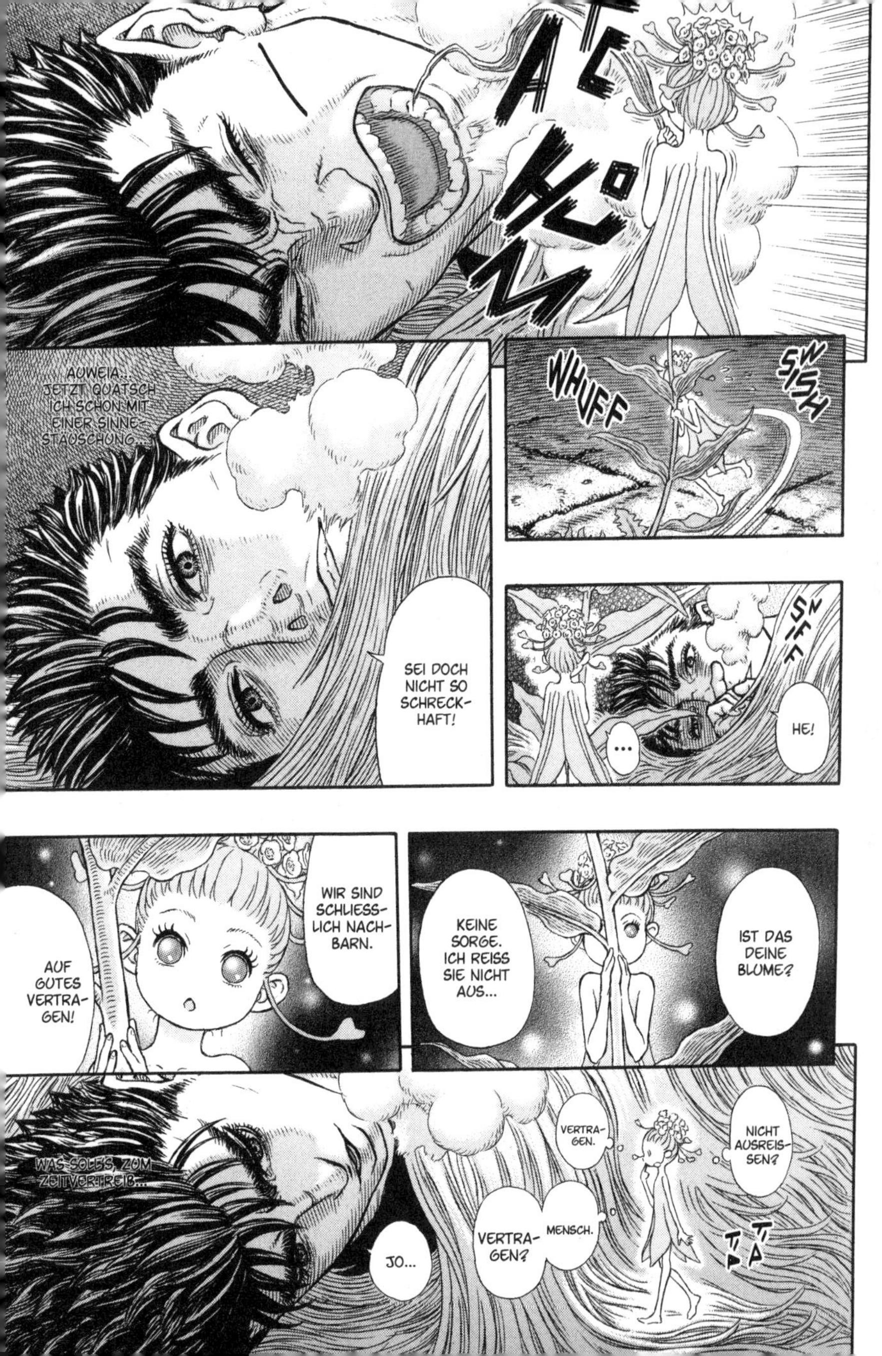
SWISH
WHUFF
SNIFF
HE!
...
SEI DOCH NICHT SO SCHRECK-HAFT!
AUWEIA... JETZT QUATSCH ICH SCHON MIT EINER SINNES-TÄUSCHUNG...
IST DAS DEINE BLUME?
KEINE SORGE. ICH REISS SIE NICHT AUS...
WIR SIND SCHLIESS-LICH NACH-BARN.
AUF GUTES VERTRA-GEN!
NICHT AUSREIS-SEN?
VERTRA-GEN.
TAP TAP
MENSCH.
VERTRA-GEN?
JO...
WAS SOLL'S, ZUM ZEITVERTREIB...

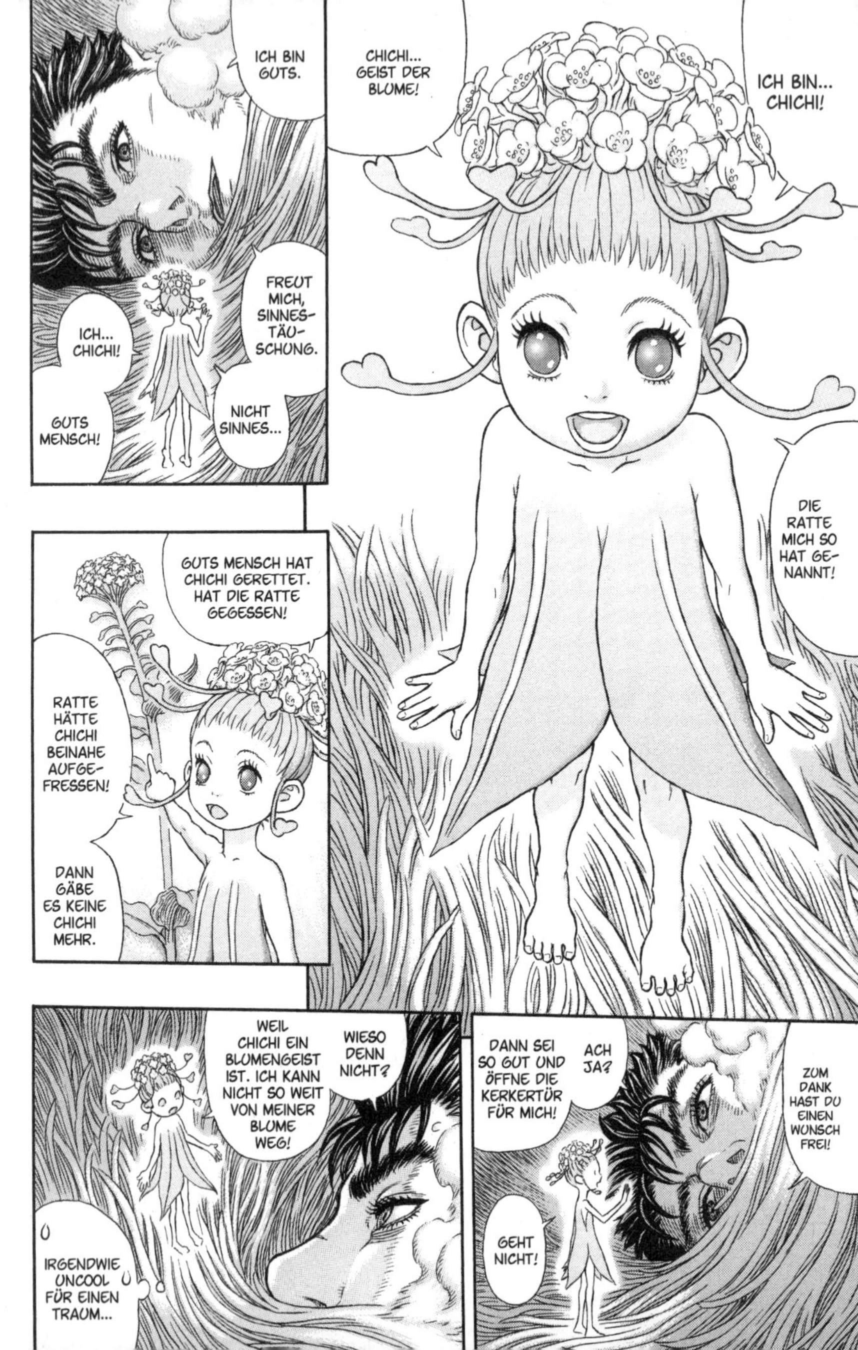

ICH BIN... CHICHI!
CHICHI... GEIST DER BLUME!
ICH BIN GUTS.
FREUT MICH, SINNES-TÄU-SCHUNG.
NICHT SINNES...
ICH... CHICHI!
GUTS MENSCH!
DIE RATTE MICH SO HAT GE-NANNT!
GUTS MENSCH HAT CHICHI GERETTET. HAT DIE RATTE GEGESSEN!
RATTE HÄTTE CHICHI BEINAHE AUFGE-FRESSEN!
DANN GÄBE ES KEINE CHICHI MEHR.
ZUM DANK HAST DU EINEN WUNSCH FREI!
ACH JA?
DANN SEI SO GUT UND ÖFFNE DIE KERKERTÜR FÜR MICH!
GEHT NICHT!
WIESO DENN NICHT?
WEIL CHICHI EIN BLUMENGEIST IST. ICH KANN NICHT SO WEIT VON MEINER BLUME WEG!
IRGENDWIE UNCOOL FÜR EINEN TRAUM...

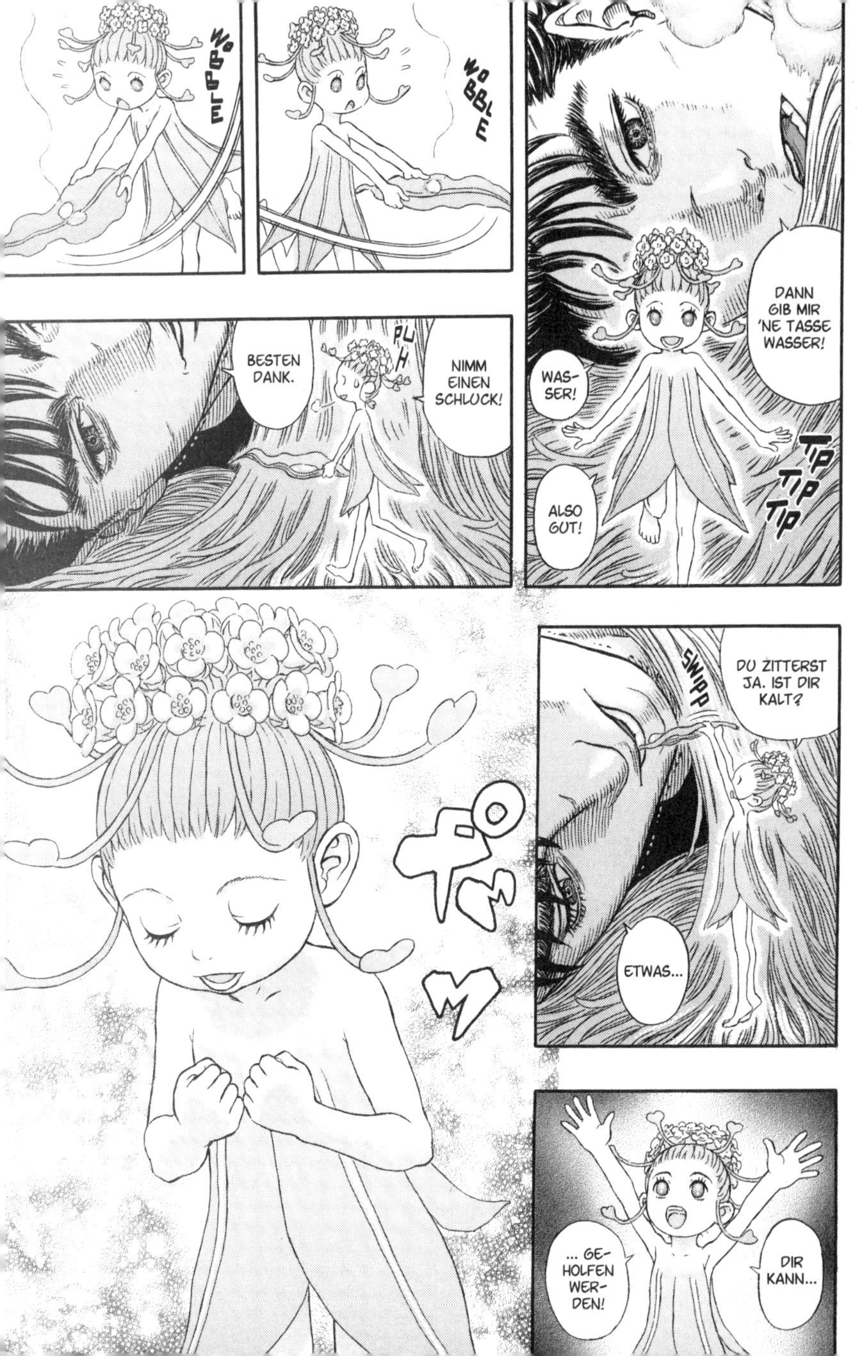
WOBBLE
WOBBLE
DANN GIB MIR 'NE TASSE WASSER!
WASSER!
ALSO GUT!
TIP TIP TIP
NIMM EINEN SCHLUCK!
PUH
BESTEN DANK.
DU ZITTERST JA. IST DIR KALT?
SWIPP
ETWAS...
FOMM
DIR KANN...
... GEHOLFEN WERDEN!

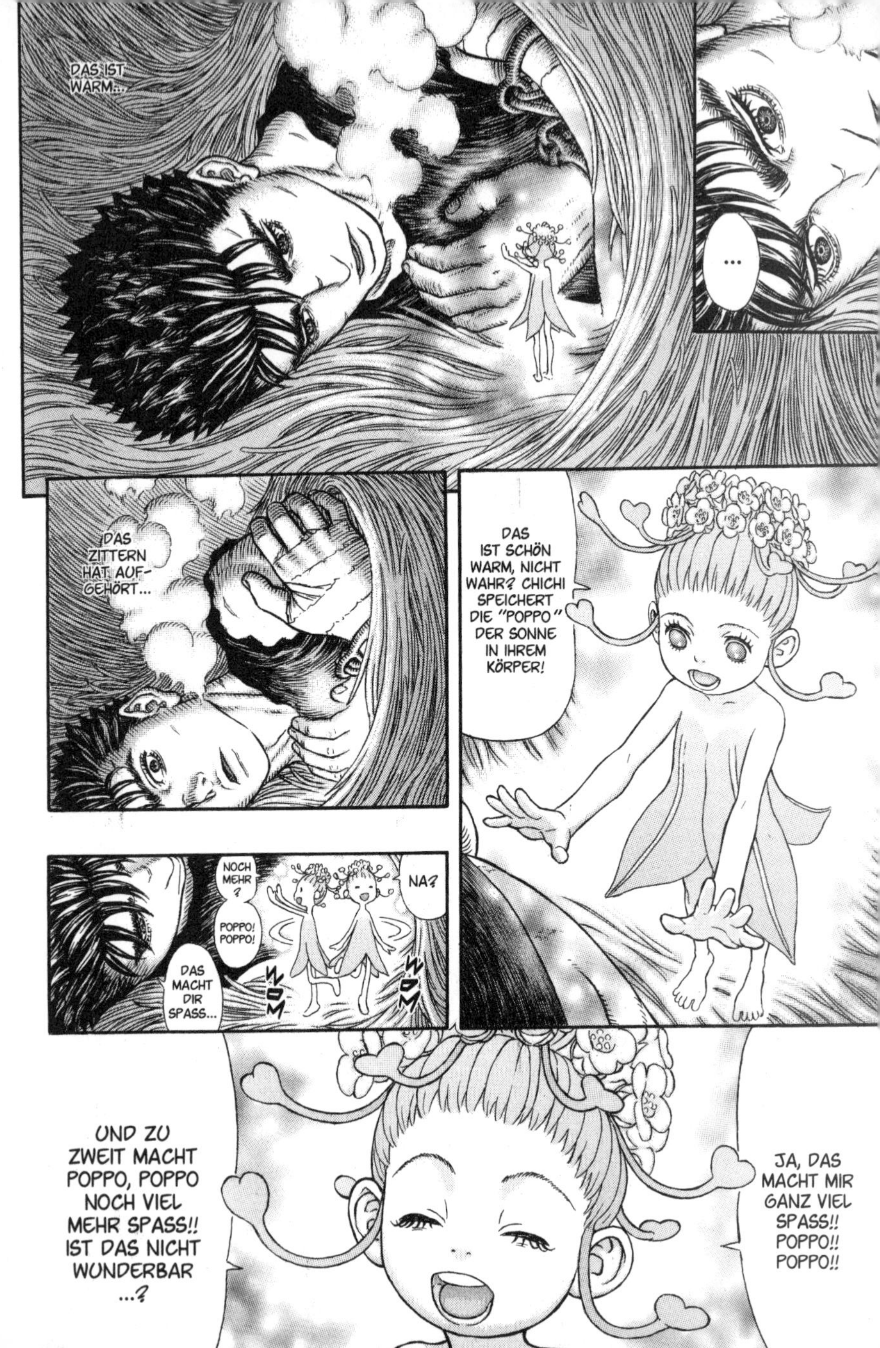

...
DAS IST WARM...
DAS ZITTERN HAT AUF-GEHÖRT...
DAS IST SCHÖN WARM, NICHT WAHR? CHICHI SPEICHERT DIE "POPPO" DER SONNE IN IHREM KÖRPER!
NA?
NOCH MEHR ?
POPPO! POPPO!
DAS MACHT DIR SPASS...
WOM
WOM
JA, DAS MACHT MIR GANZ VIEL SPASS!! POPPO!! POPPO!!
UND ZU ZWEIT MACHT POPPO, POPPO NOCH VIEL MEHR SPASS!! IST DAS NICHT WUNDERBAR ...?

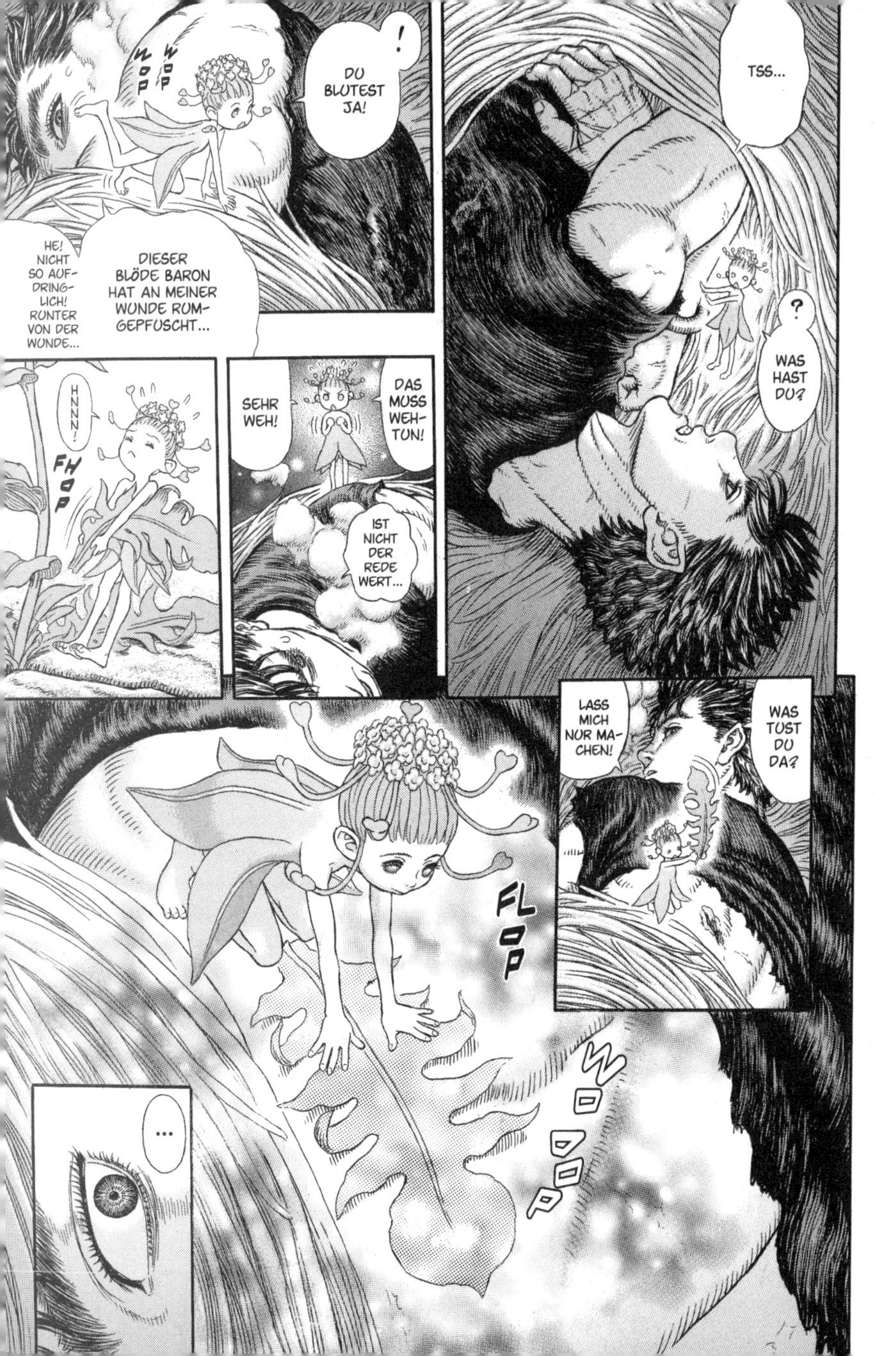
TSS...
?
WAS HAST DU?
!
DU BLUTEST JA!
WOP WOP
DIESER BLÖDE BARON HAT AN MEINER WUNDE RUMGEPFUSCHT...
HE! NICHT SO AUFDRINGLICH! RUNTER VON DER WUNDE...
DAS MUSS WEHTUN!
SEHR WEH!
IST NICHT DER REDE WERT...
HNNN!
FHOP
WAS TUST DU DA?
LASS MICH NUR MACHEN!
FLOP
WOOOOP
...

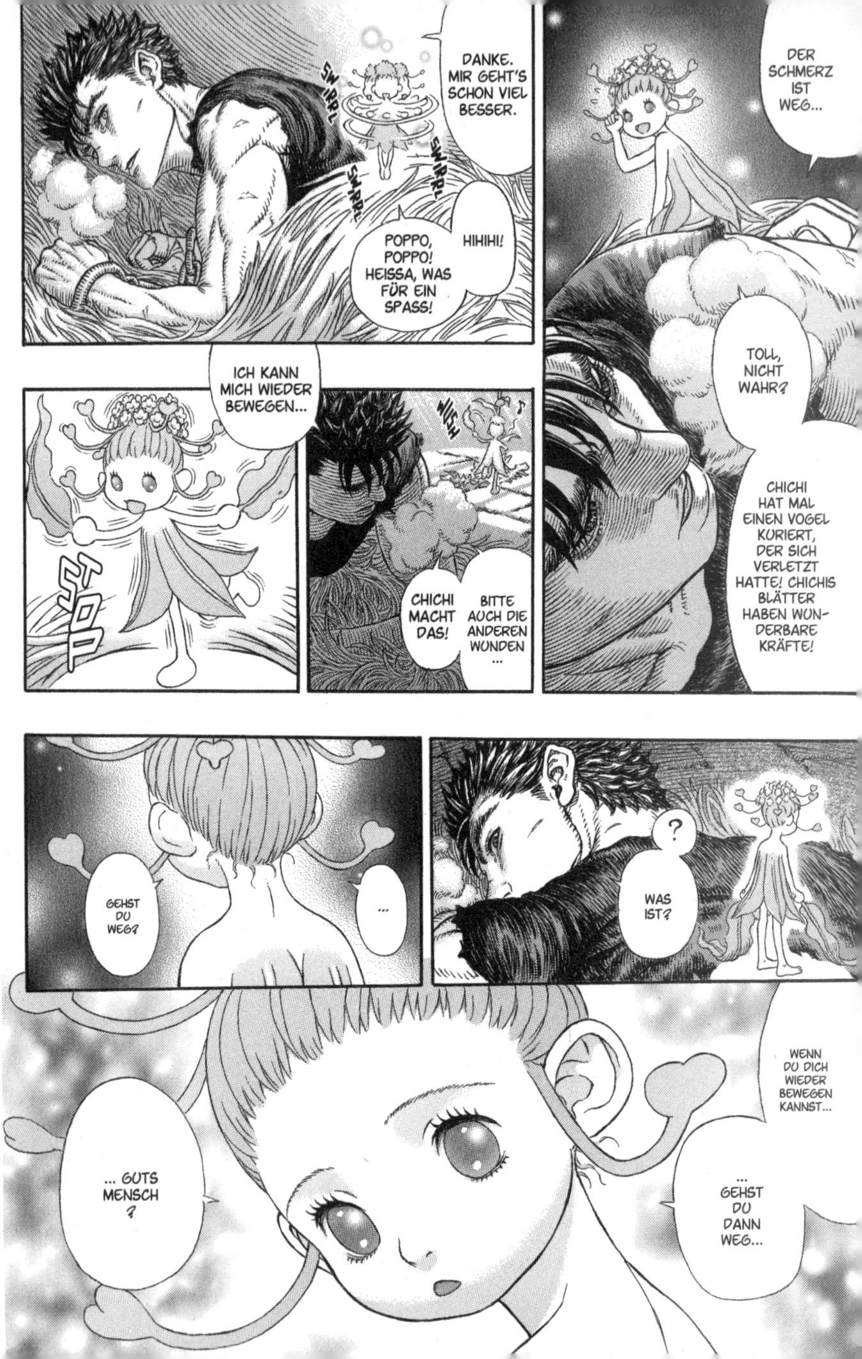

DER SCHMERZ IST WEG...
DANKE. MIR GEHT'S SCHON VIEL BESSER.
SWIRRL
SWIRRL
SWIRRL
HIHIHI!
POPPO, POPPO! HEISSA, WAS FÜR EIN SPASS!
TOLL, NICHT WAHR?
CHICHI HAT MAL EINEN VOGEL KURIERT, DER SICH VERLETZT HATTE! CHICHIS BLÄTTER HABEN WUNDERBARE KRÄFTE!
WUSH
BITTE AUCH DIE ANDEREN WUNDEN ...
CHICHI MACHT DAS!
ICH KANN MICH WIEDER BEWEGEN...
?
WAS IST?
...
GEHST DU WEG?
WENN DU DICH WIEDER BEWEGEN KANNST...
... GEHST DU DANN WEG...
... GUTS MENSCH ?

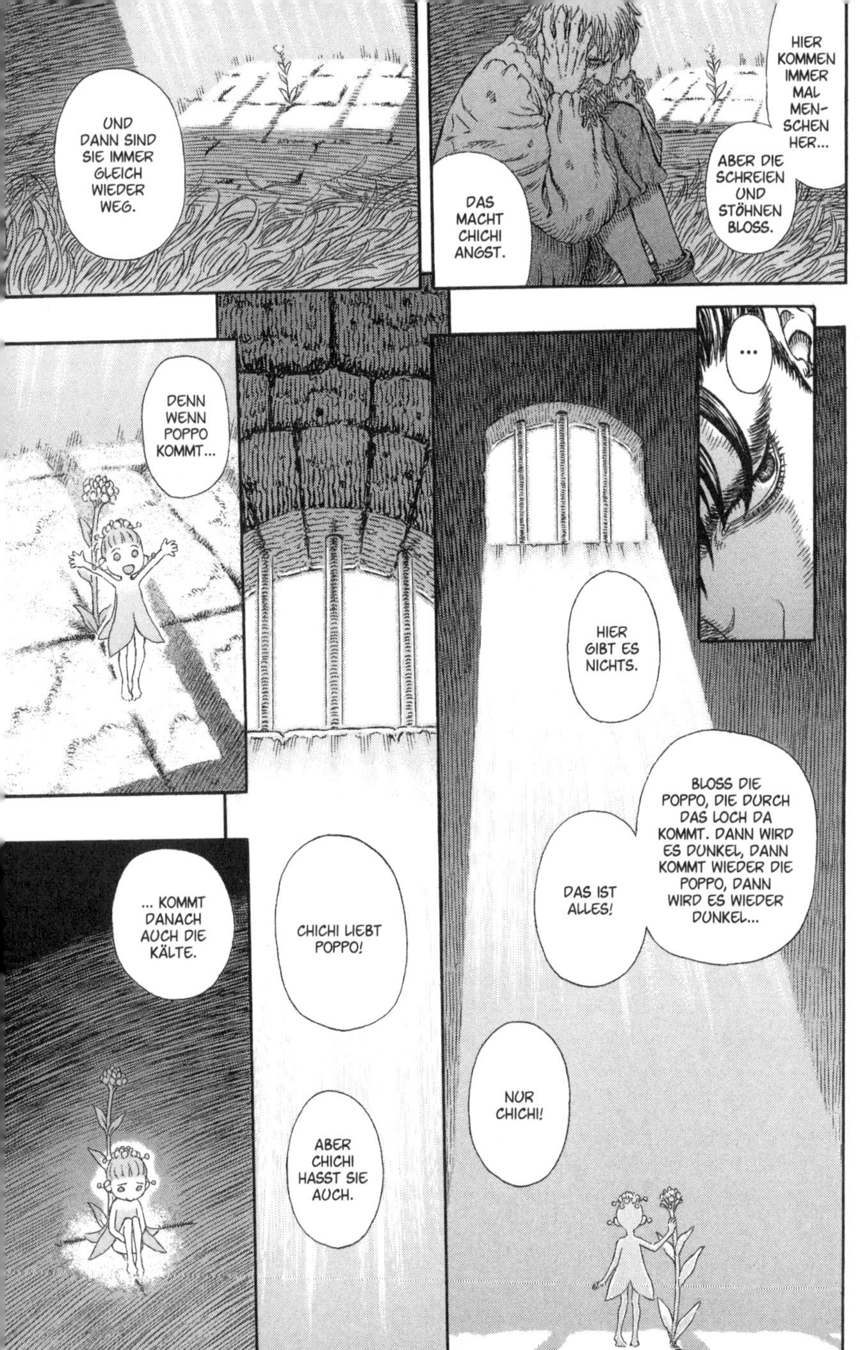
HIER KOMMEN IMMER MAL MENSCHEN HER...
ABER DIE SCHREIEN UND STÖHNEN BLOSS.
DAS MACHT CHICHI ANGST.
UND DANN SIND SIE IMMER GLEICH WIEDER WEG.
...
HIER GIBT ES NICHTS.
BLOSS DIE POPPO, DIE DURCH DAS LOCH DA KOMMT. DANN WIRD ES DUNKEL, DANN KOMMT WIEDER DIE POPPO, DANN WIRD ES WIEDER DUNKEL...
DAS IST ALLES!
NUR CHICHI!
DENN WENN POPPO KOMMT...
CHICHI LIEBT POPPO!
ABER CHICHI HASST SIE AUCH.
... KOMMT DANACH AUCH DIE KÄLTE.

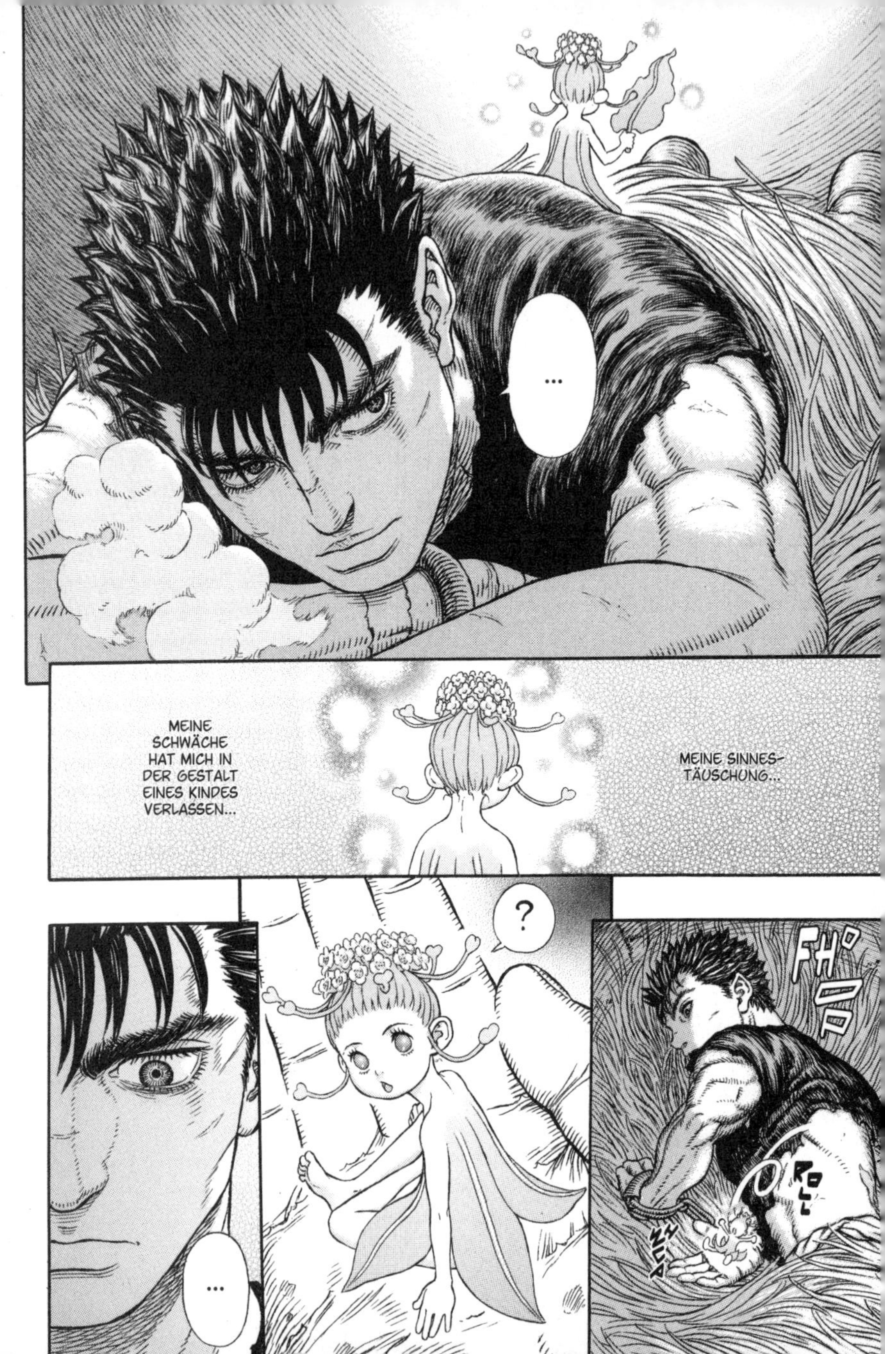
...
MEINE SINNES-TÄUSCHUNG...
MEINE SCHWÄCHE HAT MICH IN DER GESTALT EINES KINDES VERLASSEN...
ROLL
?
...

GRIP

UMPF?

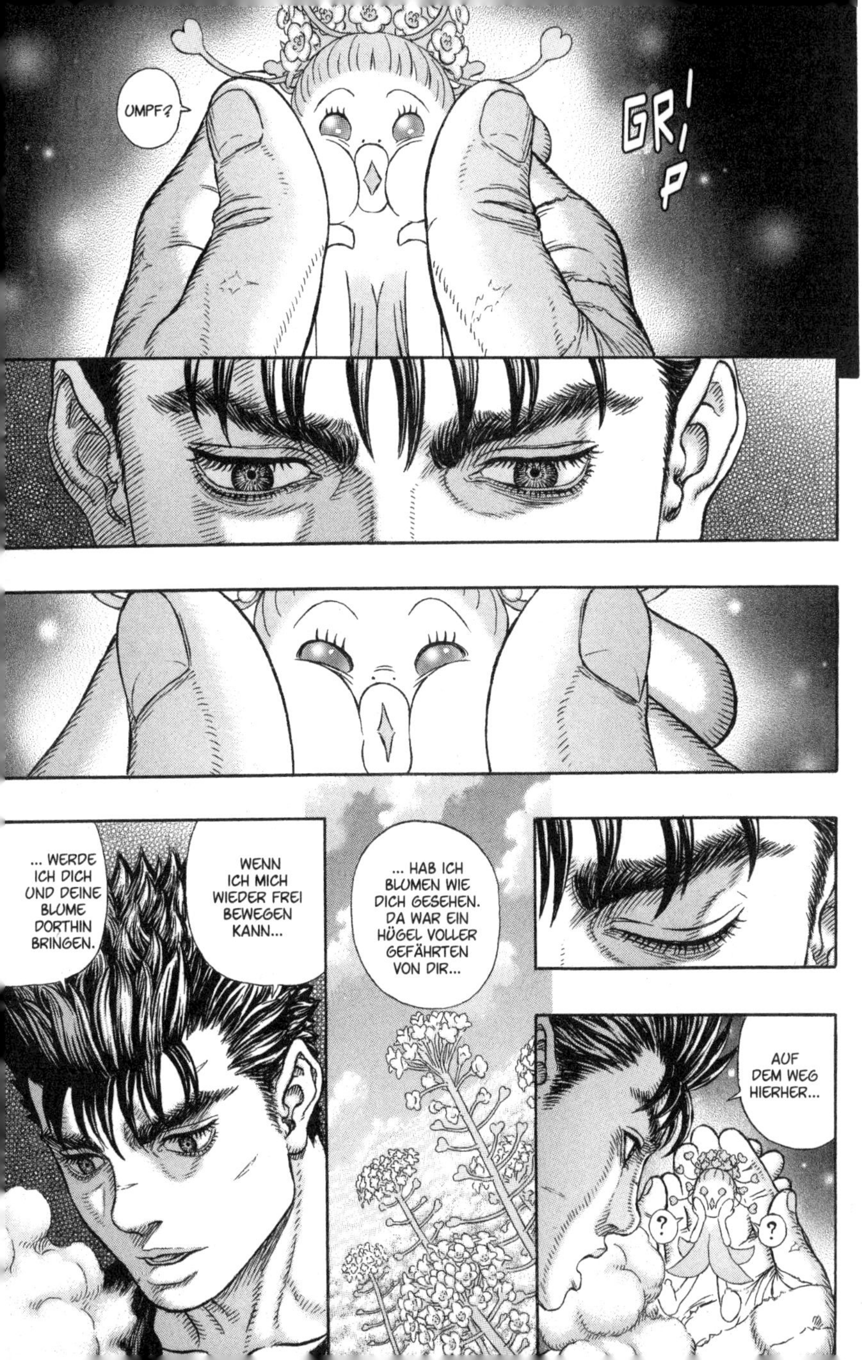

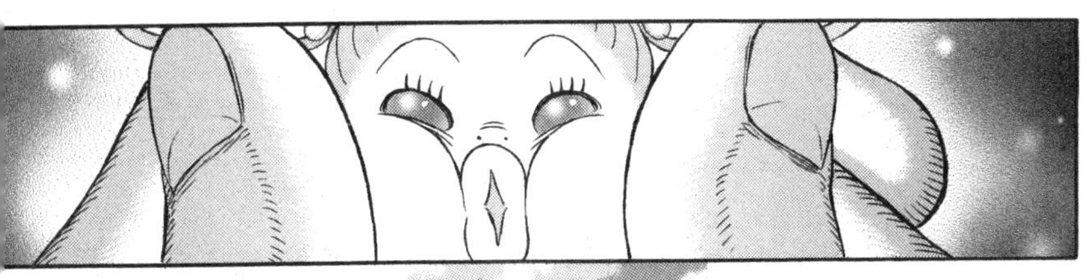

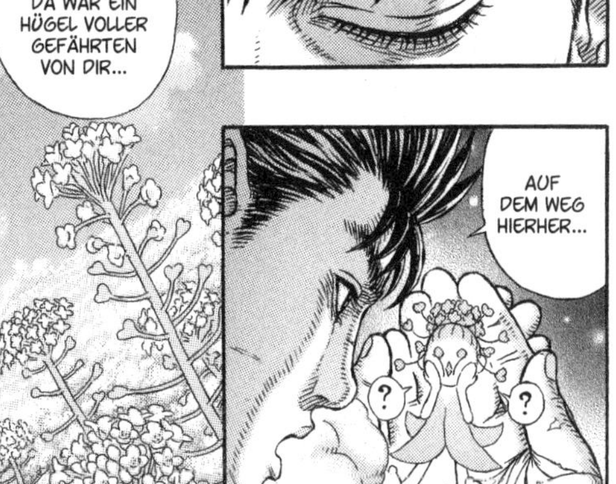
AUF DEM WEG HIERHER...
?
?

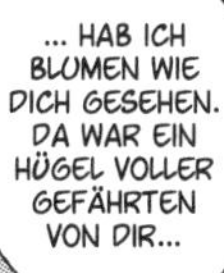
... HAB ICH BLUMEN WIE DICH GESEHEN. DA WAR EIN HÜGEL VOLLER GEFÄHRTEN VON DIR...

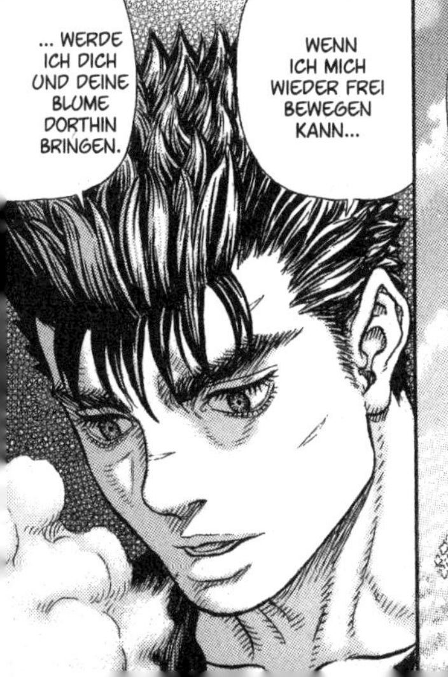
WENN ICH MICH WIEDER FREI BEWEGEN KANN...
... WERDE ICH DICH UND DEINE BLUME DORTHIN BRINGEN.

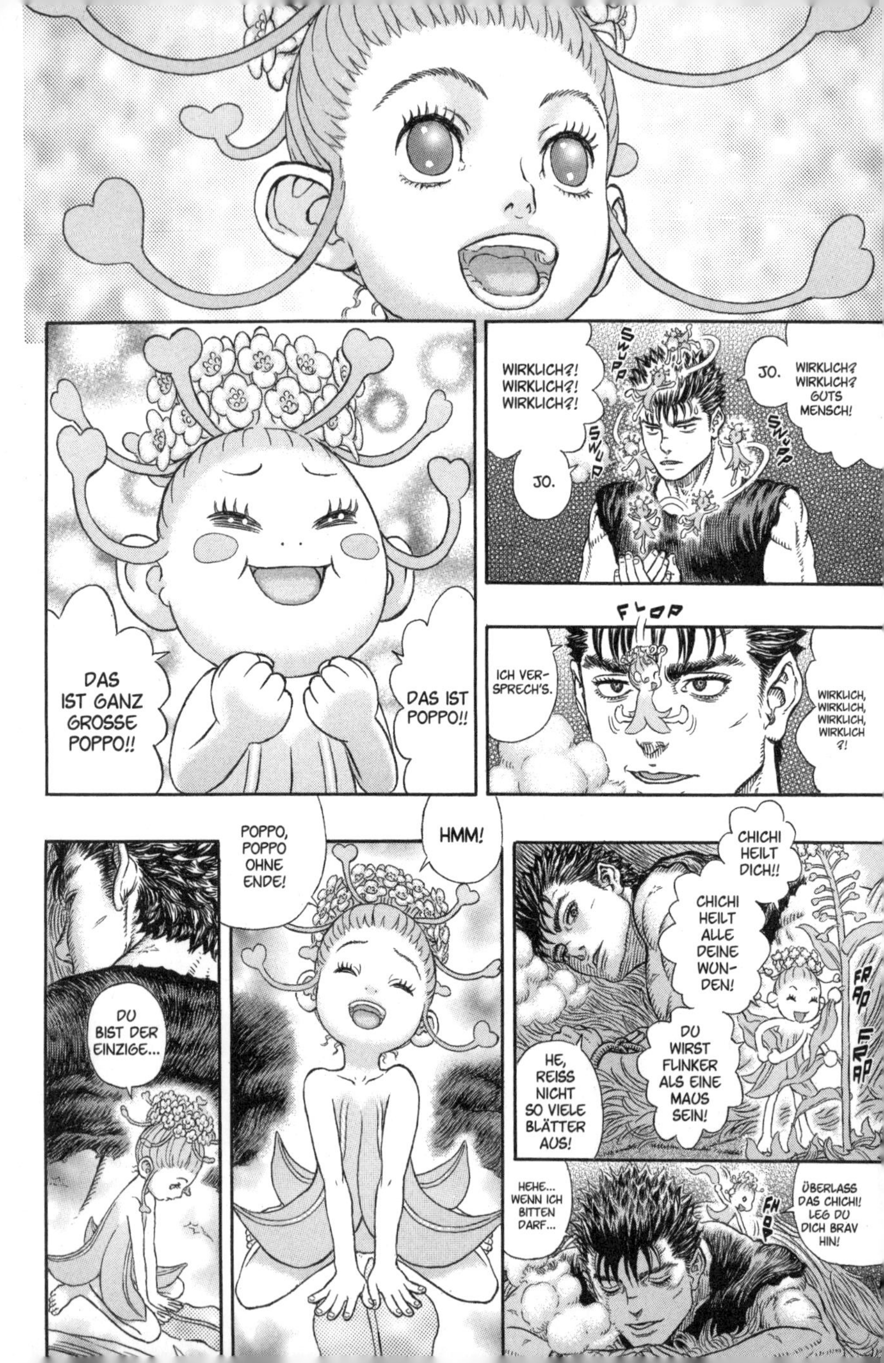
WIRKLICH? WIRKLICH? GUTS MENSCH!
JO.
WIRKLICH?! WIRKLICH?! WIRKLICH?!
JO.
FLOP
WIRKLICH, WIRKLICH, WIRKLICH, WIRKLICH?!
ICH VER-SPRECH'S.
DAS IST POPPO!!
DAS IST GANZ GROSSE POPPO!!
CHICHI HEILT DICH!!
CHICHI HEILT ALLE DEINE WUN-DEN!
FRAP FRAP
DU WIRST FLINKER ALS EINE MAUS SEIN!
HE, REISS NICHT SO VIELE BLÄTTER AUS!
ÜBERLASS DAS CHICHI! LEG DU DICH BRAV HIN!
HEHE... WENN ICH BITTEN DARF...
HMM!
POPPO, POPPO OHNE ENDE!
DU BIST DER EINZIGE...

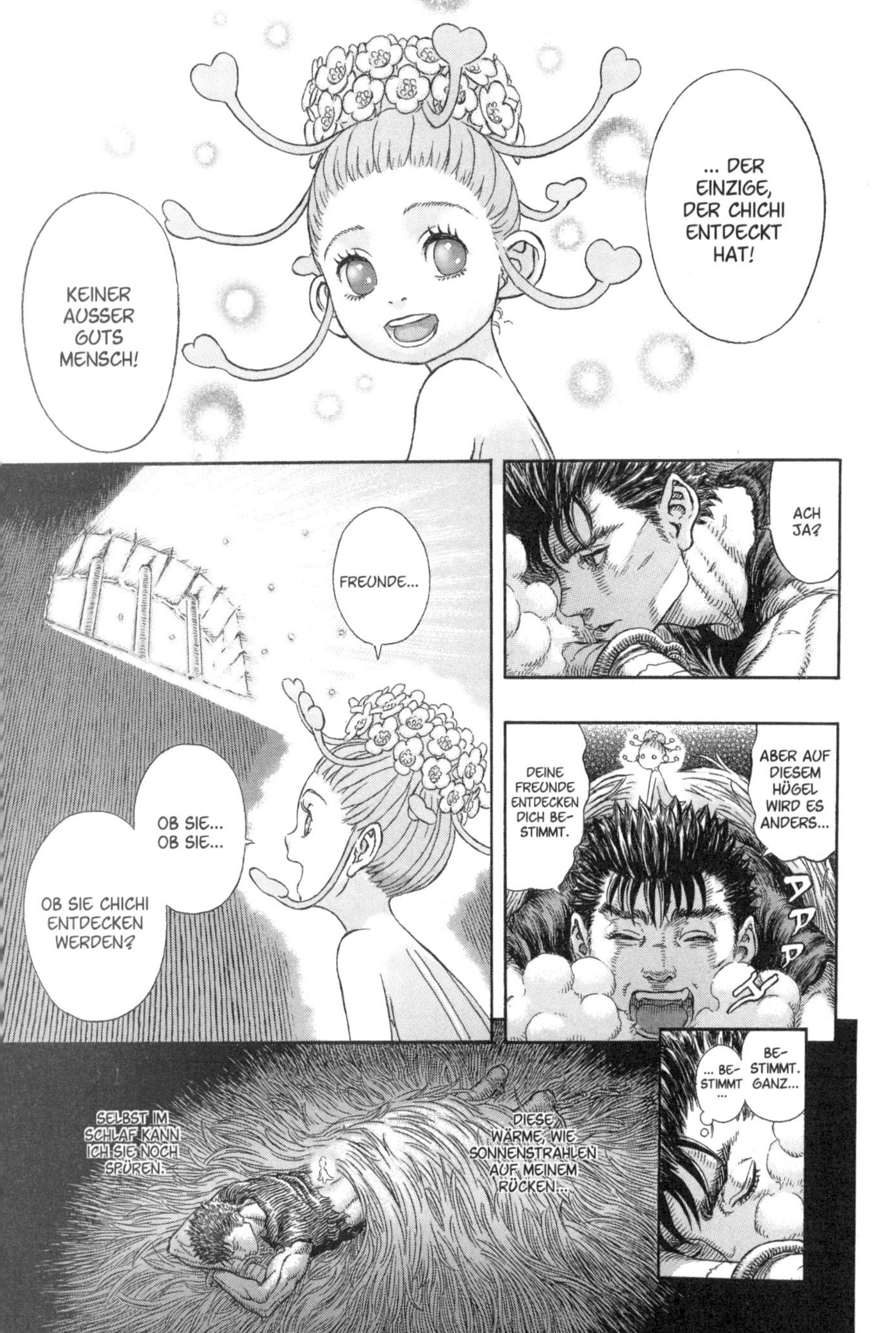
... DER EINZIGE, DER CHICHI ENTDECKT HAT!
KEINER AUSSER GUTS MENSCH!
ACH JA?
FREUNDE...
OB SIE... OB SIE...
OB SIE CHICHI ENTDECKEN WERDEN?
ABER AUF DIESEM HÜGEL WIRD ES ANDERS...
DEINE FREUNDE ENTDECKEN DICH BE- STIMMT.
BE- STIMMT. GANZ...
... BE- STIMMT ...
DIESE WÄRME, WIE SONNENSTRAHLEN AUF MEINEM RÜCKEN...
SELBST IM SCHLAF KANN ICH SIE NOCH SPÜREN.

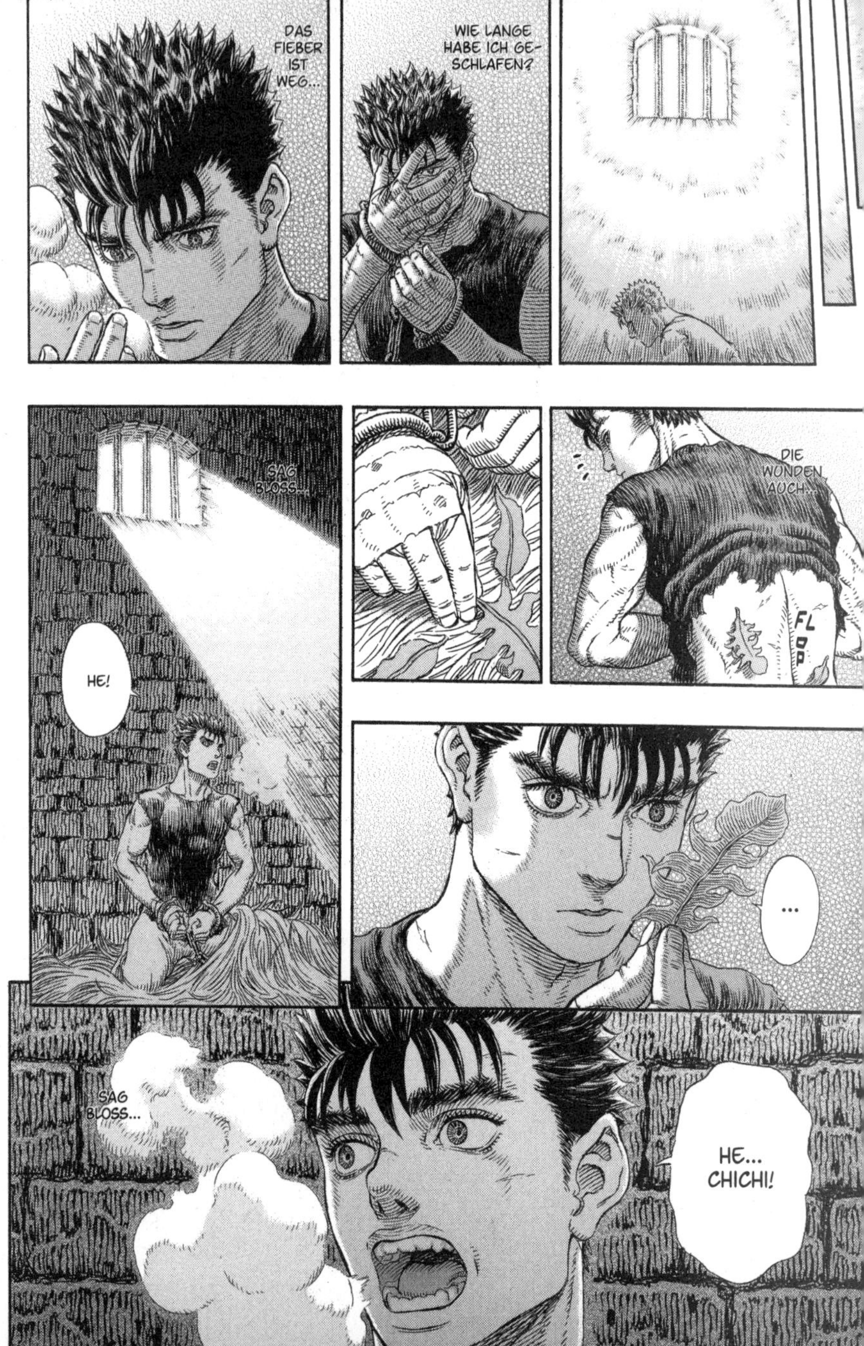
DAS FIEBER IST WEG...
WIE LANGE HABE ICH GESCHLAFEN?
DIE WUNDEN AUCH...
FLOP
SAG BLOSS...
HE!
...
SAG BLOSS...
HE... CHICHI!

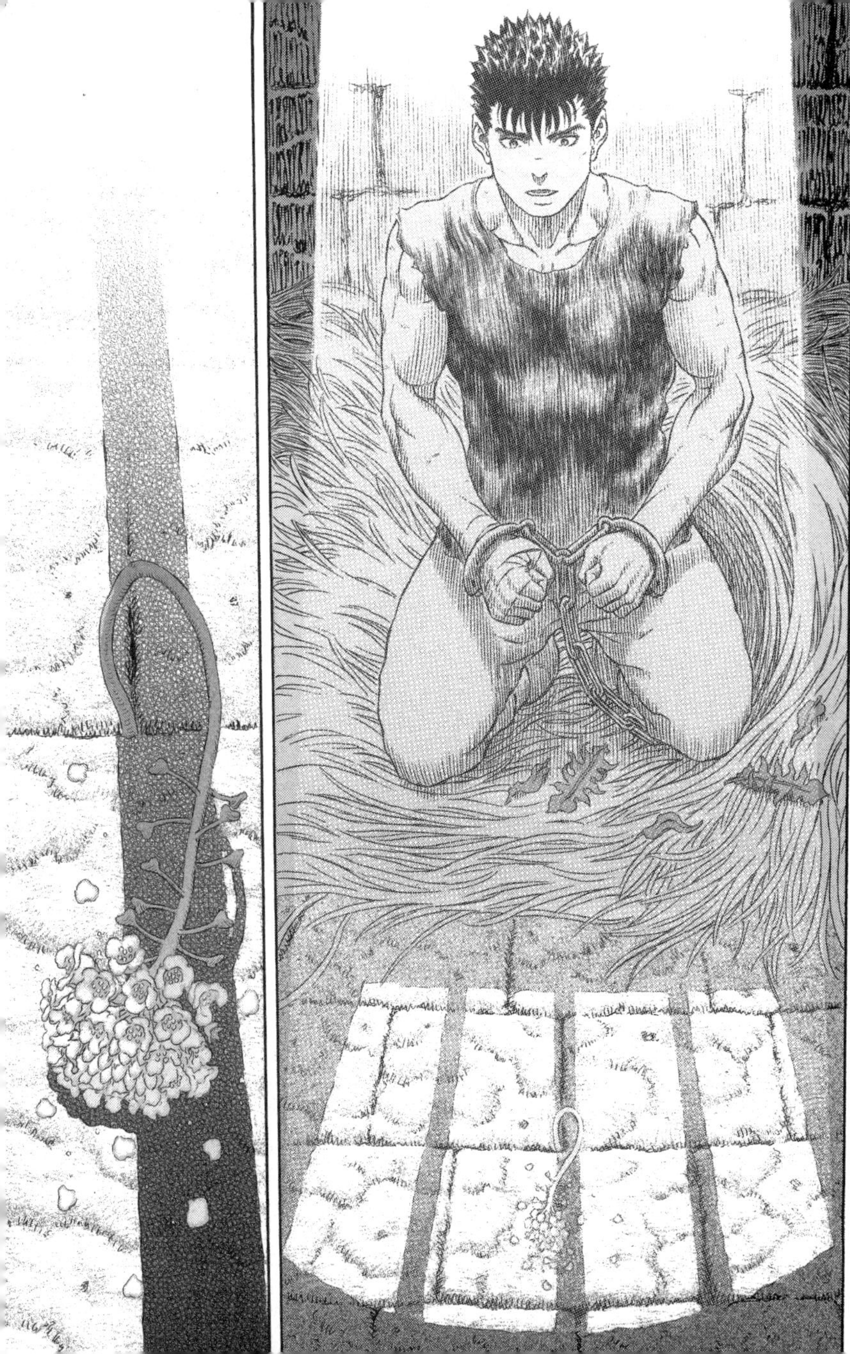

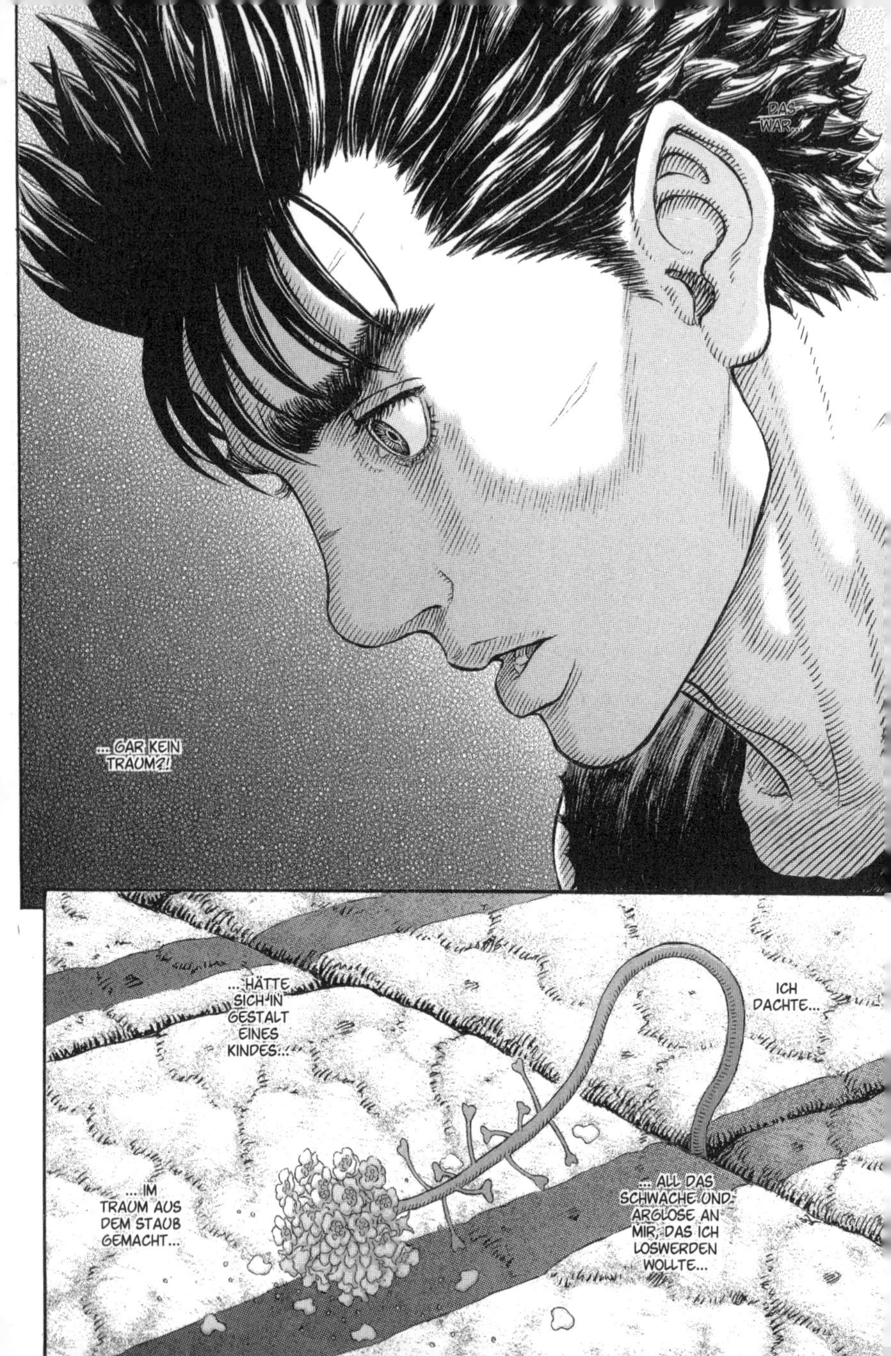
DAS WAR...
... GAR KEIN TRAUM?!
ICH DACHTE...
... HÄTTE SICH IN GESTALT EINES KINDES...
... ALL DAS SCHWACHE UND ARGLOSE AN MIR, DAS ICH LOSWERDEN WOLLTE...
... IM TRAUM AUS DEM STAUB GEMACHT...

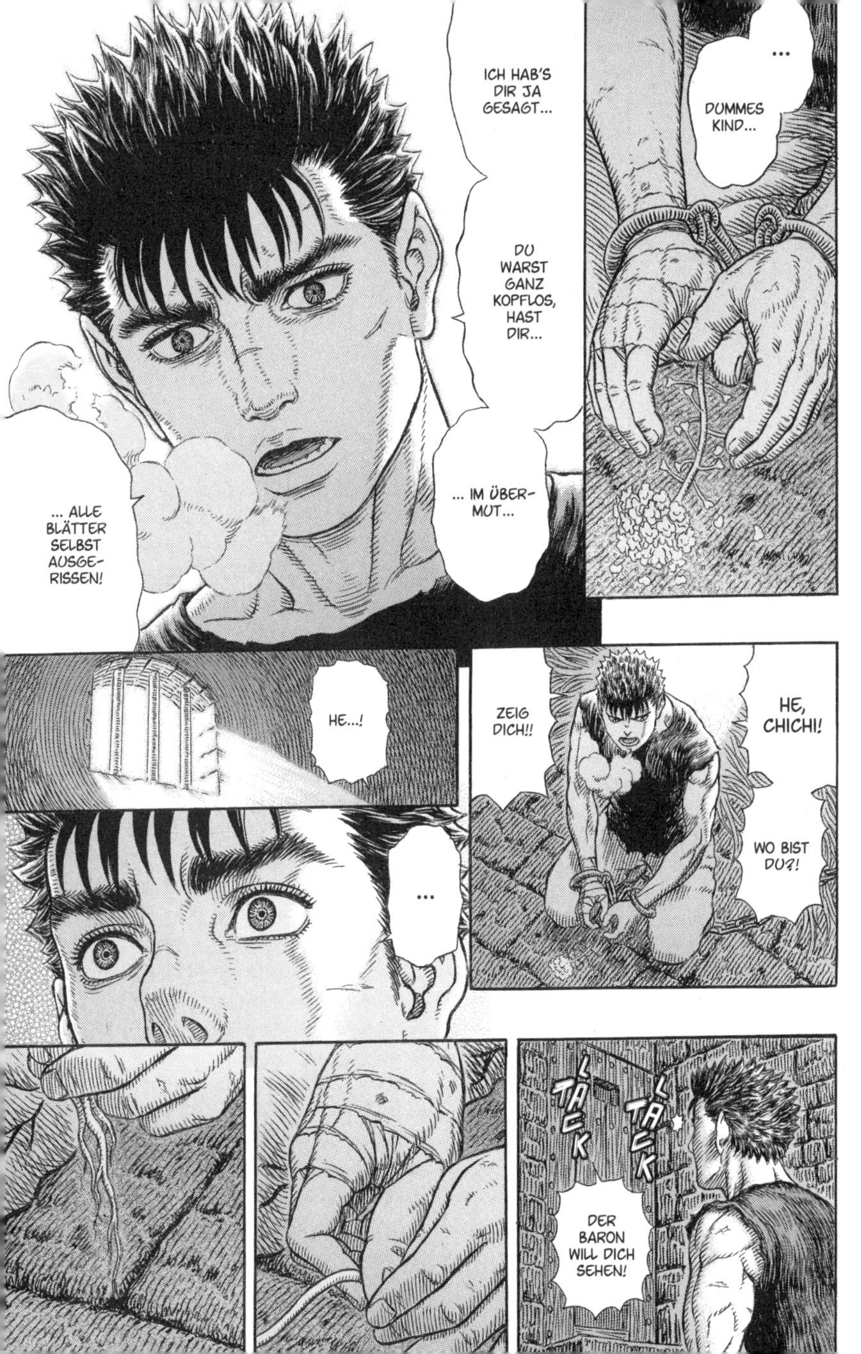
...
DUMMES KIND...
ICH HAB'S DIR JA GESAGT...
DU WARST GANZ KOPFLOS, HAST DIR...
... IM ÜBERMUT...
... ALLE BLÄTTER SELBST AUSGERISSEN!
HE, CHICHI!
ZEIG DICH!!
WO BIST DU?!
HE...!
...
TACK
TACK
DER BARON WILL DICH SEHEN!

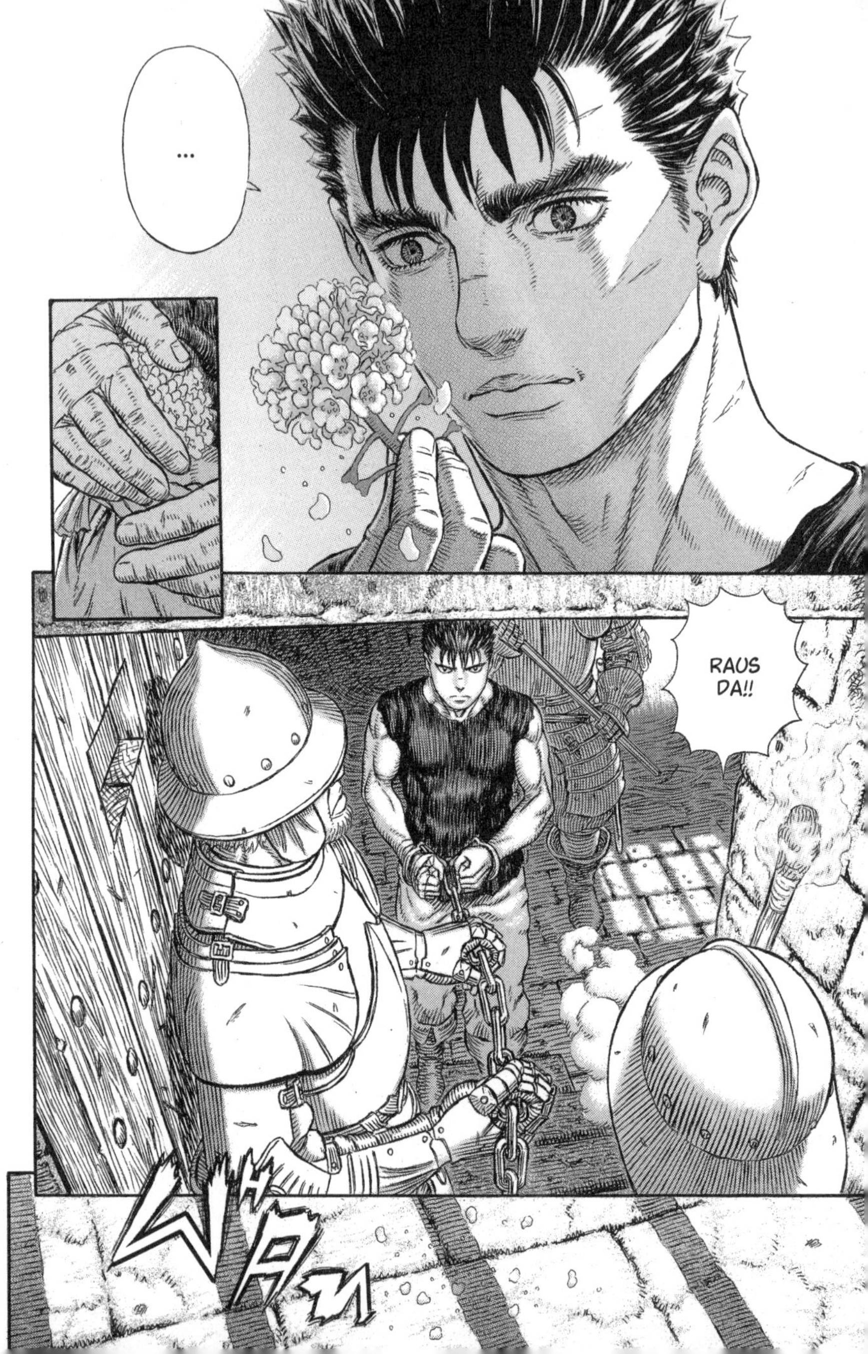
...
RAUS DA!!
WHAM

RED: "HIRTENTÄSCHEL"

FRÜHLINGSBLUMEN (43)

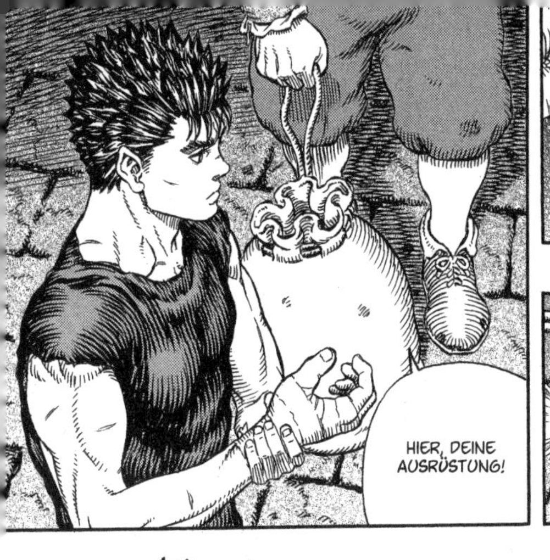
HIER, DEINE AUSRÜSTUNG!

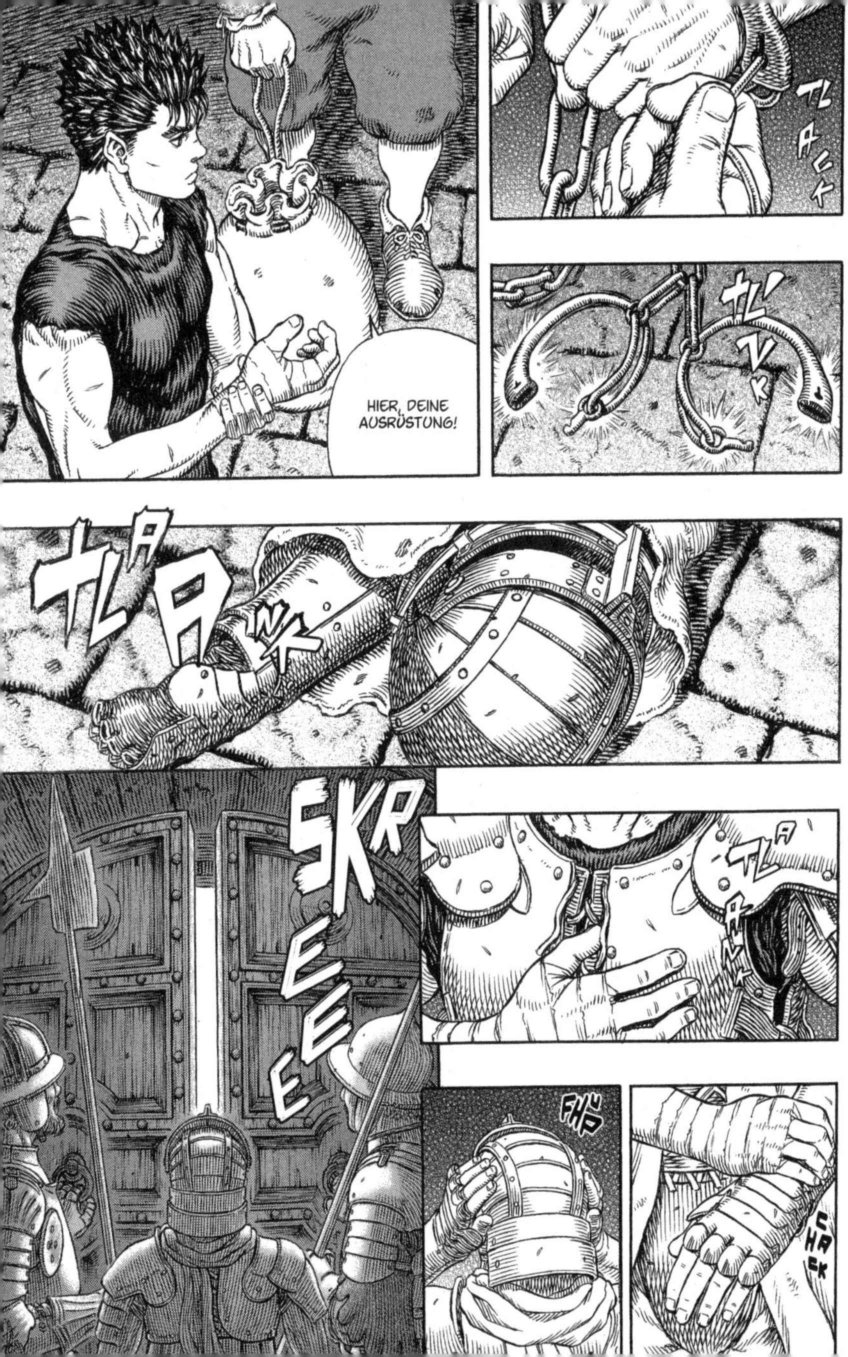

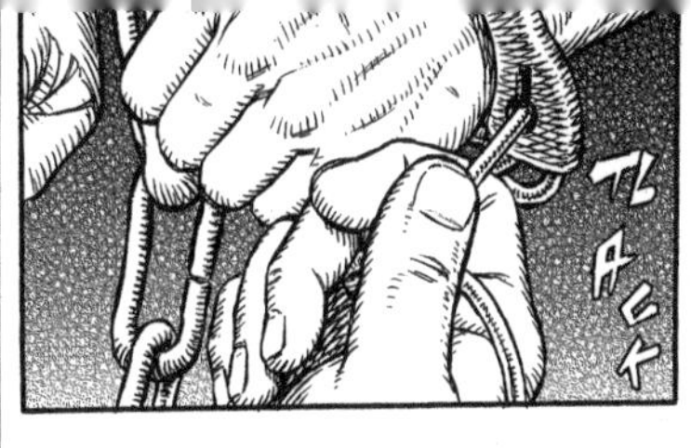
TLACK

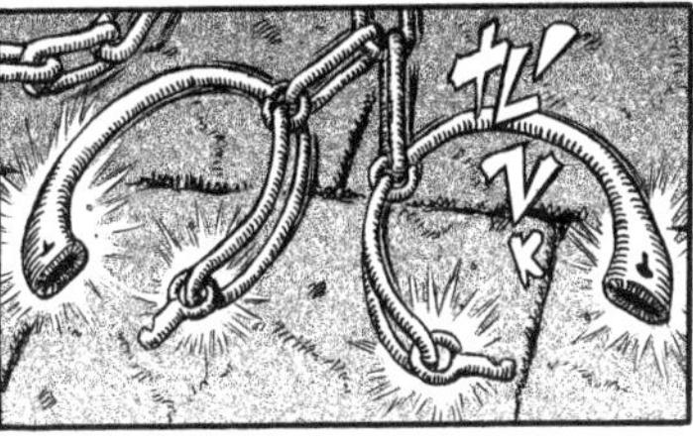

TLANK
SKREEEE
FHUP
CHACK

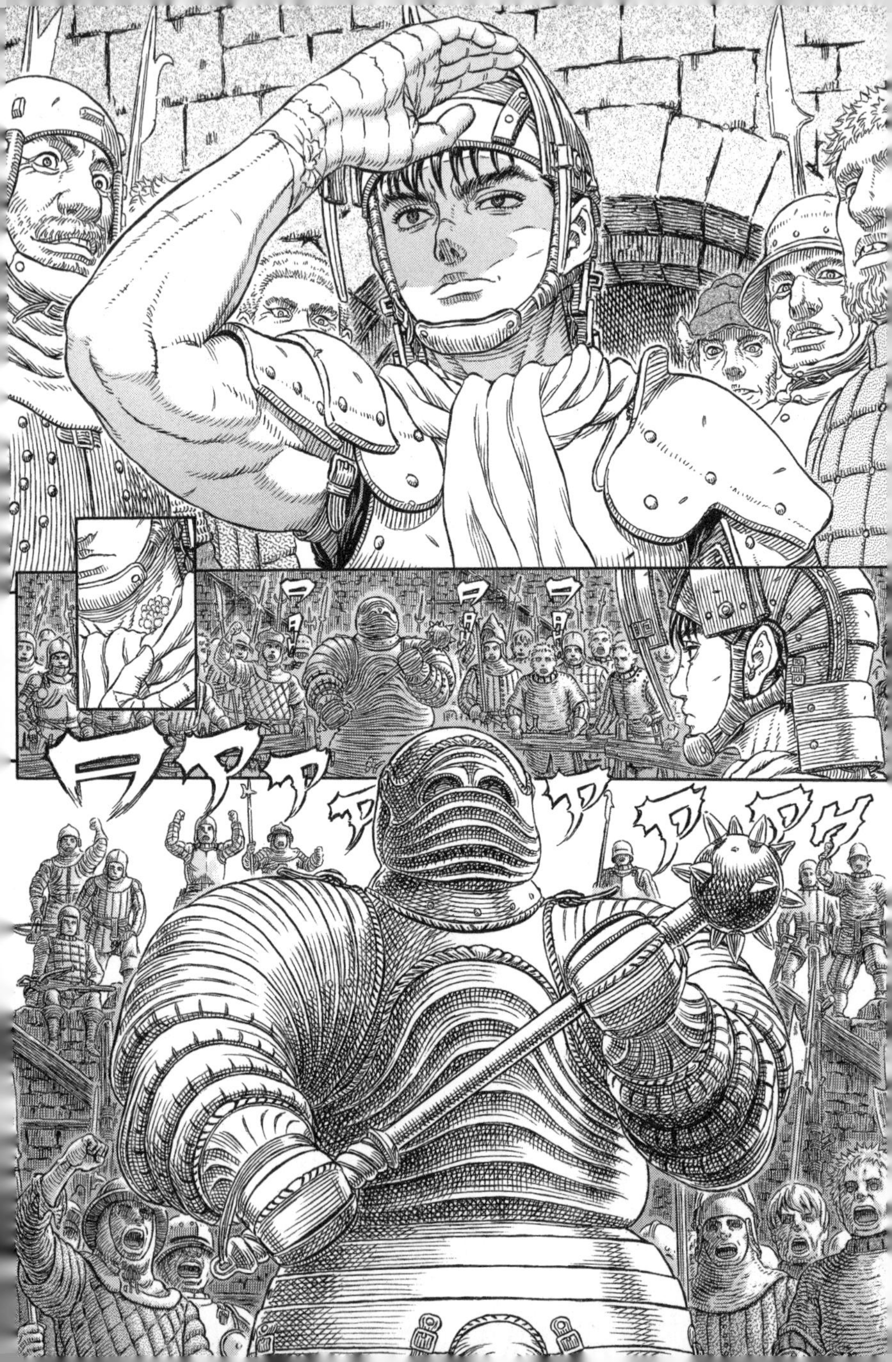

ワァァ
ワァァ
ワァァ
ワァァァァァァァッ

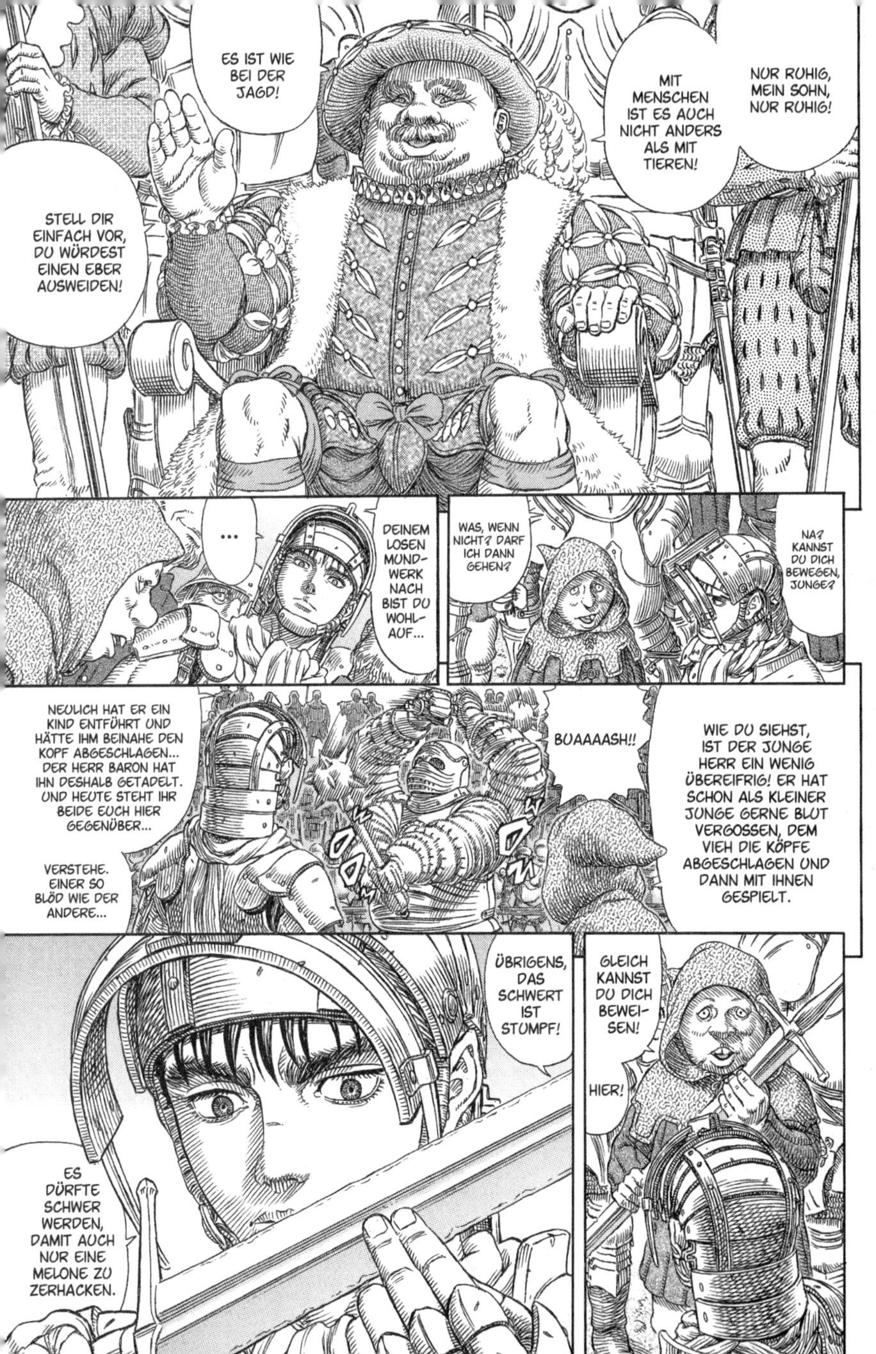
NUR RUHIG, MEIN SOHN, NUR RUHIG!
MIT MENSCHEN IST ES AUCH NICHT ANDERS ALS MIT TIEREN!
ES IST WIE BEI DER JAGD!
STELL DIR EINFACH VOR, DU WÜRDEST EINEN EBER AUSWEIDEN!
NA? KANNST DU DICH BEWEGEN, JUNGE?
WAS, WENN NICHT? DARF ICH DANN GEHEN?
DEINEM LOSEN MUNDWERK NACH BIST DU WOHLAUF...
...
WIE DU SIEHST, IST DER JUNGE HERR EIN WENIG ÜBEREIFRIG! ER HAT SCHON ALS KLEINER JUNGE GERNE BLUT VERGOSSEN, DEM VIEH DIE KÖPFE ABGESCHLAGEN UND DANN MIT IHNEN GESPIELT.
BUAAAASH!!
NEULICH HAT ER EIN KIND ENTFÜHRT UND HÄTTE IHM BEINAHE DEN KOPF ABGESCHLAGEN... DER HERR BARON HAT IHN DESHALB GETADELT. UND HEUTE STEHT IHR BEIDE EUCH HIER GEGENÜBER...
VERSTEHE. EINER SO BLÖD WIE DER ANDERE...
GLEICH KANNST DU DICH BEWEISEN!
HIER!
ÜBRIGENS, DAS SCHWERT IST STUMPF!
ES DÜRFTE SCHWER WERDEN, DAMIT AUCH NUR EINE MELONE ZU ZERHACKEN.

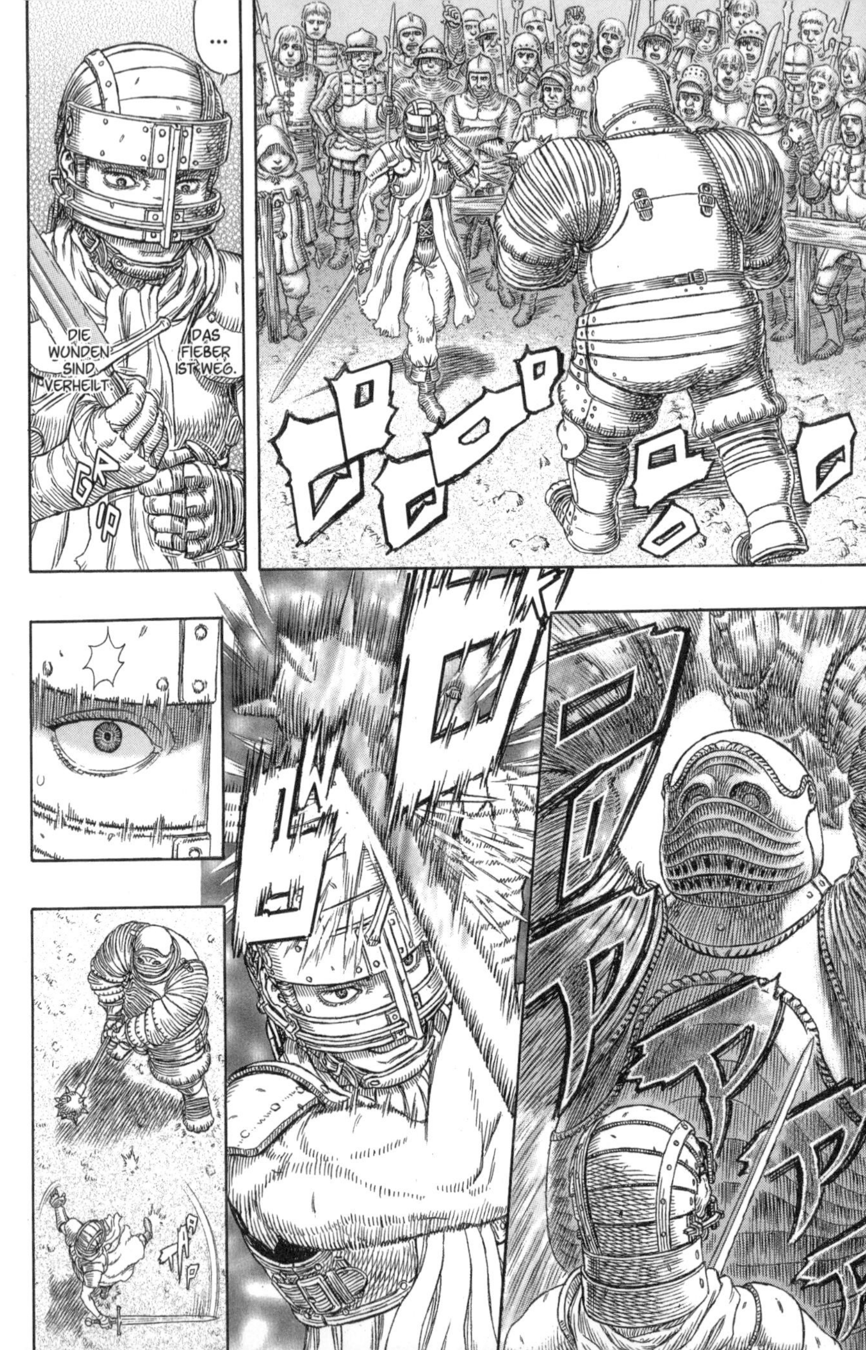
...
DIE WUNDEN SIND VERHEILT.
DAS FIEBER IST WEG.
GRIP
THAP

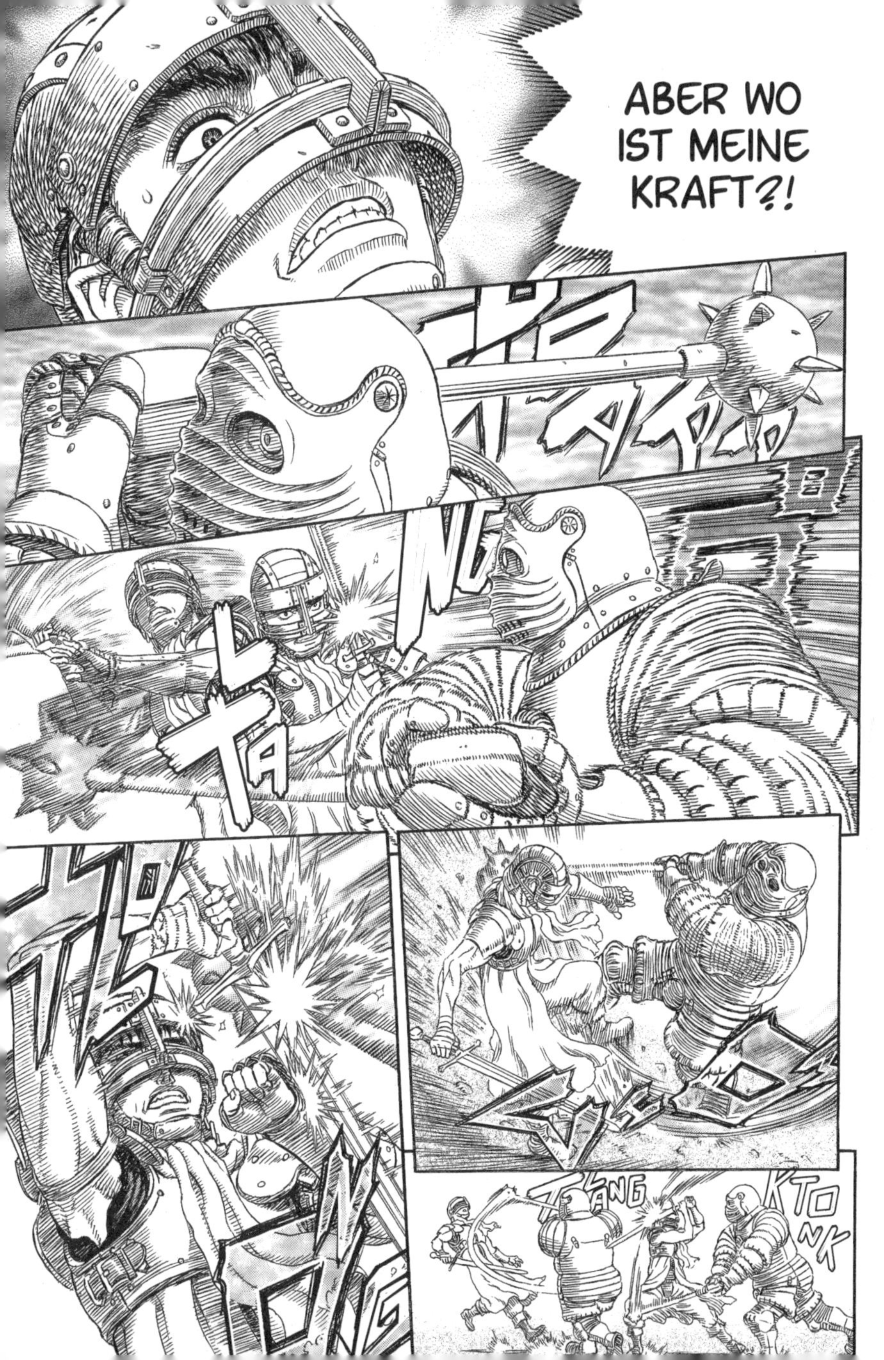
ABER WO IST MEINE KRAFT?!
KTONK

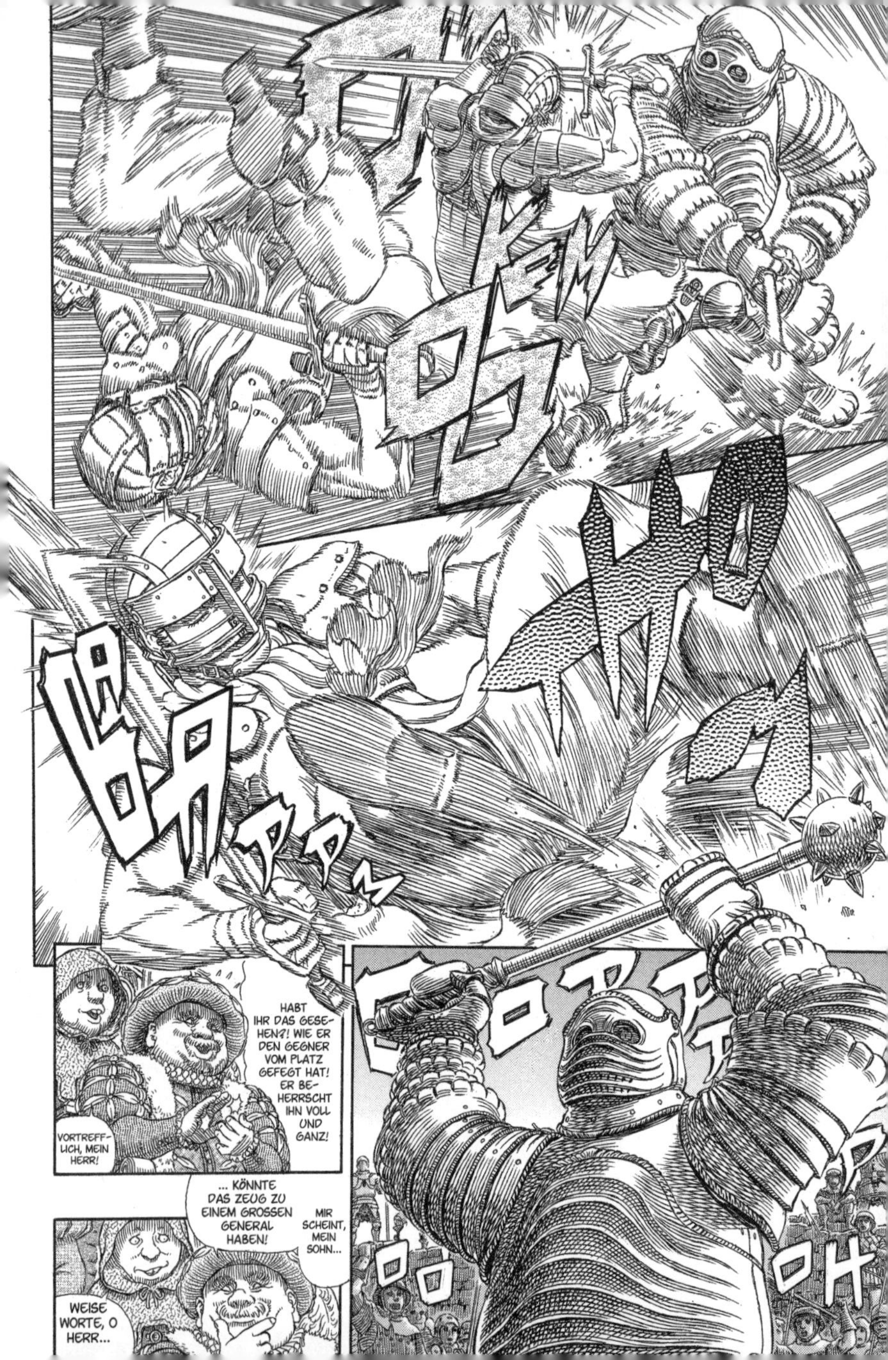

KLANG
KRACH
BAAM
RUMS
HABT IHR DAS GESEHEN?! WIE ER DEN GEGNER VOM PLATZ GEFEGT HAT! ER BEHERRSCHT IHN VOLL UND GANZ!
VORTREFFLICH, MEIN HERR!
MIR SCHEINT, MEIN SOHN...
... KÖNNTE DAS ZEUG ZU EINEM GROSSEN GENERAL HABEN!
WEISE WORTE, O HERR...
OOOH

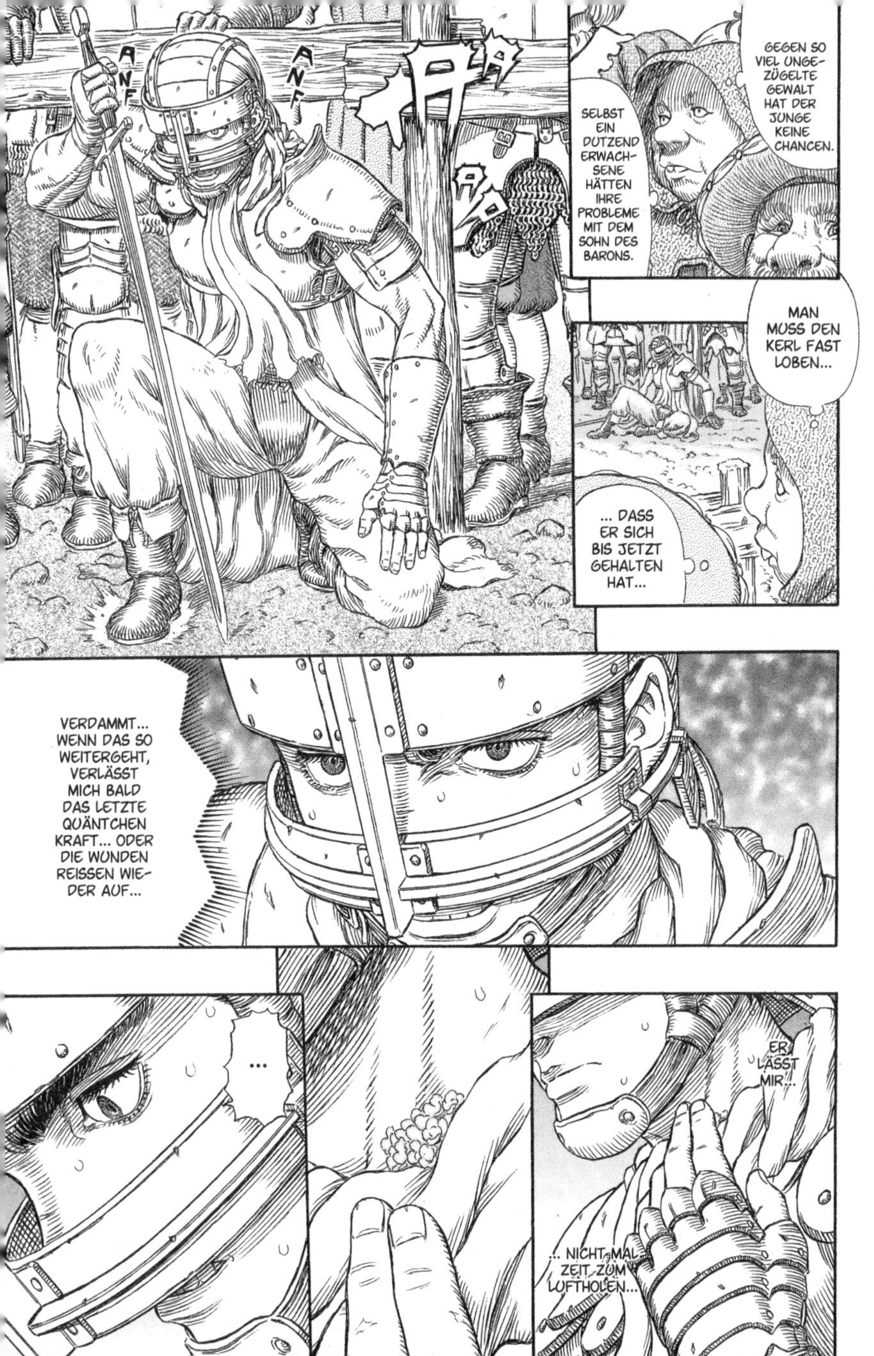
ANF
ANF
HA
HA
HA
GEGEN SO VIEL UNGEZÜGELTE GEWALT HAT DER JUNGE KEINE CHANCEN.
SELBST EIN DUTZEND ERWACHSENE HÄTTEN IHRE PROBLEME MIT DEM SOHN DES BARONS.
MAN MUSS DEN KERL FAST LOBEN...
... DASS ER SICH BIS JETZT GEHALTEN HAT...
VERDAMMT... WENN DAS SO WEITERGEHT, VERLÄSST MICH BALD DAS LETZTE QUÄNTCHEN KRAFT... ODER DIE WUNDEN REISSEN WIEDER AUF...
ER LÄSST MIR...
... NICHT MAL ZEIT ZUM LUFTHOLEN...
...

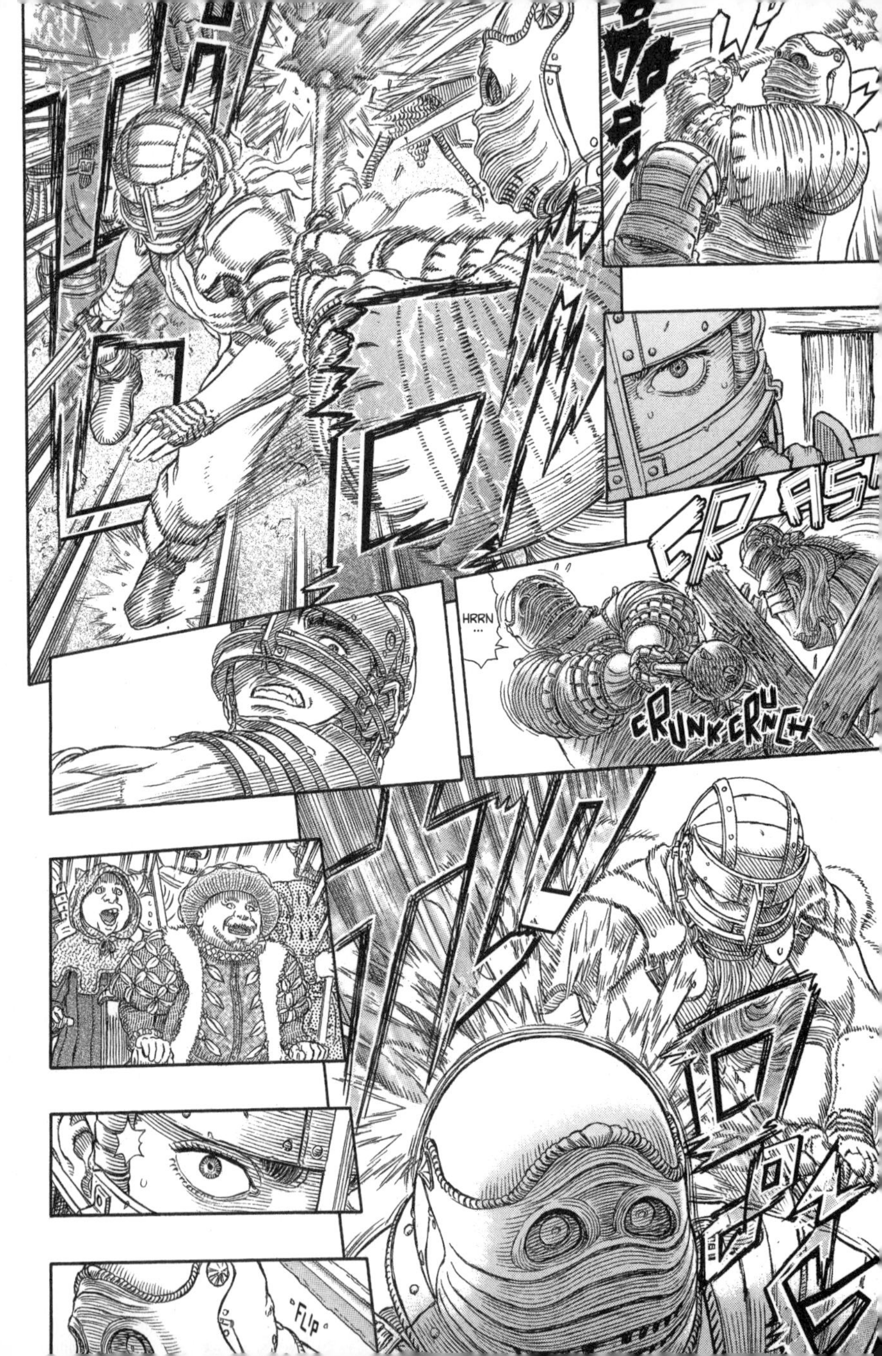

CRASH
HRRN ...
CRUNKCRUNCH
FLIP

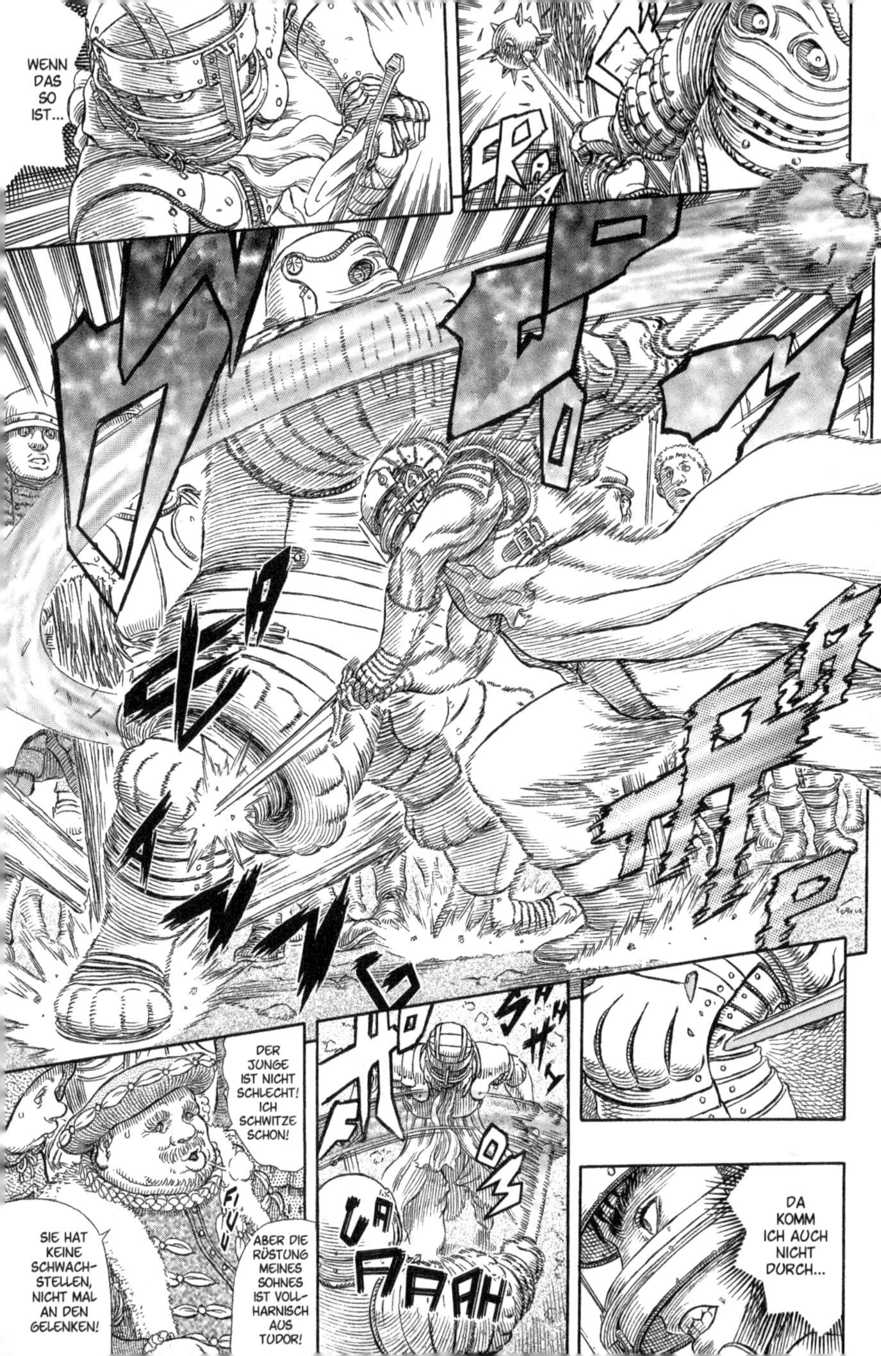
WENN DAS SO IST...
WOMM
GWANG
SWISH
DER JUNGE IST NICHT SCHLECHT! ICH SCHWITZE SCHON!
SIE HAT KEINE SCHWACH-STELLEN, NICHT MAL AN DEN GELENKEN!
ABER DIE RÜSTUNG MEINES SOHNES IST VOLL-HARNISCH AUS TUDOR!
WAAAAH
DA KOMM ICH AUCH NICHT DURCH...

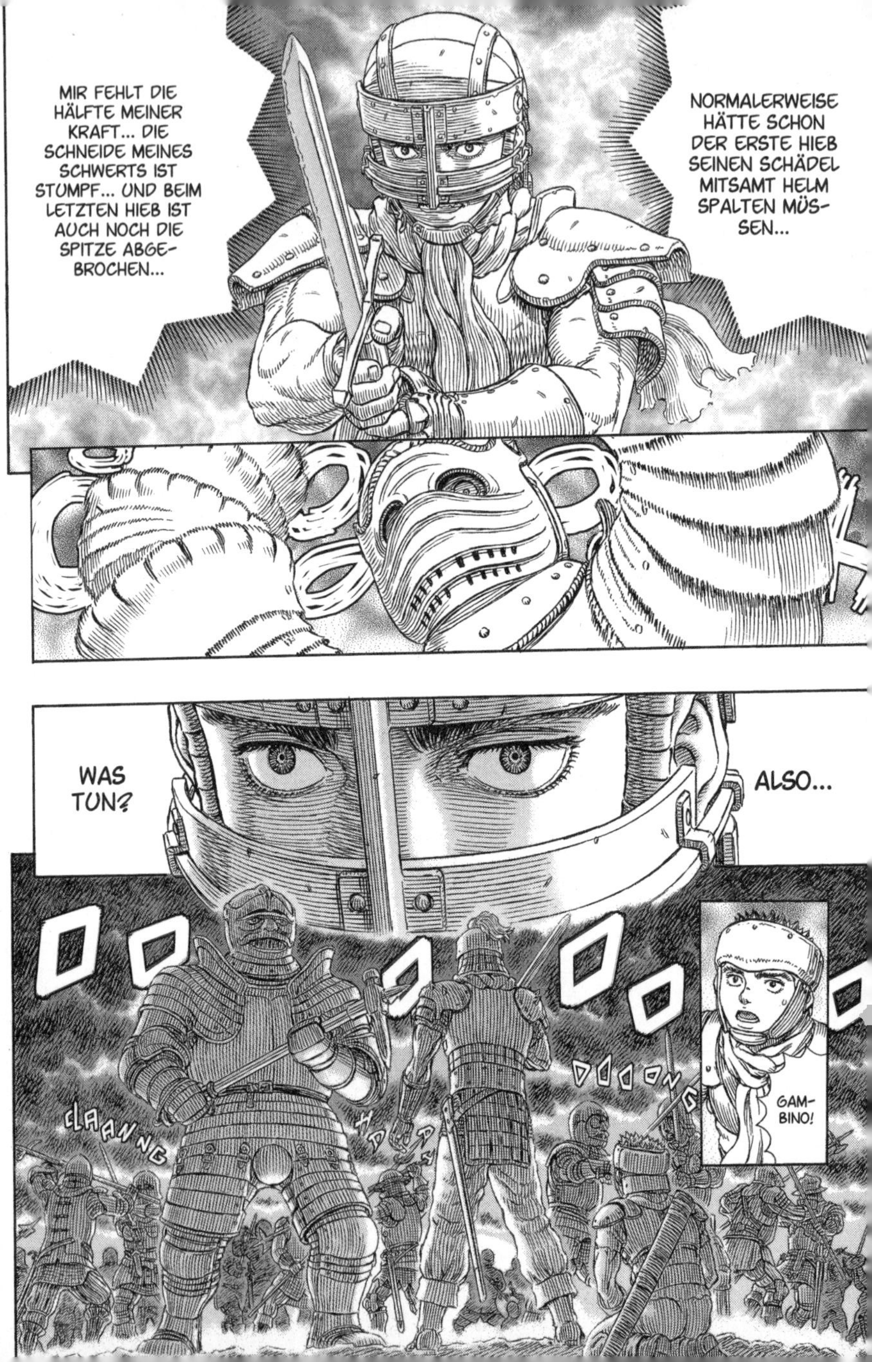

MIR FEHLT DIE HÄLFTE MEINER KRAFT... DIE SCHNEIDE MEINES SCHWERTS IST STUMPF... UND BEIM LETZTEN HIEB IST AUCH NOCH DIE SPITZE ABGE-BROCHEN...

NORMALERWEISE HÄTTE SCHON DER ERSTE HIEB SEINEN SCHÄDEL MITSAMT HELM SPALTEN MÜS-SEN...

ALSO...

WAS TUN?

GAM-BINO!

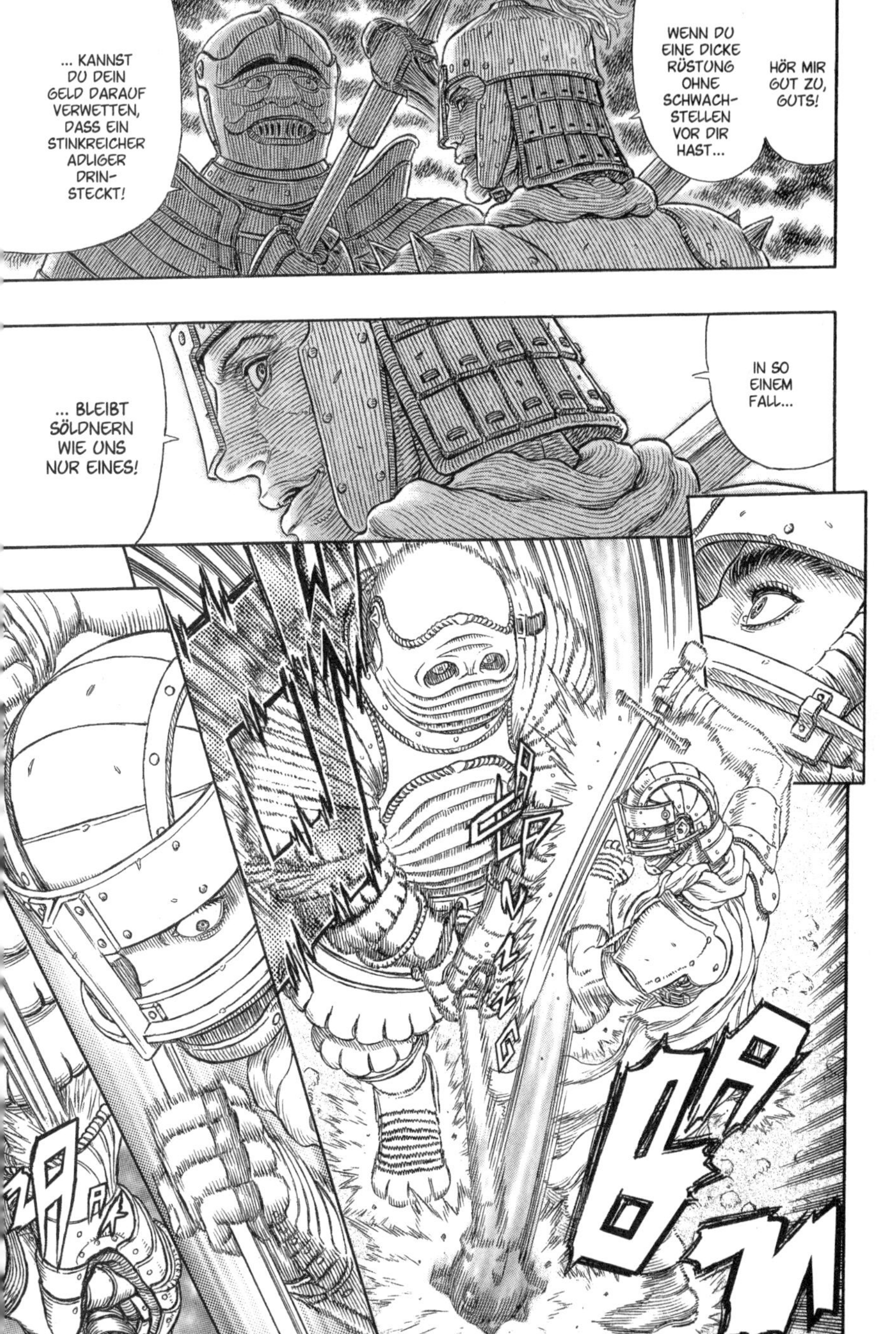
HÖR MIR GUT ZU, GUTS!
WENN DU EINE DICKE RÜSTUNG OHNE SCHWACH-STELLEN VOR DIR HAST...
... KANNST DU DEIN GELD DARAUF VERWETTEN, DASS EIN STINKREICHER ADLIGER DRIN-STECKT!
IN SO EINEM FALL...
... BLEIBT SÖLDNERN WIE UNS NUR EINES!

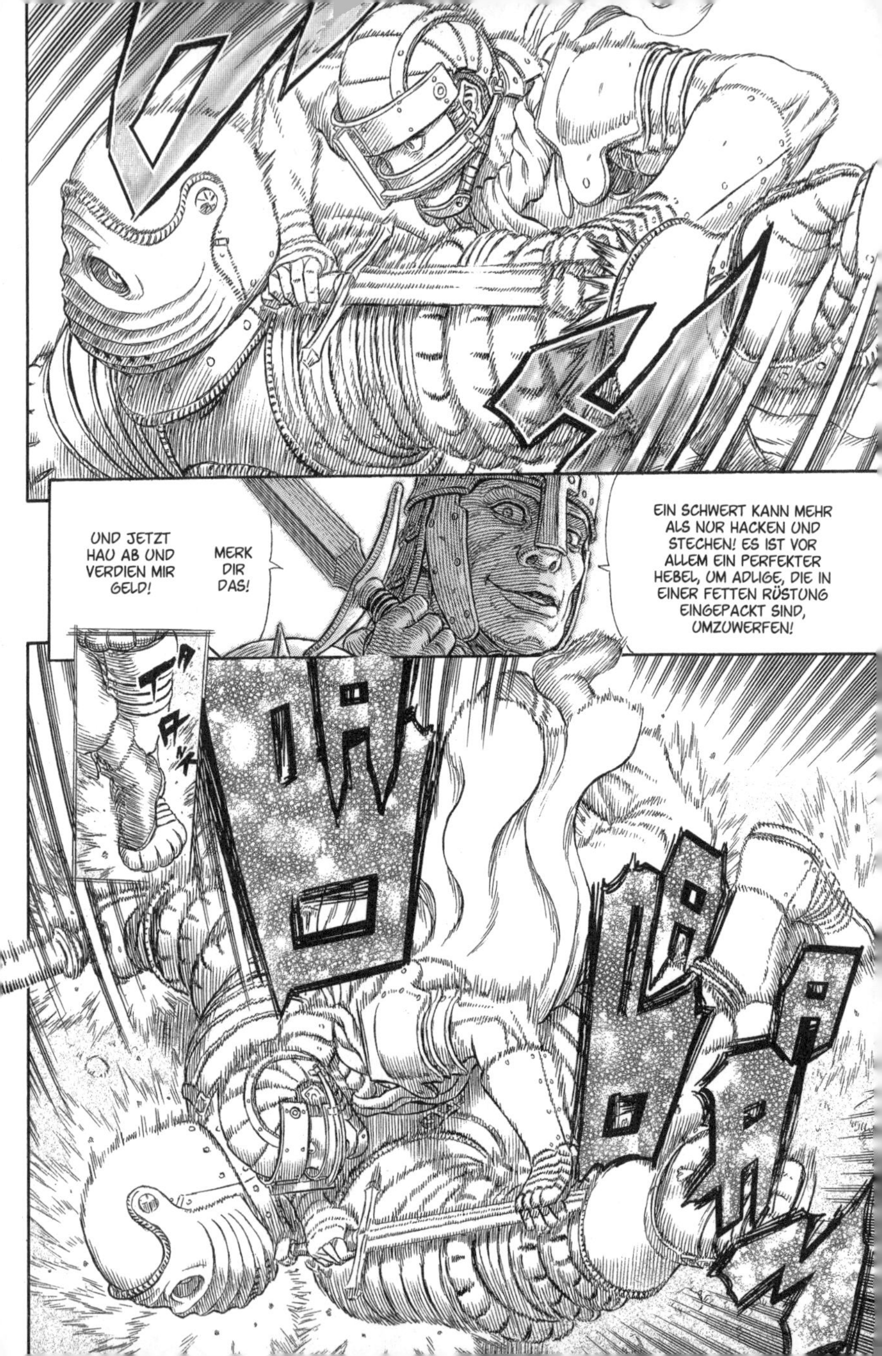
EIN SCHWERT KANN MEHR ALS NUR HACKEN UND STECHEN! ES IST VOR ALLEM EIN PERFEKTER HEBEL, UM ADLIGE, DIE IN EINER FETTEN RÜSTUNG EINGEPACKT SIND, UMZUWERFEN!
MERK DIR DAS!
UND JETZT HAU AB UND VERDIEN MIR GELD!

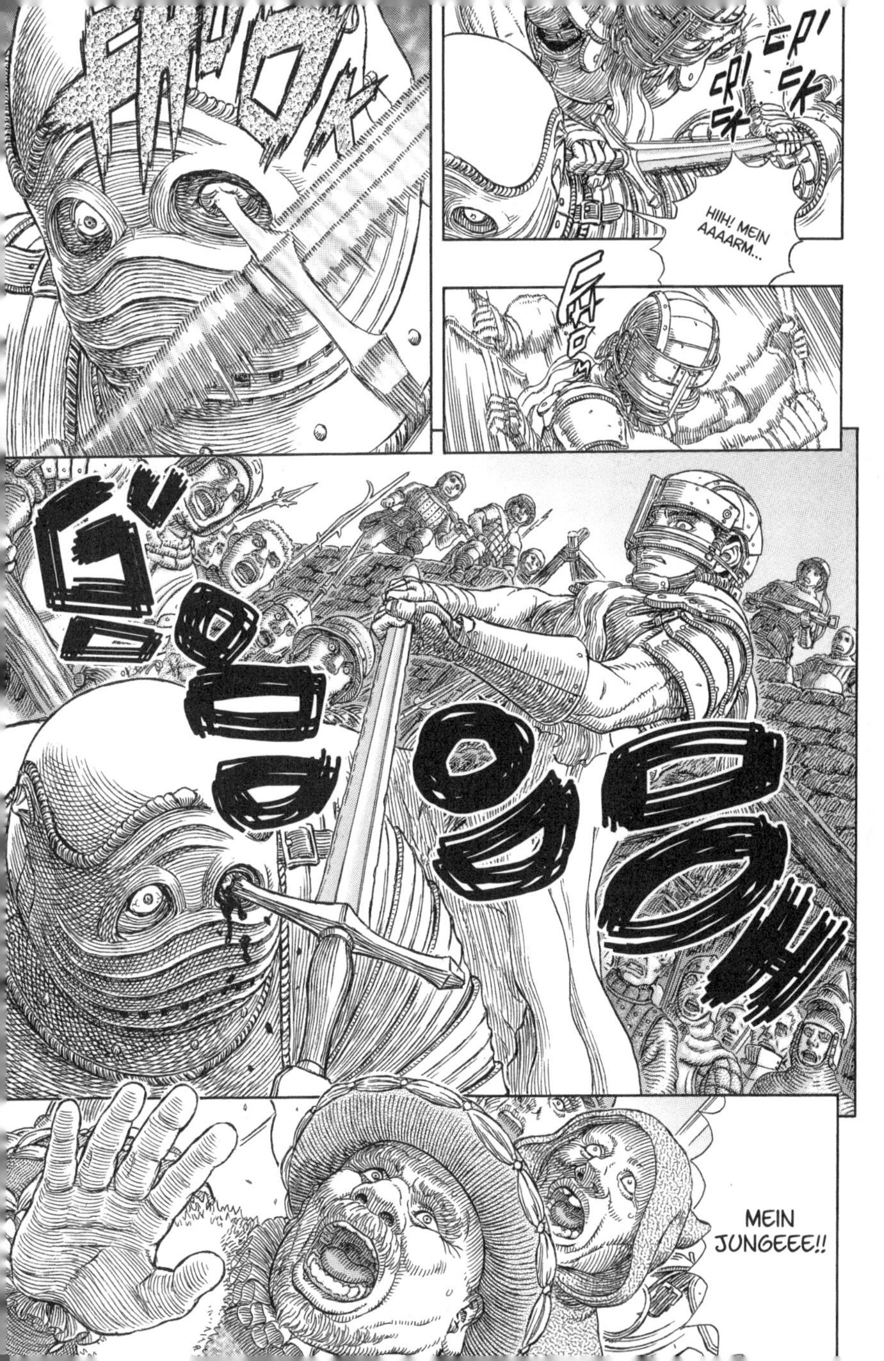
CRICK
CRICK
HIIH! MEIN AAAARM...
CHROM
MEIN JUNGEEE!!

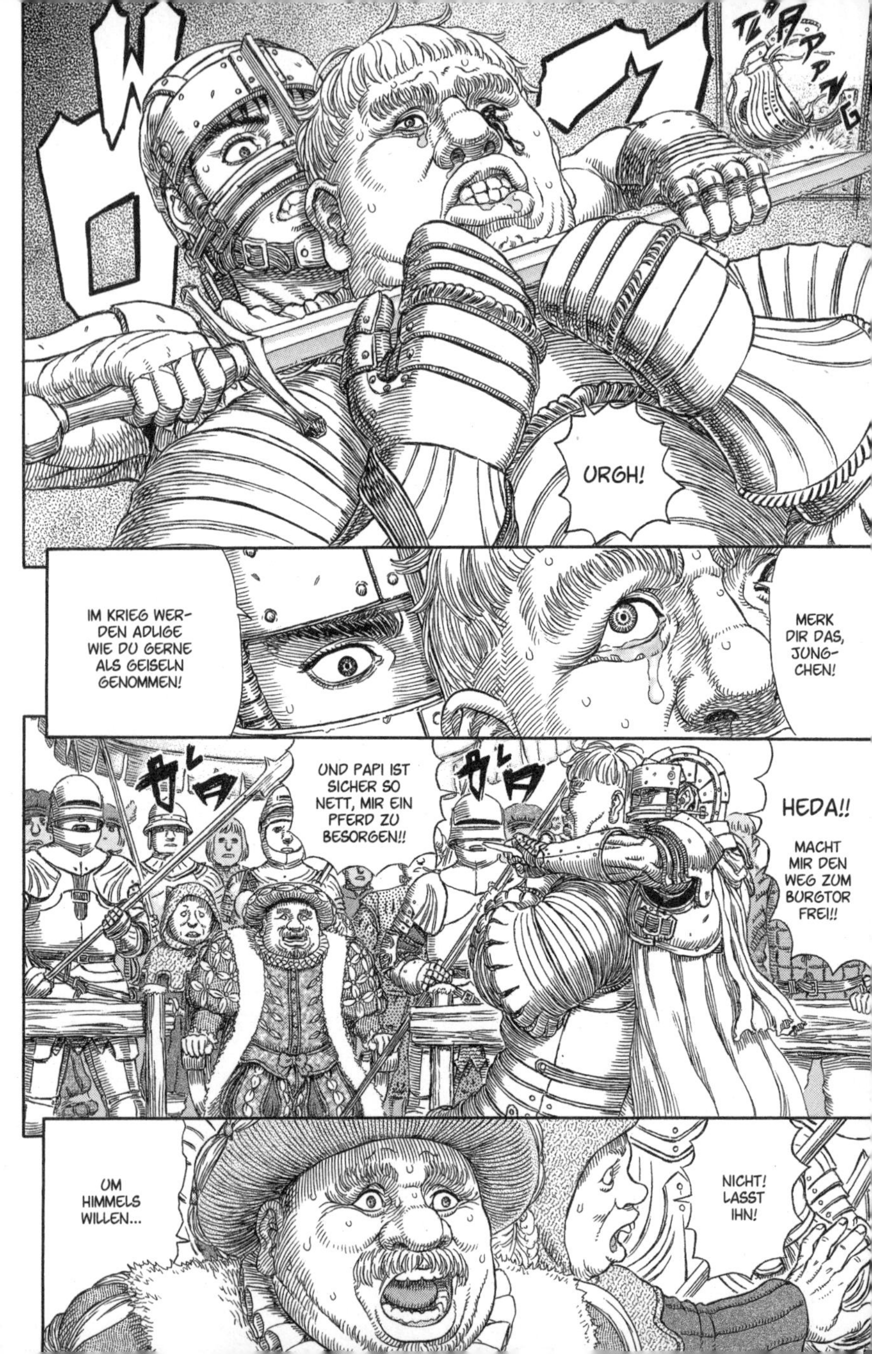
URGH!
MERK DIR DAS, JUNGCHEN!
IM KRIEG WERDEN ADLIGE WIE DU GERNE ALS GEISELN GENOMMEN!
HEDA!!
MACHT MIR DEN WEG ZUM BURGTOR FREI!!
UND PAPI IST SICHER SO NETT, MIR EIN PFERD ZU BESORGEN!!
NICHT! LASST IHN!
UM HIMMELS WILLEN...

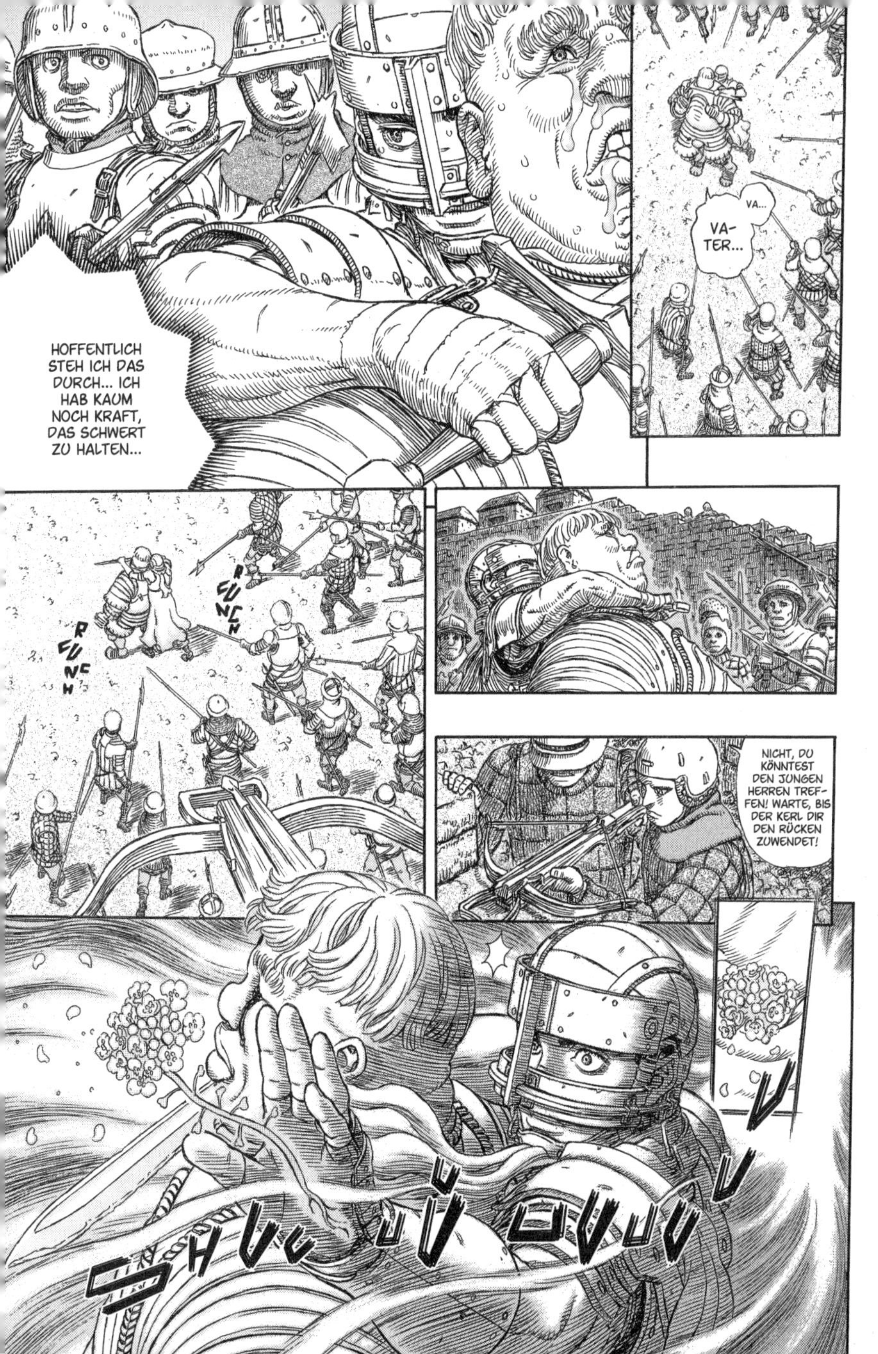
VA...
VA-TER...
HOFFENTLICH STEH ICH DAS DURCH... ICH HAB KAUM NOCH KRAFT, DAS SCHWERT ZU HALTEN...
CRUNCH
CRUNCH
NICHT, DU KÖNNTEST DEN JUNGEN HERREN TREFFEN! WARTE, BIS DER KERL DIR DEN RÜCKEN ZUWENDET!
SHUUUUUUUUUV

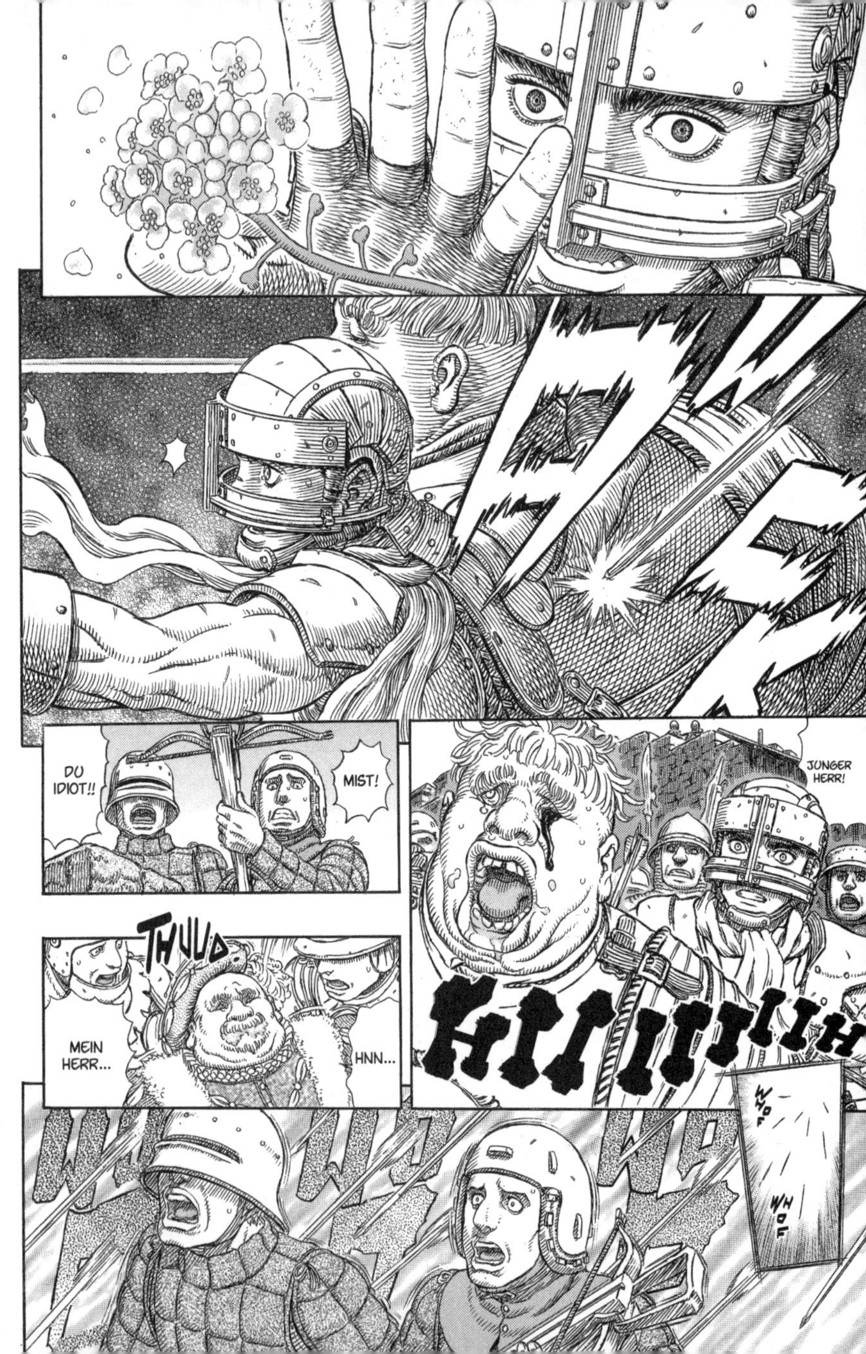
DU IDIOT!!
MIST!
JUNGER HERR!
HIIIIIIIIH
THUUD
MEIN HERR...
HNN...
WHOF
WHOF

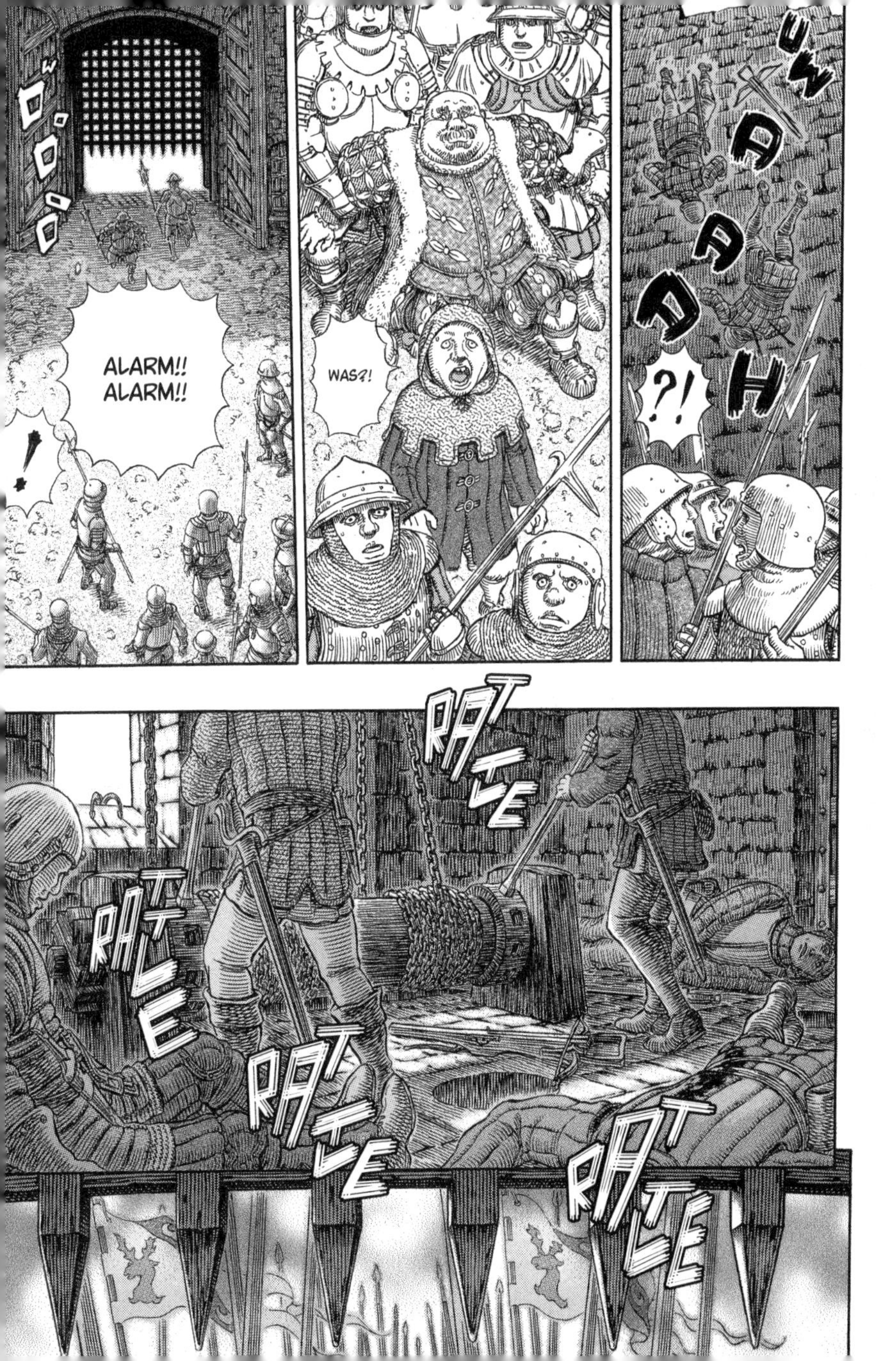

WOOOOO
ALARM!!
ALARM!!
!
WAS?!
UWAAAAH
?!
RATTLE
RATTLE
RATTLE
RATTLE

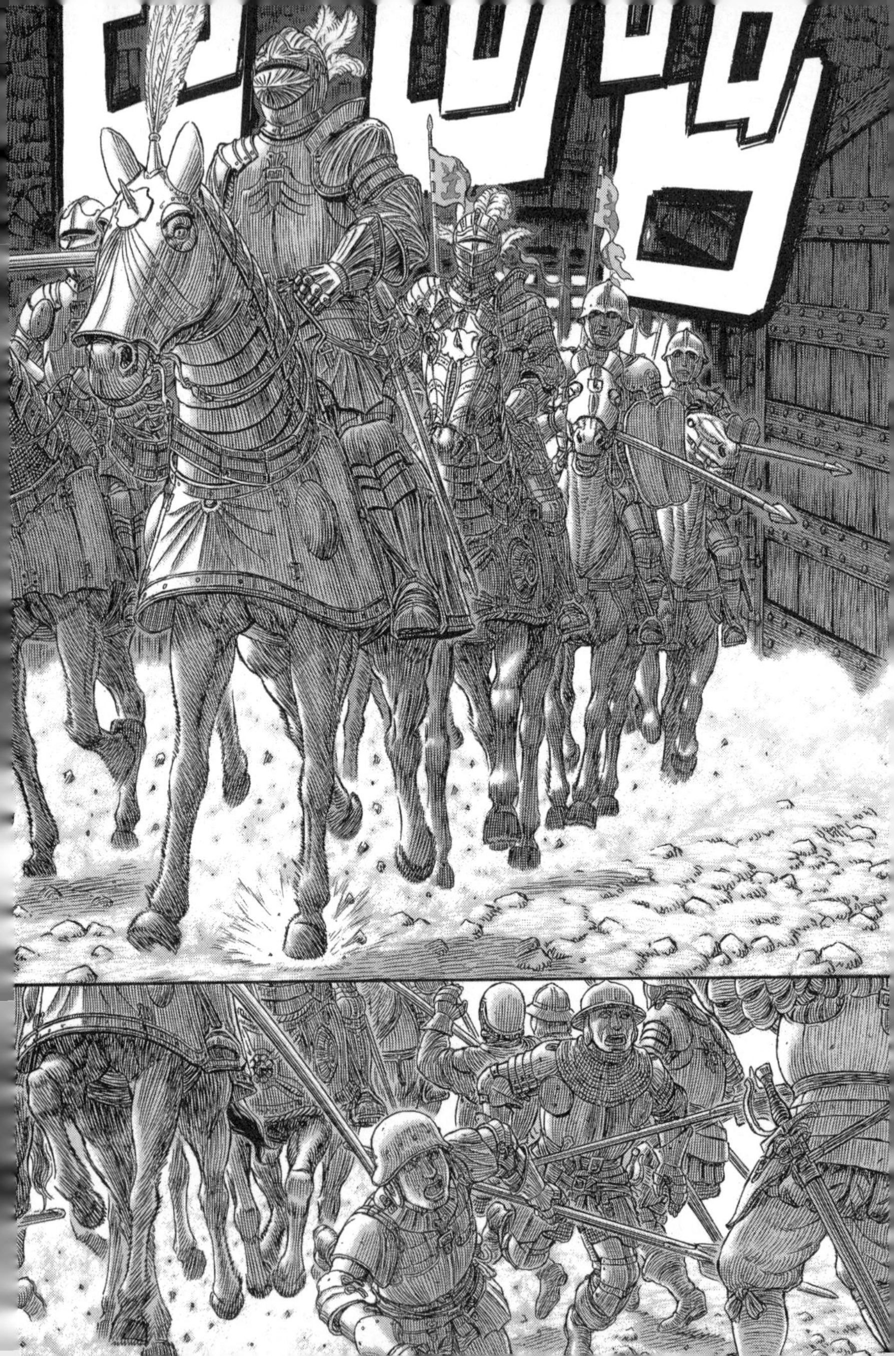

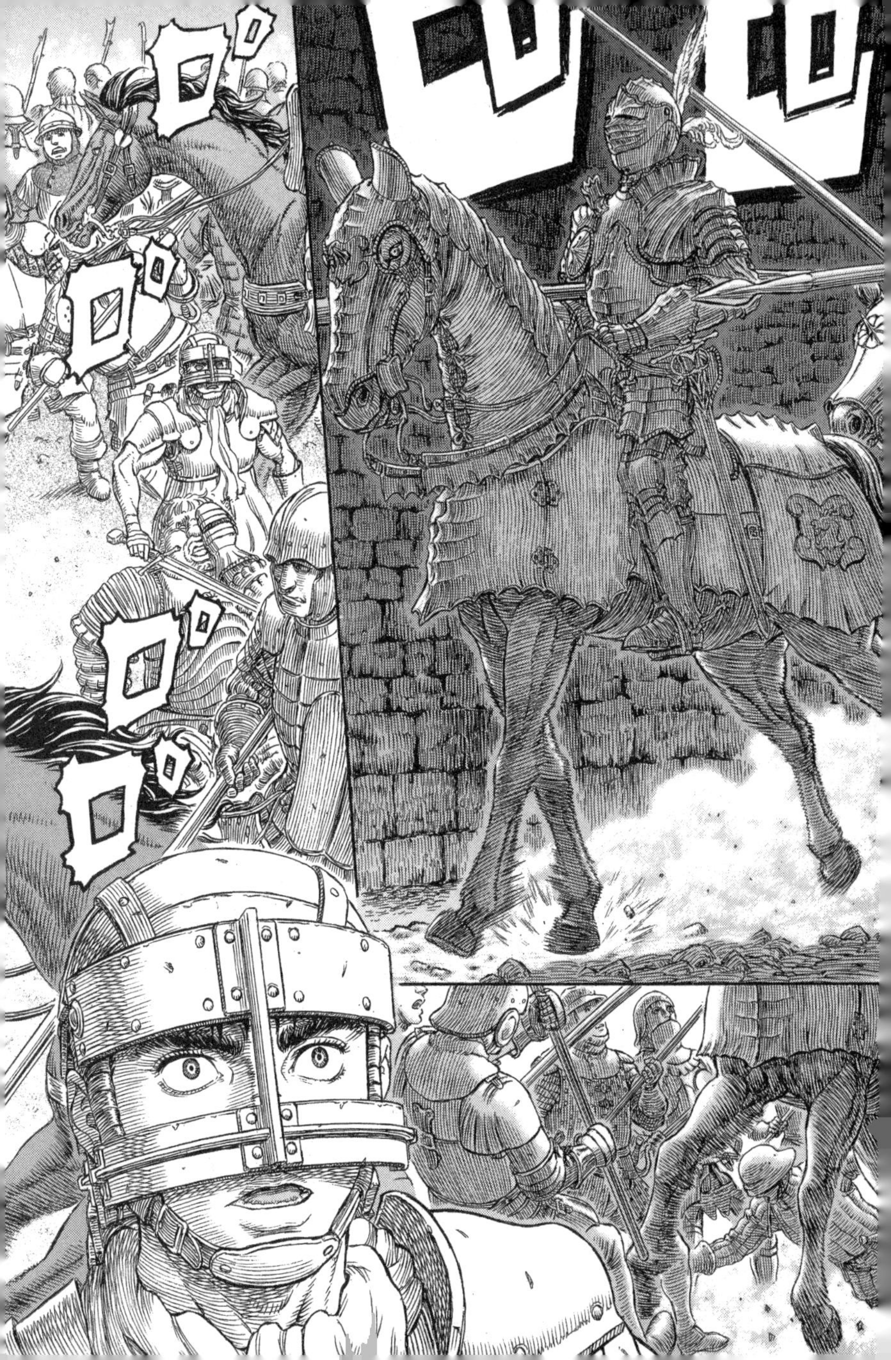

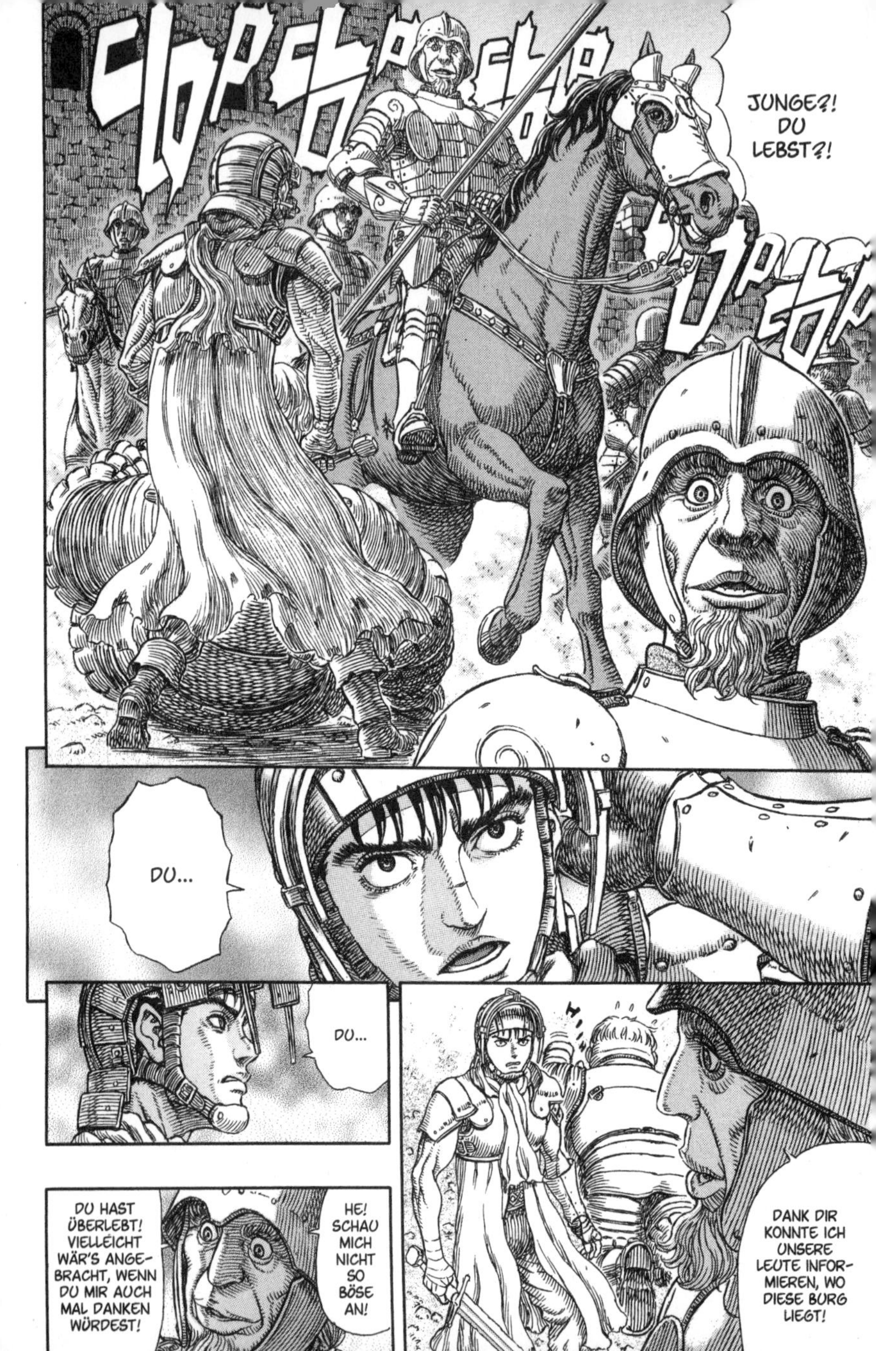
JUNGE?! DU LEBST?!
DU...
DU...
DANK DIR KONNTE ICH UNSERE LEUTE INFORMIEREN, WO DIESE BURG LIEGT!
HE! SCHAU MICH NICHT SO BÖSE AN!
DU HAST ÜBERLEBT! VIELLEICHT WÄR'S ANGEBRACHT, WENN DU MIR AUCH MAL DANKEN WÜRDEST!

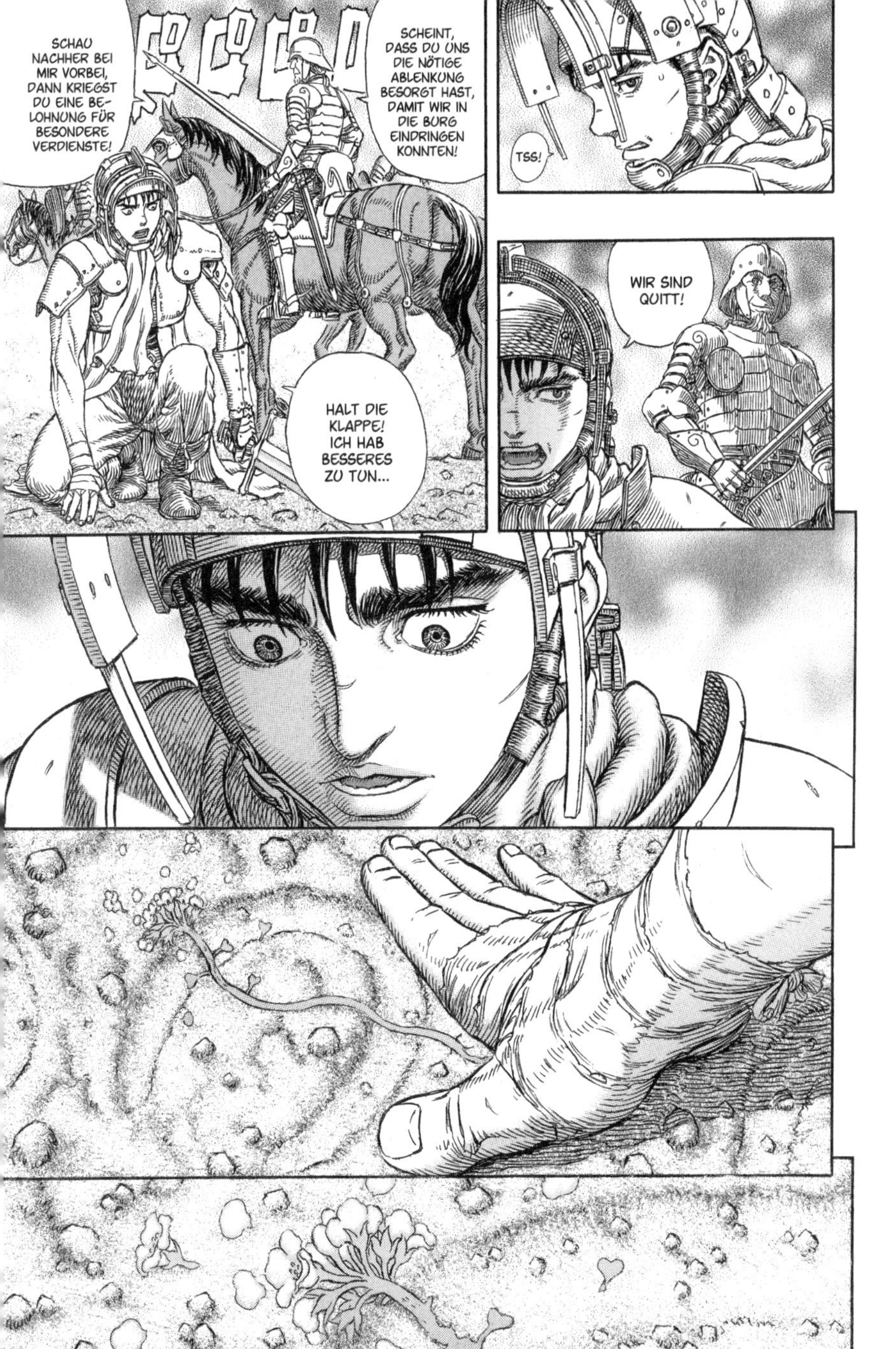
SCHEINT, DASS DU UNS DIE NÖTIGE ABLENKUNG BESORGT HAST, DAMIT WIR IN DIE BURG EINDRINGEN KONNTEN!
SCHAU NACHHER BEI MIR VORBEI, DANN KRIEGST DU EINE BELOHNUNG FÜR BESONDERE VERDIENSTE!
HALT DIE KLAPPE! ICH HAB BESSERES ZU TUN...
TSS!
WIR SIND QUITT!

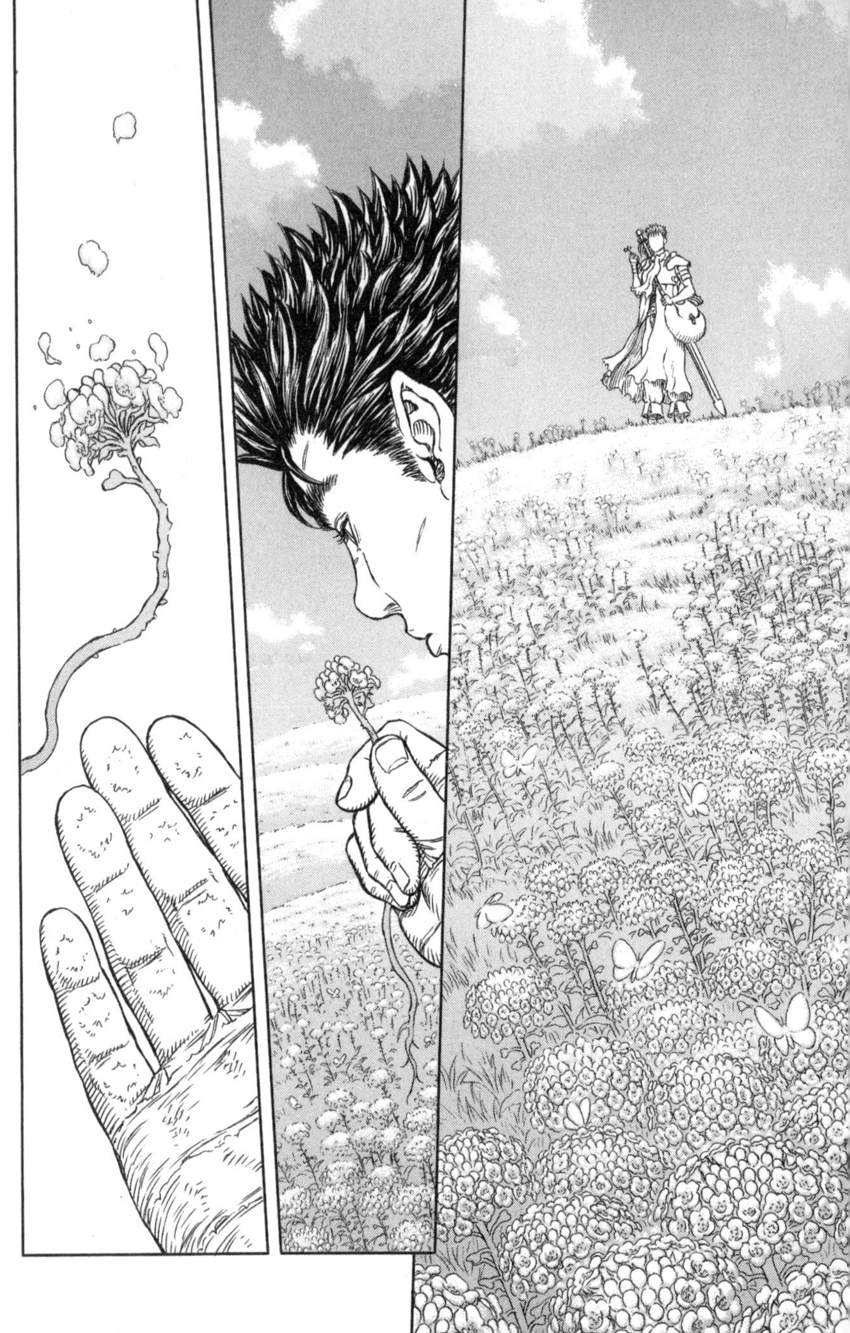

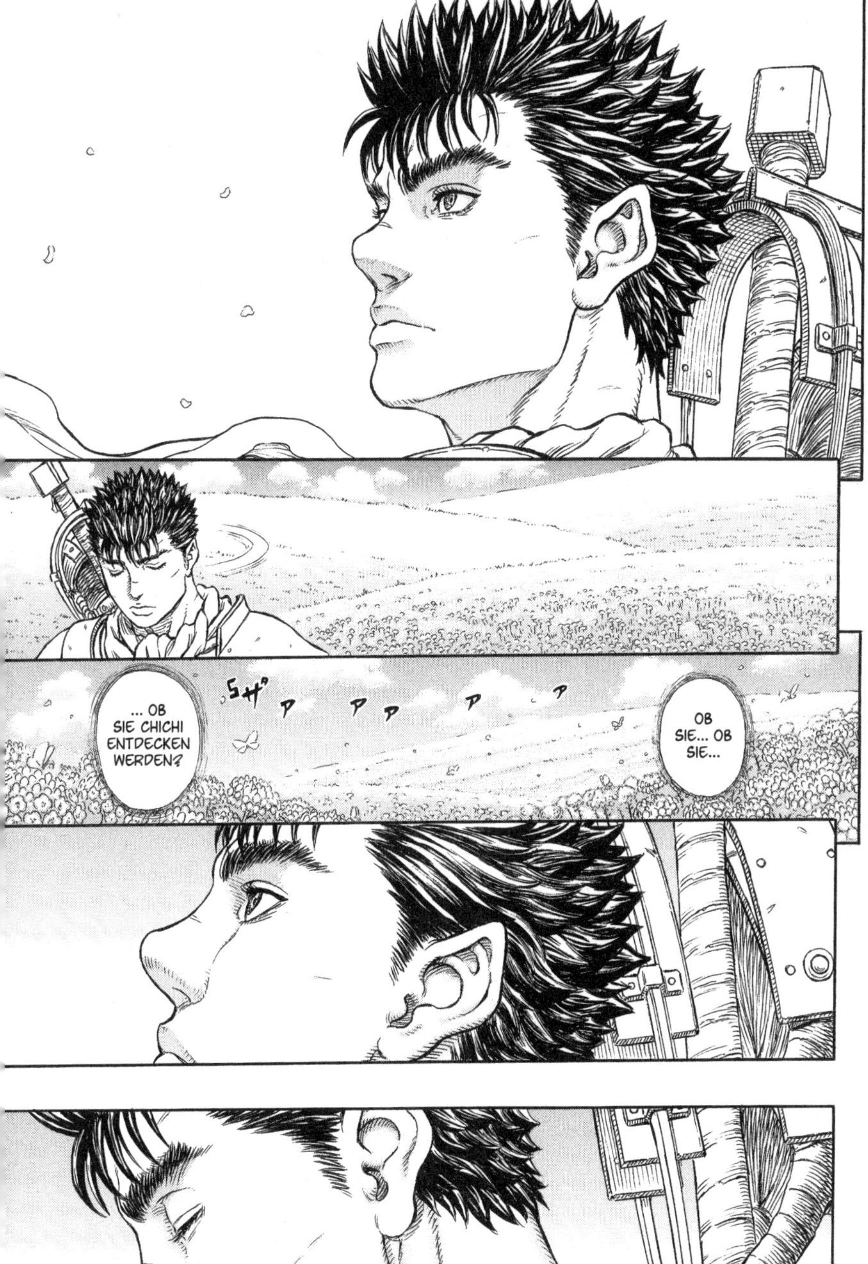

OB SIE... OB SIE...
... OB SIE CHICHI ENTDECKEN WERDEN?

ICH BIN MIR NICHT SICHER, OB DAS EIN TRAUM ODER WIRKLICHKEIT WAR.

ES IST LANGE HER, ICH WAR DAMALS NOCH JUNG...

VERSCHÜTTETE ERINNERUNGEN AN EINEN FERNEN FRÜHLINGSTAG...

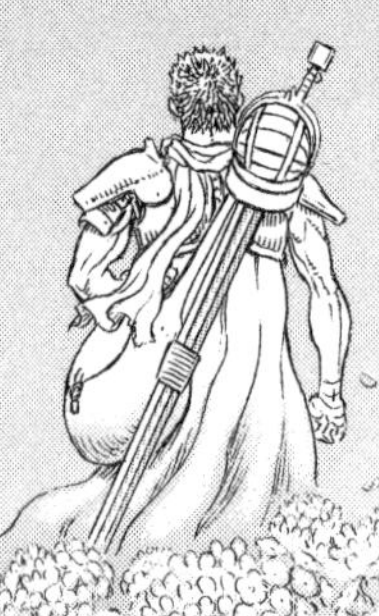

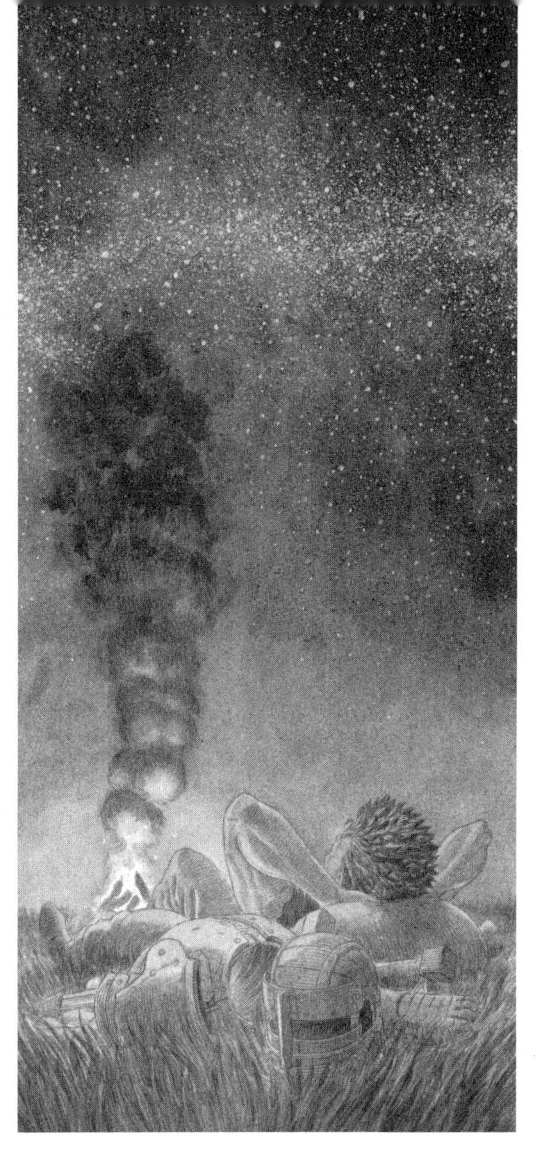

FRÜHLINGSBLUMEN – ENDE

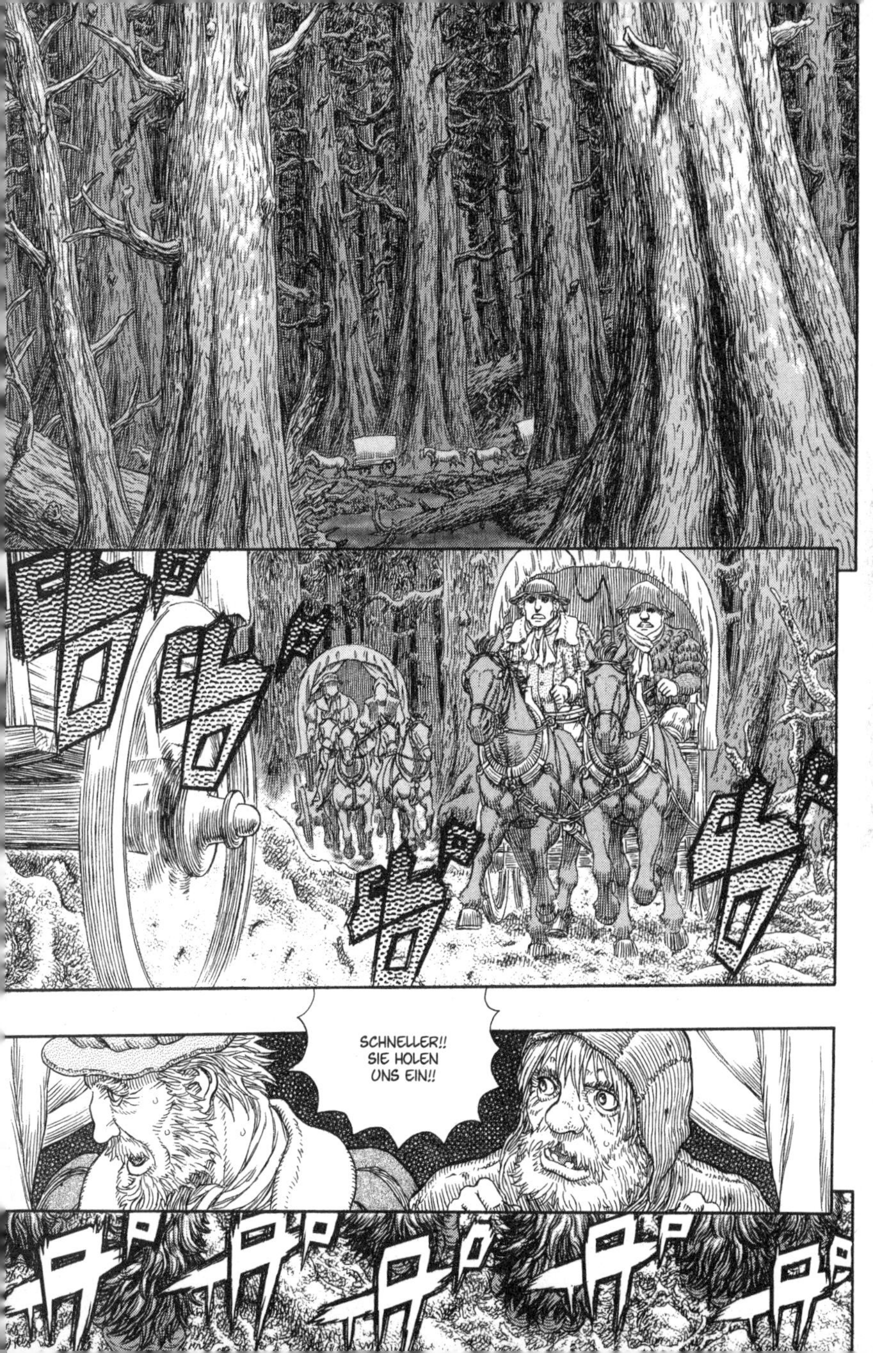
SCHNELLER!!
SIE HOLEN
UNS EIN!!

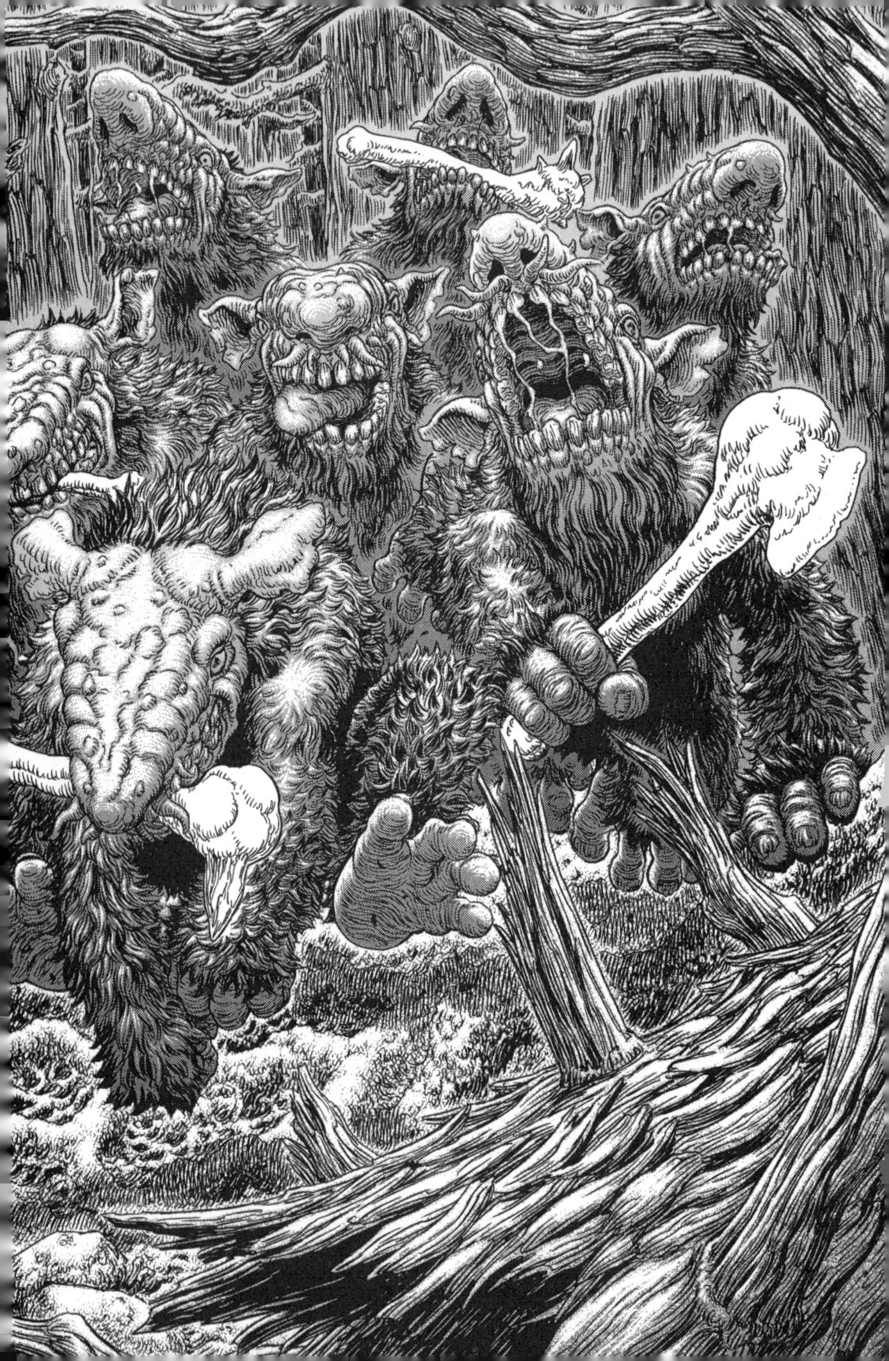

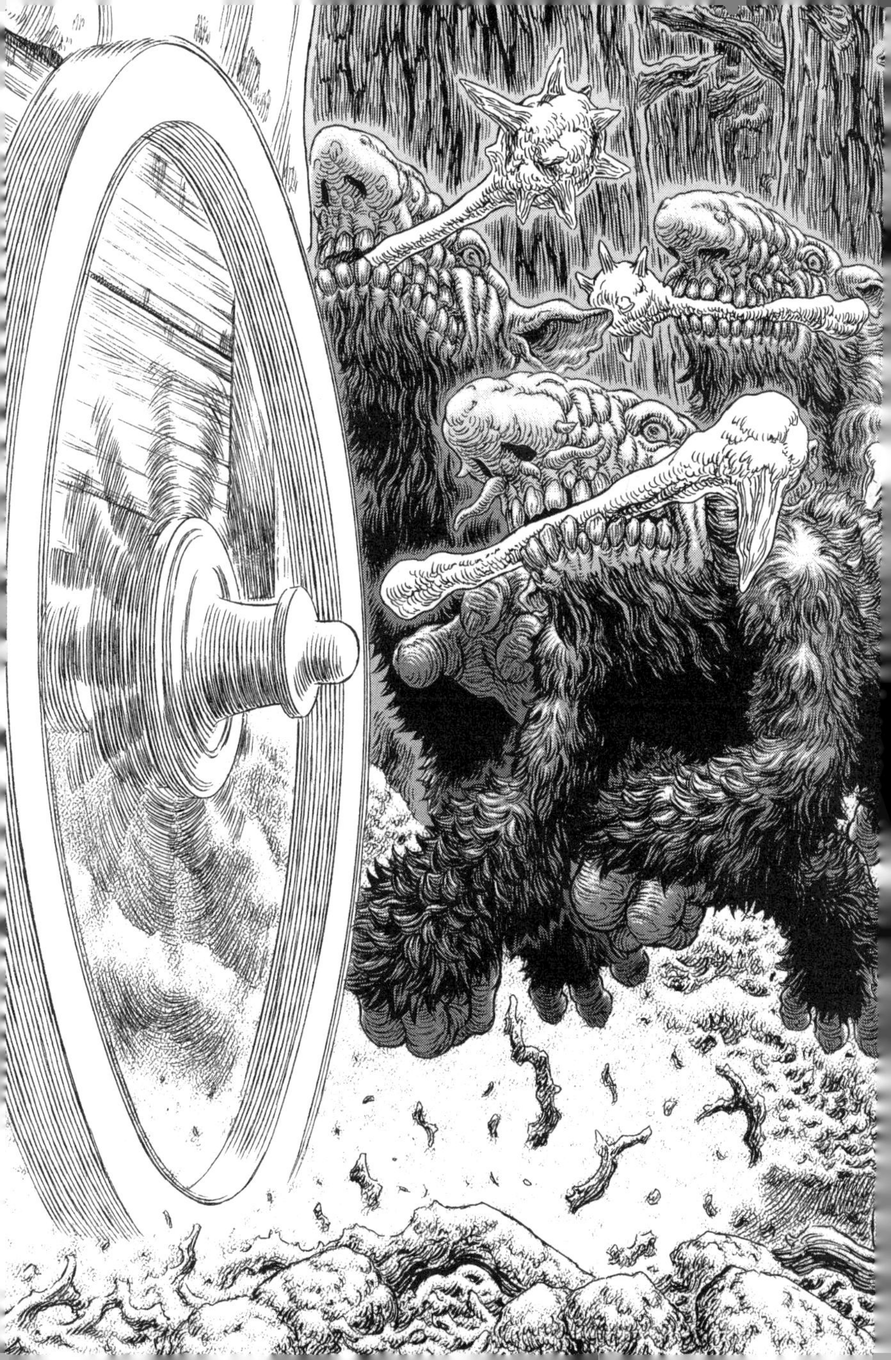

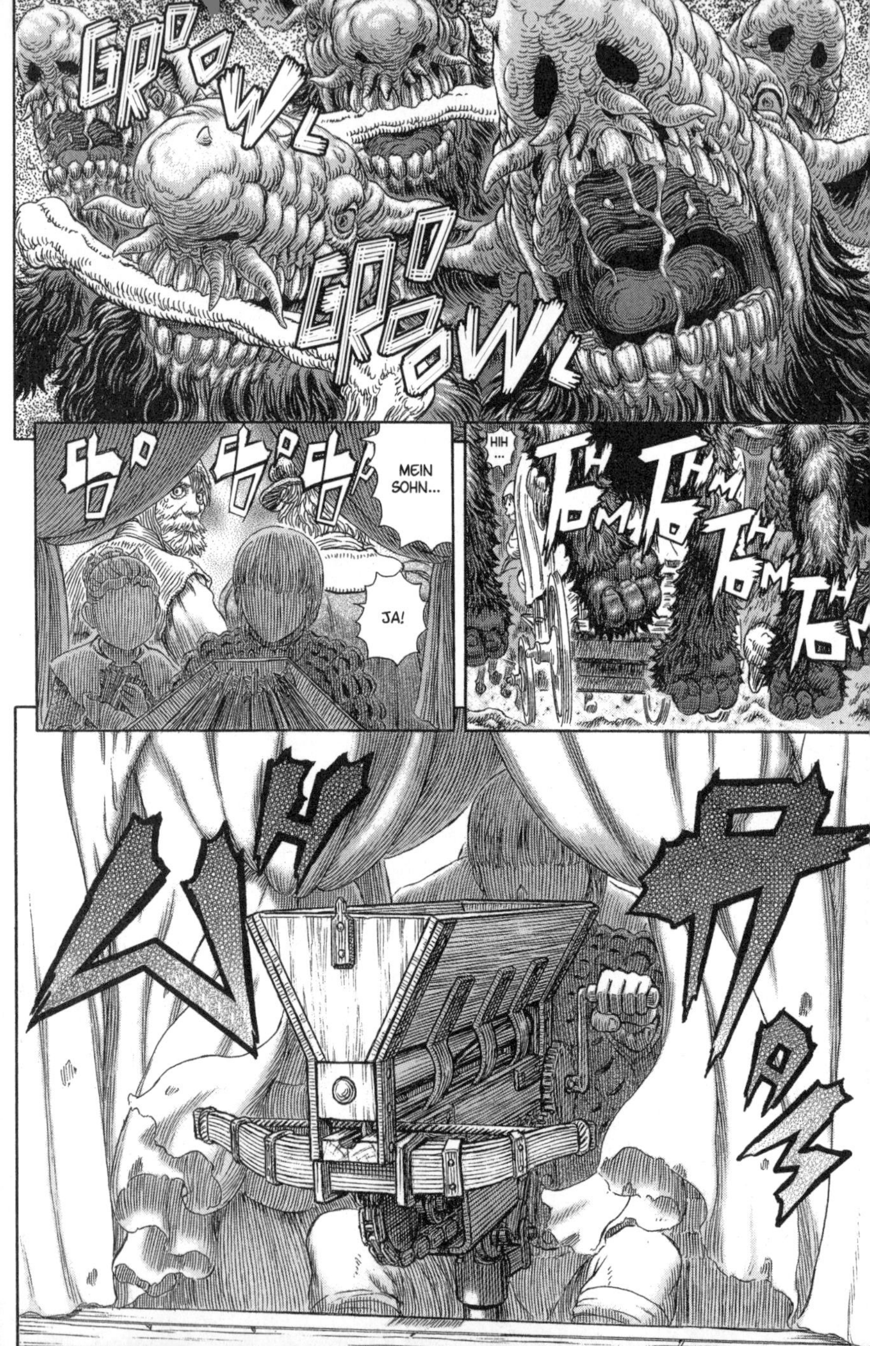

GROOWL
GROOWL
MEIN SOHN...
JA!
HIH ...

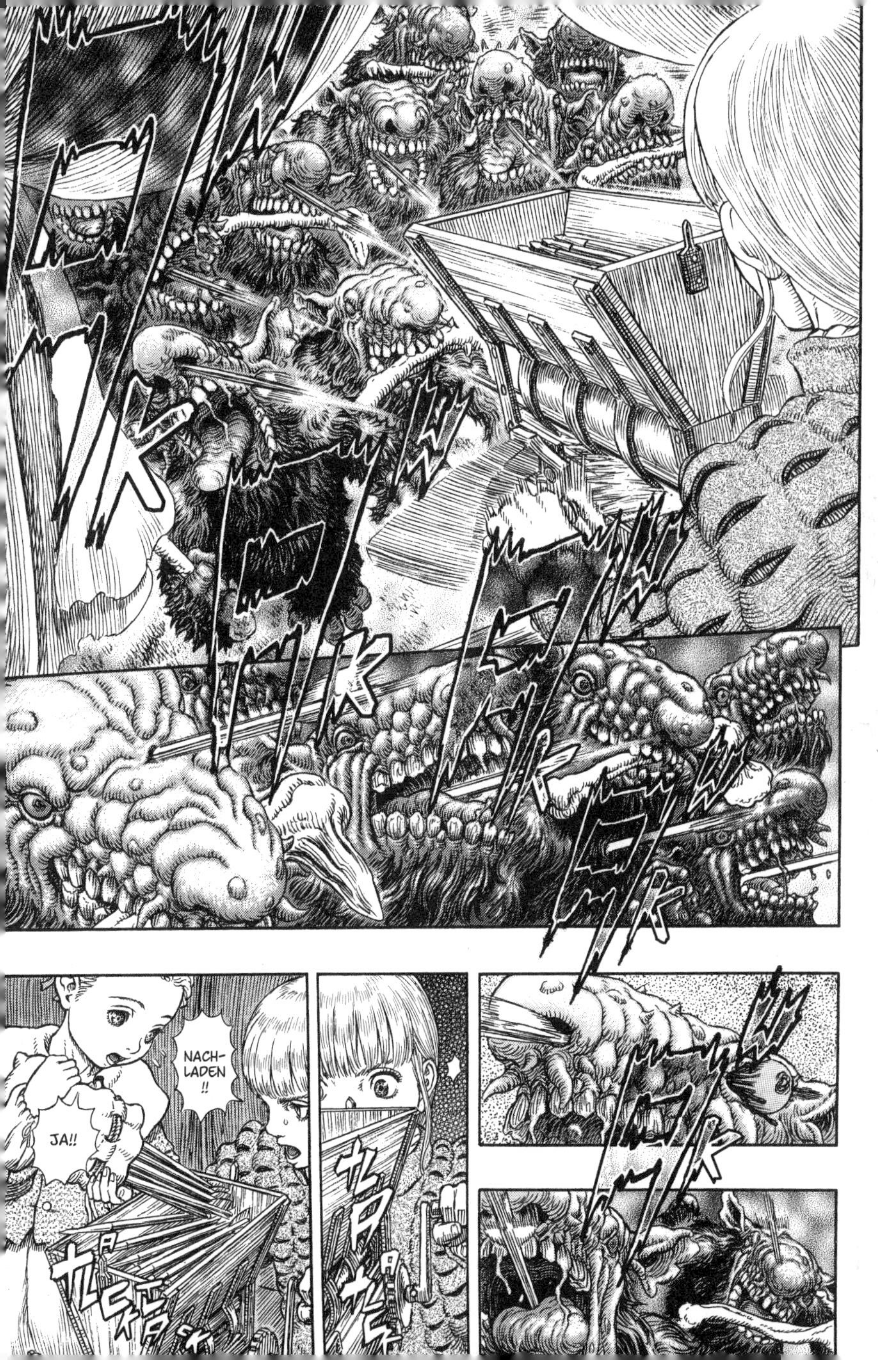

NACH-
LADEN
!!
JA!!

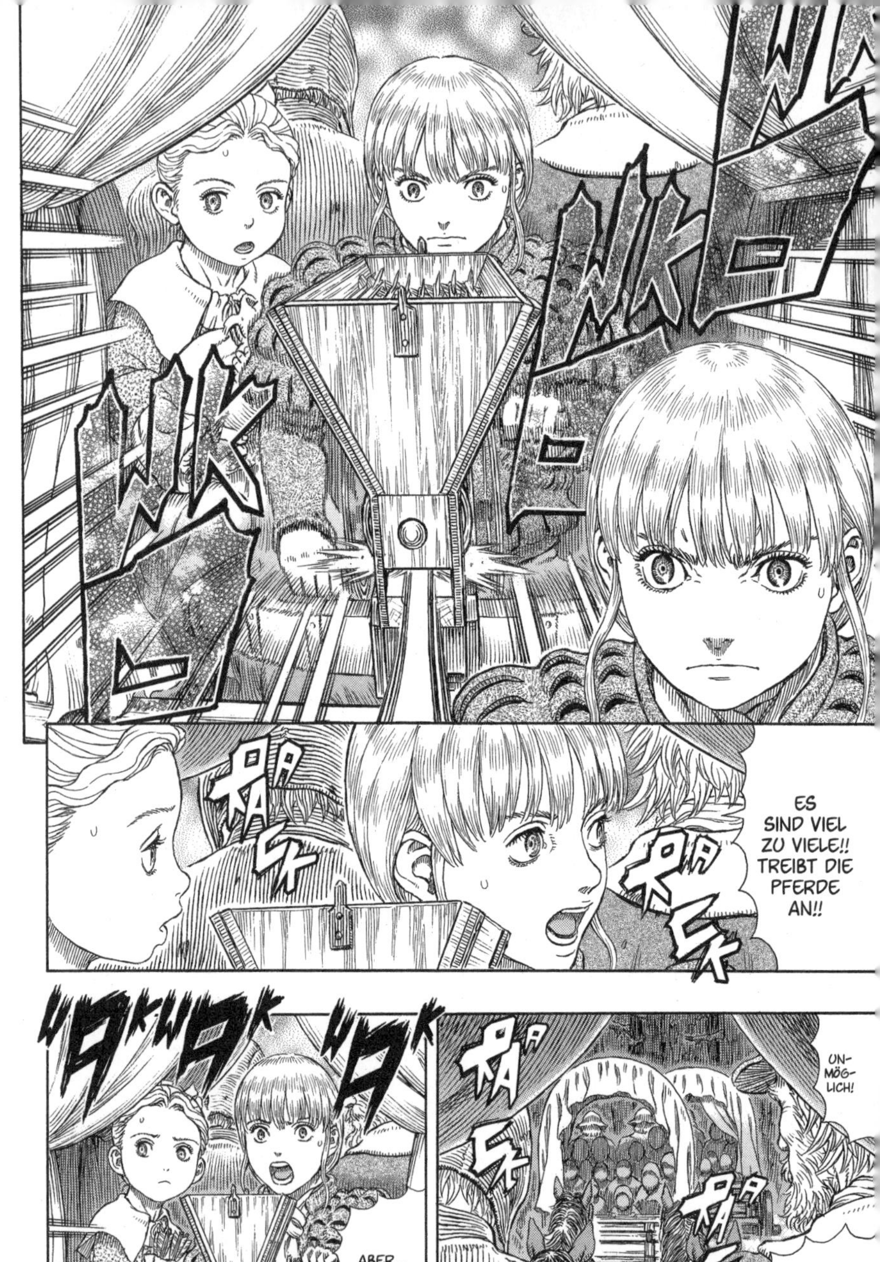
WUWUWUWUW
ES SIND VIEL ZU VIELE!! TREIBT DIE PFERDE AN!!
KRACK
KRACK
UN-MÖG-LICH!
DIE BEIDEN VORDEREN WAGEN SIND VOLLER MENSCHEN!
KRACK
KRACK
ABER... DIE SEHNE REISST GLEICH...

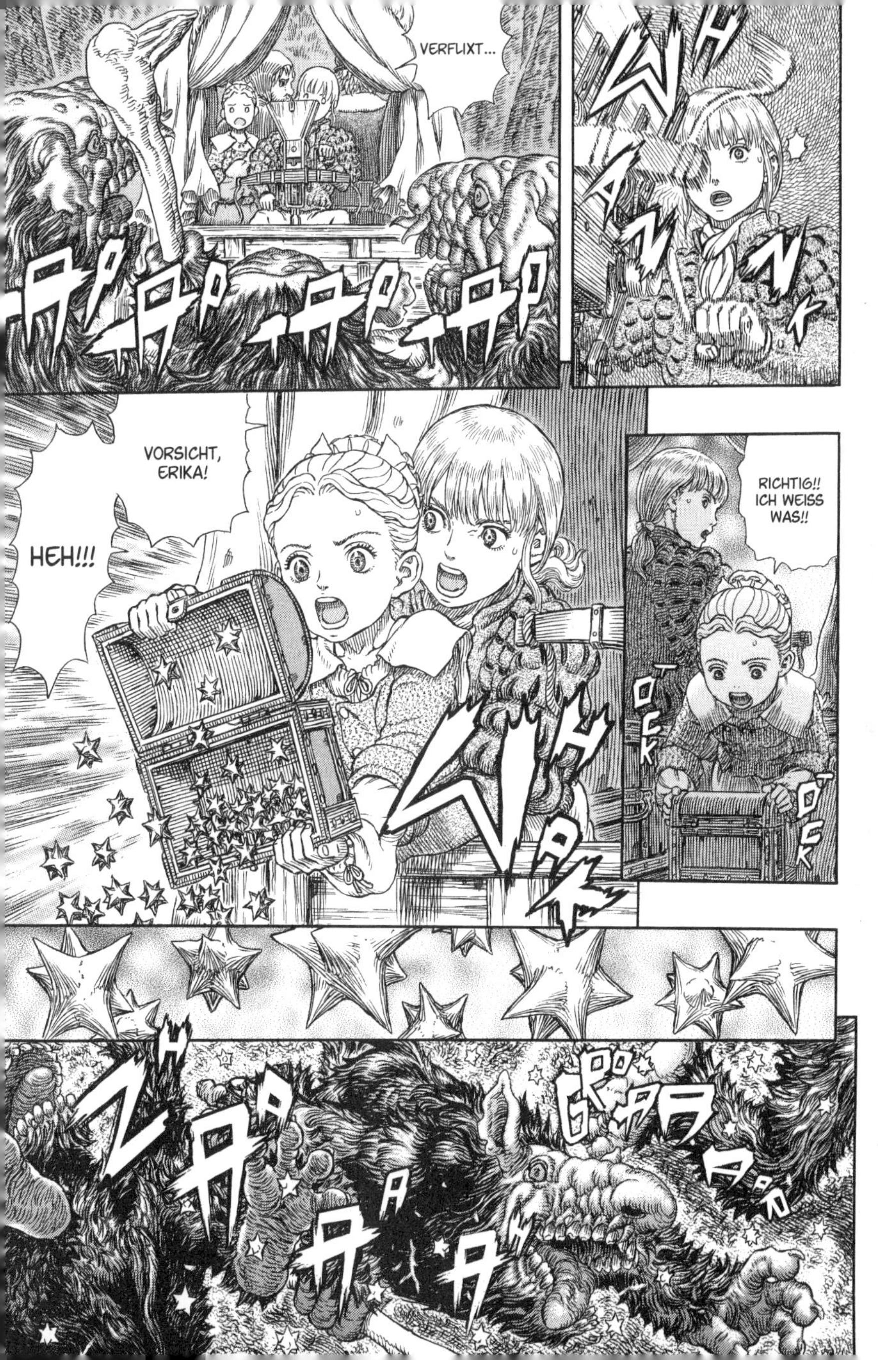
VERFLIXT...
RICHTIG!! ICH WEISS WAS!!
TOCK
TOCK
VORSICHT, ERIKA!
HEH!!!

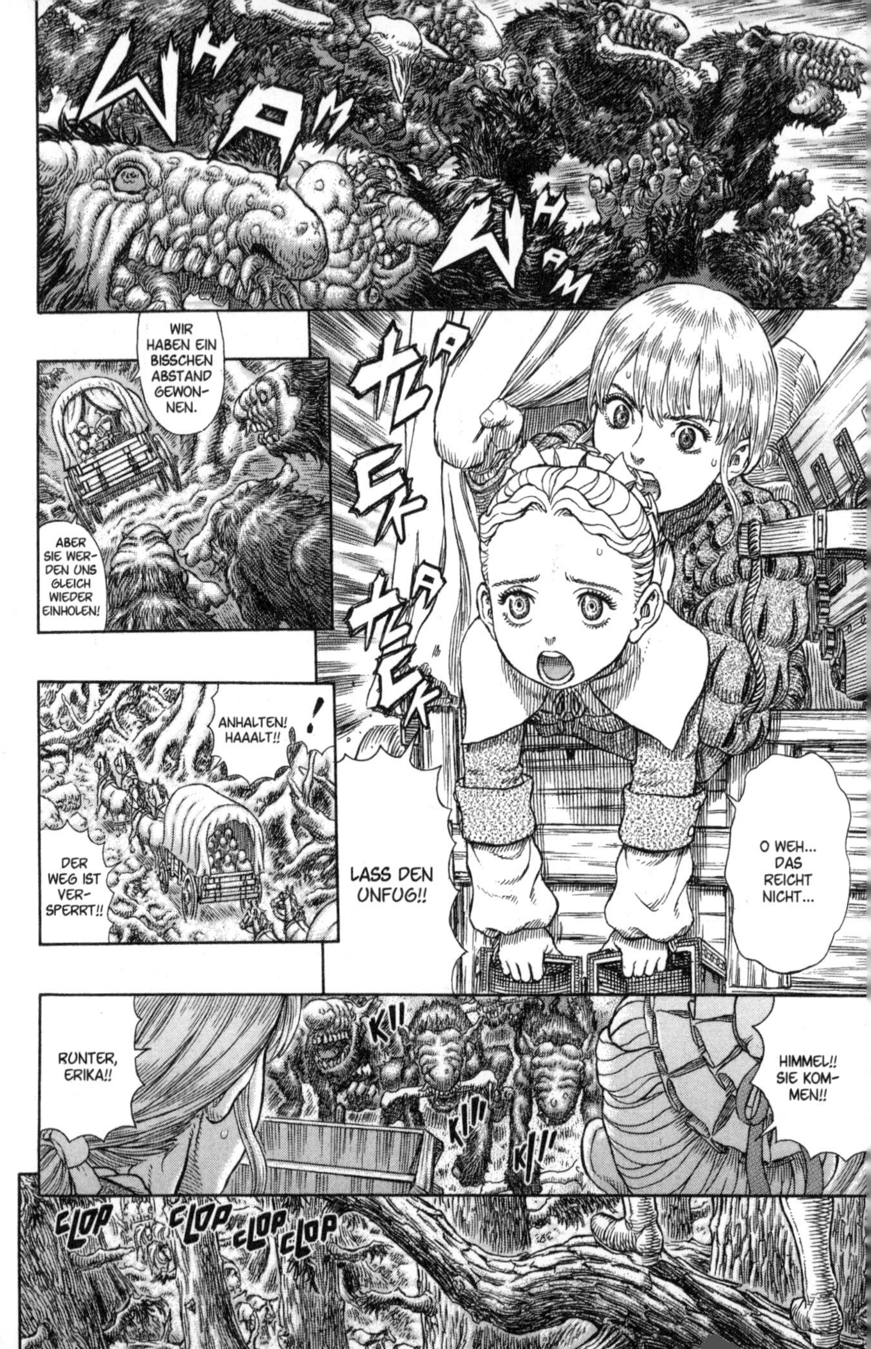
WHAM
WHAM
O WEH... DAS REICHT NICHT...
LASS DEN UNFUG!!
WIR HABEN EIN BISSCHEN ABSTAND GEWONNEN.
ABER SIE WERDEN UNS GLEICH WIEDER EINHOLEN!
ANHALTEN! HAAALT!!
!
DER WEG IST VERSPERRT!!
HIMMEL!! SIE KOMMEN!!
KI!!
KI!!
KI!!
RUNTER, ERIKA!!
CLOP CLOP CLOP CLOP

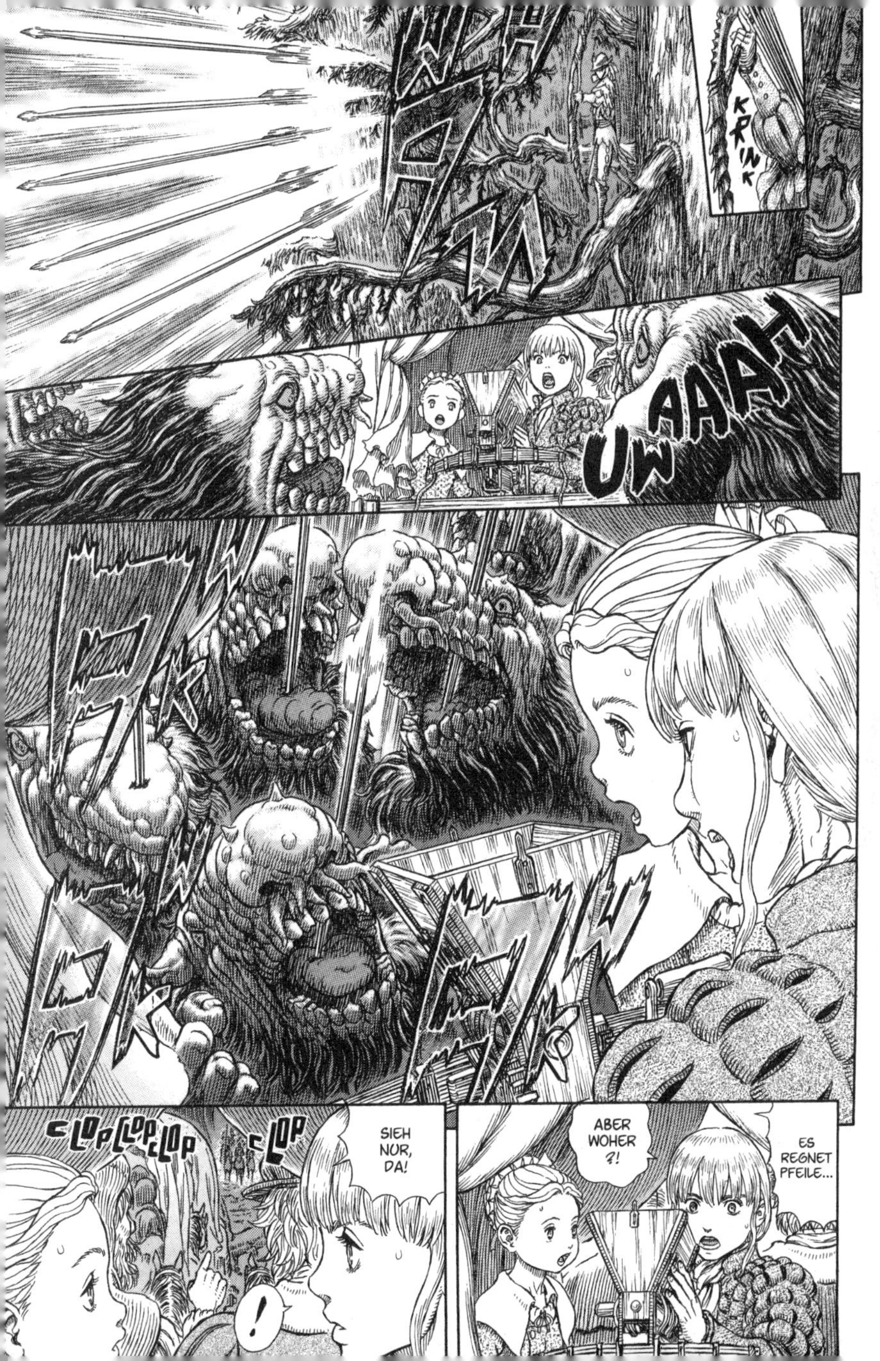
KRINK
UWAAAH
ES REGNET PFEILE...
ABER WOHER ?!
SIEH NUR, DA!
!
CLOP CLOP CLOP
CLOP

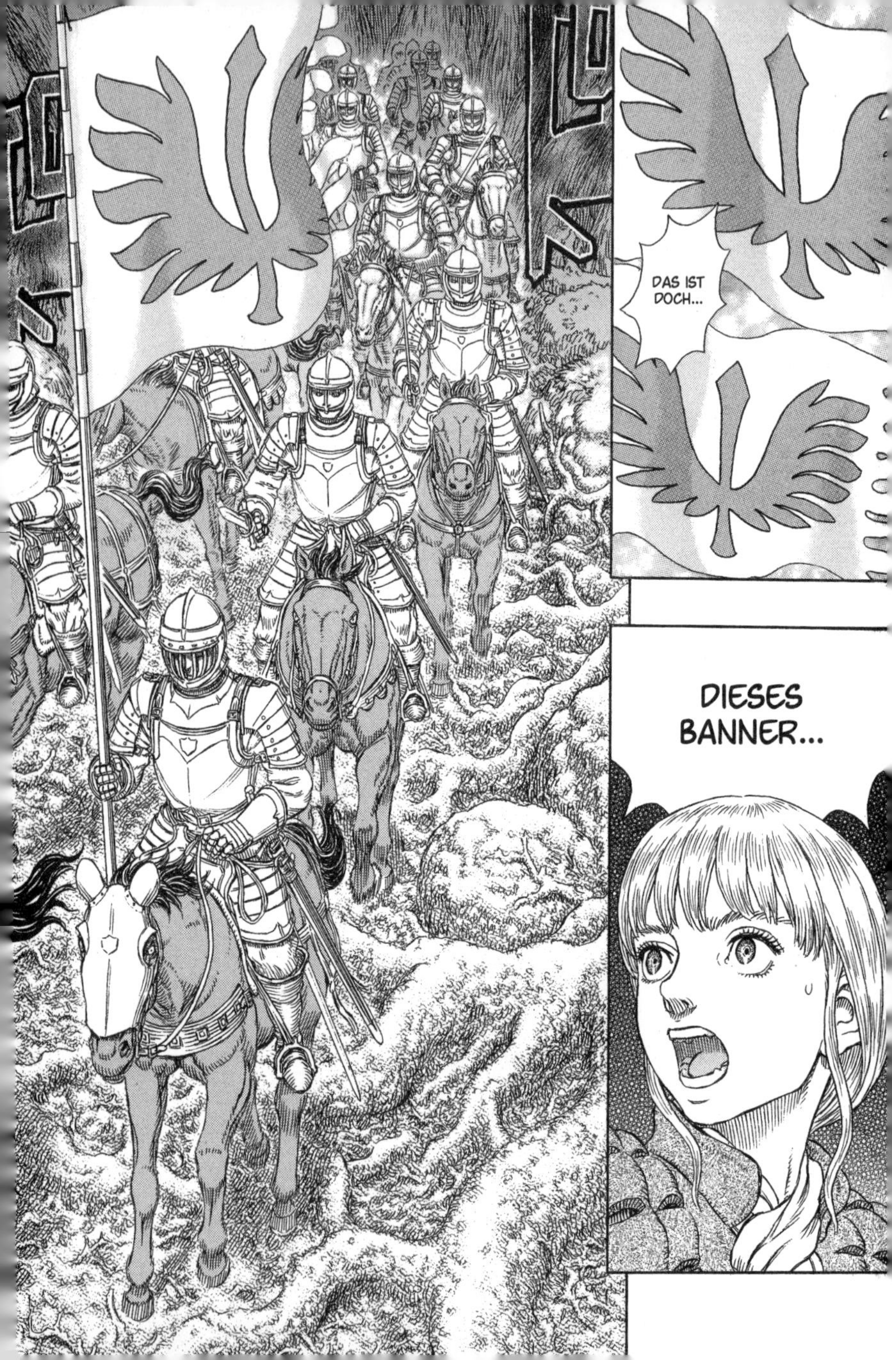
DAS IST DOCH...
DIESES BANNER...

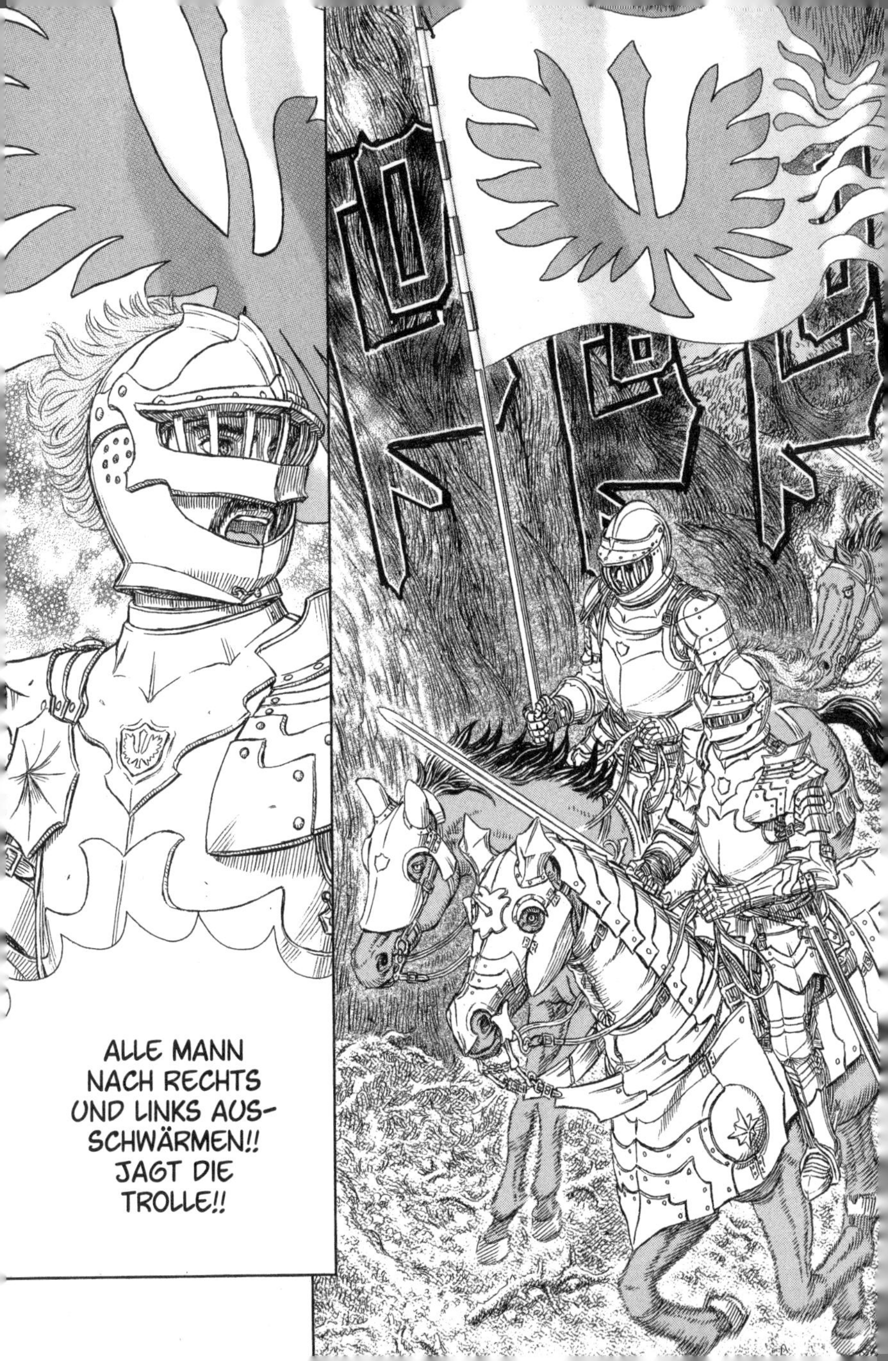
ALLE MANN NACH RECHTS UND LINKS AUS-SCHWÄRMEN!! JAGT DIE TROLLE!!

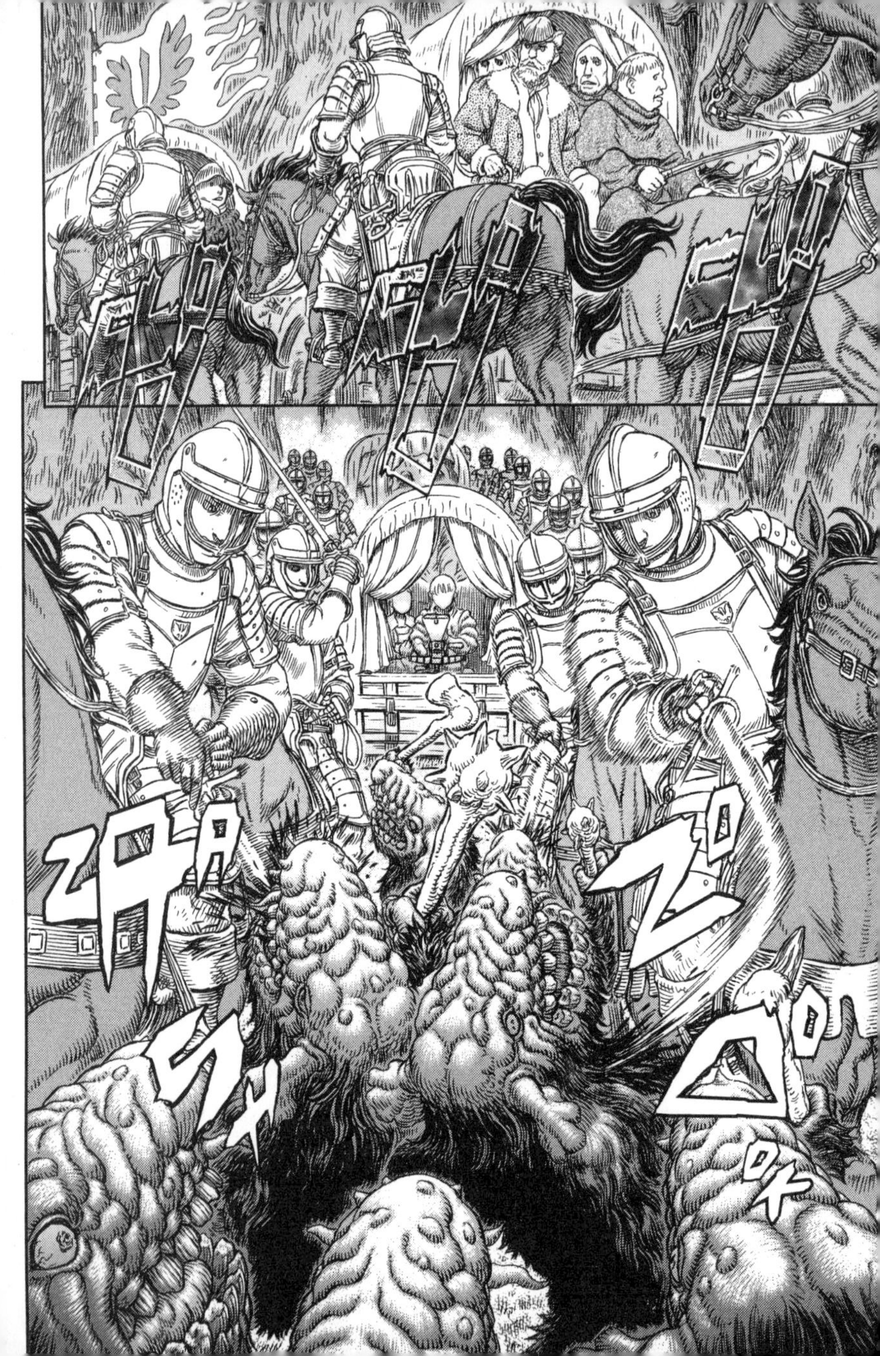

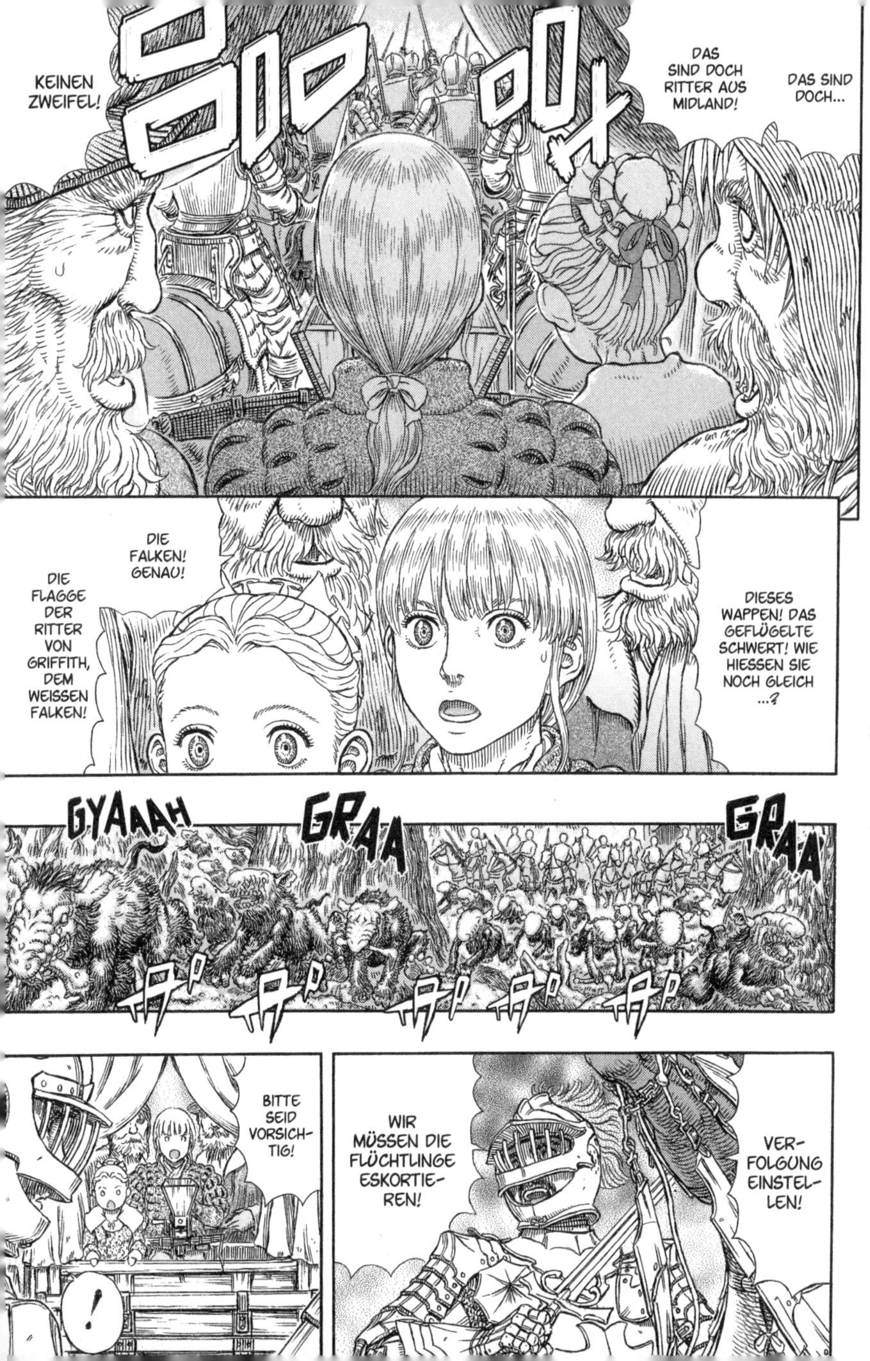

DAS SIND DOCH...

DAS SIND DOCH RITTER AUS MIDLAND!

KEINEN ZWEIFEL!

DIESES WAPPEN! DAS GEFLÜGELTE SCHWERT! WIE HIESSEN SIE NOCH GLEICH ...?

DIE FALKEN! GENAU!

DIE FLAGGE DER RITTER VON GRIFFITH, DEM WEISSEN FALKEN!

GRAA

GRAA

GYAAAH

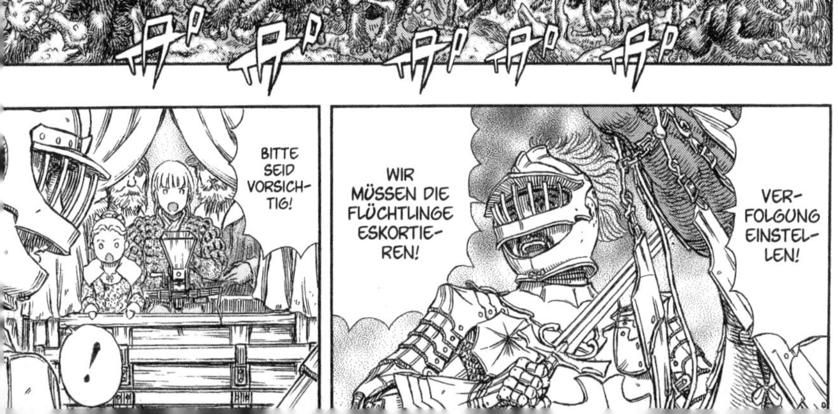

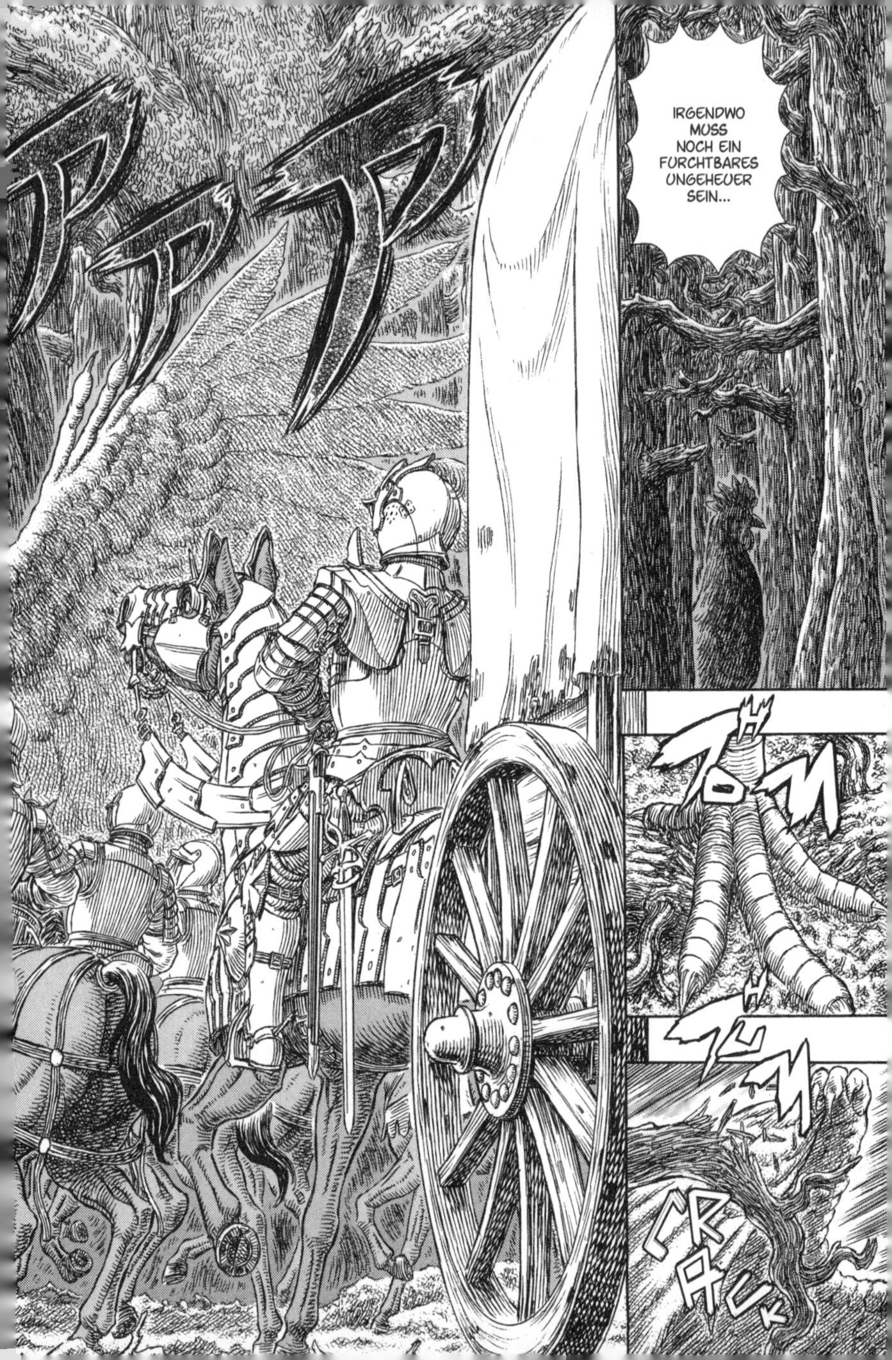
IRGENDWO MUSS NOCH EIN FURCHTBARES UNGEHEUER SEIN...
THOM
THUM
CRACK

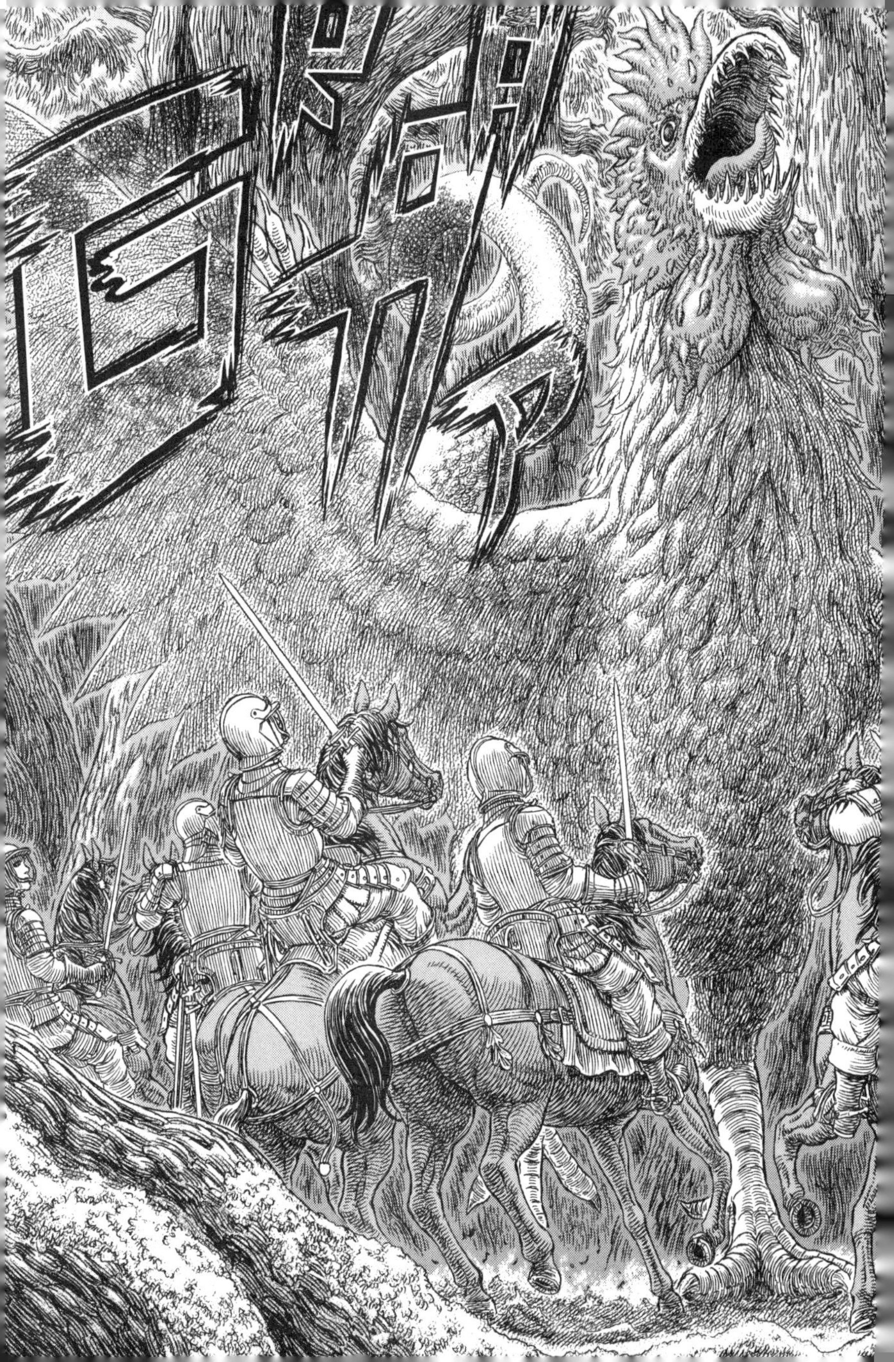

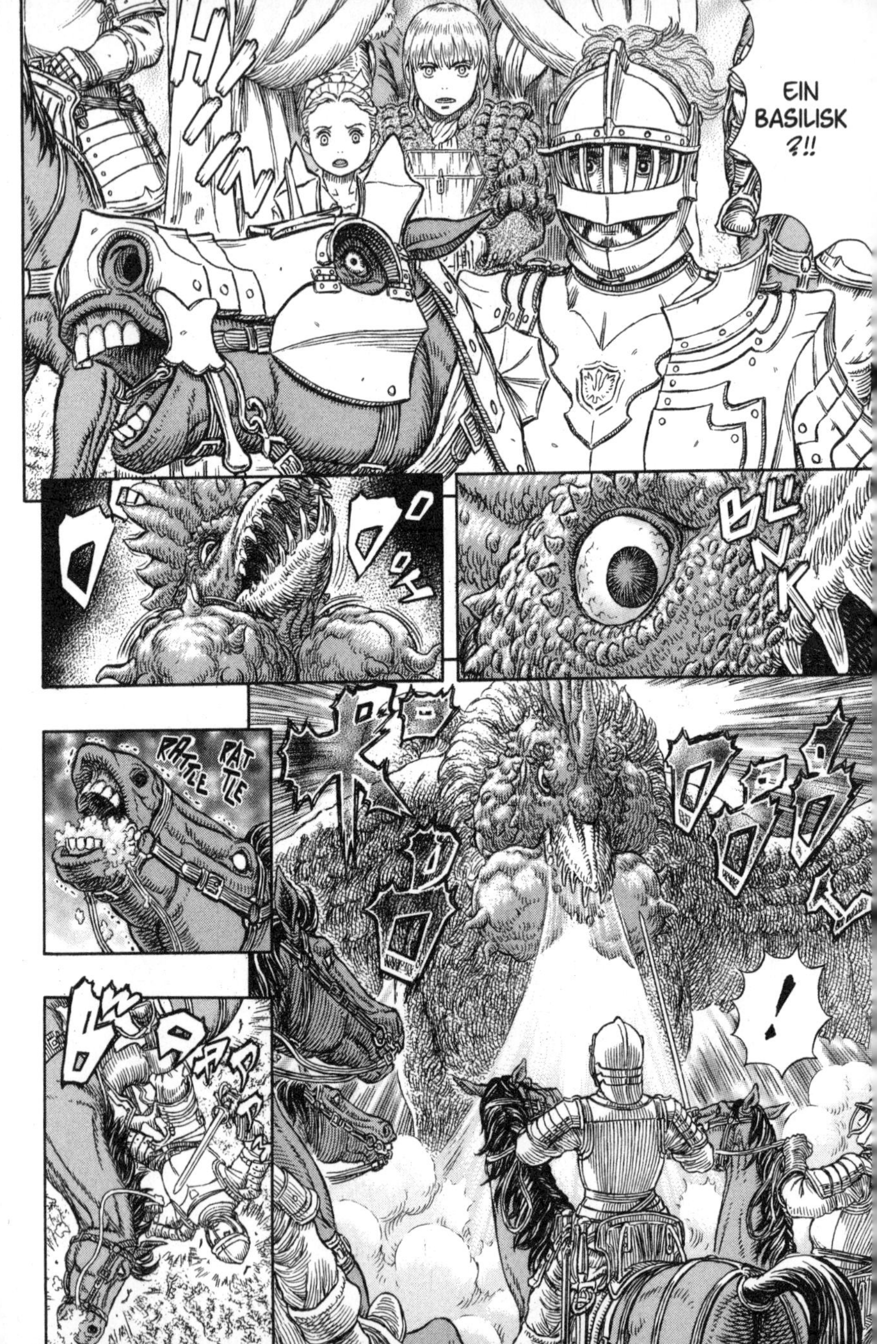
EIN
BASILISK
?!!
BLINK
RATTLE
RATTLE
!

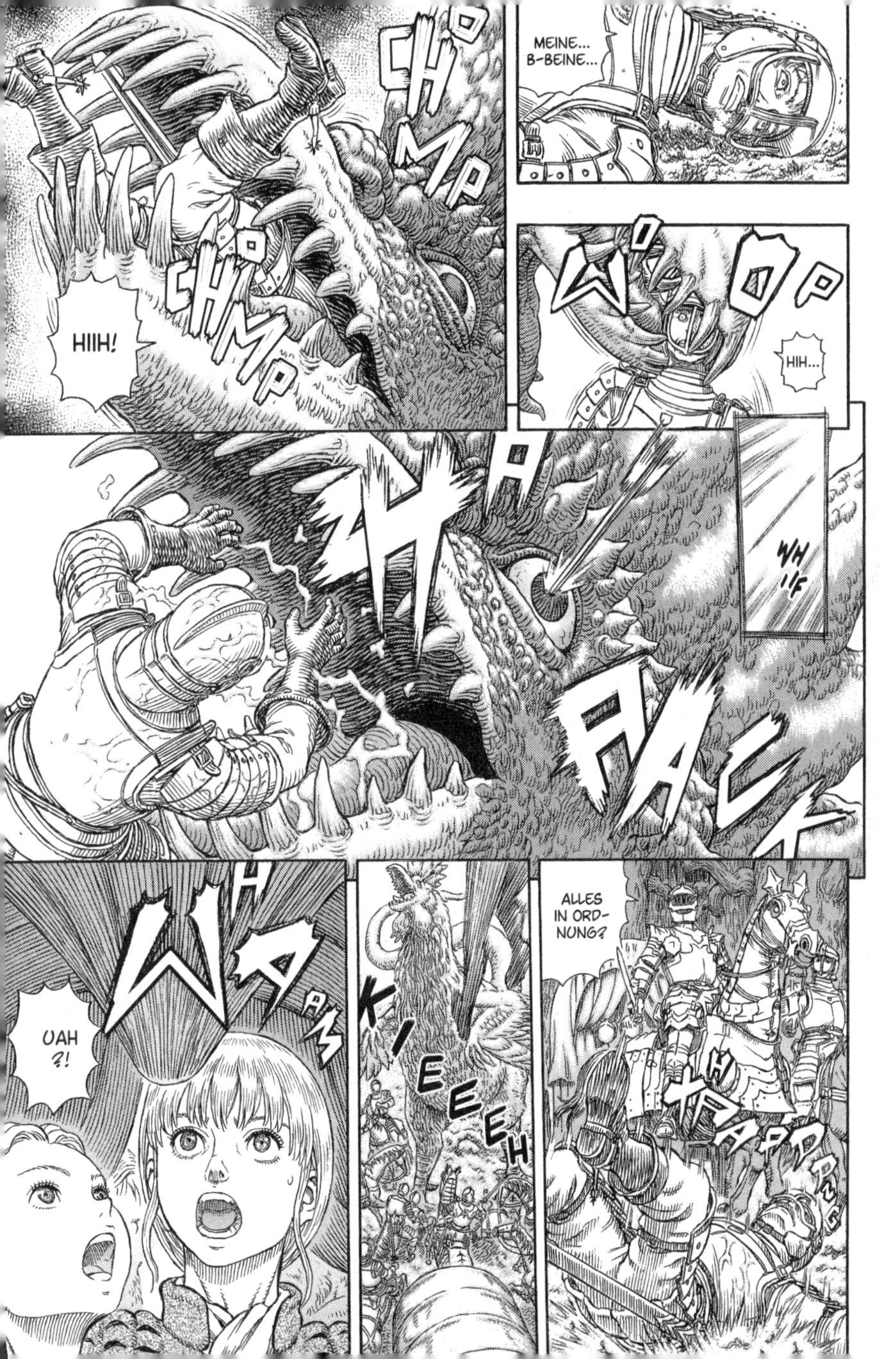

MEINE... B-BEINE...
CHOMP
CHOMP
HIIH!
WOOP
HIH...
ZHH
WHIF
FACK
WHAM
UAH ?!
KIEEEH
ALLES IN ORD-NUNG?
KRAPPPNG

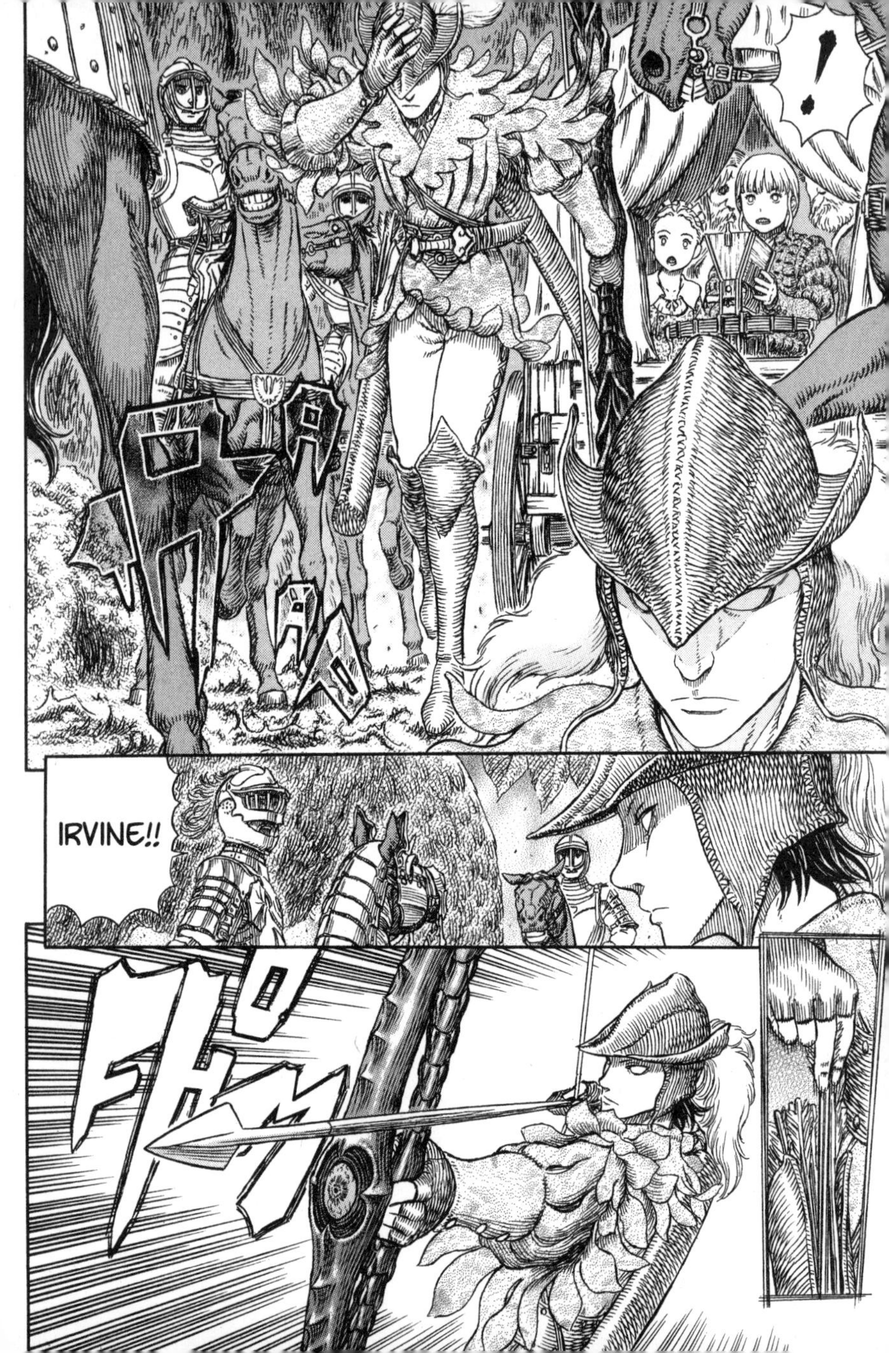

IRVINE!!

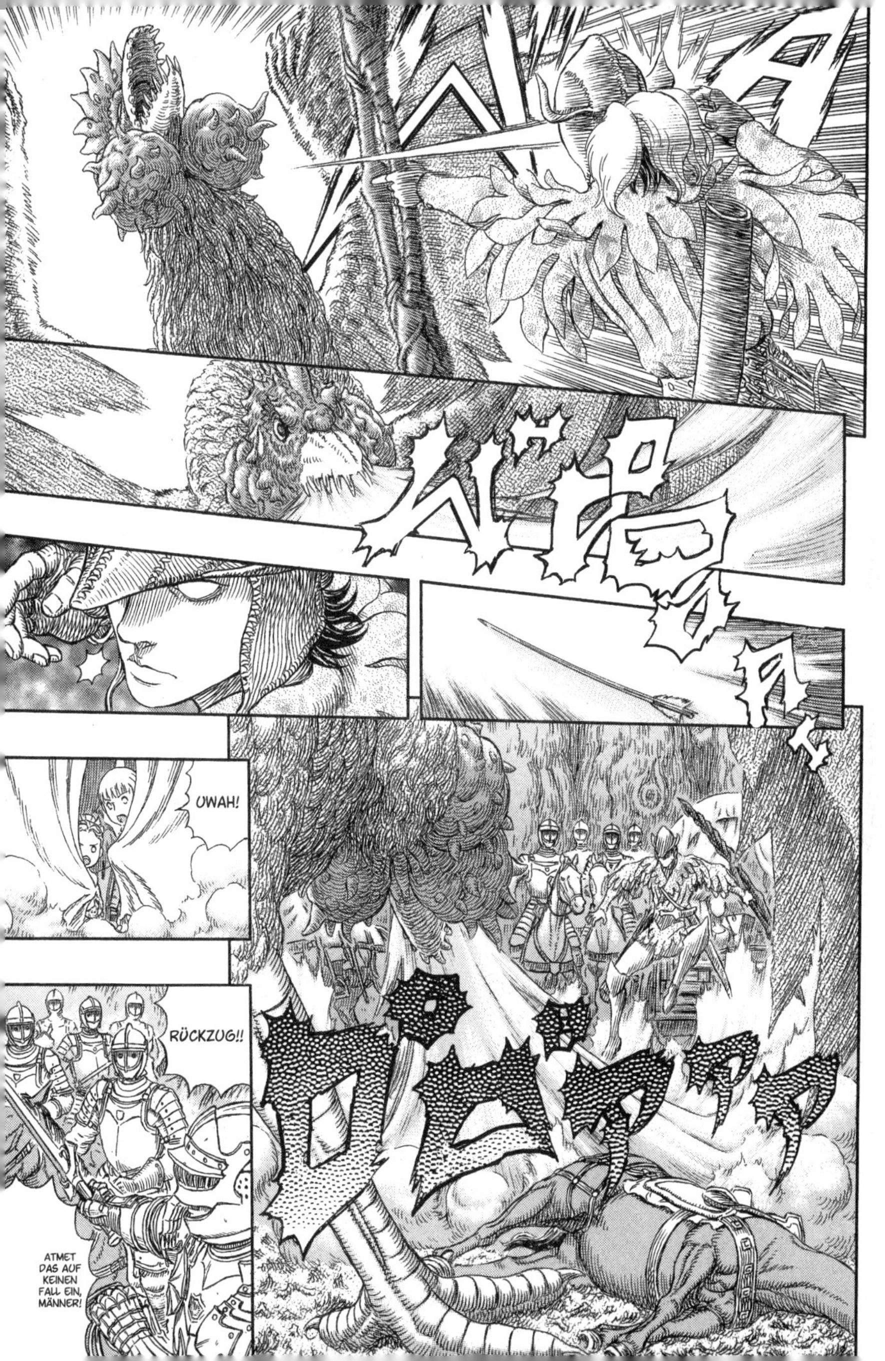
UWAH!
RÜCKZUG!!
ATMET DAS AUF KEINEN FALL EIN, MÄNNER!

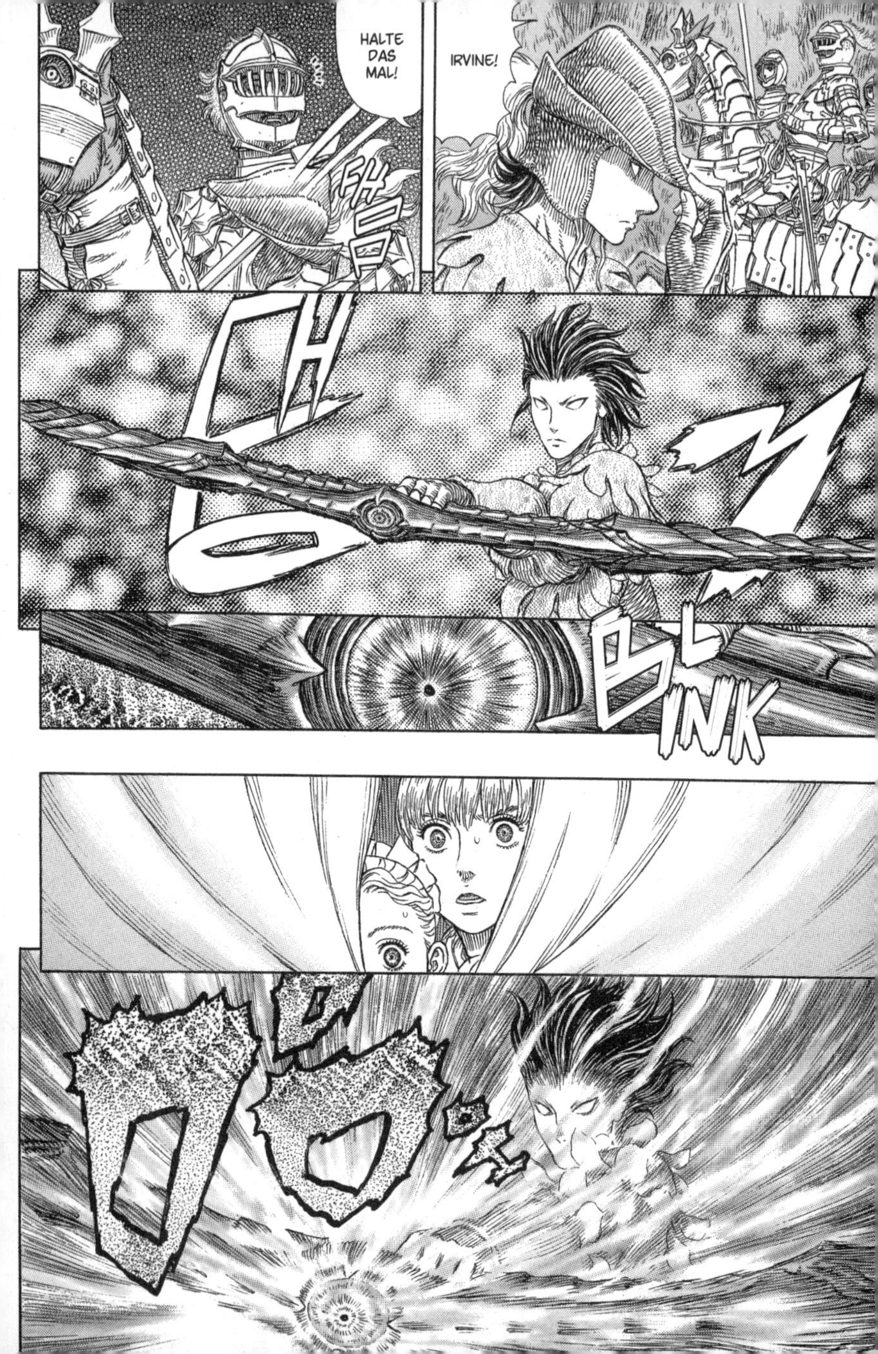
IRVINE!
HALTE DAS MAL!
BLINK

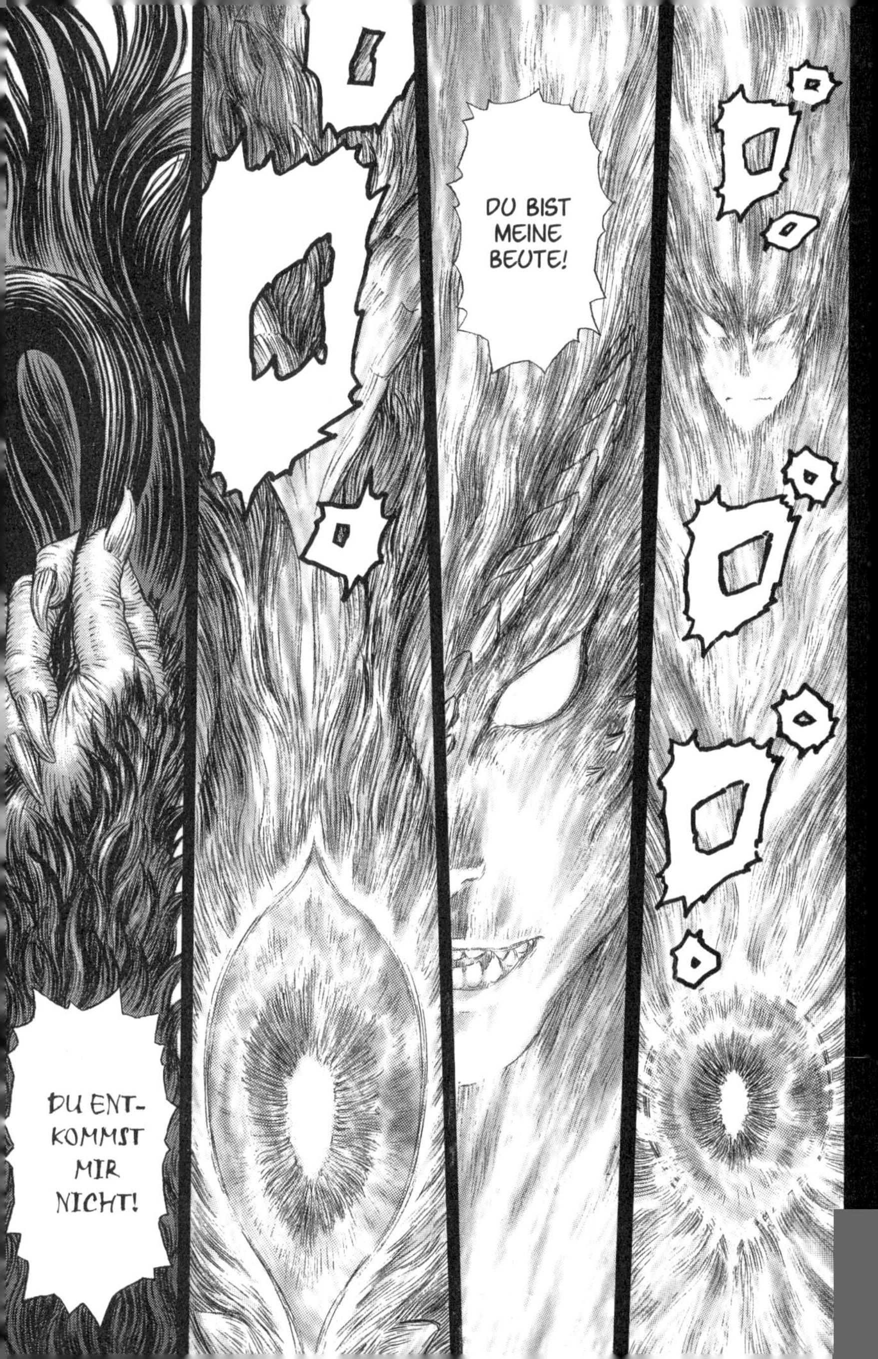
DU BIST MEINE BEUTE!
DU ENTKOMMST MIR NICHT!

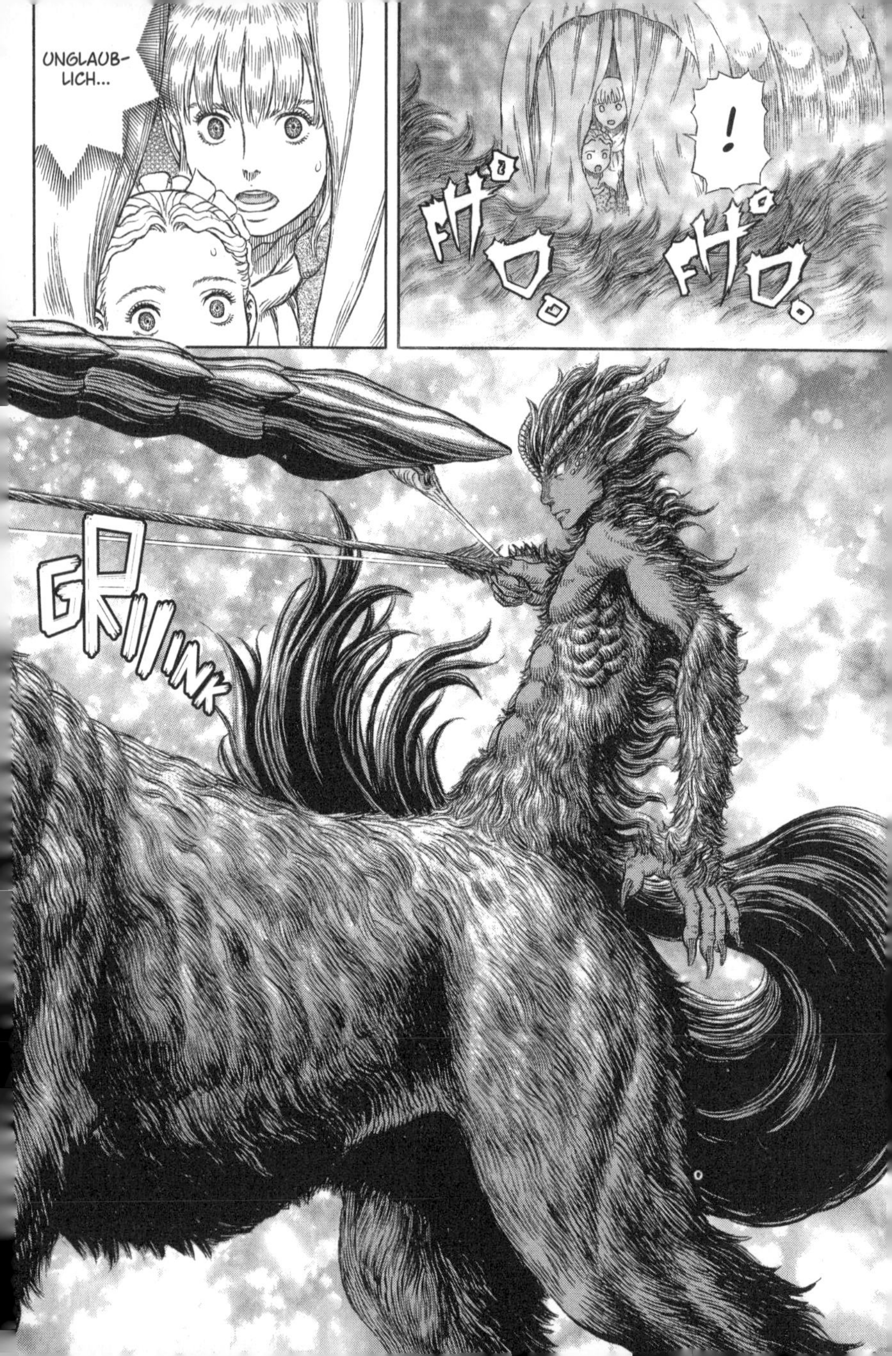
!
UNGLAUB-
LICH...
GRIIINK

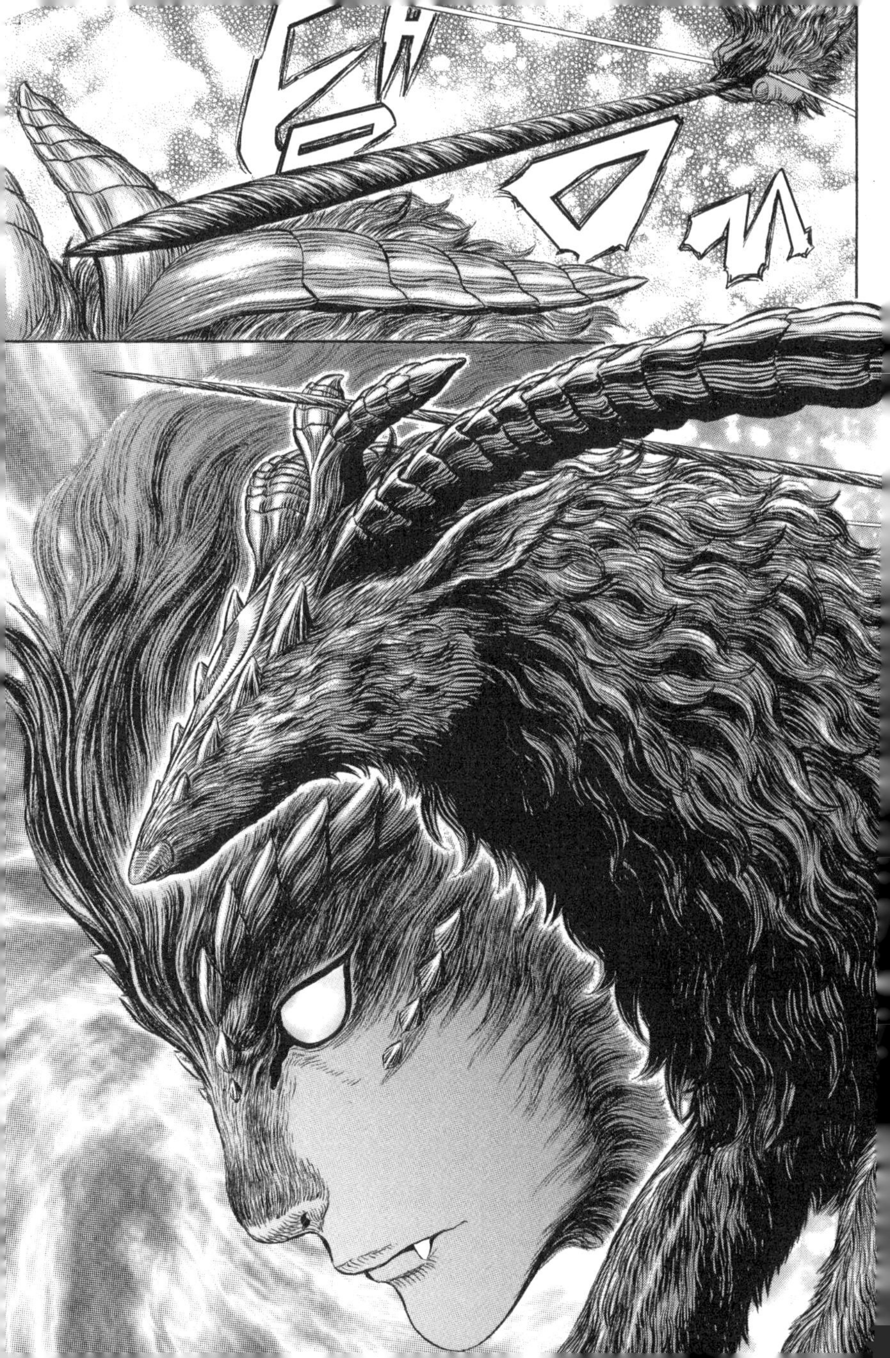

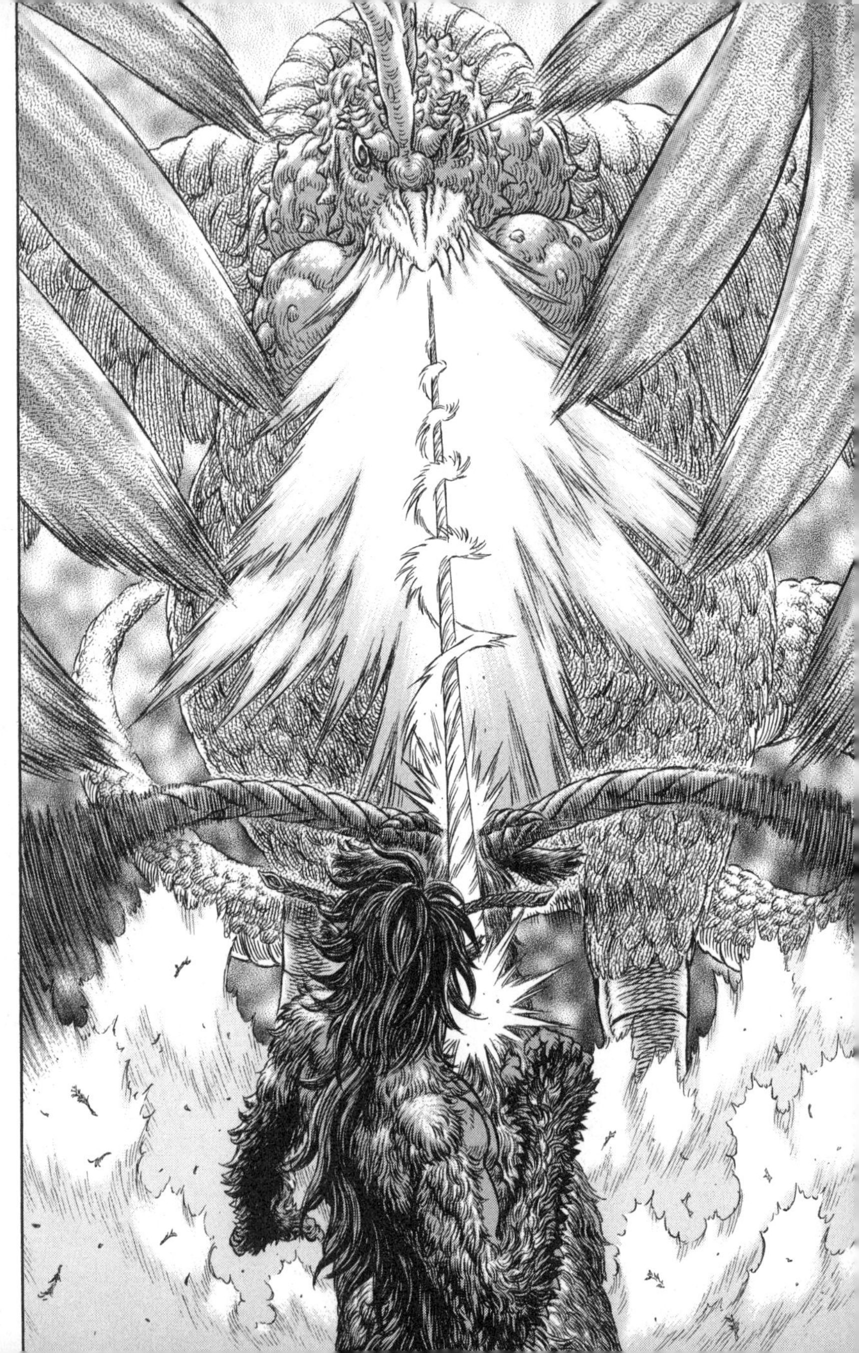

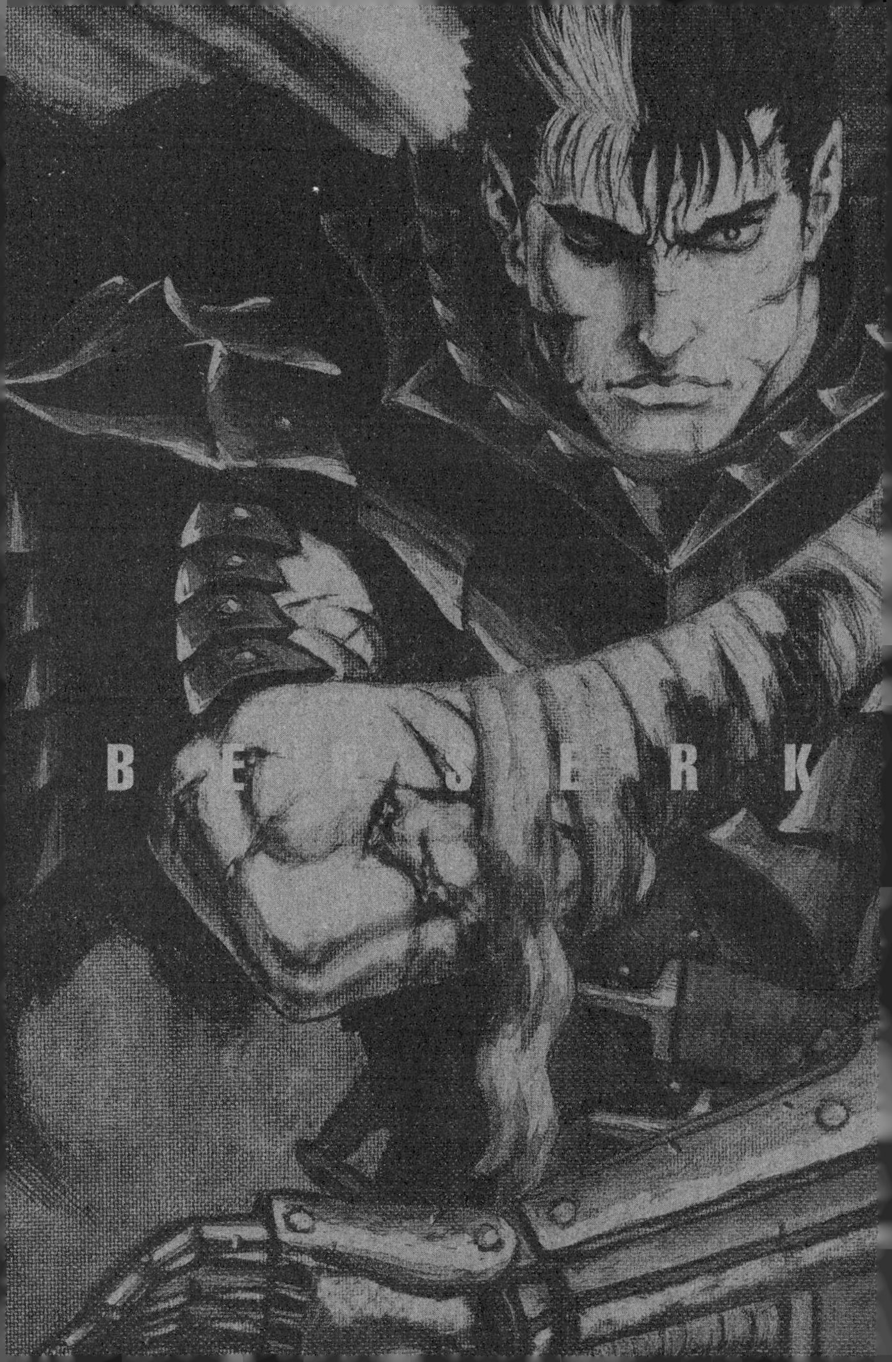

FANTASIA: DIE ELFENINSEL | DAS PARADIES

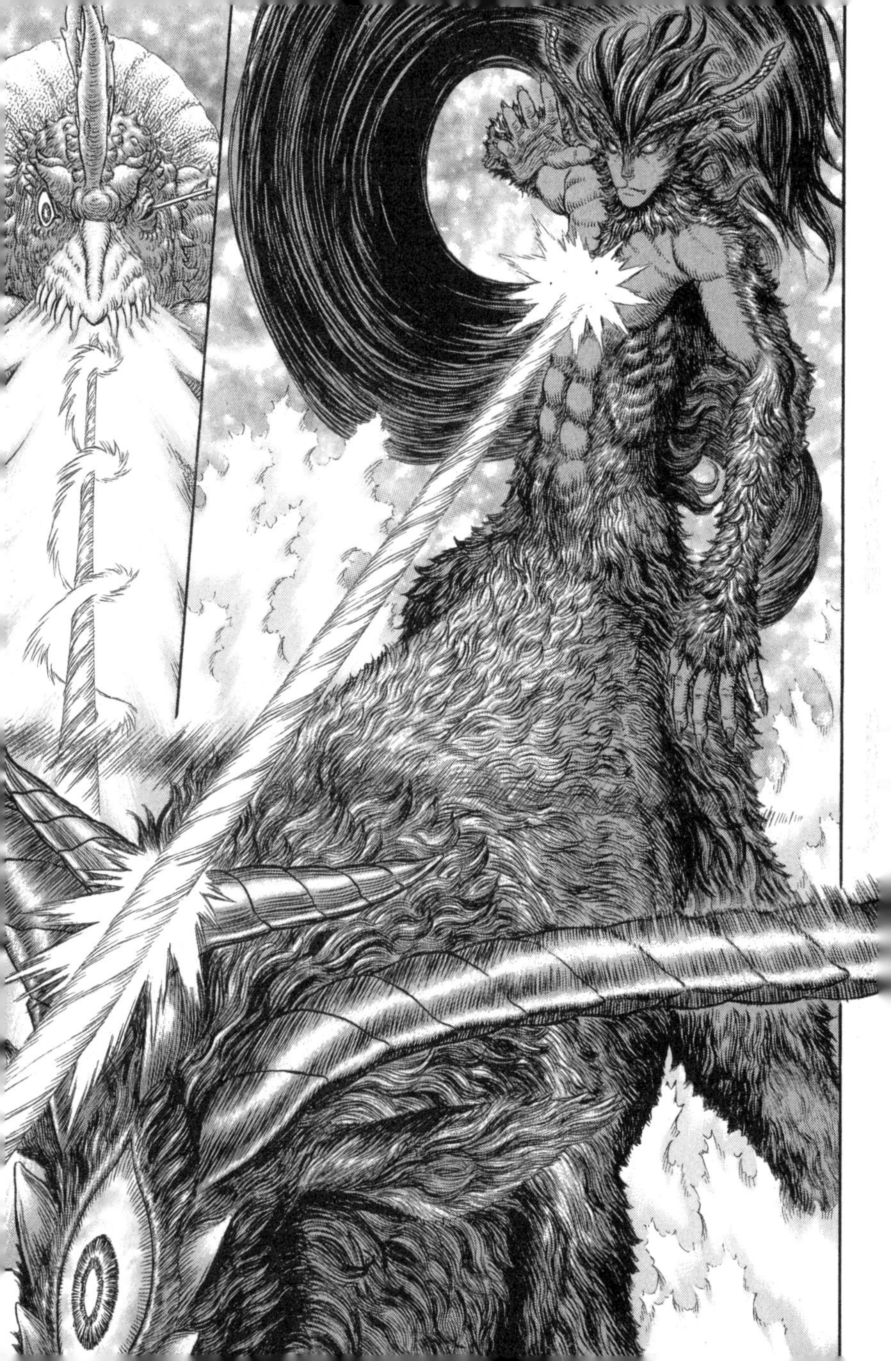

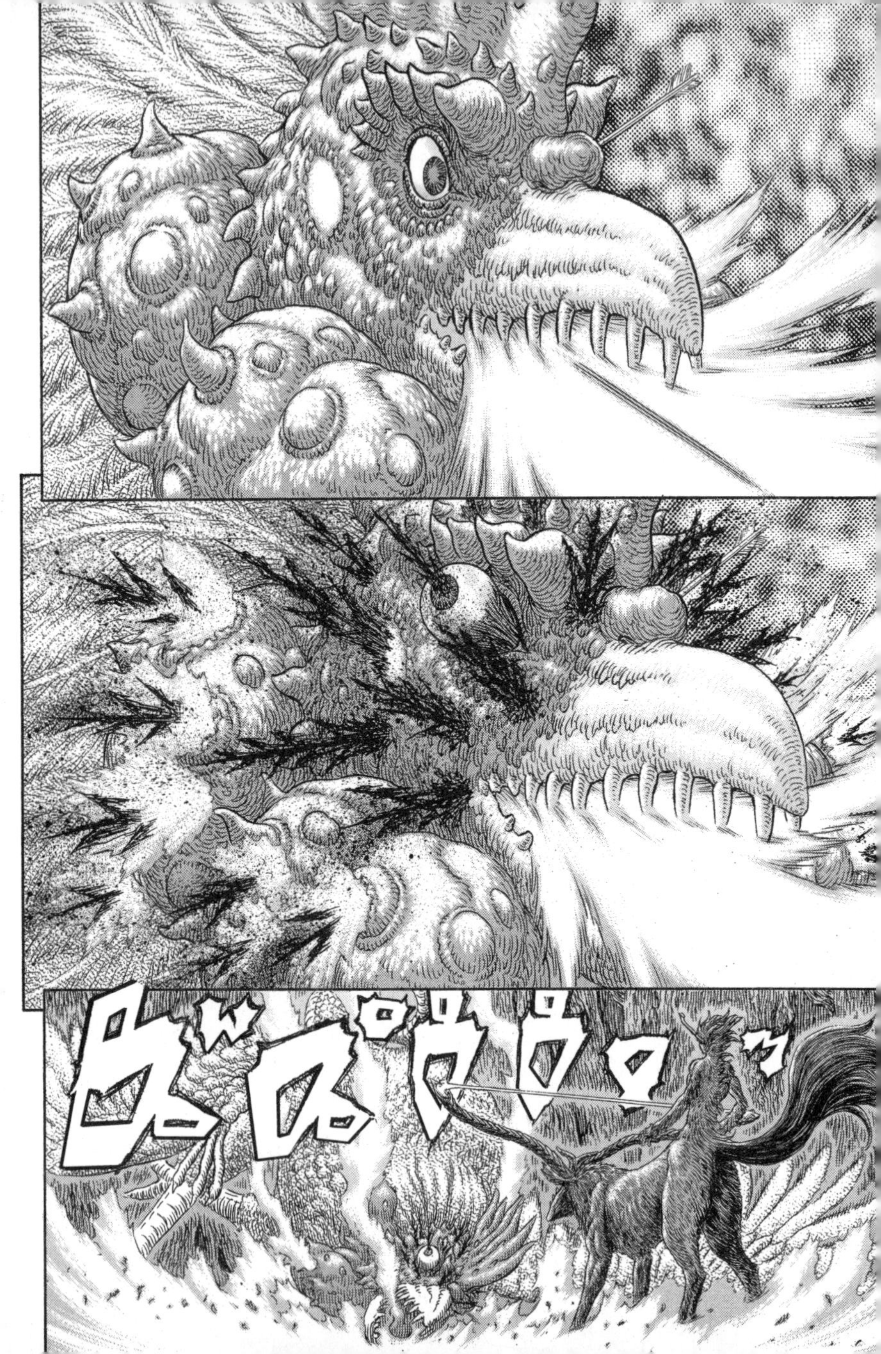

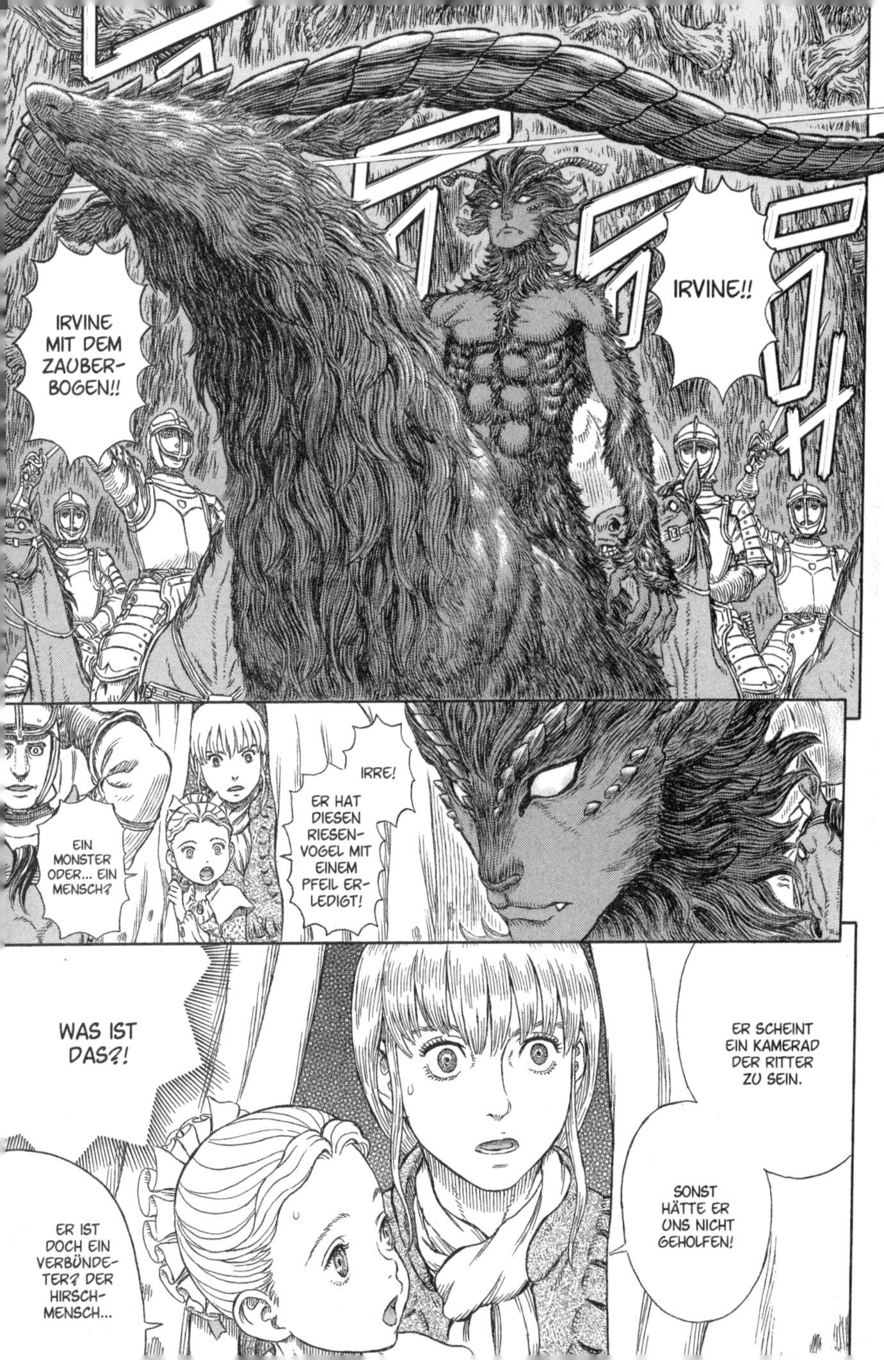
IRVINE!!
IRVINE MIT DEM ZAUBERBOGEN!!
IRRE!
ER HAT DIESEN RIESENVOGEL MIT EINEM PFEIL ERLEDIGT!
EIN MONSTER ODER... EIN MENSCH?
ER SCHEINT EIN KAMERAD DER RITTER ZU SEIN.
WAS IST DAS?!
SONST HÄTTE ER UNS NICHT GEHOLFEN!
ER IST DOCH EIN VERBÜNDETER? DER HIRSCHMENSCH...

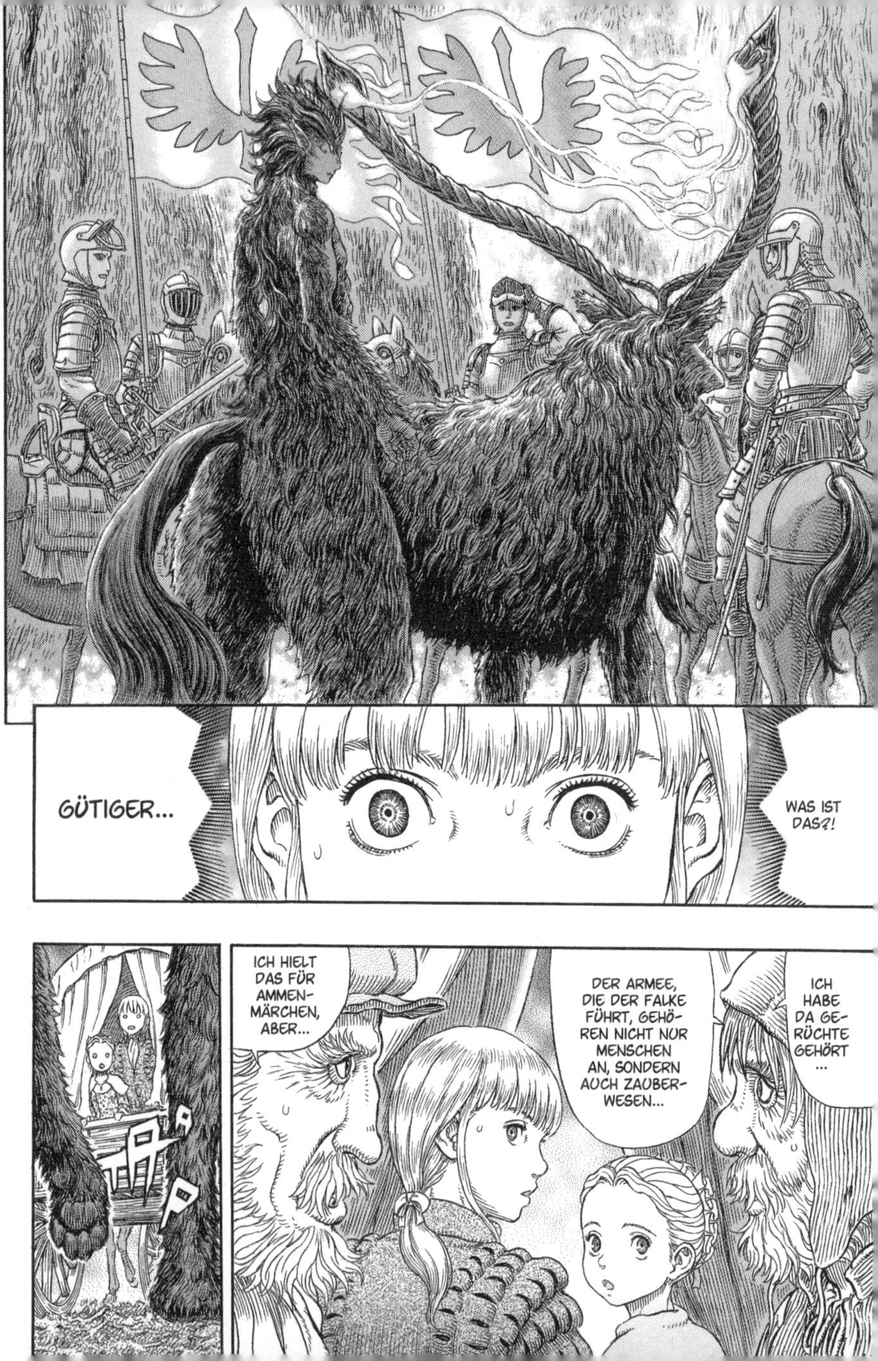

WAS IST DAS?!

GÜTIGER...

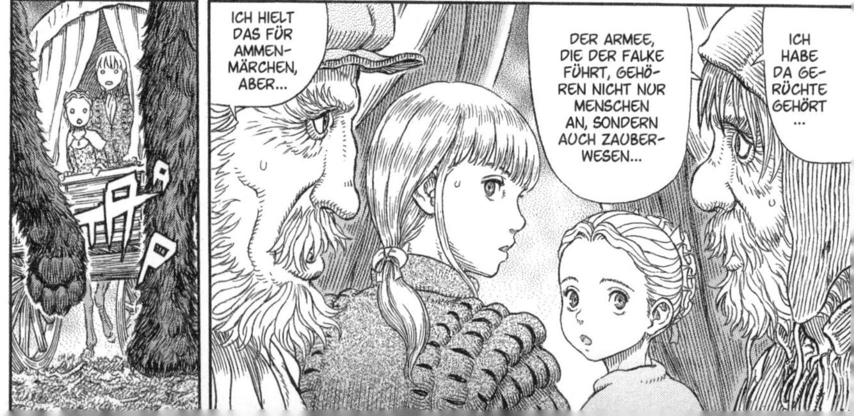

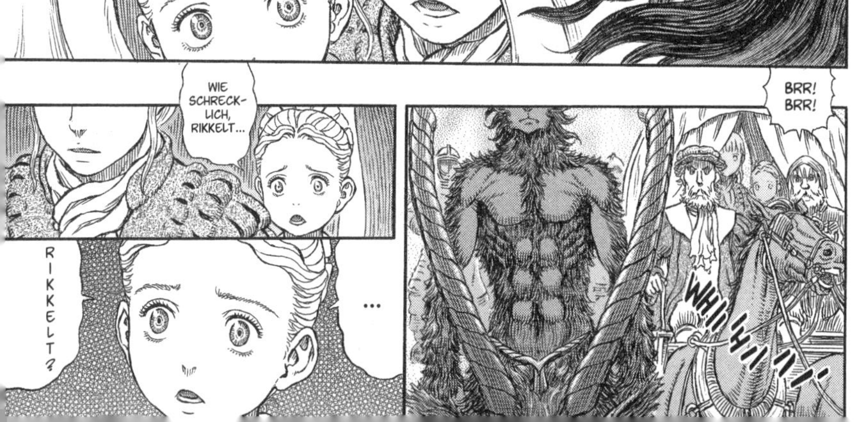
BRR! BRR!
WIE SCHRECK-LICH, RIKKELT...
WHIIIHIIII
...
RIKKELT?

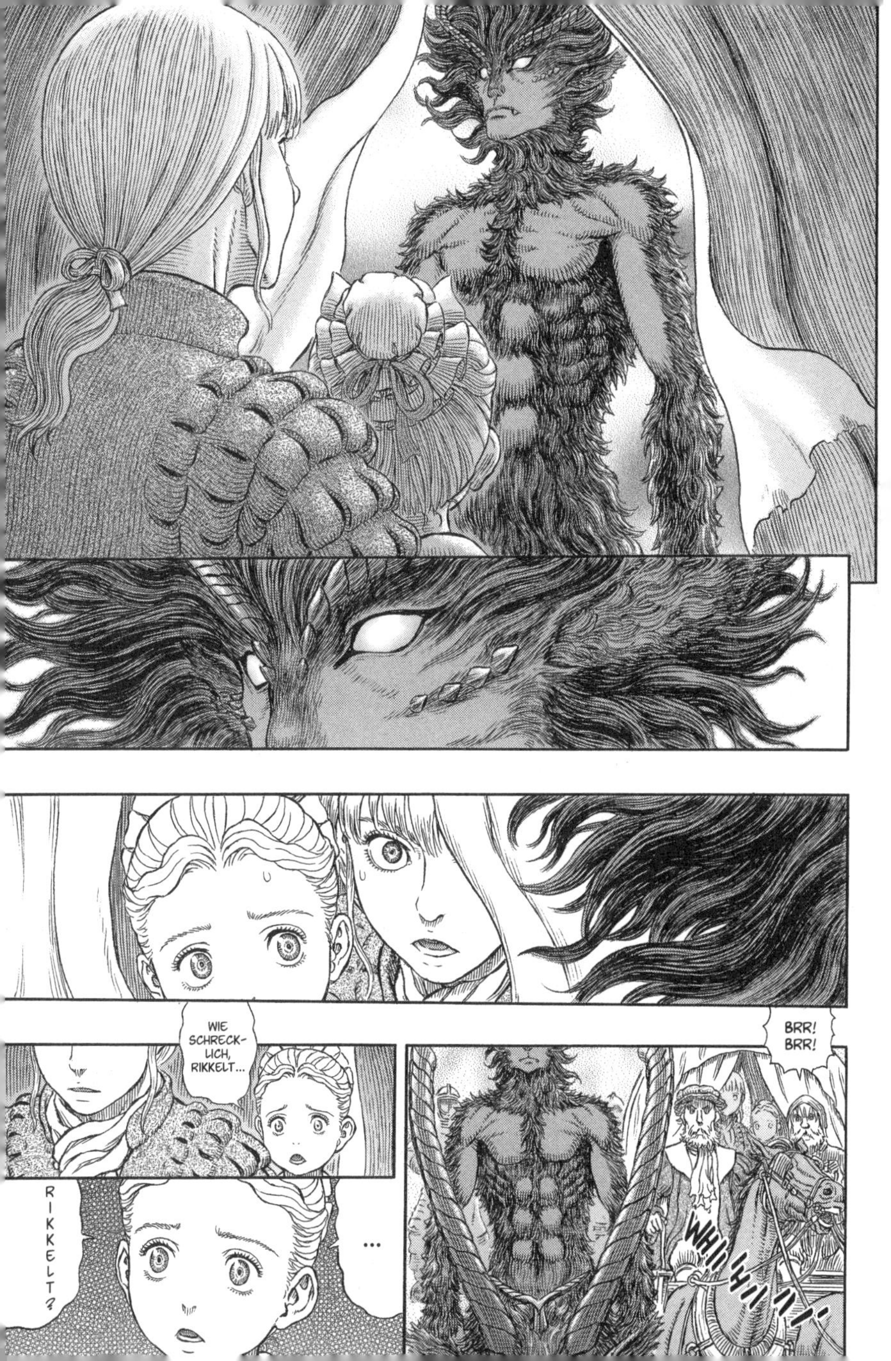

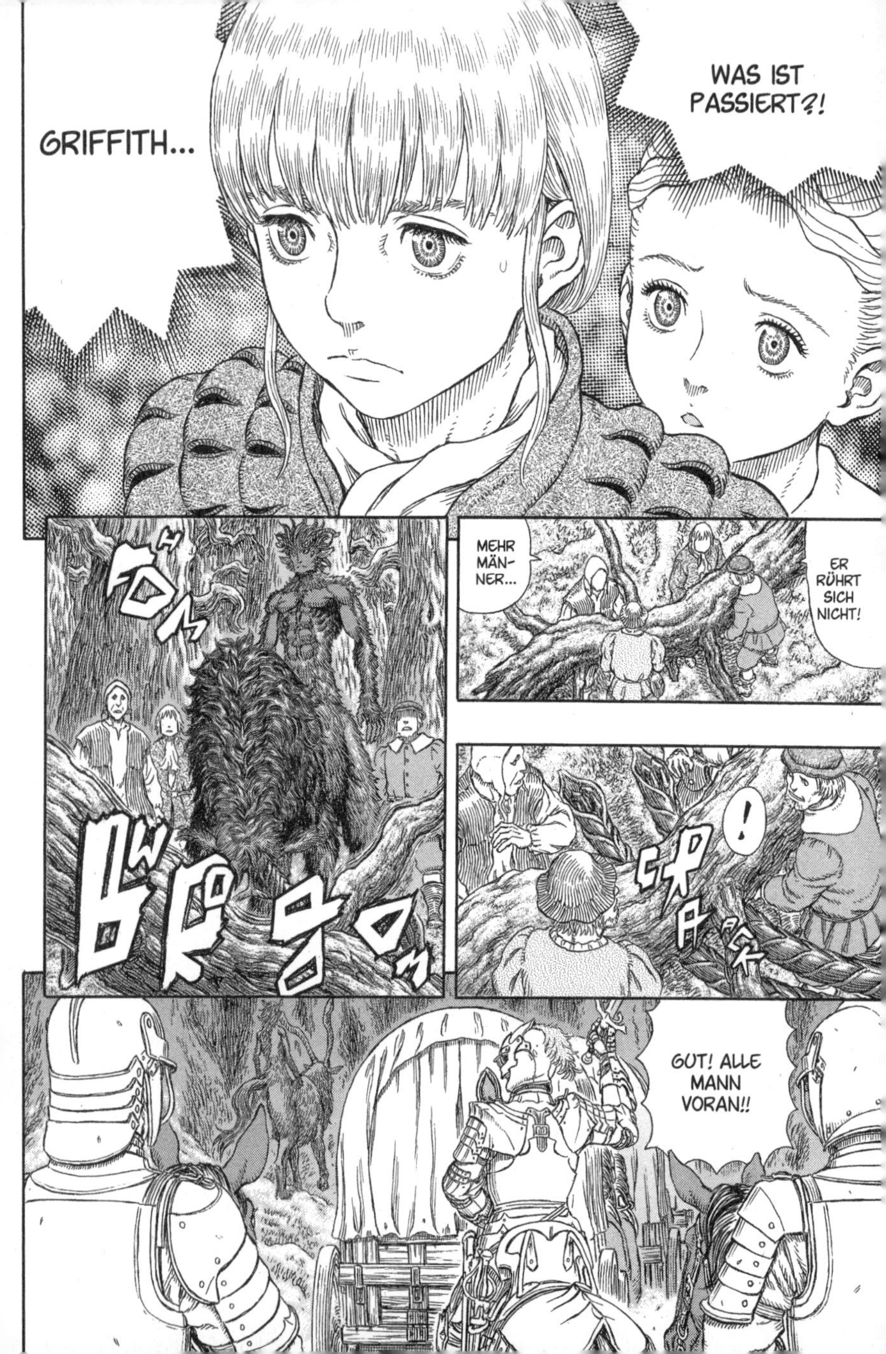
WAS IST PASSIERT?!
GRIFFITH...
ER RÜHRT SICH NICHT!
MEHR MÄNNER...
!
GUT! ALLE MANN VORAN!!

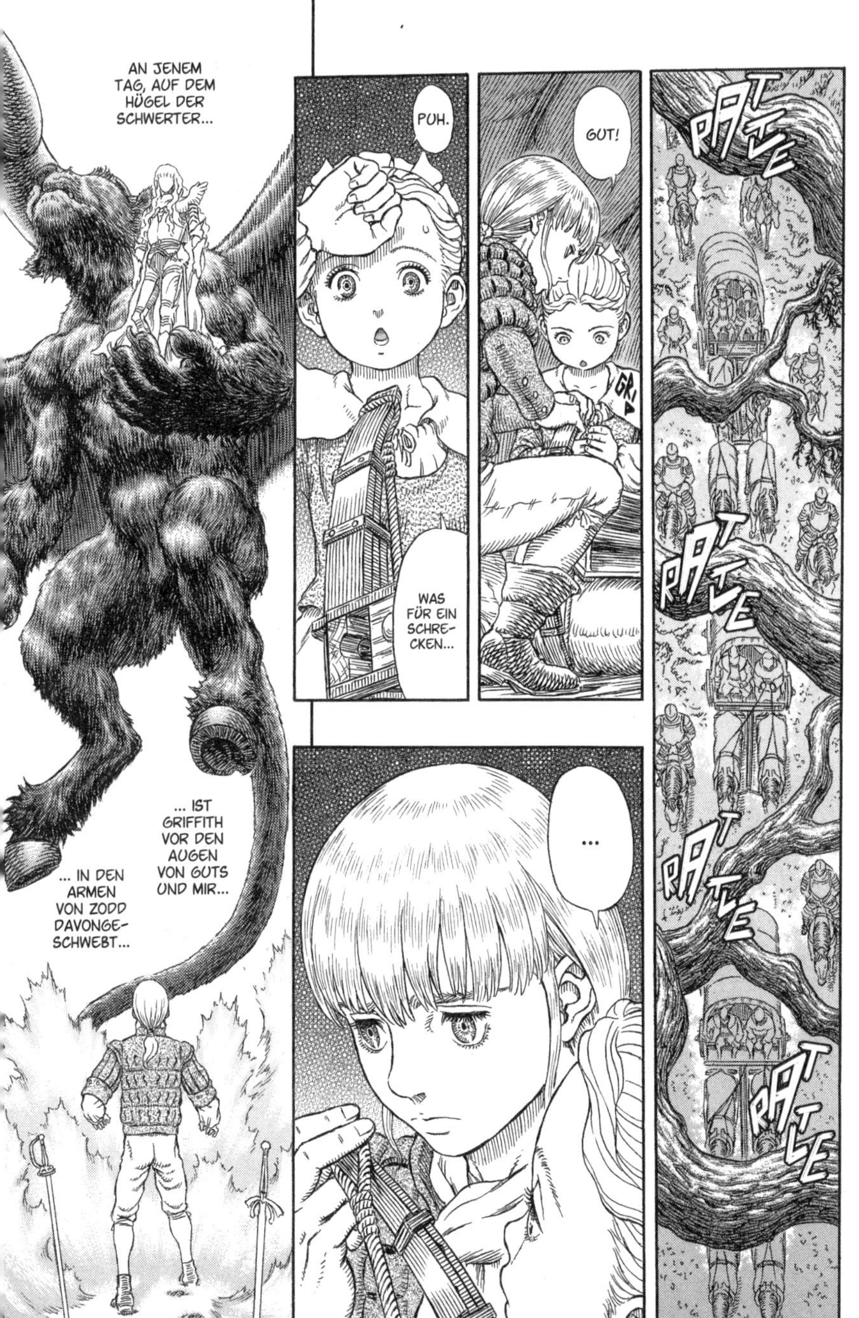
RATTLE
RATTLE
RATTLE
RATTLE
GUT!
GRIP
PUH.
WAS FÜR EIN SCHRECKEN...
AN JENEM TAG, AUF DEM HÜGEL DER SCHWERTER...
... IST GRIFFITH VOR DEN AUGEN VON GUTS UND MIR...
... IN DEN ARMEN VON ZODD DAVONGESCHWEBT...
...

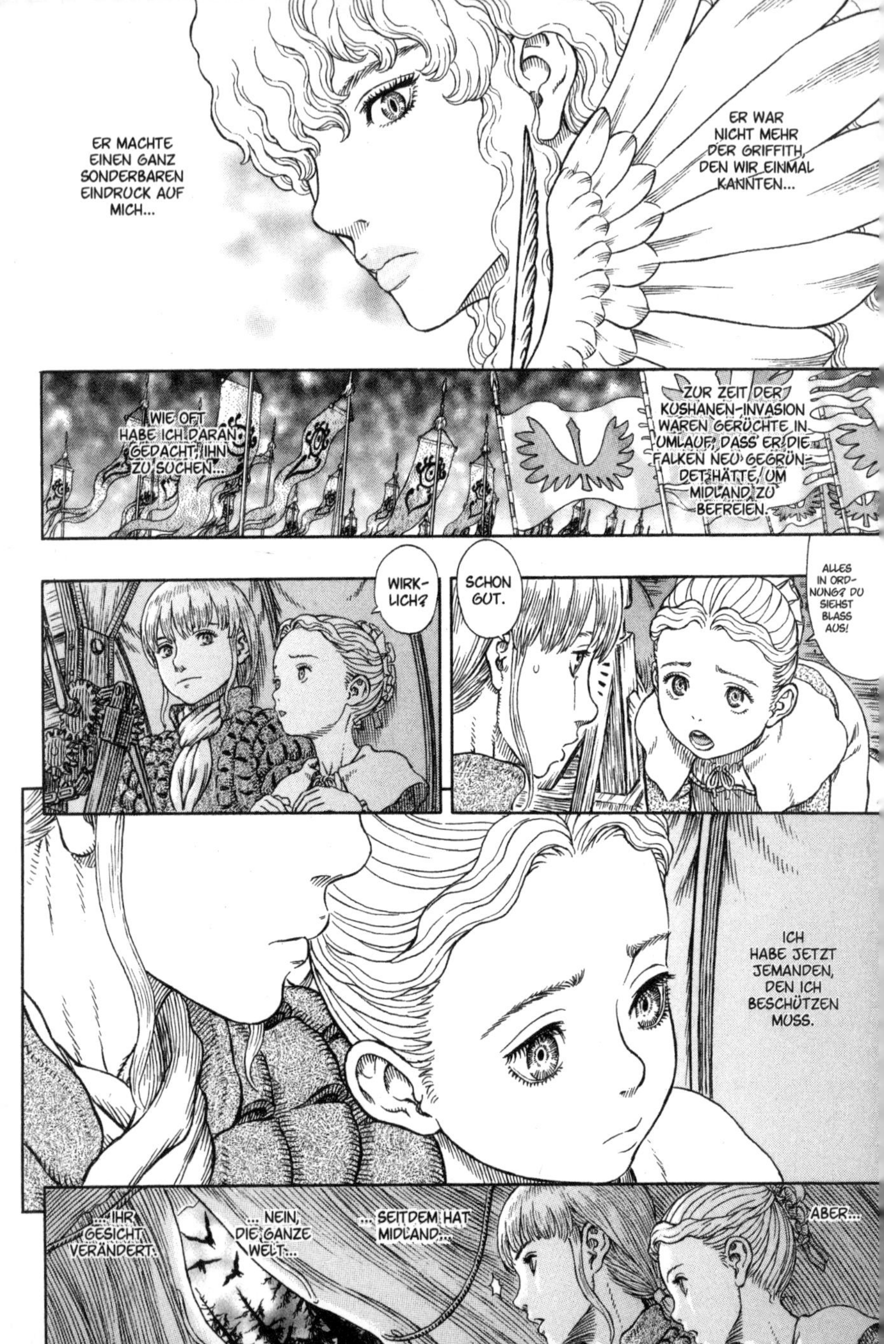

ER MACHTE EINEN GANZ SONDERBAREN EINDRUCK AUF MICH...
ER WAR NICHT MEHR DER GRIFFITH, DEN WIR EINMAL KANNTEN...
WIE OFT HABE ICH DARAN GEDACHT, IHN ZU SUCHEN...
ZUR ZEIT DER KUSHANEN-INVASION WAREN GERÜCHTE IN UMLAUF, DASS ER DIE FALKEN NEU GEGRÜNDET HÄTTE, UM MIDLAND ZU BEFREIEN.
WIRK-LICH?
SCHON GUT.
ALLES IN ORD-NUNG? DU SIEHST BLASS AUS!
ICH HABE JETZT JEMANDEN, DEN ICH BESCHÜTZEN MUSS.
...IHR GESICHT VERÄNDERT.
... NEIN, DIE GANZE WELT...
...SEITDEM HAT MIDLAND...
ABER...

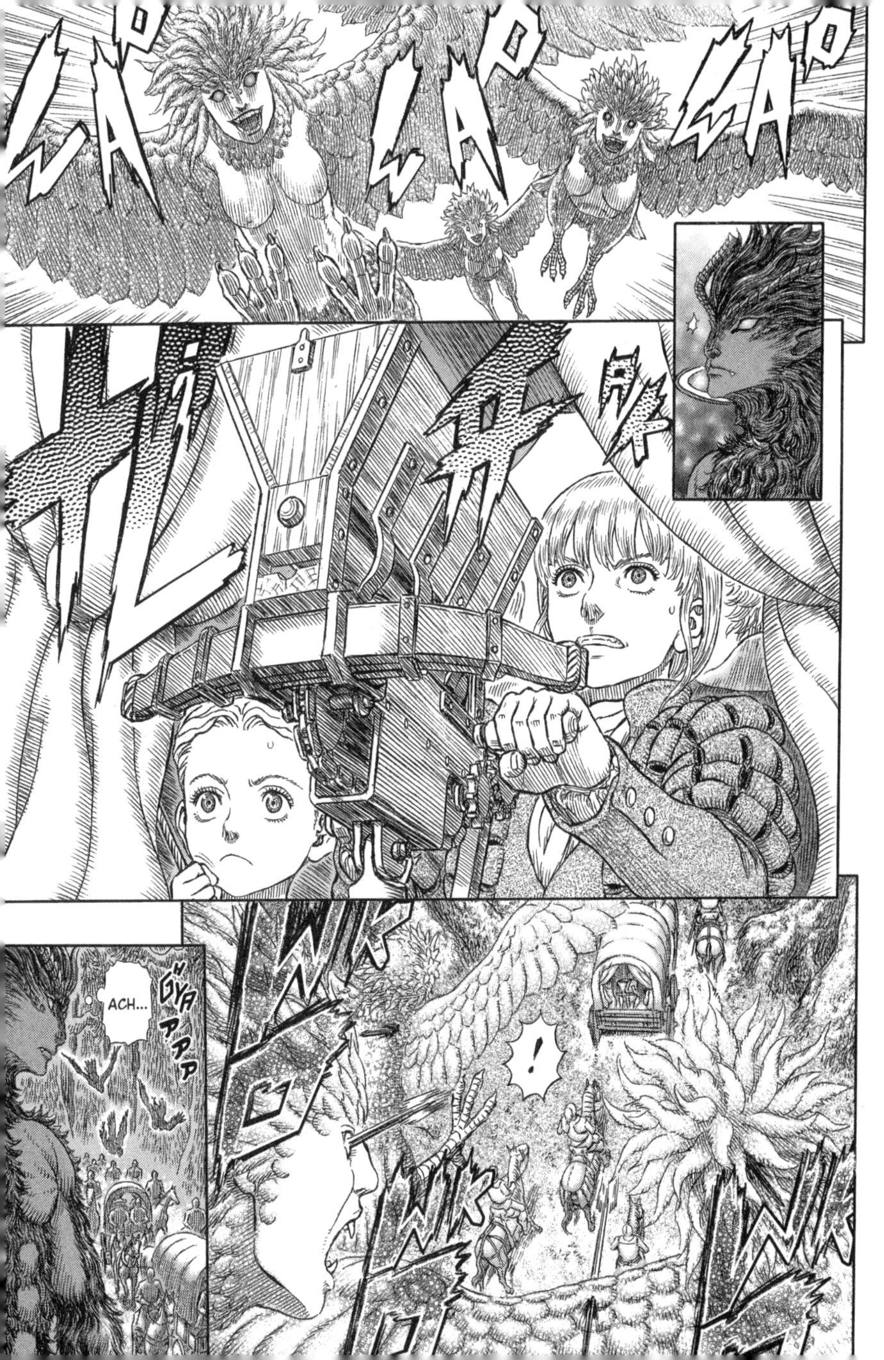
ACH...
!

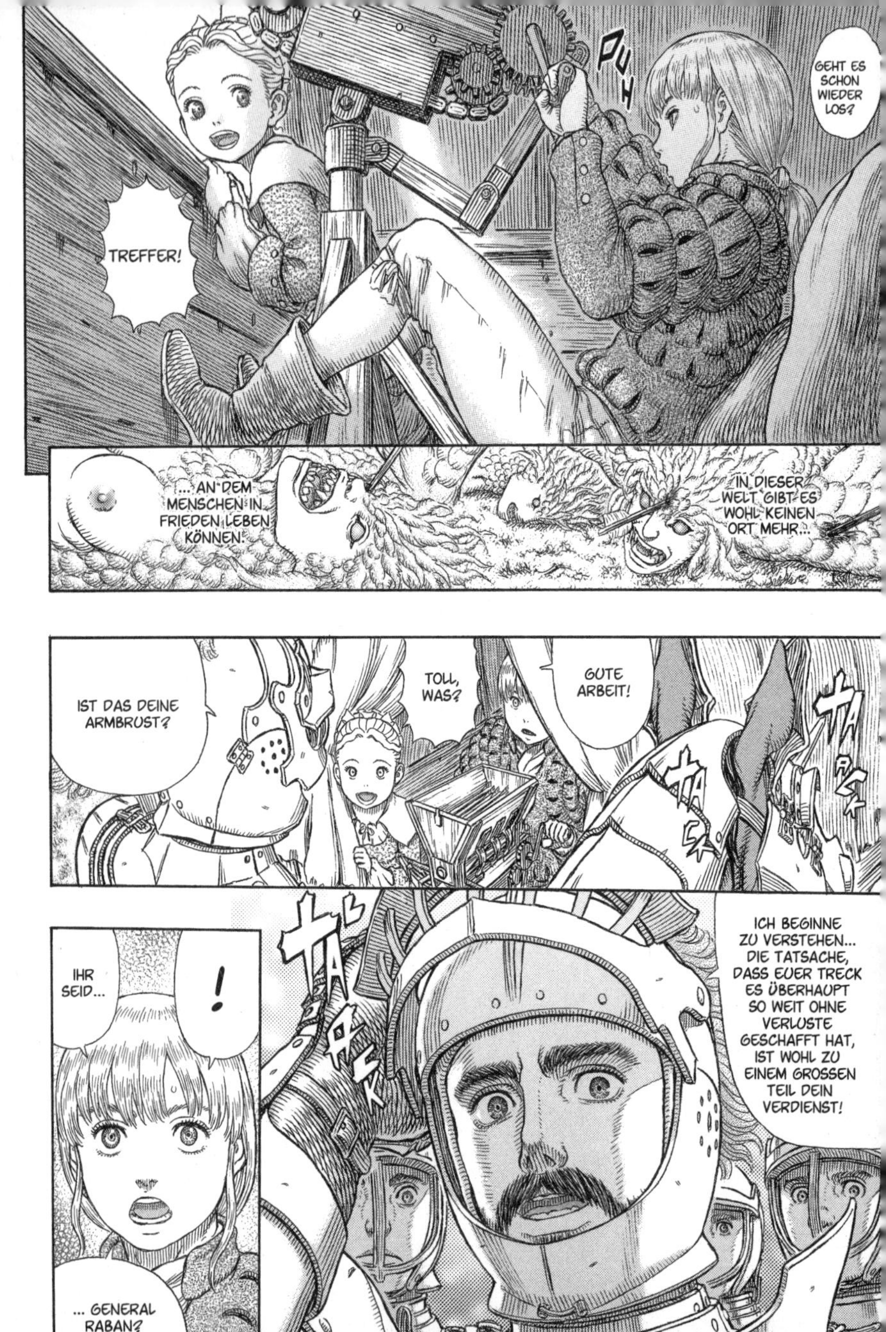

GEHT ES SCHON WIEDER LOS?
PUH
TREFFER!
IN DIESER WELT GIBT ES WOHL KEINEN ORT MEHR...
... AN DEM MENSCHEN IN FRIEDEN LEBEN KÖNNEN!
GUTE ARBEIT!
TOLL, WAS?
IST DAS DEINE ARMBRUST?
ICH BEGINNE ZU VERSTEHEN... DIE TATSACHE, DASS EUER TRECK ES ÜBERHAUPT SO WEIT OHNE VERLUSTE GESCHAFFT HAT, IST WOHL ZU EINEM GROSSEN TEIL DEIN VERDIENST!
!
IHR SEID...
... GENERAL RABAN?

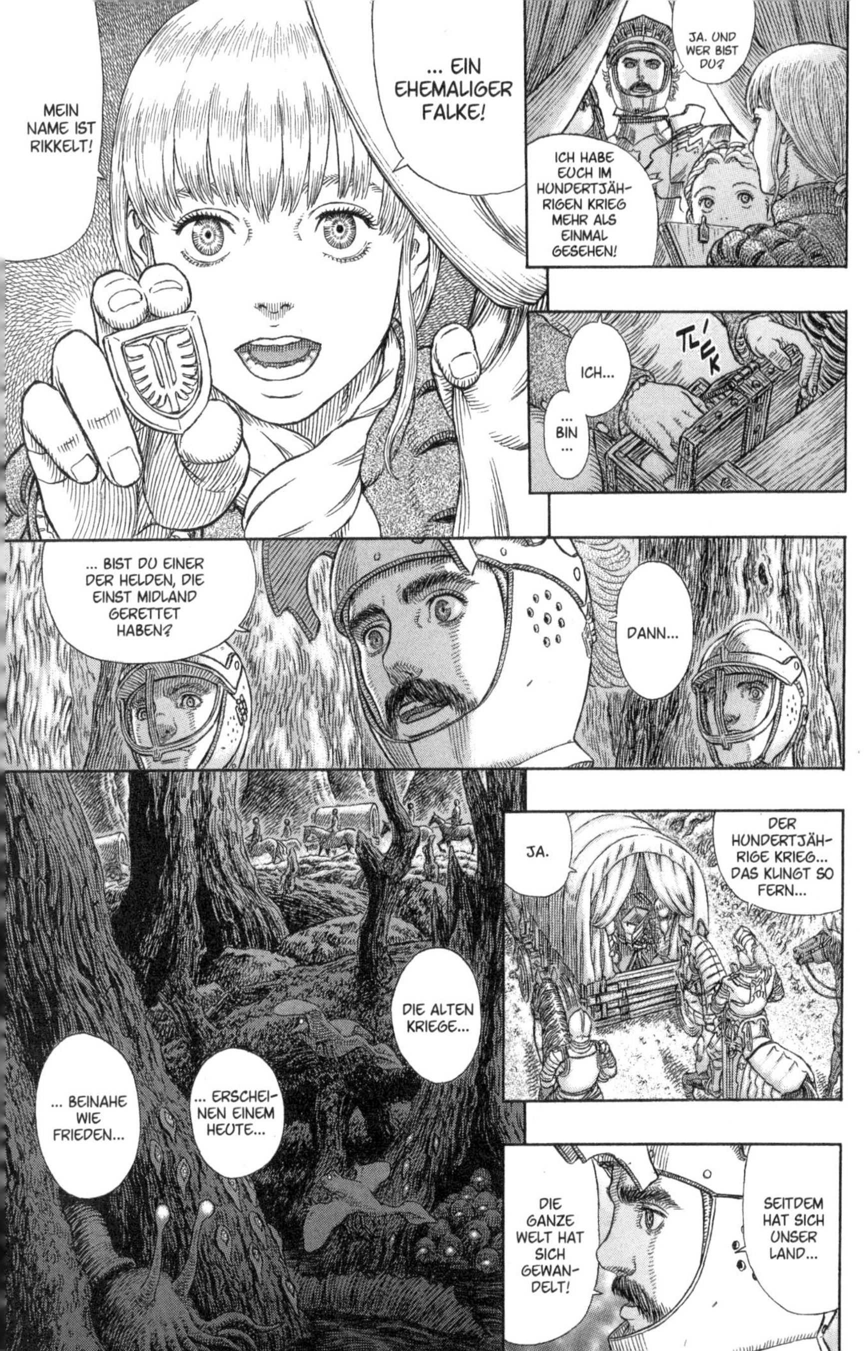
JA. UND WER BIST DU?
ICH HABE EUCH IM HUNDERTJÄHRIGEN KRIEG MEHR ALS EINMAL GESEHEN!
TLAK
ICH...
... BIN ...
... EIN EHEMALIGER FALKE!
MEIN NAME IST RIKKELT!
DANN...
... BIST DU EINER DER HELDEN, DIE EINST MIDLAND GERETTET HABEN?
DER HUNDERTJÄHRIGE KRIEG... DAS KLINGT SO FERN...
JA.
DIE ALTEN KRIEGE...
... ERSCHEINEN EINEM HEUTE...
... BEINAHE WIE FRIEDEN...
SEITDEM HAT SICH UNSER LAND...
DIE GANZE WELT HAT SICH GEWANDELT!

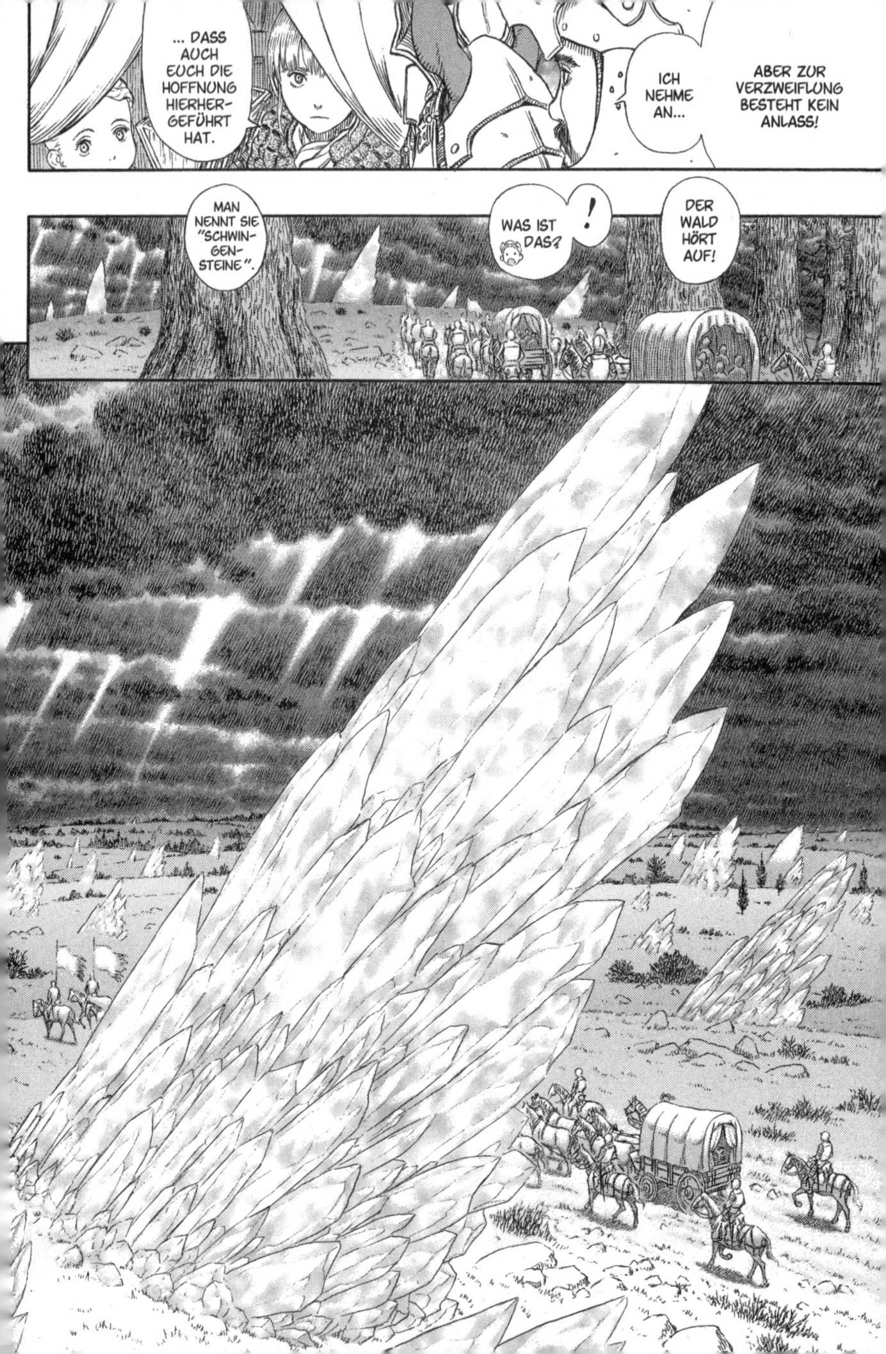
ABER ZUR VERZWEIFLUNG BESTEHT KEIN ANLASS!
ICH NEHME AN...
... DASS AUCH EUCH DIE HOFFNUNG HIERHERGEFÜHRT HAT.
DER WALD HÖRT AUF!
!
WAS IST DAS?
MAN NENNT SIE "SCHWINGENSTEINE".

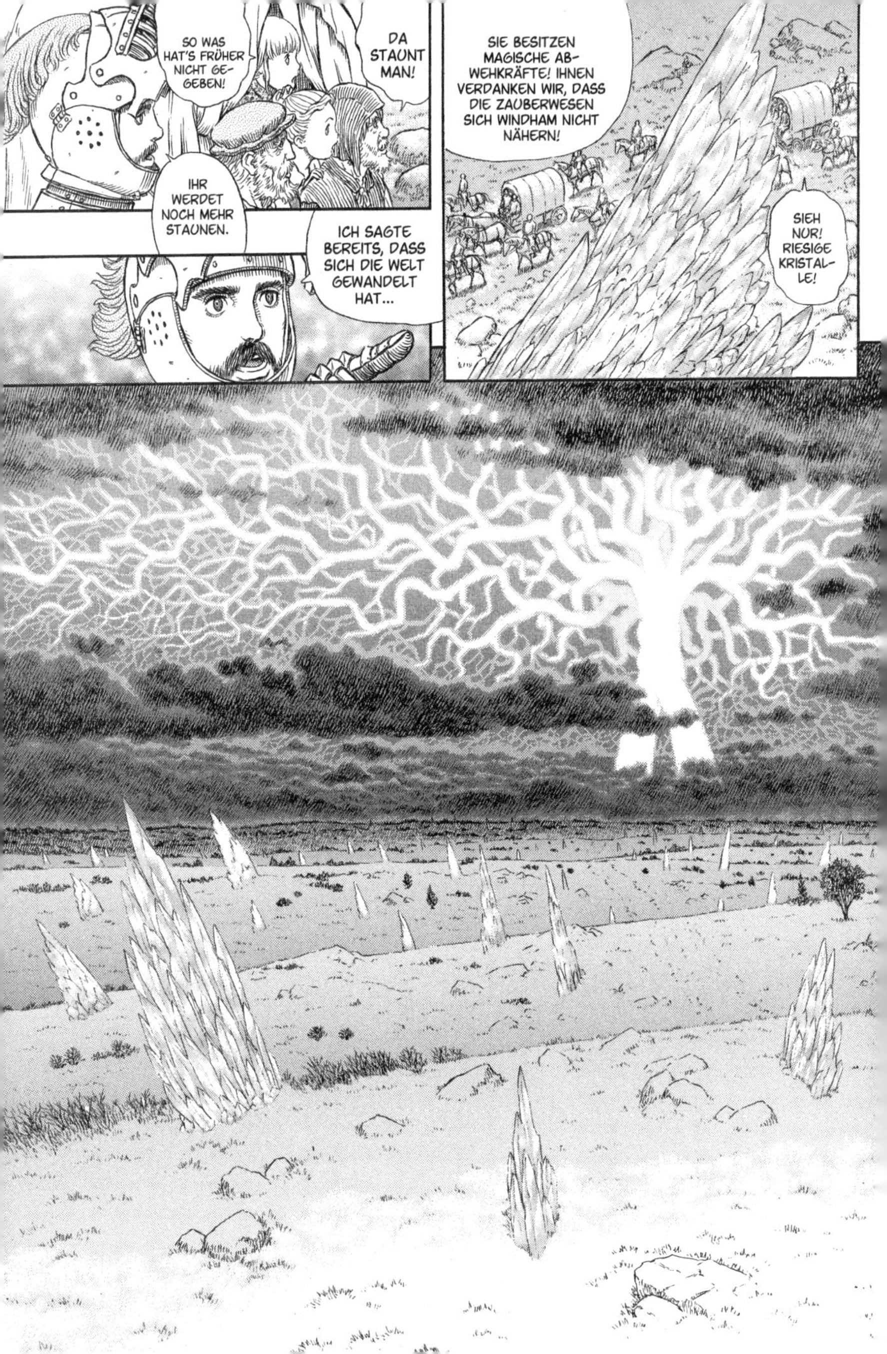
SIEH NUR! RIESIGE KRISTAL-LE!
SIE BESITZEN MAGISCHE AB-WEHKRÄFTE! IHNEN VERDANKEN WIR, DASS DIE ZAUBERWESEN SICH WINDHAM NICHT NÄHERN!
DA STAUNT MAN!
SO WAS HAT'S FRÜHER NICHT GE-GEBEN!
ICH SAGTE BEREITS, DASS SICH DIE WELT GEWANDELT HAT...
IHR WERDET NOCH MEHR STAUNEN.

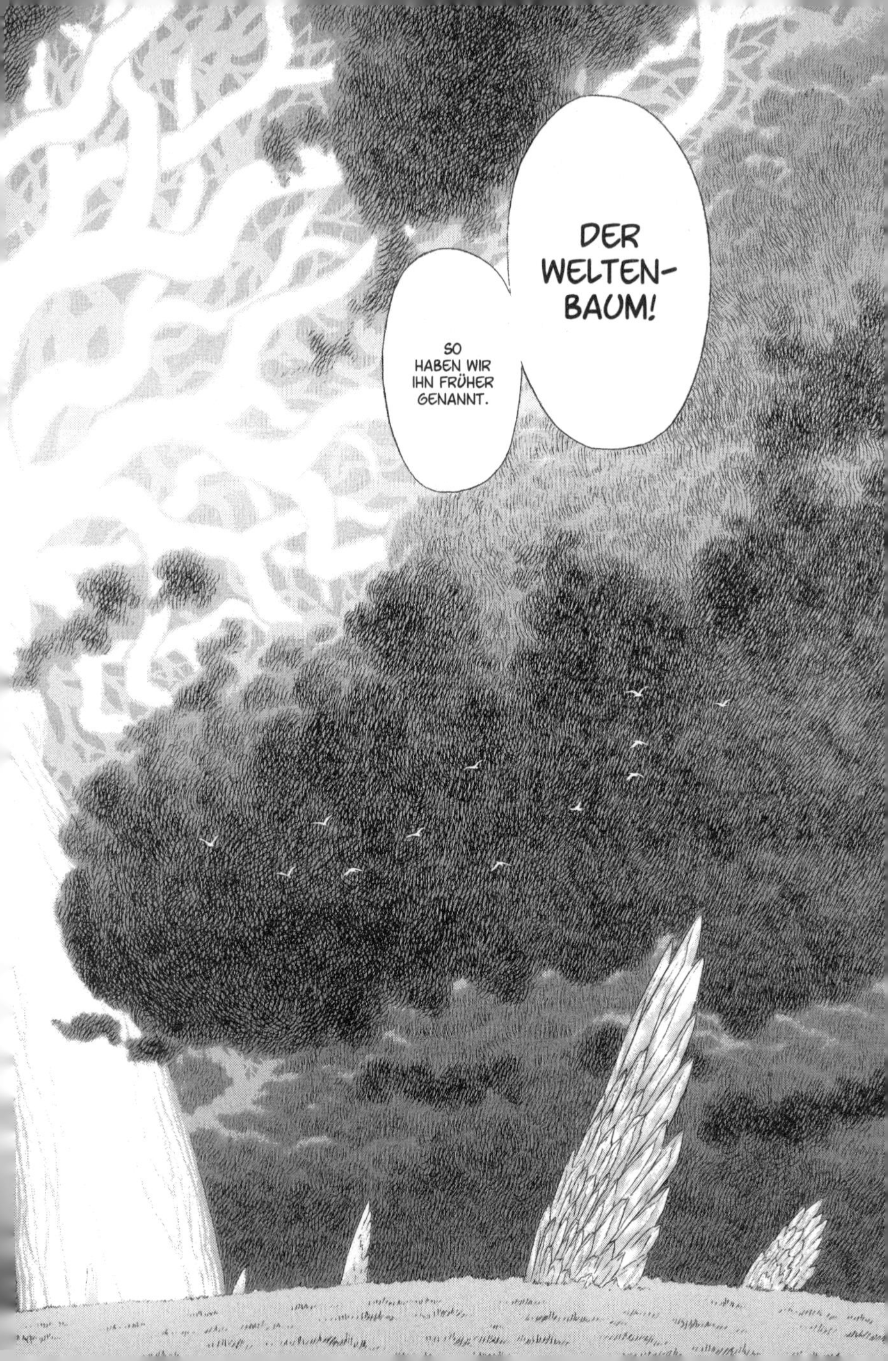
DER WELTEN-BAUM!
SO HABEN WIR IHN FRÜHER GENANNT.

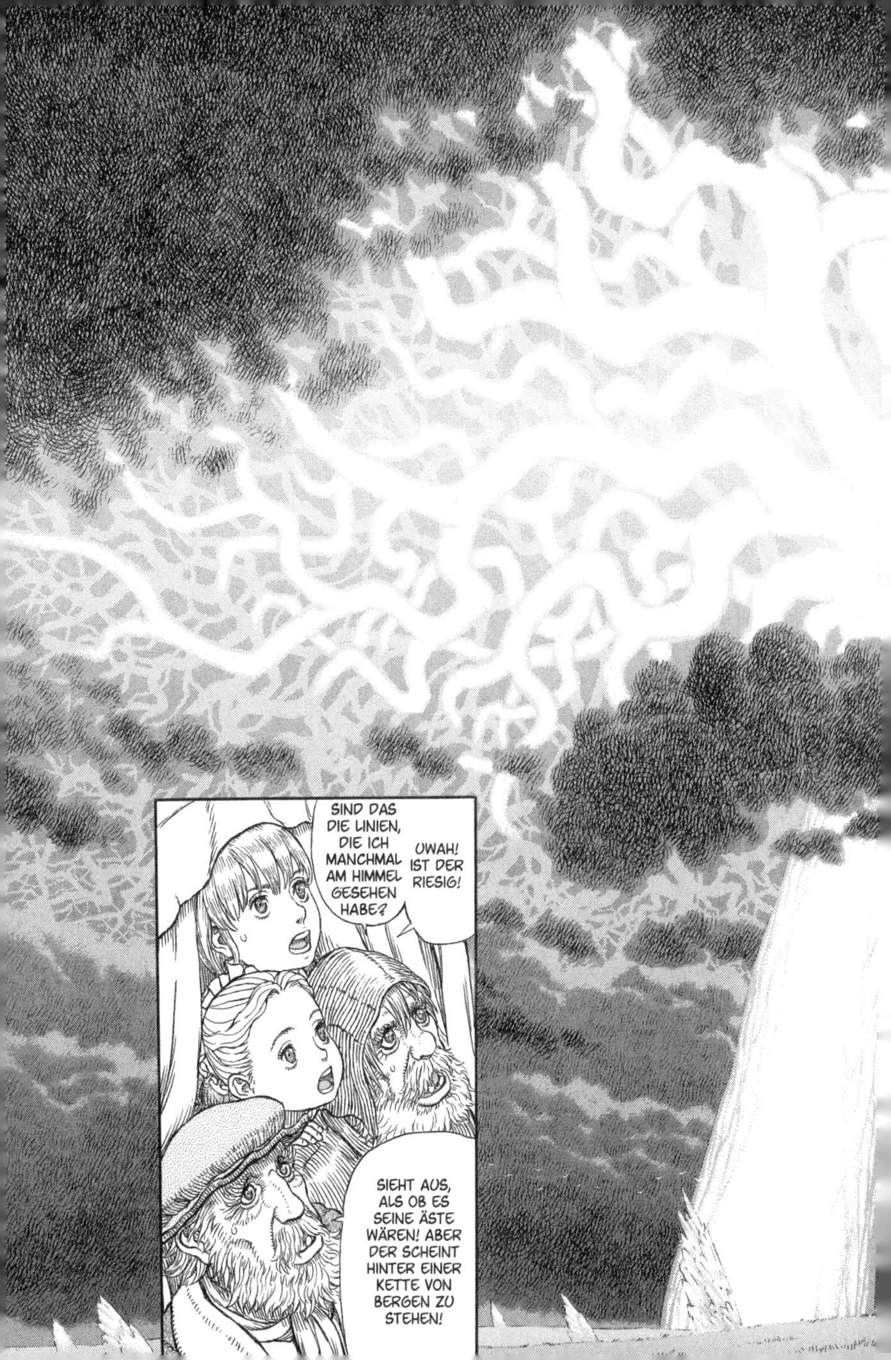
SIND DAS DIE LINIEN, DIE ICH MANCHMAL AM HIMMEL GESEHEN HABE?
UWAH! IST DER RIESIG!
SIEHT AUS, ALS OB ES SEINE ÄSTE WÄREN! ABER DER SCHEINT HINTER EINER KETTE VON BERGEN ZU STEHEN!

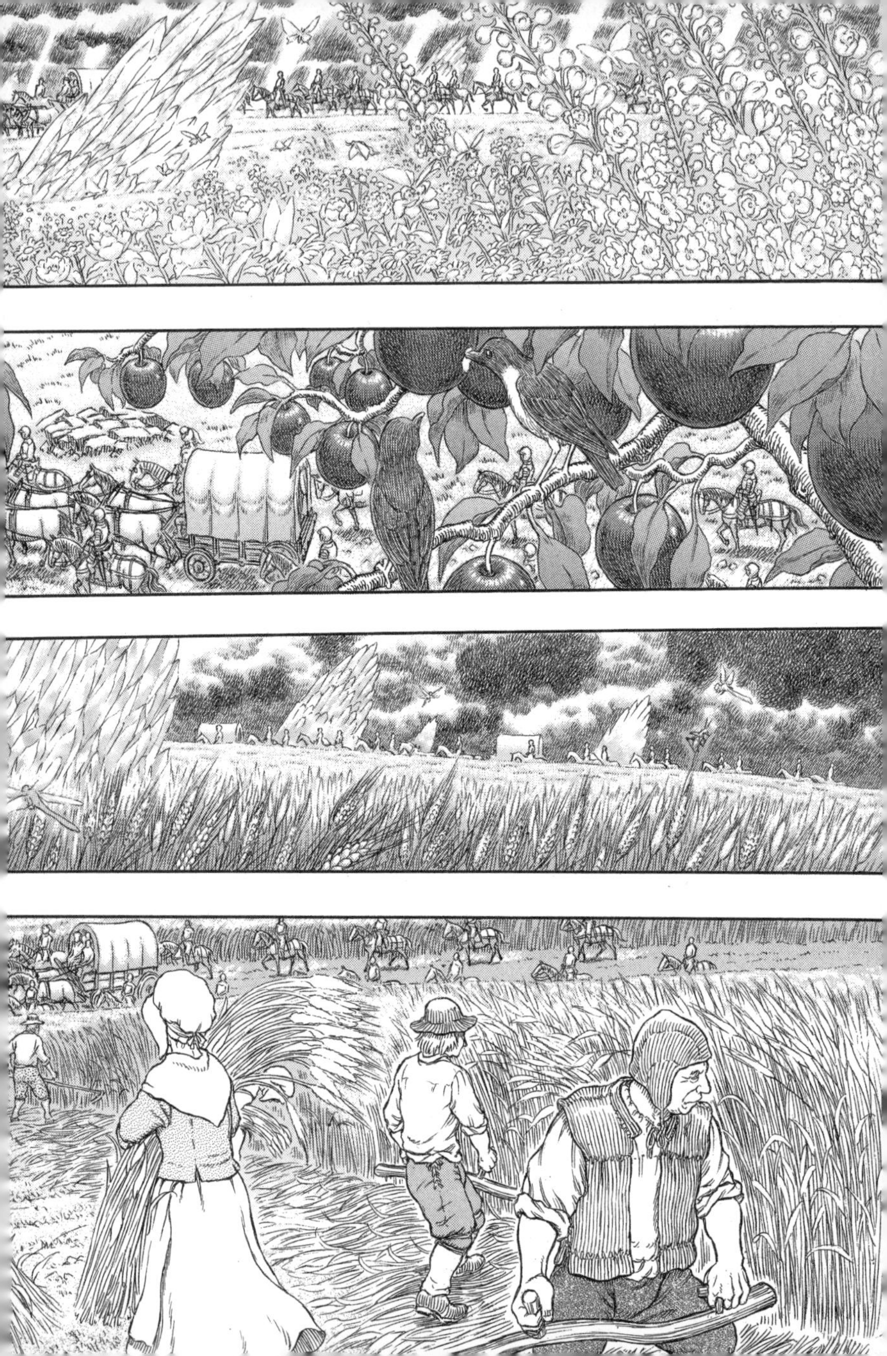

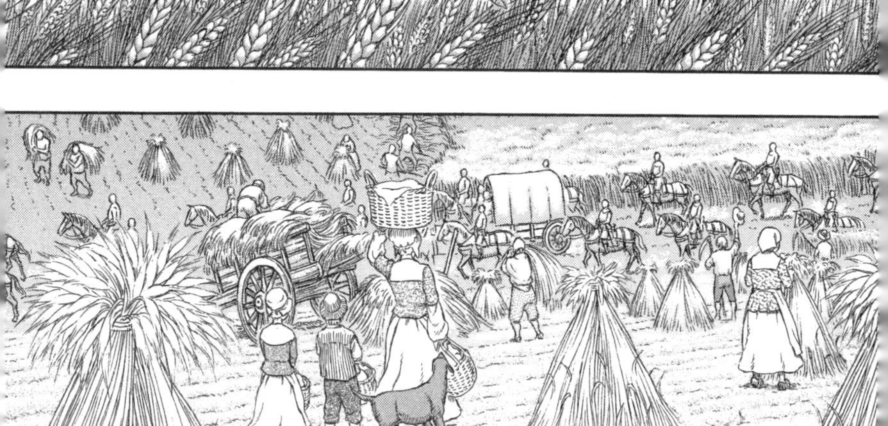

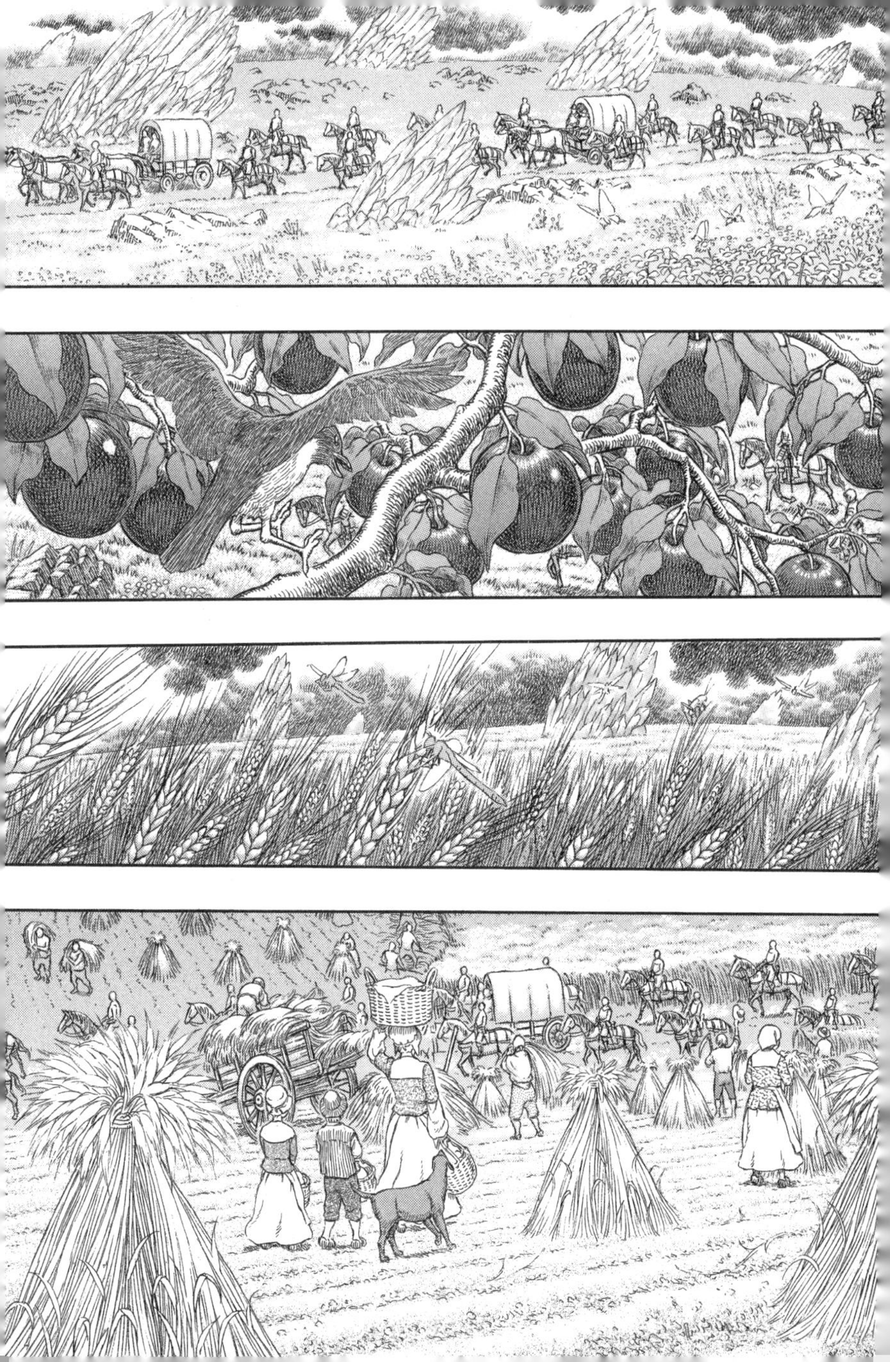

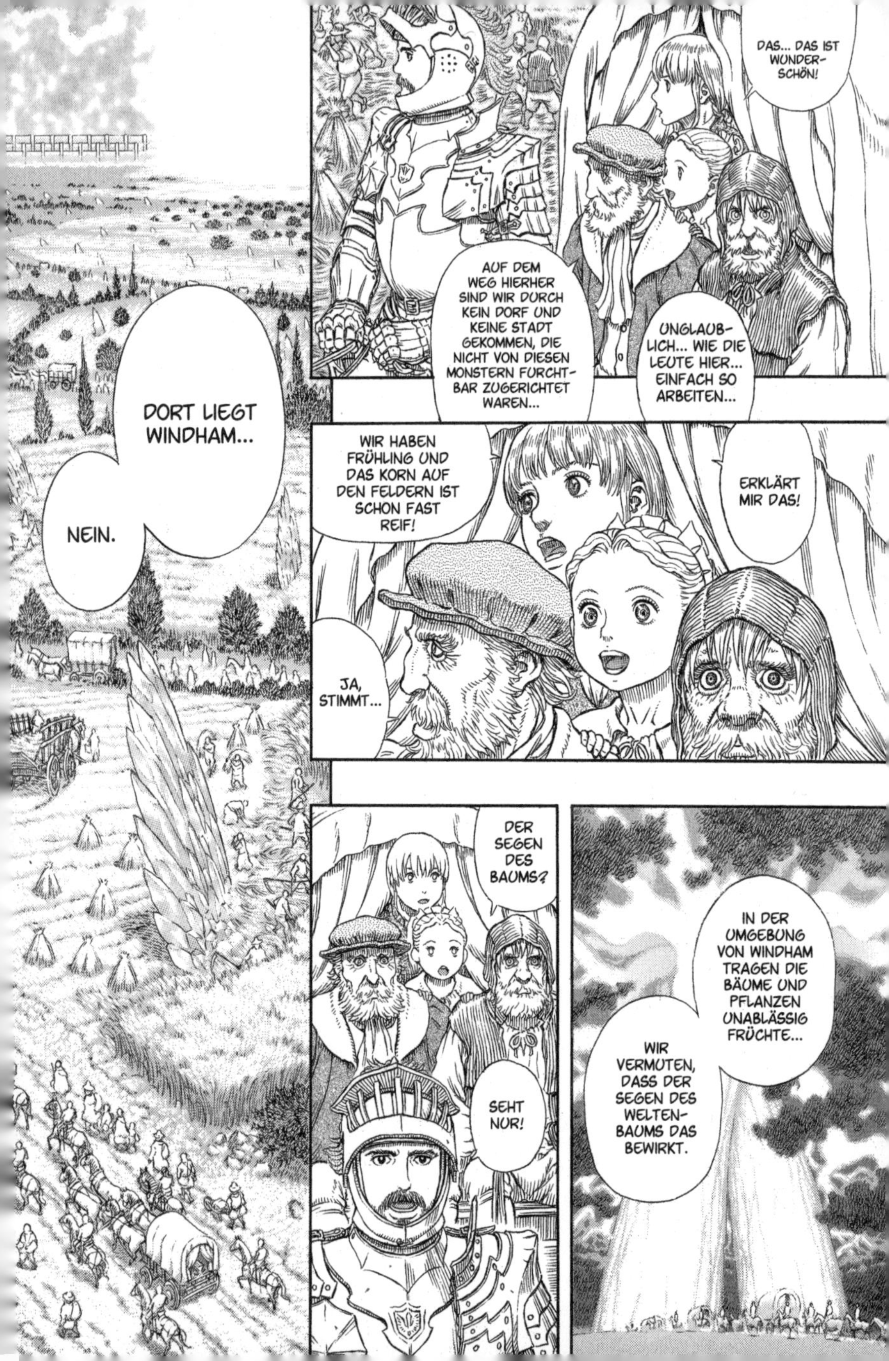
DAS... DAS IST WUNDER-SCHÖN!
UNGLAUB-LICH... WIE DIE LEUTE HIER... EINFACH SO ARBEITEN...
AUF DEM WEG HIERHER SIND WIR DURCH KEIN DORF UND KEINE STADT GEKOMMEN, DIE NICHT VON DIESEN MONSTERN FURCHT-BAR ZUGERICHTET WAREN...
ERKLÄRT MIR DAS!
WIR HABEN FRÜHLING UND DAS KORN AUF DEN FELDERN IST SCHON FAST REIF!
JA, STIMMT...
IN DER UMGEBUNG VON WINDHAM TRAGEN DIE BÄUME UND PFLANZEN UNABLÄSSIG FRÜCHTE...
WIR VERMUTEN, DASS DER SEGEN DES WELTEN-BAUMS DAS BEWIRKT.
DER SEGEN DES BAUMS?
SEHT NUR!
DORT LIEGT WINDHAM...
NEIN.

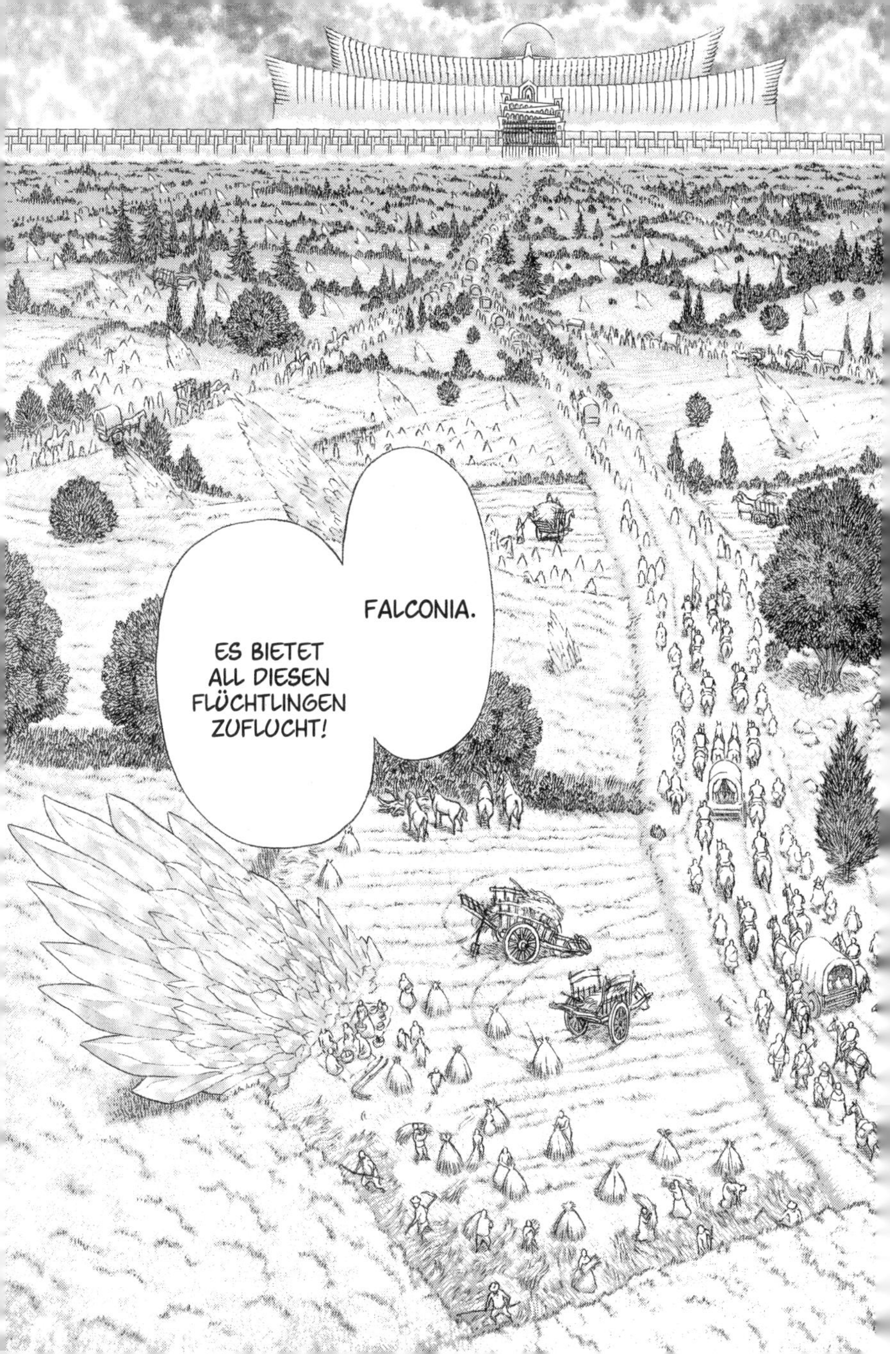
FALCONIA.
ES BIETET ALL DIESEN FLÜCHTLINGEN ZUFLUCHT!

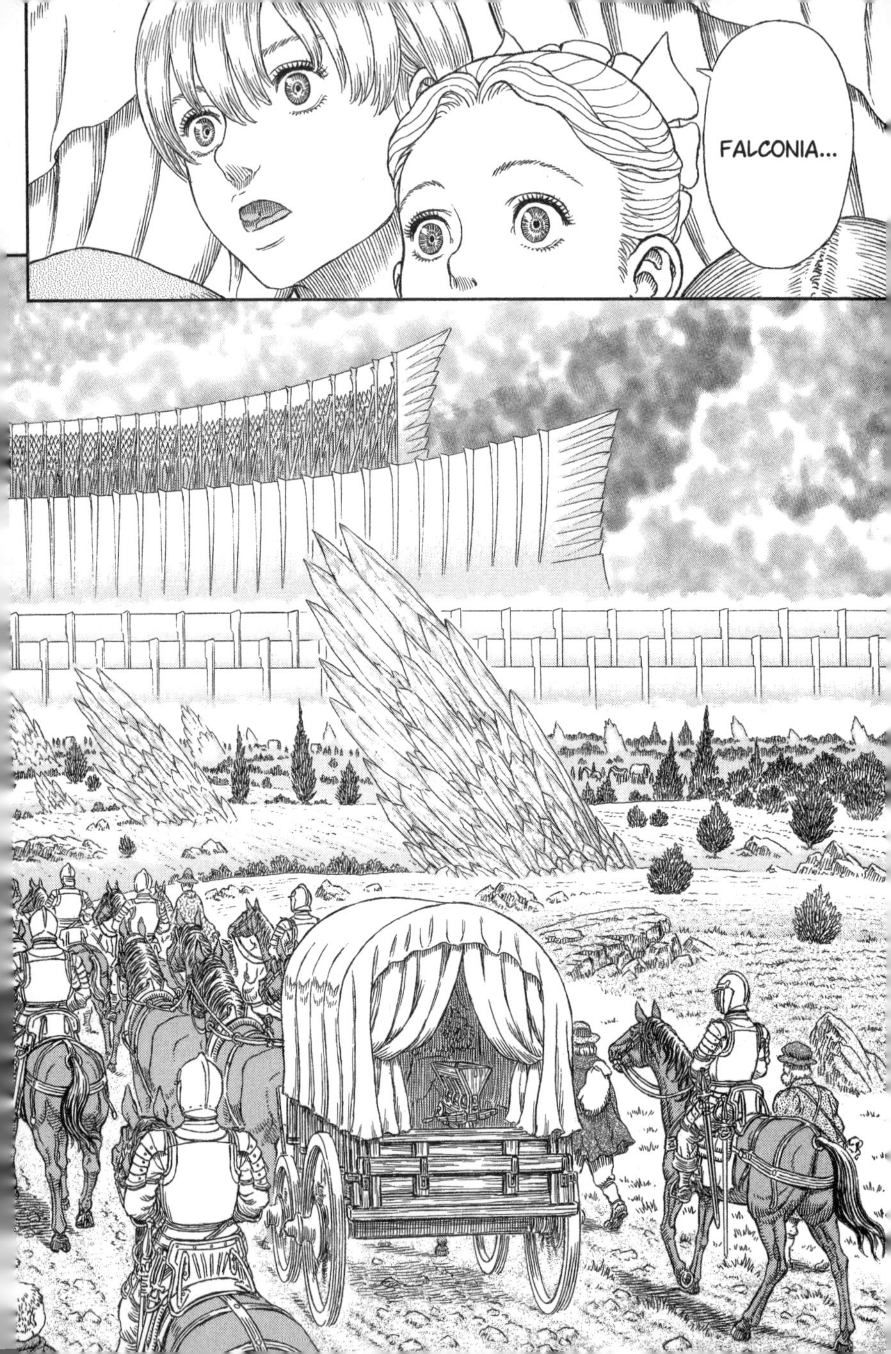
FALCONIA...

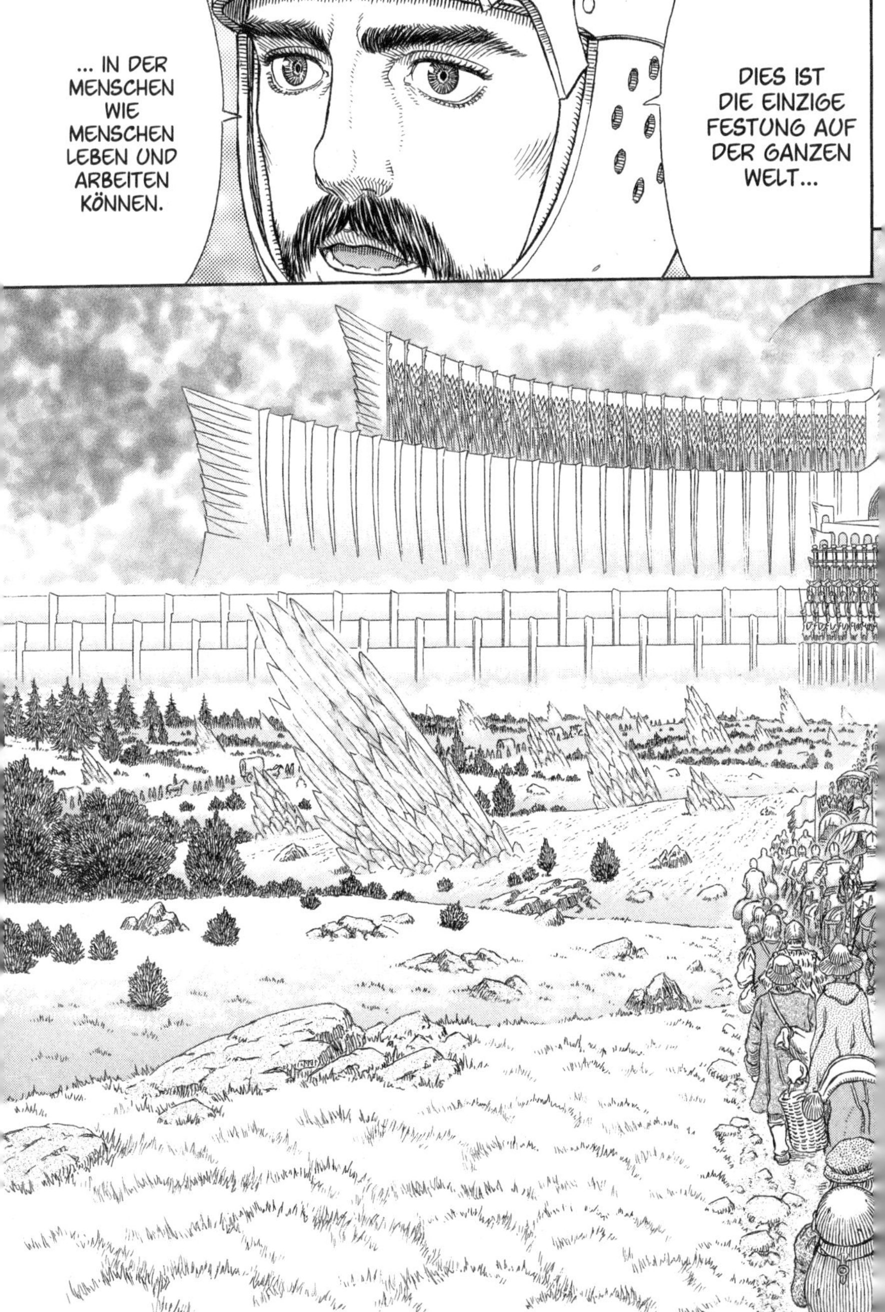
DIES IST DIE EINZIGE FESTUNG AUF DER GANZEN WELT...
... IN DER MENSCHEN WIE MENSCHEN LEBEN UND ARBEITEN KÖNNEN.

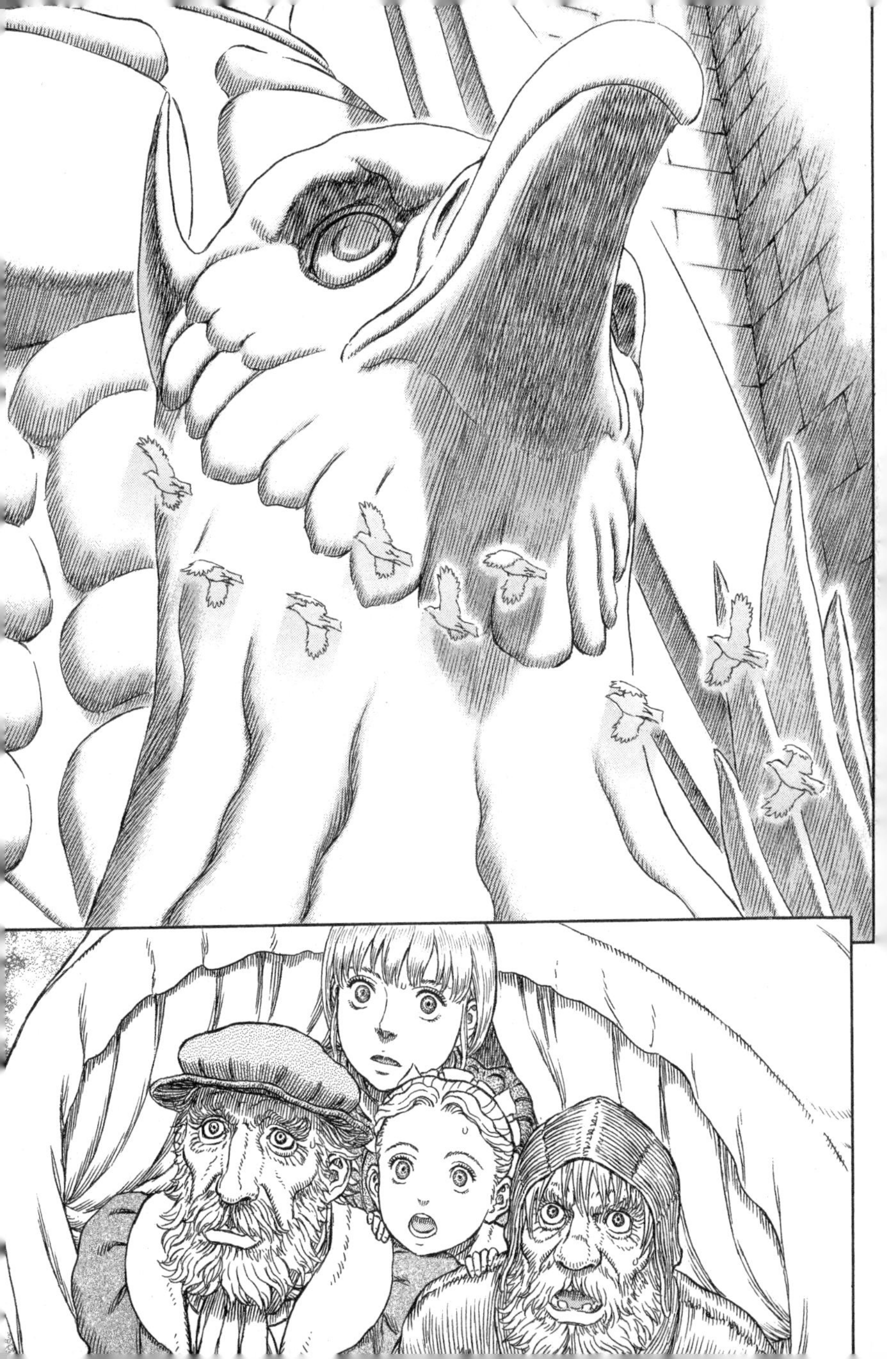

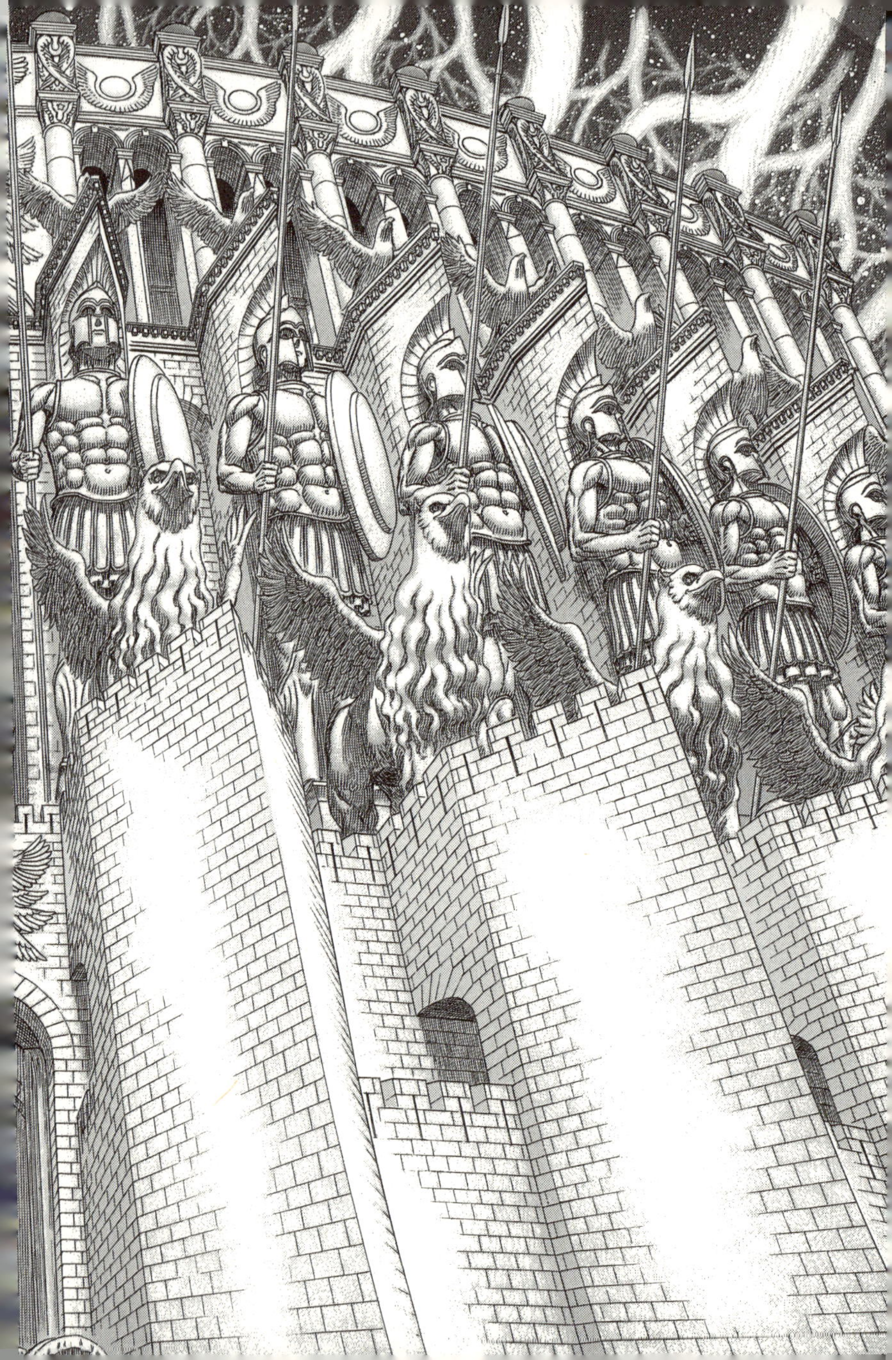

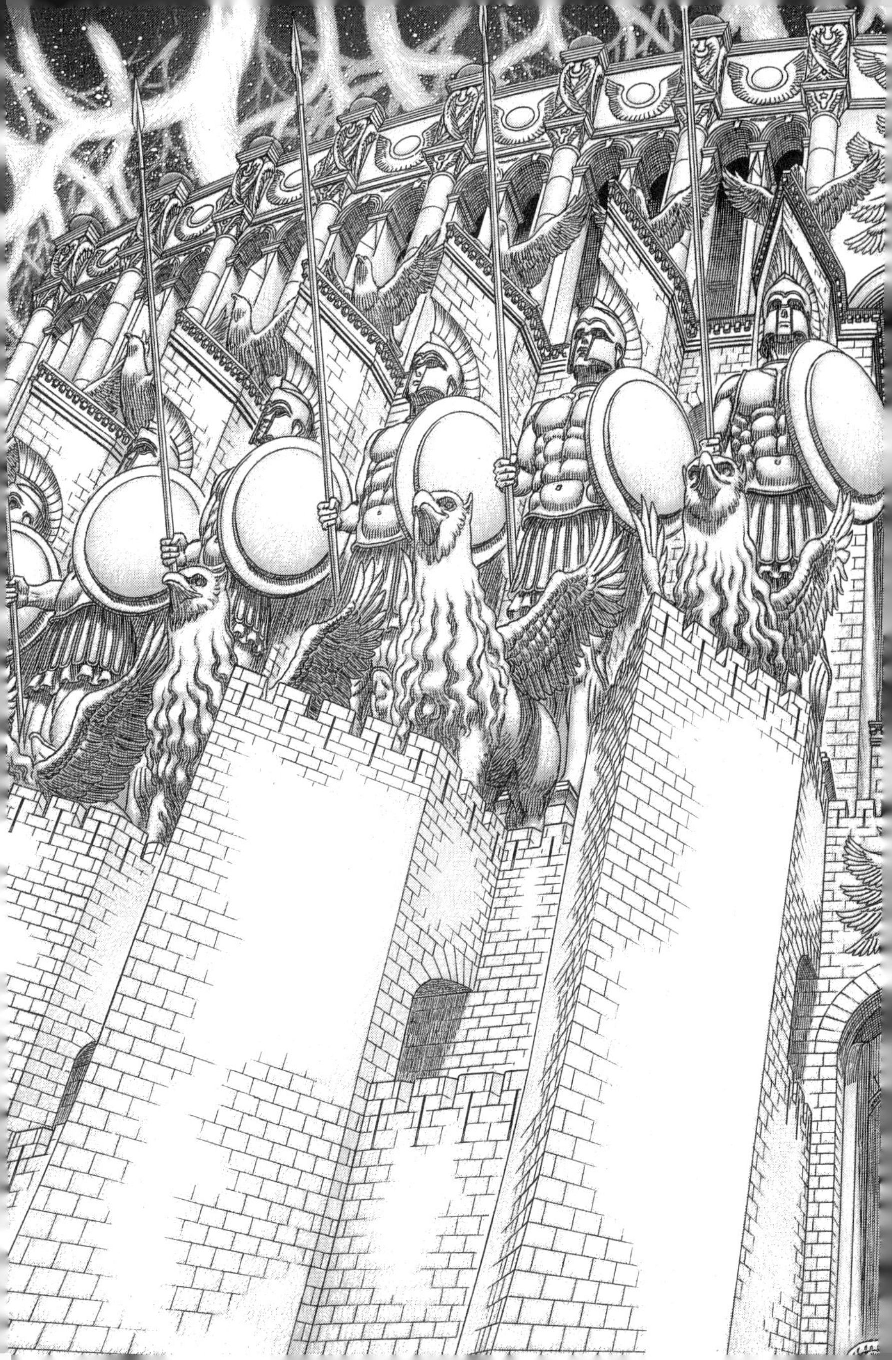

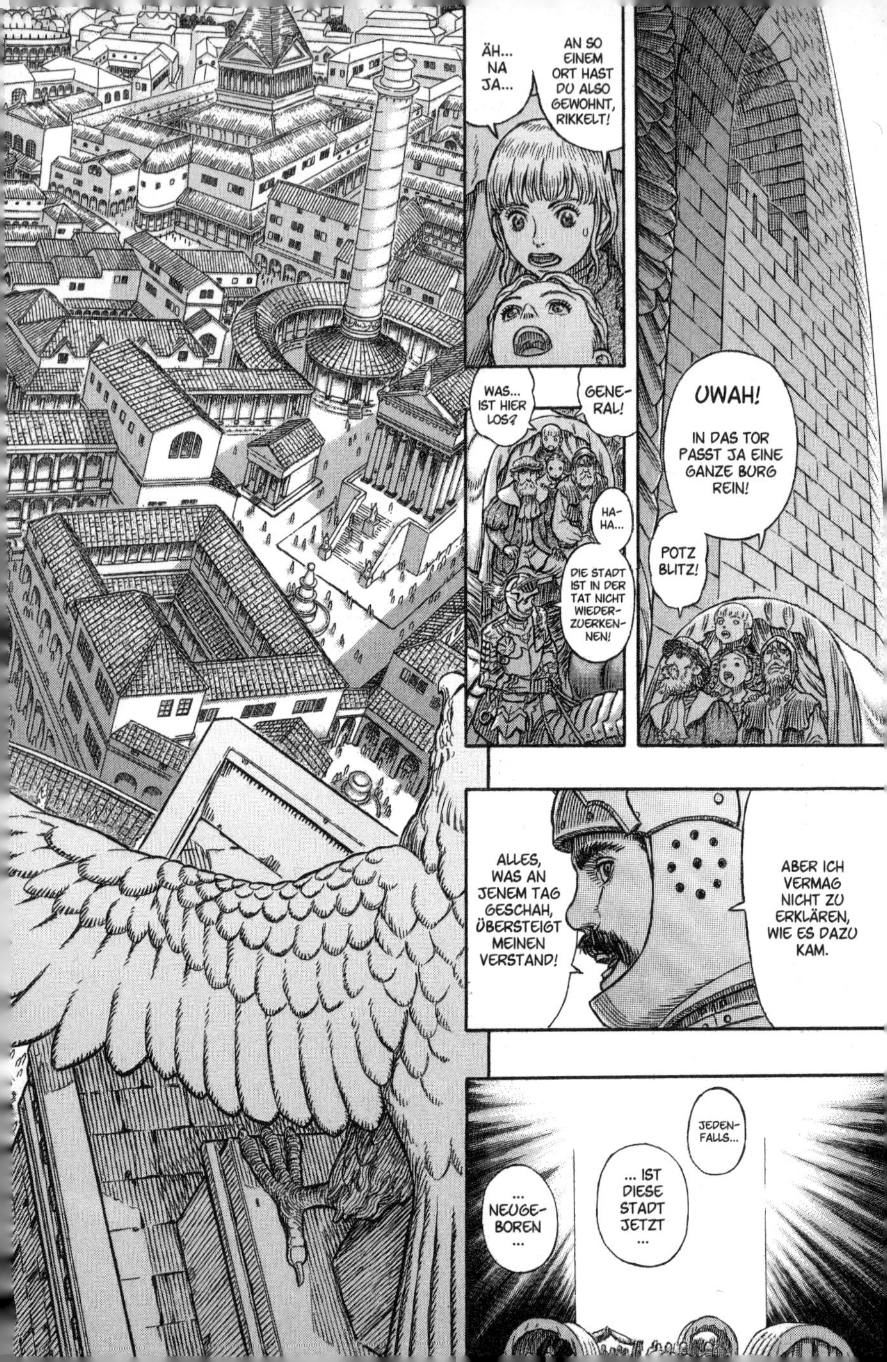
An so einem Ort hast du also gewohnt, Rikkelt!
Äh... na ja...
Uwah!
In das Tor passt ja eine ganze Burg rein!
Potz Blitz!
General!
Was... ist hier los?
Haha...
Die Stadt ist in der Tat nicht wiederzuerkennen!
Aber ich vermag nicht zu erklären, wie es dazu kam.
Alles, was an jenem Tag geschah, übersteigt meinen Verstand!
Jedenfalls...
... ist diese Stadt jetzt ...
... neugeboren ...

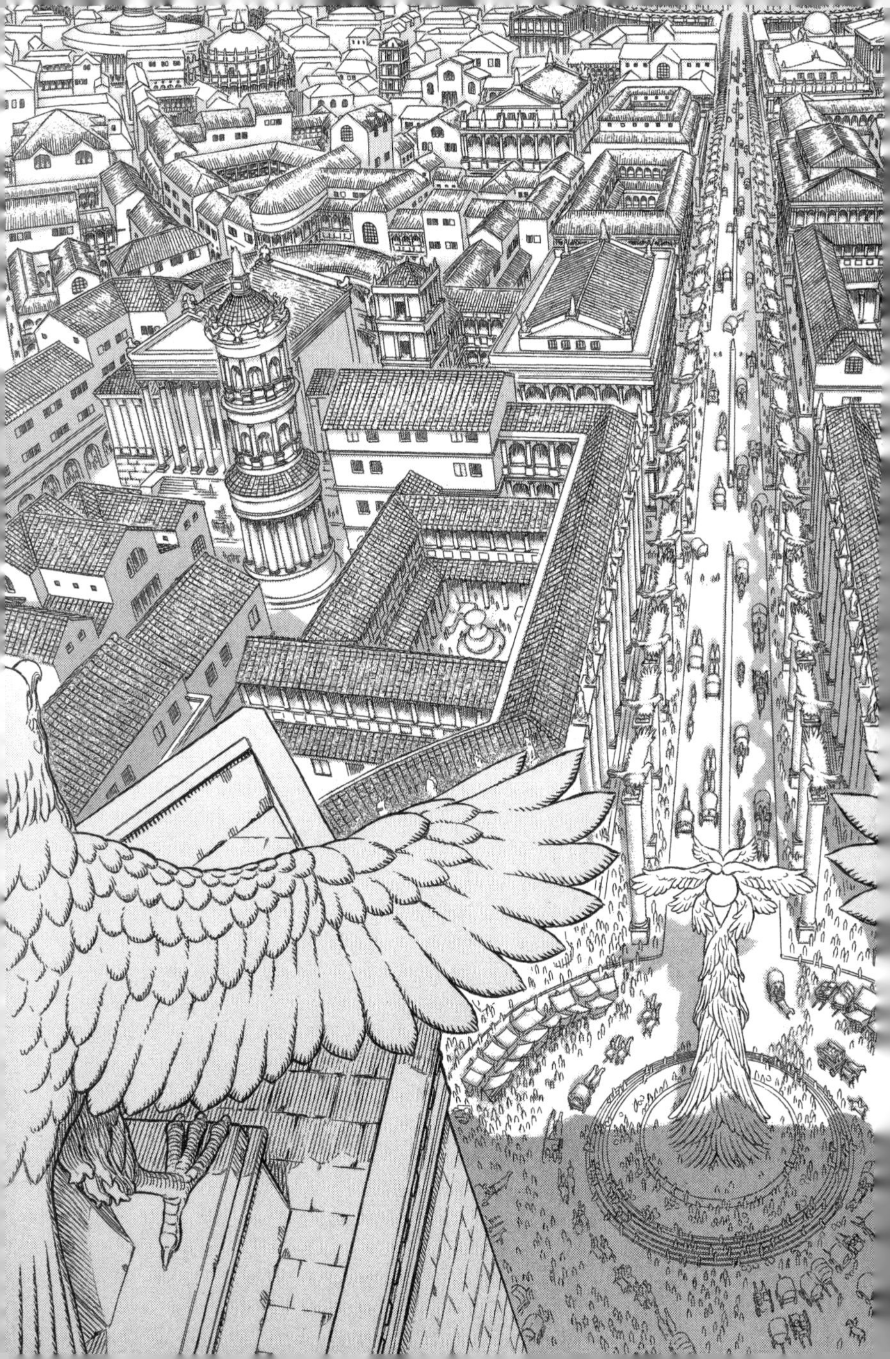

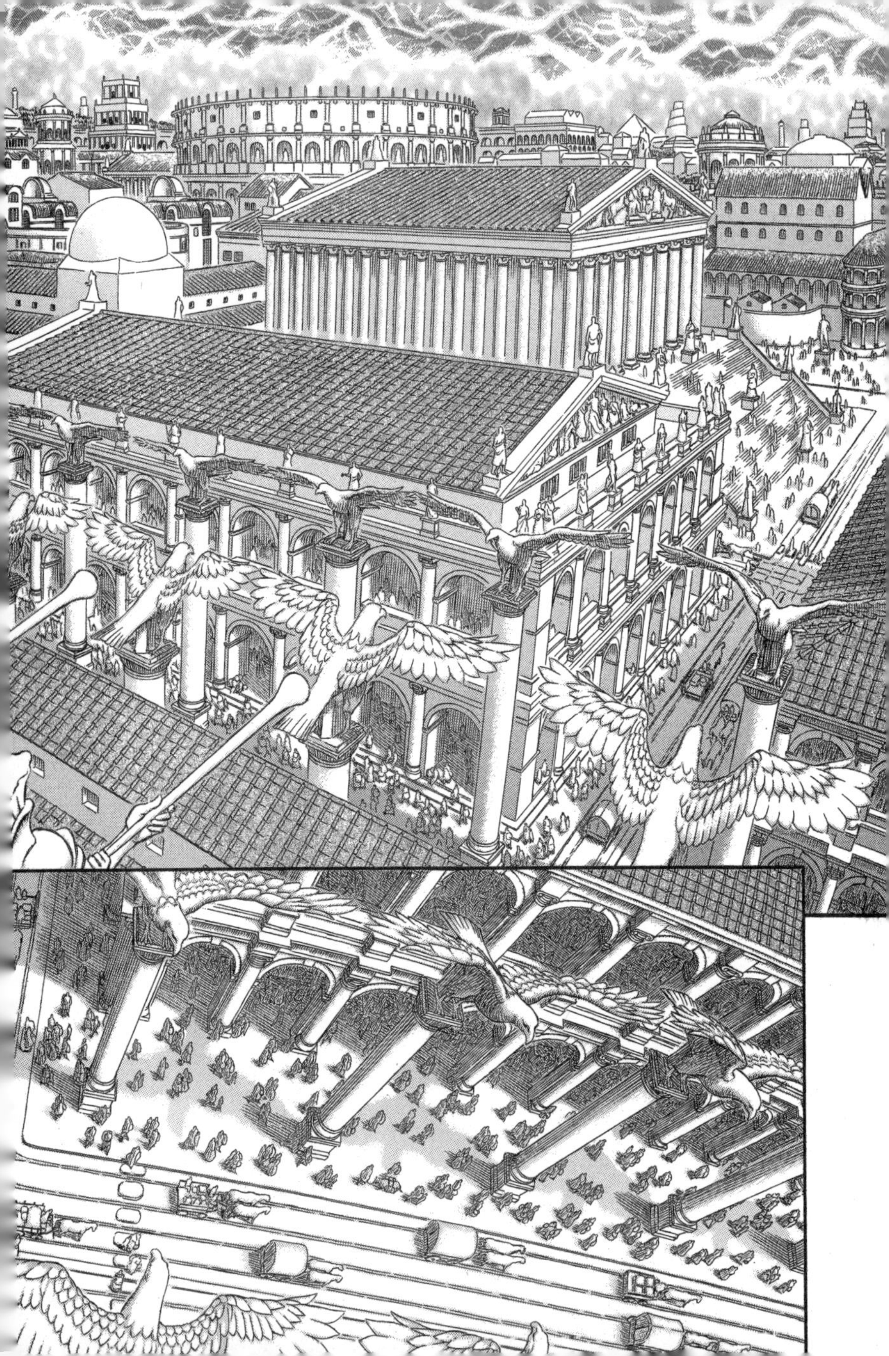

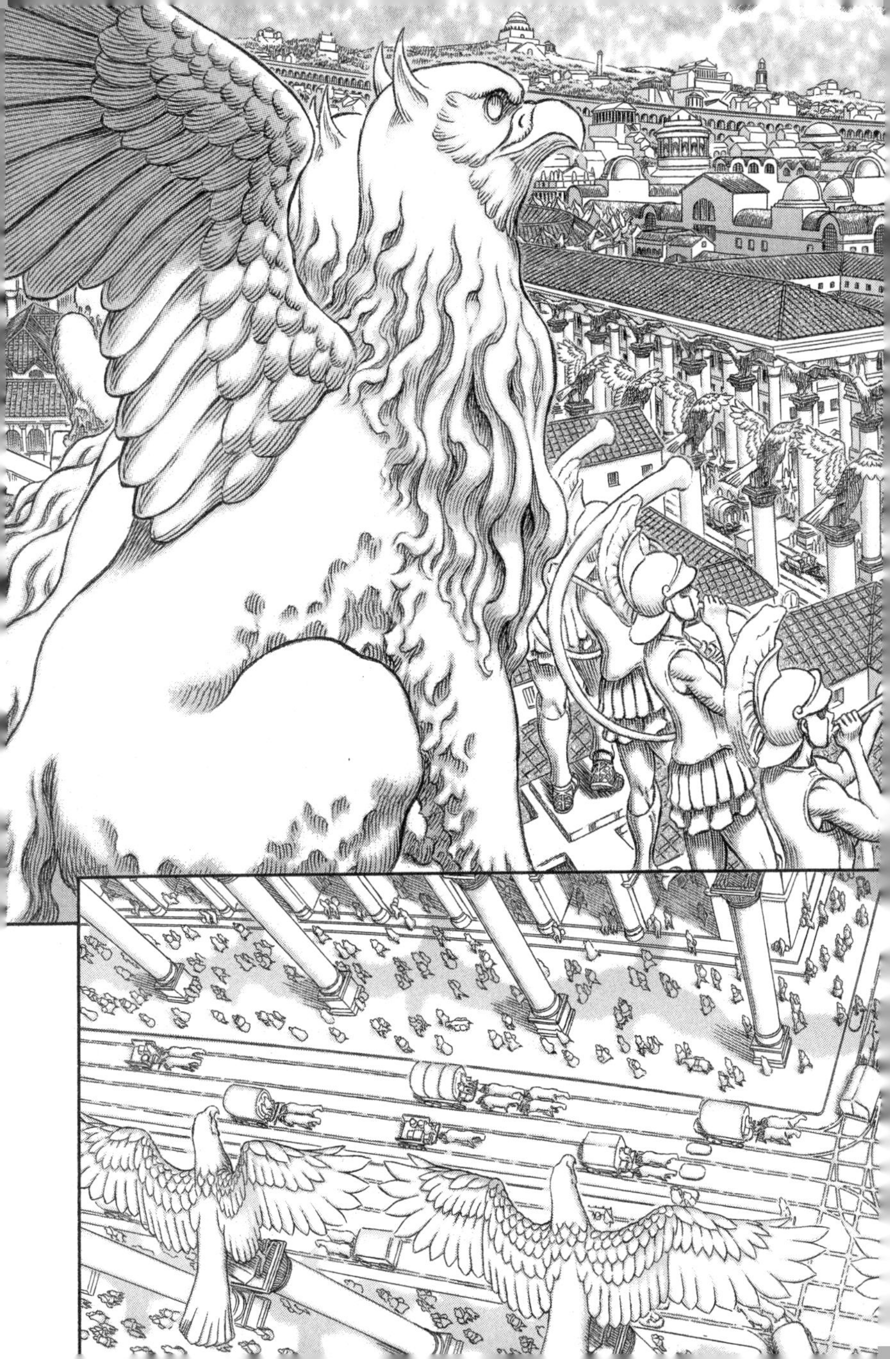

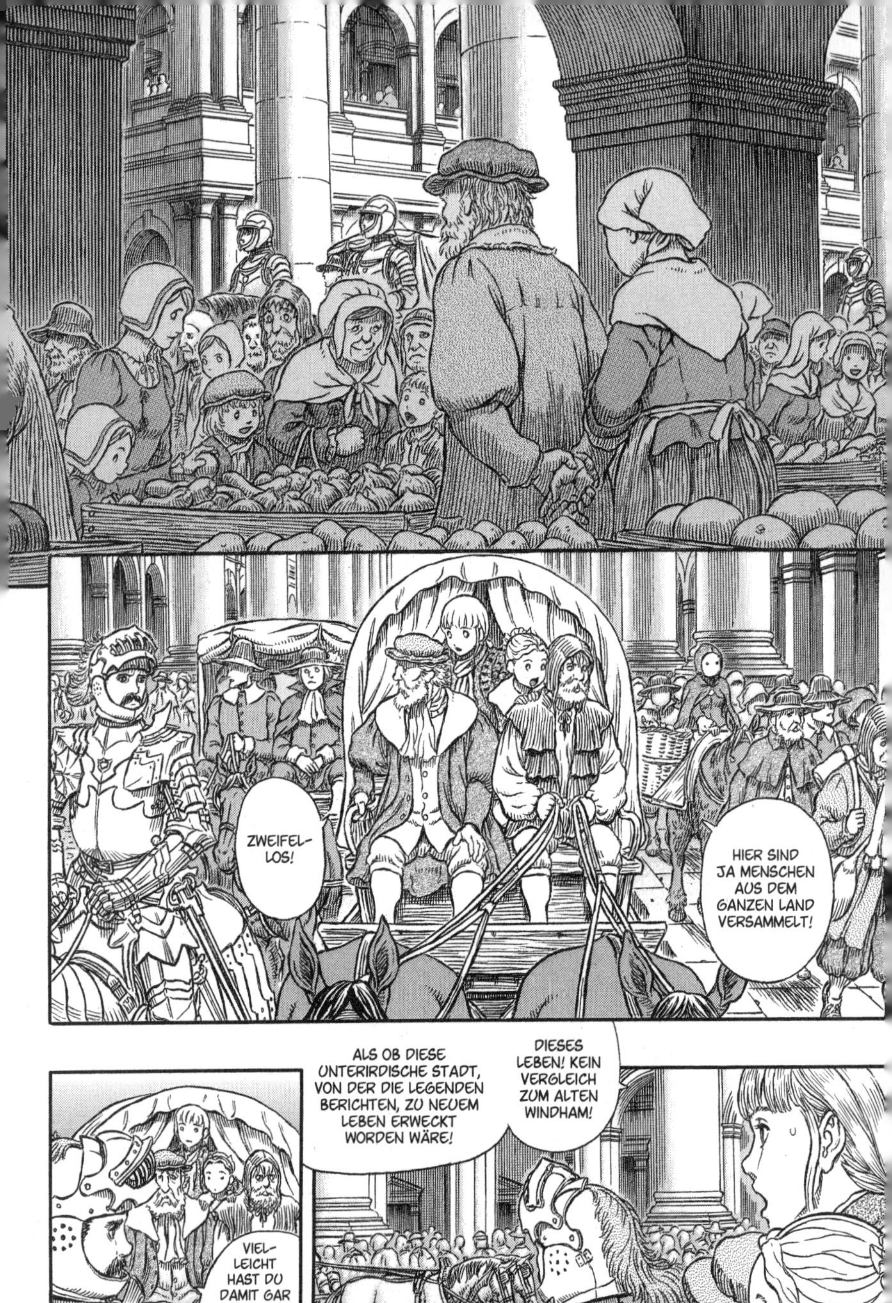
HIER SIND JA MENSCHEN AUS DEM GANZEN LAND VERSAMMELT!
ZWEIFEL-LOS!
DIESES LEBEN! KEIN VERGLEICH ZUM ALTEN WINDHAM!
ALS OB DIESE UNTERIRDISCHE STADT, VON DER DIE LEGENDEN BERICHTEN, ZU NEUEM LEBEN ERWECKT WORDEN WÄRE!
VIEL-LEICHT HAST DU DAMIT GAR NICHT SO UNRECHT...

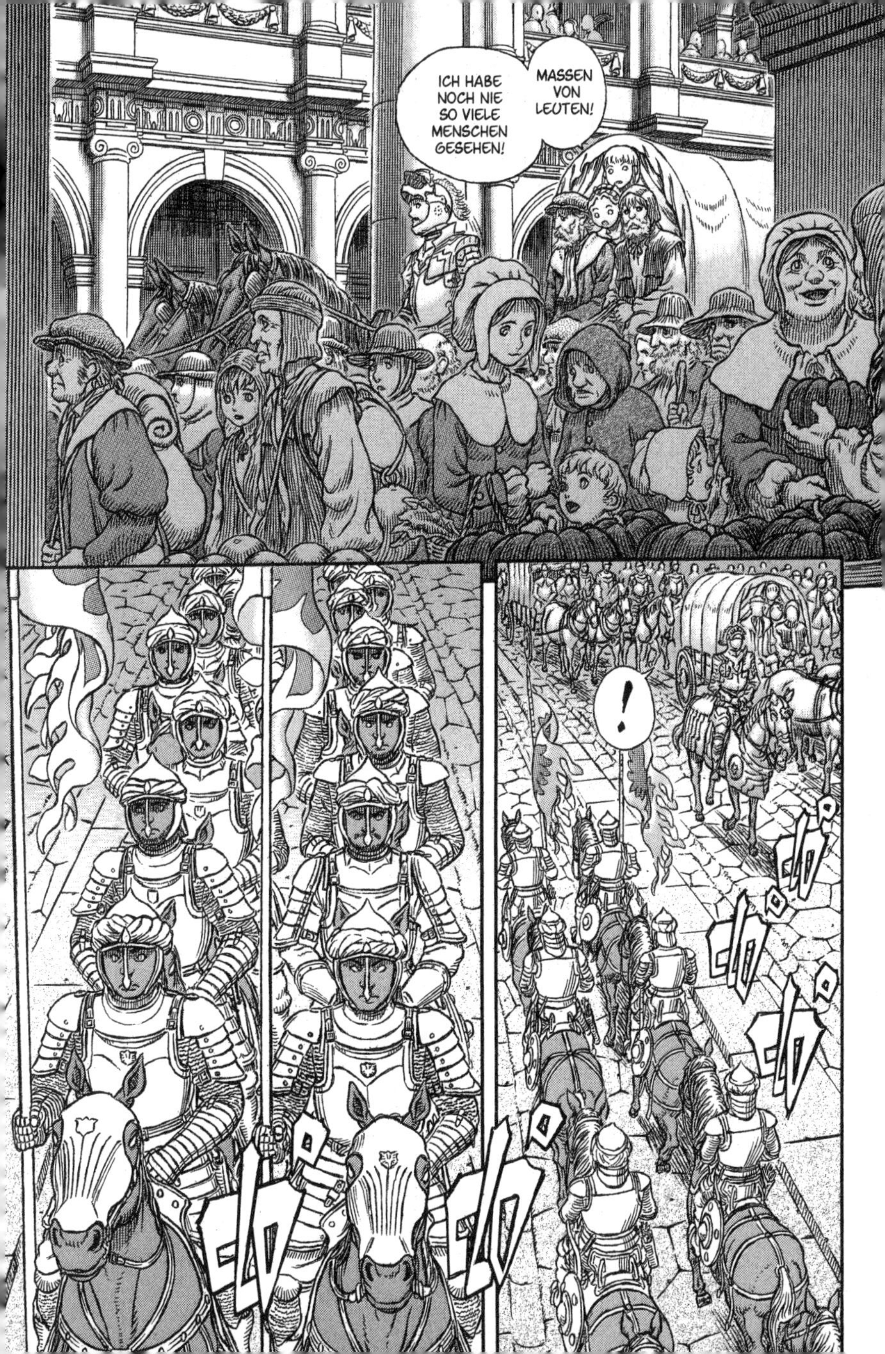
MASSEN VON LEUTEN!
ICH HABE NOCH NIE SO VIELE MENSCHEN GESEHEN!
!

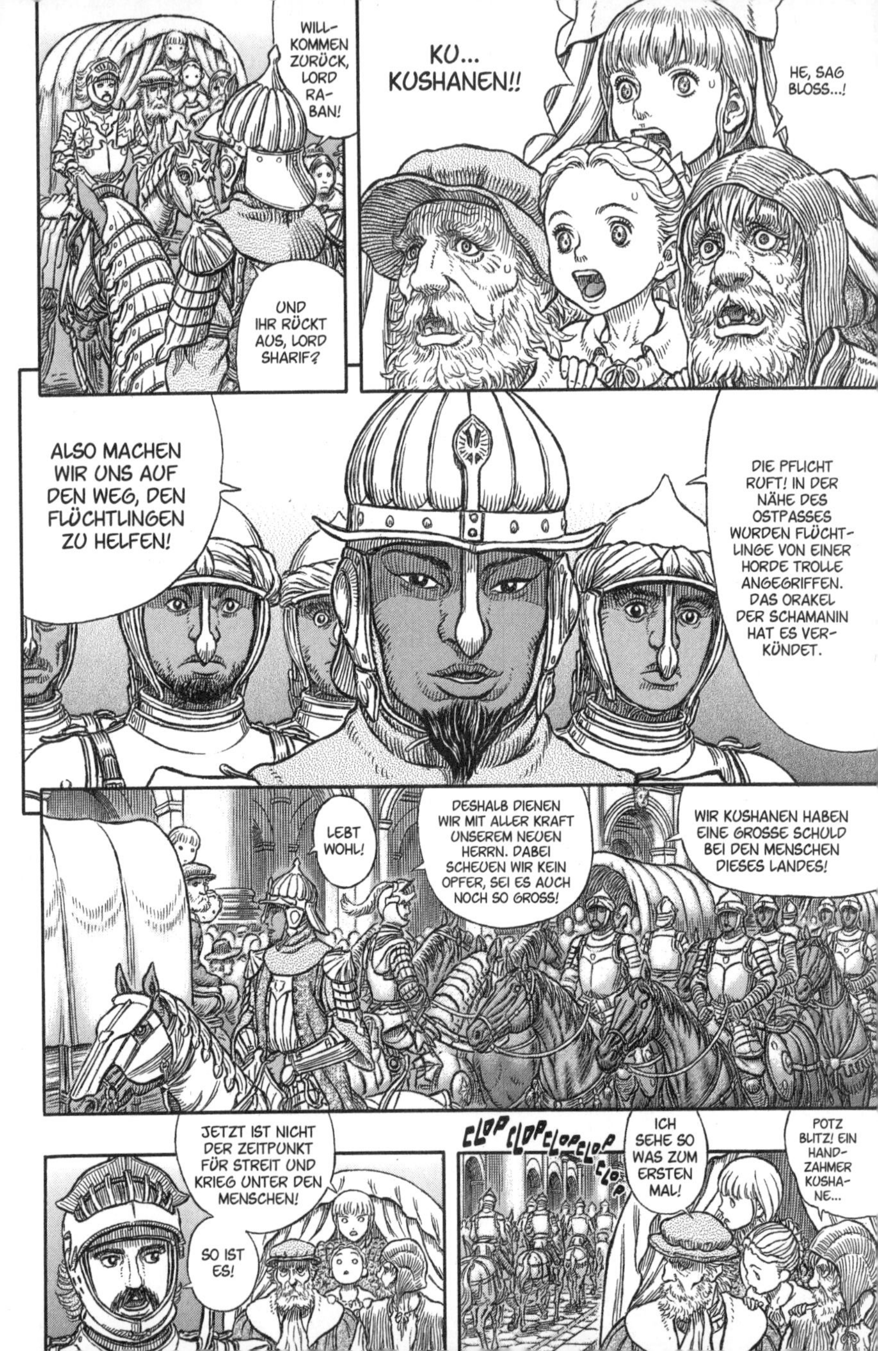

HE, SAG BLOSS...!
KU... KUSHANEN!!
WILLKOMMEN ZURÜCK, LORD RABAN!
UND IHR RÜCKT AUS, LORD SHARIF?
DIE PFLICHT RUFT! IN DER NÄHE DES OSTPASSES WURDEN FLÜCHTLINGE VON EINER HORDE TROLLE ANGEGRIFFEN. DAS ORAKEL DER SCHAMANIN HAT ES VERKÜNDET.
ALSO MACHEN WIR UNS AUF DEN WEG, DEN FLÜCHTLINGEN ZU HELFEN!
WIR KUSHANEN HABEN EINE GROSSE SCHULD BEI DEN MENSCHEN DIESES LANDES!
DESHALB DIENEN WIR MIT ALLER KRAFT UNSEREM NEUEN HERRN. DABEI SCHEUEN WIR KEIN OPFER, SEI ES AUCH NOCH SO GROSS!
LEBT WOHL!
POTZ BLITZ! EIN HANDZAHMER KUSHANE...
ICH SEHE SO WAS ZUM ERSTEN MAL!
CLOP CLOP CLOP CLOP CLOP
JETZT IST NICHT DER ZEITPUNKT FÜR STREIT UND KRIEG UNTER DEN MENSCHEN!
SO IST ES!

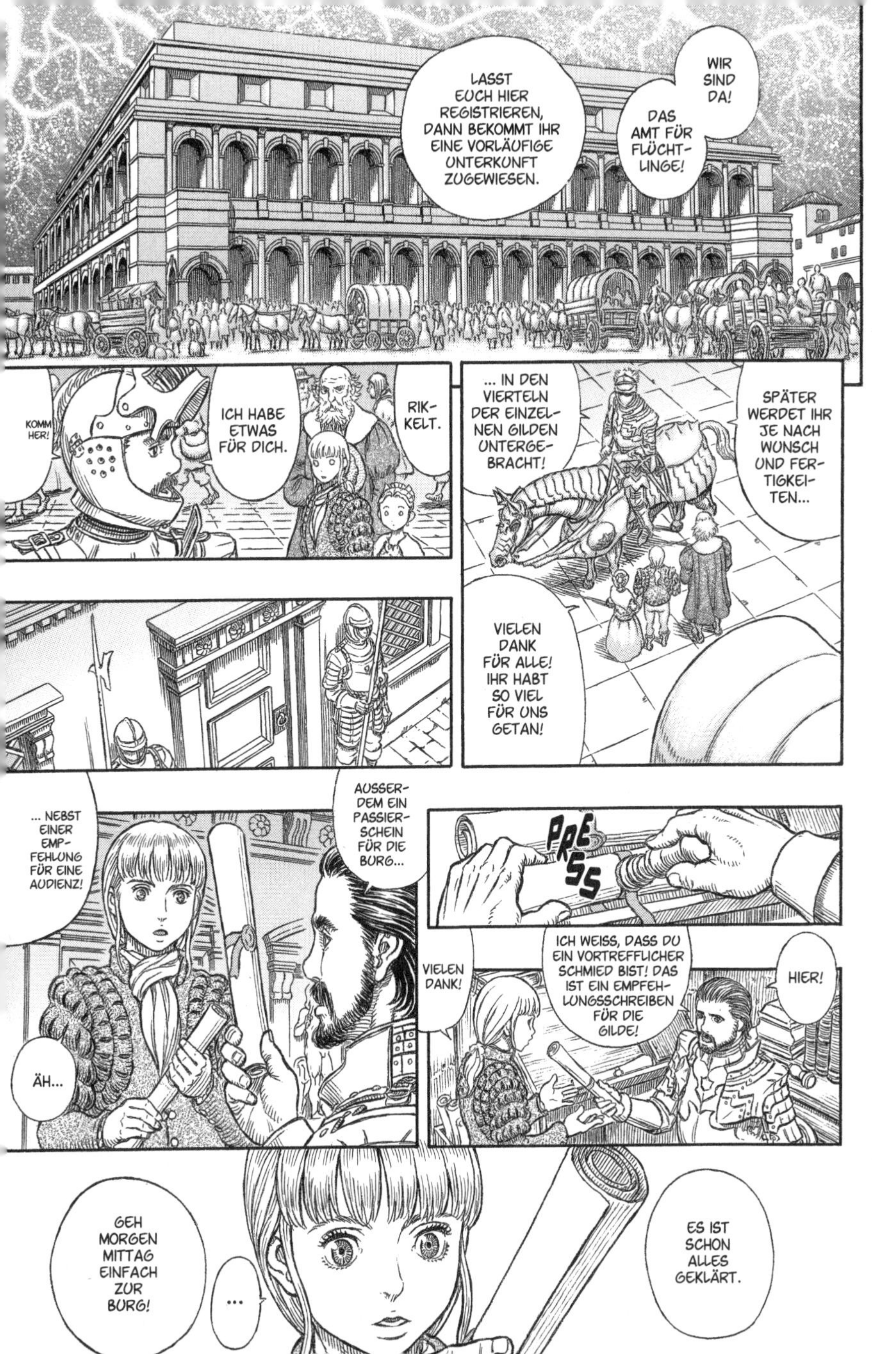
WIR SIND DA!
DAS AMT FÜR FLÜCHTLINGE!
LASST EUCH HIER REGISTRIEREN, DANN BEKOMMT IHR EINE VORLÄUFIGE UNTERKUNFT ZUGEWIESEN.
SPÄTER WERDET IHR JE NACH WUNSCH UND FERTIGKEITEN...
... IN DEN VIERTELN DER EINZELNEN GILDEN UNTERGEBRACHT!
VIELEN DANK FÜR ALLE! IHR HABT SO VIEL FÜR UNS GETAN!
RIKKELT.
ICH HABE ETWAS FÜR DICH.
KOMM HER!
PRESS
HIER!
ICH WEISS, DASS DU EIN VORTREFFLICHER SCHMIED BIST! DAS IST EIN EMPFEHLUNGSSCHREIBEN FÜR DIE GILDE!
VIELEN DANK!
AUSSERDEM EIN PASSIERSCHEIN FÜR DIE BURG...
... NEBST EINER EMPFEHLUNG FÜR EINE AUDIENZ!
ÄH...
ES IST SCHON ALLES GEKLÄRT.
...
GEH MORGEN MITTAG EINFACH ZUR BURG!

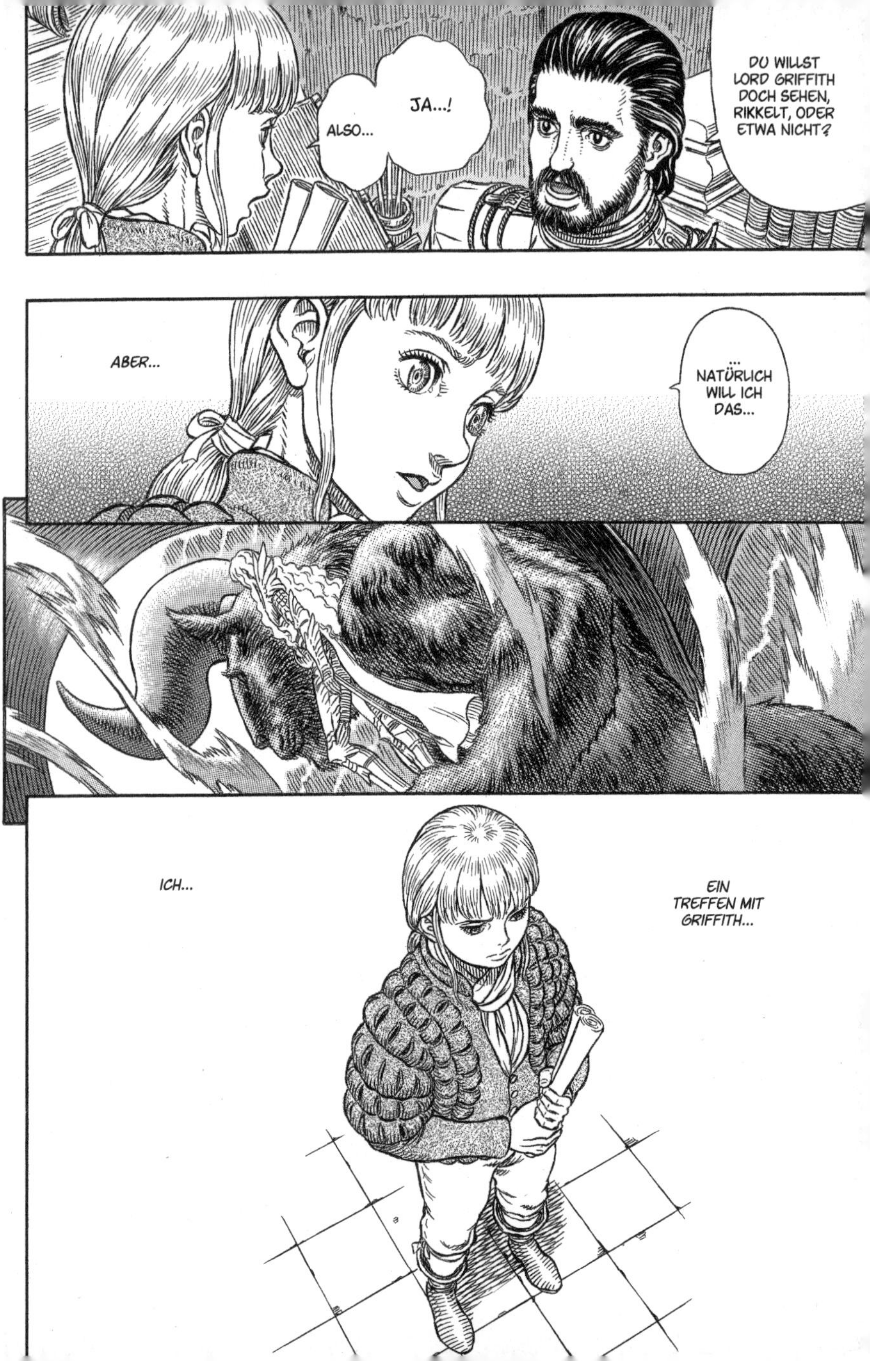

DU WILLST LORD GRIFFITH DOCH SEHEN, RIKKELT, ODER ETWA NICHT?

JA...! ALSO...

... NATÜRLICH WILL ICH DAS...

ABER...

EIN TREFFEN MIT GRIFFITH...

ICH...

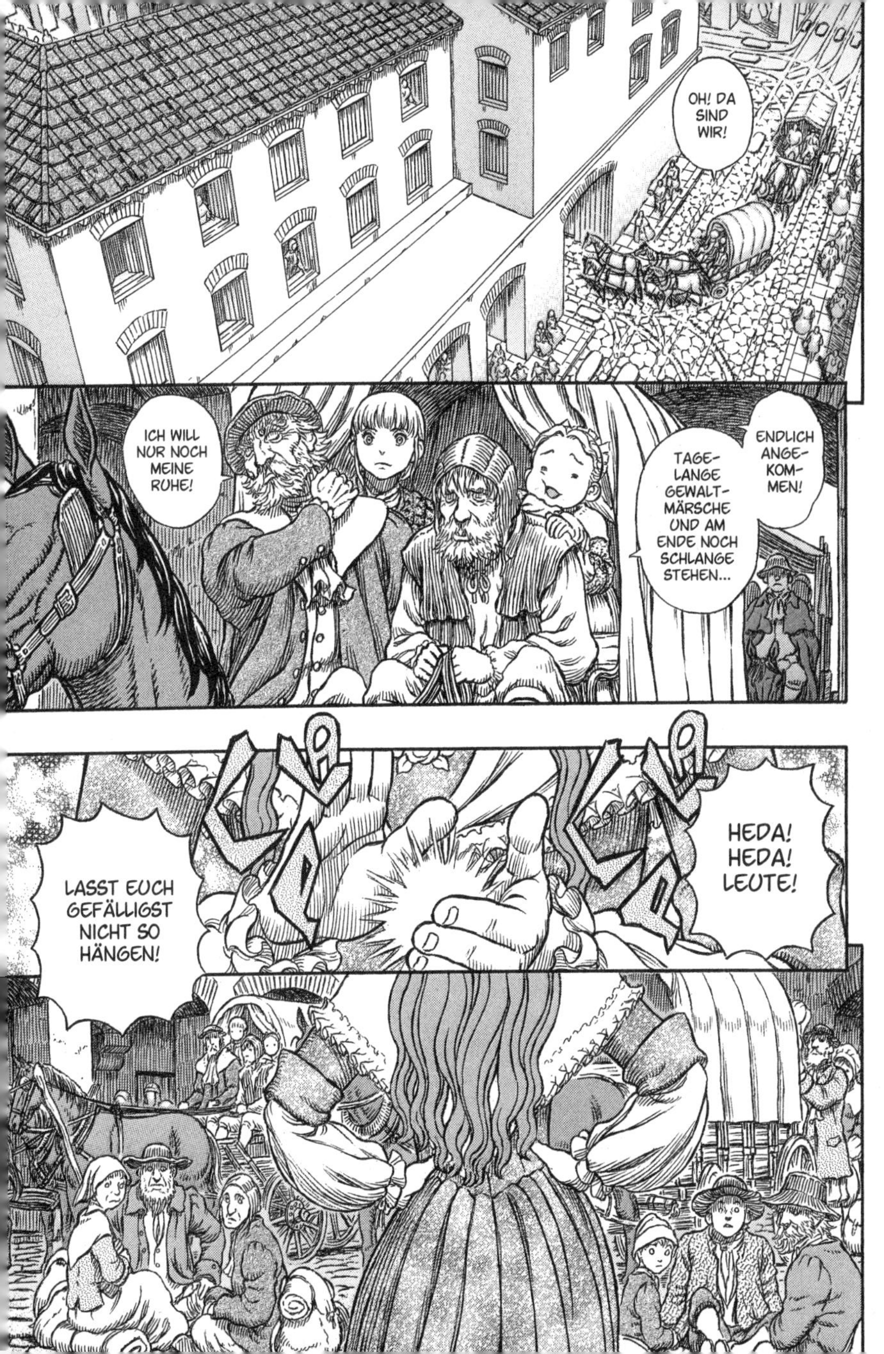
OH! DA SIND WIR!
ENDLICH ANGEKOMMEN!
TAGELANGE GEWALTMÄRSCHE UND AM ENDE NOCH SCHLANGE STEHEN...
ICH WILL NUR NOCH MEINE RUHE!
HEDA! HEDA! LEUTE!
LASST EUCH GEFÄLLIGST NICHT SO HÄNGEN!

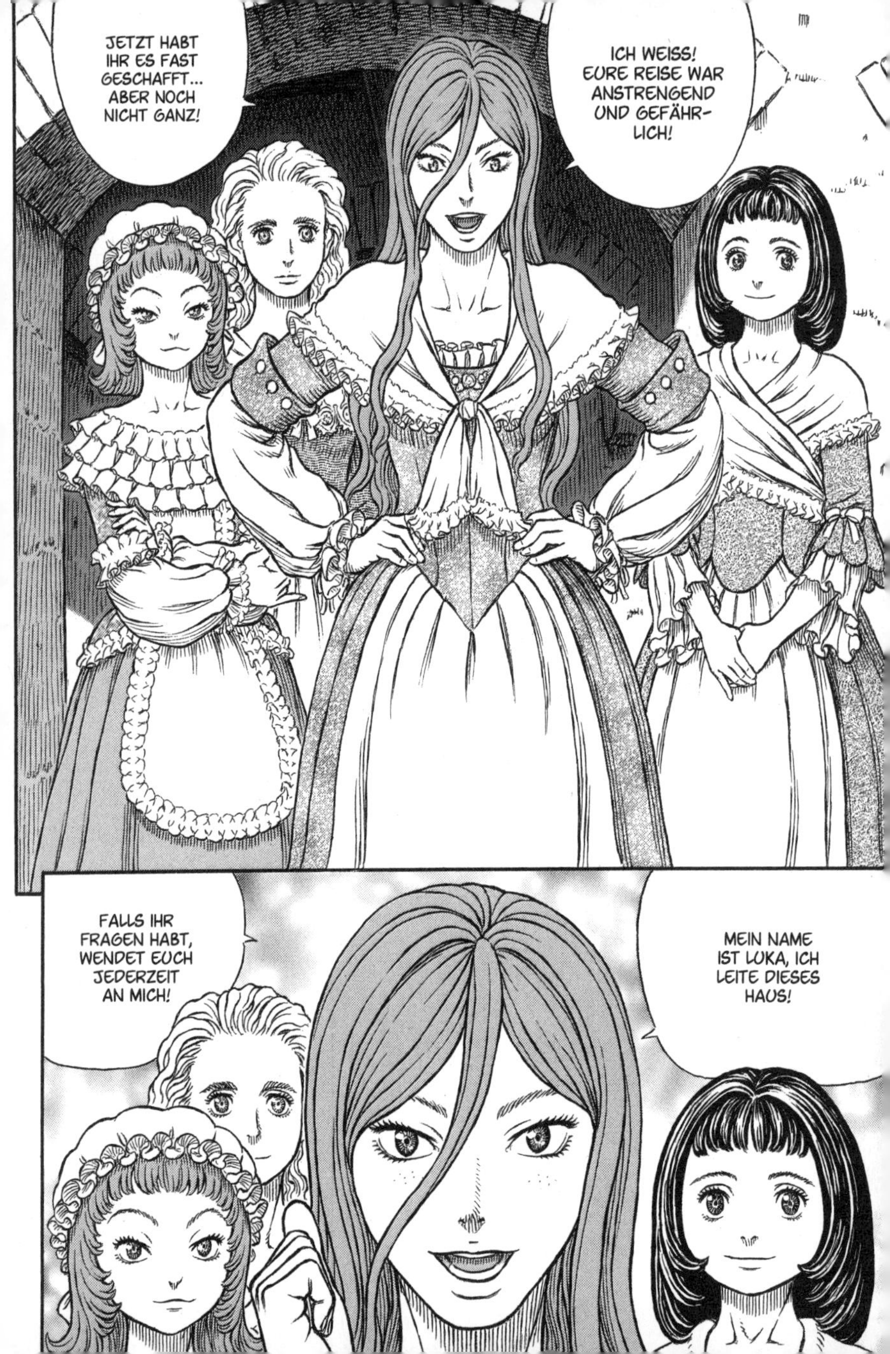
JETZT HABT IHR ES FAST GESCHAFFT... ABER NOCH NICHT GANZ!
ICH WEISS! EURE REISE WAR ANSTRENGEND UND GEFÄHR-LICH!
FALLS IHR FRAGEN HABT, WENDET EUCH JEDERZEIT AN MICH!
MEIN NAME IST LUKA, ICH LEITE DIESES HAUS!

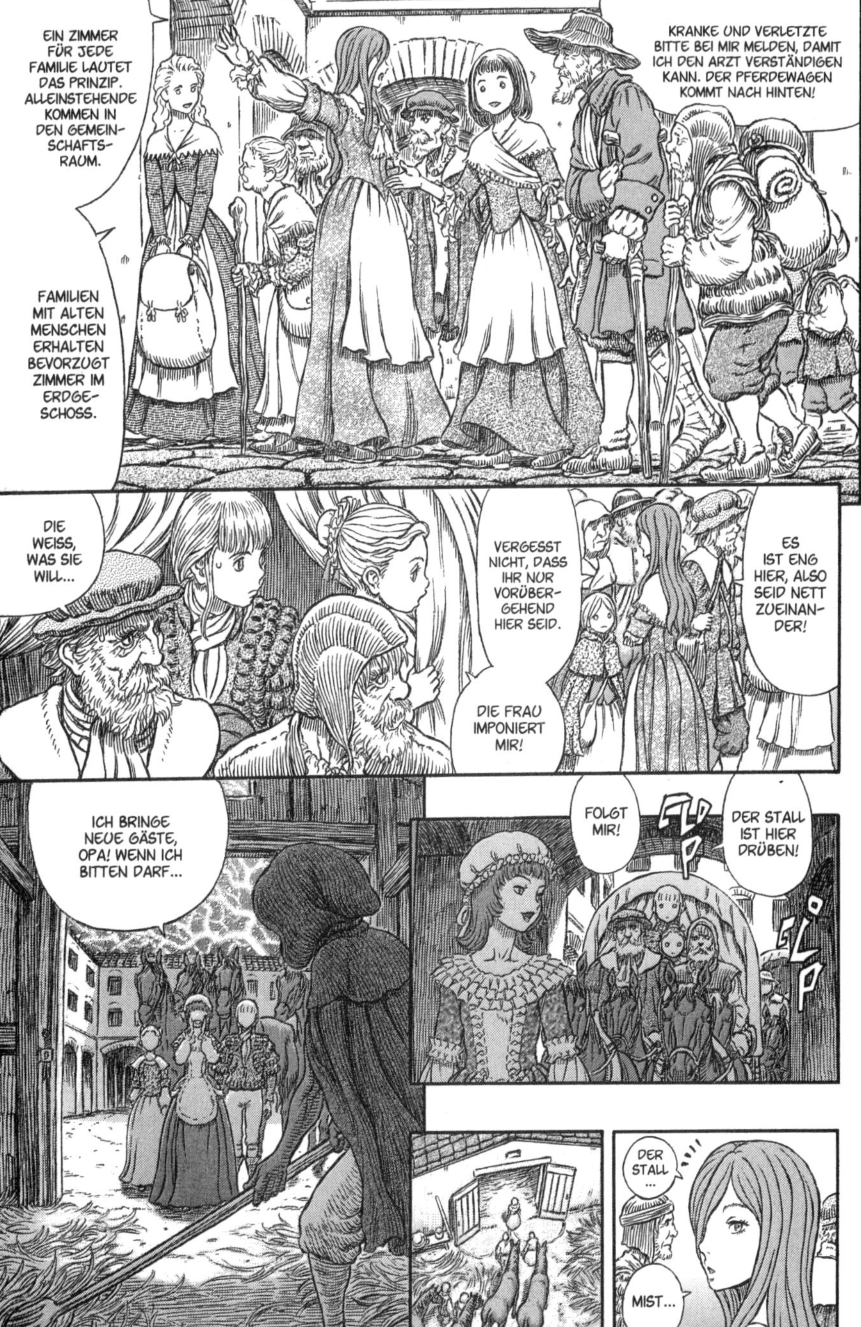
EIN ZIMMER FÜR JEDE FAMILIE LAUTET DAS PRINZIP. ALLEINSTEHENDE KOMMEN IN DEN GEMEIN-SCHAFTS-RAUM.
KRANKE UND VERLETZTE BITTE BEI MIR MELDEN, DAMIT ICH DEN ARZT VERSTÄNDIGEN KANN. DER PFERDEWAGEN KOMMT NACH HINTEN!
FAMILIEN MIT ALTEN MENSCHEN ERHALTEN BEVORZUGT ZIMMER IM ERDGE-SCHOSS.
ES IST ENG HIER, ALSO SEID NETT ZUEINAN-DER!
VERGESST NICHT, DASS IHR NUR VORÜBER-GEHEND HIER SEID.
DIE FRAU IMPONIERT MIR!
DIE WEISS, WAS SIE WILL...
DER STALL IST HIER DRÜBEN!
FOLGT MIR!
ICH BRINGE NEUE GÄSTE, OPA! WENN ICH BITTEN DARF...
DER STALL ...
MIST...

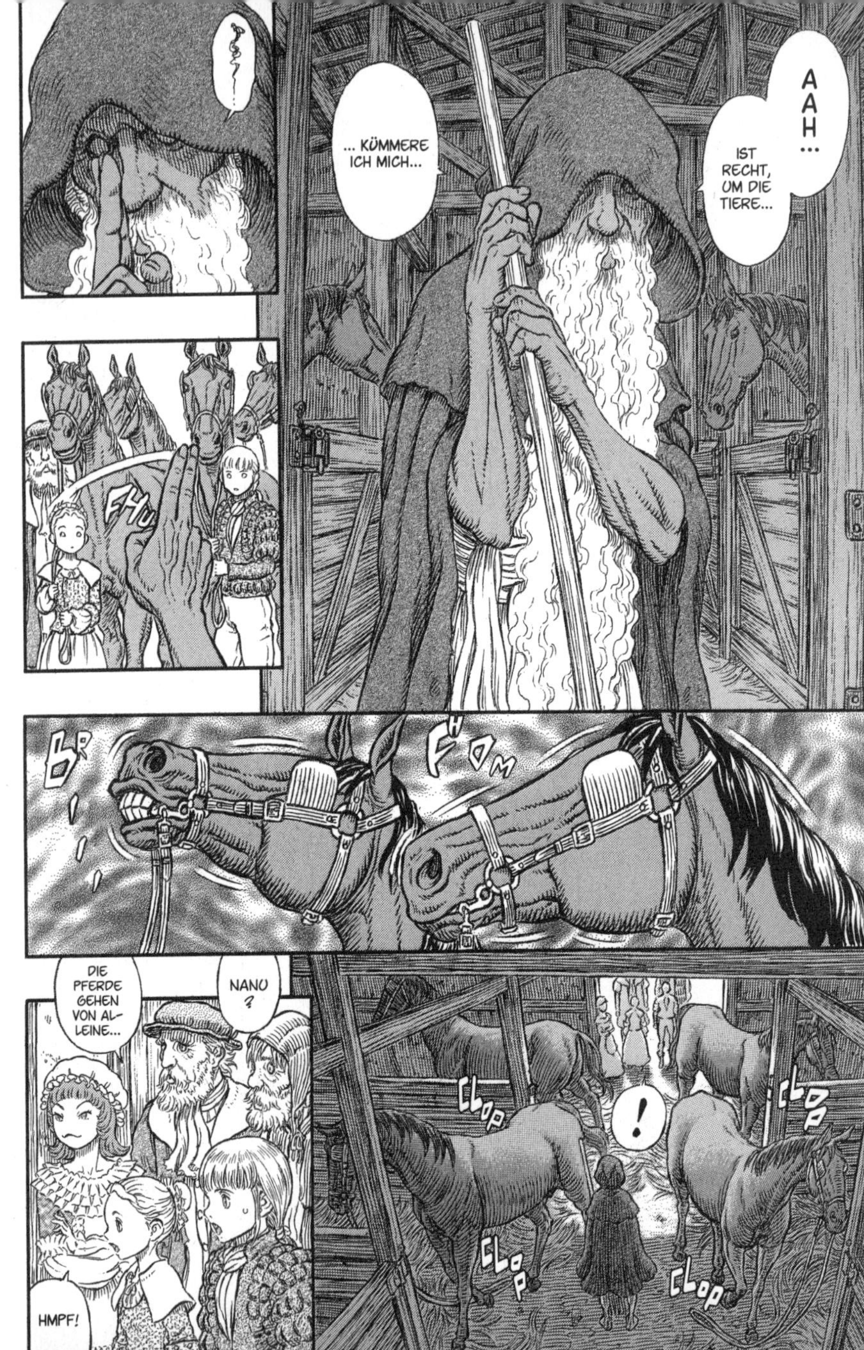
AAH..
IST RECHT, UM DIE TIERE...
... KÜMMERE ICH MICH...
FHU
BR
FHOM
CLOP
!
CLOP
CLOP
CLOP
NANU ?
DIE PFERDE GEHEN VON AL-LEINE...
HMPF!

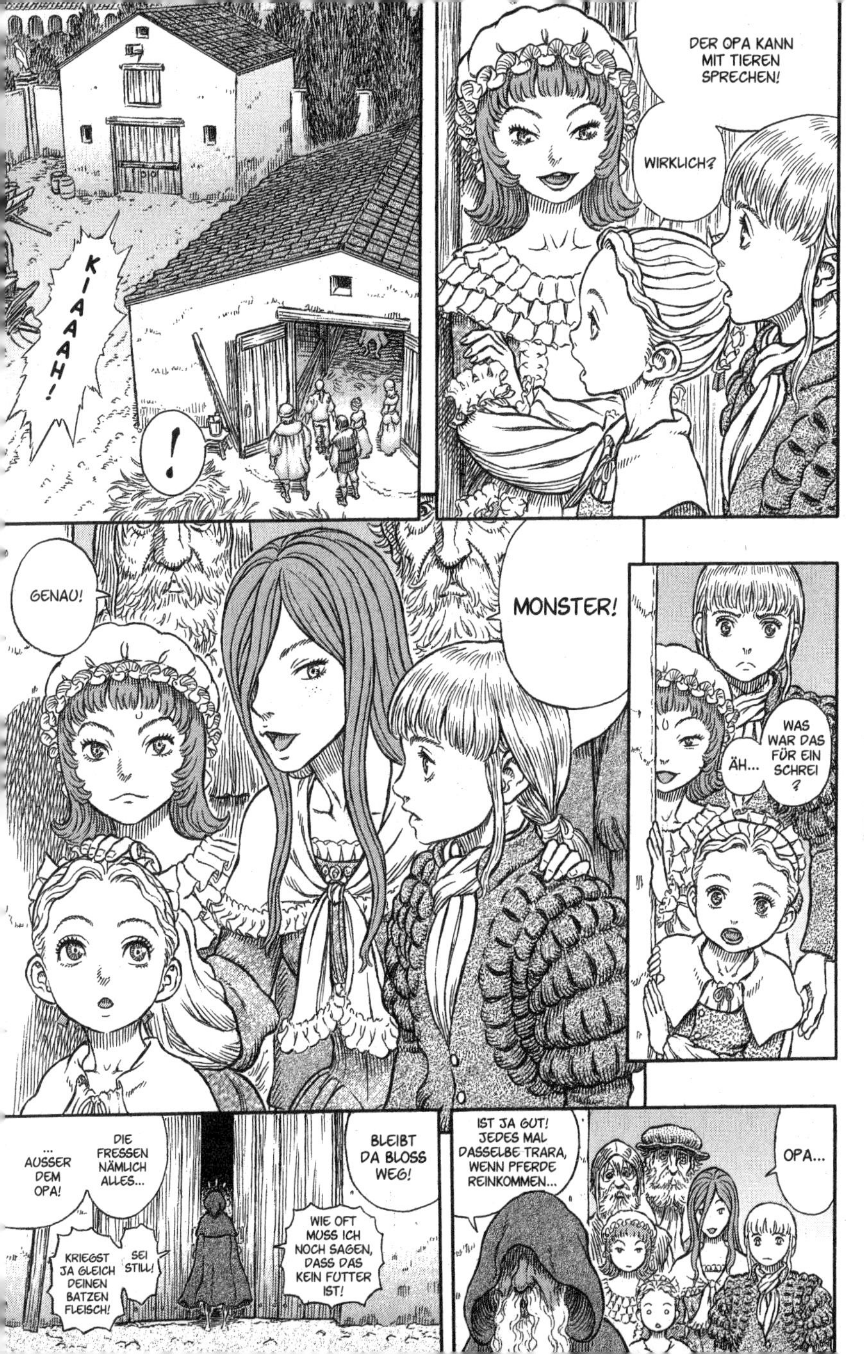

DER OPA KANN MIT TIEREN SPRECHEN!
WIRKLICH?
KIAAAAH!
!
WAS WAR DAS FÜR EIN SCHREI?
ÄH...
MONSTER!
GENAU!
OPA...
IST JA GUT! JEDES MAL DASSELBE TRARA, WENN PFERDE REINKOMMEN...
BLEIBT DA BLOSS WEG!
WIE OFT MUSS ICH NOCH SAGEN, DASS DAS KEIN FUTTER IST!
DIE FRESSEN NÄMLICH ALLES...
... AUSSER DEM OPA!
SEI STILL!
KRIEGST JA GLEICH DEINEN BATZEN FLEISCH!

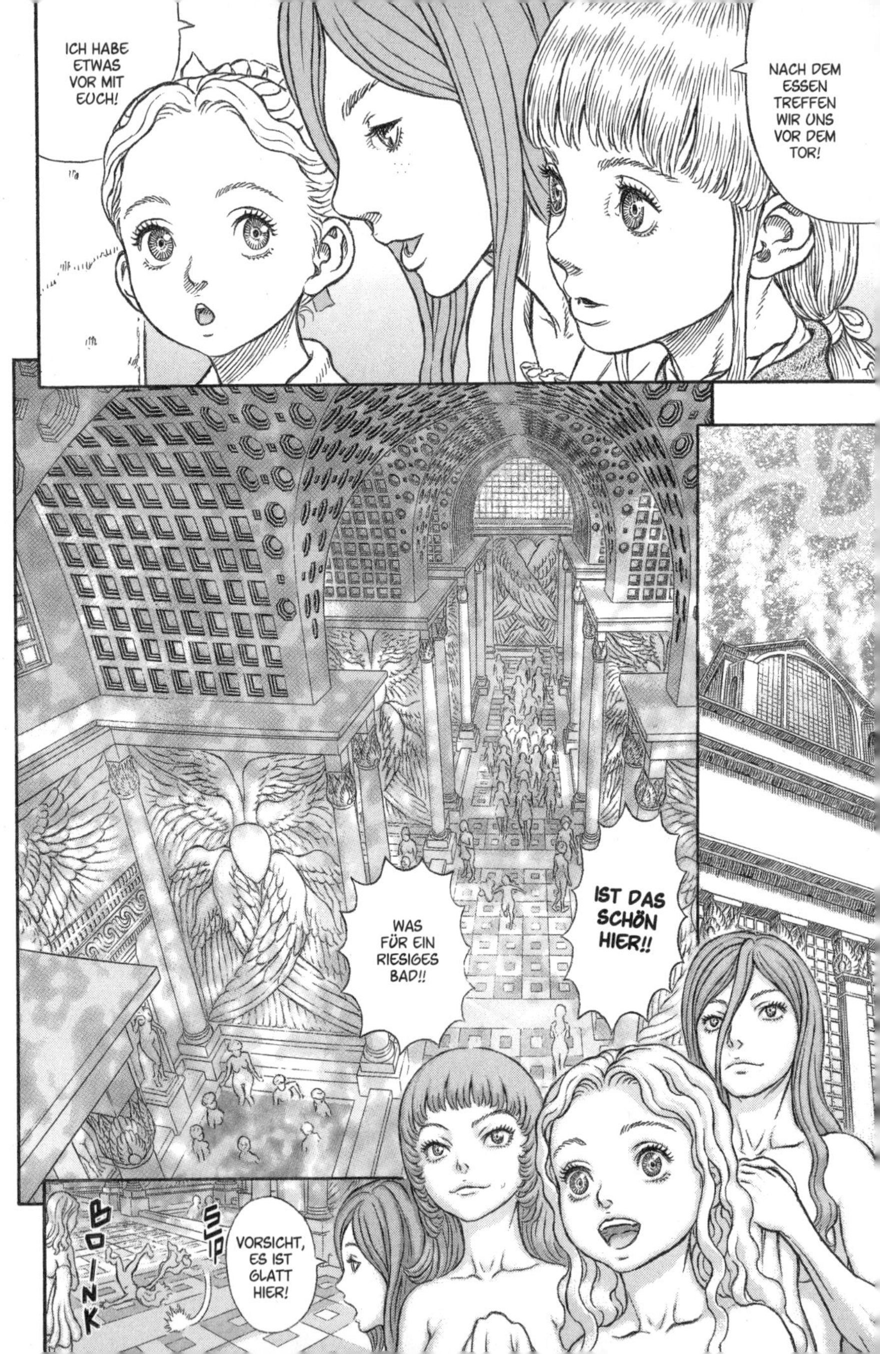
NACH DEM ESSEN TREFFEN WIR UNS VOR DEM TOR!
ICH HABE ETWAS VOR MIT EUCH!
IST DAS SCHÖN HIER!!
WAS FÜR EIN RIESIGES BAD!!
VORSICHT, ES IST GLATT HIER!
SLIP
BOINK

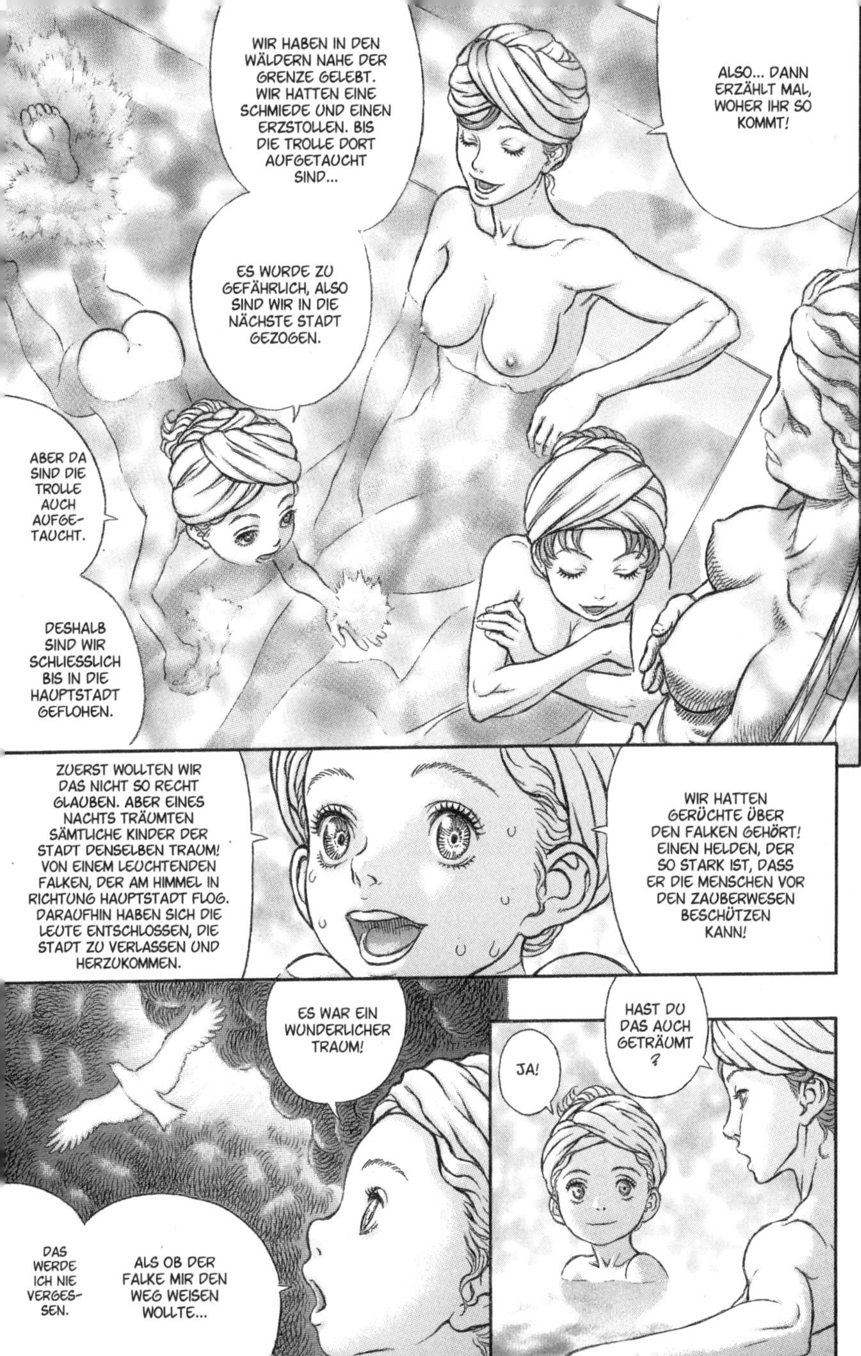
ALSO... DANN ERZÄHLT MAL, WOHER IHR SO KOMMT!
WIR HABEN IN DEN WÄLDERN NAHE DER GRENZE GELEBT. WIR HATTEN EINE SCHMIEDE UND EINEN ERZSTOLLEN. BIS DIE TROLLE DORT AUFGETAUCHT SIND...
ES WURDE ZU GEFÄHRLICH, ALSO SIND WIR IN DIE NÄCHSTE STADT GEZOGEN.
ABER DA SIND DIE TROLLE AUCH AUFGE-TAUCHT.
DESHALB SIND WIR SCHLIESSLICH BIS IN DIE HAUPTSTADT GEFLOHEN.
WIR HATTEN GERÜCHTE ÜBER DEN FALKEN GEHÖRT! EINEN HELDEN, DER SO STARK IST, DASS ER DIE MENSCHEN VOR DEN ZAUBERWESEN BESCHÜTZEN KANN!
ZUERST WOLLTEN WIR DAS NICHT SO RECHT GLAUBEN. ABER EINES NACHTS TRÄUMTEN SÄMTLICHE KINDER DER STADT DENSELBEN TRAUM! VON EINEM LEUCHTENDEN FALKEN, DER AM HIMMEL IN RICHTUNG HAUPTSTADT FLOG. DARAUFHIN HABEN SICH DIE LEUTE ENTSCHLOSSEN, DIE STADT ZU VERLASSEN UND HERZUKOMMEN.
HAST DU DAS AUCH GETRÄUMT?
JA!
ES WAR EIN WUNDERLICHER TRAUM!
ALS OB DER FALKE MIR DEN WEG WEISEN WOLLTE...
DAS WERDE ICH NIE VERGES-SEN.

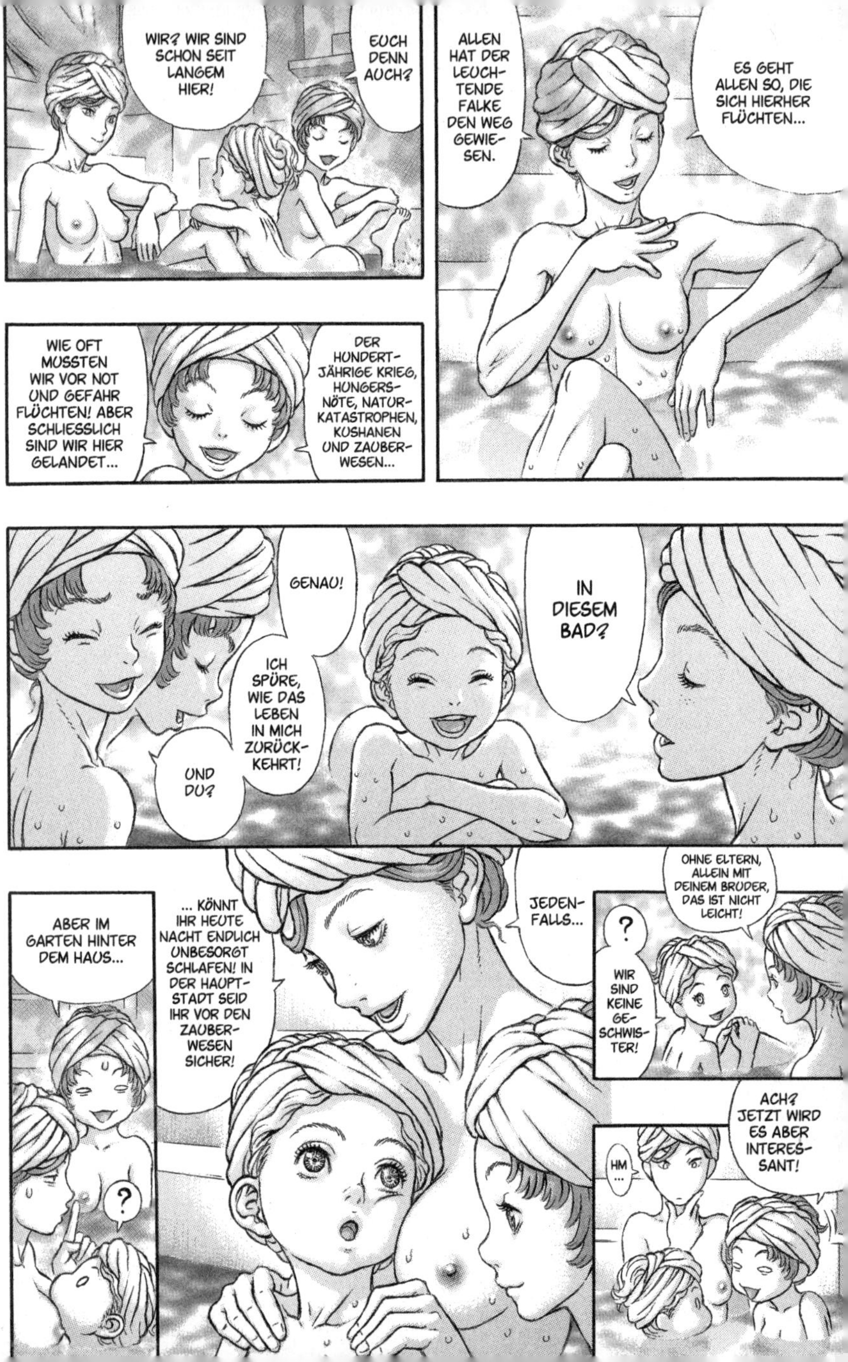

WIR? WIR SIND SCHON SEIT LANGEM HIER!
EUCH DENN AUCH?
ALLEN HAT DER LEUCHTENDE FALKE DEN WEG GEWIESEN.
ES GEHT ALLEN SO, DIE SICH HIERHER FLÜCHTEN...
WIE OFT MUSSTEN WIR VOR NOT UND GEFAHR FLÜCHTEN! ABER SCHLIESSLICH SIND WIR HIER GELANDET...
DER HUNDERTJÄHRIGE KRIEG, HUNGERSNÖTE, NATURKATASTROPHEN, KUSHANEN UND ZAUBERWESEN...
GENAU!
ICH SPÜRE, WIE DAS LEBEN IN MICH ZURÜCKKEHRT!
UND DU?
IN DIESEM BAD?
JEDENFALLS...
... KÖNNT IHR HEUTE NACHT ENDLICH UNBESORGT SCHLAFEN! IN DER HAUPTSTADT SEID IHR VOR DEN ZAUBERWESEN SICHER!
OHNE ELTERN, ALLEIN MIT DEINEM BRUDER, DAS IST NICHT LEICHT!
?
WIR SIND KEINE GESCHWISTER!
ACH? JETZT WIRD ES ABER INTERESSANT!
HM ...
ABER IM GARTEN HINTER DEM HAUS...
?

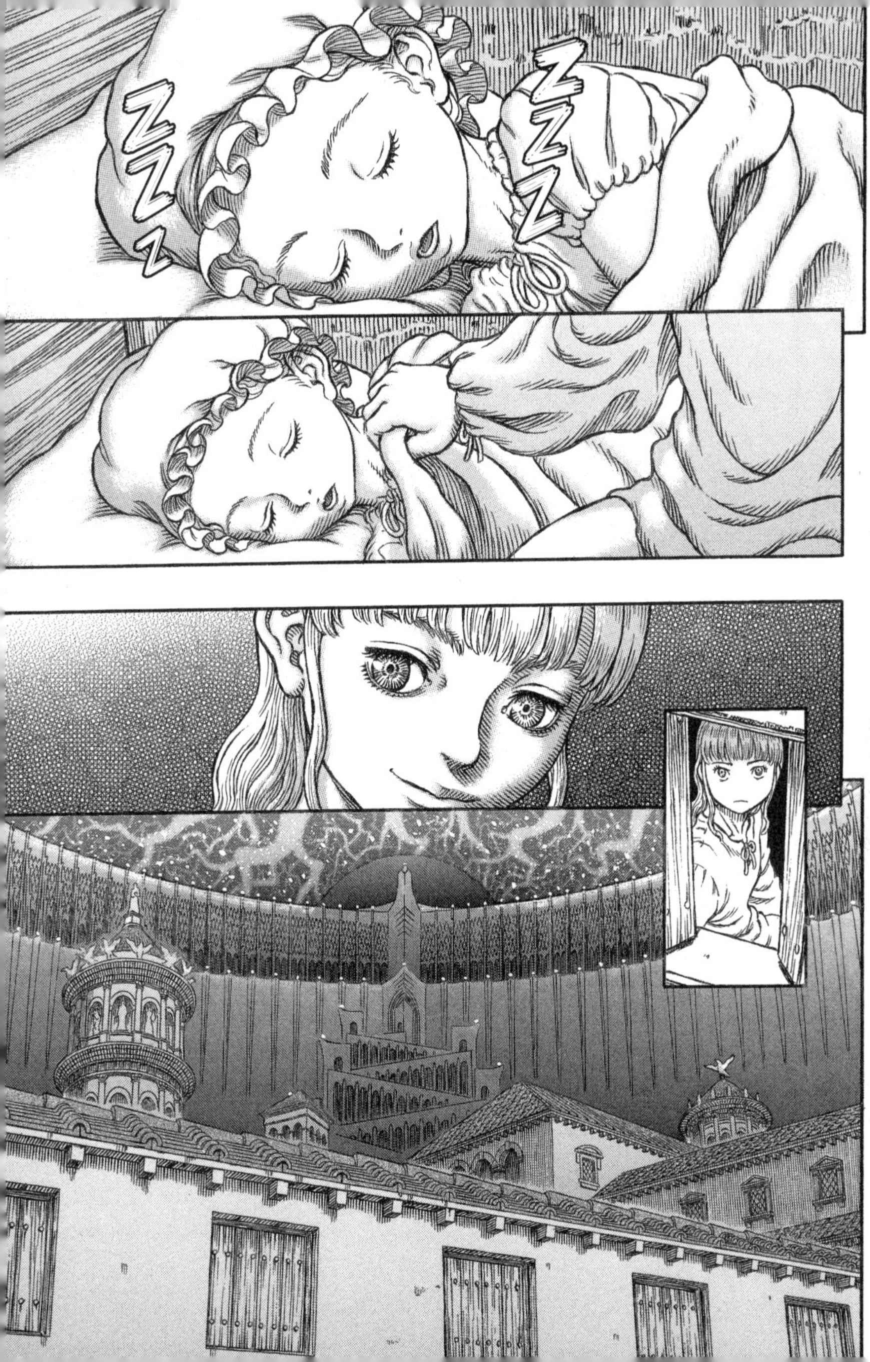

ZZZZ
ZZZ

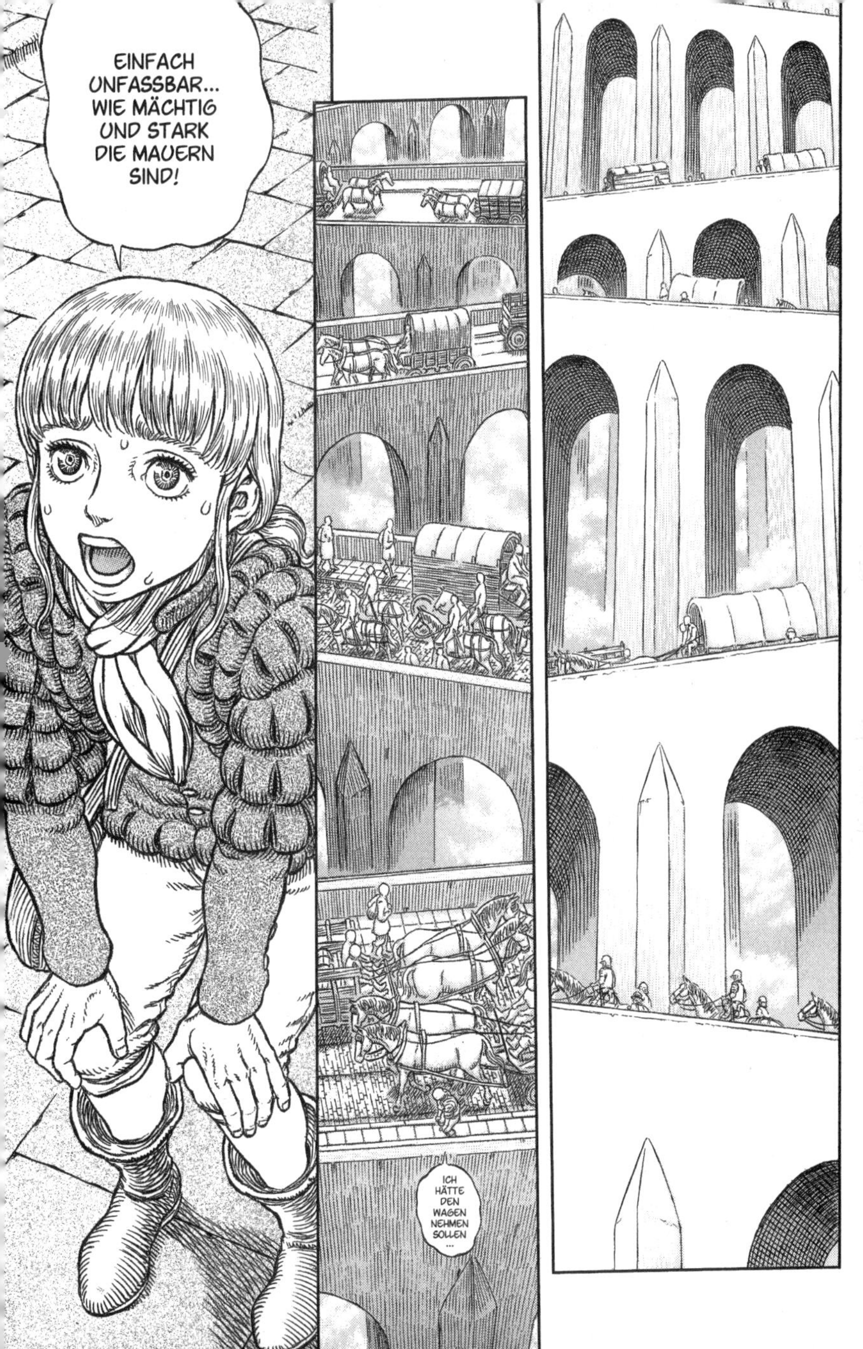
EINFACH UNFASSBAR... WIE MÄCHTIG UND STARK DIE MAUERN SIND!
ICH HÄTTE DEN WAGEN NEHMEN SOLLEN ...

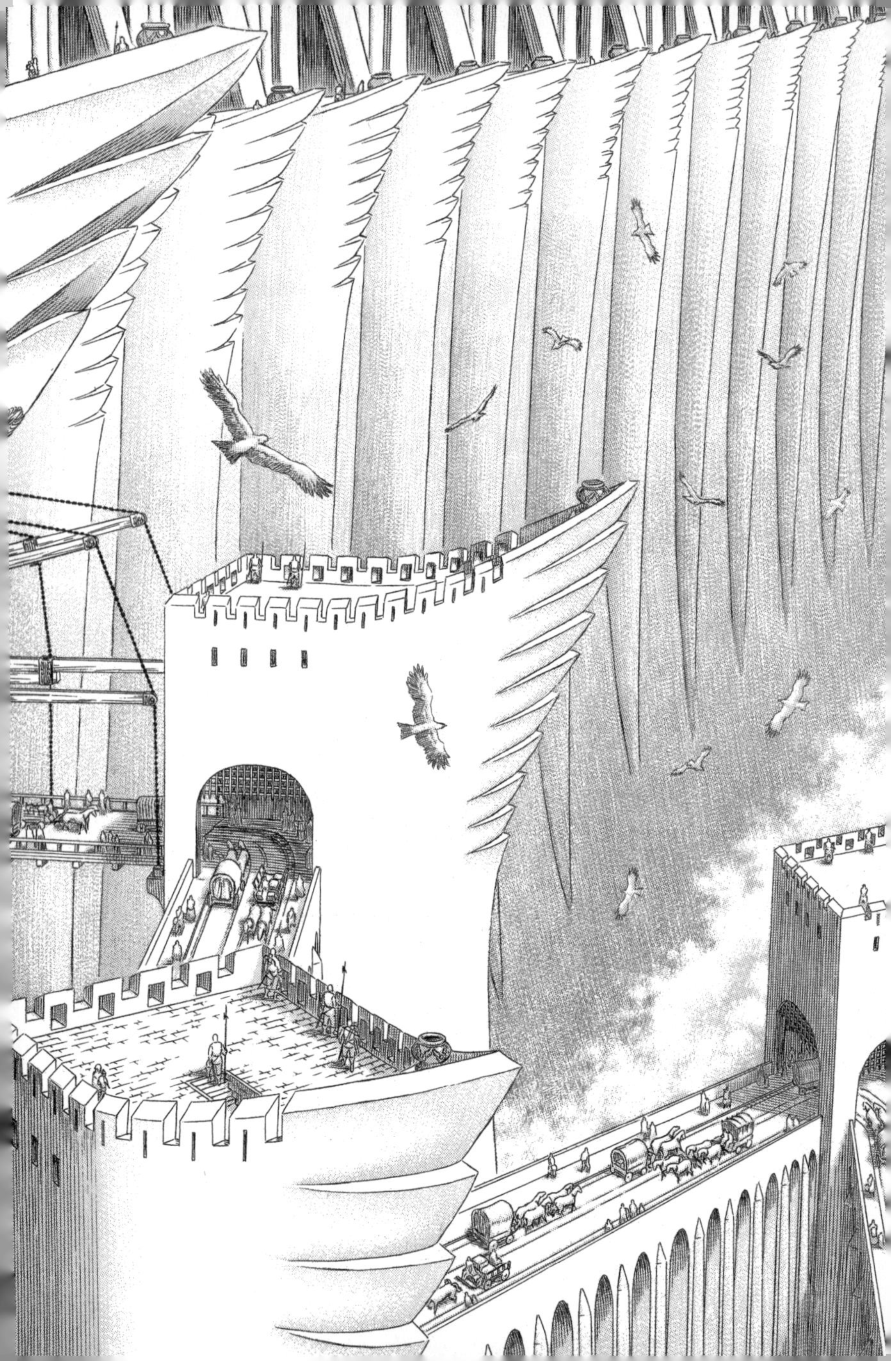

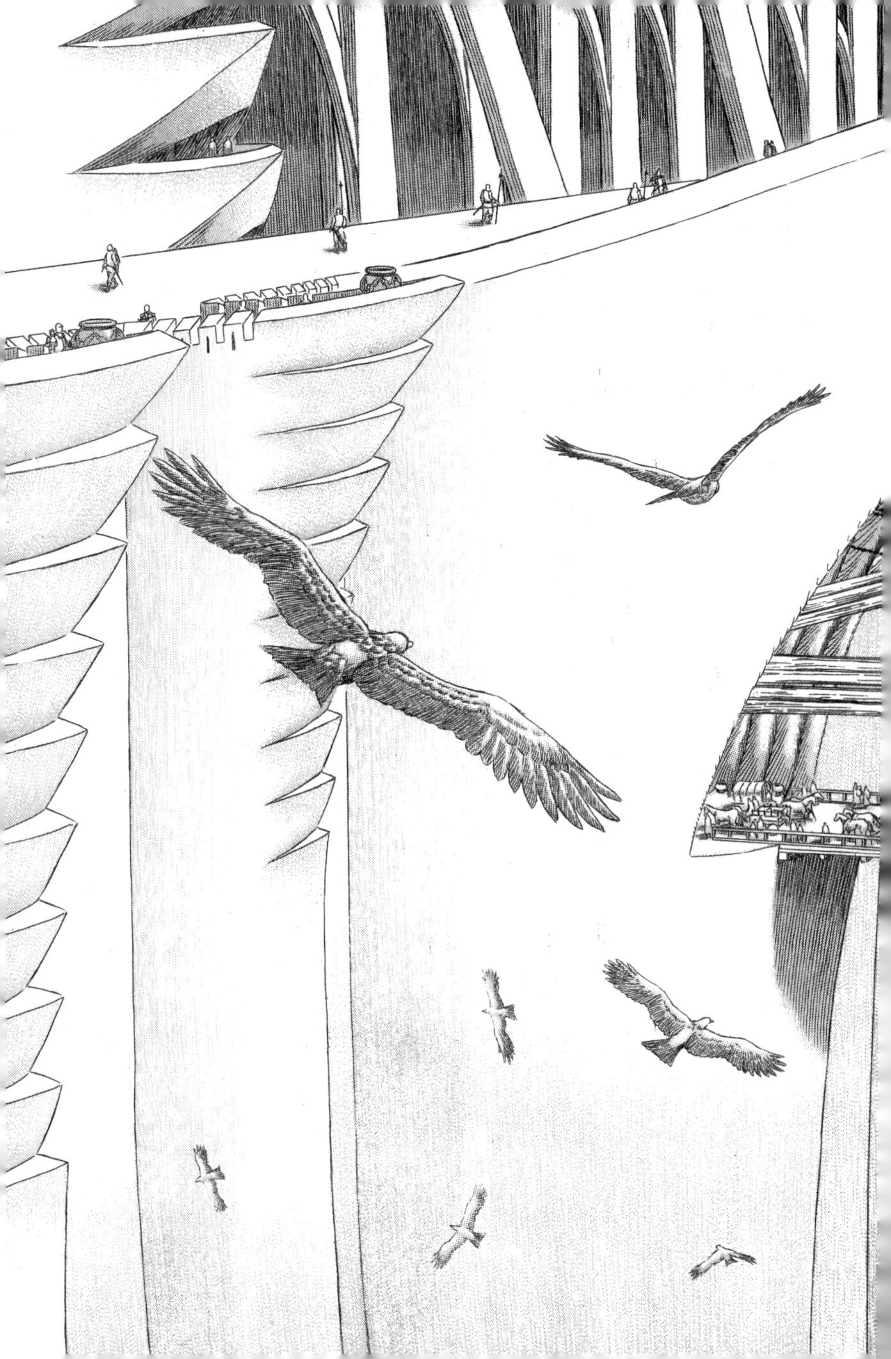

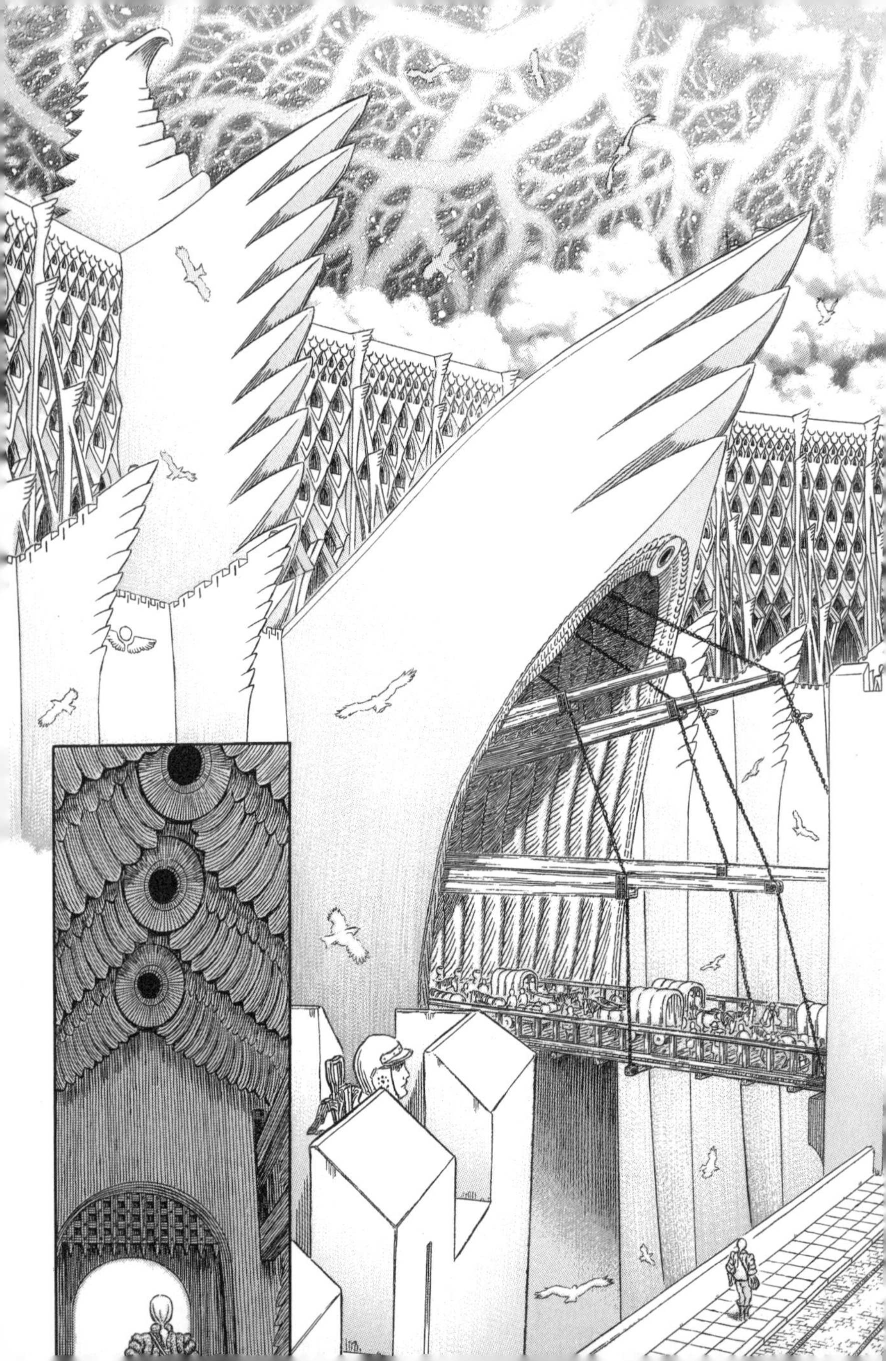

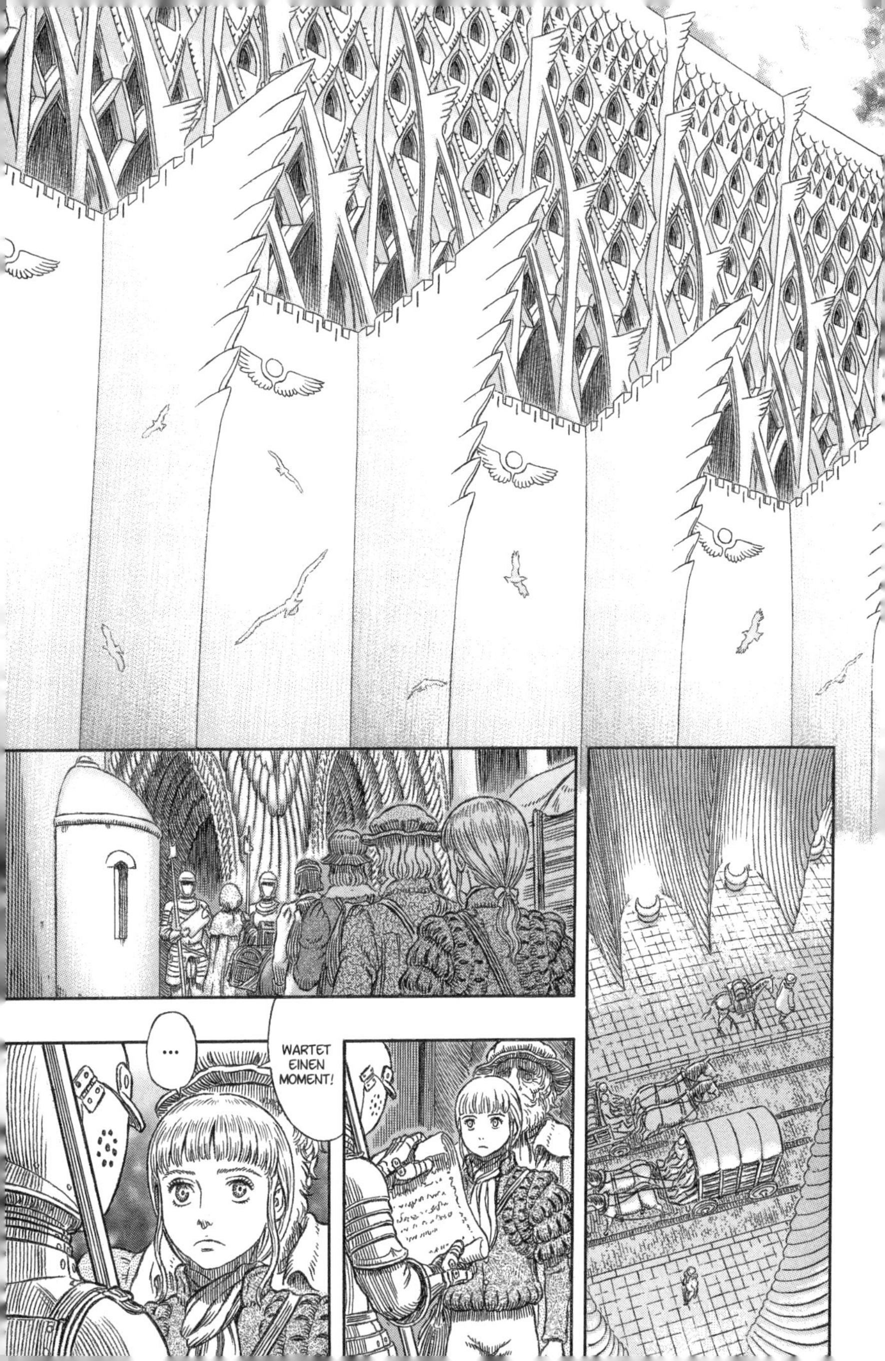
...
WARTET EINEN MOMENT!

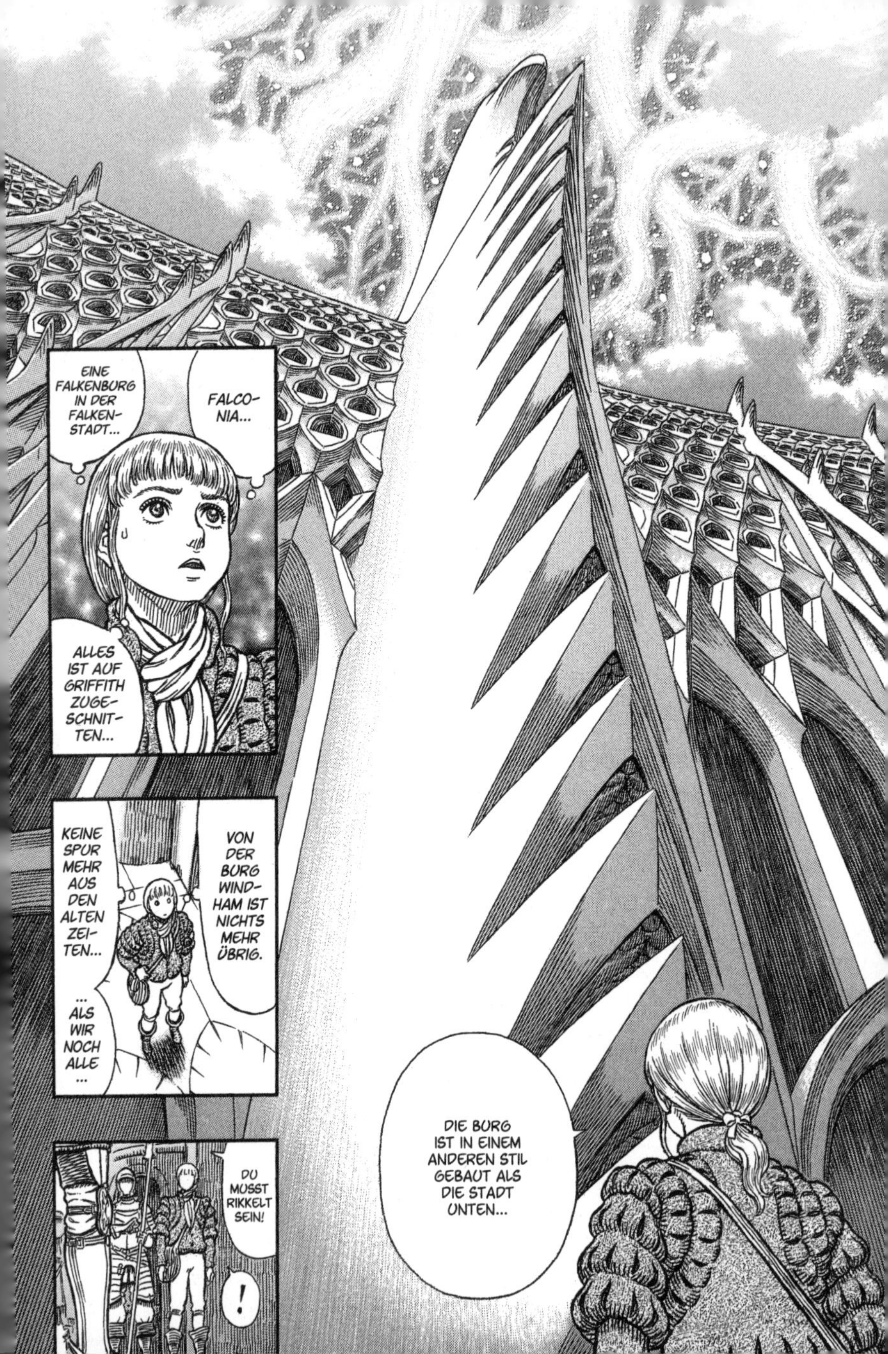
FALCONIA...
EINE FALKENBURG IN DER FALKENSTADT...
ALLES IST AUF GRIFFITH ZUGESCHNITTEN...
DIE BURG IST IN EINEM ANDEREN STIL GEBAUT ALS DIE STADT UNTEN...
VON DER BURG WINDHAM IST NICHTS MEHR ÜBRIG.
KEINE SPUR MEHR AUS DEN ALTEN ZEITEN...
... ALS WIR NOCH ALLE ...
DU MUSST RIKKELT SEIN!
!

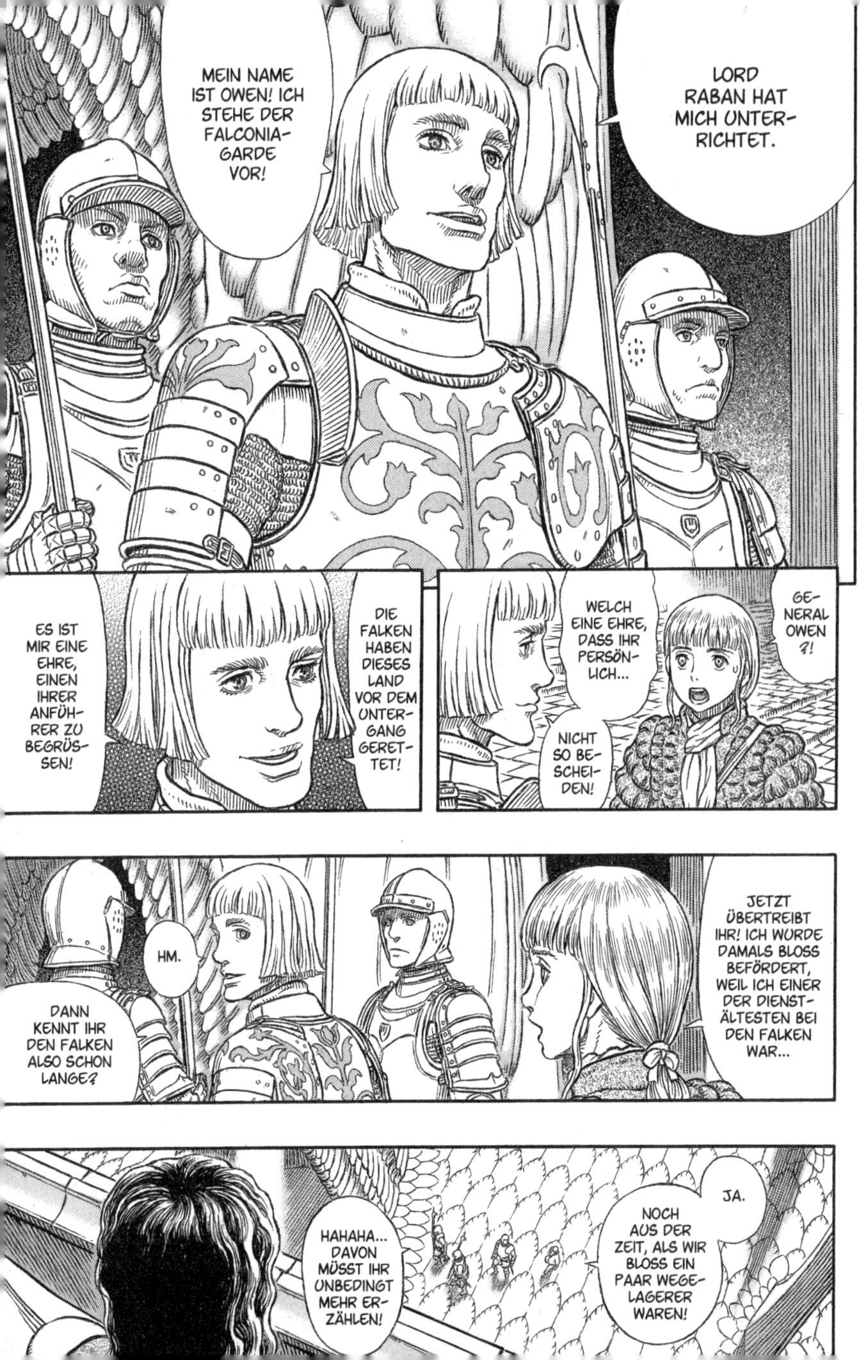

LORD RABAN HAT MICH UNTERRICHTET.
MEIN NAME IST OWEN! ICH STEHE DER FALCONIA-GARDE VOR!

GENERAL OWEN?!
WELCH EINE EHRE, DASS IHR PERSÖNLICH...
NICHT SO BESCHEIDEN!

DIE FALKEN HABEN DIESES LAND VOR DEM UNTERGANG GERETTET!
ES IST MIR EINE EHRE, EINEN IHRER ANFÜHRER ZU BEGRÜSSEN!

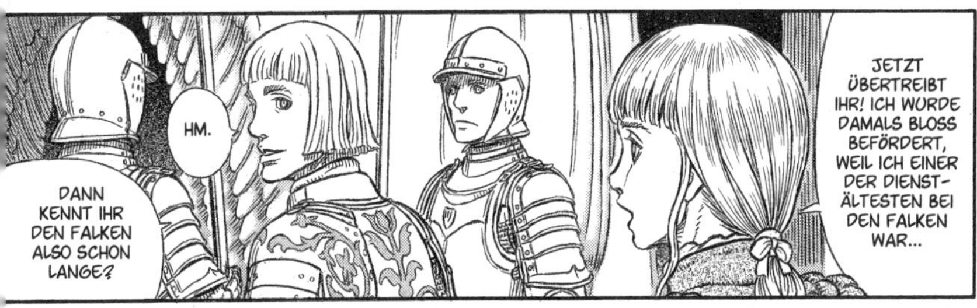

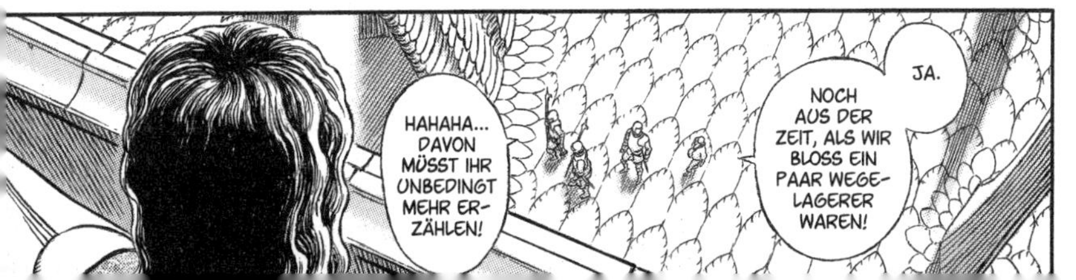

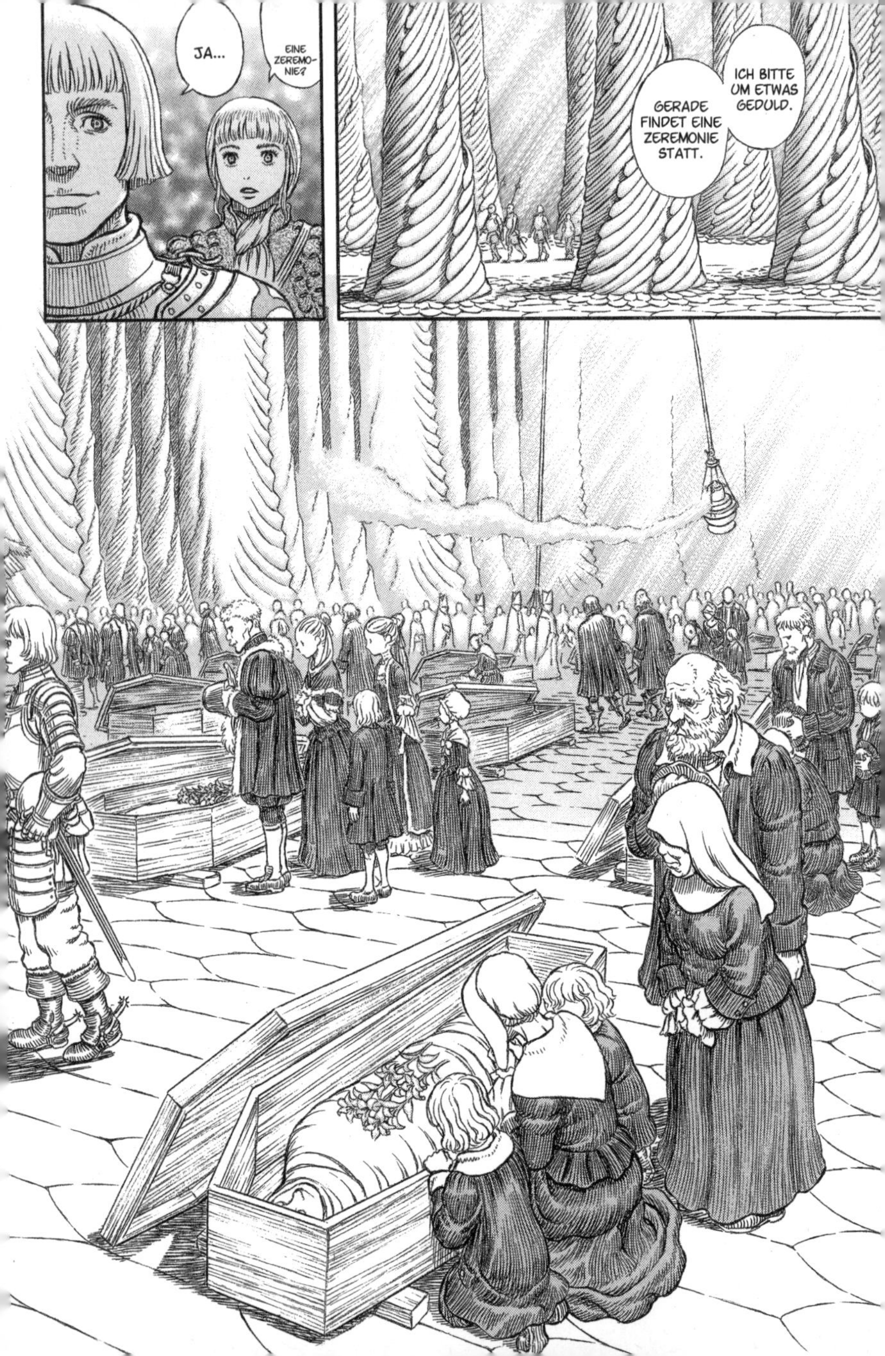
ICH BITTE UM ETWAS GEDULD.
GERADE FINDET EINE ZEREMONIE STATT.
EINE ZEREMONIE?
JA...

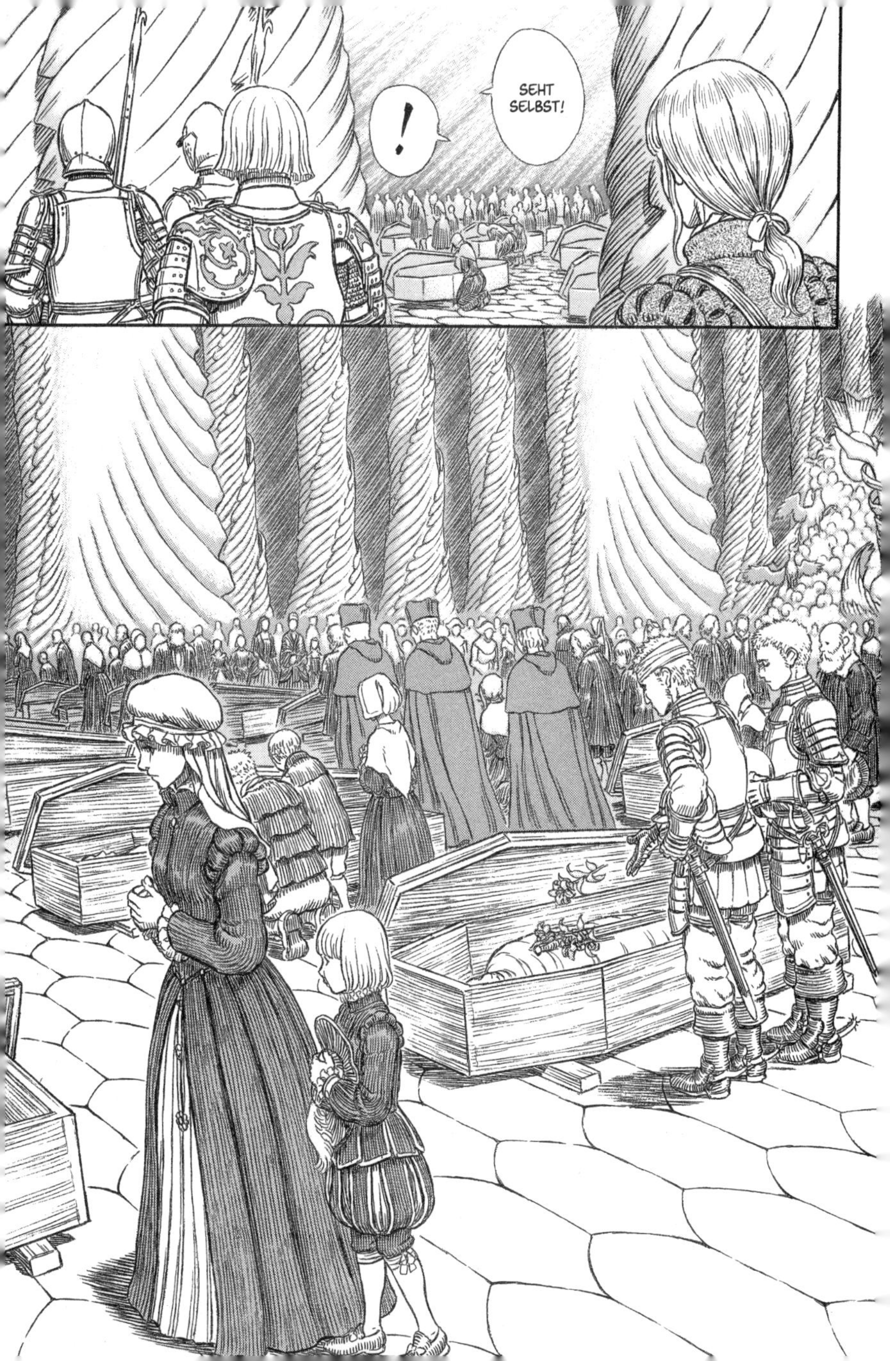
SEHT SELBST!
!

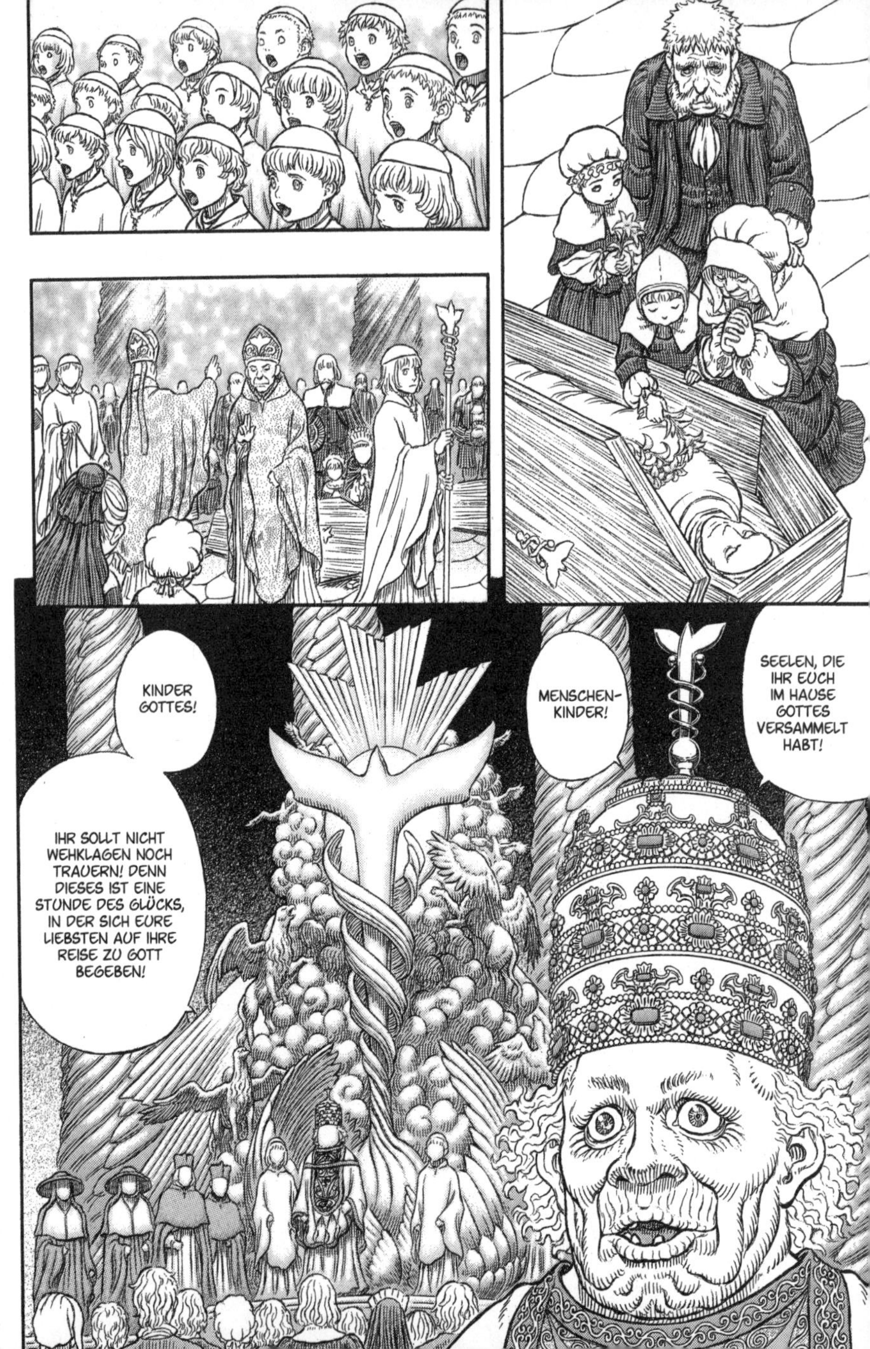
SEELEN, DIE IHR EUCH IM HAUSE GOTTES VERSAMMELT HABT!
MENSCHEN-KINDER!
KINDER GOTTES!
IHR SOLLT NICHT WEHKLAGEN NOCH TRAUERN! DENN DIESES IST EINE STUNDE DES GLÜCKS, IN DER SICH EURE LIEBSTEN AUF IHRE REISE ZU GOTT BEGEBEN!

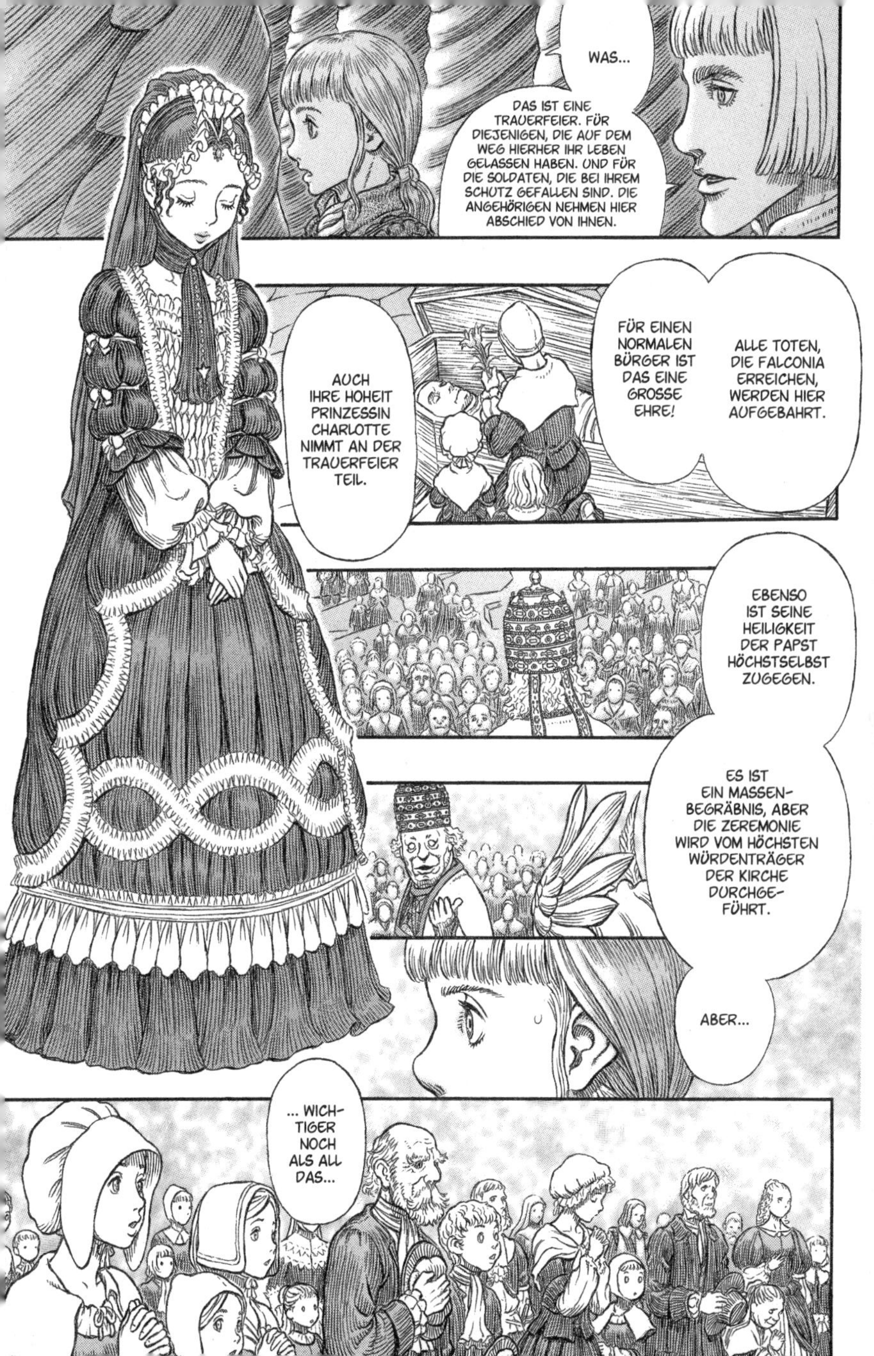
WAS...
DAS IST EINE TRAUERFEIER. FÜR DIEJENIGEN, DIE AUF DEM WEG HIERHER IHR LEBEN GELASSEN HABEN. UND FÜR DIE SOLDATEN, DIE BEI IHREM SCHUTZ GEFALLEN SIND. DIE ANGEHÖRIGEN NEHMEN HIER ABSCHIED VON IHNEN.
ALLE TOTEN, DIE FALCONIA ERREICHEN, WERDEN HIER AUFGEBAHRT.
FÜR EINEN NORMALEN BÜRGER IST DAS EINE GROSSE EHRE!
AUCH IHRE HOHEIT PRINZESSIN CHARLOTTE NIMMT AN DER TRAUERFEIER TEIL.
EBENSO IST SEINE HEILIGKEIT DER PAPST HÖCHSTSELBST ZUGEGEN.
ES IST EIN MASSEN-BEGRÄBNIS, ABER DIE ZEREMONIE WIRD VOM HÖCHSTEN WÜRDENTRÄGER DER KIRCHE DURCHGE-FÜHRT.
ABER...
... WICH-TIGER NOCH ALS ALL DAS...

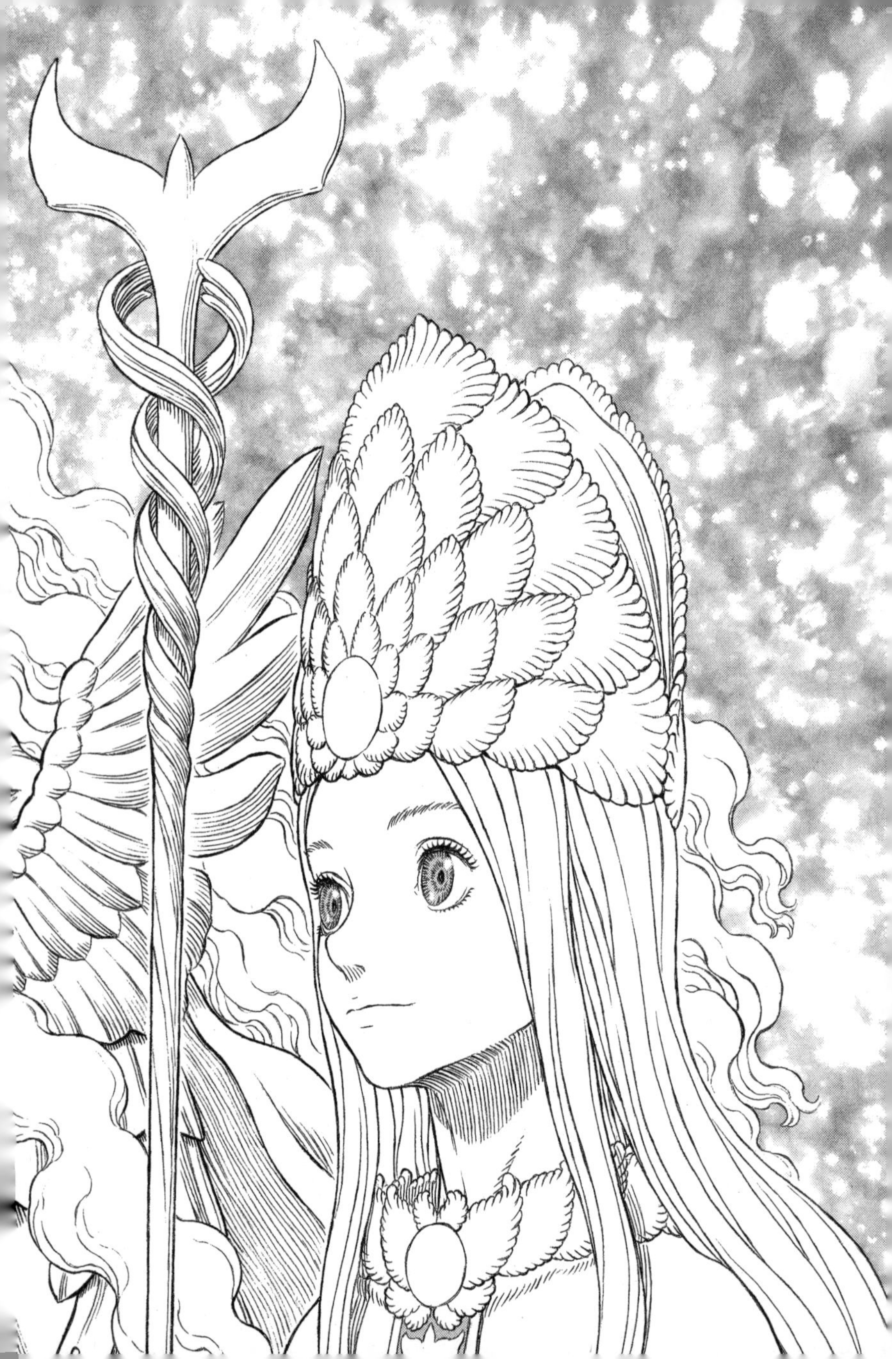

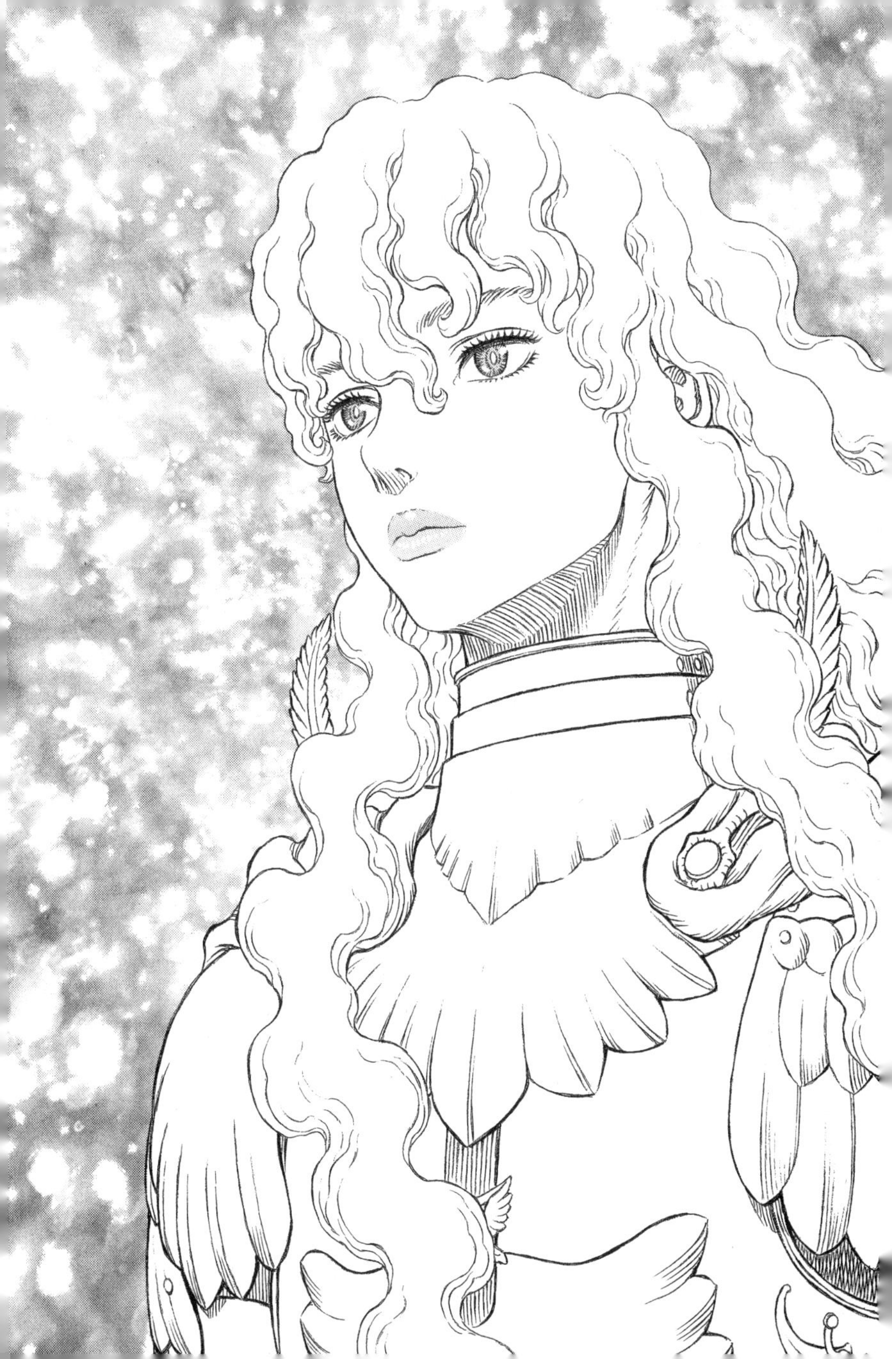

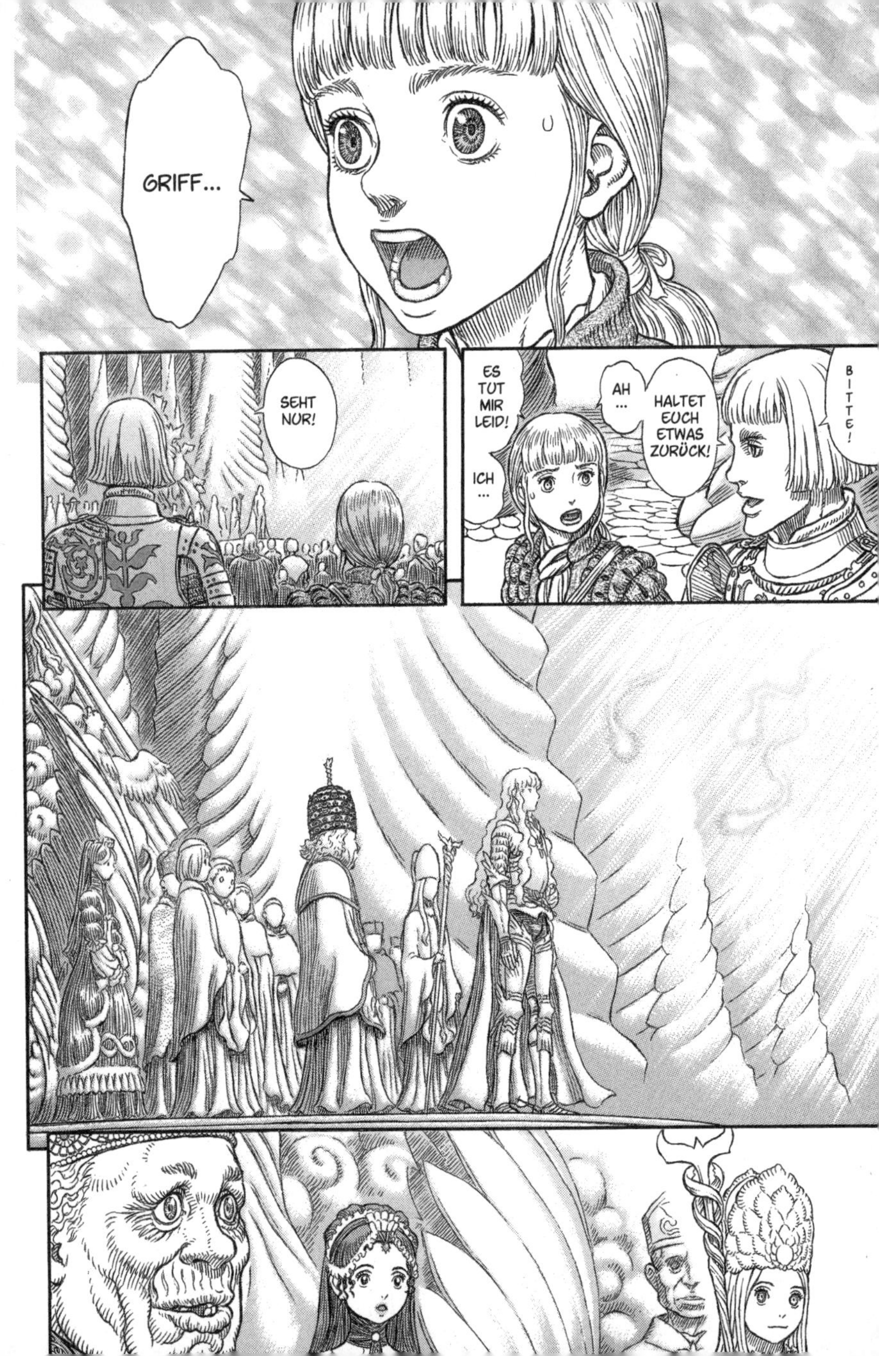
GRIFF...
SEHT NUR!
ES TUT MIR LEID!
ICH...
AH...
HALTET EUCH ETWAS ZURÜCK!
BITTE!

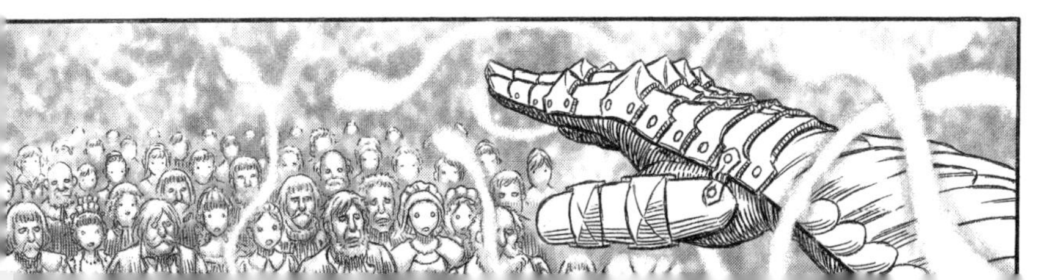

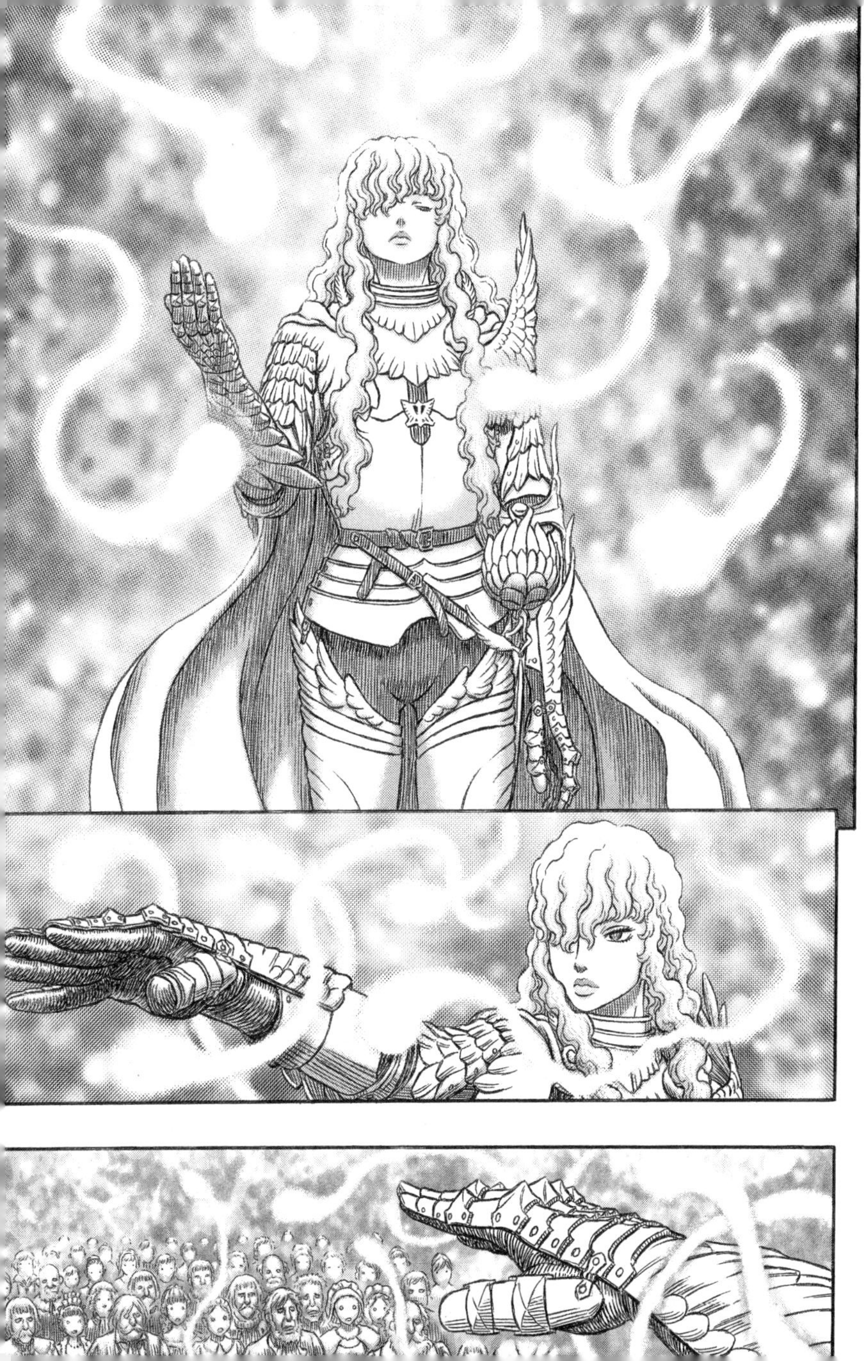

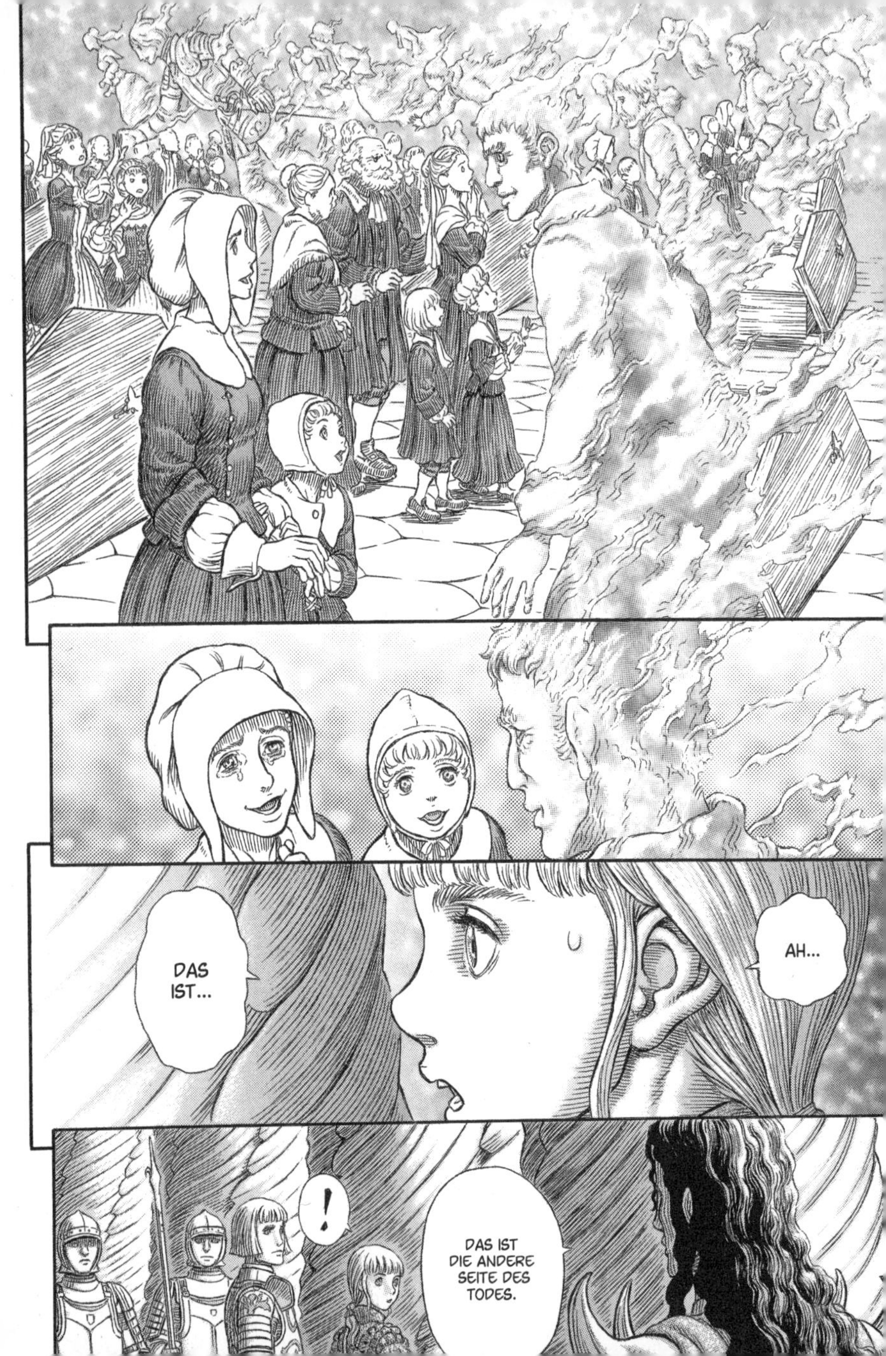
AH...
DAS IST...
!
DAS IST DIE ANDERE SEITE DES TODES.

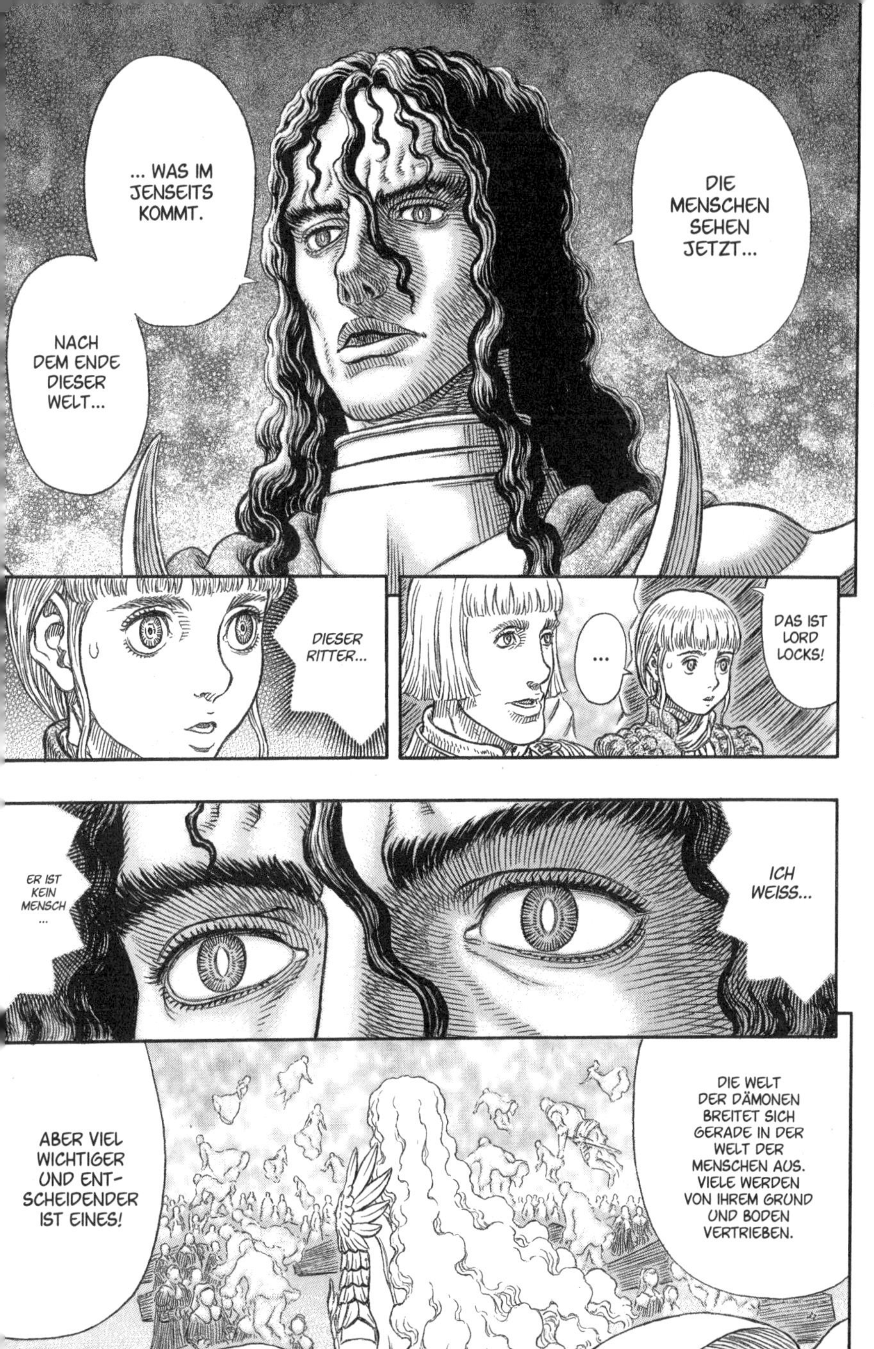
DIE MENSCHEN SEHEN JETZT...
... WAS IM JENSEITS KOMMT.
NACH DEM ENDE DIESER WELT...
DAS IST LORD LOCKS!
...
DIESER RITTER...
ICH WEISS...
ER IST KEIN MENSCH ...
DIE WELT DER DÄMONEN BREITET SICH GERADE IN DER WELT DER MENSCHEN AUS. VIELE WERDEN VON IHREM GRUND UND BODEN VERTRIEBEN.
ABER VIEL WICHTIGER UND ENT-SCHEIDENDER IST EINES!

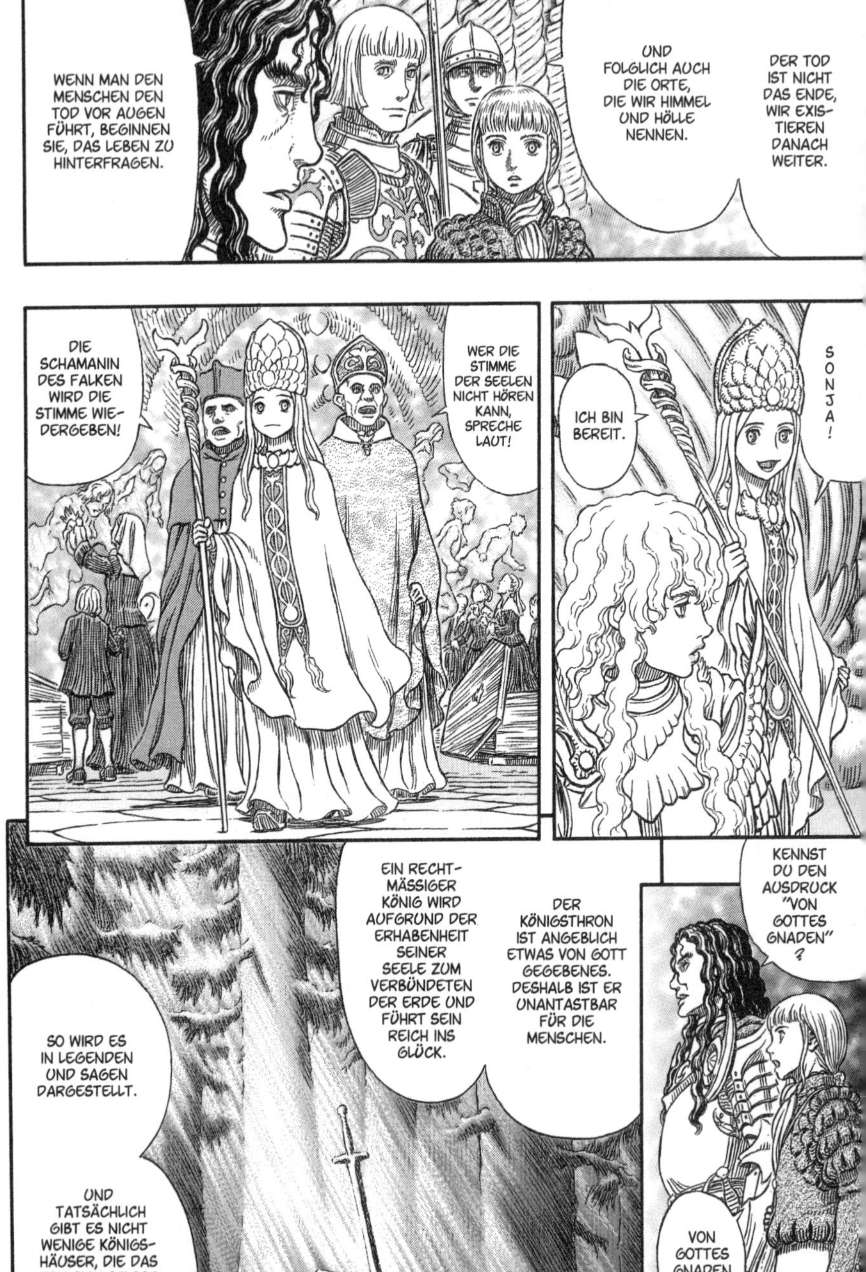
DER TOD IST NICHT DAS ENDE, WIR EXISTIEREN DANACH WEITER.
UND FOLGLICH AUCH DIE ORTE, DIE WIR HIMMEL UND HÖLLE NENNEN.
WENN MAN DEN MENSCHEN DEN TOD VOR AUGEN FÜHRT, BEGINNEN SIE, DAS LEBEN ZU HINTERFRAGEN.
SONJA!
ICH BIN BEREIT.
WER DIE STIMME DER SEELEN NICHT HÖREN KANN, SPRECHE LAUT!
DIE SCHAMANIN DES FALKEN WIRD DIE STIMME WIEDERGEBEN!
KENNST DU DEN AUSDRUCK "VON GOTTES GNADEN"?
VON GOTTES GNADEN ...
DER KÖNIGSTHRON IST ANGEBLICH ETWAS VON GOTT GEGEBENES. DESHALB IST ER UNANTASTBAR FÜR DIE MENSCHEN.
EIN RECHTMÄSSIGER KÖNIG WIRD AUFGRUND DER ERHABENHEIT SEINER SEELE ZUM VERBÜNDETEN DER ERDE UND FÜHRT SEIN REICH INS GLÜCK.
SO WIRD ES IN LEGENDEN UND SAGEN DARGESTELLT.
UND TATSÄCHLICH GIBT ES NICHT WENIGE KÖNIGSHÄUSER, DIE DAS VON SICH SELBST BEHAUPTEN.

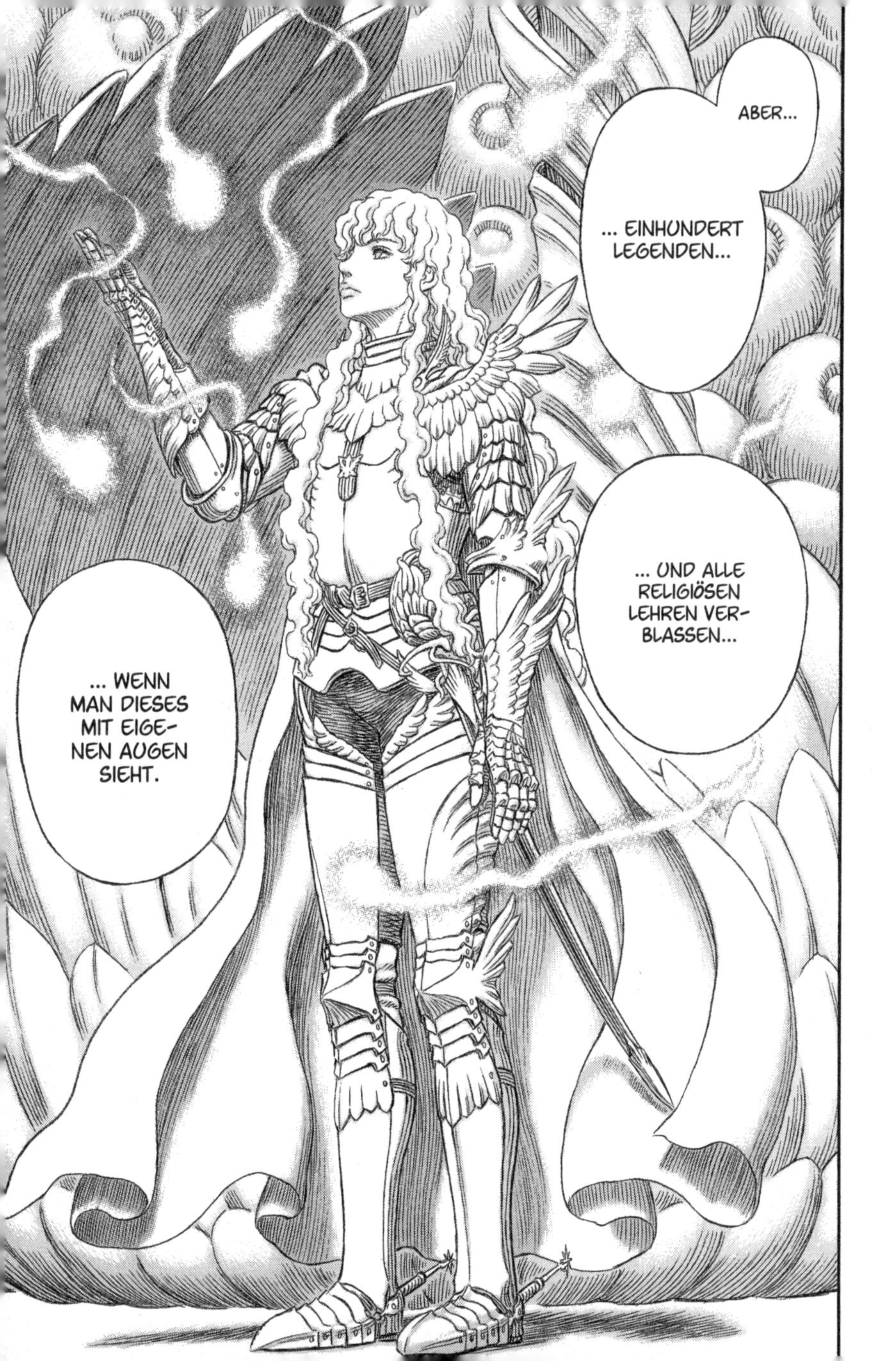
ABER...
... EINHUNDERT LEGENDEN...
... UND ALLE RELIGIÖSEN LEHREN VERBLASSEN...
... WENN MAN DIESES MIT EIGENEN AUGEN SIEHT.

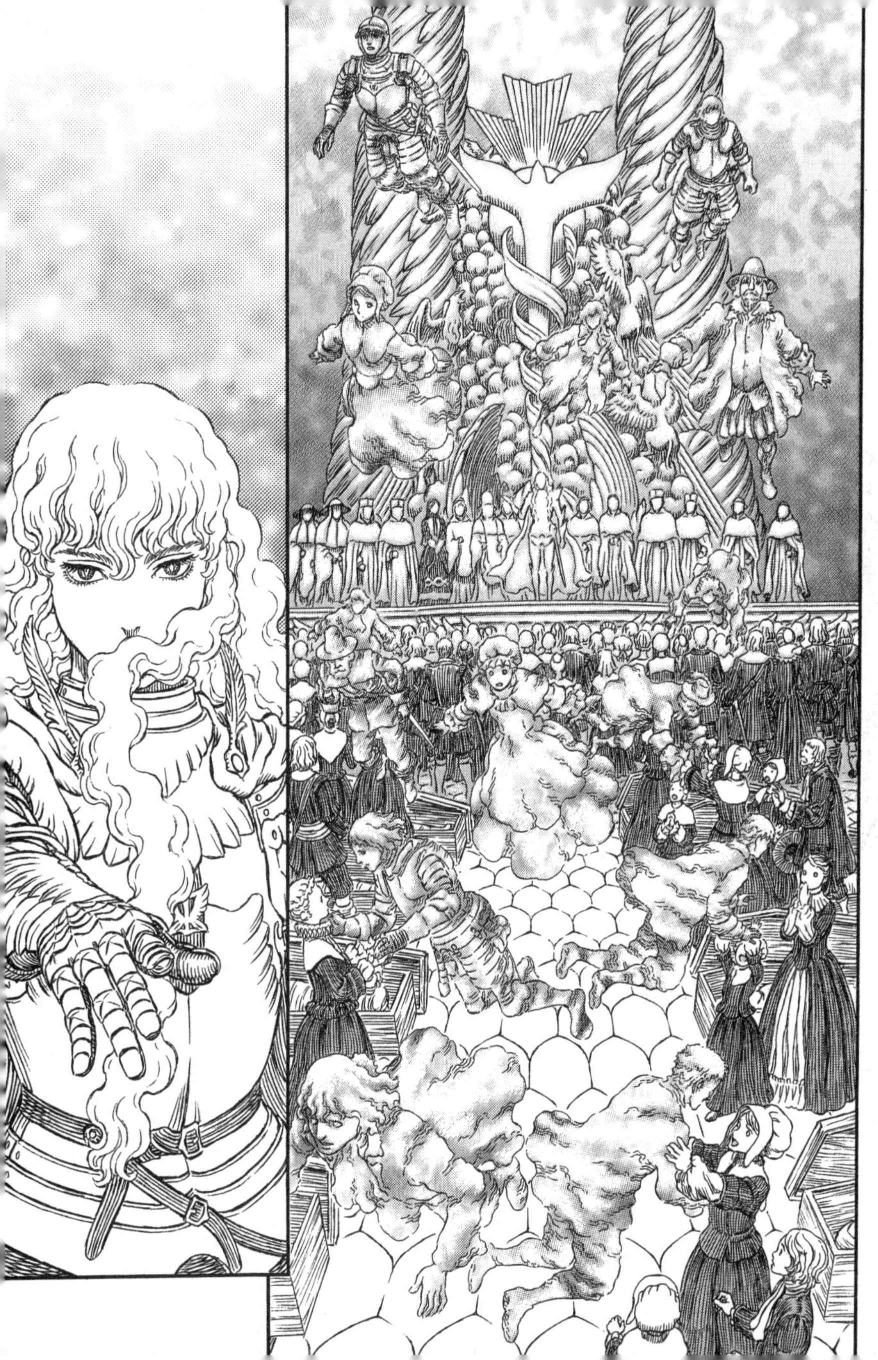

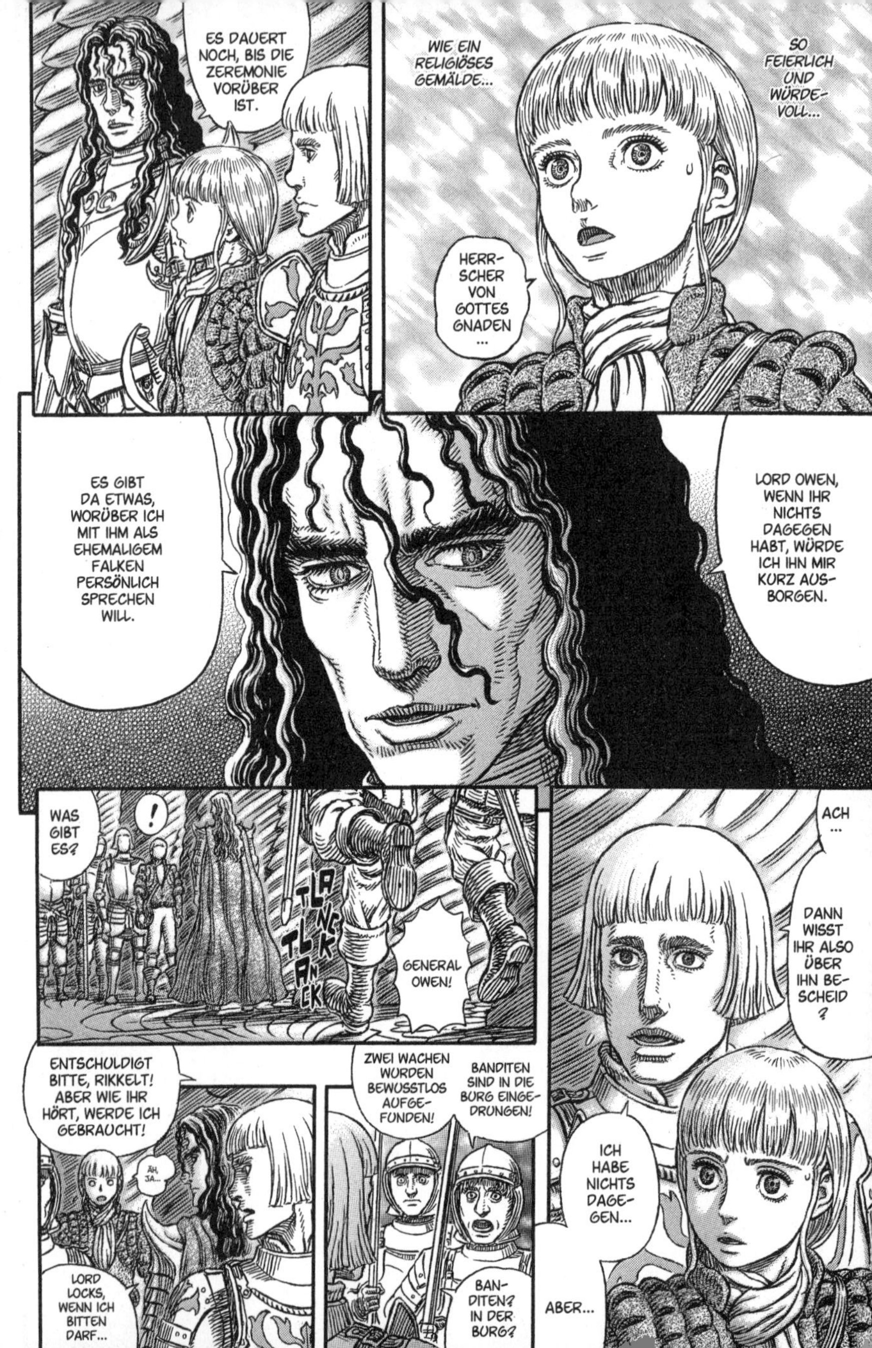

ES DAUERT NOCH, BIS DIE ZEREMONIE VORÜBER IST.
WIE EIN RELIGIÖSES GEMÄLDE...
SO FEIERLICH UND WÜRDEVOLL...
HERRSCHER VON GOTTES GNADEN ...
ES GIBT DA ETWAS, WORÜBER ICH MIT IHM ALS EHEMALIGEM FALKEN PERSÖNLICH SPRECHEN WILL.
LORD OWEN, WENN IHR NICHTS DAGEGEN HABT, WÜRDE ICH IHN MIR KURZ AUSBORGEN.
WAS GIBT ES?
!
TLANCK
TLANCK
GENERAL OWEN!
ACH ...
DANN WISST IHR ALSO ÜBER IHN BESCHEID?
ENTSCHULDIGT BITTE, RIKKELT! ABER WIE IHR HÖRT, WERDE ICH GEBRAUCHT!
ÄH, JA...
LORD LOCKS, WENN ICH BITTEN DARF...
ZWEI WACHEN WURDEN BEWUSSTLOS AUFGEFUNDEN!
BANDITEN SIND IN DIE BURG EINGEDRUNGEN!
BANDITEN? IN DER BURG?
ICH HABE NICHTS DAGEGEN...
ABER...

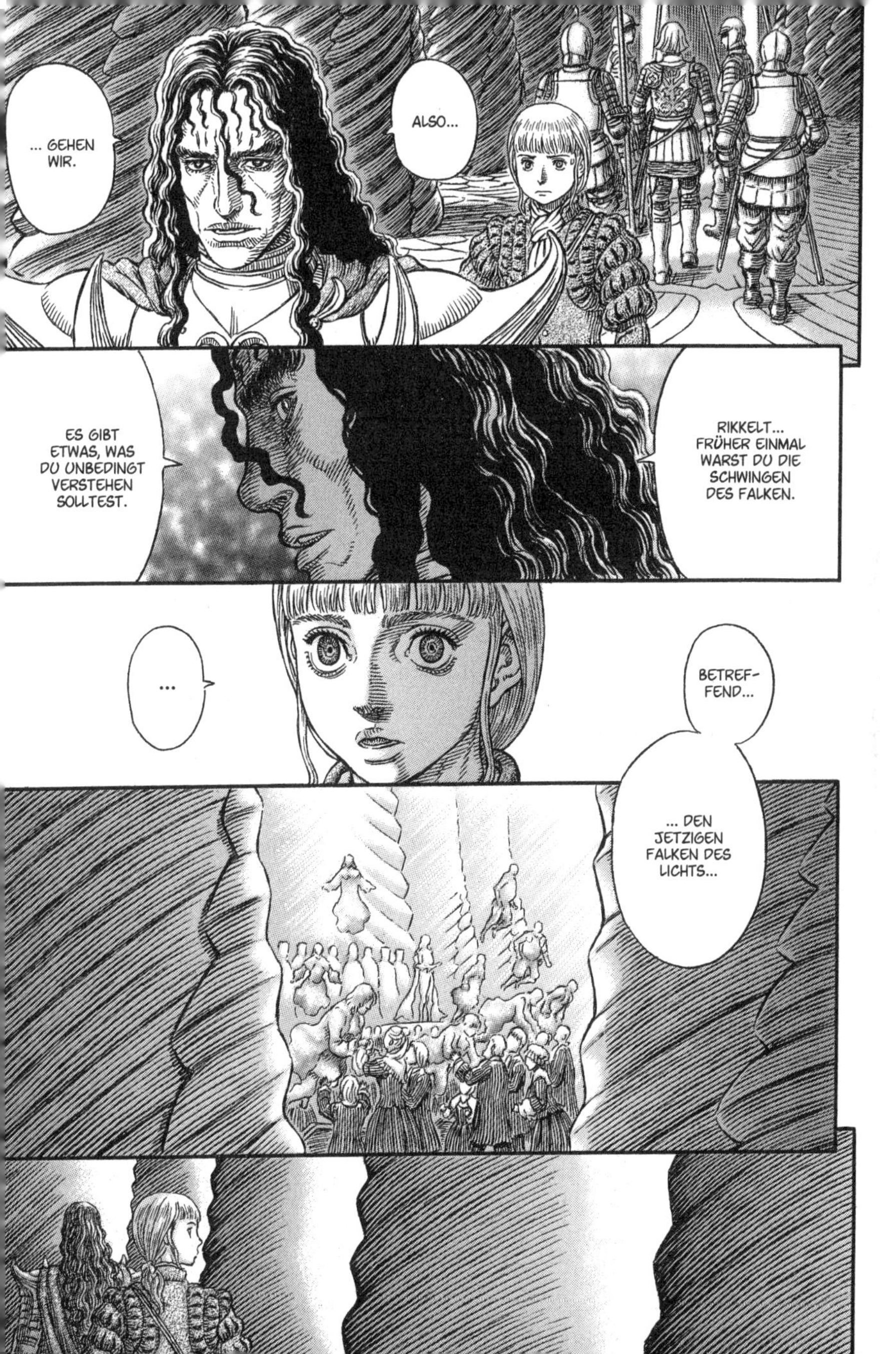
ALSO...
... GEHEN WIR.
RIKKELT... FRÜHER EINMAL WARST DU DIE SCHWINGEN DES FALKEN.
ES GIBT ETWAS, WAS DU UNBEDINGT VERSTEHEN SOLLTEST.
BETREFF-FEND...
...
... DEN JETZIGEN FALKEN DES LICHTS...

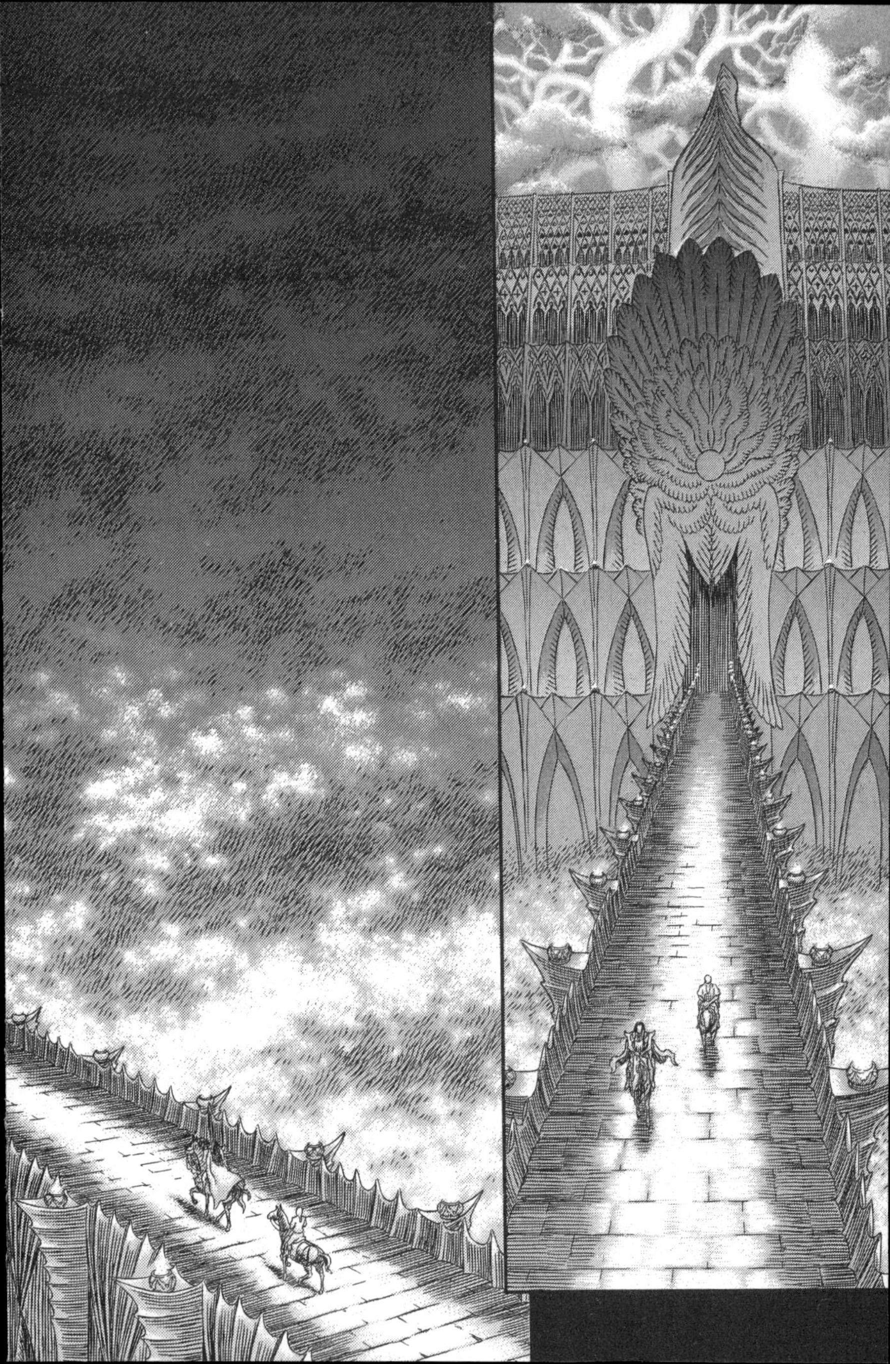

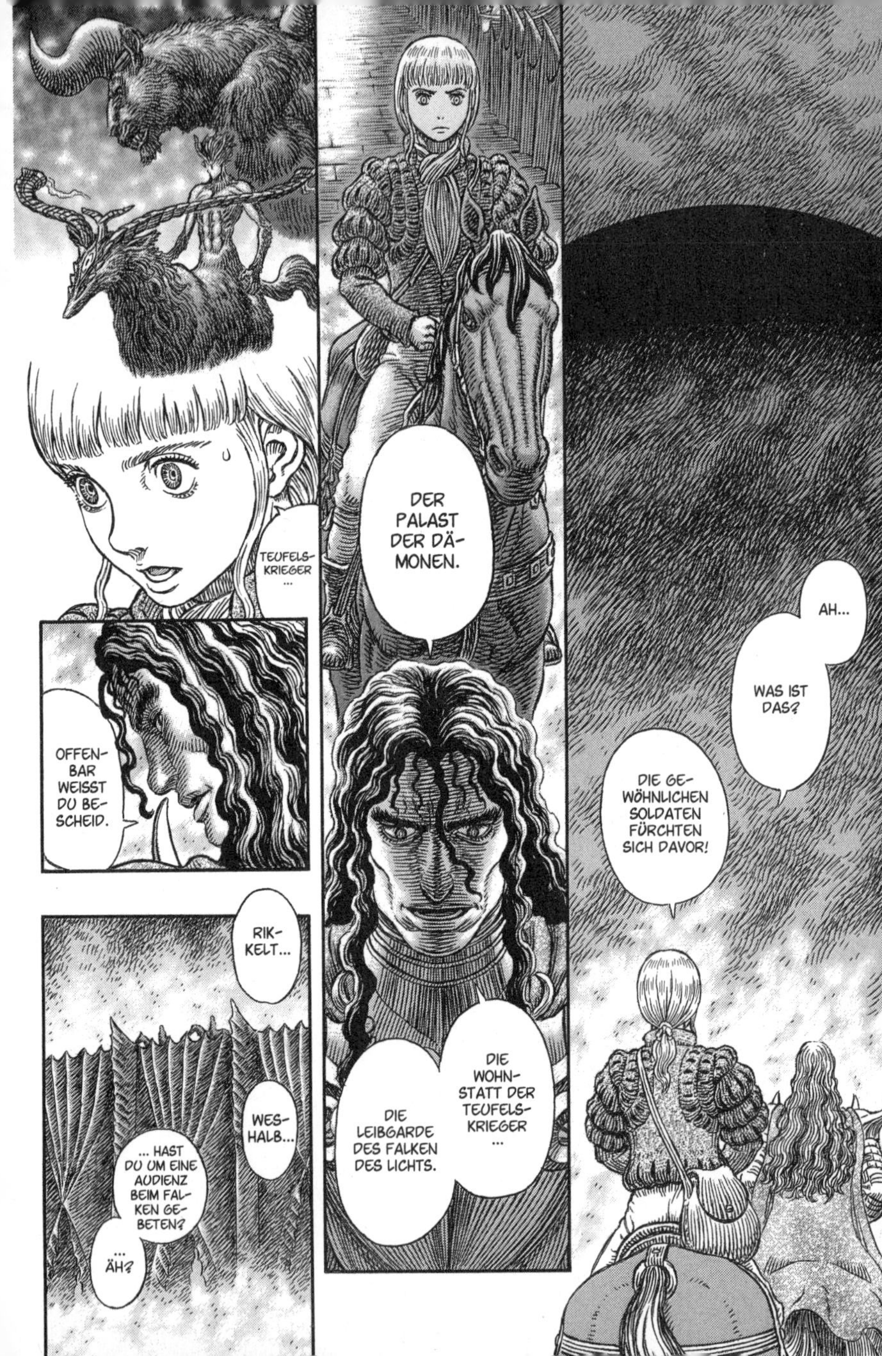
AH...
WAS IST DAS?
DIE GEWÖHNLICHEN SOLDATEN FÜRCHTEN SICH DAVOR!
DER PALAST DER DÄMONEN.
DIE WOHNSTATT DER TEUFELSKRIEGER ...
DIE LEIBGARDE DES FALKEN DES LICHTS.
TEUFELSKRIEGER ...
OFFENBAR WEISST DU BESCHEID.
RIKKELT...
WESHALB...
... HAST DU UM EINE AUDIENZ BEIM FALKEN GEBETEN?
... ÄH?

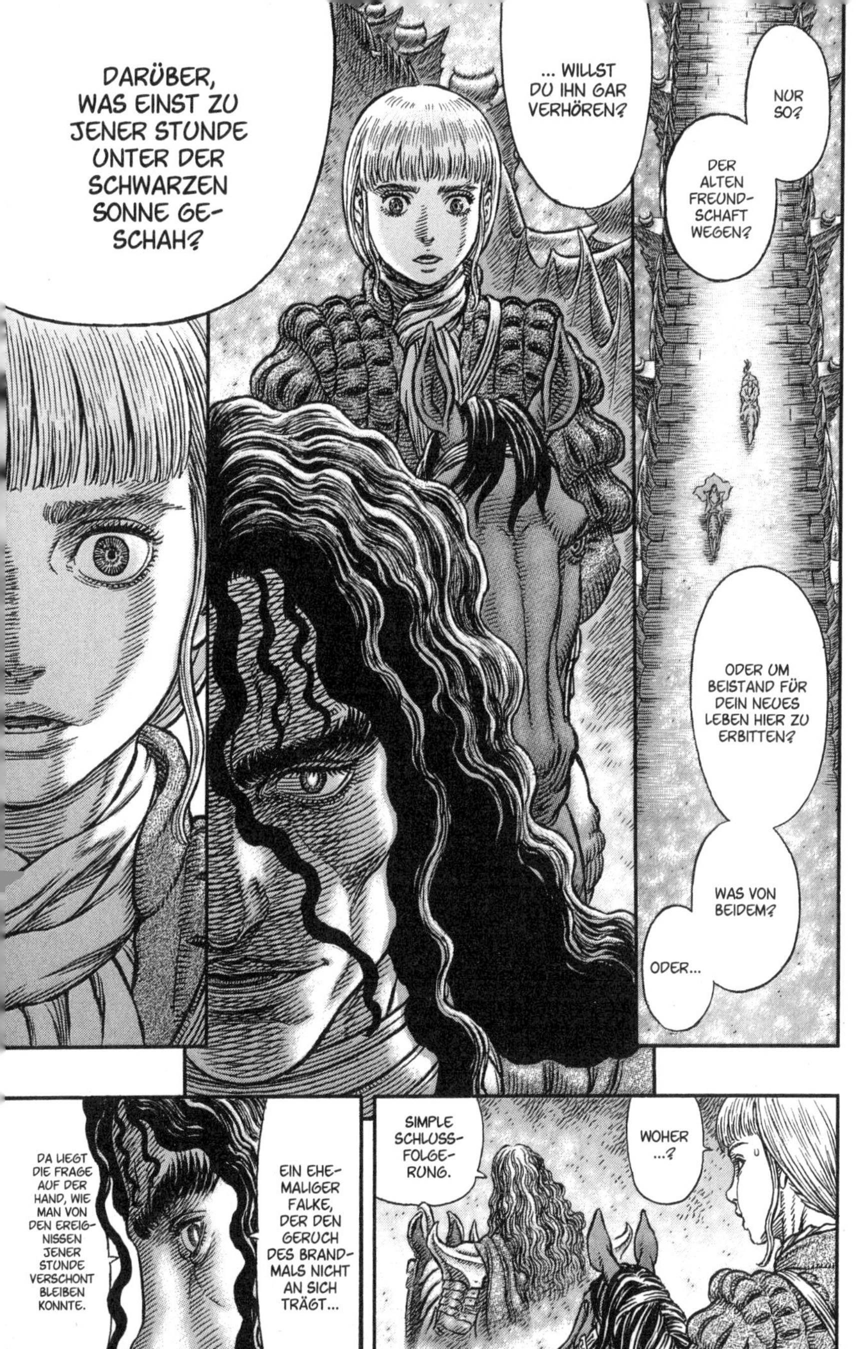
NUR SO?
DER ALTEN FREUNDSCHAFT WEGEN?
ODER UM BEISTAND FÜR DEIN NEUES LEBEN HIER ZU ERBITTEN?
WAS VON BEIDEM?
ODER...
... WILLST DU IHN GAR VERHÖREN?
DARÜBER, WAS EINST ZU JENER STUNDE UNTER DER SCHWARZEN SONNE GESCHAH?
WOHER ...?
SIMPLE SCHLUSSFOLGERUNG.
EIN EHEMALIGER FALKE, DER DEN GERUCH DES BRANDMALS NICHT AN SICH TRÄGT...
DA LIEGT DIE FRAGE AUF DER HAND, WIE MAN VON DEN EREIGNISSEN JENER STUNDE VERSCHONT BLEIBEN KONNTE.

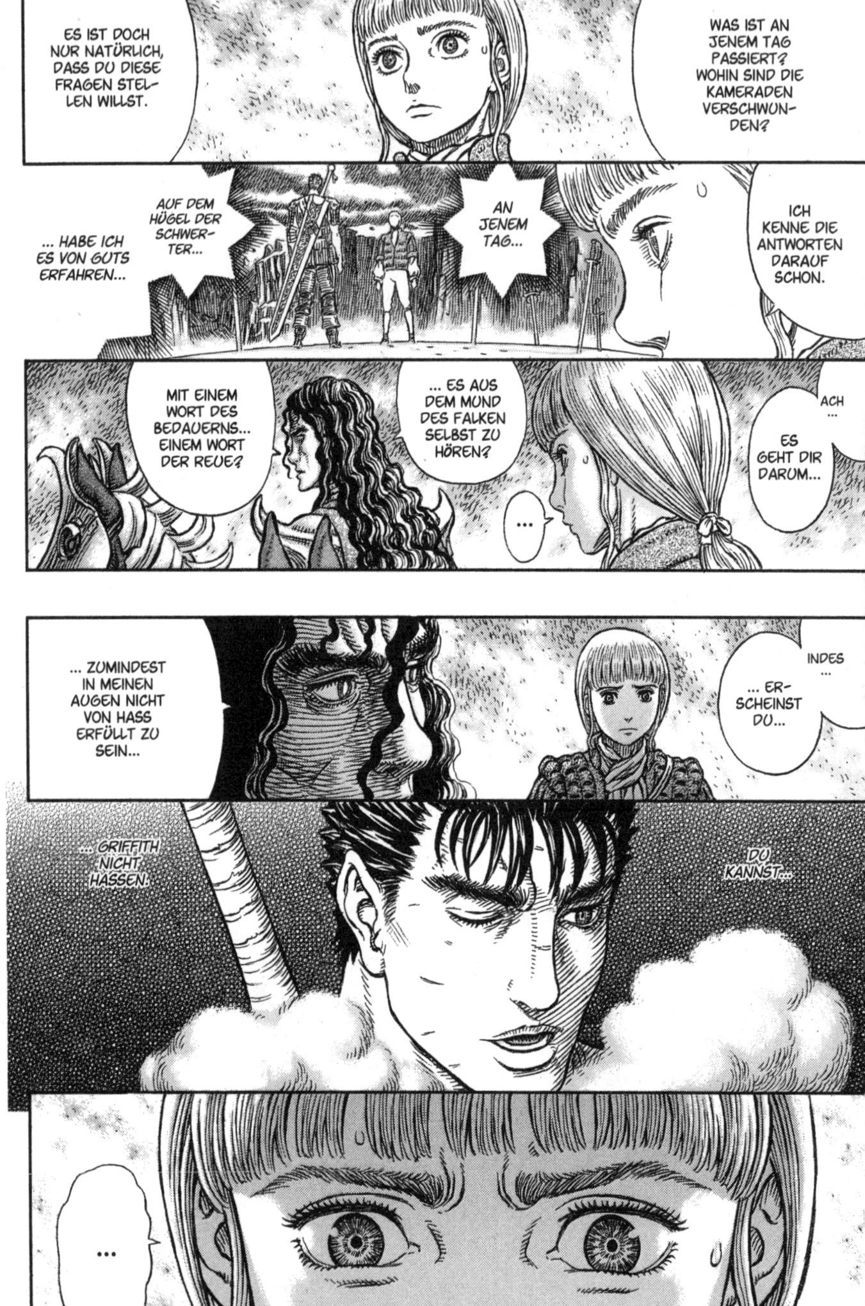
WAS IST AN JENEM TAG PASSIERT? WOHIN SIND DIE KAMERADEN VERSCHWUNDEN?
ES IST DOCH NUR NATÜRLICH, DASS DU DIESE FRAGEN STELLEN WILLST.
ICH KENNE DIE ANTWORTEN DARAUF SCHON.
AN JENEM TAG...
AUF DEM HÜGEL DER SCHWERTER...
... HABE ICH ES VON GUTS ERFAHREN...
ACH ...
ES GEHT DIR DARUM...
...
... ES AUS DEM MUND DES FALKEN SELBST ZU HÖREN?
MIT EINEM WORT DES BEDAUERNS... EINEM WORT DER REUE?
INDES ...
... ERSCHEINST DU...
... ZUMINDEST IN MEINEN AUGEN NICHT VON HASS ERFÜLLT ZU SEIN...
DU KANNST...
... GRIFFITH NICHT HASSEN.
...

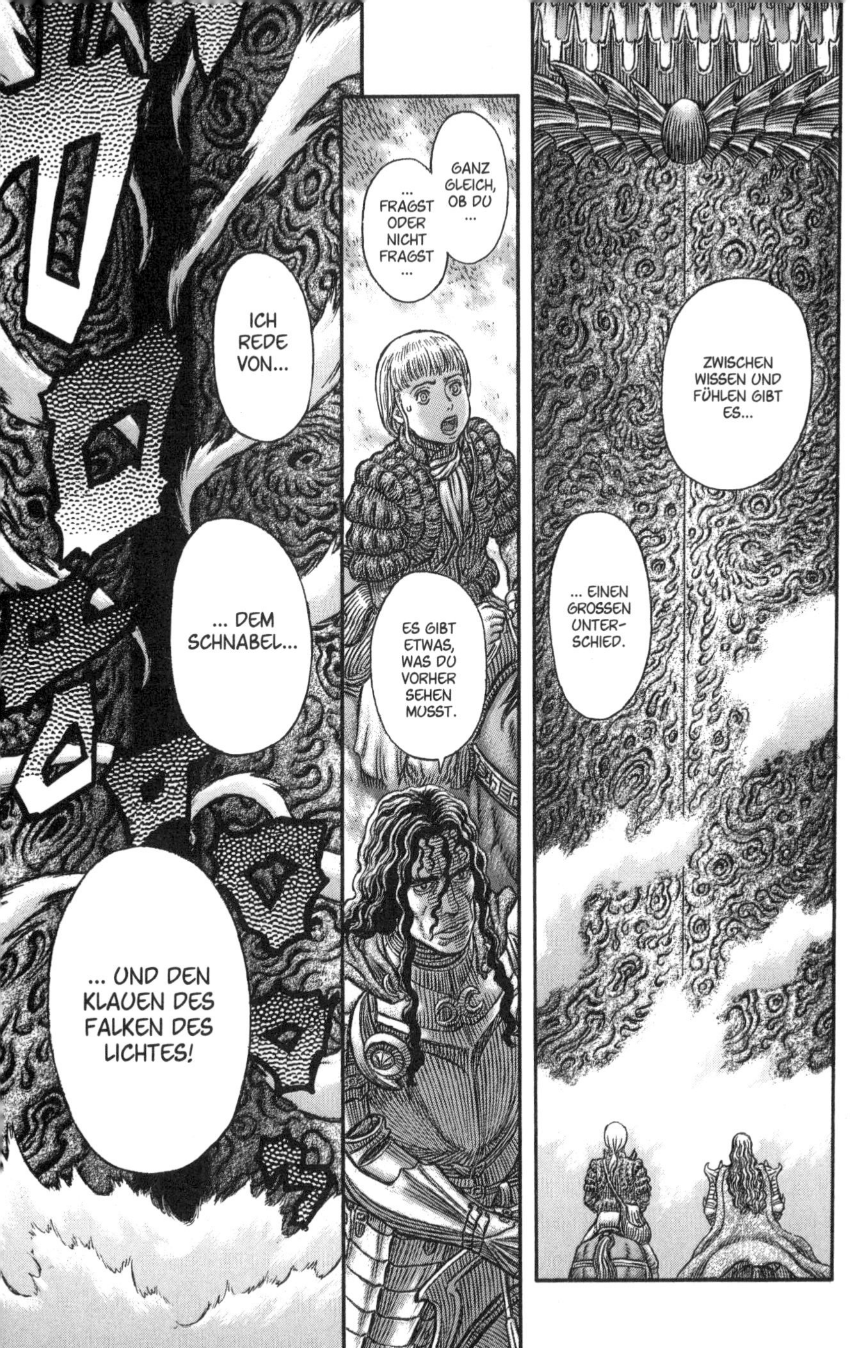
ZWISCHEN WISSEN UND FÜHLEN GIBT ES...
... EINEN GROSSEN UNTER-SCHIED.
GANZ GLEICH, OB DU ...
... FRAGST ODER NICHT FRAGST ...
ES GIBT ETWAS, WAS DU VORHER SEHEN MUSST.
ICH REDE VON...
... DEM SCHNABEL...
... UND DEN KLAUEN DES FALKEN DES LICHTES!

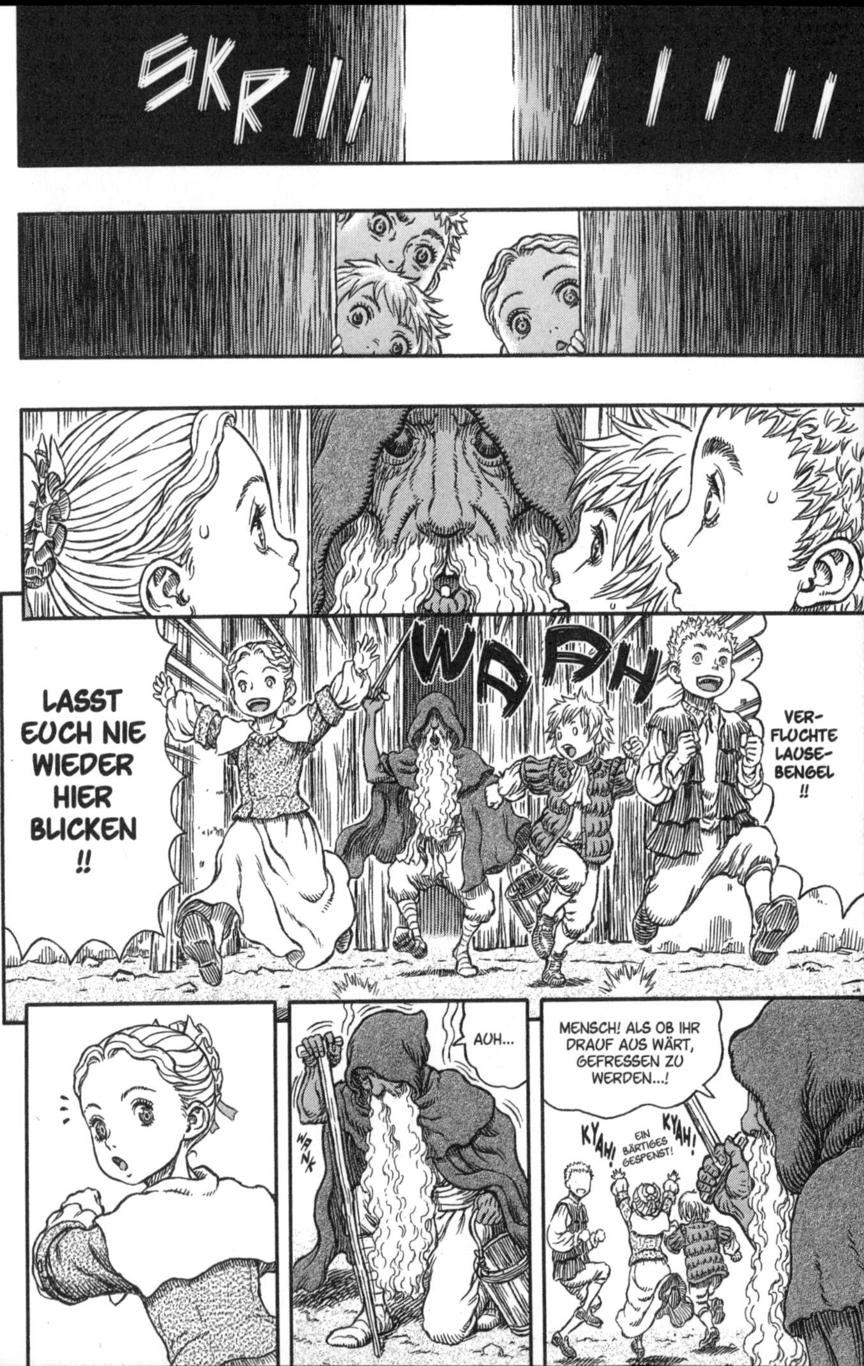

SKRII IIIII

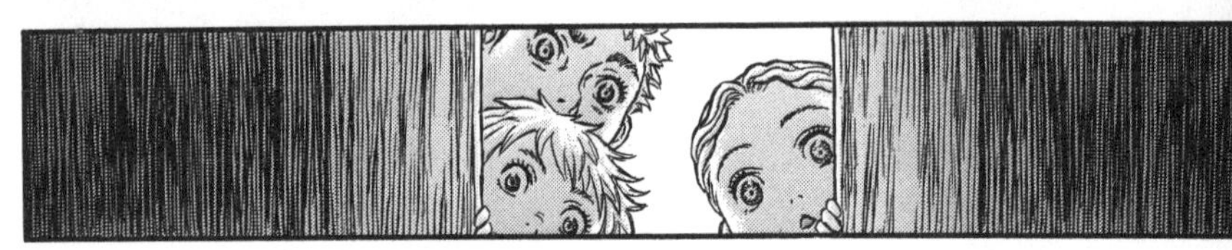

WAAH
LASST EUCH NIE WIEDER HIER BLICKEN !!
VERFLUCHTE LAUSEBENGEL !!
AUH...
WANK
MENSCH! ALS OB IHR DRAUF AUS WÄRT, GEFRESSEN ZU WERDEN...!
KYAH!
EIN BÄRTIGES GESPENST!
KYAH!

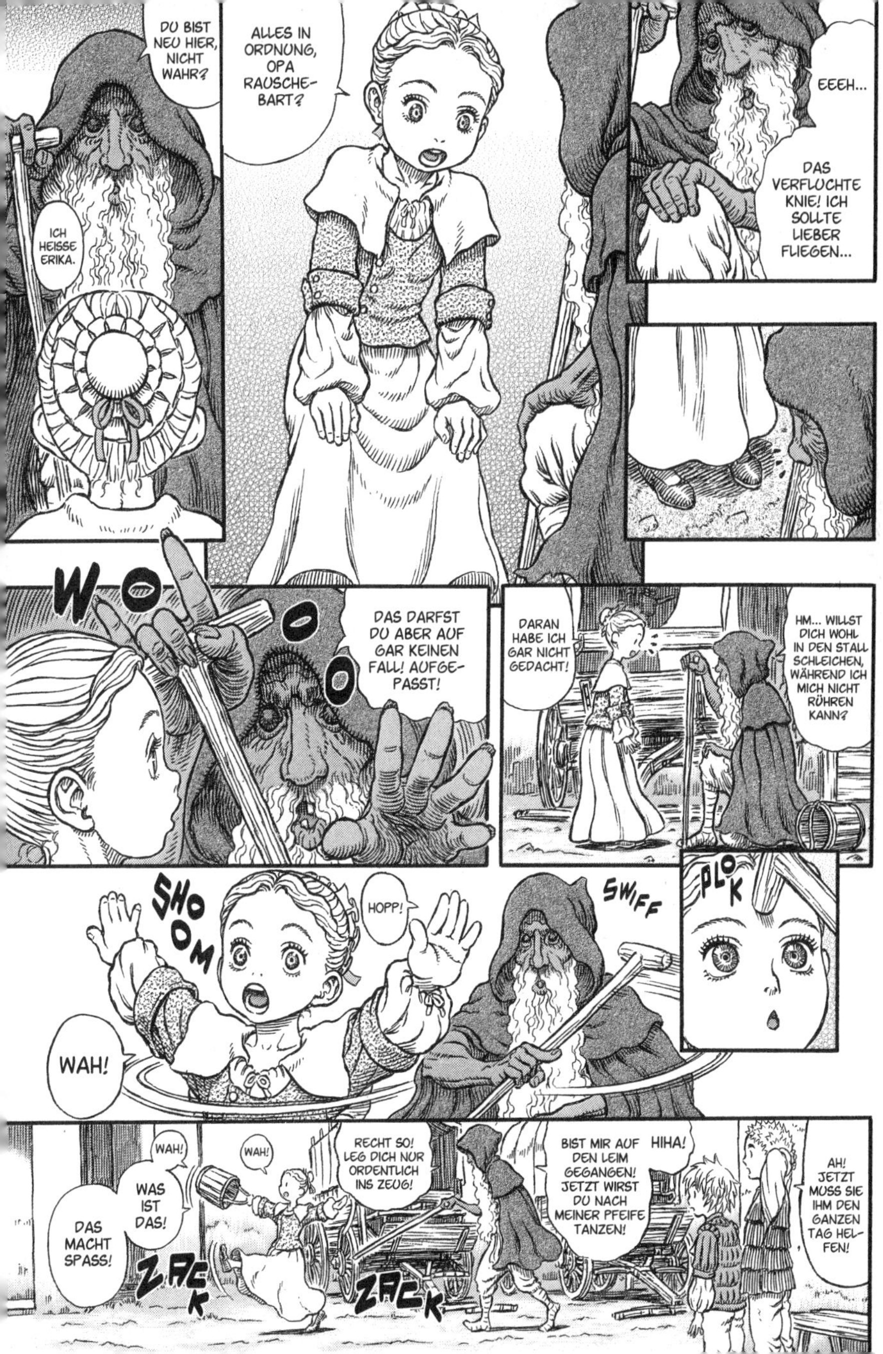
EEEH...
DAS VERFLUCHTE KNIE! ICH SOLLTE LIEBER FLIEGEN...
ALLES IN ORDNUNG, OPA RAUSCHEBART?
DU BIST NEU HIER, NICHT WAHR?
ICH HEISSE ERIKA.
HM... WILLST DICH WOHL IN DEN STALL SCHLEICHEN, WÄHREND ICH MICH NICHT RÜHREN KANN?
DARAN HABE ICH GAR NICHT GEDACHT!
DAS DARFST DU ABER AUF GAR KEINEN FALL! AUFGE-PASST!
WOOO
PLOK
SWIFF
HOPP!
SHOOM
WAH!
AH! JETZT MUSS SIE IHM DEN GANZEN TAG HEL-FEN!
HIHA!
BIST MIR AUF DEN LEIM GEGANGEN! JETZT WIRST DU NACH MEINER PFEIFE TANZEN!
RECHT SO! LEG DICH NUR ORDENTLICH INS ZEUG!
ZACK
WAH!
WAH!
WAS IST DAS!
DAS MACHT SPASS!
ZACK

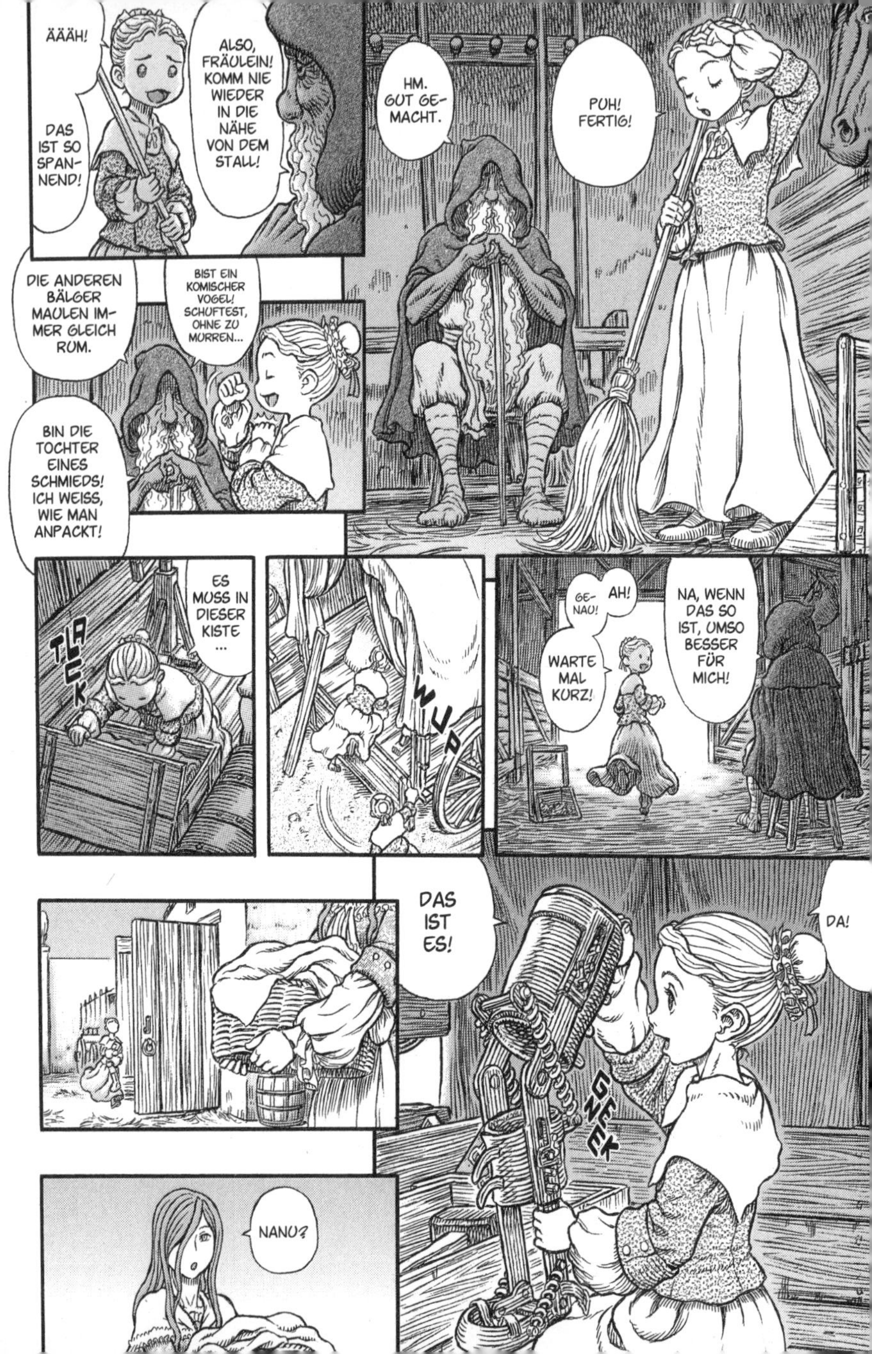
PUH! FERTIG!
HM. GUT GEMACHT.
ALSO, FRÄULEIN! KOMM NIE WIEDER IN DIE NÄHE VON DEM STALL!
ÄÄÄH!
DAS IST SO SPANNEND!
BIST EIN KOMISCHER VOGEL! SCHUFTEST, OHNE ZU MURREN...
DIE ANDEREN BÄLGER MAULEN IMMER GLEICH RUM.
BIN DIE TOCHTER EINES SCHMIEDS! ICH WEISS, WIE MAN ANPACKT!
NA, WENN DAS SO IST, UMSO BESSER FÜR MICH!
AH!
GENAU!
WARTE MAL KURZ!
WUP
ES MUSS IN DIESER KISTE ...
TLACK
DA!
DAS IST ES!
GENEK
NANU?

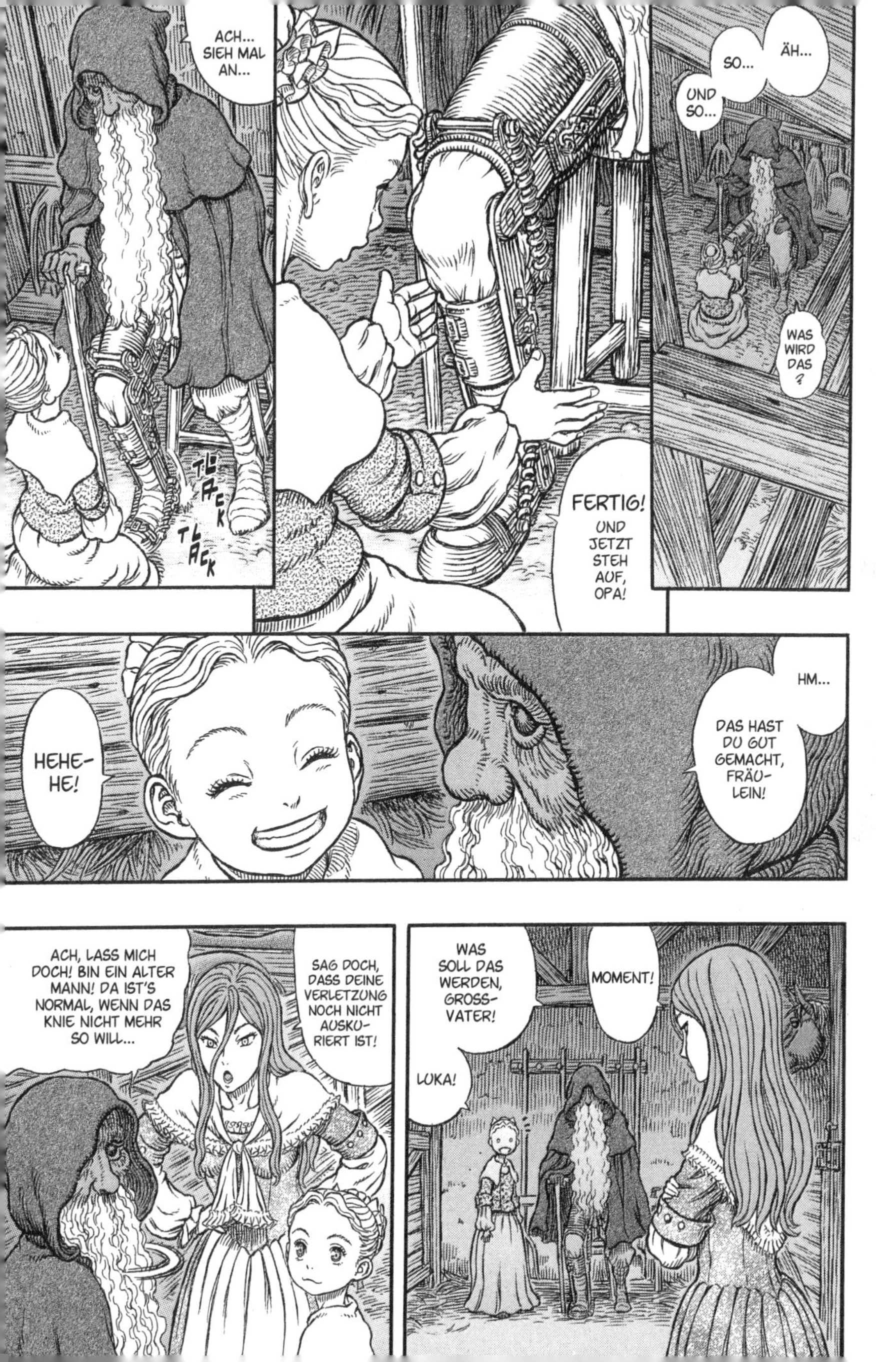

ÄH...
SO...
UND SO...
WAS WIRD DAS?
FERTIG!
UND JETZT STEH AUF, OPA!
ACH... SIEH MAL AN...
TLACK
TLACK
HM...
DAS HAST DU GUT GEMACHT, FRÄULEIN!
HEHEHE!

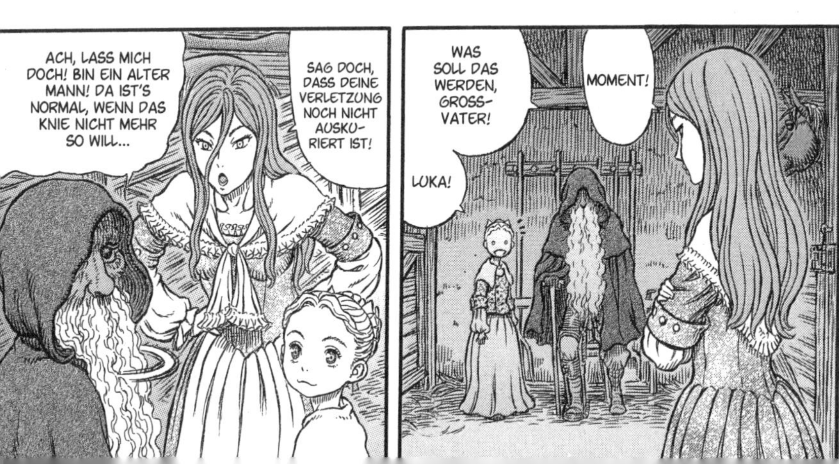

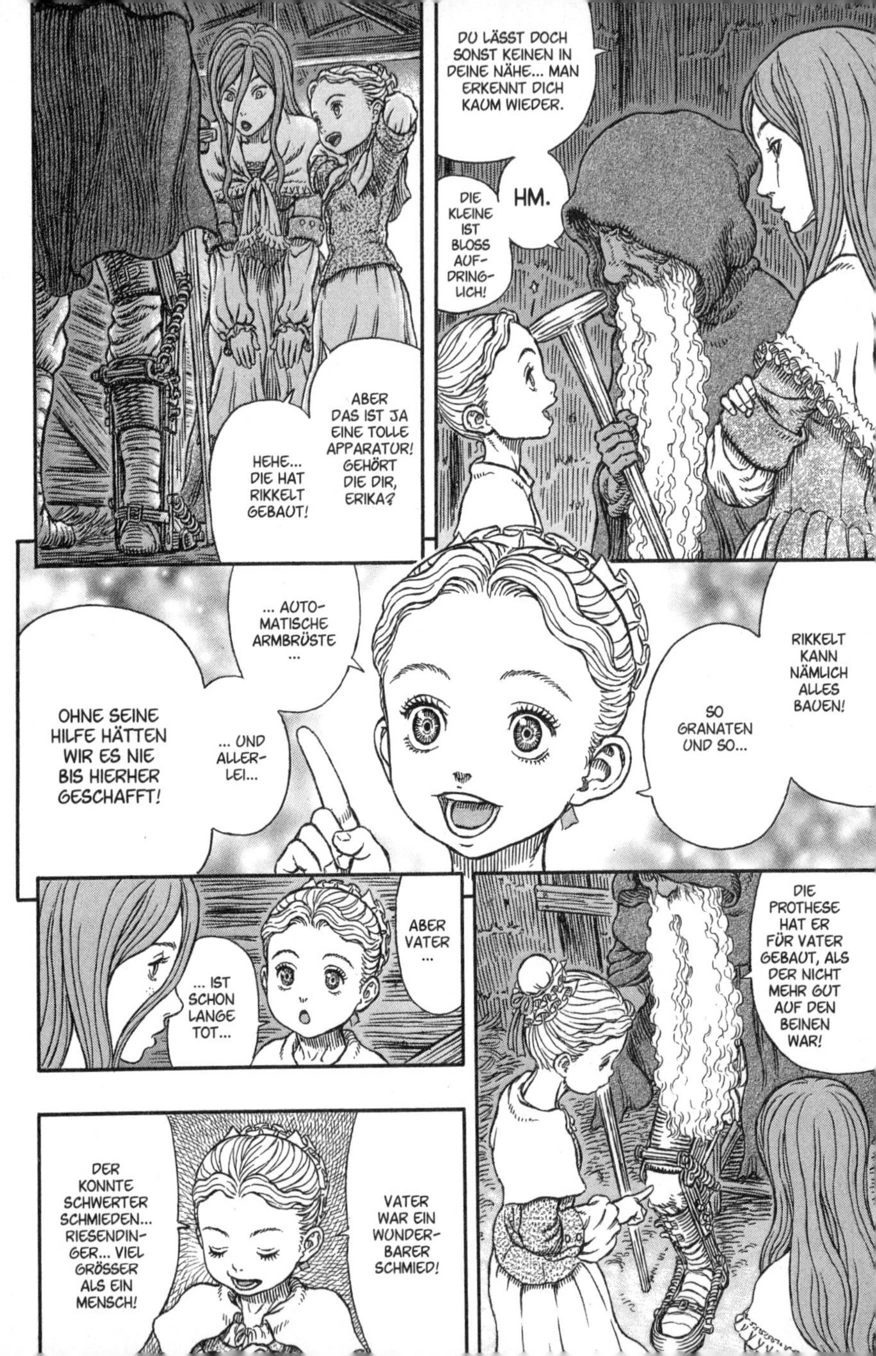
DU LÄSST DOCH SONST KEINEN IN DEINE NÄHE... MAN ERKENNT DICH KAUM WIEDER.
HM.
DIE KLEINE IST BLOSS AUF-DRING-LICH!
ABER DAS IST JA EINE TOLLE APPARATUR! GEHÖRT DIE DIR, ERIKA?
HEHE... DIE HAT RIKKELT GEBAUT!
RIKKELT KANN NÄMLICH ALLES BAUEN!
SO GRANATEN UND SO...
... AUTO-MATISCHE ARMBRÜSTE ...
... UND ALLER-LEI...
OHNE SEINE HILFE HÄTTEN WIR ES NIE BIS HIERHER GESCHAFFT!
DIE PROTHESE HAT ER FÜR VATER GEBAUT, ALS DER NICHT MEHR GUT AUF DEN BEINEN WAR!
ABER VATER ...
... IST SCHON LANGE TOT...
VATER WAR EIN WUNDER-BARER SCHMIED!
DER KONNTE SCHWERTER SCHMIEDEN... RIESENDIN-GER... VIEL GRÖSSER ALS EIN MENSCH!

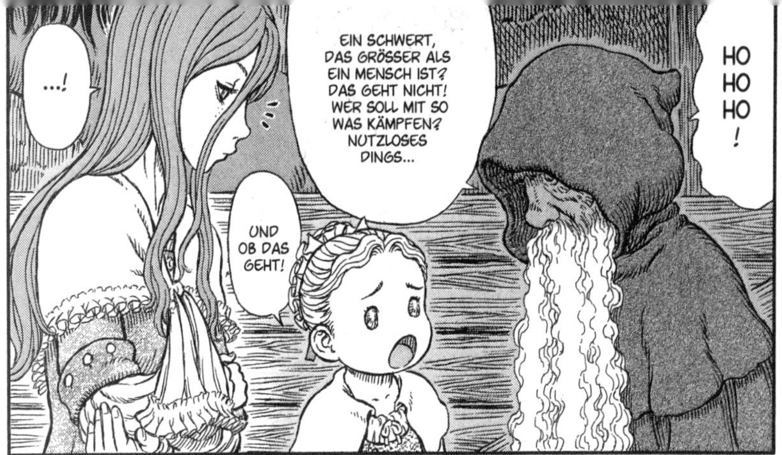
HO HO HO!
EIN SCHWERT, DAS GRÖSSER ALS EIN MENSCH IST? DAS GEHT NICHT! WER SOLL MIT SO WAS KÄMPFEN? NUTZLOSES DINGS...
UND OB DAS GEHT!
...!

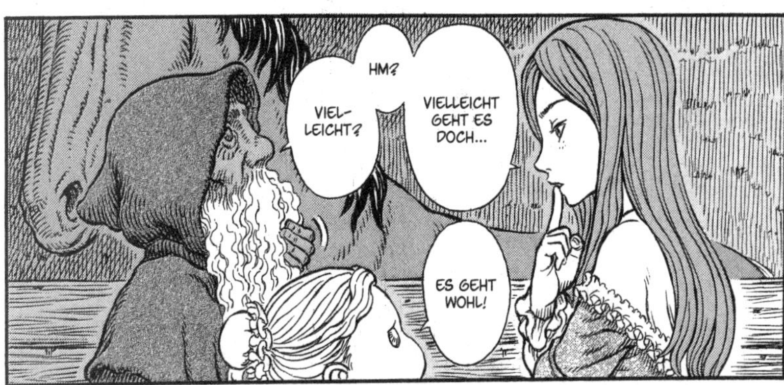
VIELLEICHT GEHT ES DOCH...
HM?
VIEL-LEICHT?
ES GEHT WOHL!

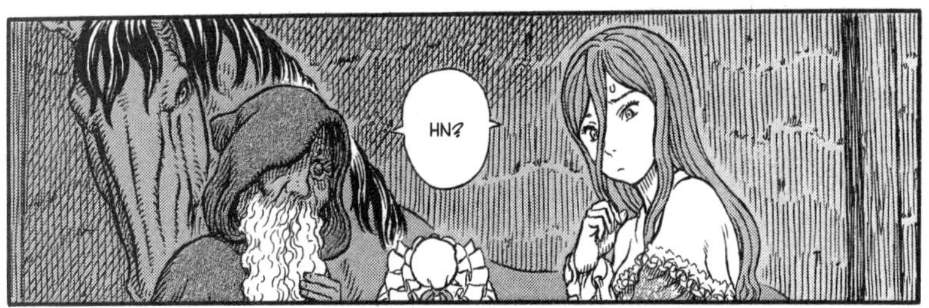
HN?

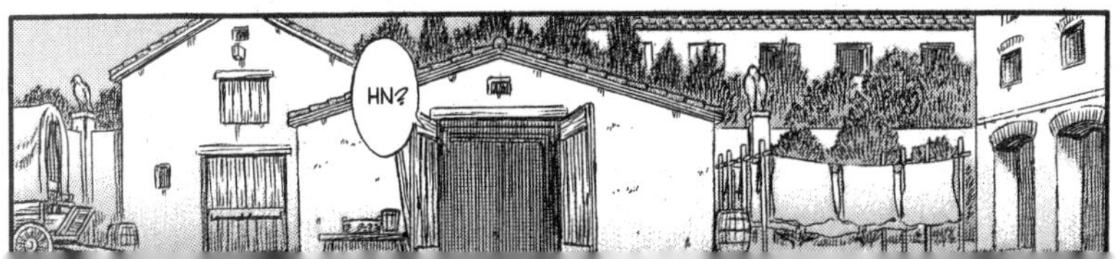
HN?

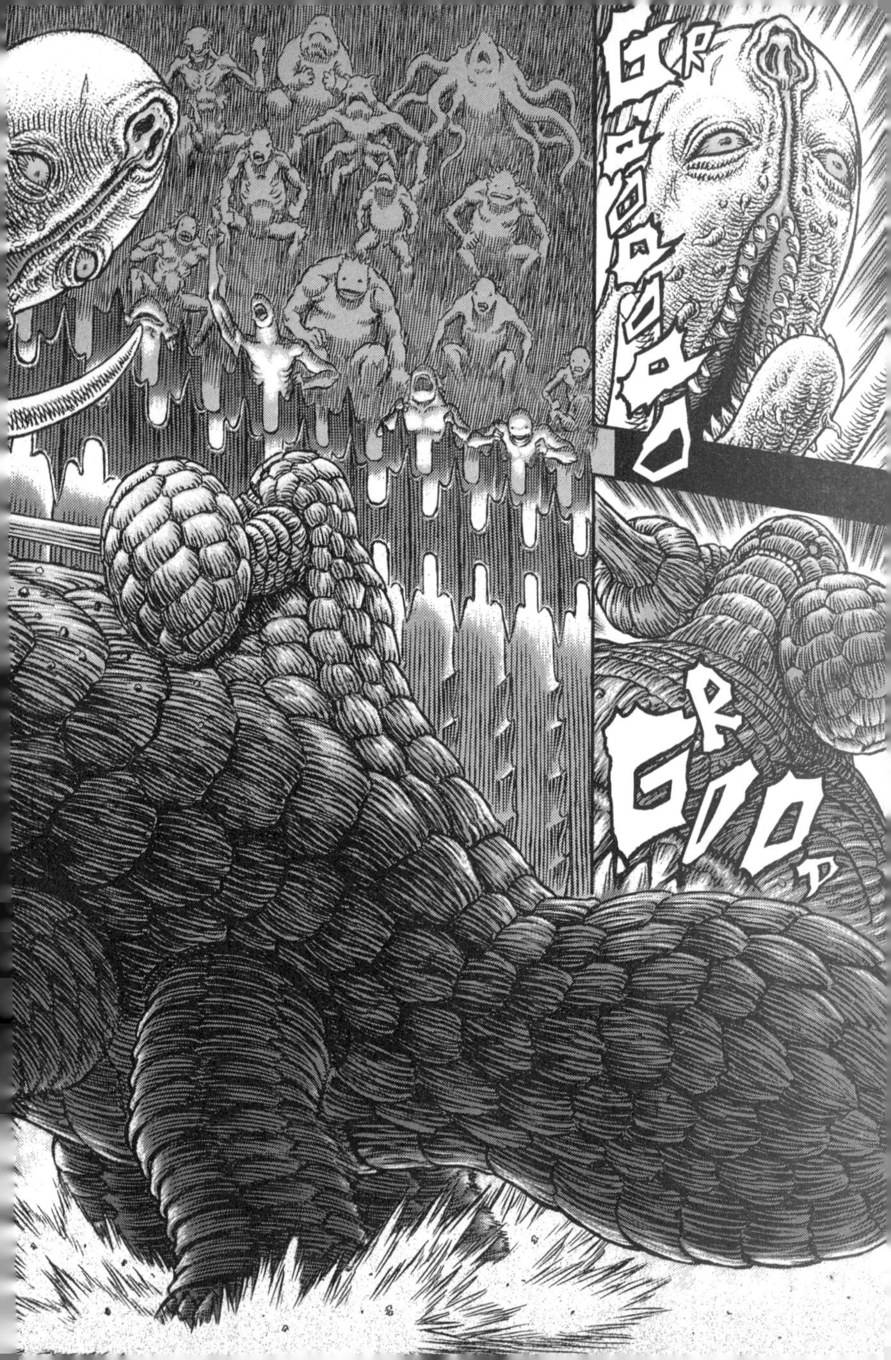

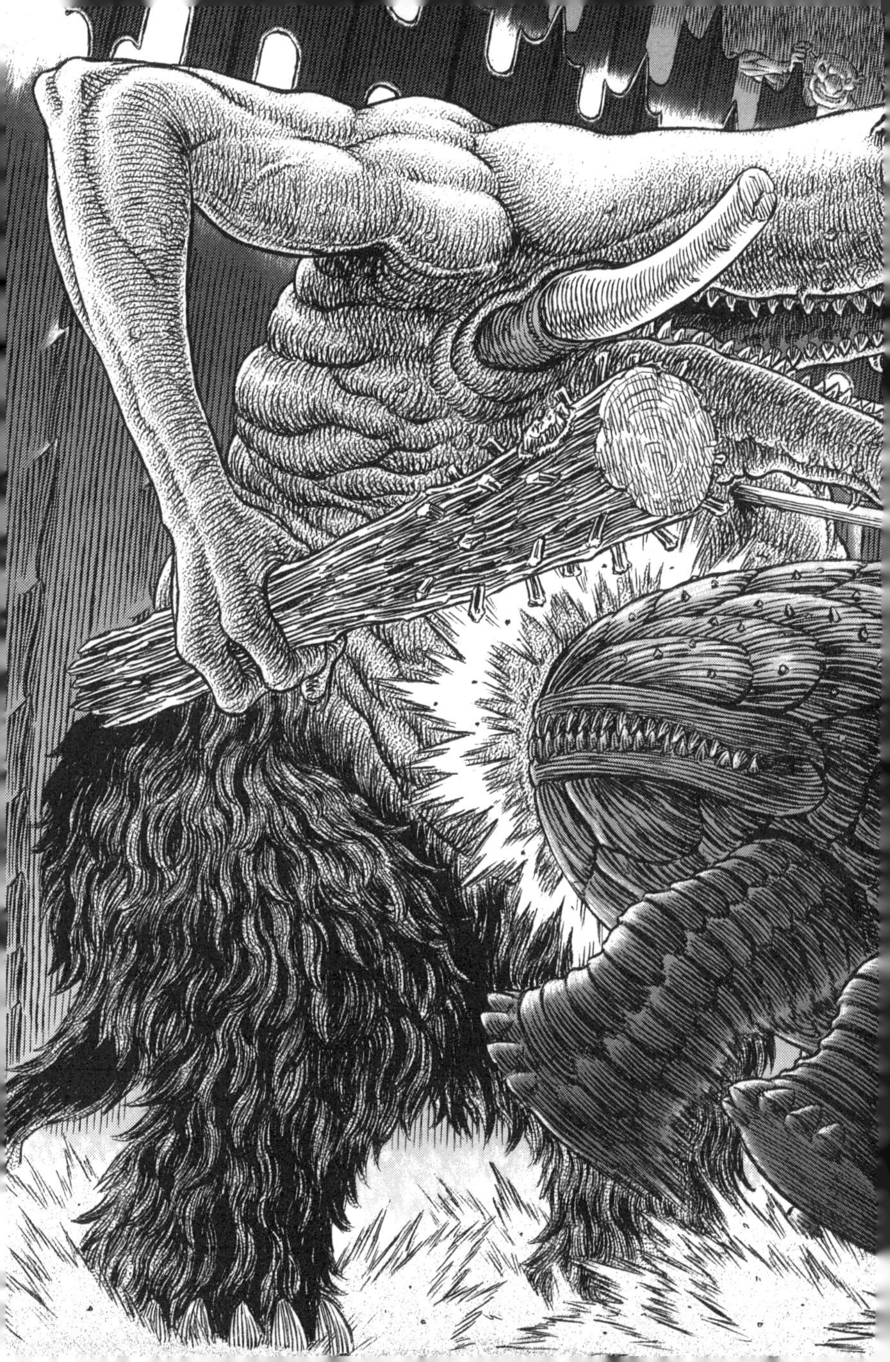

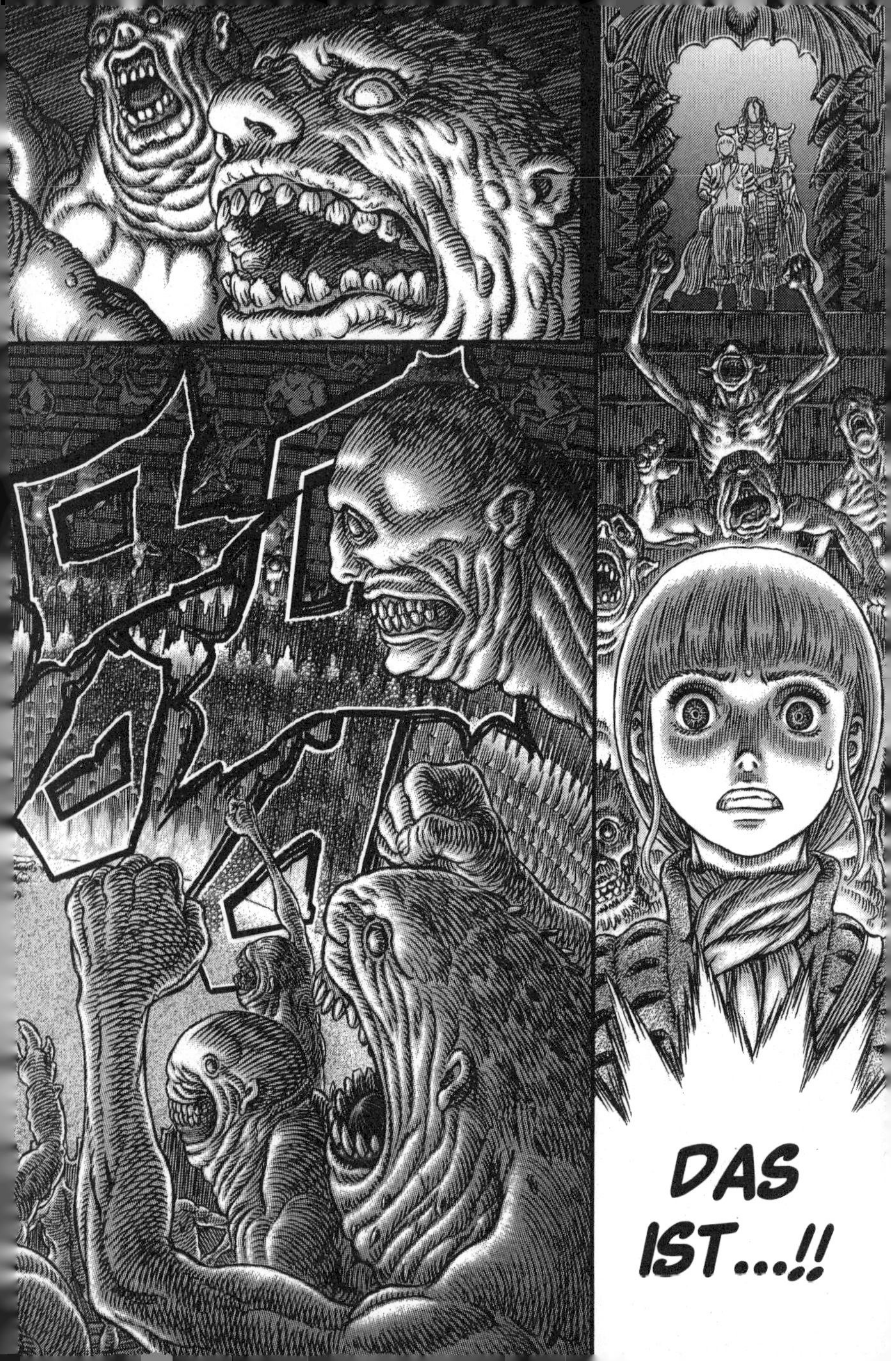
DAS
IST ...!!

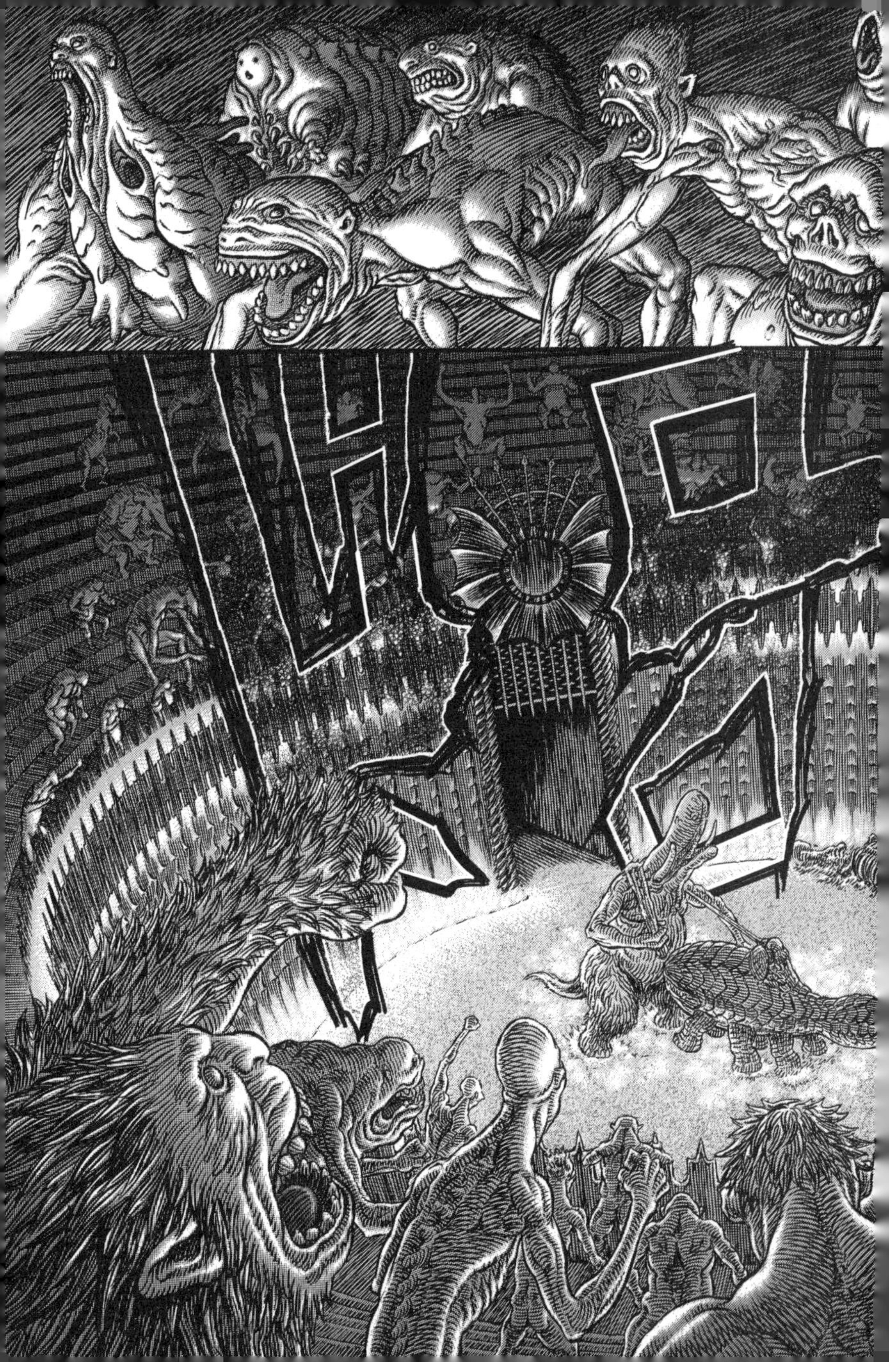

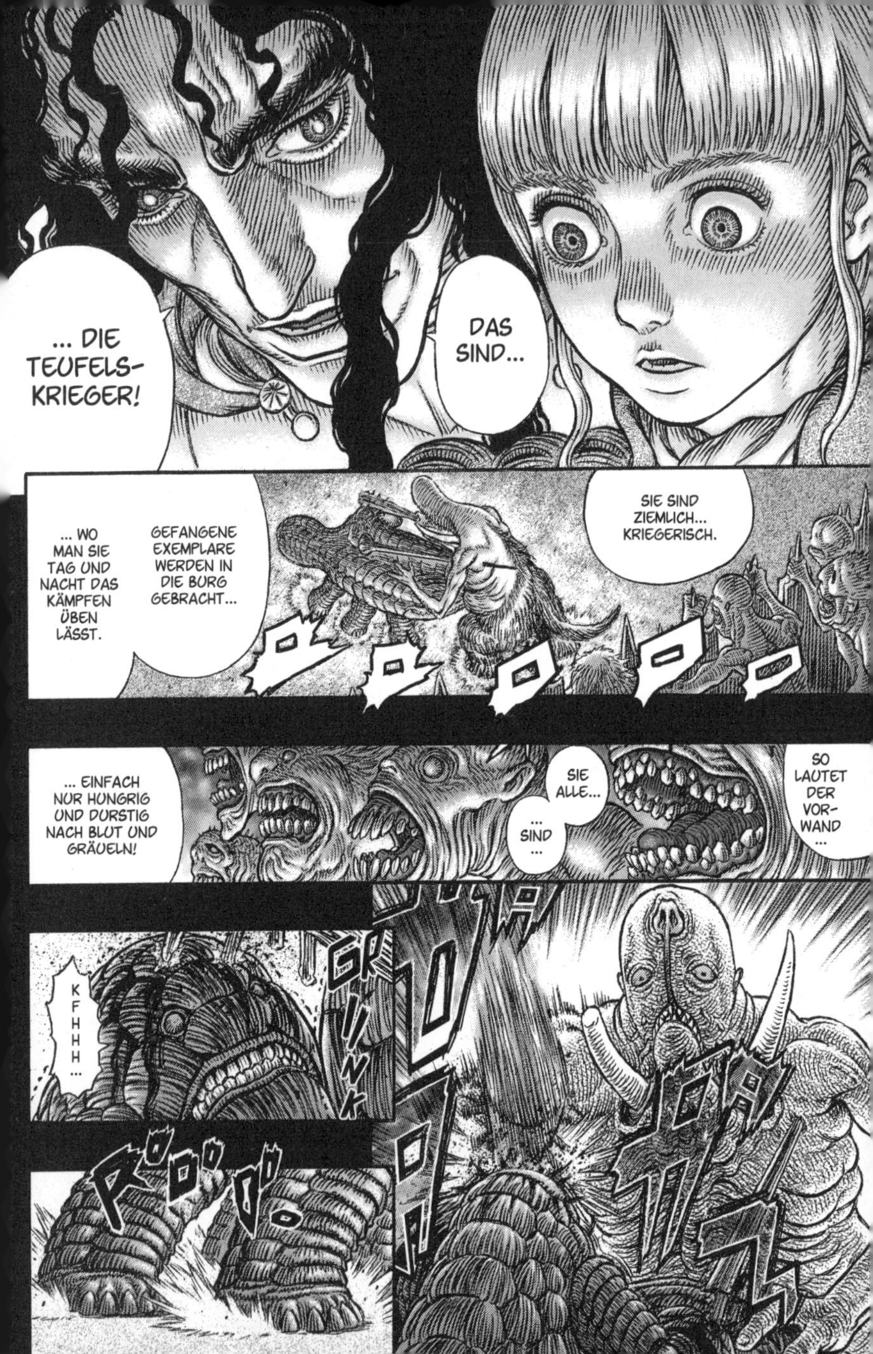
DAS SIND...
... DIE TEUFELS-KRIEGER!
SIE SIND ZIEMLICH... KRIEGERISCH.
GEFANGENE EXEMPLARE WERDEN IN DIE BURG GEBRACHT...
... WO MAN SIE TAG UND NACHT DAS KÄMPFEN ÜBEN LÄSST.
SO LAUTET DER VOR-WAND ...
SIE ALLE...
... SIND ...
... EINFACH NUR HUNGRIG UND DURSTIG NACH BLUT UND GRÄUELN!
KFHHH...

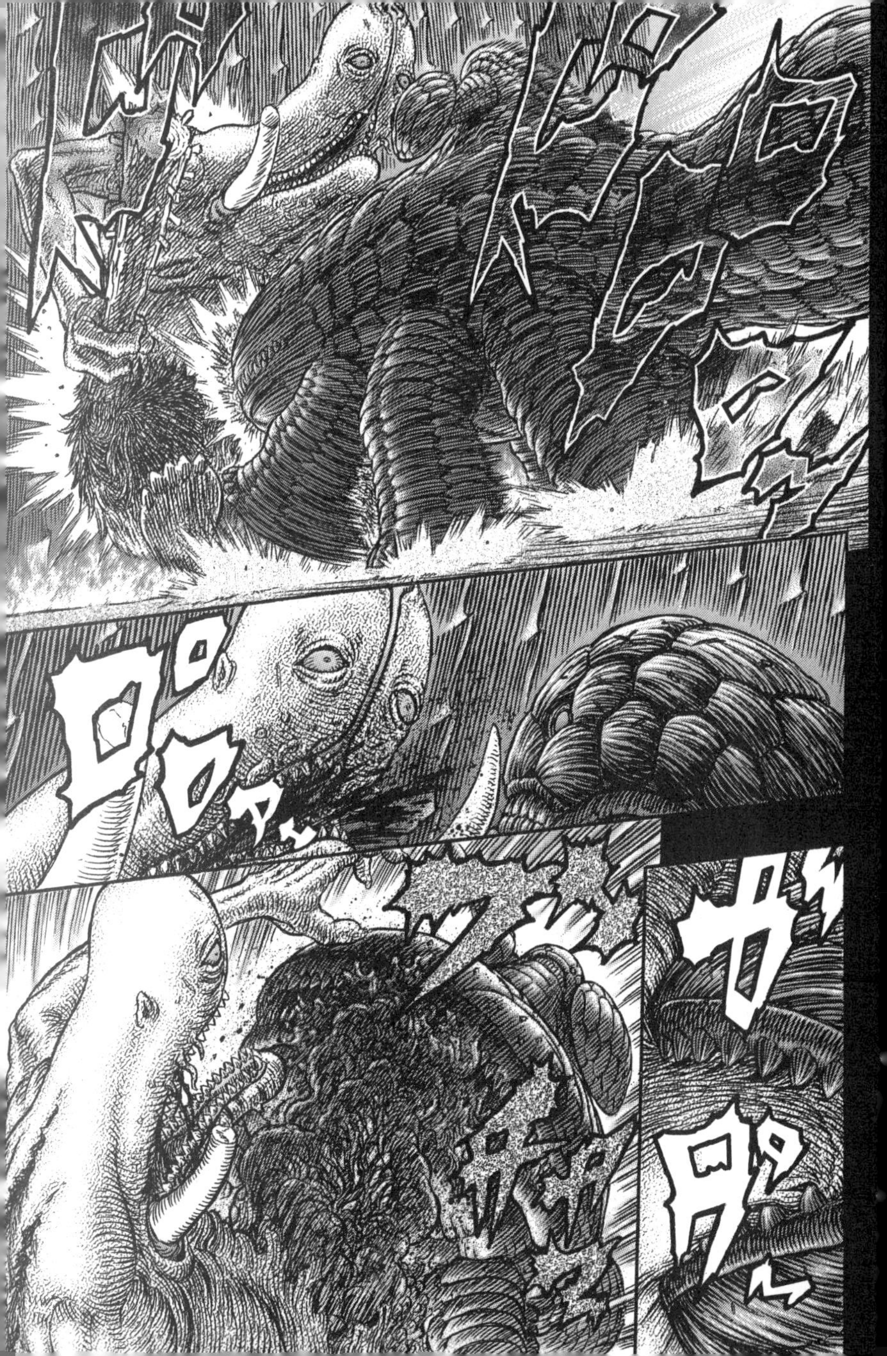

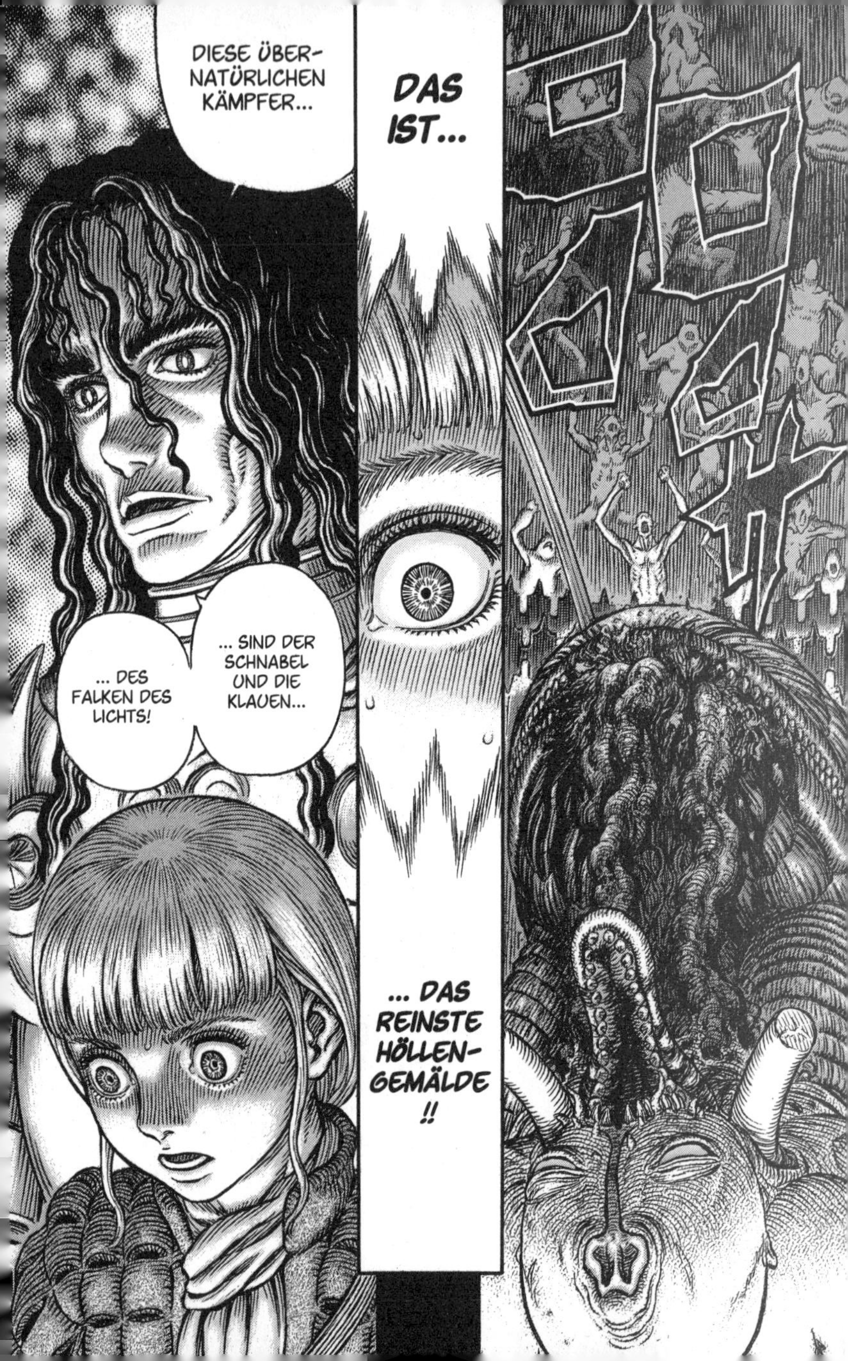
DAS IST...
... DAS REINSTE HÖLLEN-GEMÄLDE !!
DIESE ÜBER-NATÜRLICHEN KÄMPFER...
... SIND DER SCHNABEL UND DIE KLAUEN...
... DES FALKEN DES LICHTS!

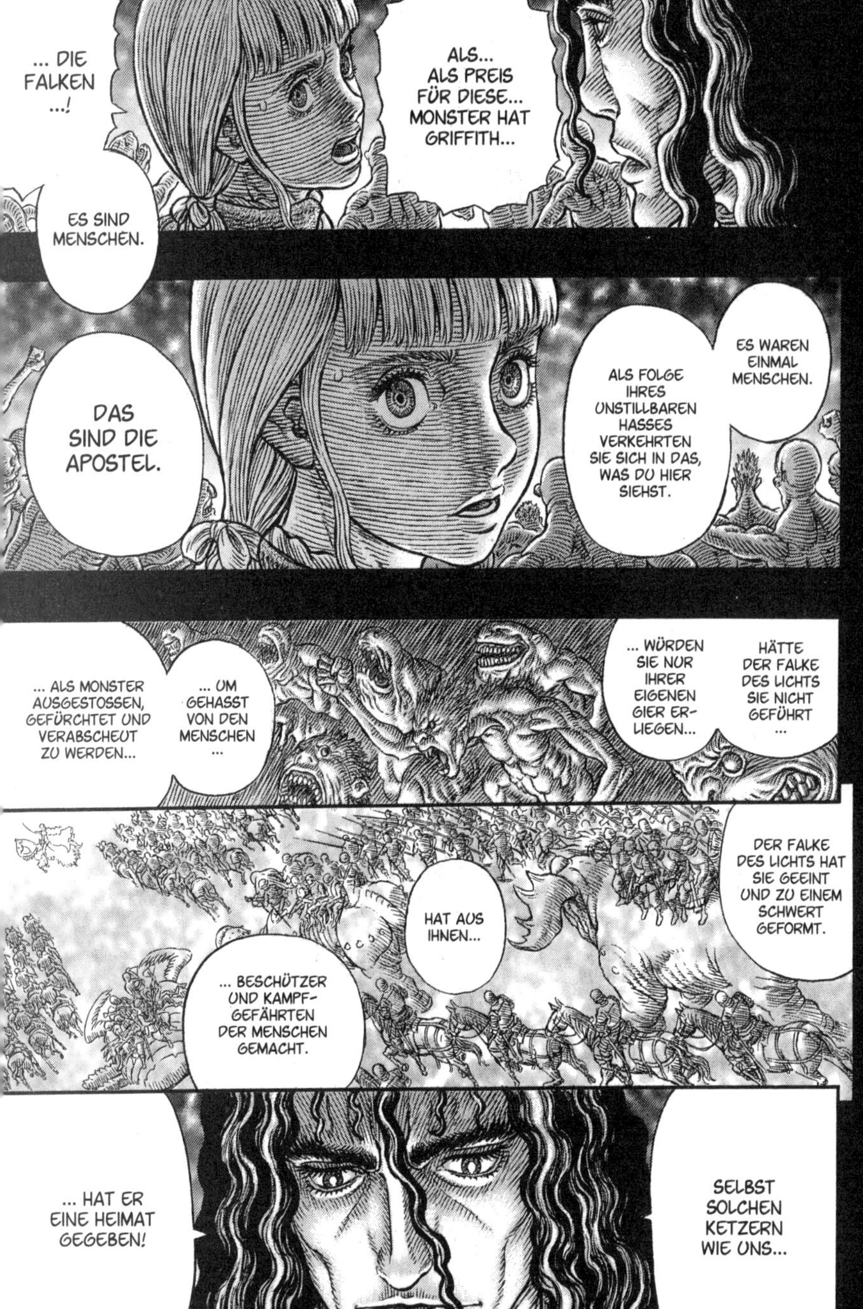
ALS... ALS PREIS FÜR DIESE... MONSTER HAT GRIFFITH...
... DIE FALKEN ...!
ES SIND MENSCHEN.
ES WAREN EINMAL MENSCHEN.
ALS FOLGE IHRES UNSTILLBAREN HASSES VERKEHRTEN SIE SICH IN DAS, WAS DU HIER SIEHST.
DAS SIND DIE APOSTEL.
HÄTTE DER FALKE DES LICHTS SIE NICHT GEFÜHRT ...
... WÜRDEN SIE NUR IHRER EIGENEN GIER ERLIEGEN...
... UM GEHASST VON DEN MENSCHEN ...
... ALS MONSTER AUSGESTOSSEN, GEFÜRCHTET UND VERABSCHEUT ZU WERDEN...
DER FALKE DES LICHTS HAT SIE GEEINT UND ZU EINEM SCHWERT GEFORMT.
HAT AUS IHNEN...
... BESCHÜTZER UND KAMPFGEFÄHRTEN DER MENSCHEN GEMACHT.
SELBST SOLCHEN KETZERN WIE UNS...
... HAT ER EINE HEIMAT GEGEBEN!

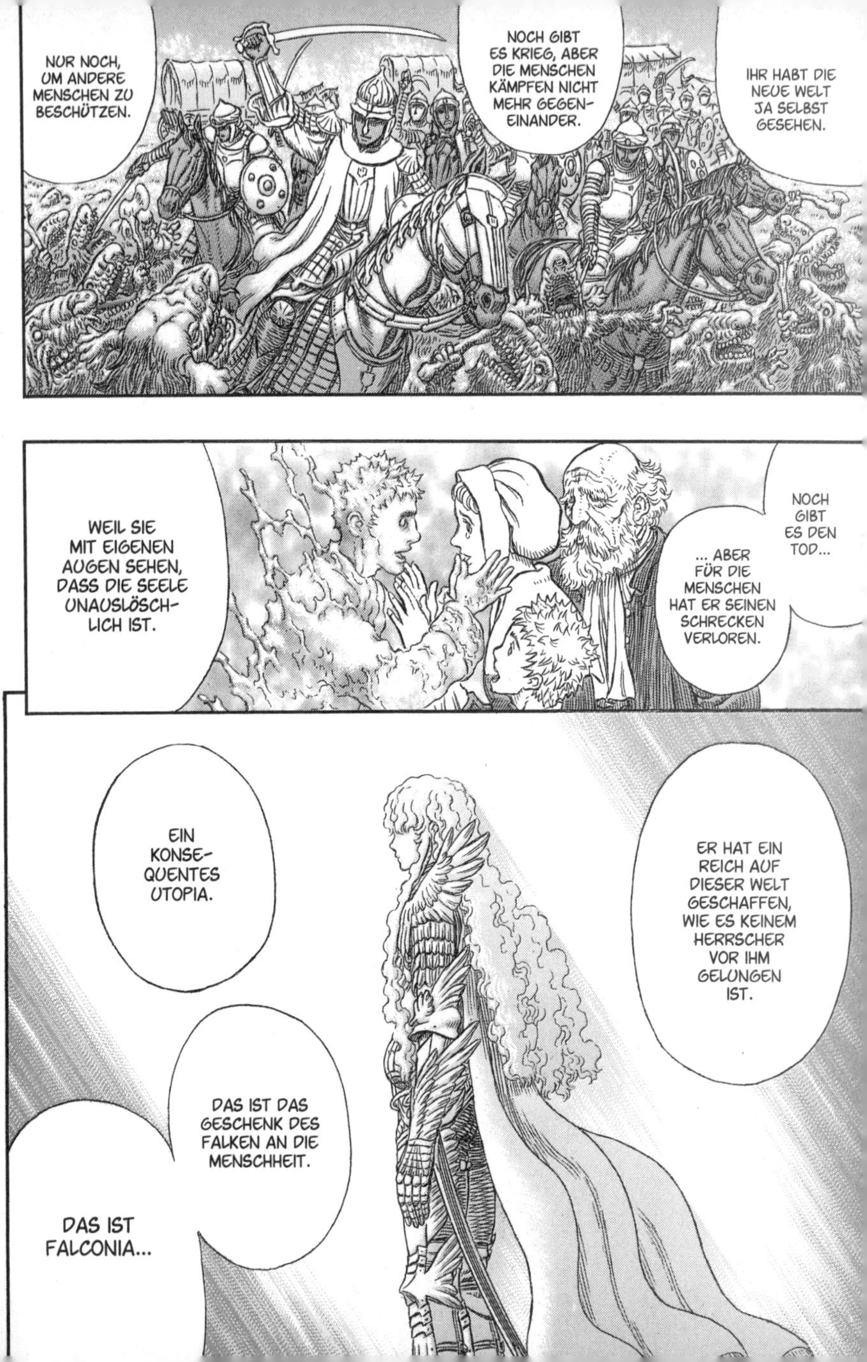

NUR NOCH, UM ANDERE MENSCHEN ZU BESCHÜTZEN.

NOCH GIBT ES KRIEG, ABER DIE MENSCHEN KÄMPFEN NICHT MEHR GEGENEINANDER.

IHR HABT DIE NEUE WELT JA SELBST GESEHEN.

WEIL SIE MIT EIGENEN AUGEN SEHEN, DASS DIE SEELE UNAUSLÖSCHLICH IST.

... ABER FÜR DIE MENSCHEN HAT ER SEINEN SCHRECKEN VERLOREN.

NOCH GIBT ES DEN TOD...

EIN KONSEQUENTES UTOPIA.

ER HAT EIN REICH AUF DIESER WELT GESCHAFFEN, WIE ES KEINEM HERRSCHER VOR IHM GELUNGEN IST.

DAS IST DAS GESCHENK DES FALKEN AN DIE MENSCHHEIT.

DAS IST FALCONIA...

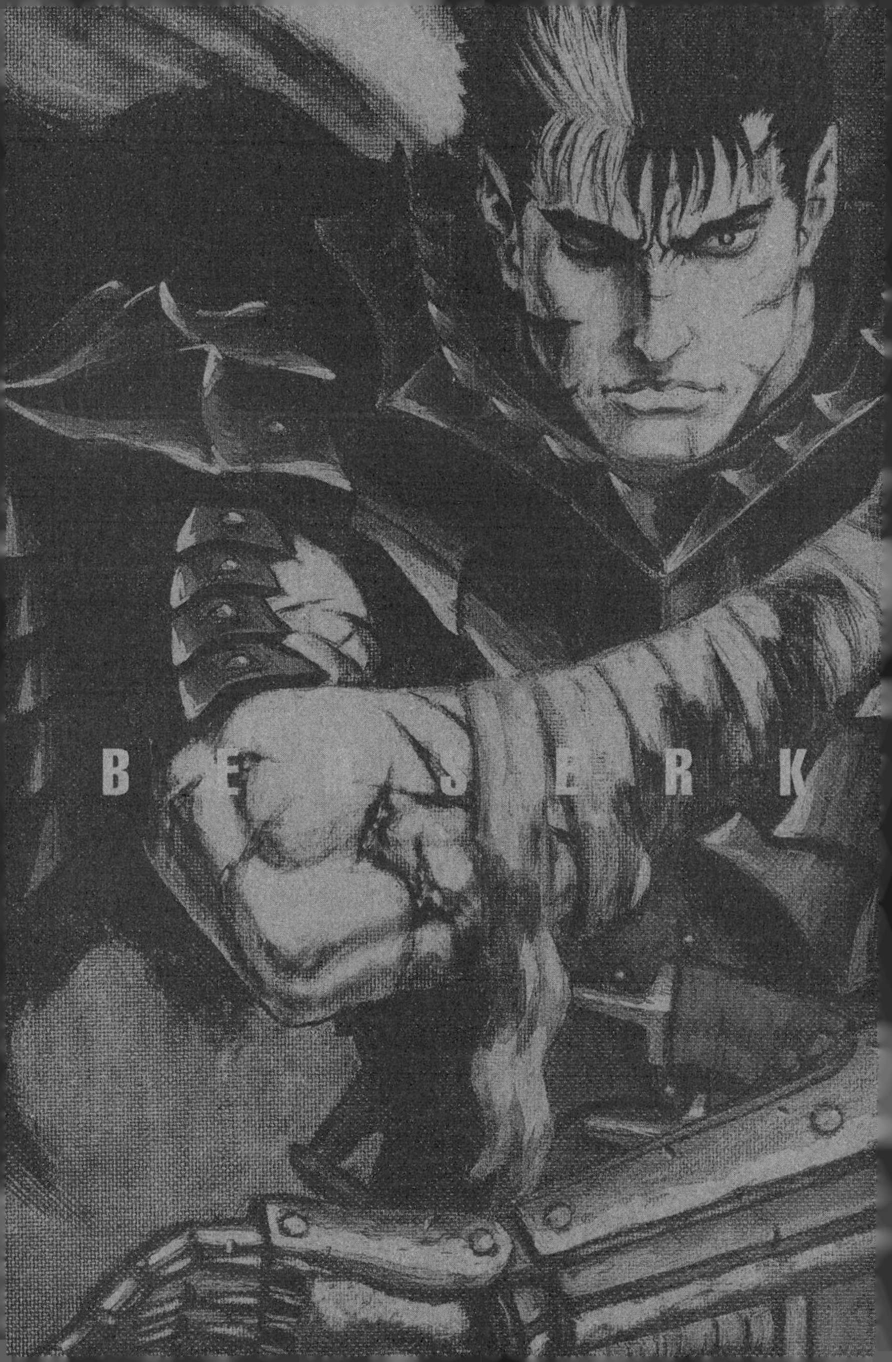

FANTASIA: DIE ELFENINSEL | BRÜCKE DES ABSCHIEDS

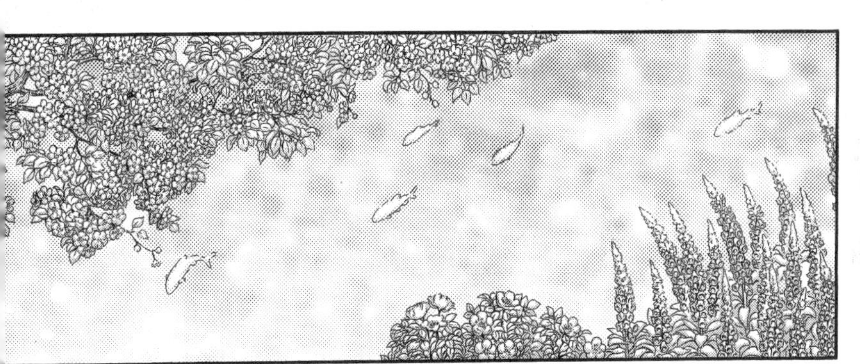

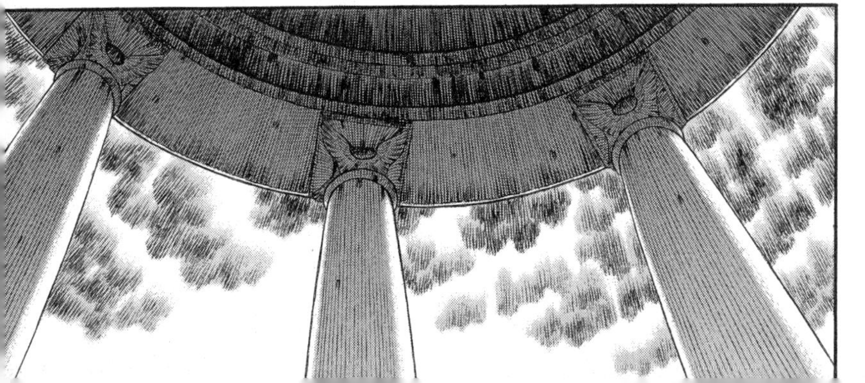

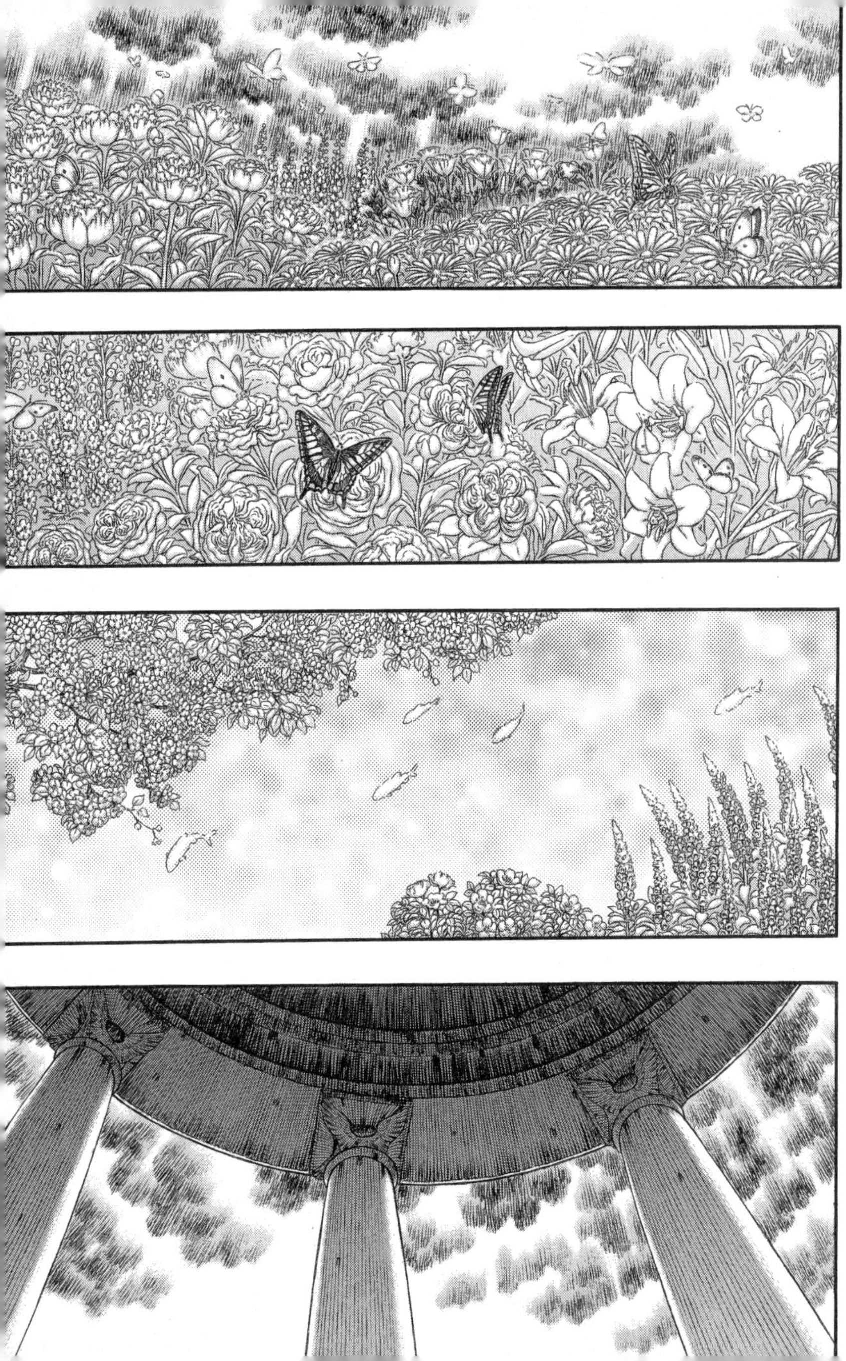

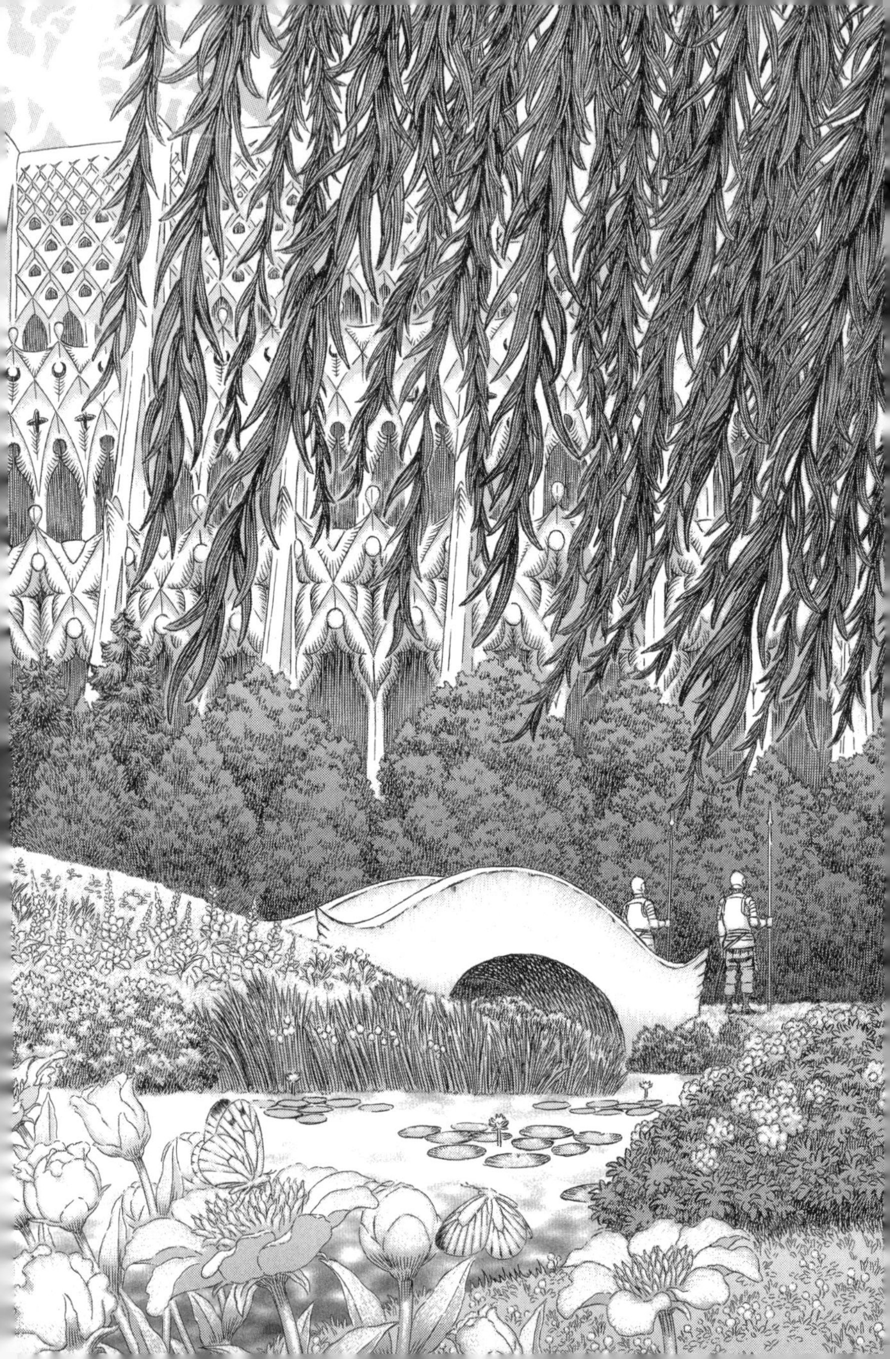

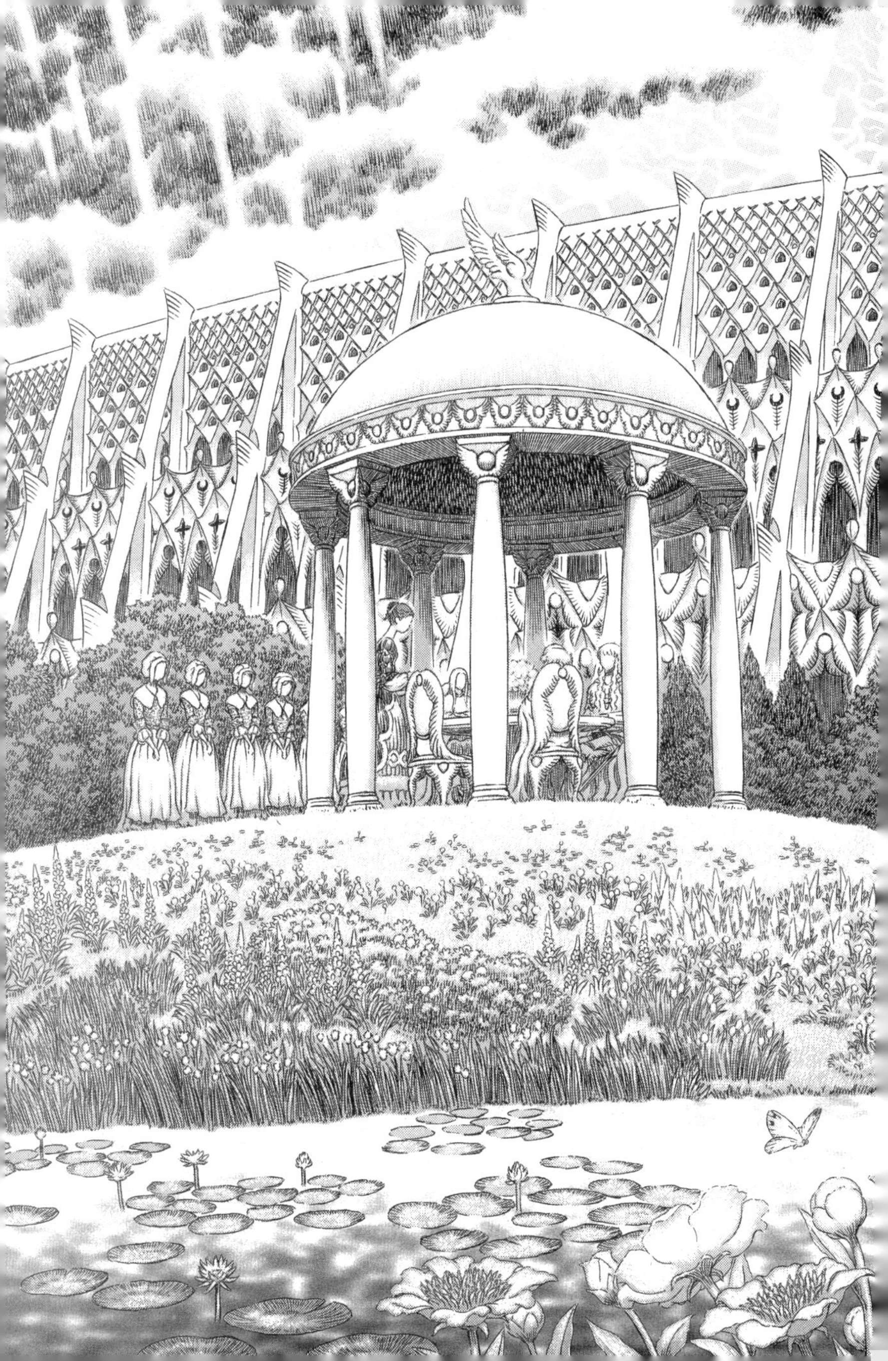

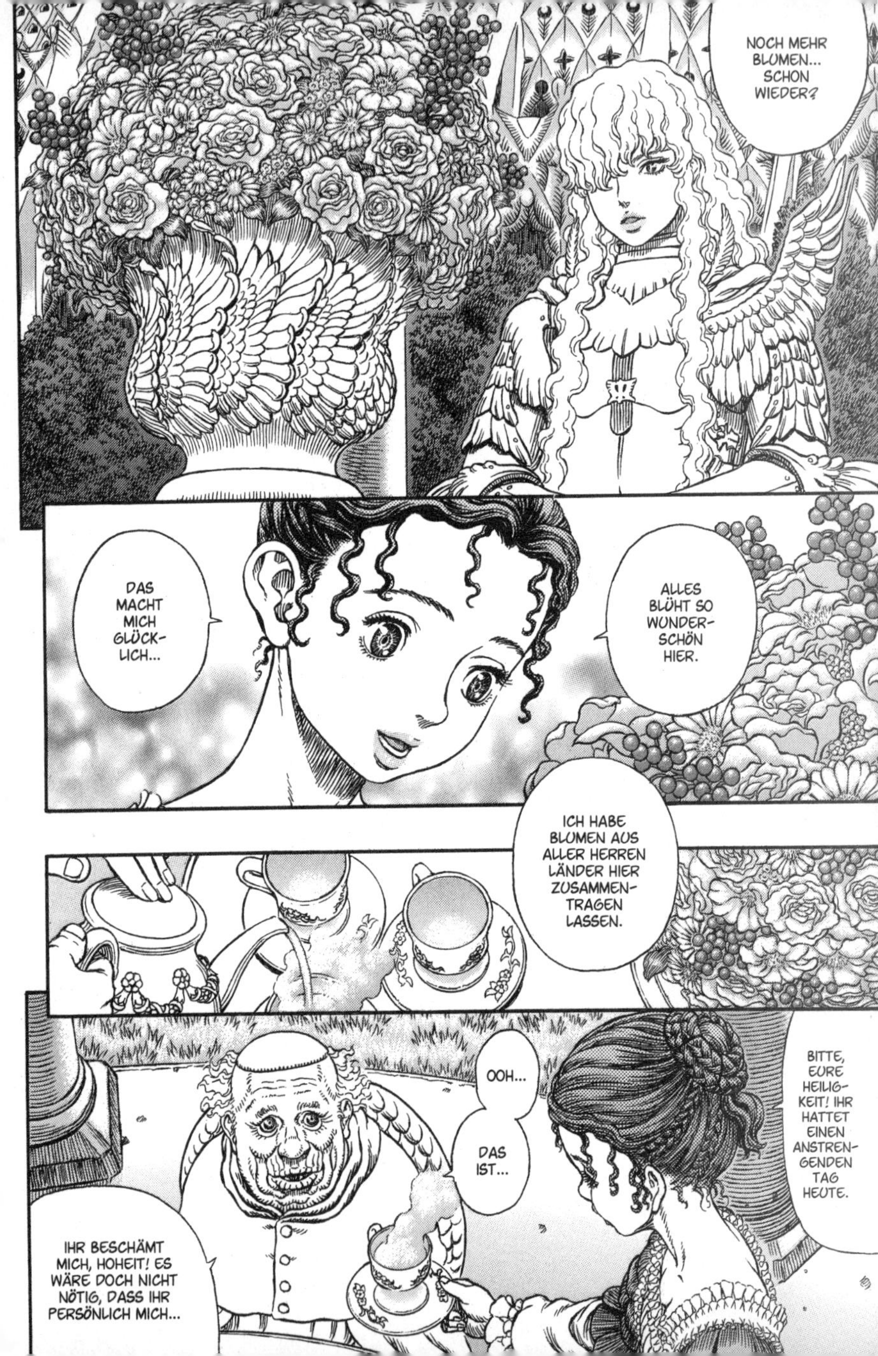

NOCH MEHR BLUMEN... SCHON WIEDER?
ALLES BLÜHT SO WUNDERSCHÖN HIER.
DAS MACHT MICH GLÜCKLICH...
ICH HABE BLUMEN AUS ALLER HERREN LÄNDER HIER ZUSAMMENTRAGEN LASSEN.
BITTE, EURE HEILIGKEIT! IHR HATTET EINEN ANSTRENGENDEN TAG HEUTE.
OOH...
DAS IST...
IHR BESCHÄMT MICH, HOHEIT! ES WÄRE DOCH NICHT NÖTIG, DASS IHR PERSÖNLICH MICH...

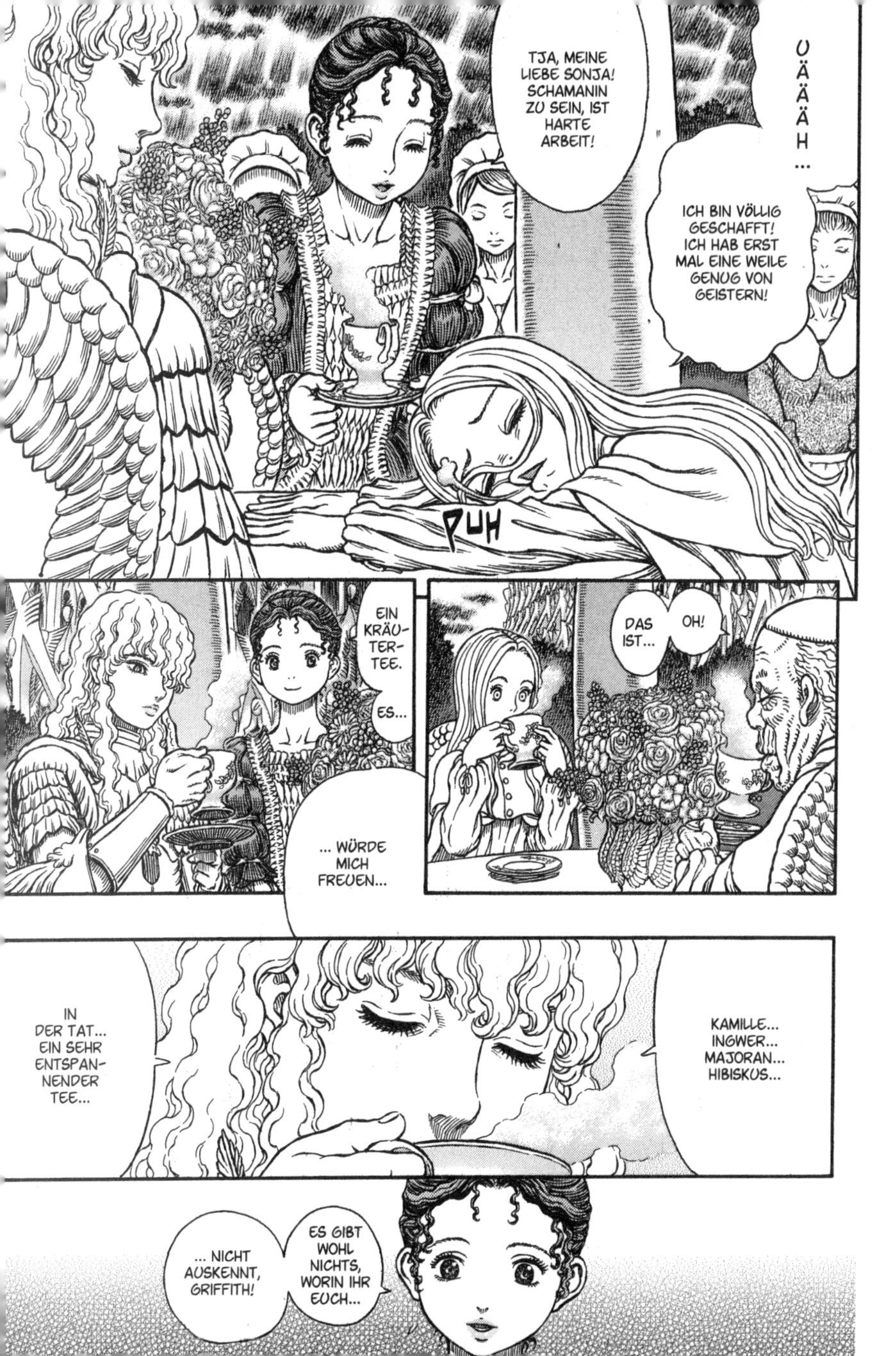
TJA, MEINE LIEBE SONJA! SCHAMANIN ZU SEIN, IST HARTE ARBEIT!
UÄÄÄH ...
ICH BIN VÖLLIG GESCHAFFT! ICH HAB ERST MAL EINE WEILE GENUG VON GEISTERN!
PUH
EIN KRÄUTERTEE.
ES...
OH!
DAS IST...
... WÜRDE MICH FREUEN...
KAMILLE... INGWER... MAJORAN... HIBISKUS...
IN DER TAT... EIN SEHR ENTSPANNENDER TEE...
ES GIBT WOHL NICHTS, WORIN IHR EUCH...
... NICHT AUSKENNT, GRIFFITH!

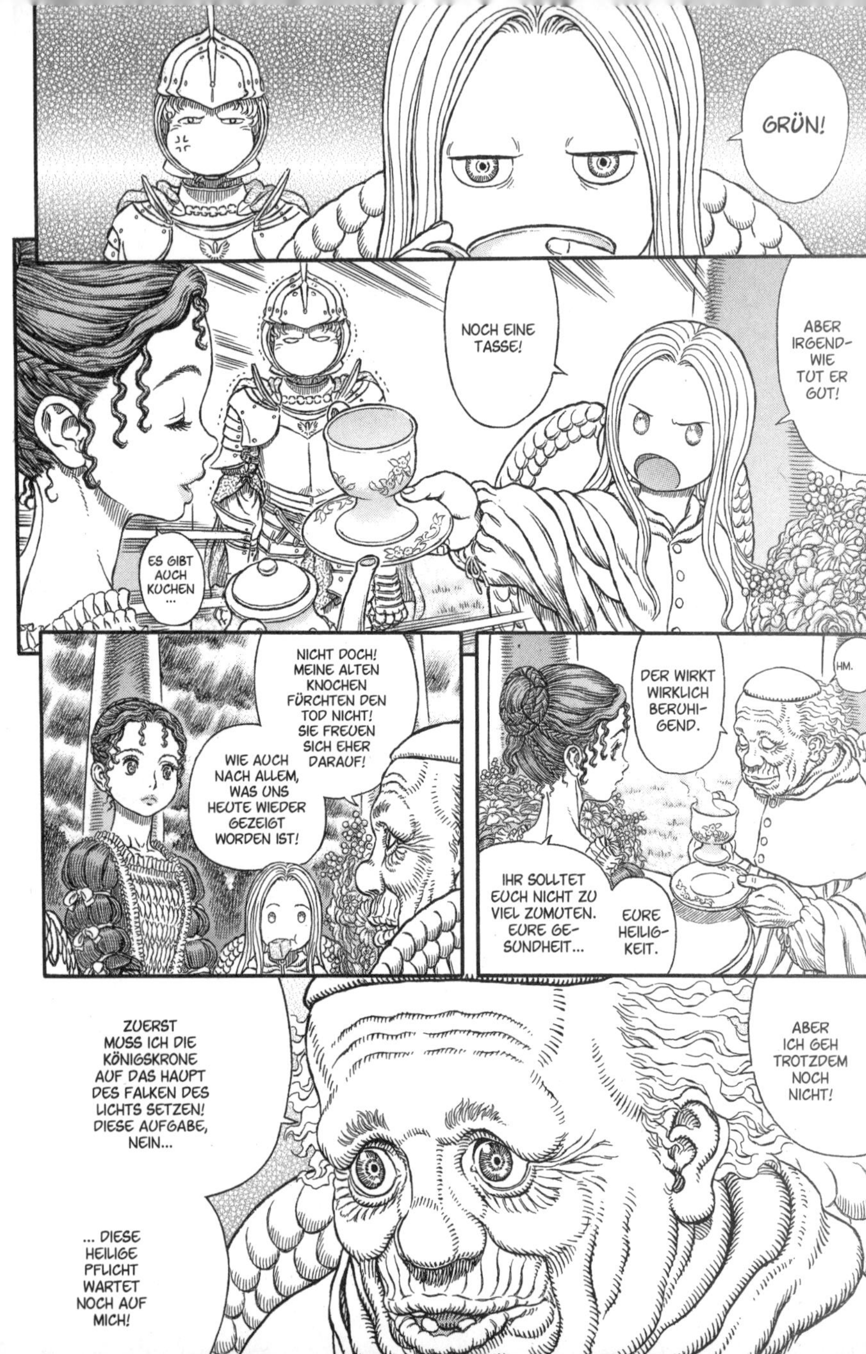
GRÜN!
ABER IRGENDWIE TUT ER GUT!
NOCH EINE TASSE!
ES GIBT AUCH KUCHEN ...
HM.
DER WIRKT WIRKLICH BERUHIGEND.
IHR SOLLTET EUCH NICHT ZU VIEL ZUMUTEN. EURE GESUNDHEIT...
EURE HEILIGKEIT.
NICHT DOCH! MEINE ALTEN KNOCHEN FÜRCHTEN DEN TOD NICHT! SIE FREUEN SICH EHER DARAUF!
WIE AUCH NACH ALLEM, WAS UNS HEUTE WIEDER GEZEIGT WORDEN IST!
ABER ICH GEH TROTZDEM NOCH NICHT!
ZUERST MUSS ICH DIE KÖNIGSKRONE AUF DAS HAUPT DES FALKEN DES LICHTS SETZEN! DIESE AUFGABE, NEIN...
... DIESE HEILIGE PFLICHT WARTET NOCH AUF MICH!

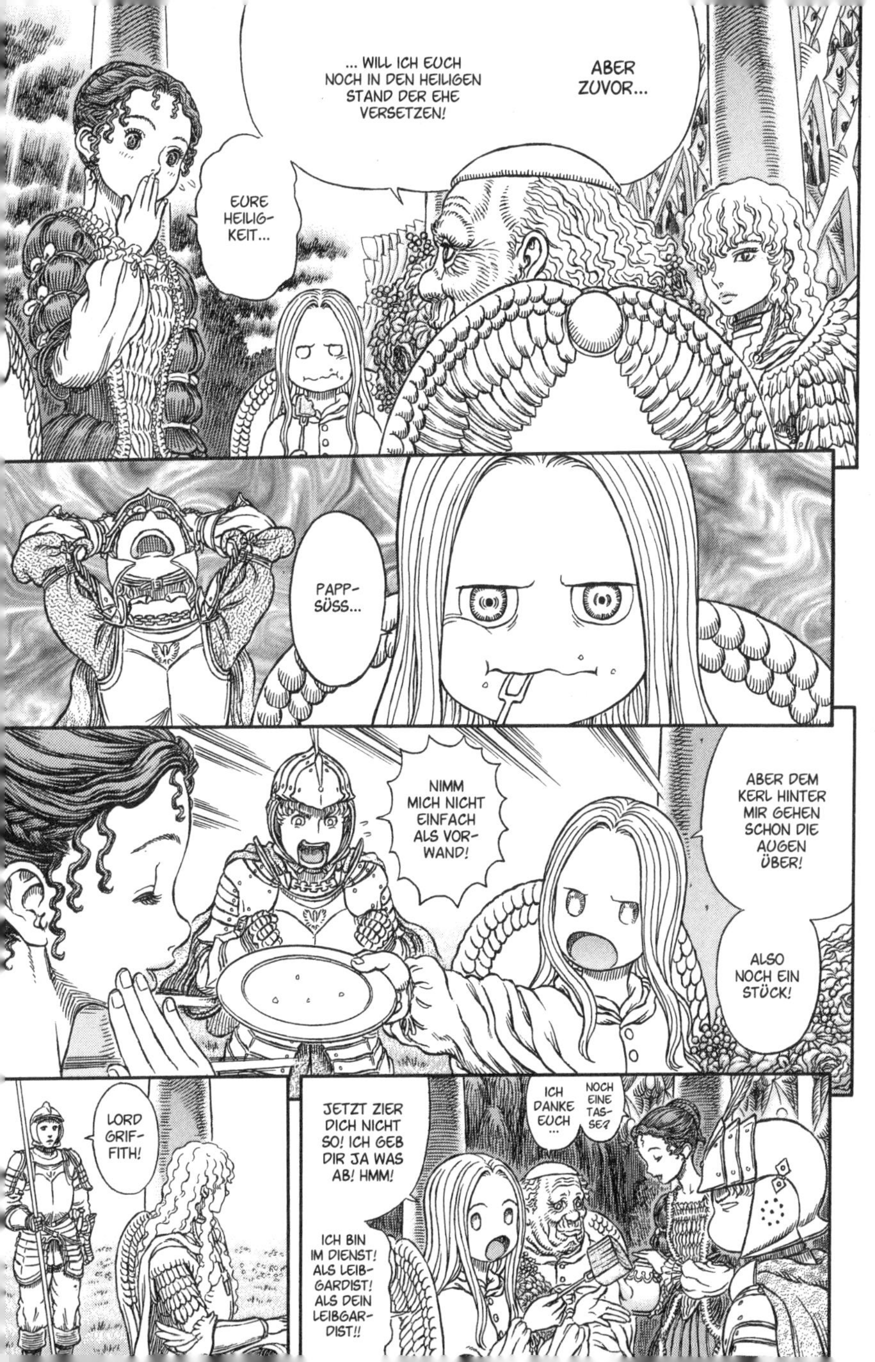
ABER ZUVOR...
... WILL ICH EUCH NOCH IN DEN HEILIGEN STAND DER EHE VERSETZEN!
EURE HEILIG-KEIT...
PAPP-SÜSS...
ABER DEM KERL HINTER MIR GEHEN SCHON DIE AUGEN ÜBER!
ALSO NOCH EIN STÜCK!
NIMM MICH NICHT EINFACH ALS VOR-WAND!
LORD GRIF-FITH!
NOCH EINE TAS-SE?
ICH DANKE EUCH ...
JETZT ZIER DICH NICHT SO! ICH GEB DIR JA WAS AB! HMM!
ICH BIN IM DIENST! ALS LEIB-GARDIST! ALS DEIN LEIBGAR-DIST!!

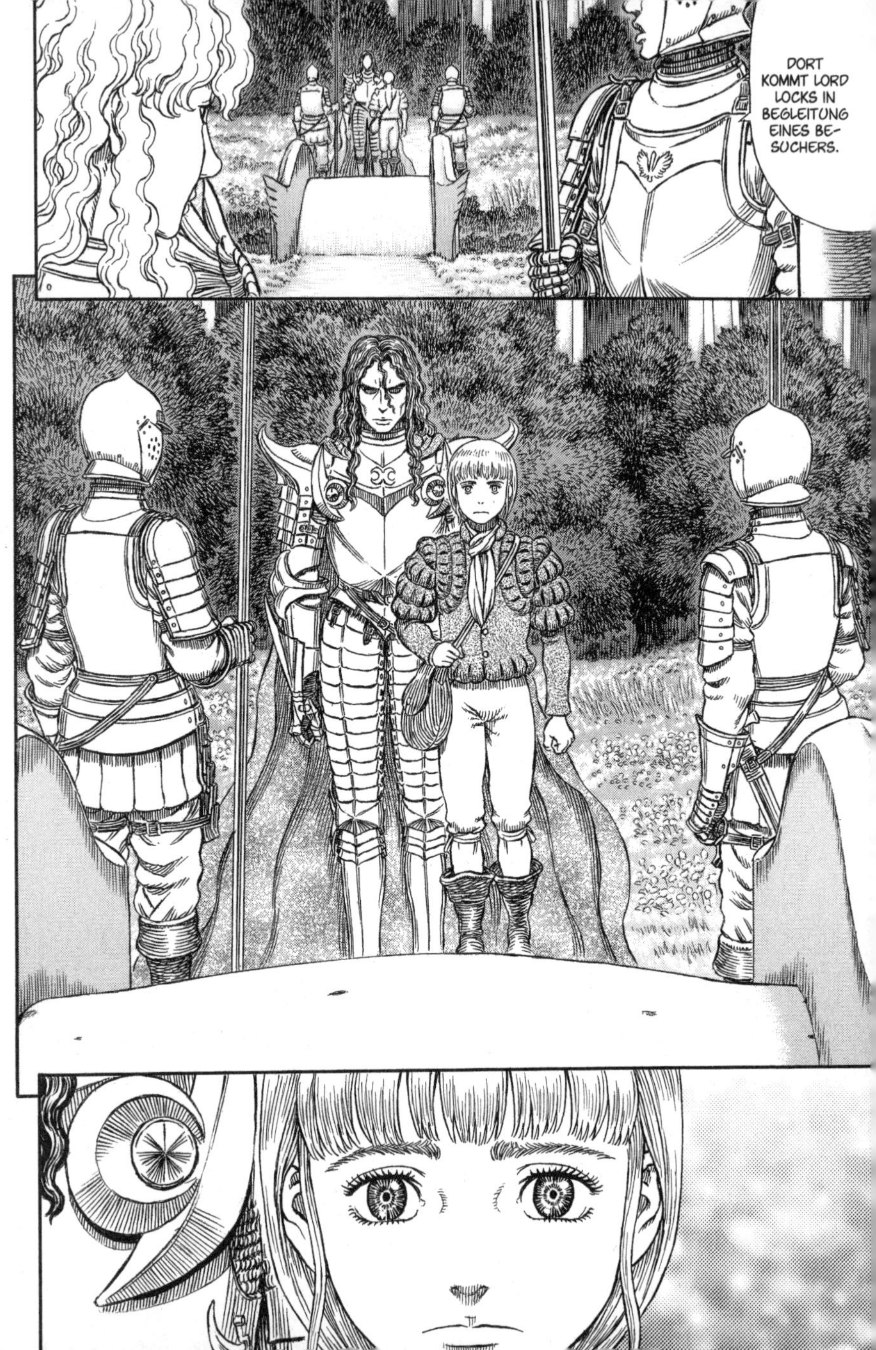
DORT KOMMT LORD LOCKS IN BEGLEITUNG EINES BE-SUCHERS.

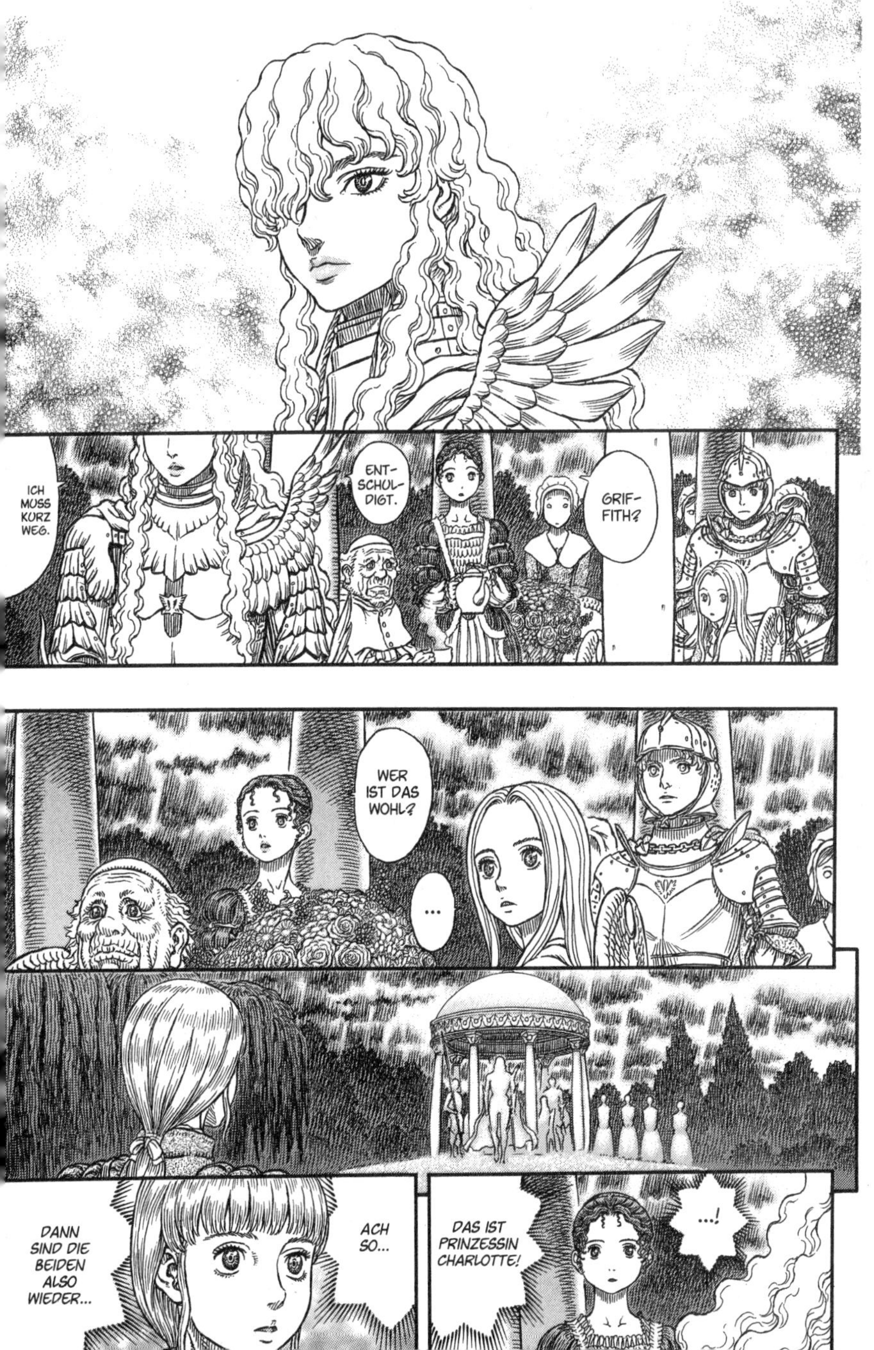
GRIF-FITH?
ENT-SCHUL-DIGT.
ICH MUSS KURZ WEG.
WER IST DAS WOHL?
...
...!
DAS IST PRINZESSIN CHARLOTTE!
ACH SO...
DANN SIND DIE BEIDEN ALSO WIEDER...

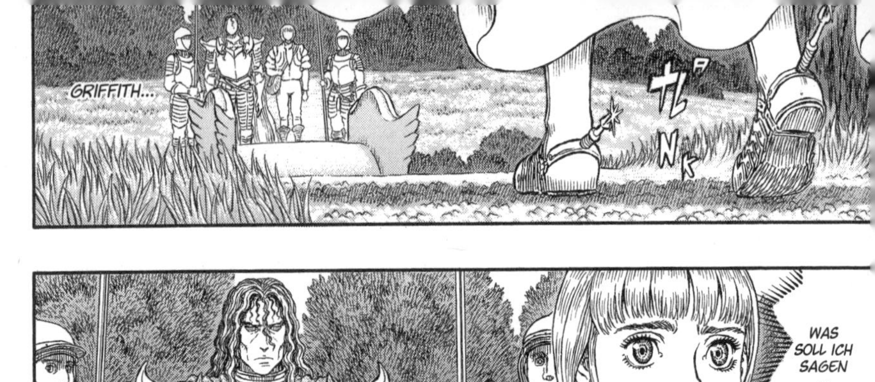

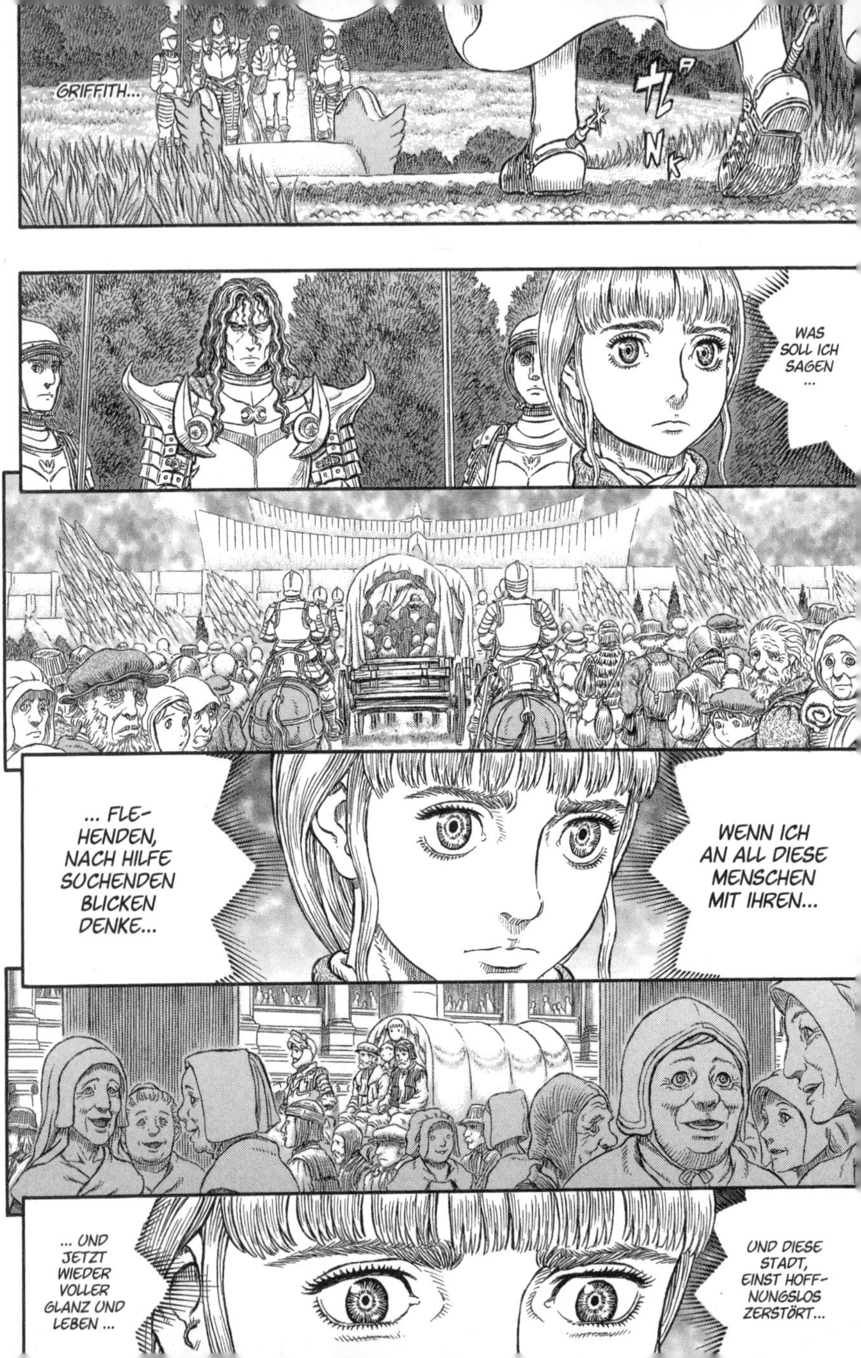

WAS SOLL ICH SAGEN ...

WENN ICH AN ALL DIESE MENSCHEN MIT IHREN...

... FLEHENDEN, NACH HILFE SUCHENDEN BLICKEN DENKE...

UND DIESE STADT, EINST HOFFNUNGSLOS ZERSTÖRT...

... UND JETZT WIEDER VOLLER GLANZ UND LEBEN ...

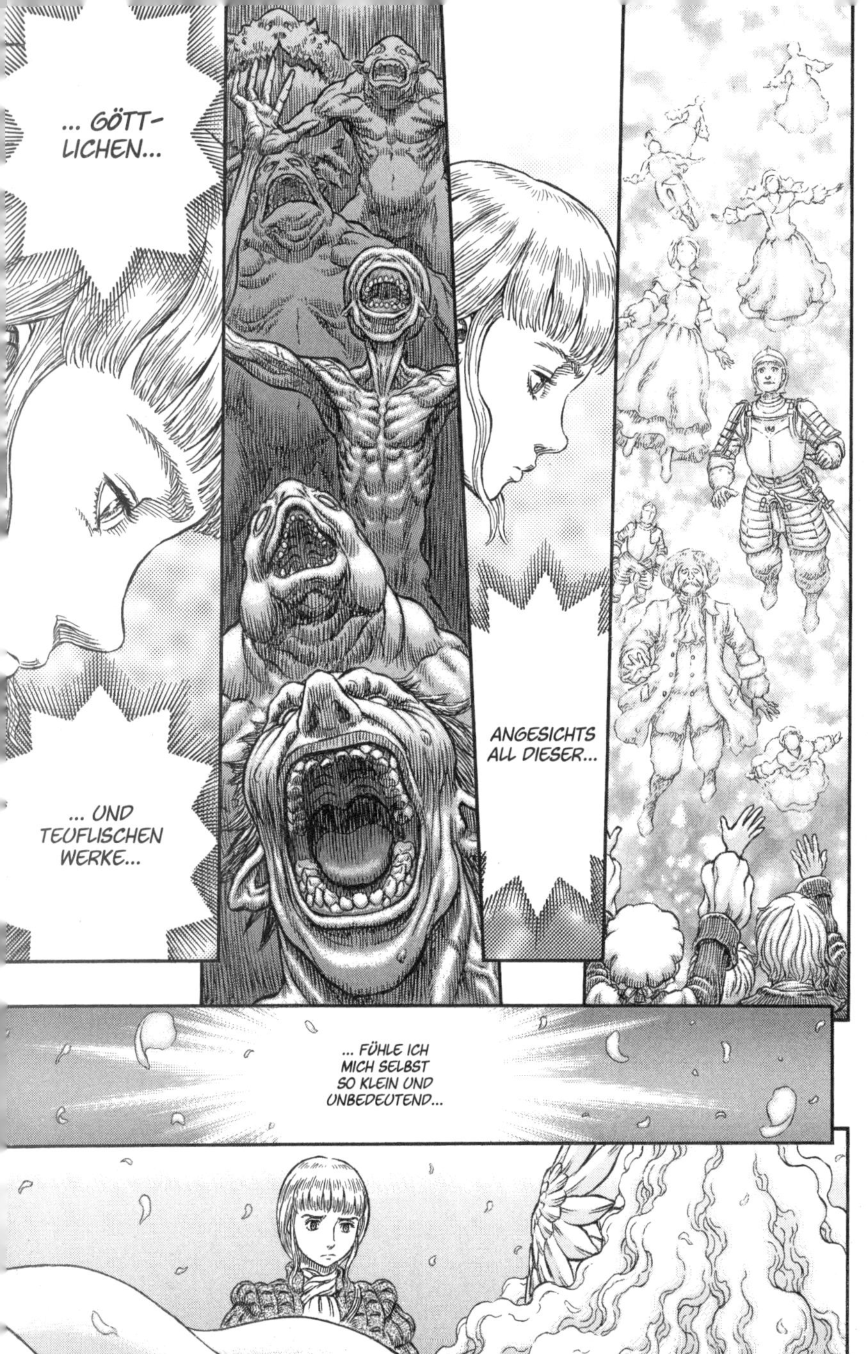
... GÖTT-
LICHEN...
... UND
TEUFLISCHEN
WERKE...
ANGESICHTS
ALL DIESER...
... FÜHLE ICH
MICH SELBST
SO KLEIN UND
UNBEDEUTEND...

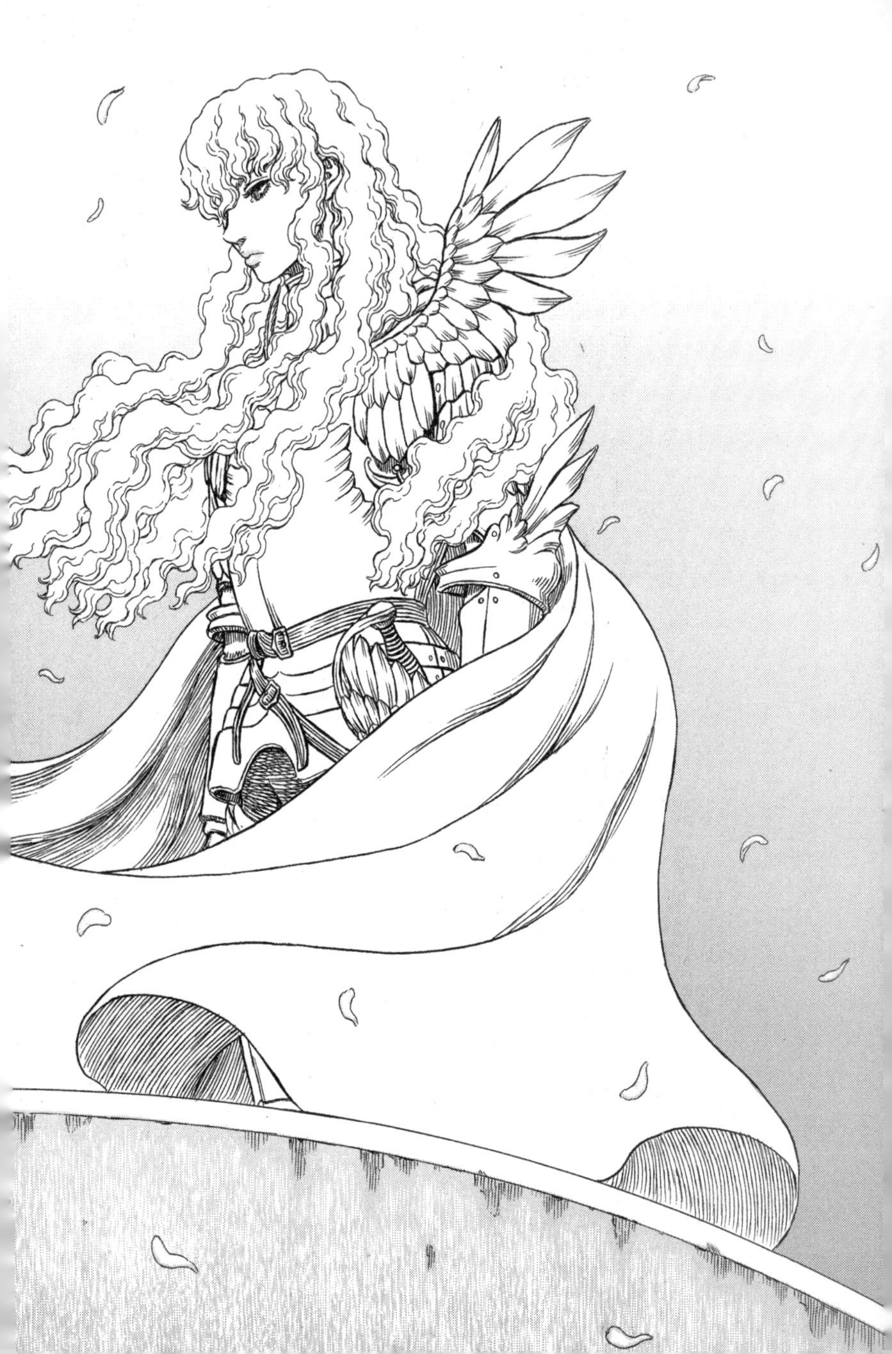

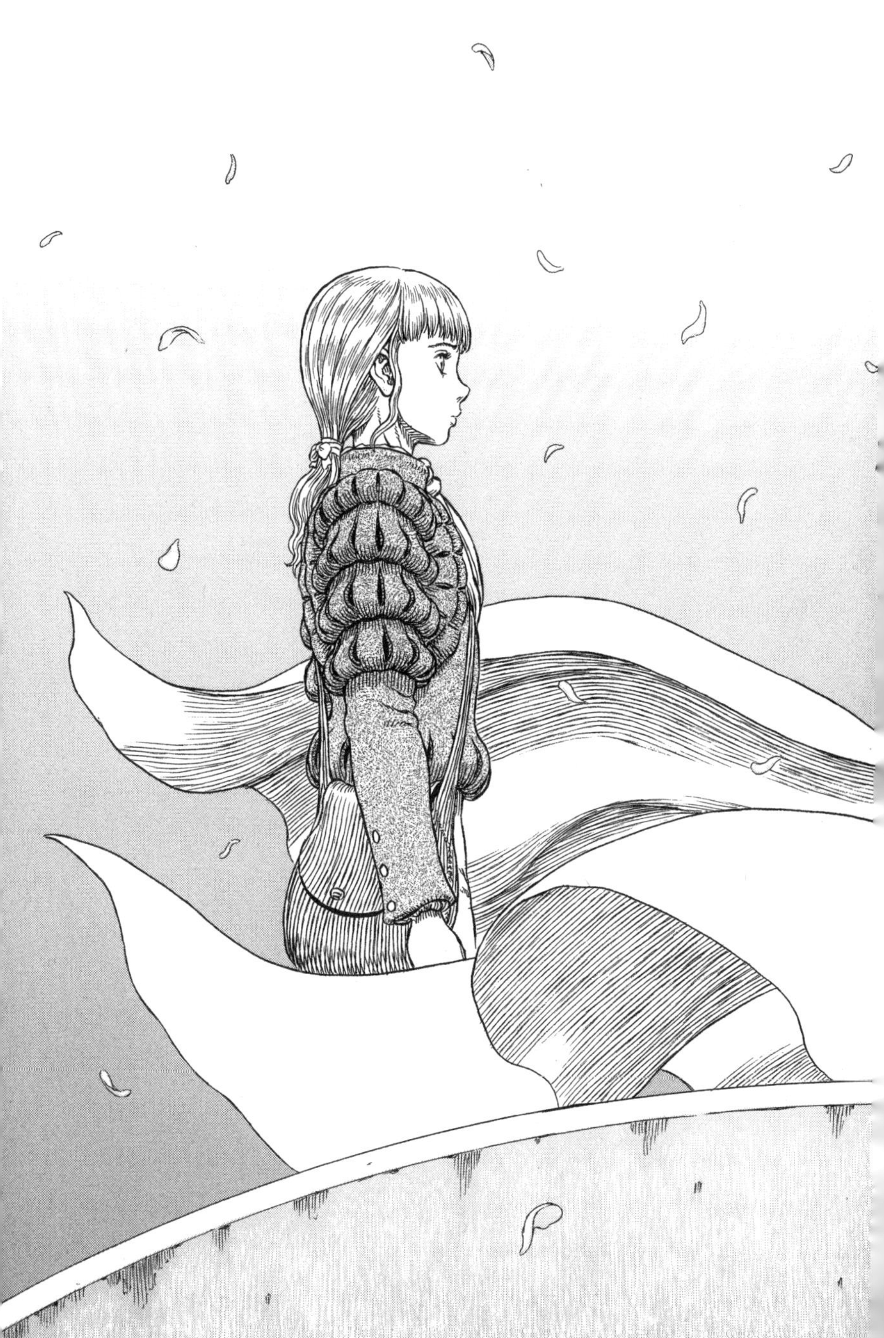

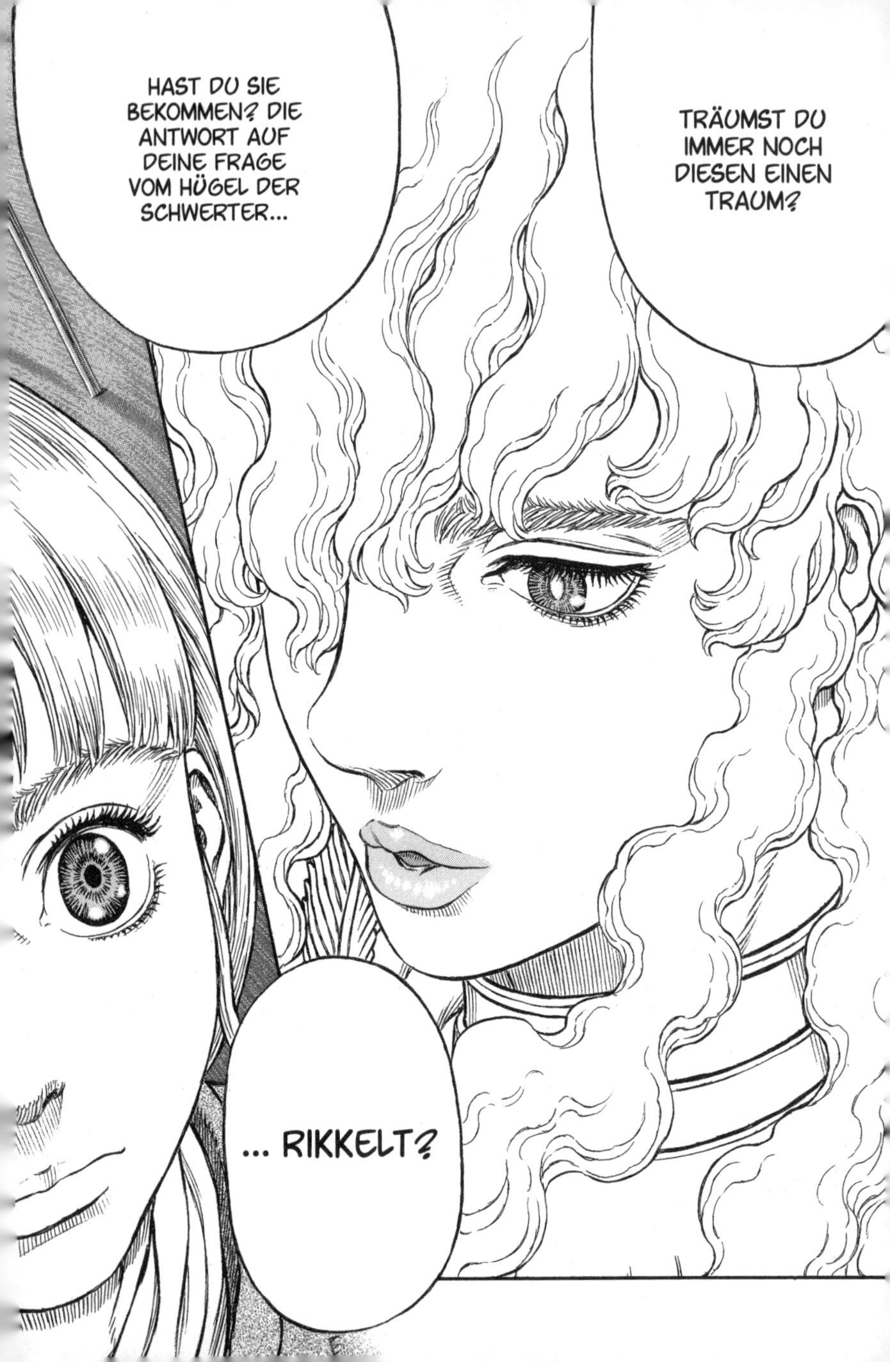
TRÄUMST DU IMMER NOCH DIESEN EINEN TRAUM?
HAST DU SIE BEKOMMEN? DIE ANTWORT AUF DEINE FRAGE VOM HÜGEL DER SCHWERTER...
... RIKKELT?

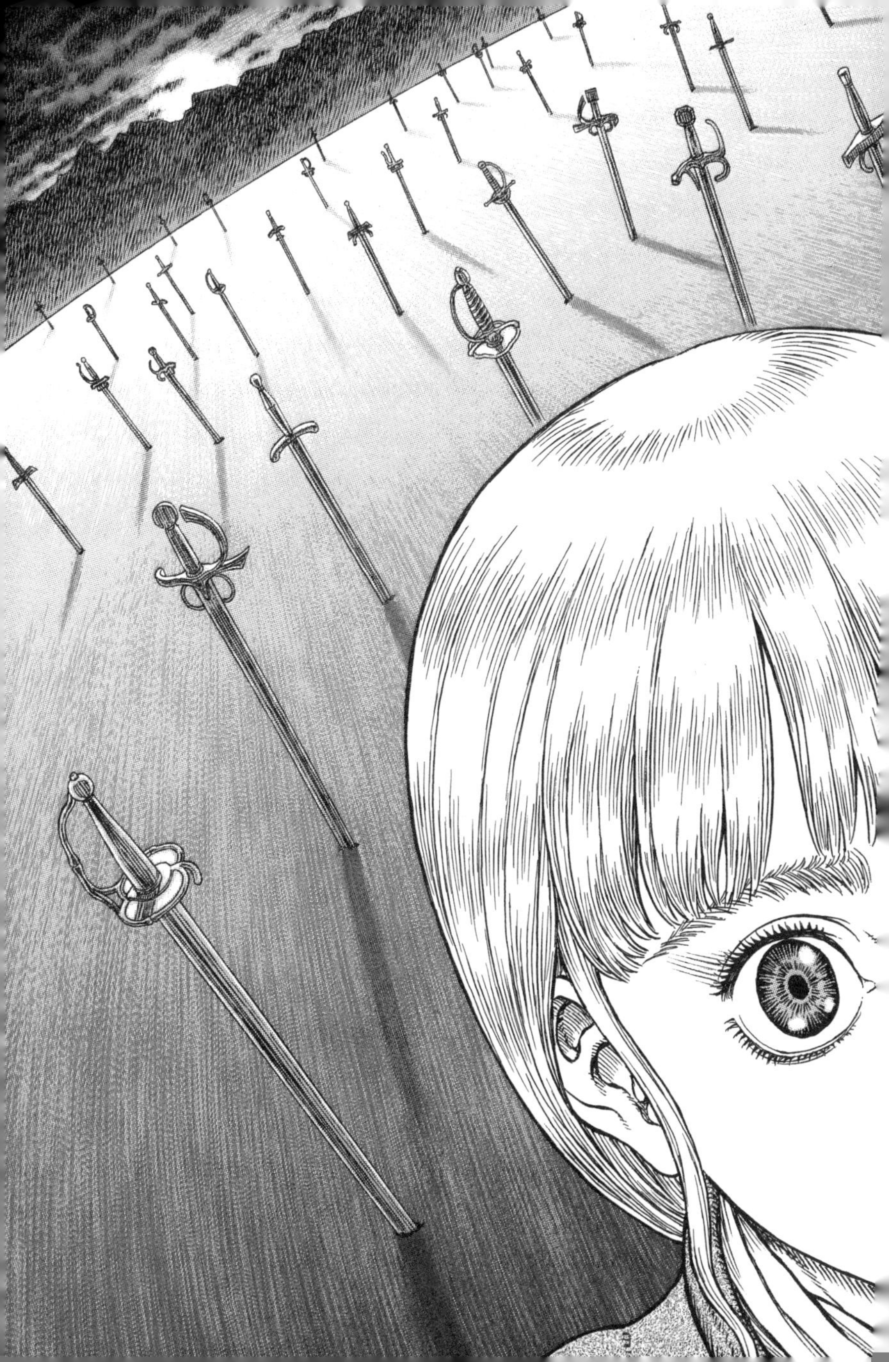

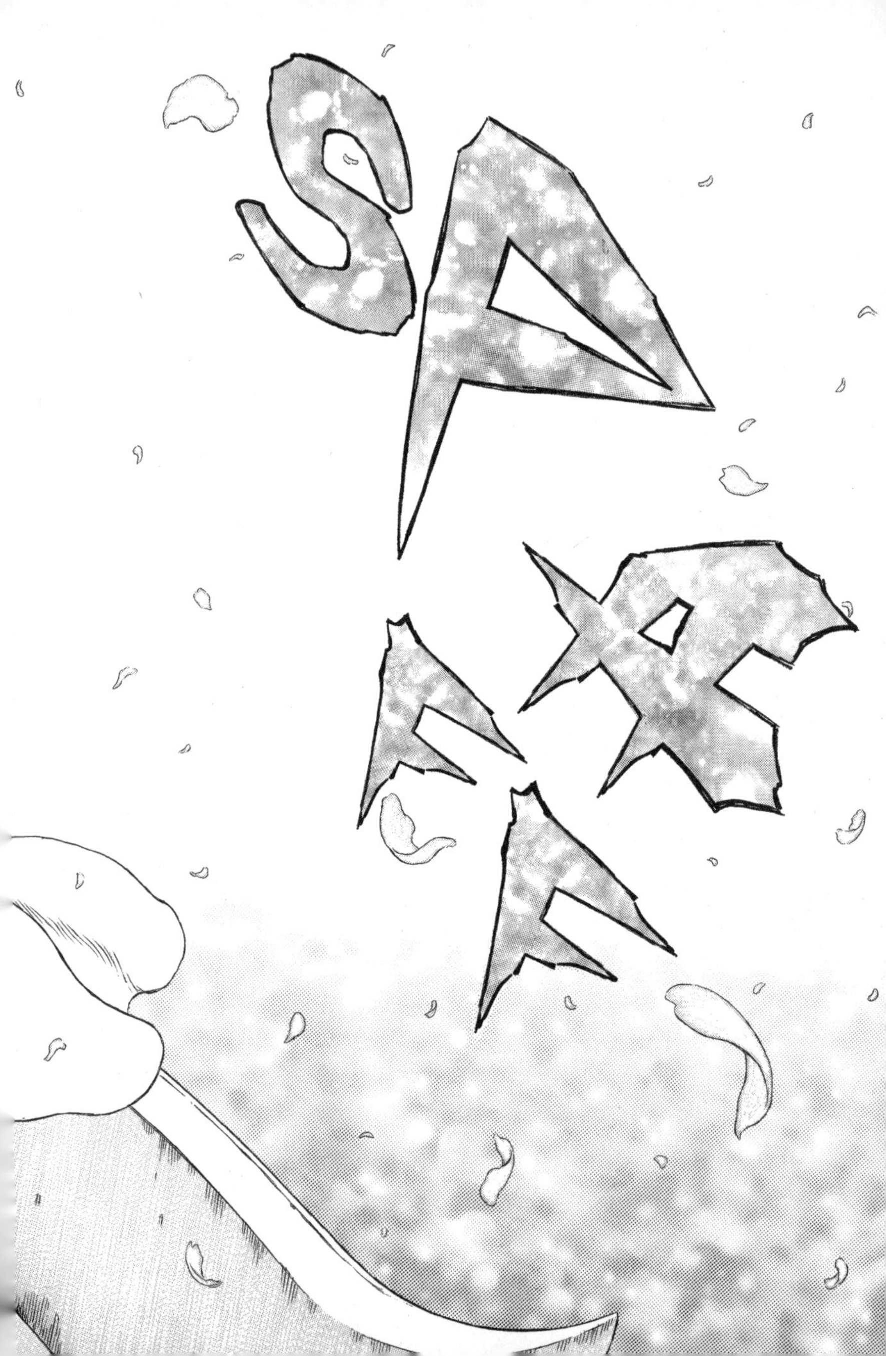

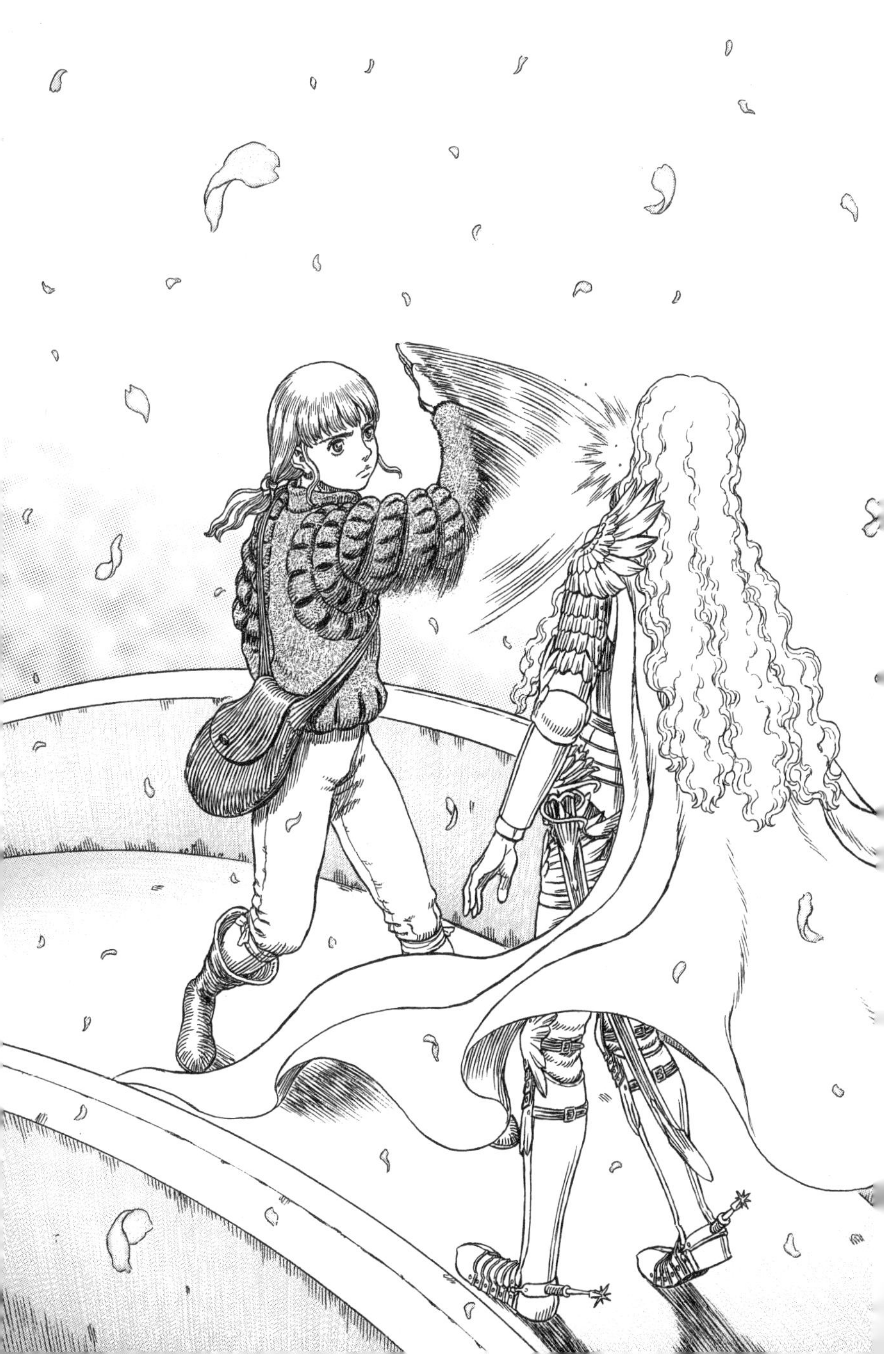

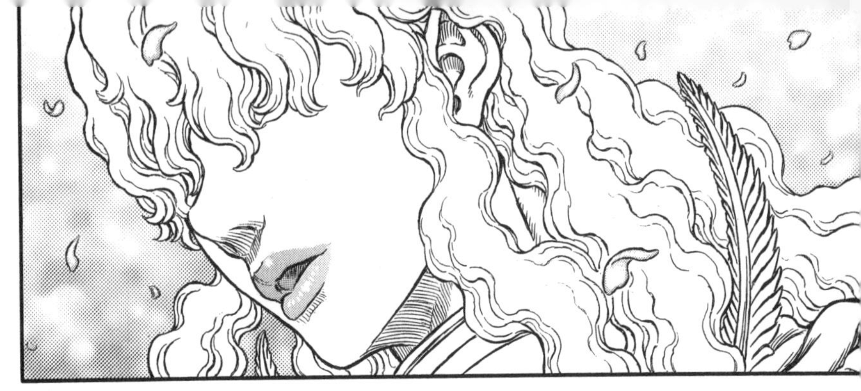

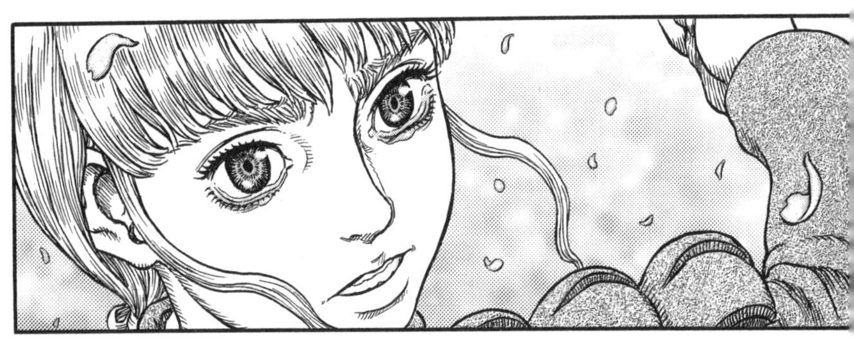

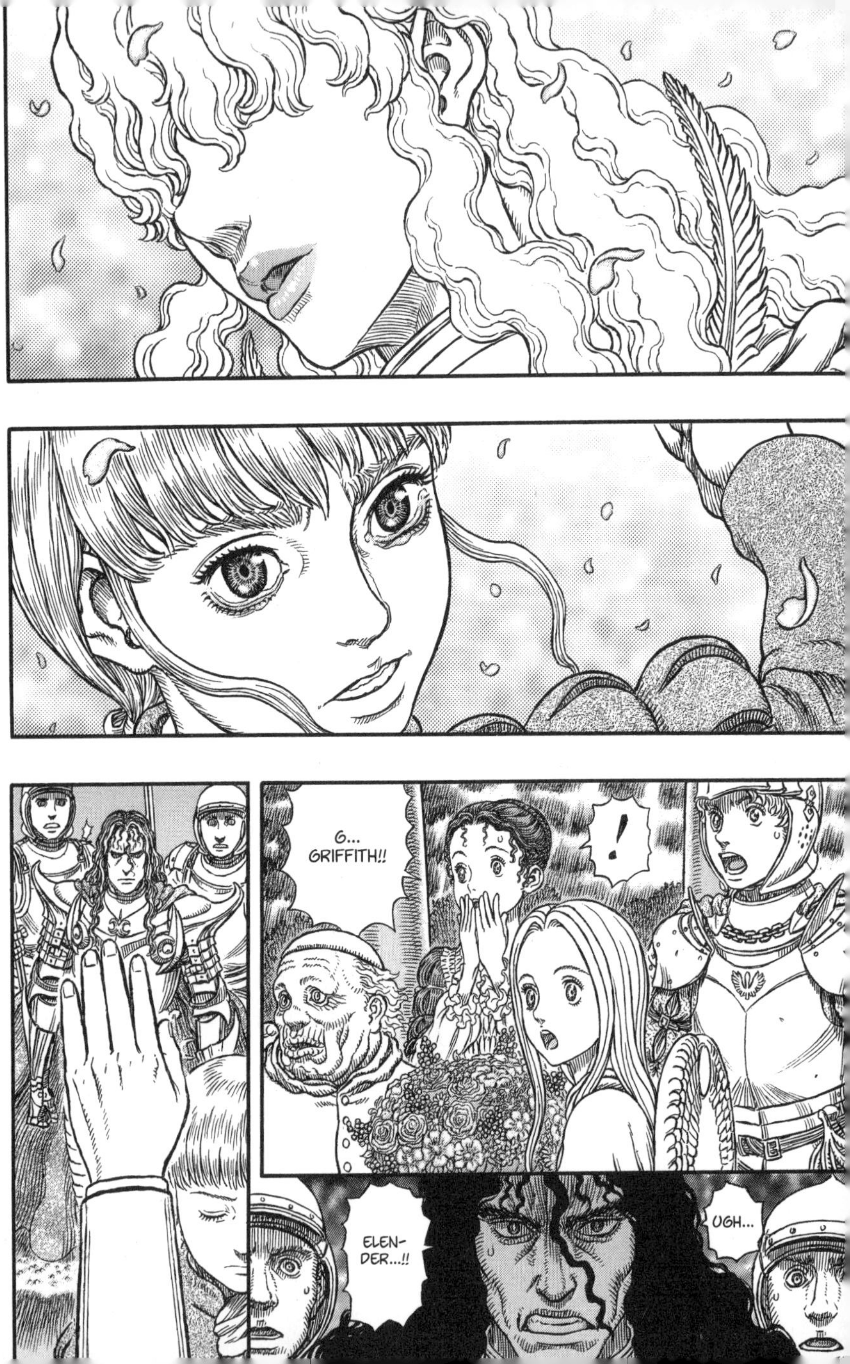

!
G... GRIFFITH!!
UGH...
ELENDER...!!

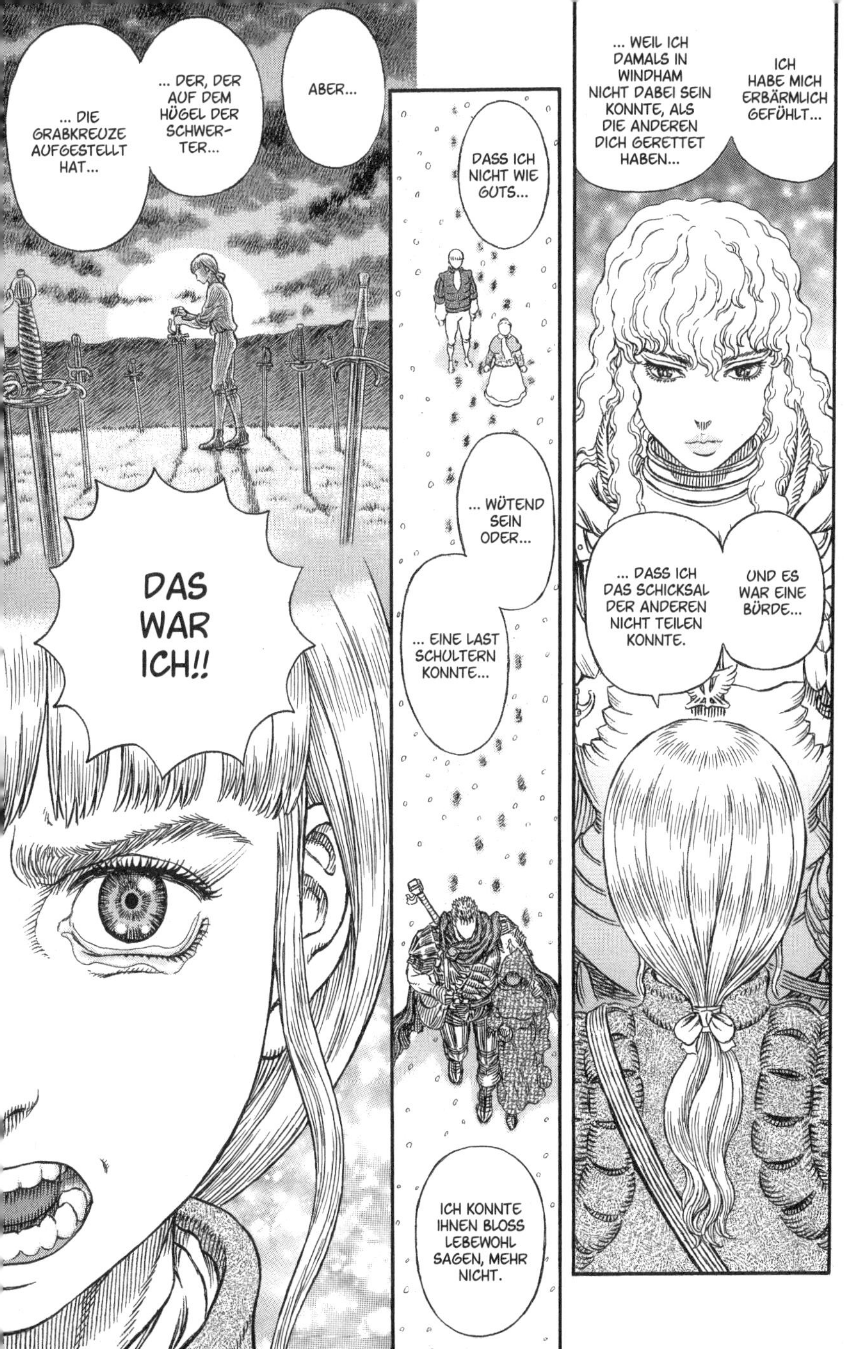
ICH HABE MICH ERBÄRMLICH GEFÜHLT...
... WEIL ICH DAMALS IN WINDHAM NICHT DABEI SEIN KONNTE, ALS DIE ANDEREN DICH GERETTET HABEN...
UND ES WAR EINE BÜRDE...
... DASS ICH DAS SCHICKSAL DER ANDEREN NICHT TEILEN KONNTE.
DASS ICH NICHT WIE GUTS...
... WÜTEND SEIN ODER...
... EINE LAST SCHULTERN KONNTE...
ICH KONNTE IHNEN BLOSS LEBEWOHL SAGEN, MEHR NICHT.
ABER...
... DER, DER AUF DEM HÜGEL DER SCHWER-TER...
... DIE GRABKREUZE AUFGESTELLT HAT...
DAS WAR ICH!!

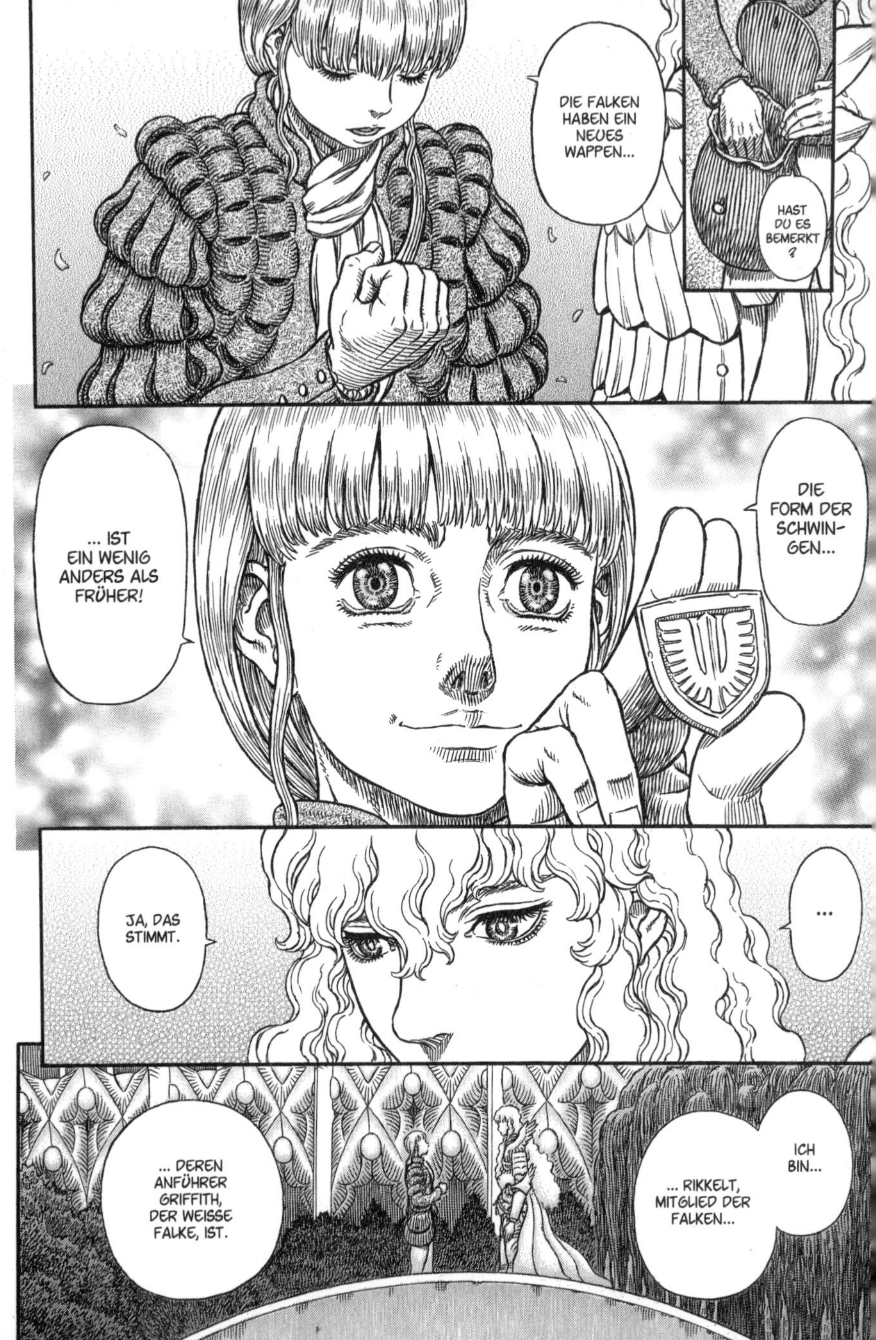
HAST DU ES BEMERKT?
DIE FALKEN HABEN EIN NEUES WAPPEN...
DIE FORM DER SCHWINGEN...
... IST EIN WENIG ANDERS ALS FRÜHER!
...
JA, DAS STIMMT.
ICH BIN...
... RIKKELT, MITGLIED DER FALKEN...
... DEREN ANFÜHRER GRIFFITH, DER WEISSE FALKE, IST.

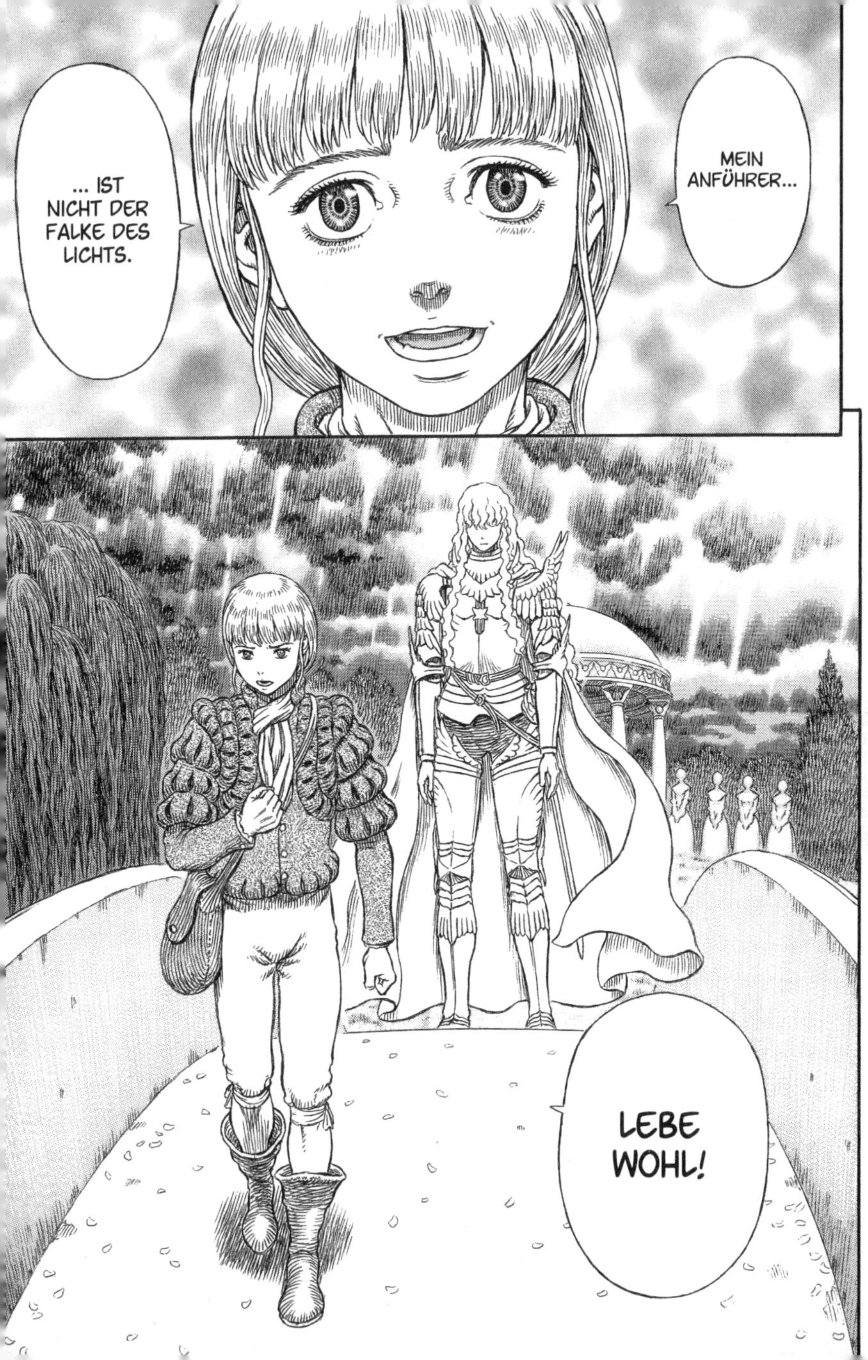

MEIN ANFÜHRER...

... IST NICHT DER FALKE DES LICHTS.

LEBE WOHL!

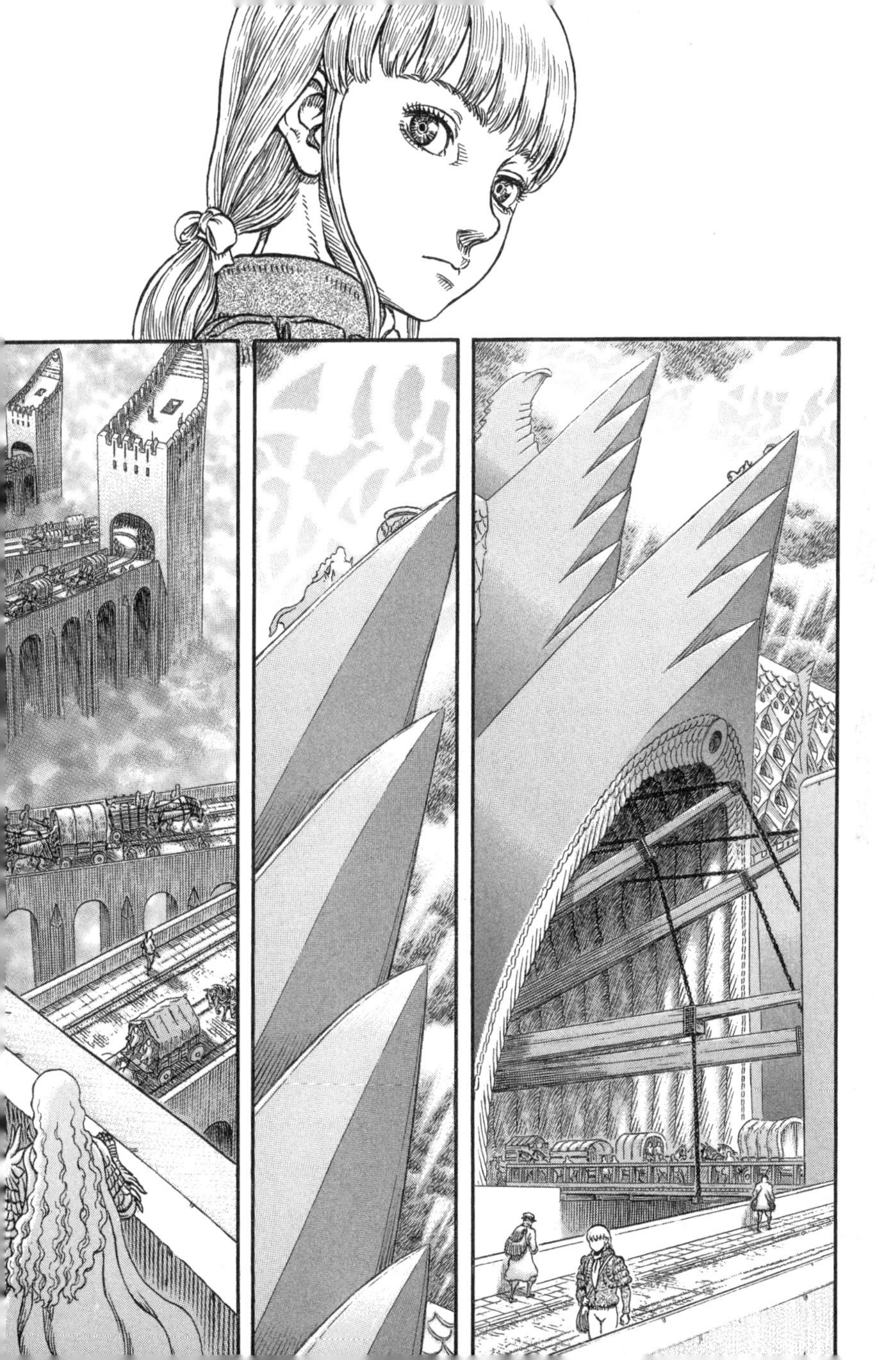

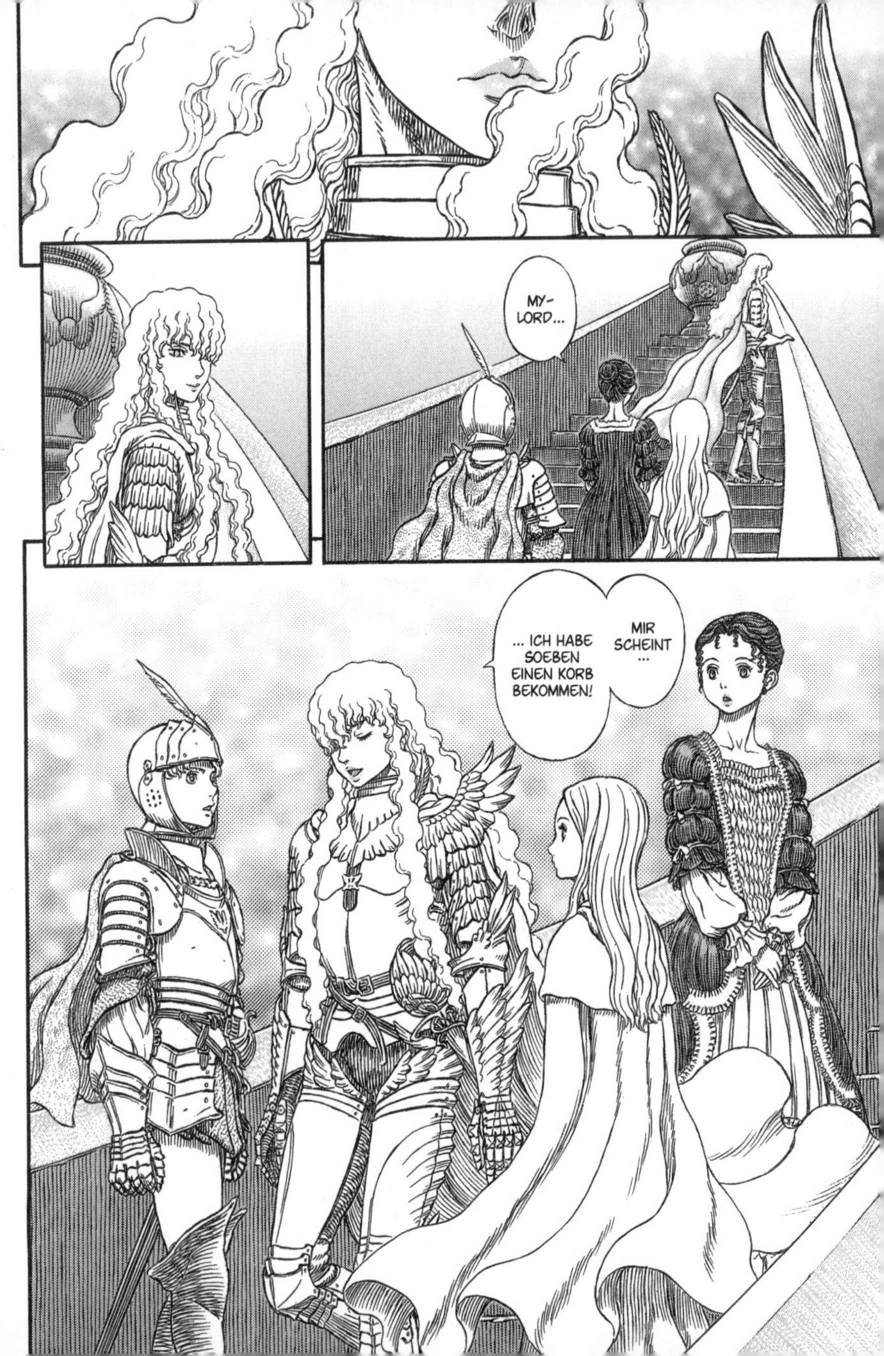
MY-LORD...
MIR SCHEINT ...
... ICH HABE SOEBEN EINEN KORB BEKOMMEN!

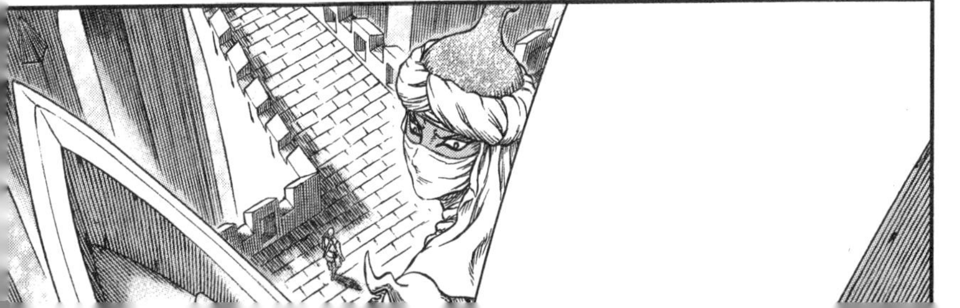

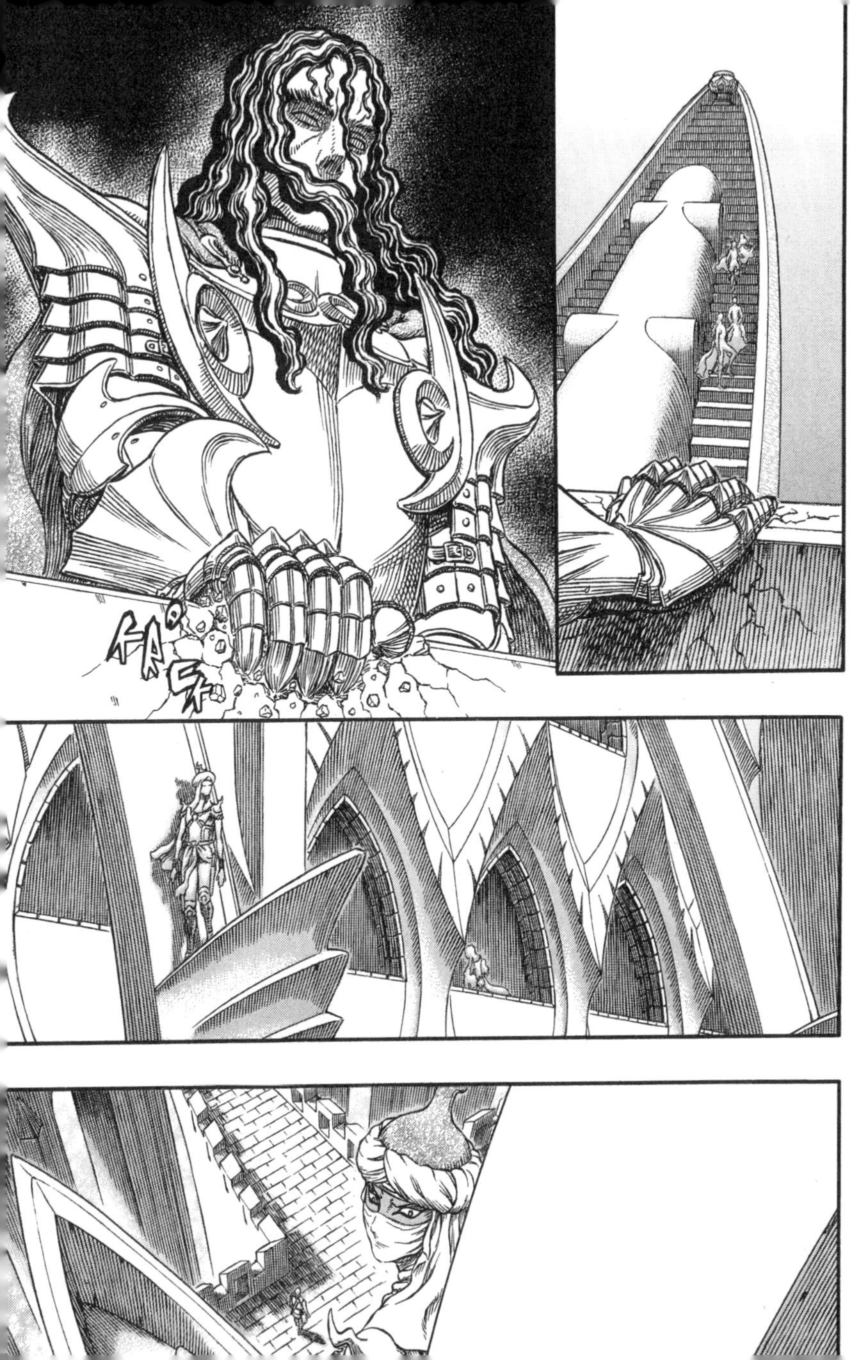

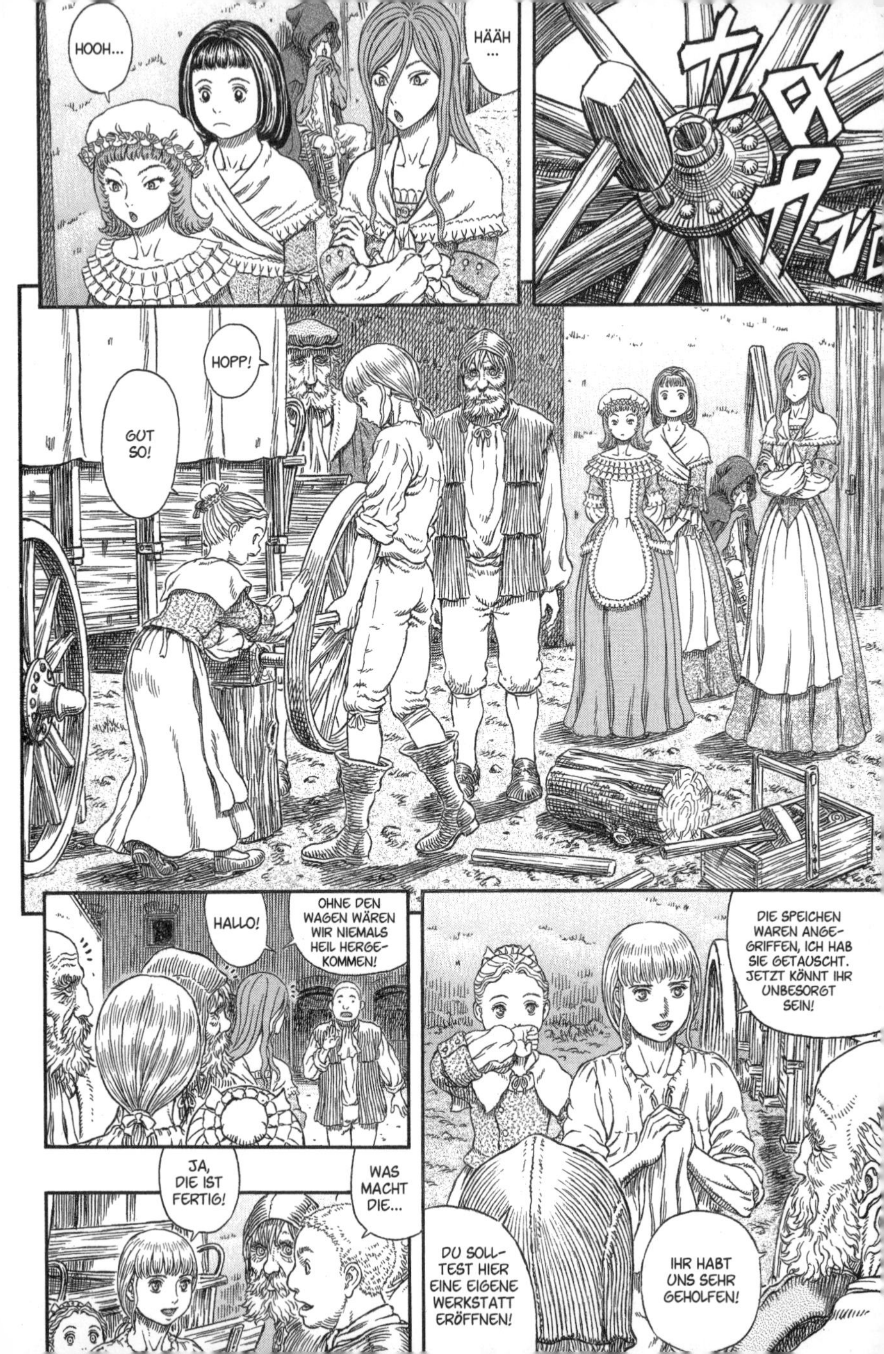
HÄÄH ...
HOOH...
HOPP!
GUT SO!
DIE SPEICHEN WAREN ANGE-GRIFFEN, ICH HAB SIE GETAUSCHT. JETZT KÖNNT IHR UNBESORGT SEIN!
IHR HABT UNS SEHR GEHOLFEN!
DU SOLL-TEST HIER EINE EIGENE WERKSTATT ERÖFFNEN!
OHNE DEN WAGEN WÄREN WIR NIEMALS HEIL HERGE-KOMMEN!
HALLO!
WAS MACHT DIE...
JA, DIE IST FERTIG!

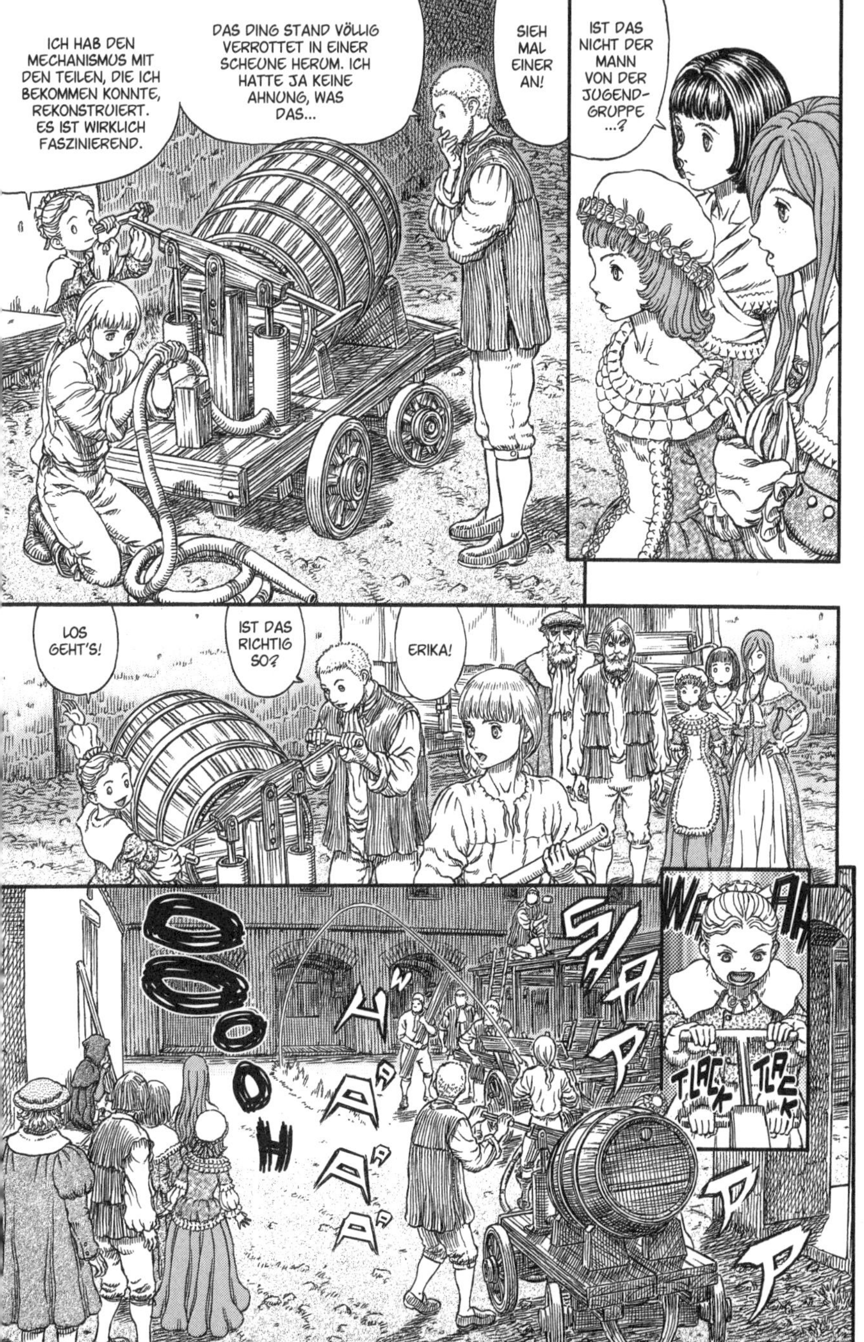
IST DAS NICHT DER MANN VON DER JUGEND-GRUPPE ...?
SIEH MAL EINER AN!
DAS DING STAND VÖLLIG VERROTTET IN EINER SCHEUNE HERUM. ICH HATTE JA KEINE AHNUNG, WAS DAS...
ICH HAB DEN MECHANISMUS MIT DEN TEILEN, DIE ICH BEKOMMEN KONNTE, REKONSTRUIERT. ES IST WIRKLICH FASZINIEREND.
ERIKA!
IST DAS RICHTIG SO?
LOS GEHT'S!
TLACK
TLACK

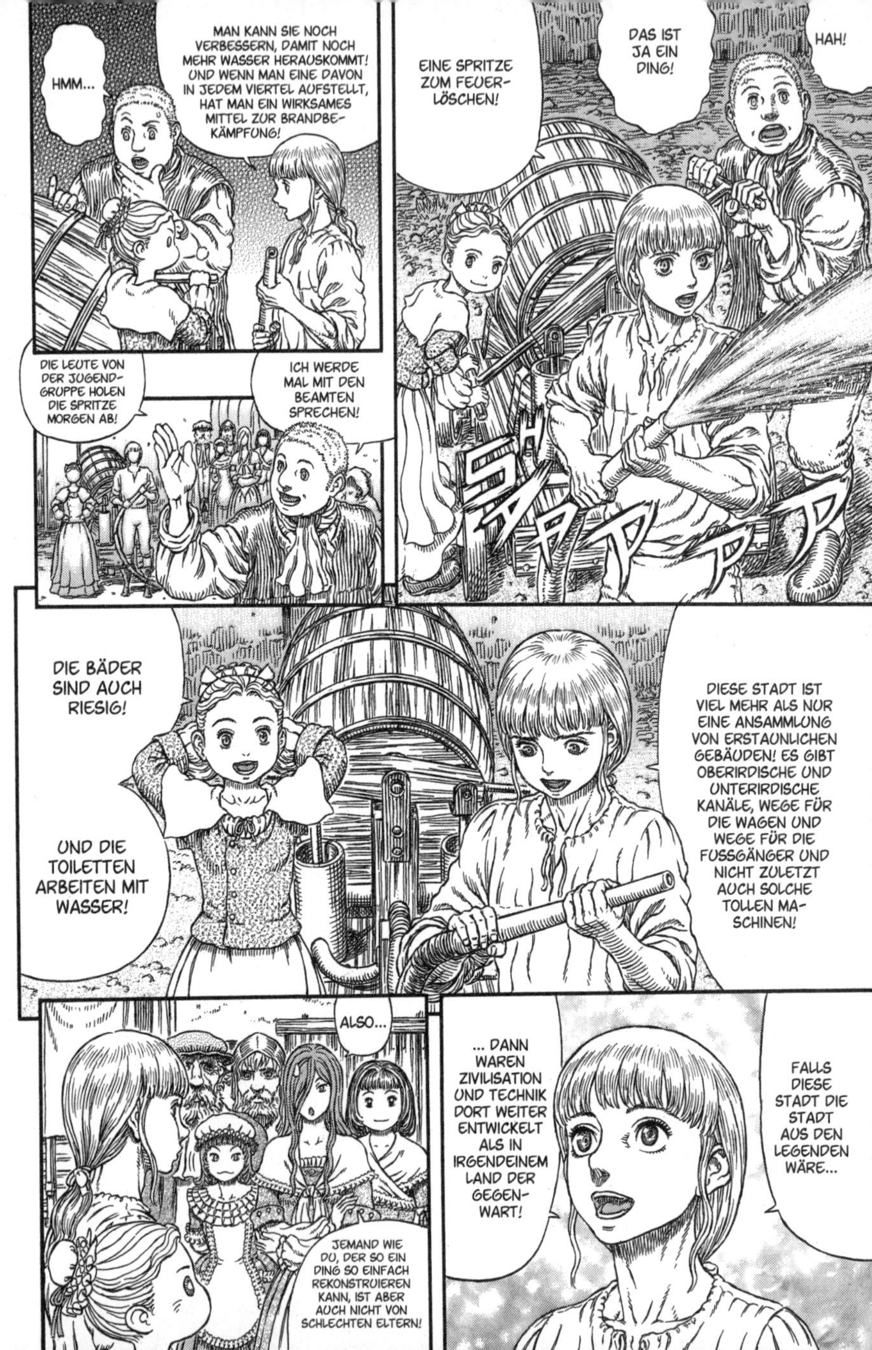
HMM...
MAN KANN SIE NOCH VERBESSERN, DAMIT NOCH MEHR WASSER HERAUSKOMMT! UND WENN MAN EINE DAVON IN JEDEM VIERTEL AUFSTELLT, HAT MAN EIN WIRKSAMES MITTEL ZUR BRANDBE-KÄMPFUNG!
EINE SPRITZE ZUM FEUER-LÖSCHEN!
DAS IST JA EIN DING!
HAH!
SHAAAA
DIE LEUTE VON DER JUGEND-GRUPPE HOLEN DIE SPRITZE MORGEN AB!
ICH WERDE MAL MIT DEN BEAMTEN SPRECHEN!
DIE BÄDER SIND AUCH RIESIG!
UND DIE TOILETTEN ARBEITEN MIT WASSER!
DIESE STADT IST VIEL MEHR ALS NUR EINE ANSAMMLUNG VON ERSTAUNLICHEN GEBÄUDEN! ES GIBT OBERIRDISCHE UND UNTERIRDISCHE KANÄLE, WEGE FÜR DIE WAGEN UND WEGE FÜR DIE FUSSGÄNGER UND NICHT ZULETZT AUCH SOLCHE TOLLEN MA-SCHINEN!
ALSO...
JEMAND WIE DU, DER SO EIN DING SO EINFACH REKONSTRUIEREN KANN, IST ABER AUCH NICHT VON SCHLECHTEN ELTERN!
FALLS DIESE STADT DIE STADT AUS DEN LEGENDEN WÄRE...
... DANN WAREN ZIVILISATION UND TECHNIK DORT WEITER ENTWICKELT ALS IN IRGENDEINEM LAND DER GEGEN-WART!

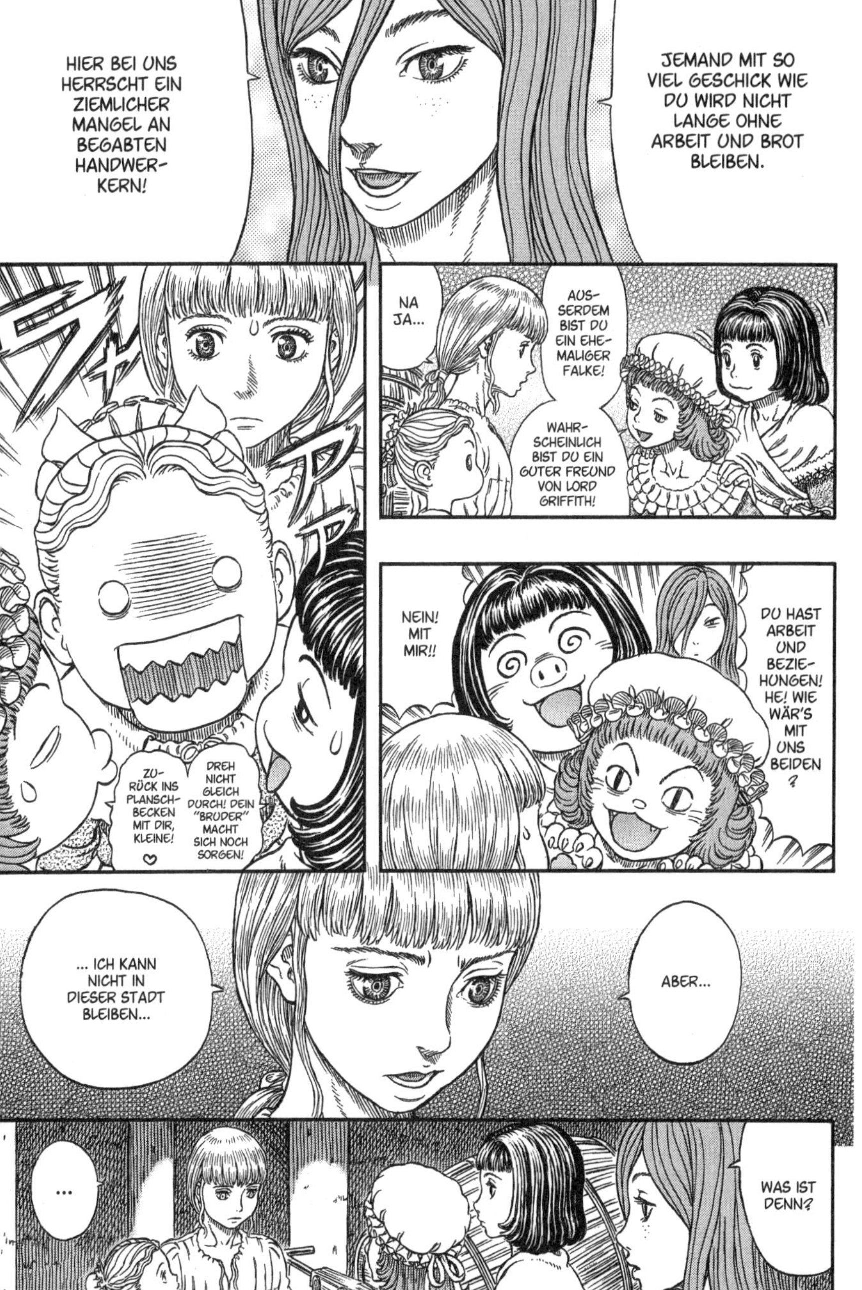
JEMAND MIT SO VIEL GESCHICK WIE DU WIRD NICHT LANGE OHNE ARBEIT UND BROT BLEIBEN.
HIER BEI UNS HERRSCHT EIN ZIEMLICHER MANGEL AN BEGABTEN HANDWER-KERN!
AUS-SERDEM BIST DU EIN EHE-MALIGER FALKE!
WAHR-SCHEINLICH BIST DU EIN GUTER FREUND VON LORD GRIFFITH!
NA JA...
DU HAST ARBEIT UND BEZIE-HUNGEN! HE! WIE WÄR'S MIT UNS BEIDEN?
NEIN! MIT MIR!!
DREH NICHT GLEICH DURCH! DEIN "BRUDER" MACHT SICH NOCH SORGEN!
ZU-RÜCK INS PLANSCH-BECKEN MIT DIR, KLEINE!
ABER...
... ICH KANN NICHT IN DIESER STADT BLEIBEN...
WAS IST DENN?
...

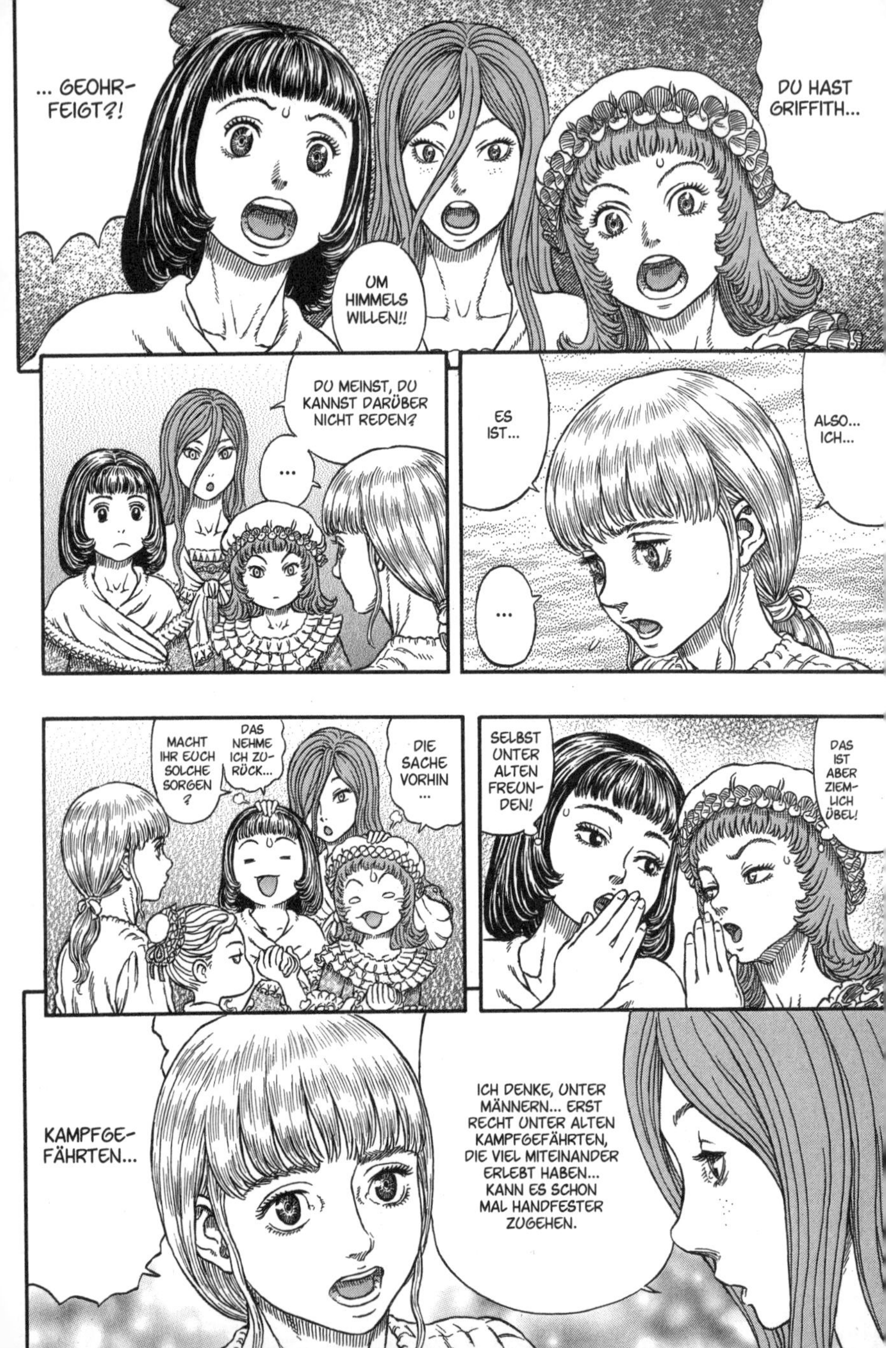
DU HAST GRIFFITH...
UM HIMMELS WILLEN!!
... GEOHR-FEIGT?!
ALSO... ICH...
ES IST...
...
DU MEINST, DU KANNST DARÜBER NICHT REDEN?
...
DAS IST ABER ZIEM-LICH ÜBEL!
SELBST UNTER ALTEN FREUN-DEN!
DIE SACHE VORHIN ...
DAS NEHME ICH ZU-RÜCK...
MACHT IHR EUCH SOLCHE SORGEN?
ICH DENKE, UNTER MÄNNERN... ERST RECHT UNTER ALTEN KAMPFGEFÄHRTEN, DIE VIEL MITEINANDER ERLEBT HABEN... KANN ES SCHON MAL HANDFESTER ZUGEHEN.
KAMPFGE-FÄHRTEN...

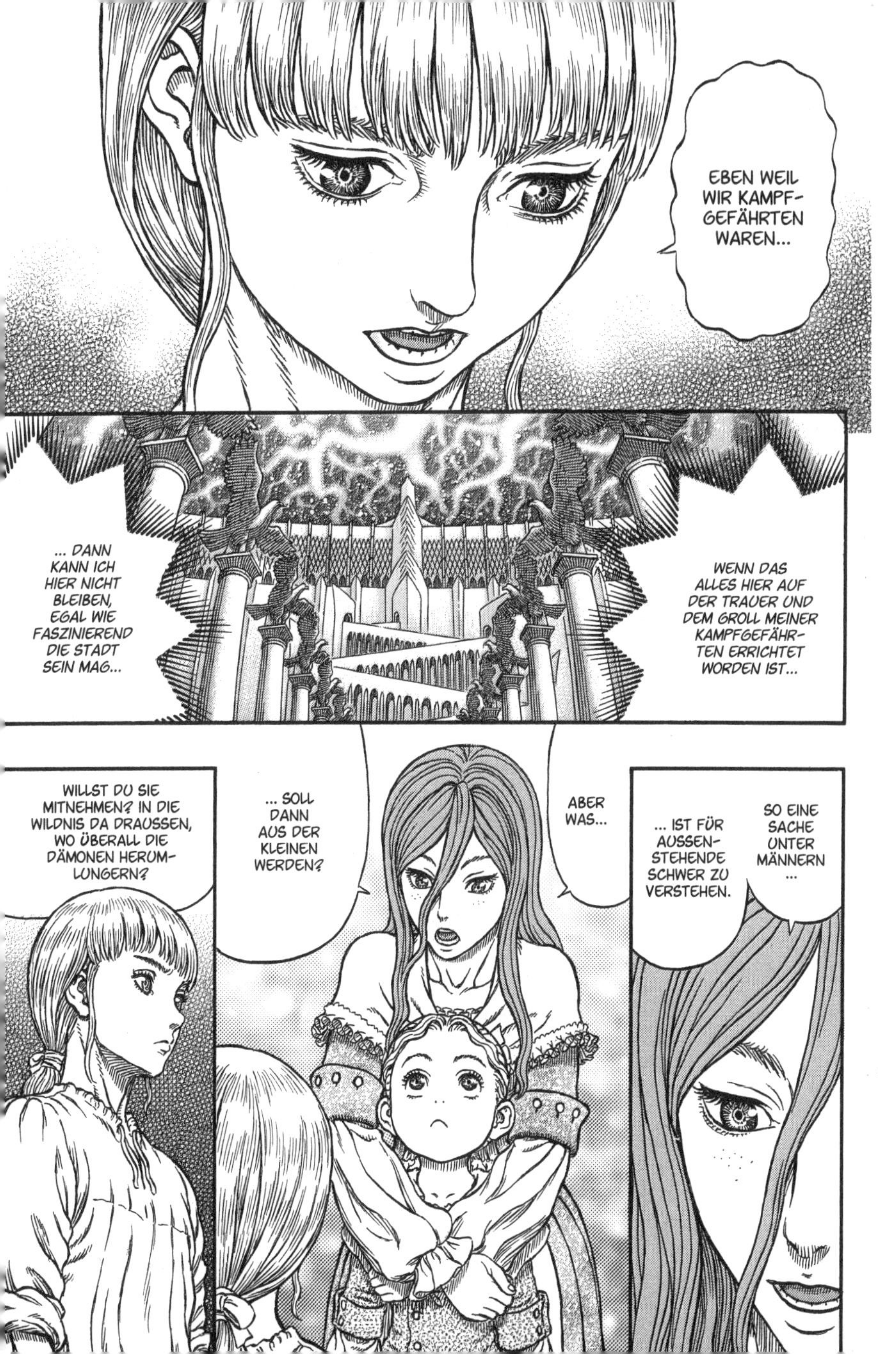
EBEN WEIL WIR KAMPFGEFÄHRTEN WAREN...
WENN DAS ALLES HIER AUF DER TRAUER UND DEM GROLL MEINER KAMPFGEFÄHRTEN ERRICHTET WORDEN IST...
... DANN KANN ICH HIER NICHT BLEIBEN, EGAL WIE FASZINIEREND DIE STADT SEIN MAG...
SO EINE SACHE UNTER MÄNNERN ...
... IST FÜR AUSSENSTEHENDE SCHWER ZU VERSTEHEN.
ABER WAS...
... SOLL DANN AUS DER KLEINEN WERDEN?
WILLST DU SIE MITNEHMEN? IN DIE WILDNIS DA DRAUSSEN, WO ÜBERALL DIE DÄMONEN HERUMLUNGERN?

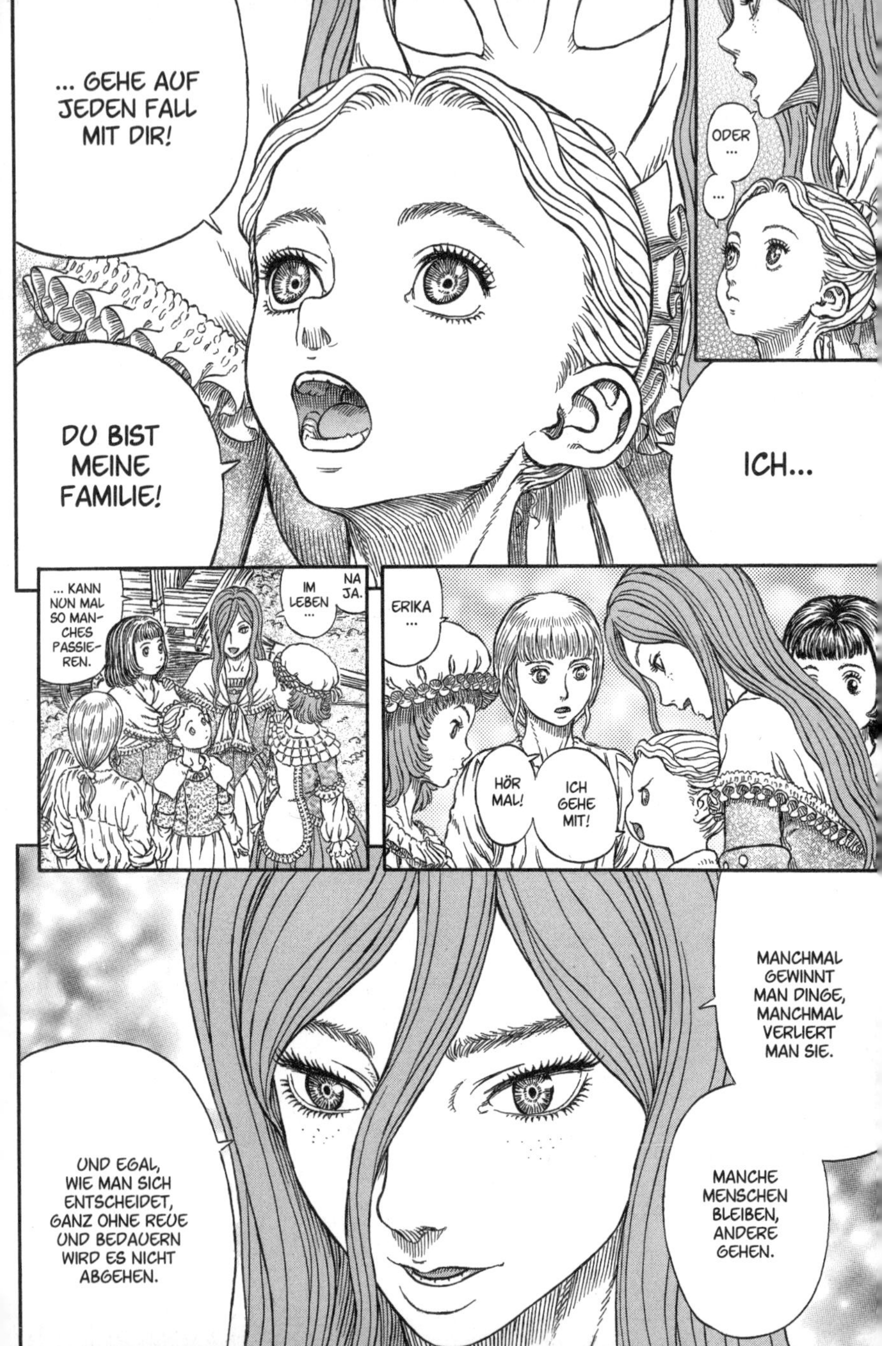
ODER ...
...
ICH...
DU BIST MEINE FAMILIE!
... GEHE AUF JEDEN FALL MIT DIR!
ICH GEHE MIT!
HÖR MAL!
ERIKA ...
NA JA.
IM LEBEN ...
... KANN NUN MAL SO MAN-CHES PASSIE-REN.
MANCHMAL GEWINNT MAN DINGE, MANCHMAL VERLIERT MAN SIE.
MANCHE MENSCHEN BLEIBEN, ANDERE GEHEN.
UND EGAL, WIE MAN SICH ENTSCHEIDET, GANZ OHNE REUE UND BEDAUERN WIRD ES NICHT ABGEHEN.

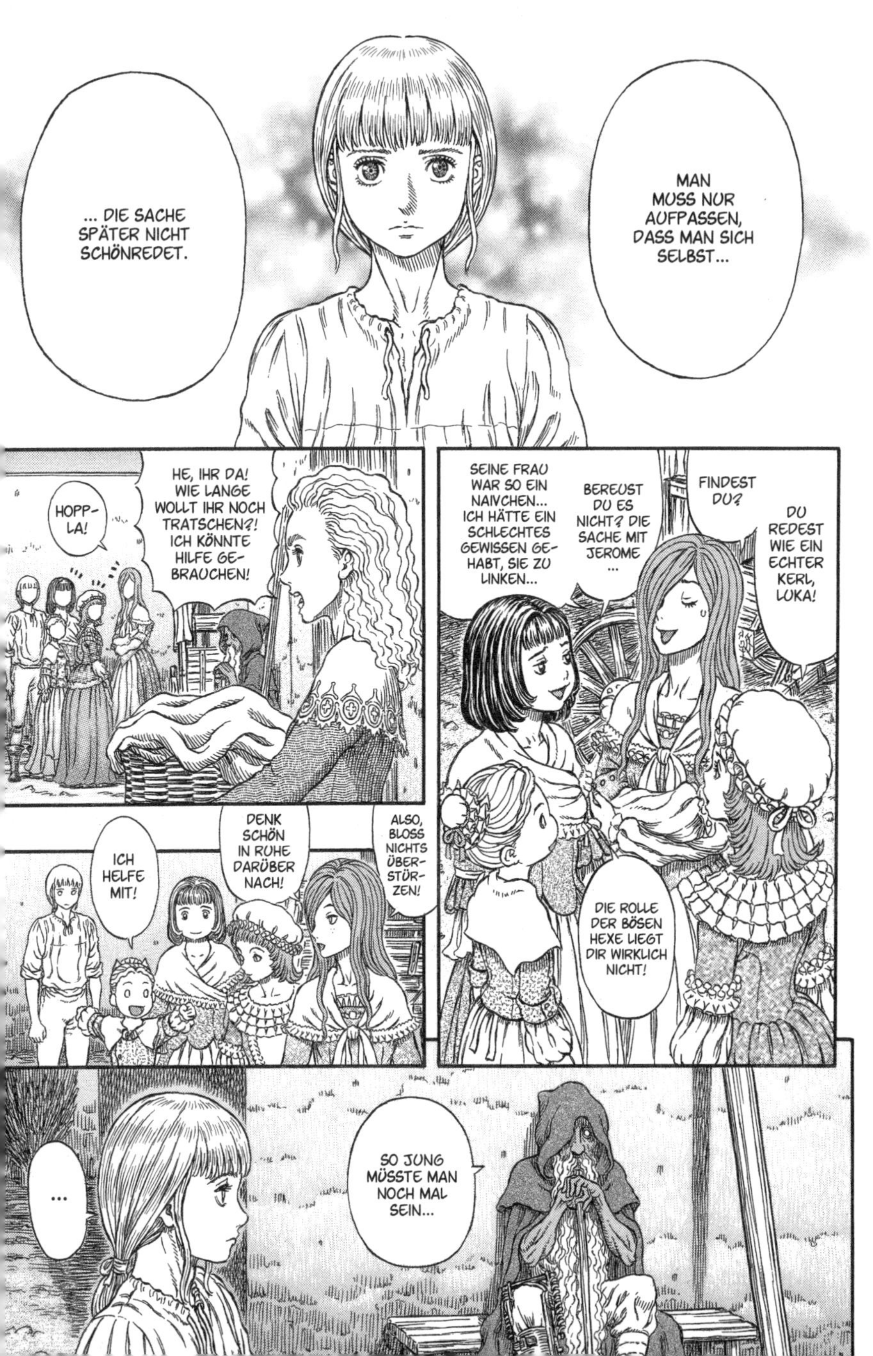
MAN MUSS NUR AUFPASSEN, DASS MAN SICH SELBST...
... DIE SACHE SPÄTER NICHT SCHÖNREDET.
DU REDEST WIE EIN ECHTER KERL, LUKA!
FINDEST DU?
BEREUST DU ES NICHT? DIE SACHE MIT JEROME ...
SEINE FRAU WAR SO EIN NAIVCHEN... ICH HÄTTE EIN SCHLECHTES GEWISSEN GEHABT, SIE ZU LINKEN...
DIE ROLLE DER BÖSEN HEXE LIEGT DIR WIRKLICH NICHT!
HE, IHR DA! WIE LANGE WOLLT IHR NOCH TRATSCHEN?! ICH KÖNNTE HILFE GEBRAUCHEN!
HOPPLA!
ALSO, BLOSS NICHTS ÜBERSTÜRZEN!
DENK SCHÖN IN RUHE DARÜBER NACH!
ICH HELFE MIT!
SO JUNG MÜSSTE MAN NOCH MAL SEIN...
...

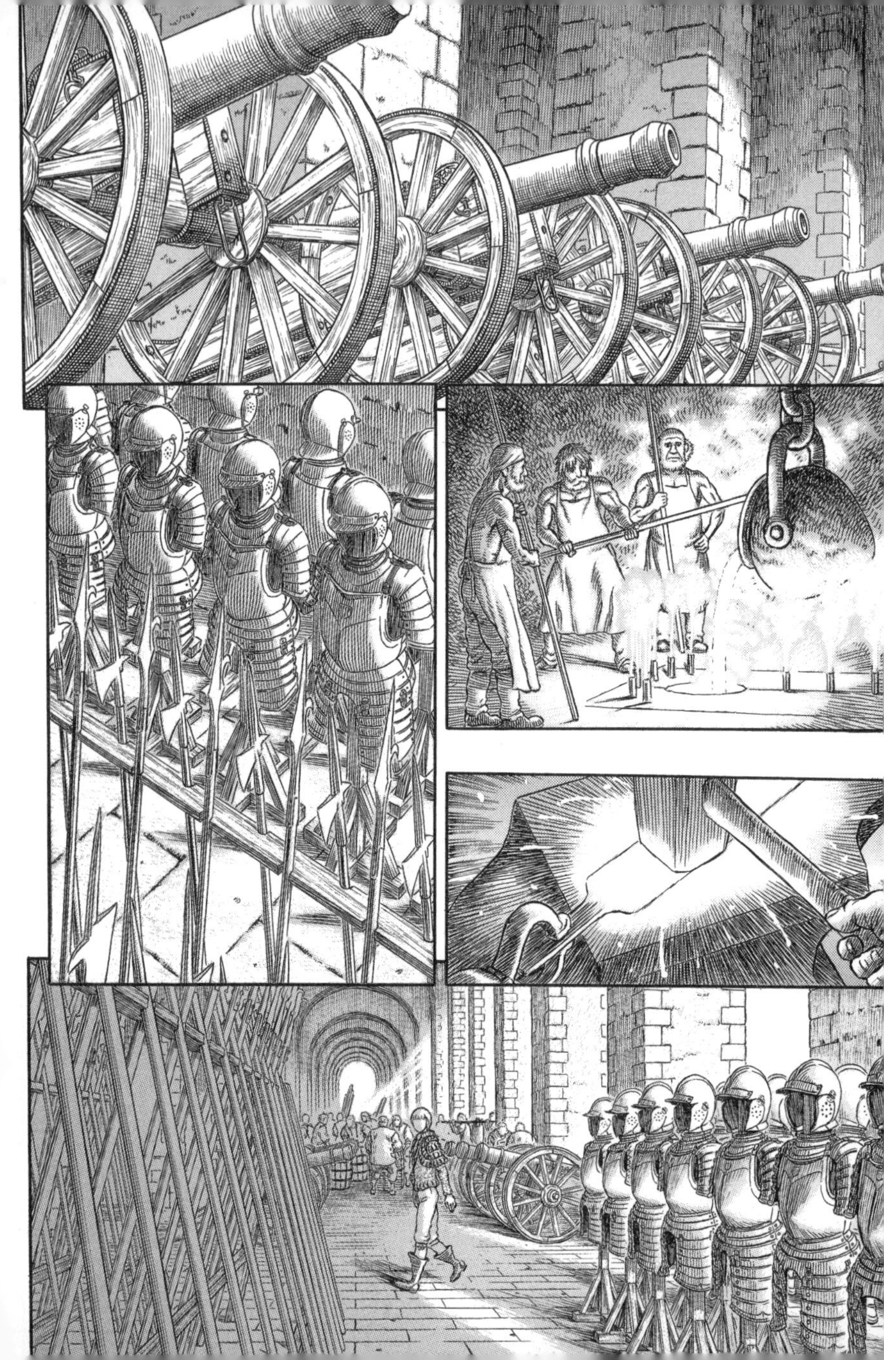

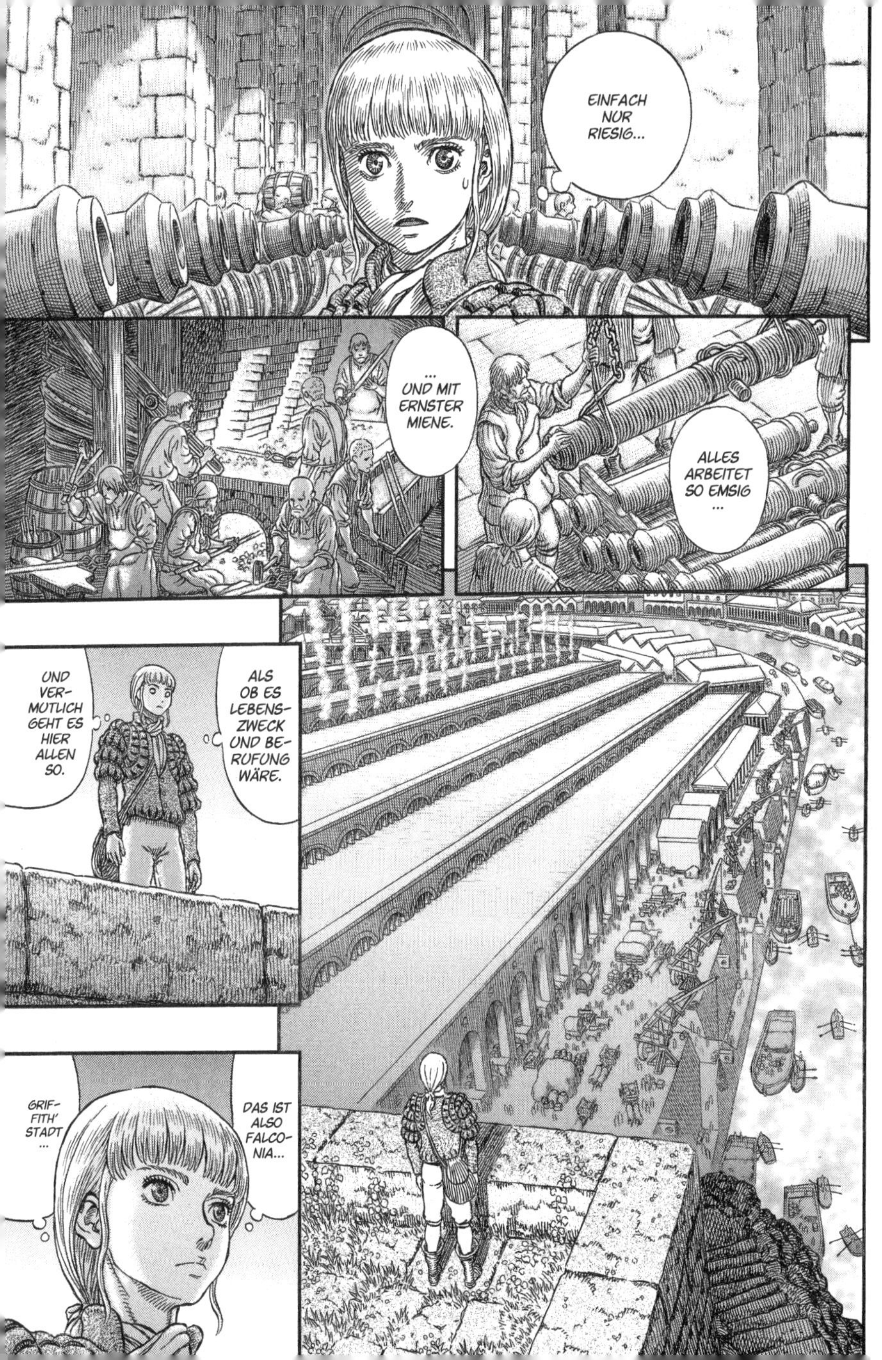

EINFACH NUR RIESIG...
ALLES ARBEITET SO EMSIG ...
... UND MIT ERNSTER MIENE.
ALS OB ES LEBENSZWECK UND BERUFUNG WÄRE.
UND VERMUTLICH GEHT ES HIER ALLEN SO.
DAS IST ALSO FALCONIA...
GRIFFITH' STADT ...

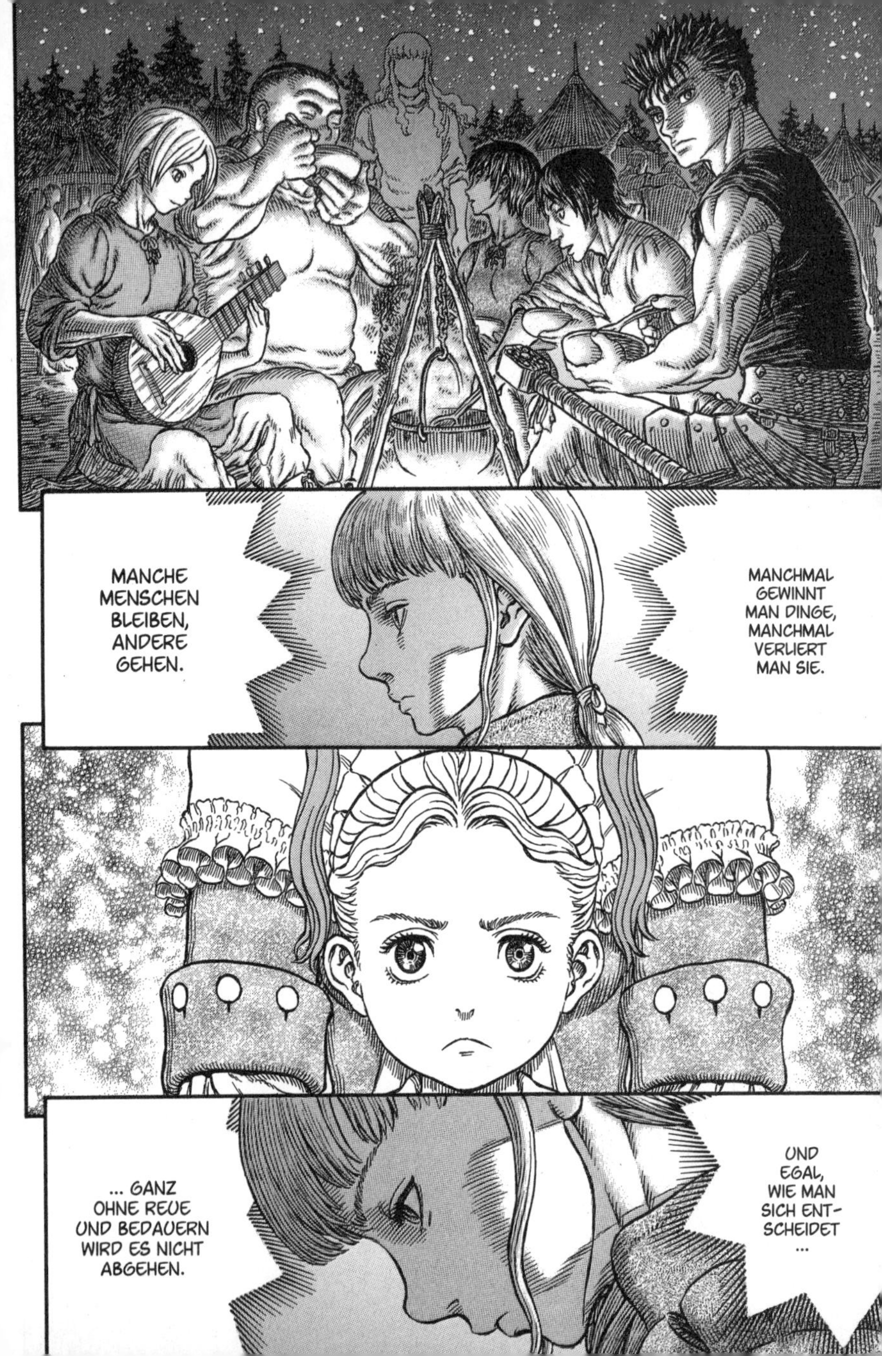
MANCHMAL GEWINNT MAN DINGE, MANCHMAL VERLIERT MAN SIE.
MANCHE MENSCHEN BLEIBEN, ANDERE GEHEN.
UND EGAL, WIE MAN SICH ENT-SCHEIDET ...
... GANZ OHNE REUE UND BEDAUERN WIRD ES NICHT ABGEHEN.

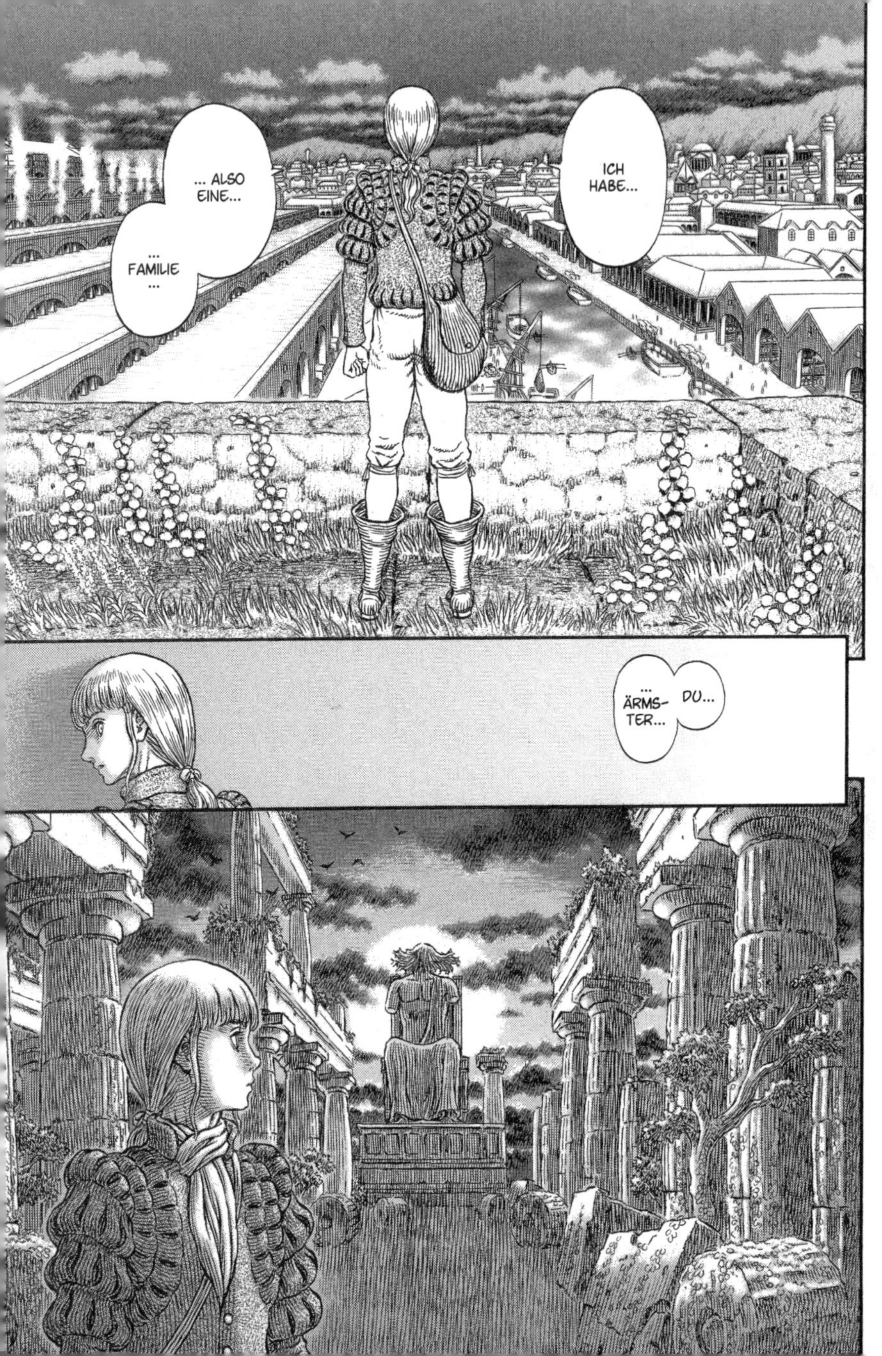
ICH HABE...
... ALSO EINE...
... FAMILIE ...
DU...
... ÄRMS-TER...

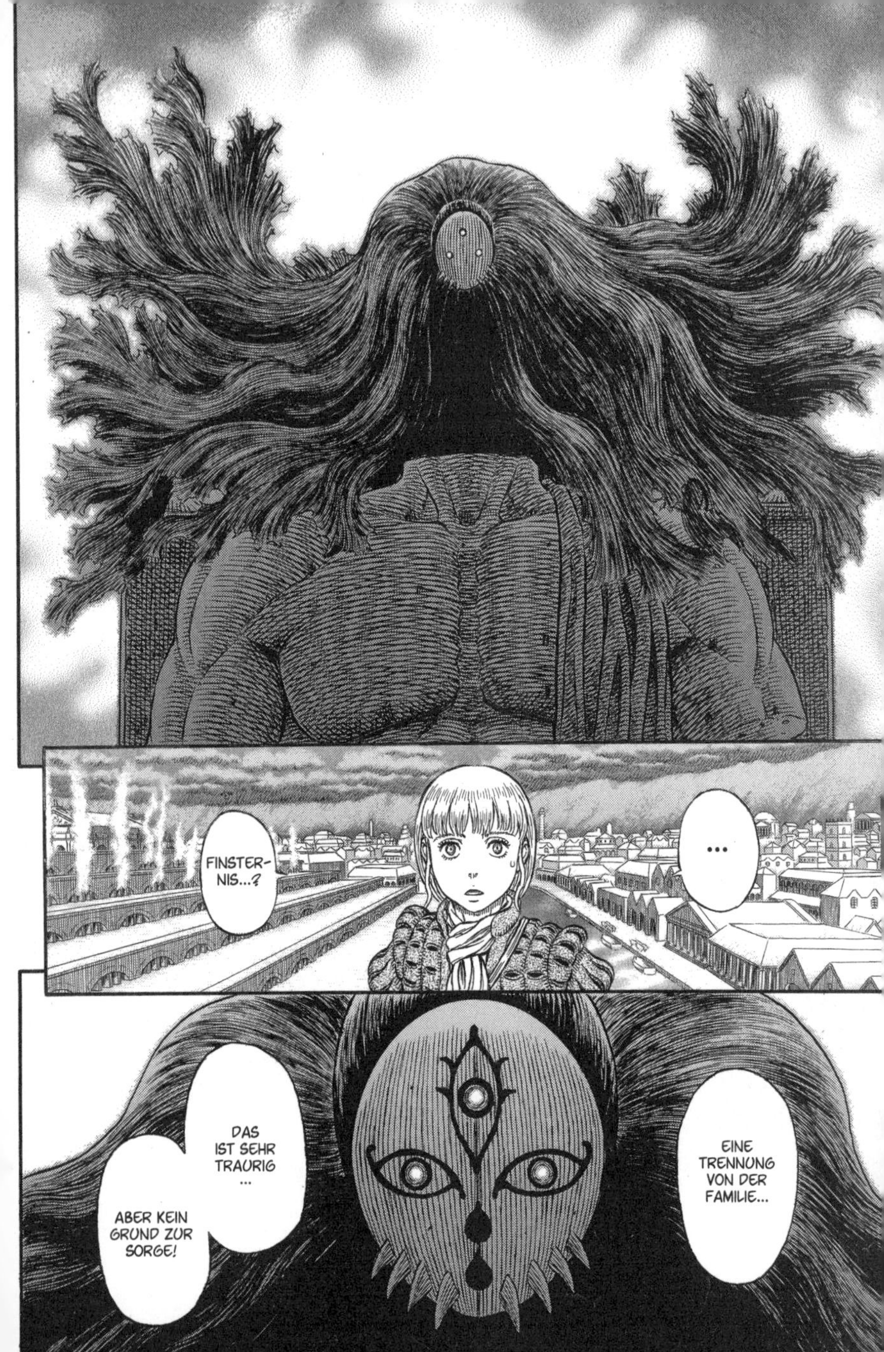
...
FINSTER-NIS...?
EINE TRENNUNG VON DER FAMILIE...
DAS IST SEHR TRAURIG ...
ABER KEIN GRUND ZUR SORGE!

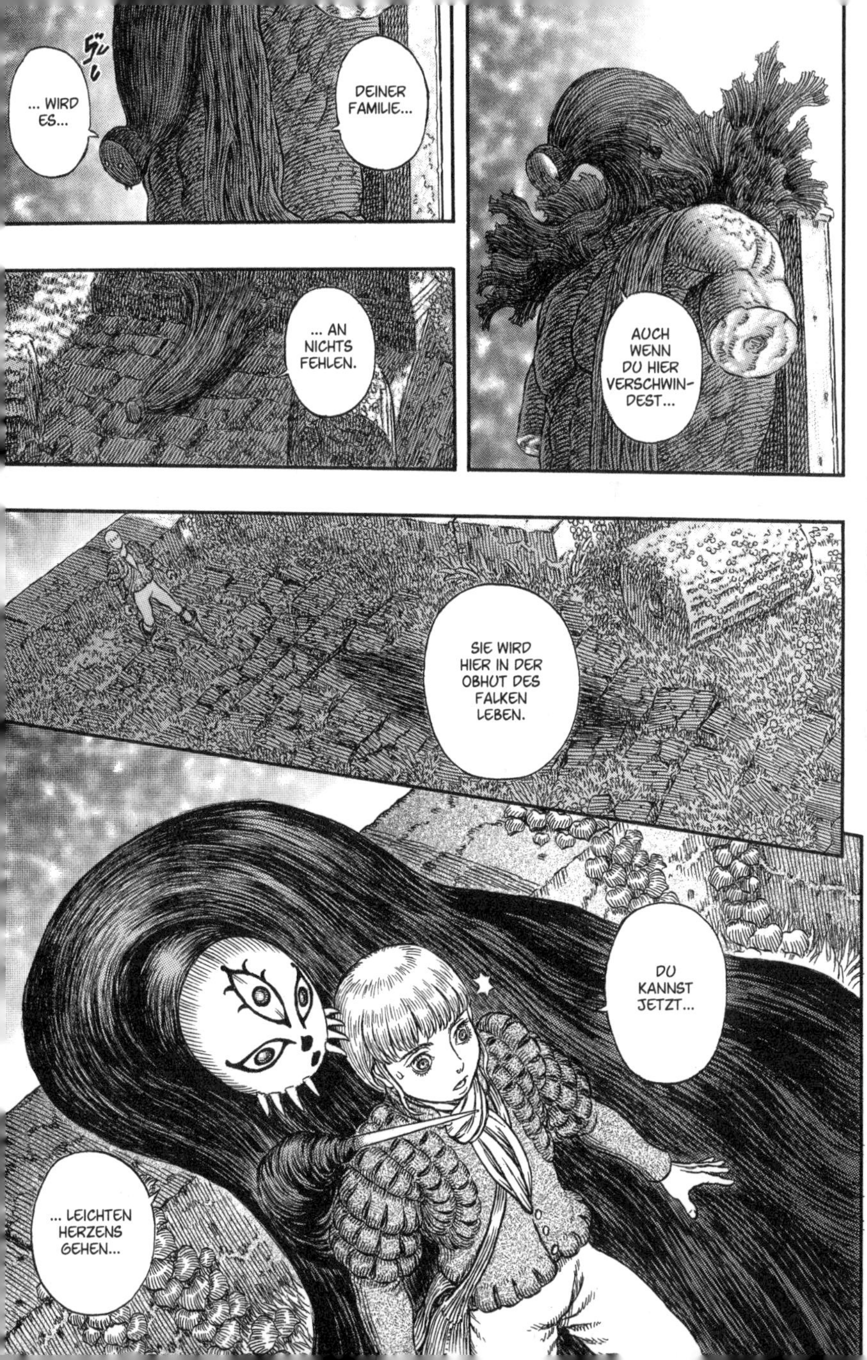

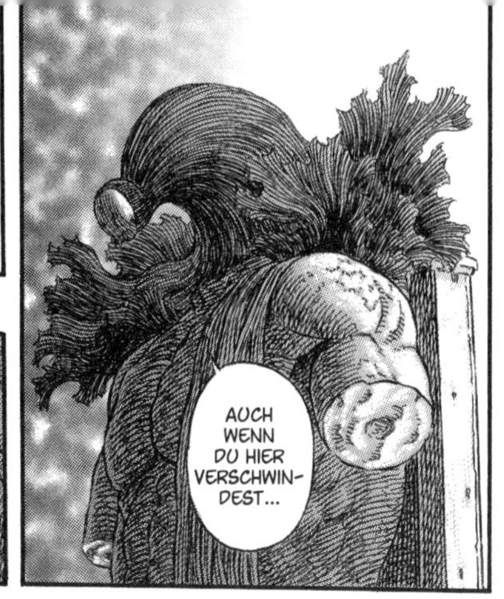
AUCH WENN DU HIER VERSCHWIN-DEST...

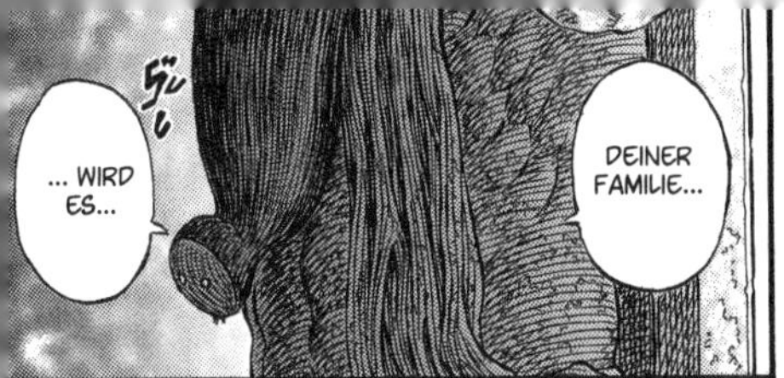
DEINER FAMILIE...
... WIRD ES...

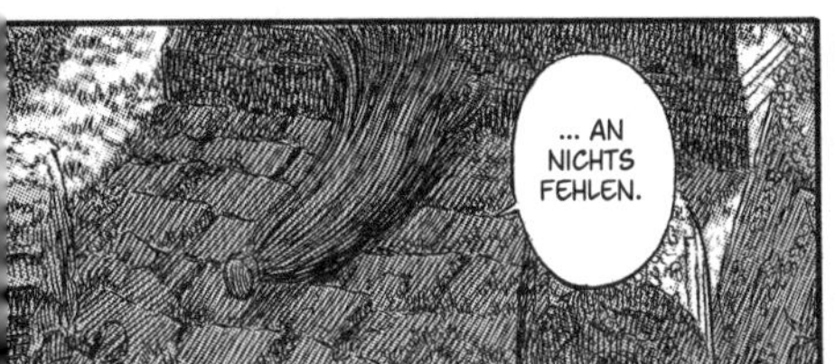
... AN NICHTS FEHLEN.

SIE WIRD HIER IN DER OBHUT DES FALKEN LEBEN.
DU KANNST JETZT...
... LEICHTEN HERZENS GEHEN...

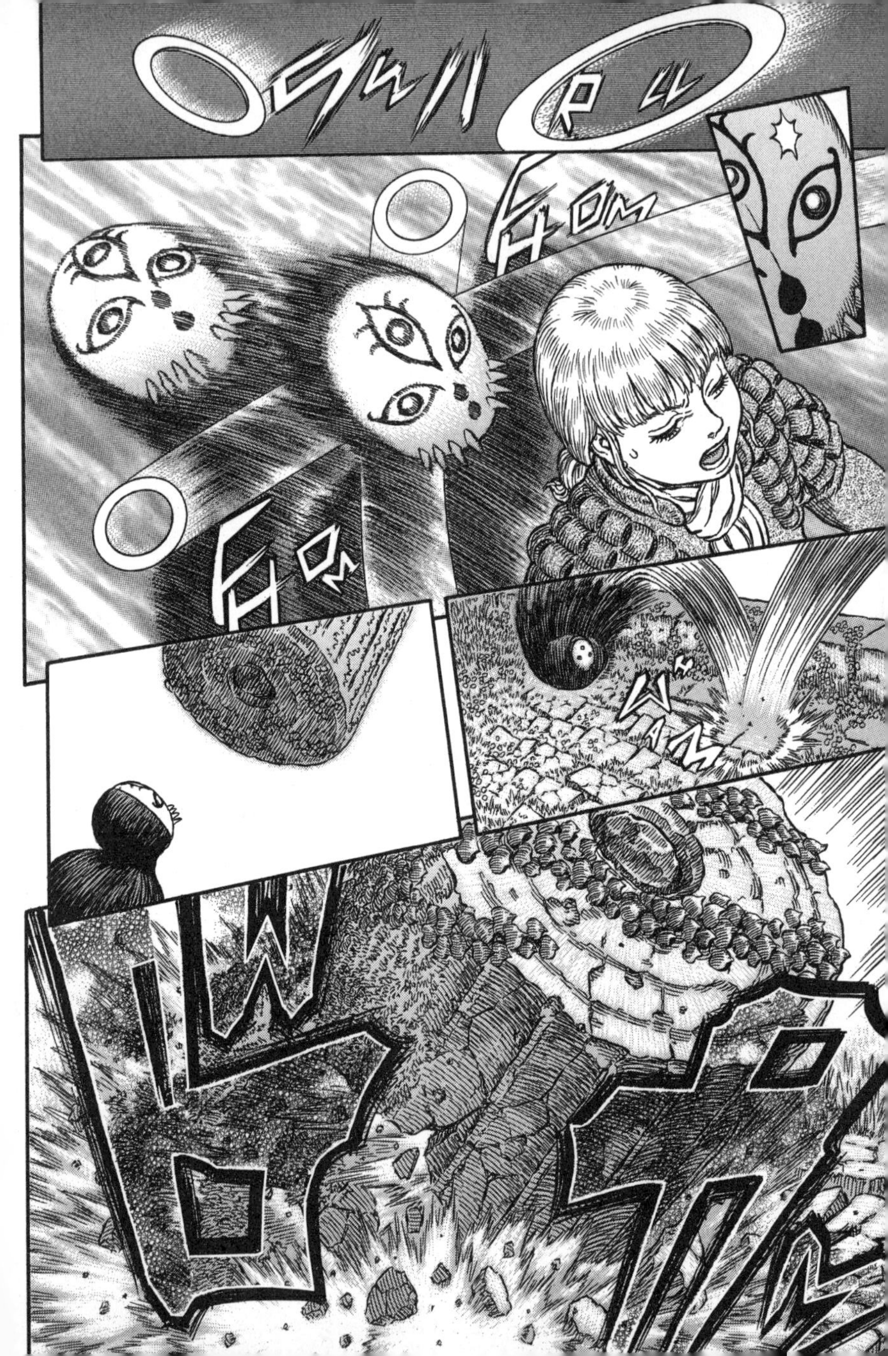
FHOM
FHOM
WHAM

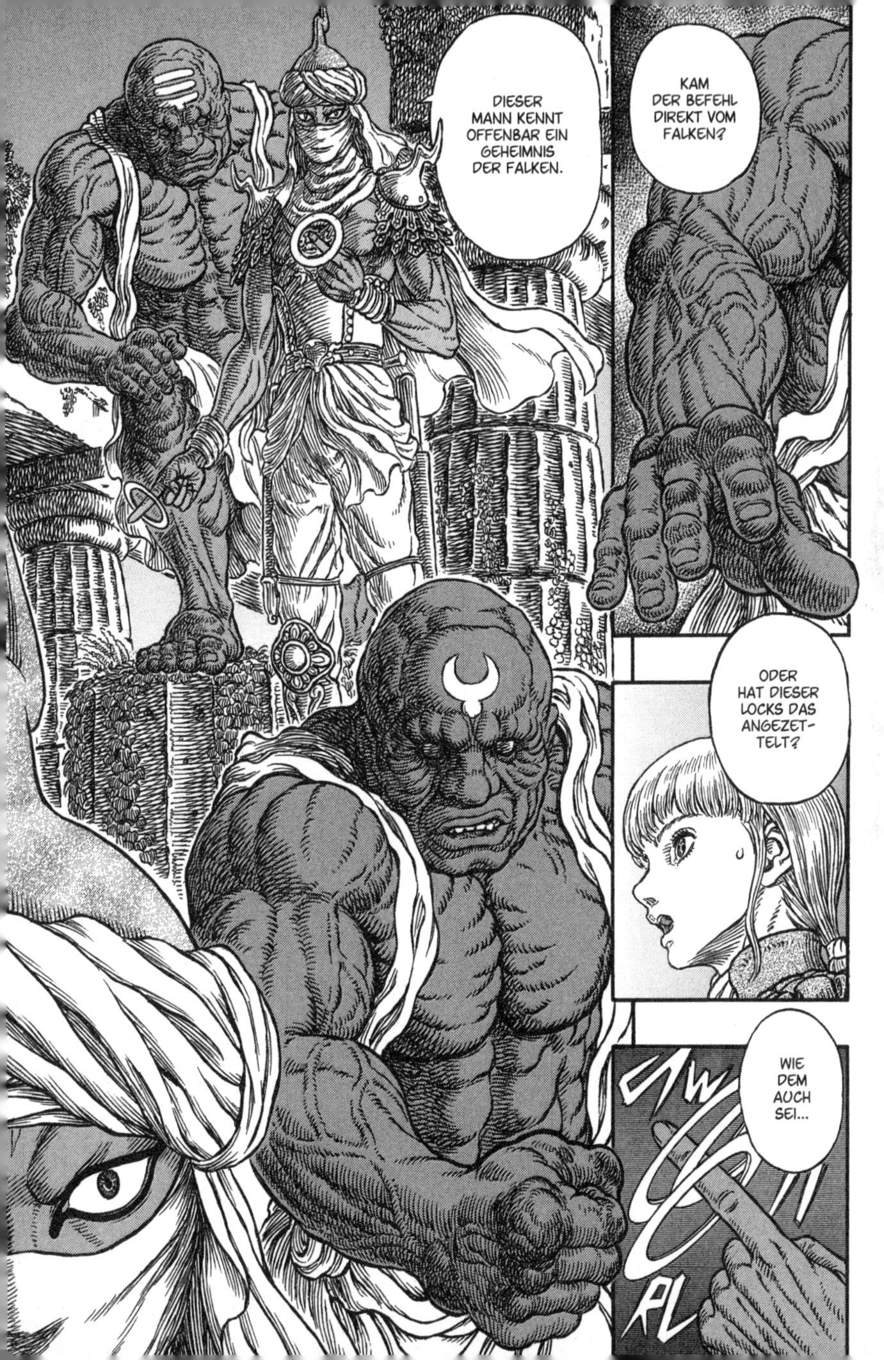
DIESER MANN KENNT OFFENBAR EIN GEHEIMNIS DER FALKEN.
KAM DER BEFEHL DIREKT VOM FALKEN?
ODER HAT DIESER LOCKS DAS ANGEZET-TELT?
WIE DEM AUCH SEI...

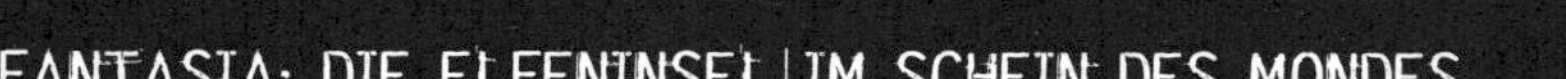
FANTASIA: DIE ELFENINSEL | IM SCHEIN DES MONDES

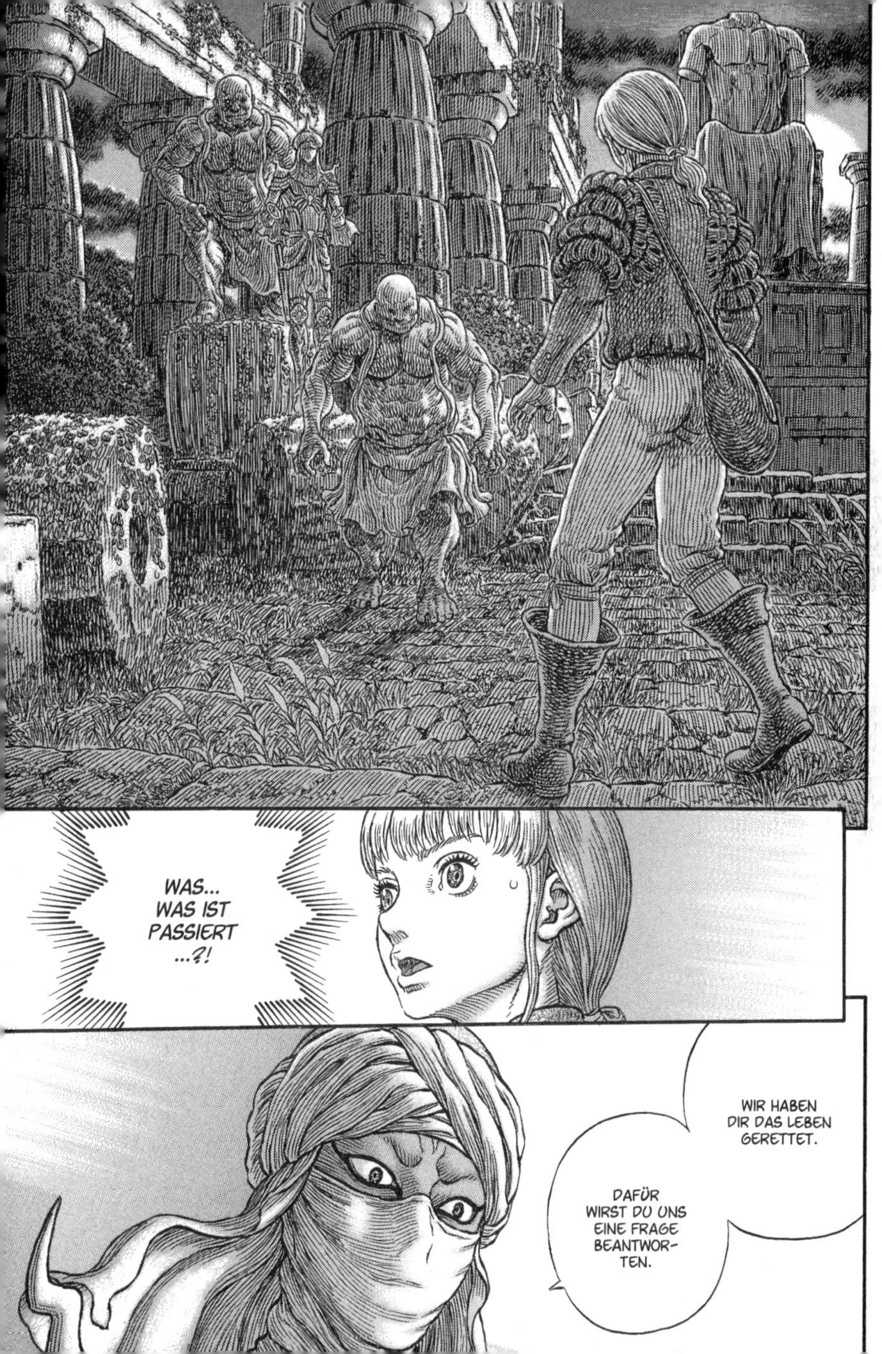
WAS...
WAS IST
PASSIERT
...?!
WIR HABEN
DIR DAS LEBEN
GERETTET.
DAFÜR
WIRST DU UNS
EINE FRAGE
BEANTWOR-
TEN.

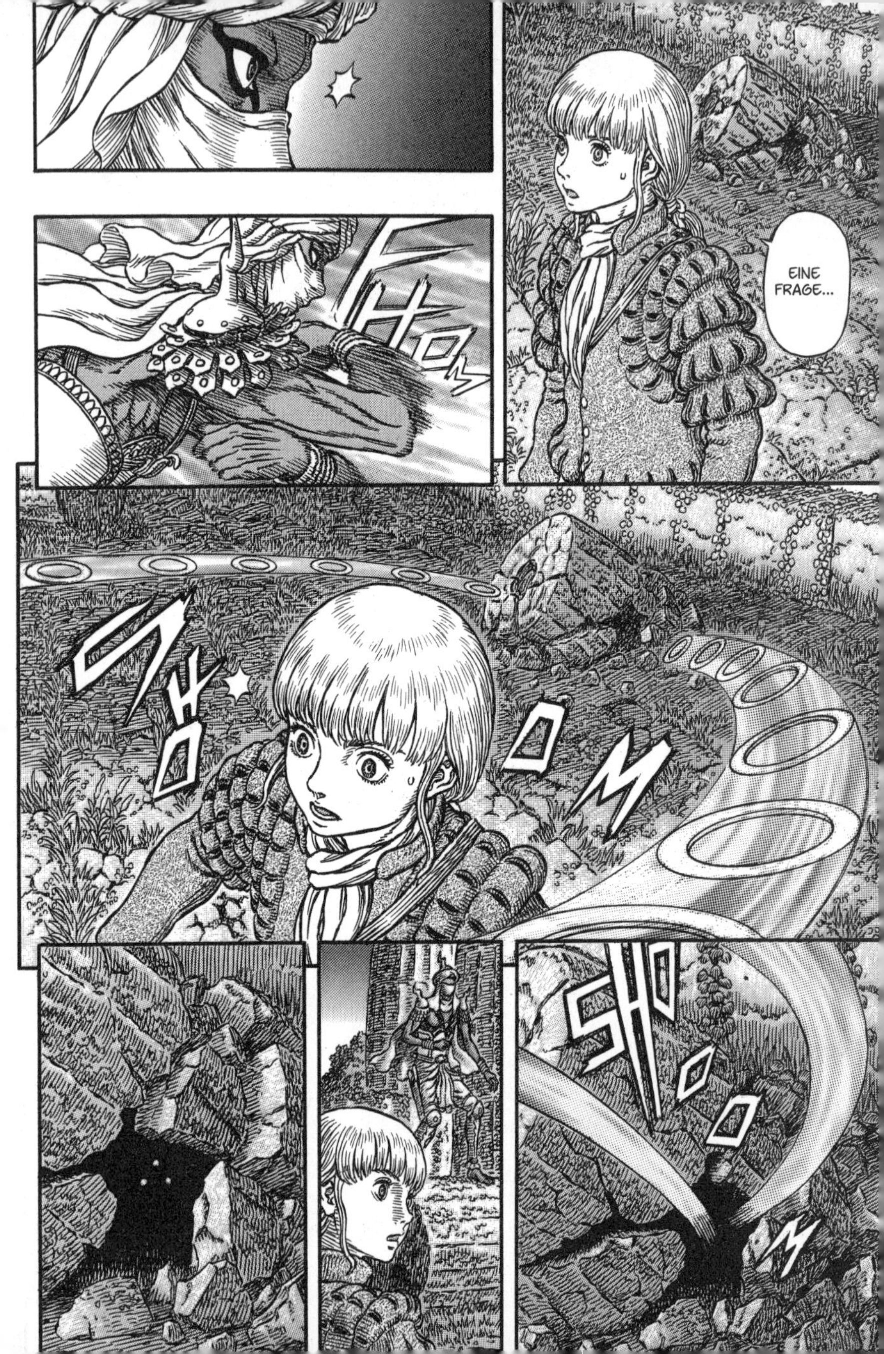
EINE FRAGE...
HO
OM
SHOOO
M

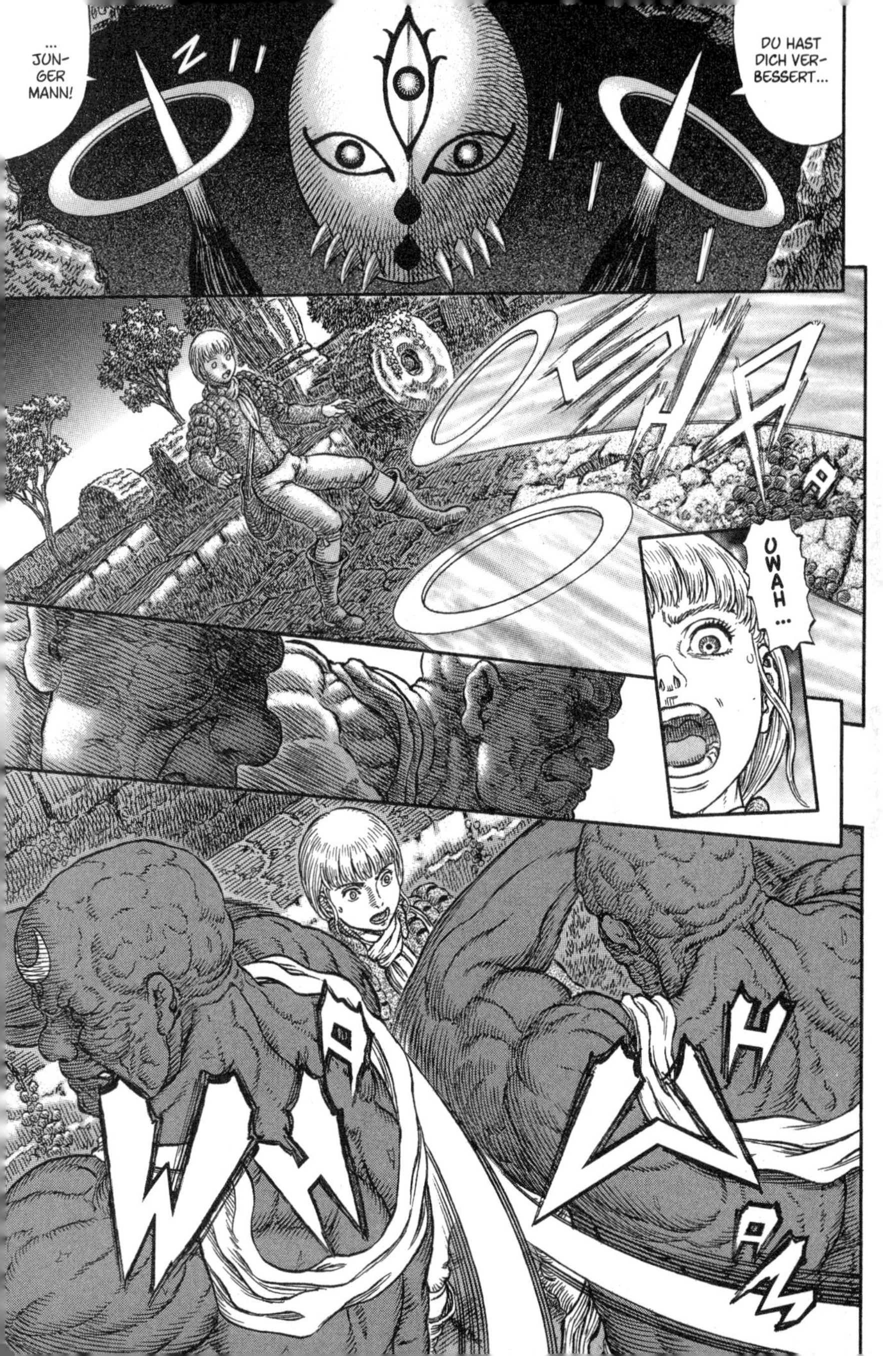

DU HAST DICH VER-BESSERT...
... JÜN-GER MANN!
UWAH ...

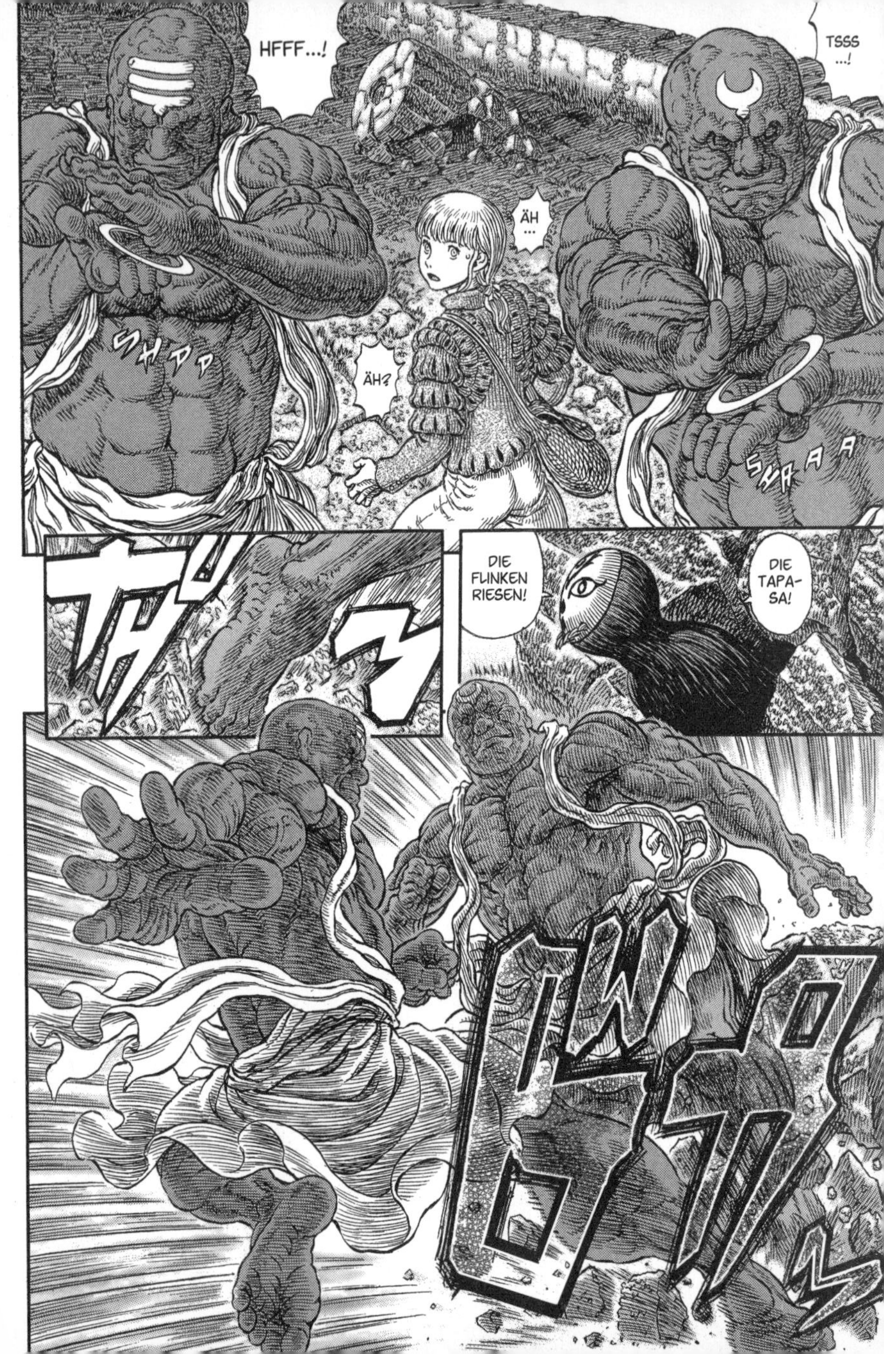
TSSS ...!
HFFF...!
ÄH ...
ÄH?
DIE TAPASA!
DIE FLINKEN RIESEN!

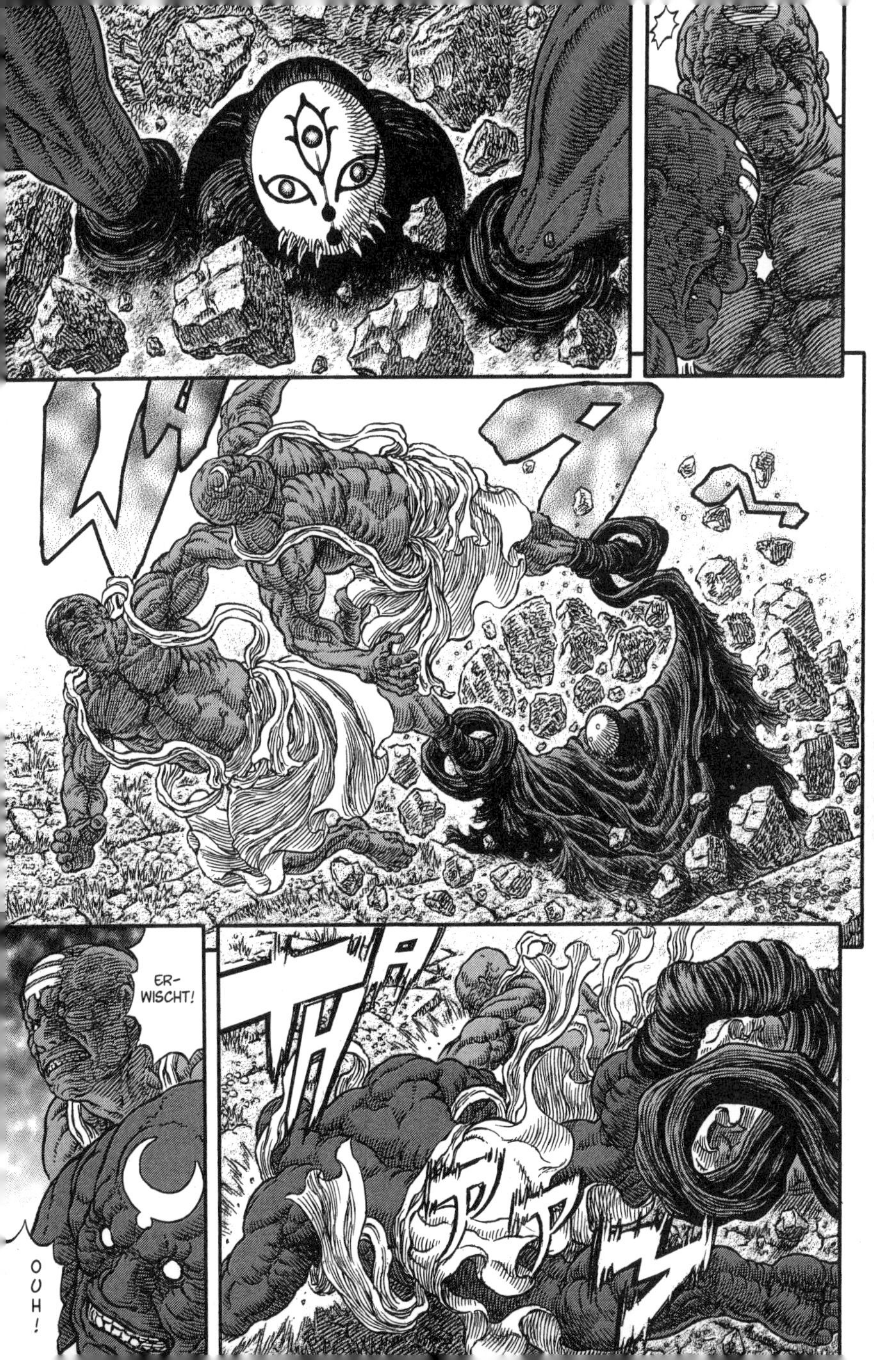

ER-
WISCHT!
OUH!

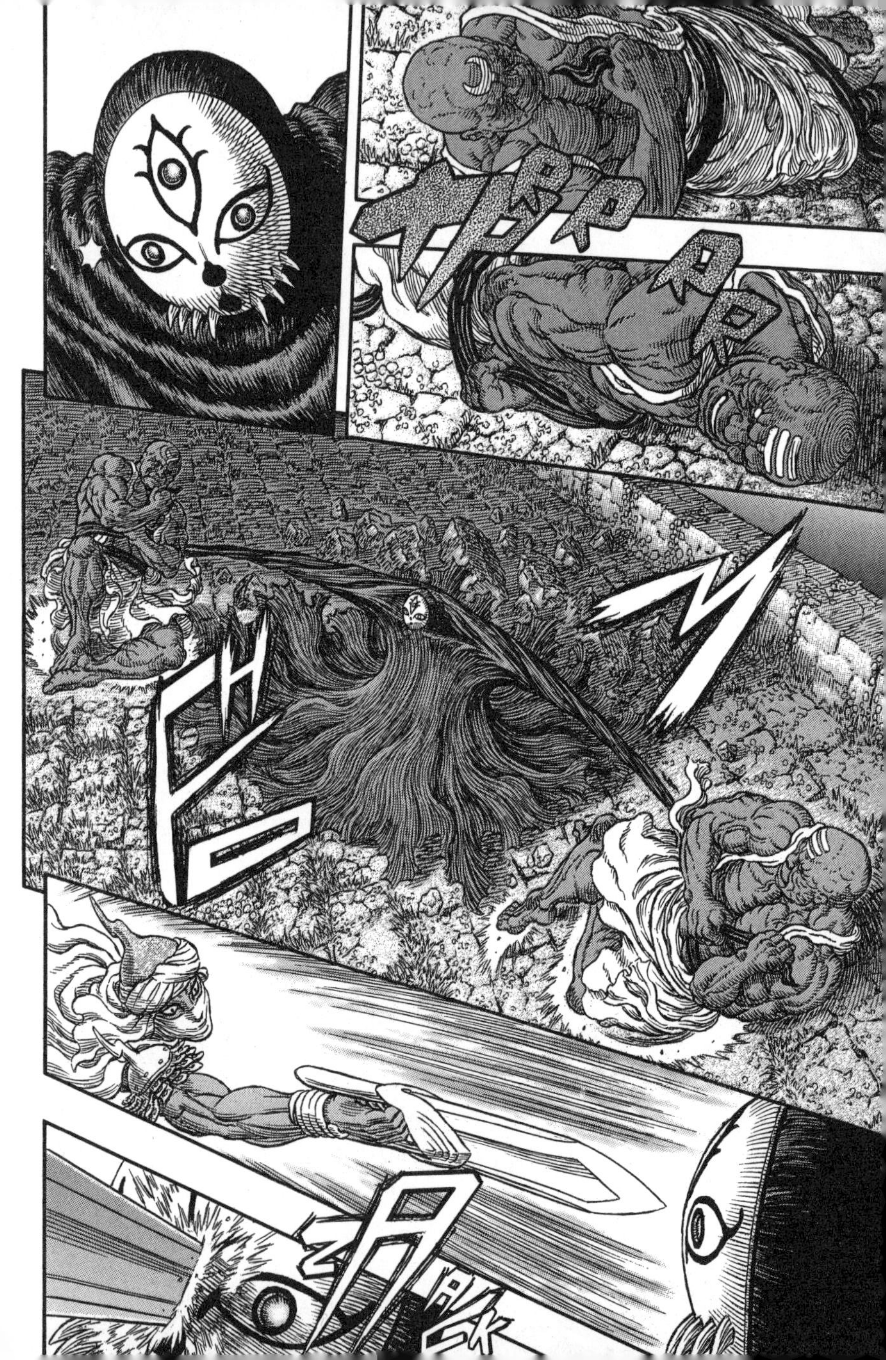

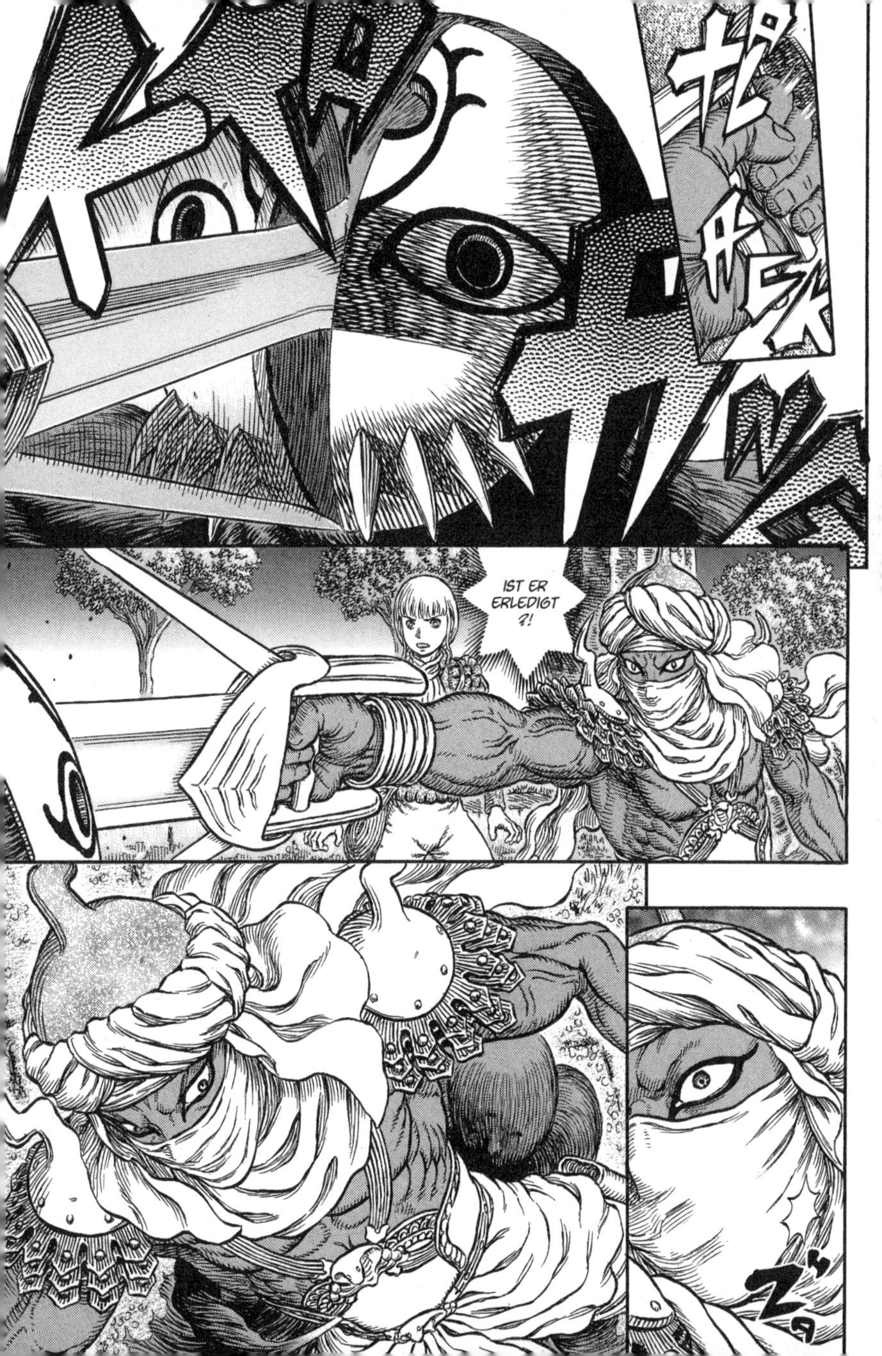
IST ER
ERLEDIGT
?!

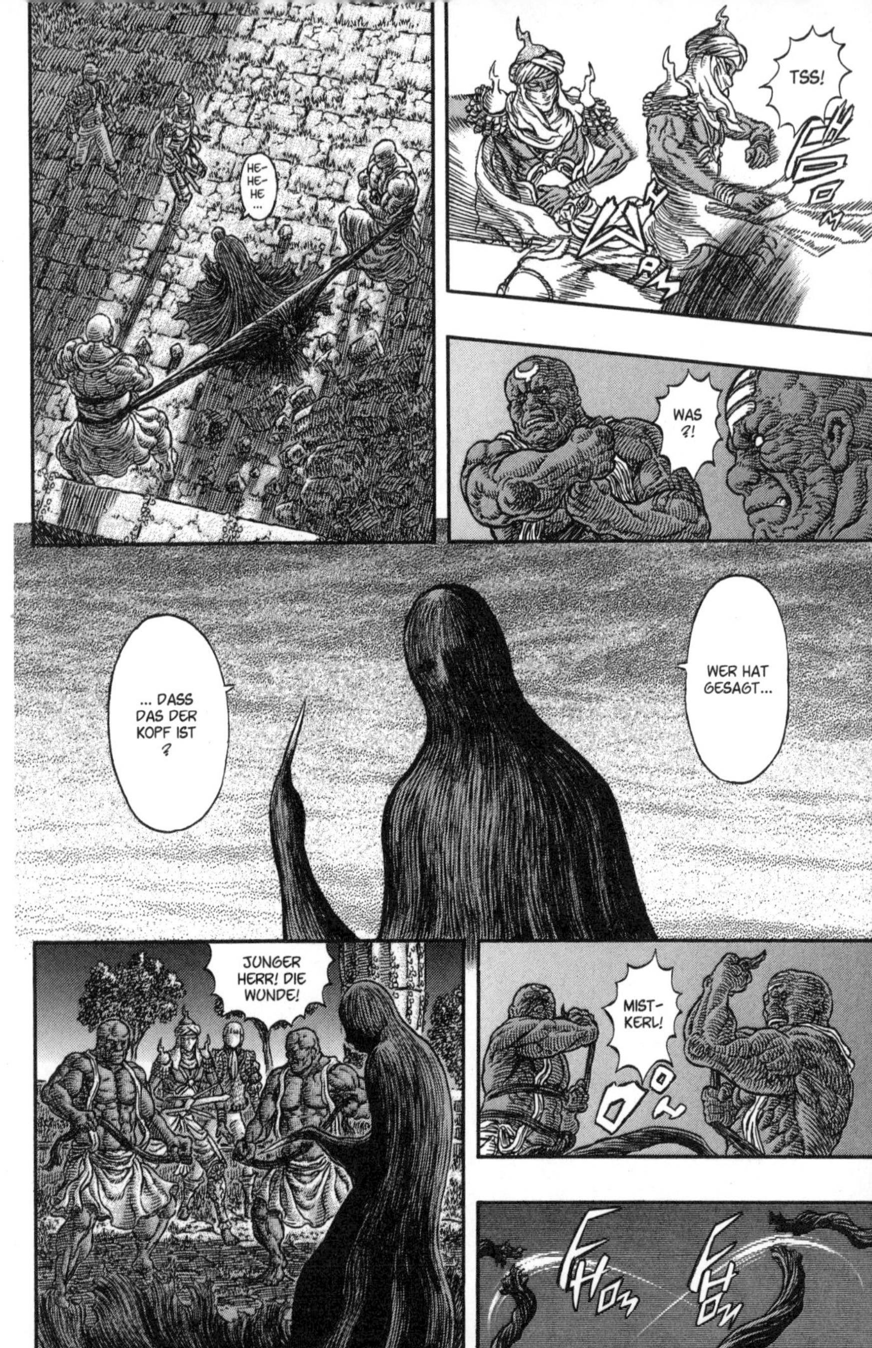
TSS!
HE-HE-HE ...
WAS ?!
WER HAT GESAGT...
... DASS DAS DER KOPF IST ?
MIST-KERL!
JUNGER HERR! DIE WUNDE!

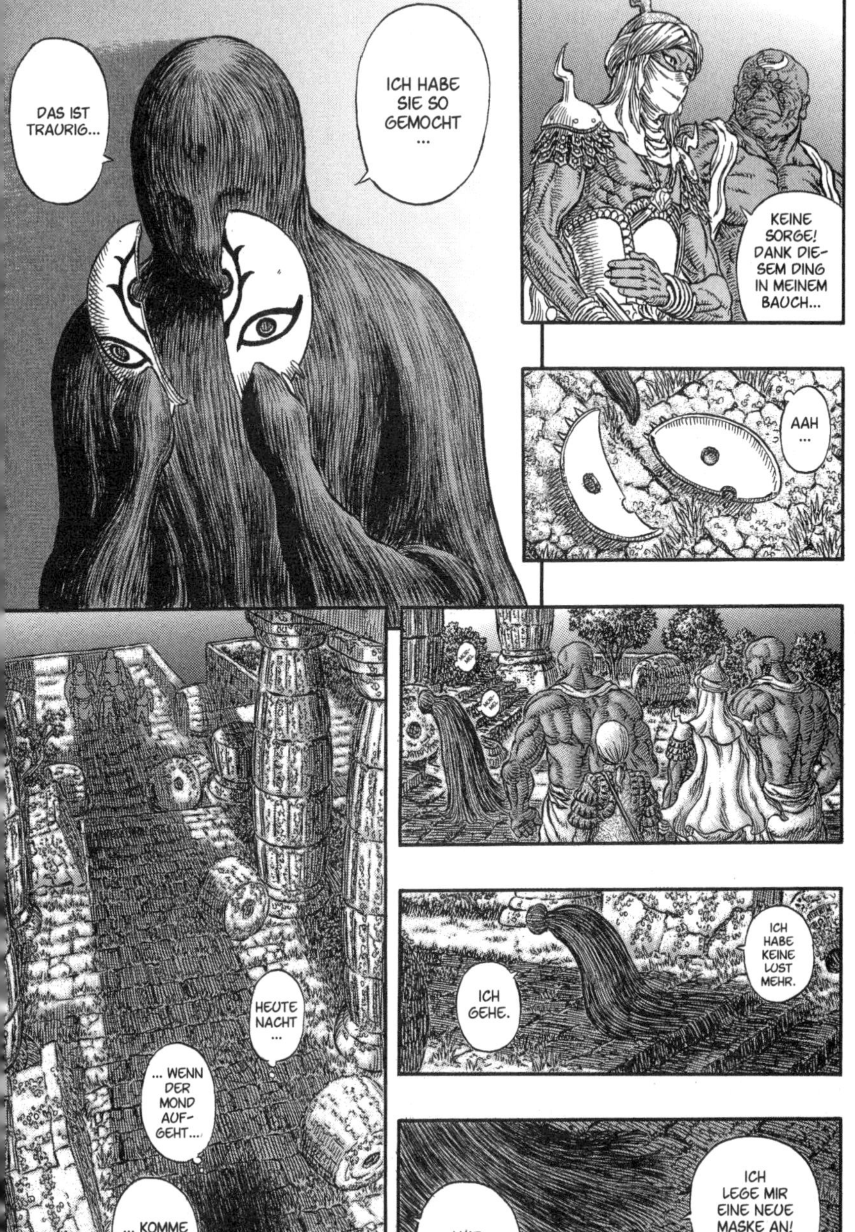
KEINE SORGE! DANK DIESEM DING IN MEINEM BAUCH...
AAH ...
ICH HABE SIE SO GEMOCHT ...
DAS IST TRAURIG...
ICH HABE KEINE LUST MEHR.
ICH GEHE.
ICH LEGE MIR EINE NEUE MASKE AN!
NUR GEDULD!
HEUTE NACHT ...
... WENN DER MOND AUFGEHT...
... KOMME ICH WIEDER...

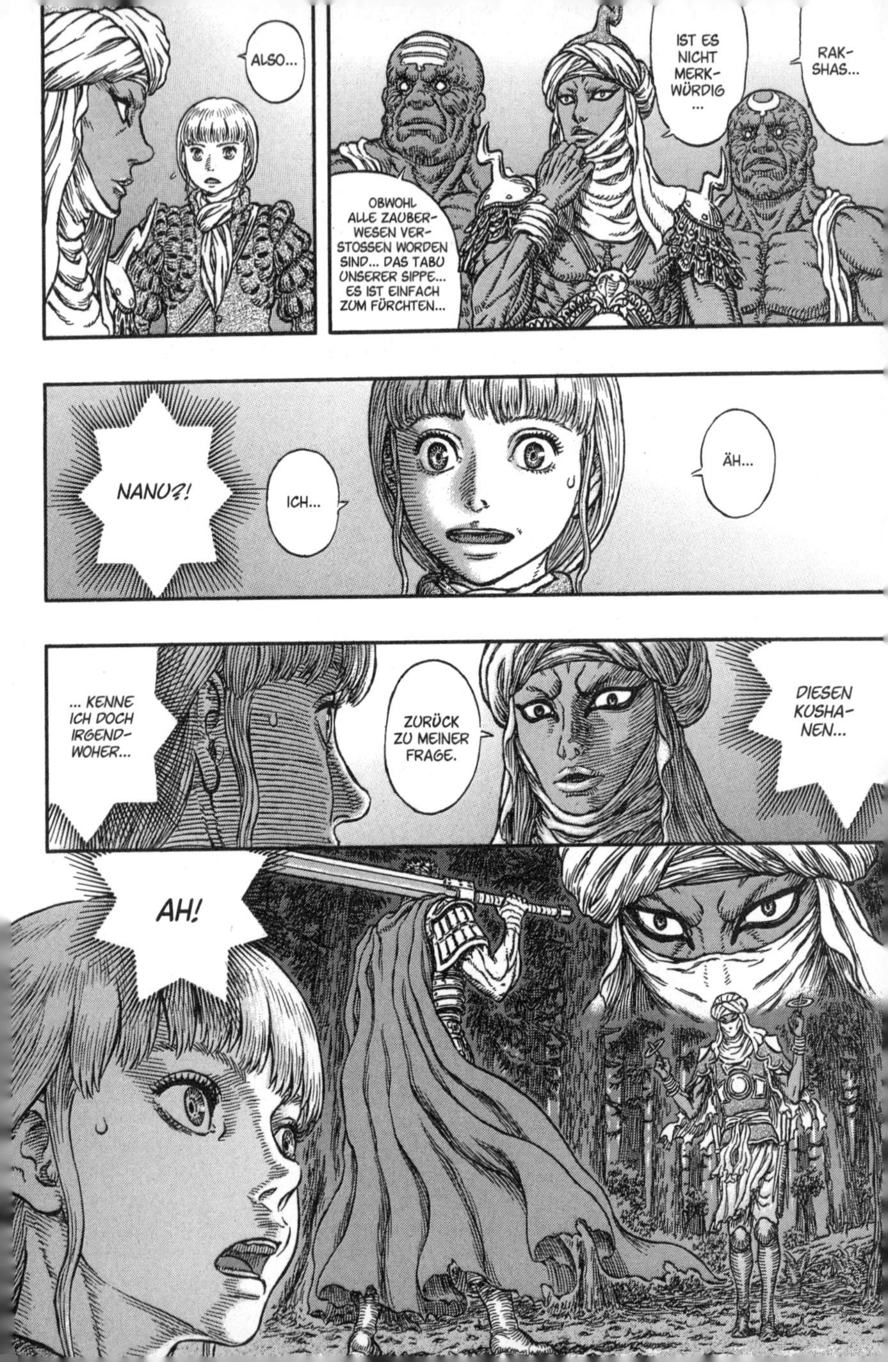

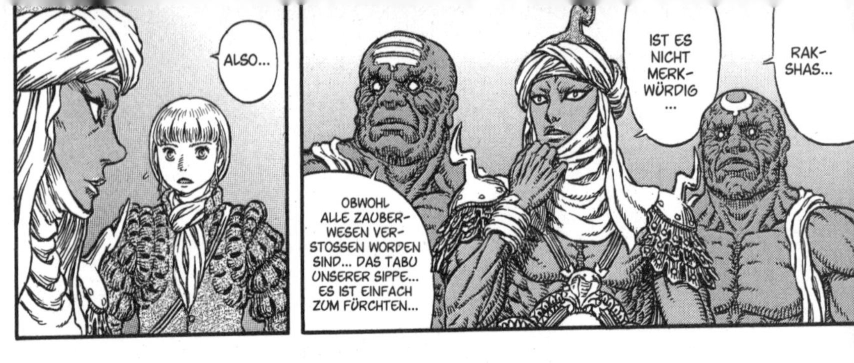

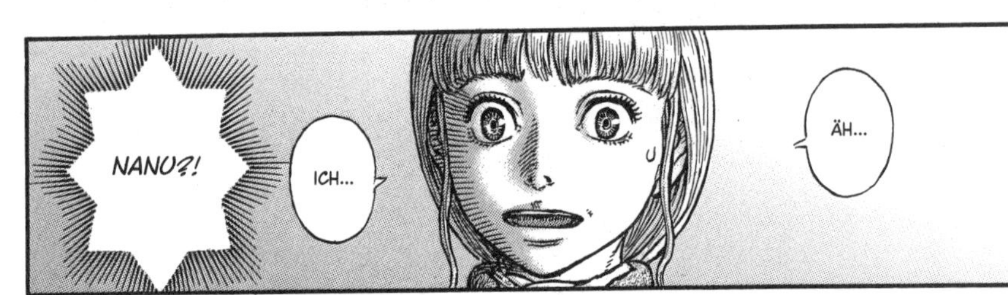

DIESEN KUSHANEN...
ZURÜCK ZU MEINER FRAGE.
... KENNE ICH DOCH IRGENDWOHER...

AH!

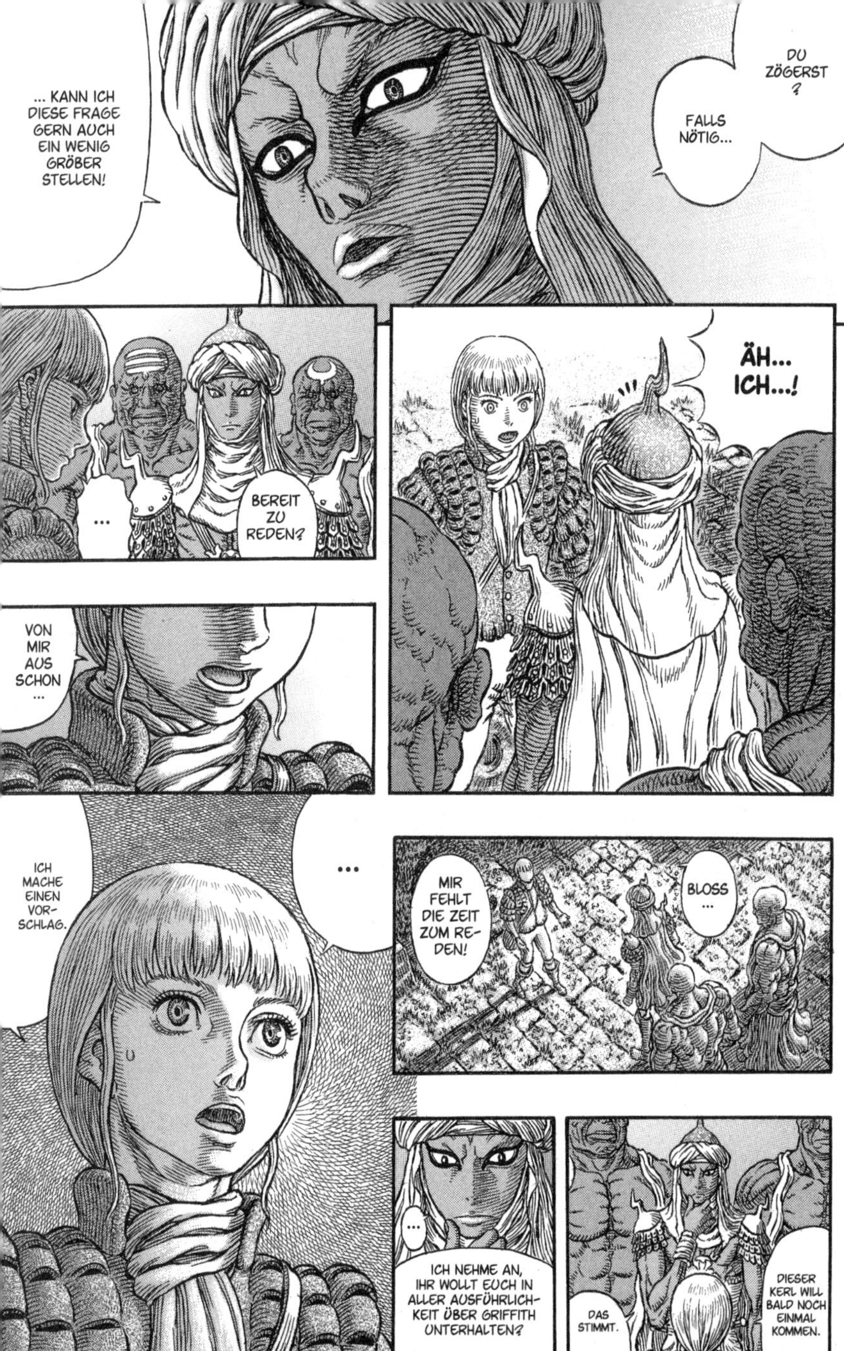
DU ZÖGERST?
FALLS NÖTIG...
... KANN ICH DIESE FRAGE GERN AUCH EIN WENIG GRÖBER STELLEN!
ÄH... ICH...!
BEREIT ZU REDEN?
...
VON MIR AUS SCHON ...
BLOSS ...
MIR FEHLT DIE ZEIT ZUM RE-DEN!
DIESER KERL WILL BALD NOCH EINMAL KOMMEN.
DAS STIMMT.
...
ICH NEHME AN, IHR WOLLT EUCH IN ALLER AUSFÜHRLICH-KEIT ÜBER GRIFFITH UNTERHALTEN?
...
ICH MACHE EINEN VOR-SCHLAG.

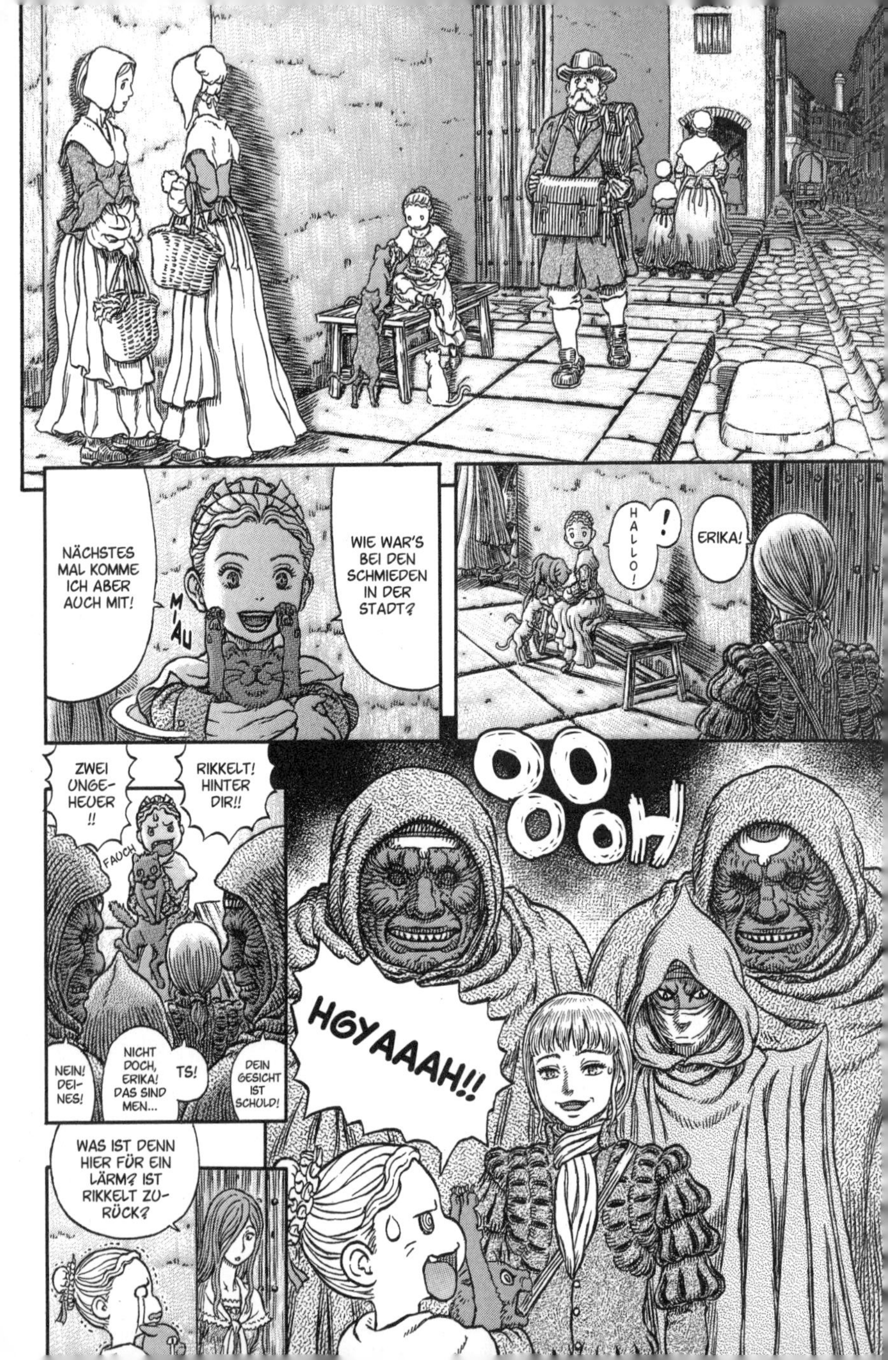
NÄCHSTES MAL KOMME ICH ABER AUCH MIT!
MIAU
WIE WAR'S BEI DEN SCHMIEDEN IN DER STADT?
HALLO!
!
ERIKA!
ZWEI UNGE-HEUER !!
RIKKELT! HINTER DIR!!
FAUCH
OOOOOH
NEIN! DEI-NES!
NICHT DOCH, ERIKA! DAS SIND MEN...
TS!
DEIN GESICHT IST SCHULD!
HGYAAAH!!
WAS IST DENN HIER FÜR EIN LÄRM? IST RIKKELT ZU-RÜCK?

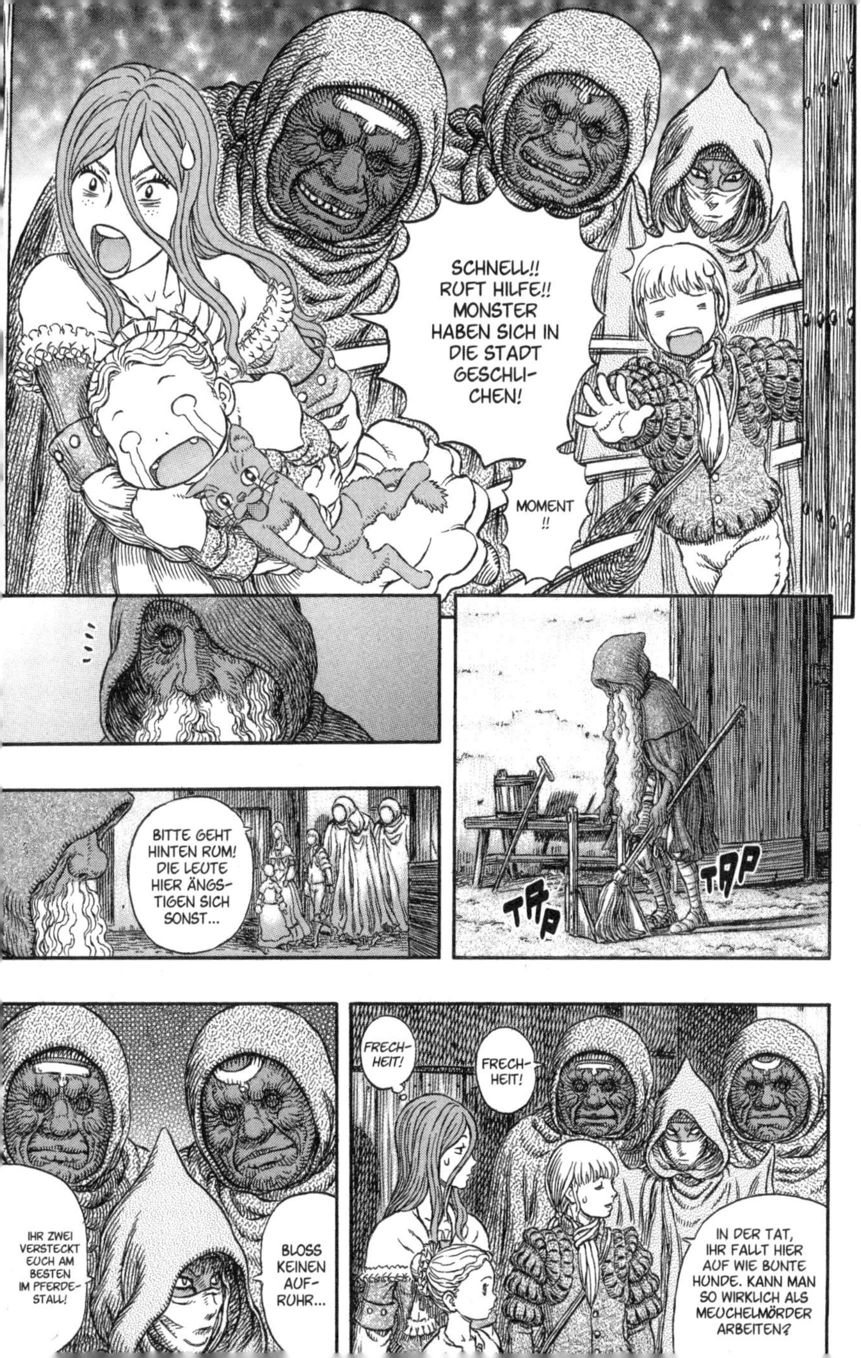

SCHNELL!! RUFT HILFE!! MONSTER HABEN SICH IN DIE STADT GESCHLICHEN!

MOMENT !!

TAP

TAP

BITTE GEHT HINTEN RUM! DIE LEUTE HIER ÄNGSTIGEN SICH SONST...

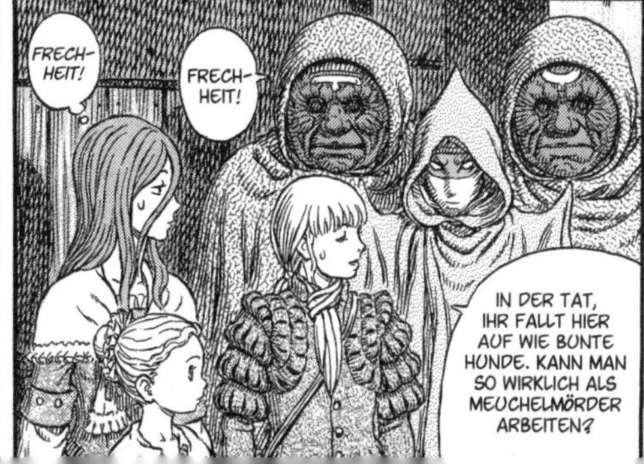

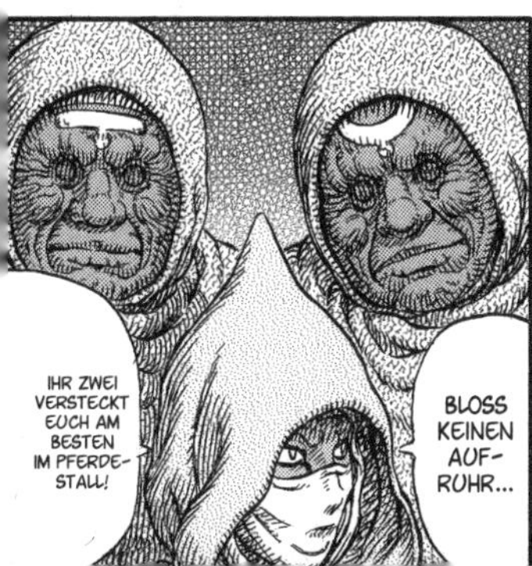

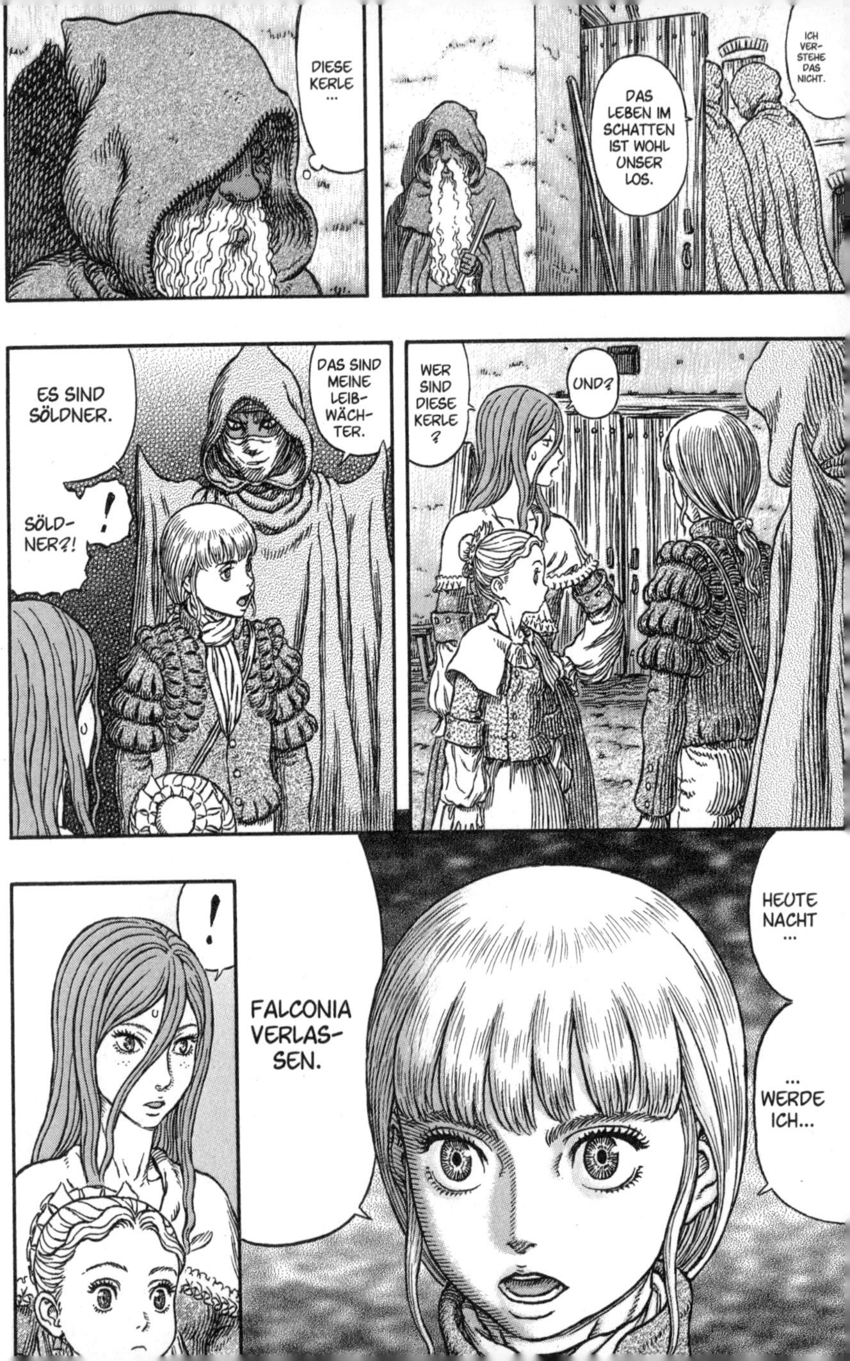

ICH VERSTEHE DAS NICHT.

DAS LEBEN IM SCHATTEN IST WOHL UNSER LOS.

DIESE KERLE ...

UND?

WER SIND DIESE KERLE?

DAS SIND MEINE LEIBWÄCHTER.

ES SIND SÖLDNER.

SÖLDNER?!

!

HEUTE NACHT ...

... WERDE ICH...

FALCONIA VERLASSEN.

!

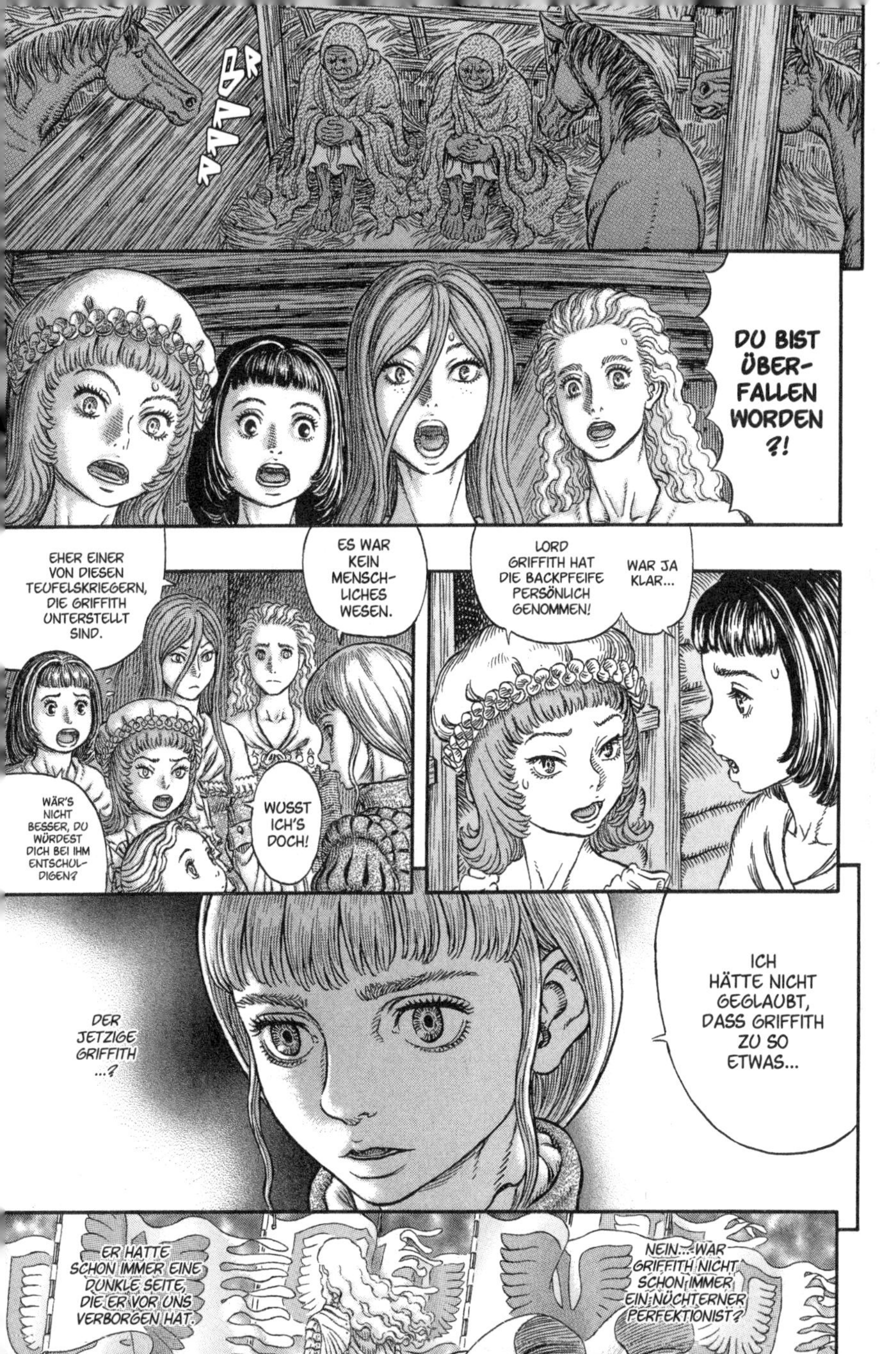
BRAAAA
DU BIST ÜBER-FALLEN WORDEN ?!
WAR JA KLAR...
LORD GRIFFITH HAT DIE BACKPFEIFE PERSÖNLICH GENOMMEN!
ES WAR KEIN MENSCH-LICHES WESEN.
EHER EINER VON DIESEN TEUFELSKRIEGERN, DIE GRIFFITH UNTERSTELLT SIND.
WUSST ICH'S DOCH!
WÄR'S NICHT BESSER, DU WÜRDEST DICH BEI IHM ENTSCHUL-DIGEN?
ICH HÄTTE NICHT GEGLAUBT, DASS GRIFFITH ZU SO ETWAS...
DER JETZIGE GRIFFITH ...?
NEIN... WAR GRIFFITH NICHT SCHON IMMER EIN NÜCHTERNER PERFEKTIONIST?
ER HATTE SCHON IMMER EINE DUNKLE SEITE, DIE ER VOR UNS VERBORGEN HAT.

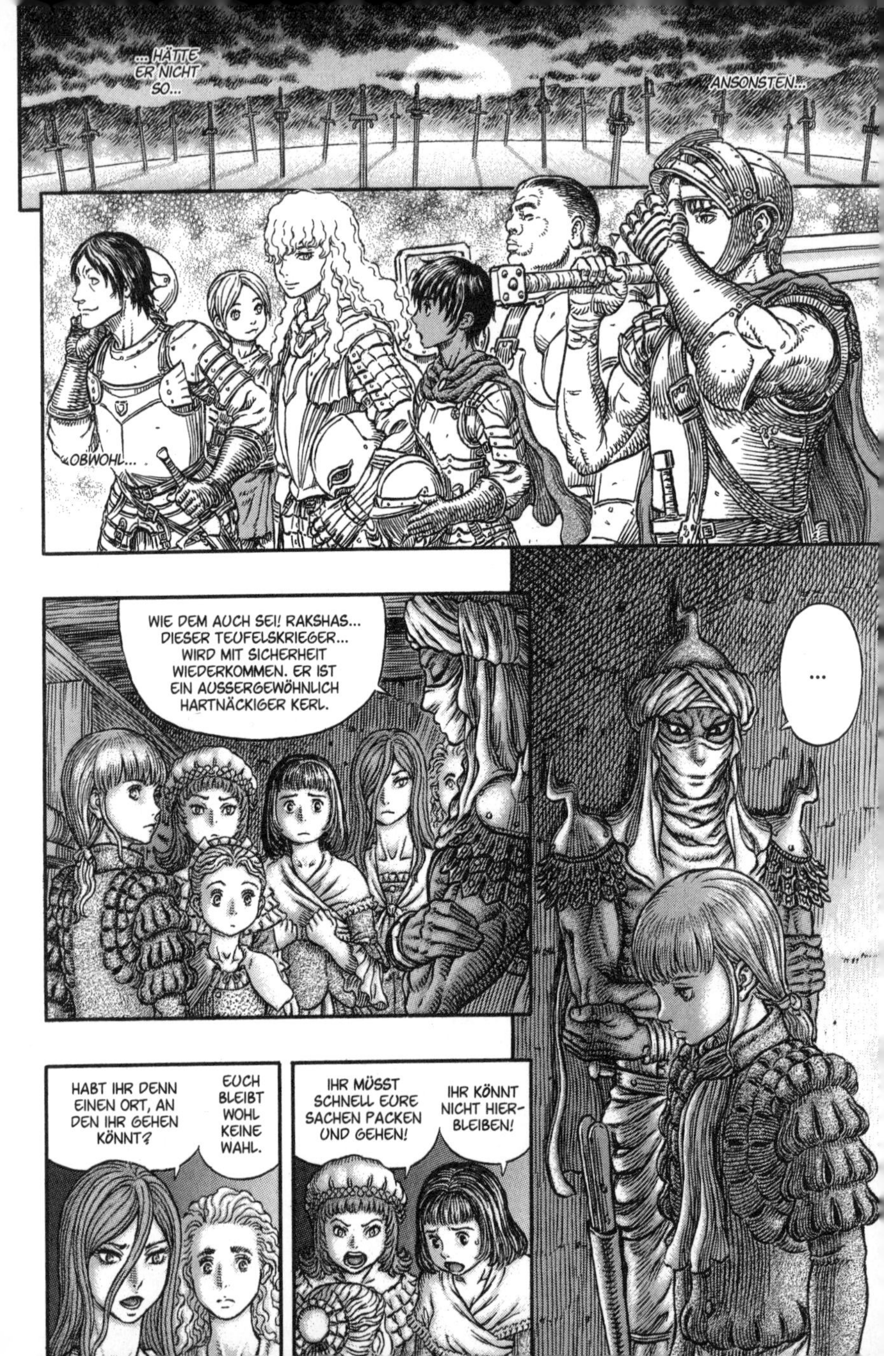

ANSONSTEN...
... HÄTTE ER NICHT SO...
OBWOHL...
...
WIE DEM AUCH SEI! RAKSHAS... DIESER TEUFELSKRIEGER... WIRD MIT SICHERHEIT WIEDERKOMMEN. ER IST EIN AUSSERGEWÖHNLICH HARTNÄCKIGER KERL.
IHR KÖNNT NICHT HIER-BLEIBEN!
IHR MÜSST SCHNELL EURE SACHEN PACKEN UND GEHEN!
EUCH BLEIBT WOHL KEINE WAHL.
HABT IHR DENN EINEN ORT, AN DEN IHR GEHEN KÖNNT?

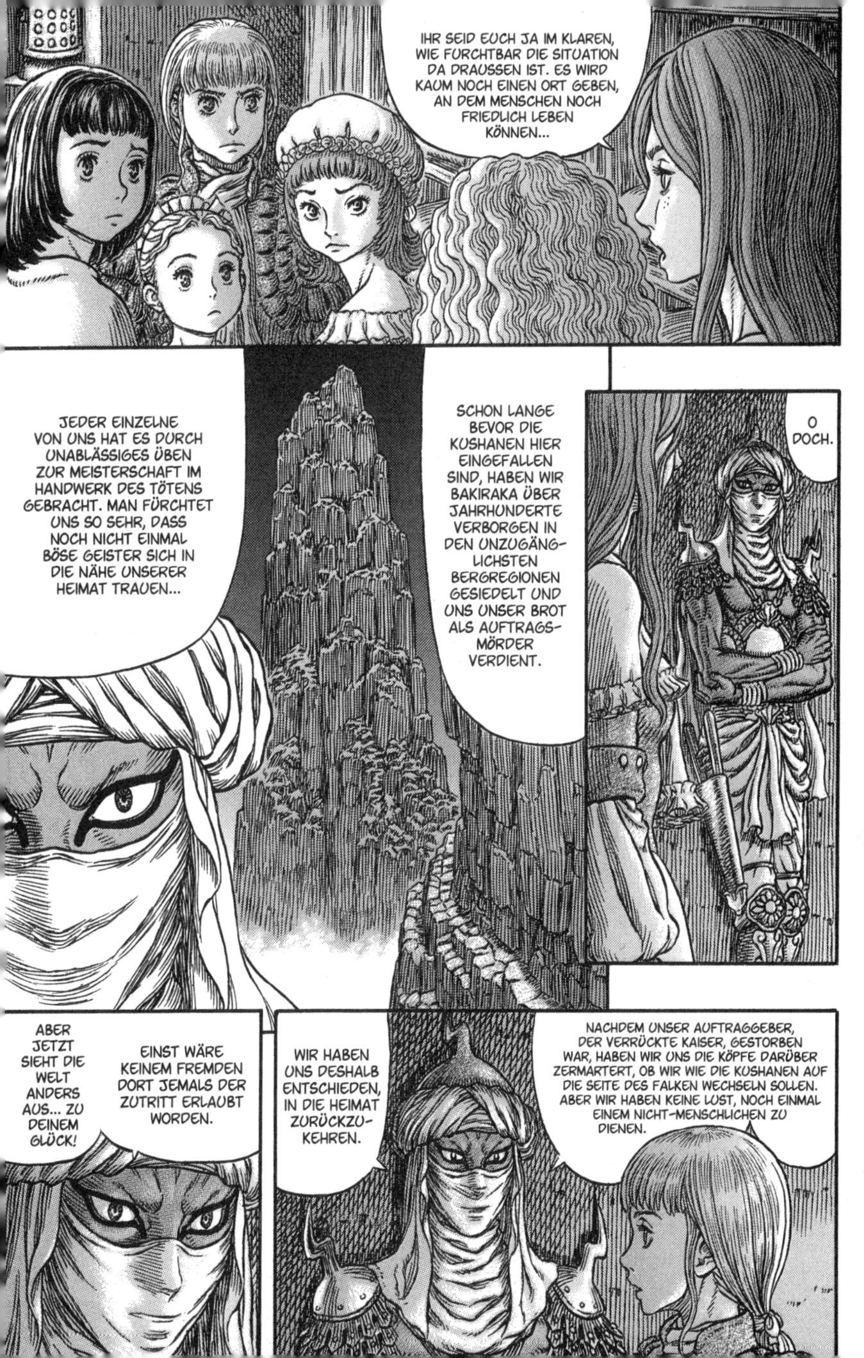
IHR SEID EUCH JA IM KLAREN, WIE FURCHTBAR DIE SITUATION DA DRAUSSEN IST. ES WIRD KAUM NOCH EINEN ORT GEBEN, AN DEM MENSCHEN NOCH FRIEDLICH LEBEN KÖNNEN...
O DOCH.
SCHON LANGE BEVOR DIE KUSHANEN HIER EINGEFALLEN SIND, HABEN WIR BAKIRAKA ÜBER JAHRHUNDERTE VERBORGEN IN DEN UNZUGÄNG-LICHSTEN BERGREGIONEN GESIEDELT UND UNS UNSER BROT ALS AUFTRAGS-MÖRDER VERDIENT.
JEDER EINZELNE VON UNS HAT ES DURCH UNABLÄSSIGES ÜBEN ZUR MEISTERSCHAFT IM HANDWERK DES TÖTENS GEBRACHT. MAN FÜRCHTET UNS SO SEHR, DASS NOCH NICHT EINMAL BÖSE GEISTER SICH IN DIE NÄHE UNSERER HEIMAT TRAUEN...
NACHDEM UNSER AUFTRAGGEBER, DER VERRÜCKTE KAISER, GESTORBEN WAR, HABEN WIR UNS DIE KÖPFE DARÜBER ZERMARTERT, OB WIR WIE DIE KUSHANEN AUF DIE SEITE DES FALKEN WECHSELN SOLLEN. ABER WIR HABEN KEINE LUST, NOCH EINMAL EINEM NICHT-MENSCHLICHEN ZU DIENEN.
WIR HABEN UNS DESHALB ENTSCHIEDEN, IN DIE HEIMAT ZURÜCKZU-KEHREN.
EINST WÄRE KEINEM FREMDEN DORT JEMALS DER ZUTRITT ERLAUBT WORDEN.
ABER JETZT SIEHT DIE WELT ANDERS AUS... ZU DEINEM GLÜCK!

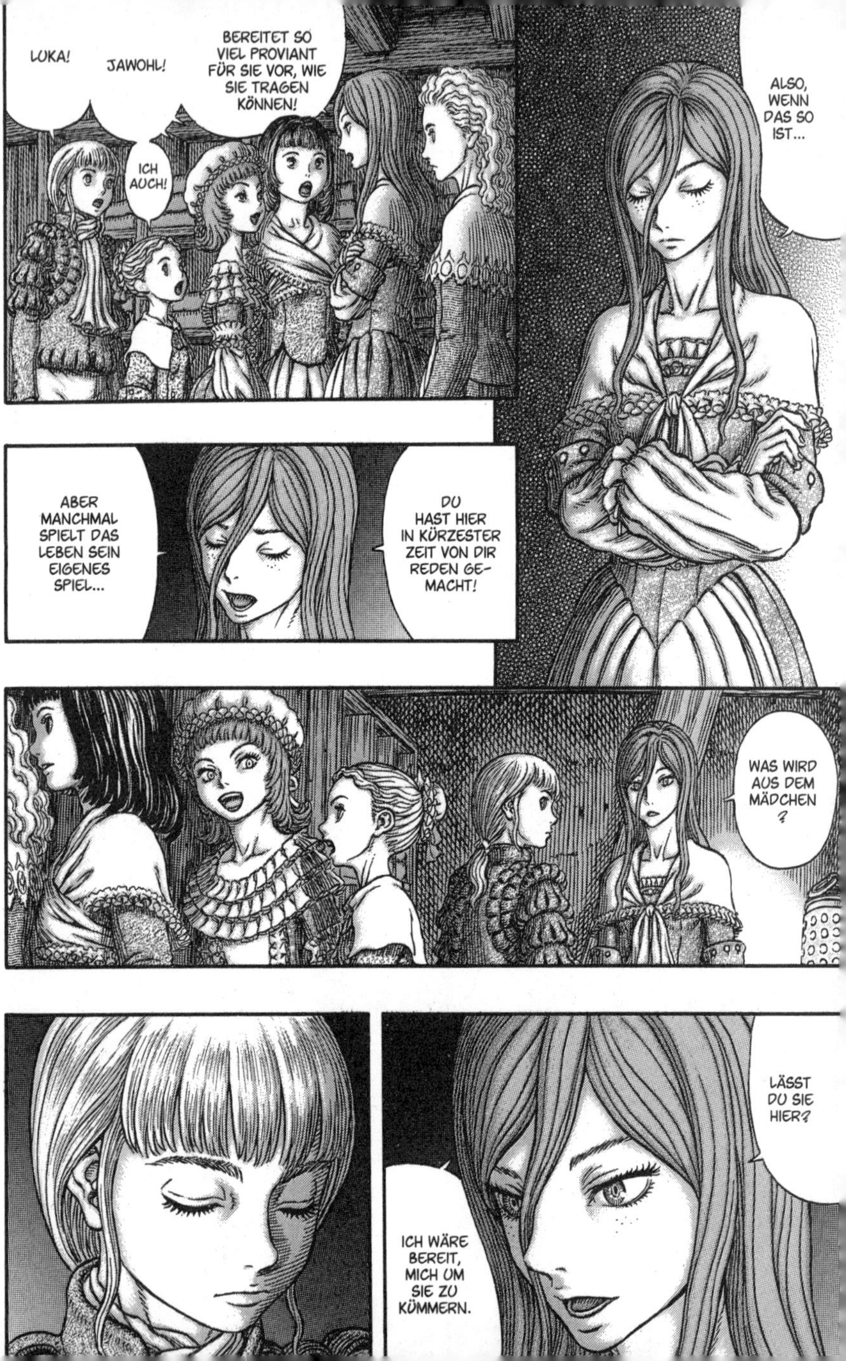

ALSO, WENN DAS SO IST...

BEREITET SO VIEL PROVIANT FÜR SIE VOR, WIE SIE TRAGEN KÖNNEN!

JAWOHL!

LUKA!

ICH AUCH!

DU HAST HIER IN KÜRZESTER ZEIT VON DIR REDEN GEMACHT!

ABER MANCHMAL SPIELT DAS LEBEN SEIN EIGENES SPIEL...

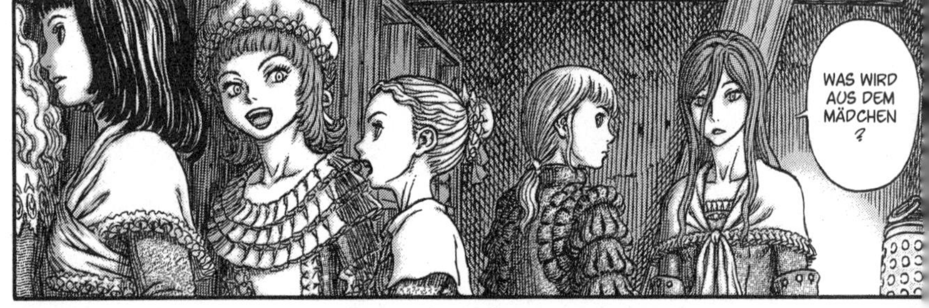

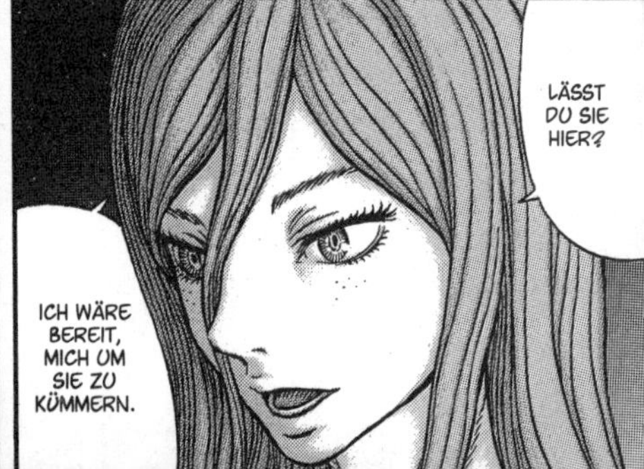

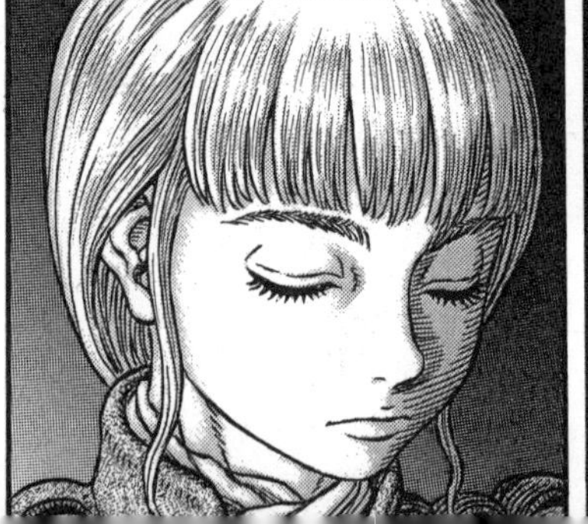

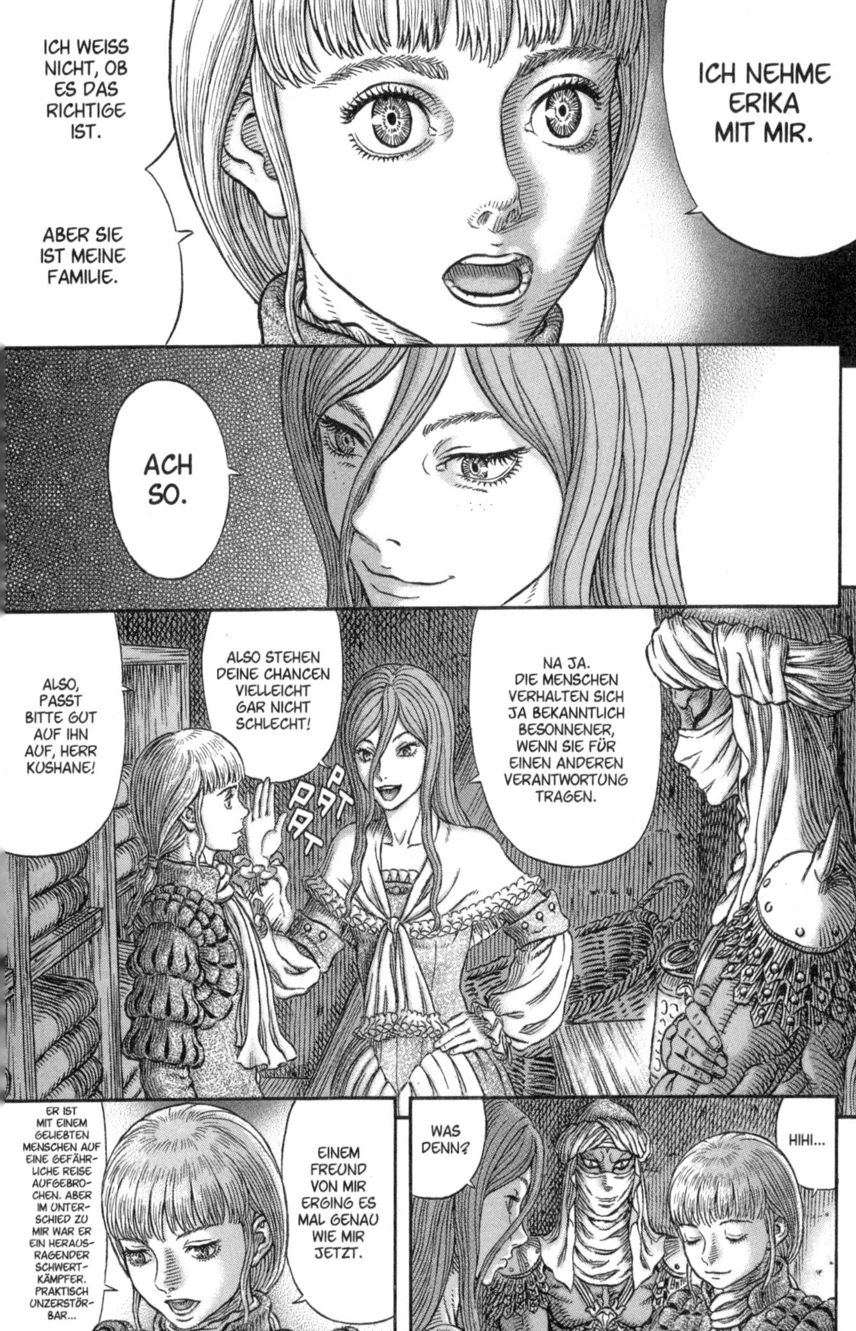
ICH NEHME ERIKA MIT MIR.
ICH WEISS NICHT, OB ES DAS RICHTIGE IST.
ABER SIE IST MEINE FAMILIE.
ACH SO.
NA JA. DIE MENSCHEN VERHALTEN SICH JA BEKANNTLICH BESONNENER, WENN SIE FÜR EINEN ANDEREN VERANTWORTUNG TRAGEN.
ALSO STEHEN DEINE CHANCEN VIELLEICHT GAR NICHT SCHLECHT!
PAT PAT PAT
ALSO, PASST BITTE GUT AUF IHN AUF, HERR KUSHANE!
HIHI...
WAS DENN?
EINEM FREUND VON MIR ERGING ES MAL GENAU WIE MIR JETZT.
ER IST MIT EINEM GELIEBTEN MENSCHEN AUF EINE GEFÄHRLICHE REISE AUFGEBROCHEN. ABER IM UNTERSCHIED ZU MIR WAR ER EIN HERAUSRAGENDER SCHWERTKÄMPFER. PRAKTISCH UNZERSTÖRBAR...

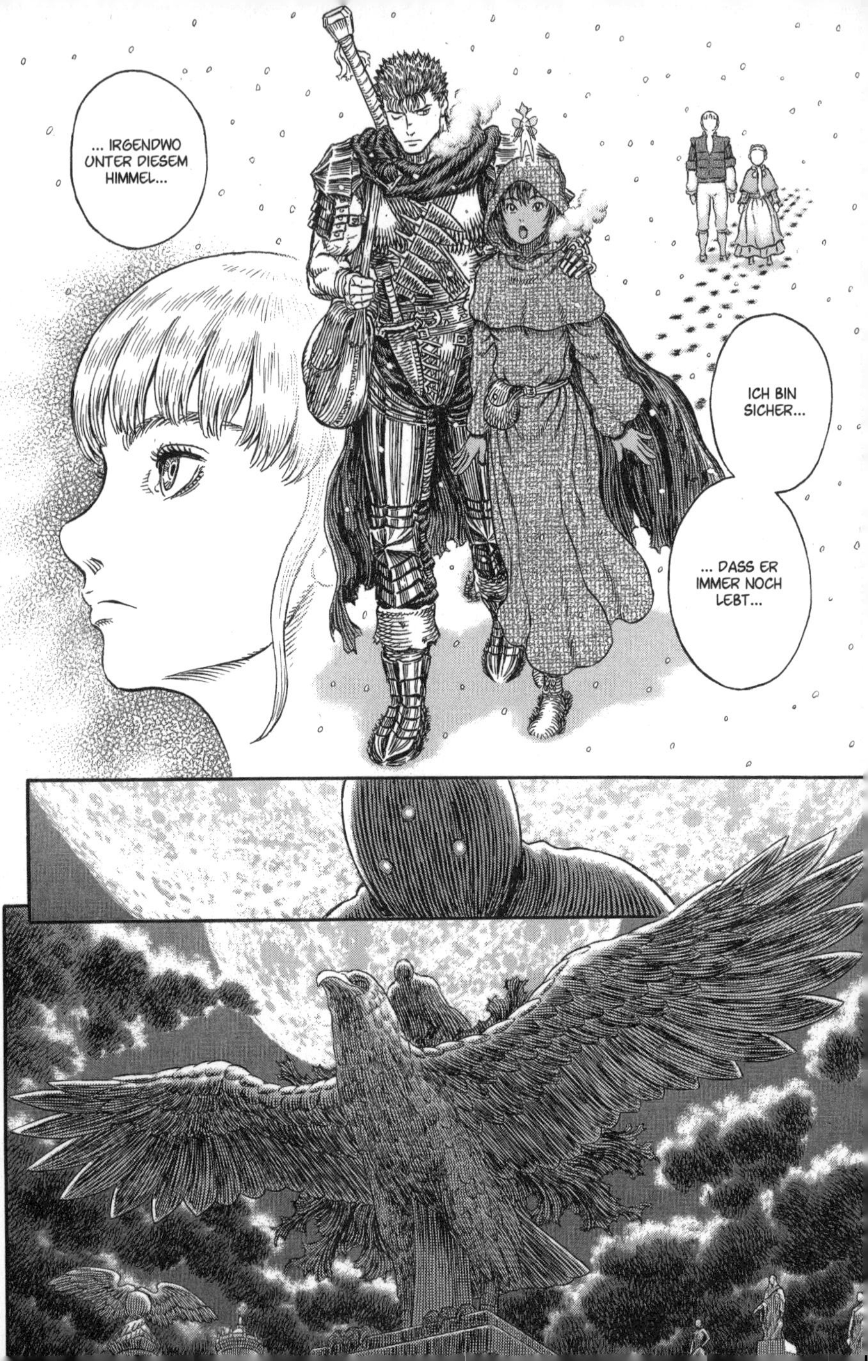

... IRGENDWO UNTER DIESEM HIMMEL...

ICH BIN SICHER...

... DASS ER IMMER NOCH LEBT...

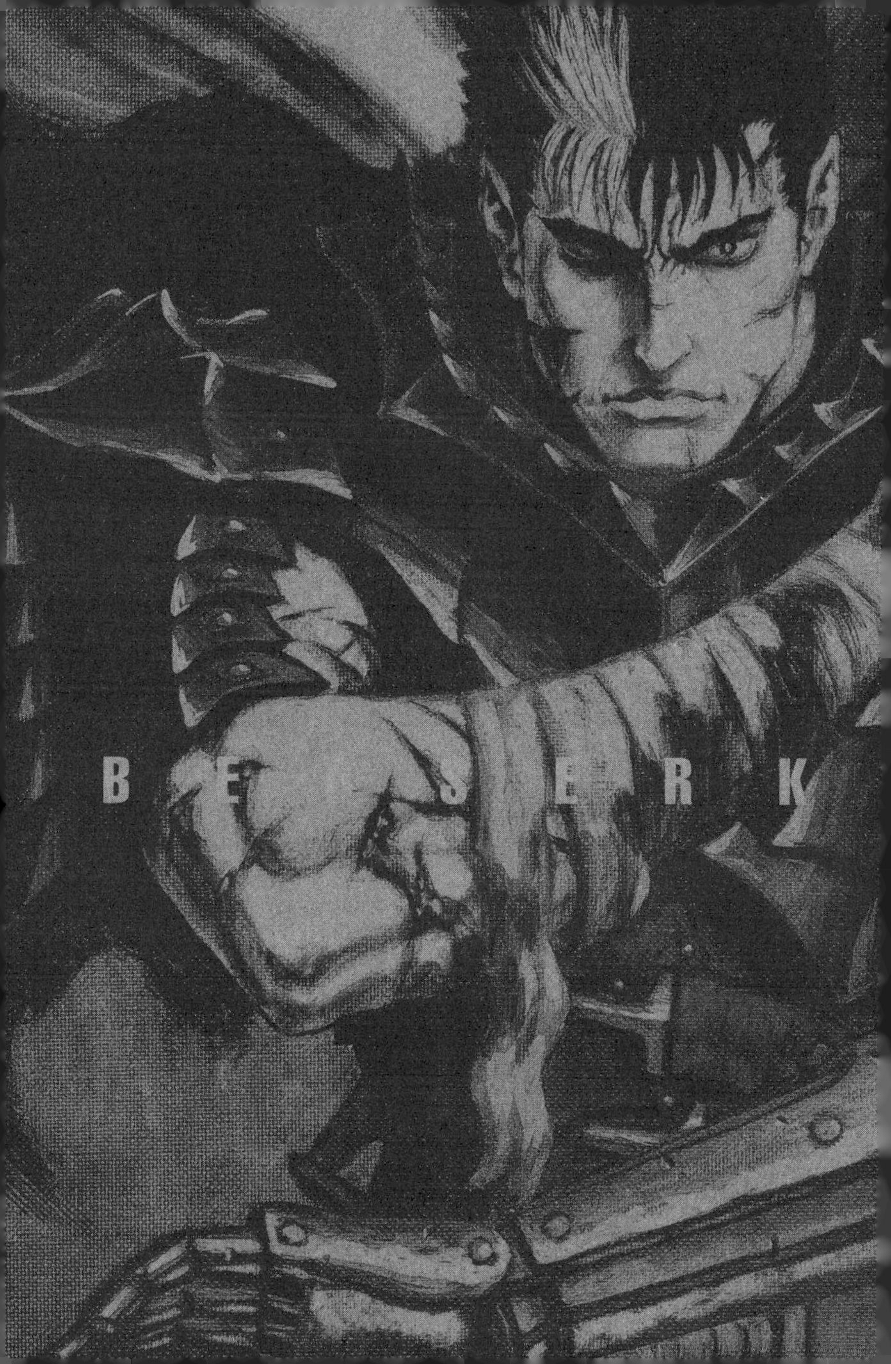
BERSERK

FANTASIA: DIE ELFENINSEL | GEHEIMER KAMPF

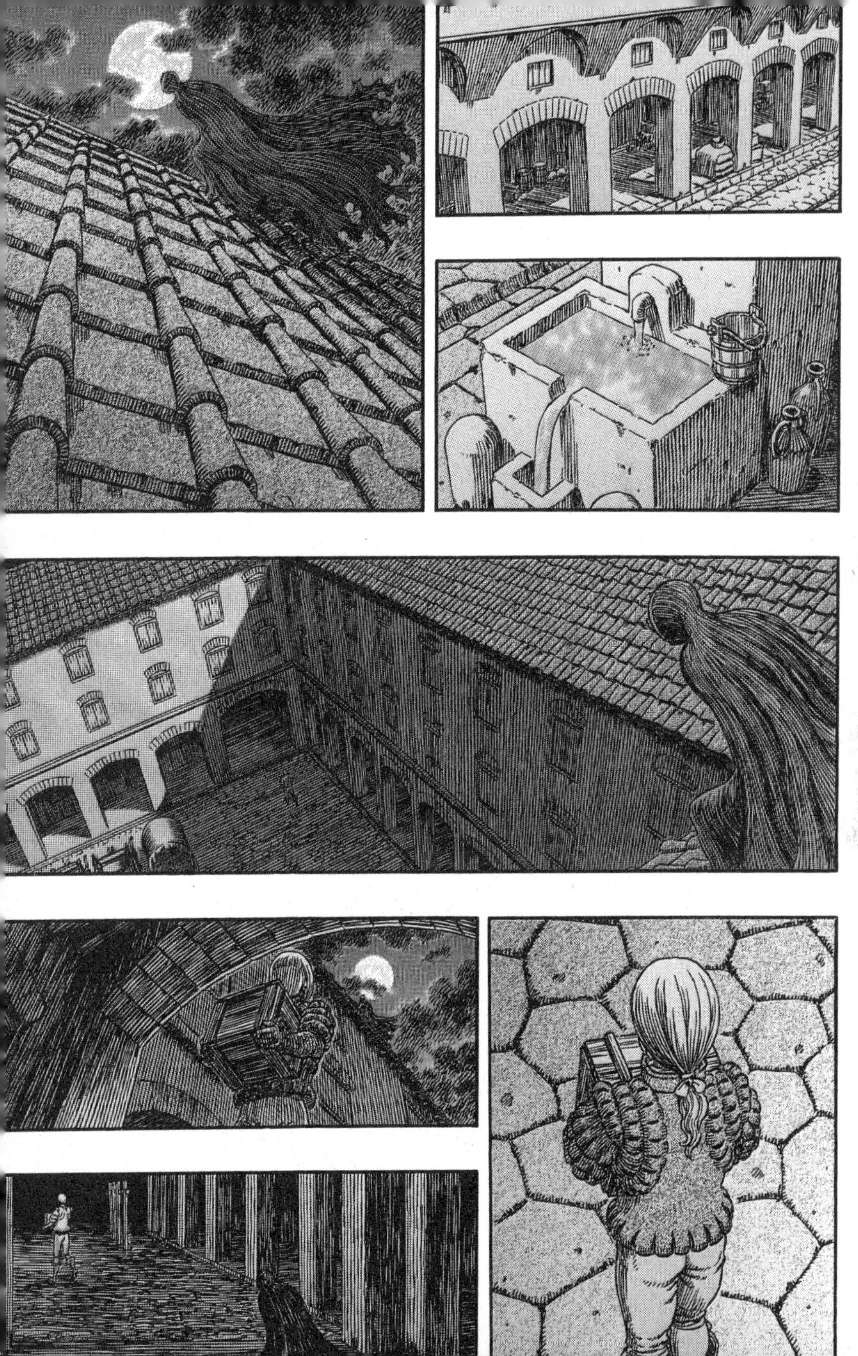

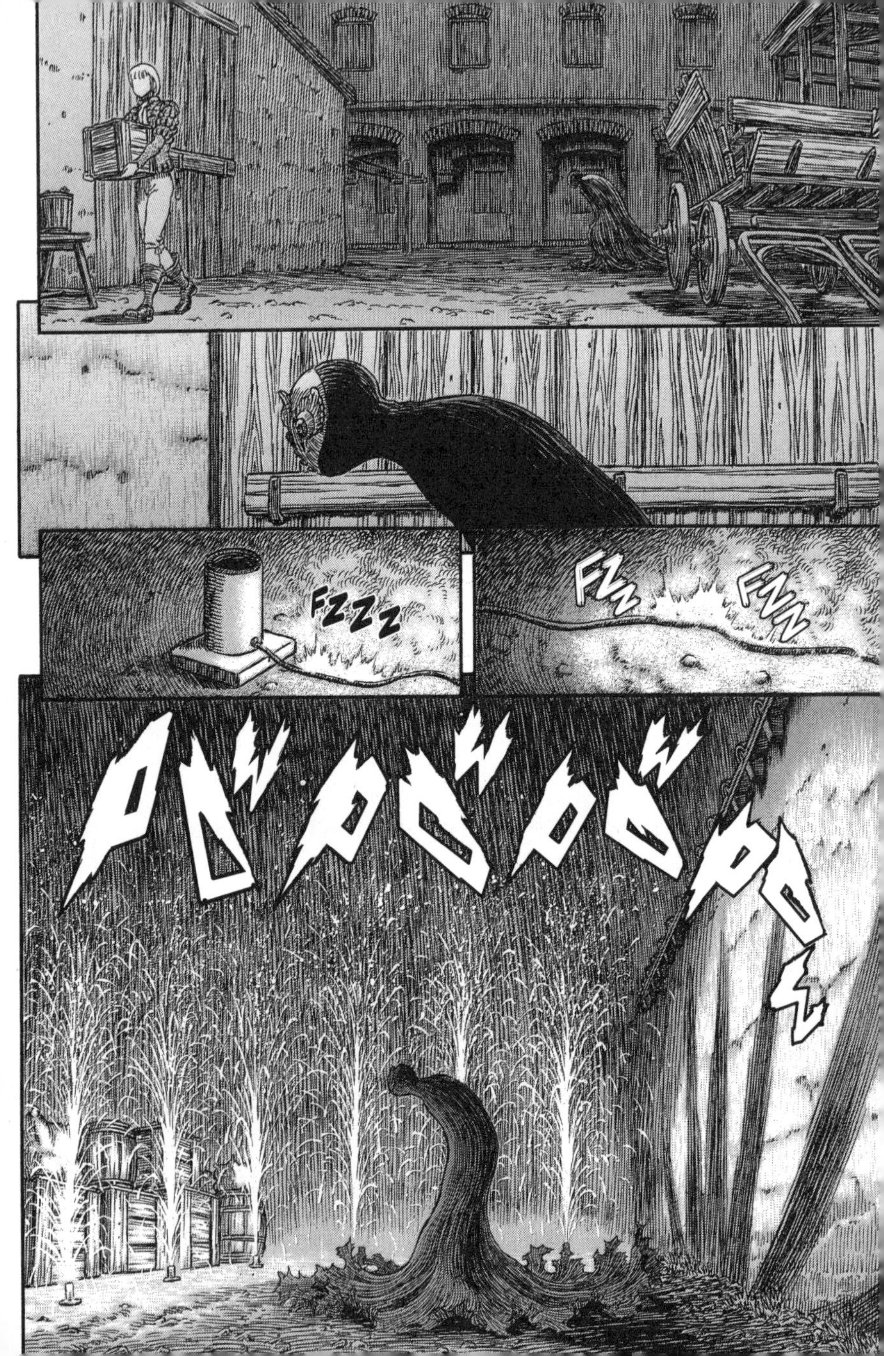

FZZZ
FZZ
FZZZ
POW POW POW POW

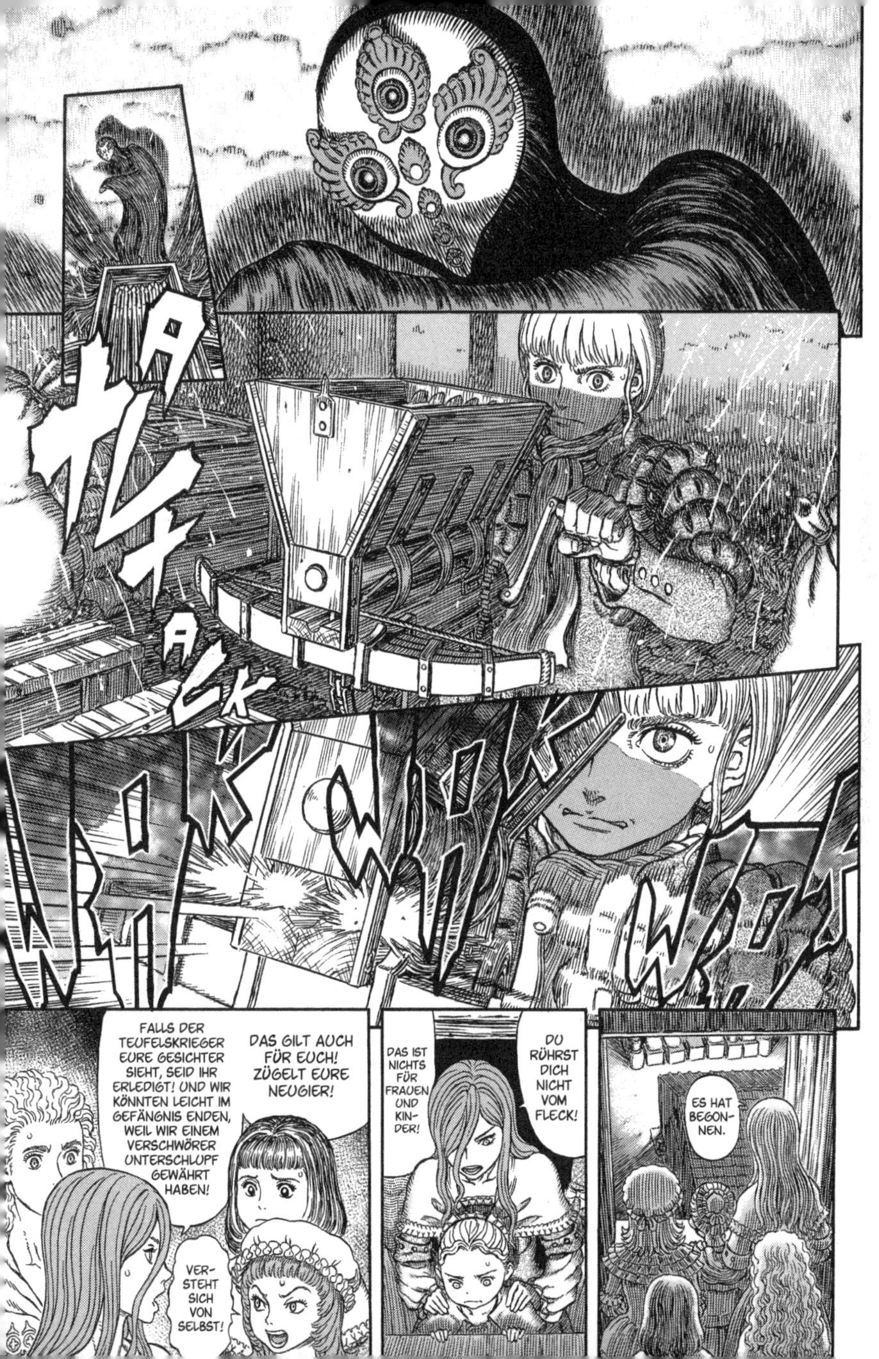

ES HAT BEGONNEN.
DU RÜHRST DICH NICHT VOM FLECK!
DAS IST NICHTS FÜR FRAUEN UND KINDER!
DAS GILT AUCH FÜR EUCH! ZÜGELT EURE NEUGIER!
FALLS DER TEUFELSKRIEGER EURE GESICHTER SIEHT, SEID IHR ERLEDIGT! UND WIR KÖNNTEN LEICHT IM GEFÄNGNIS ENDEN, WEIL WIR EINEM VERSCHWÖRER UNTERSCHLUPF GEWÄHRT HABEN!
VERSTEHT SICH VON SELBST!

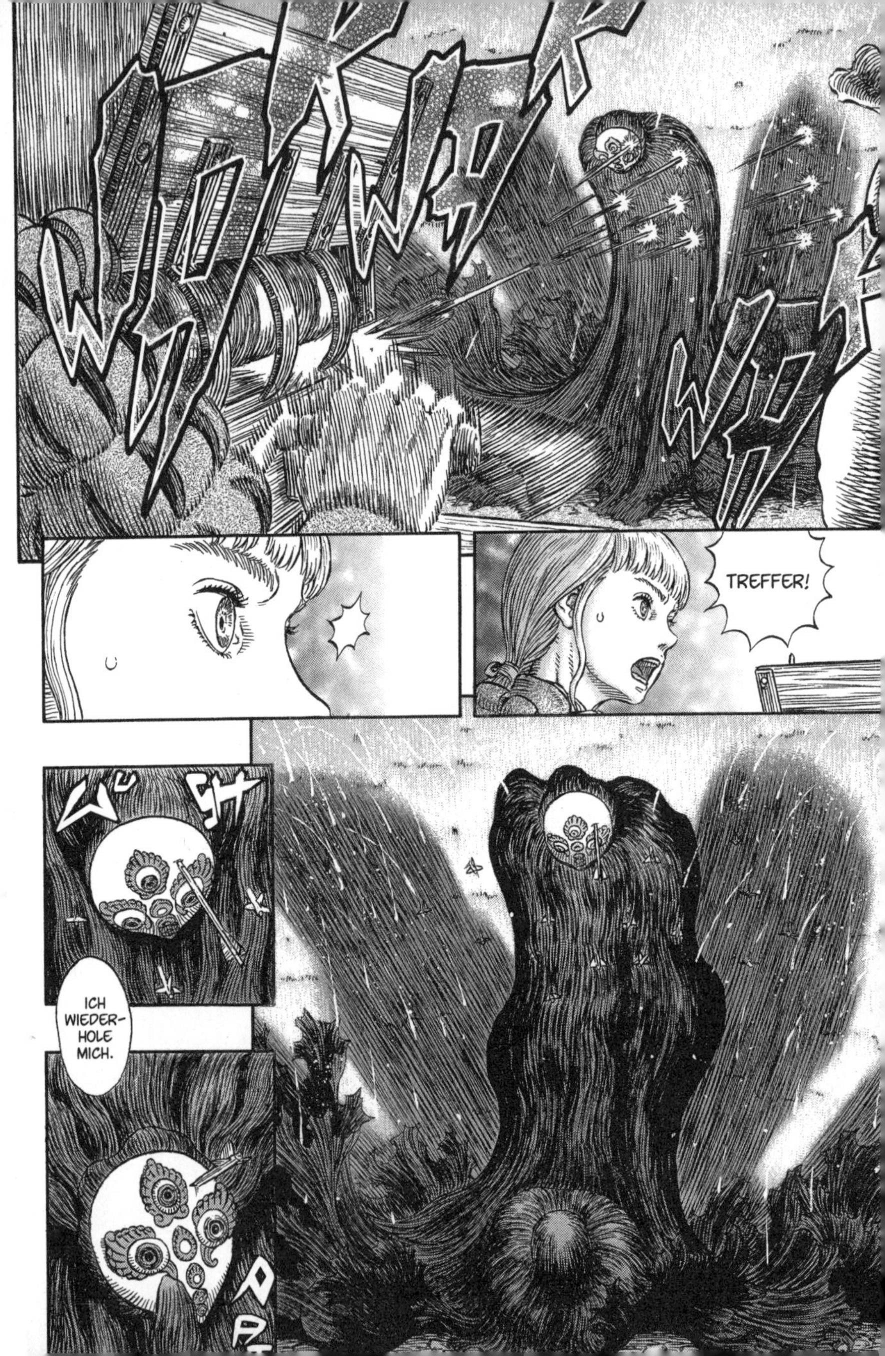
TREFFER!
ICH WIEDERHOLE MICH.

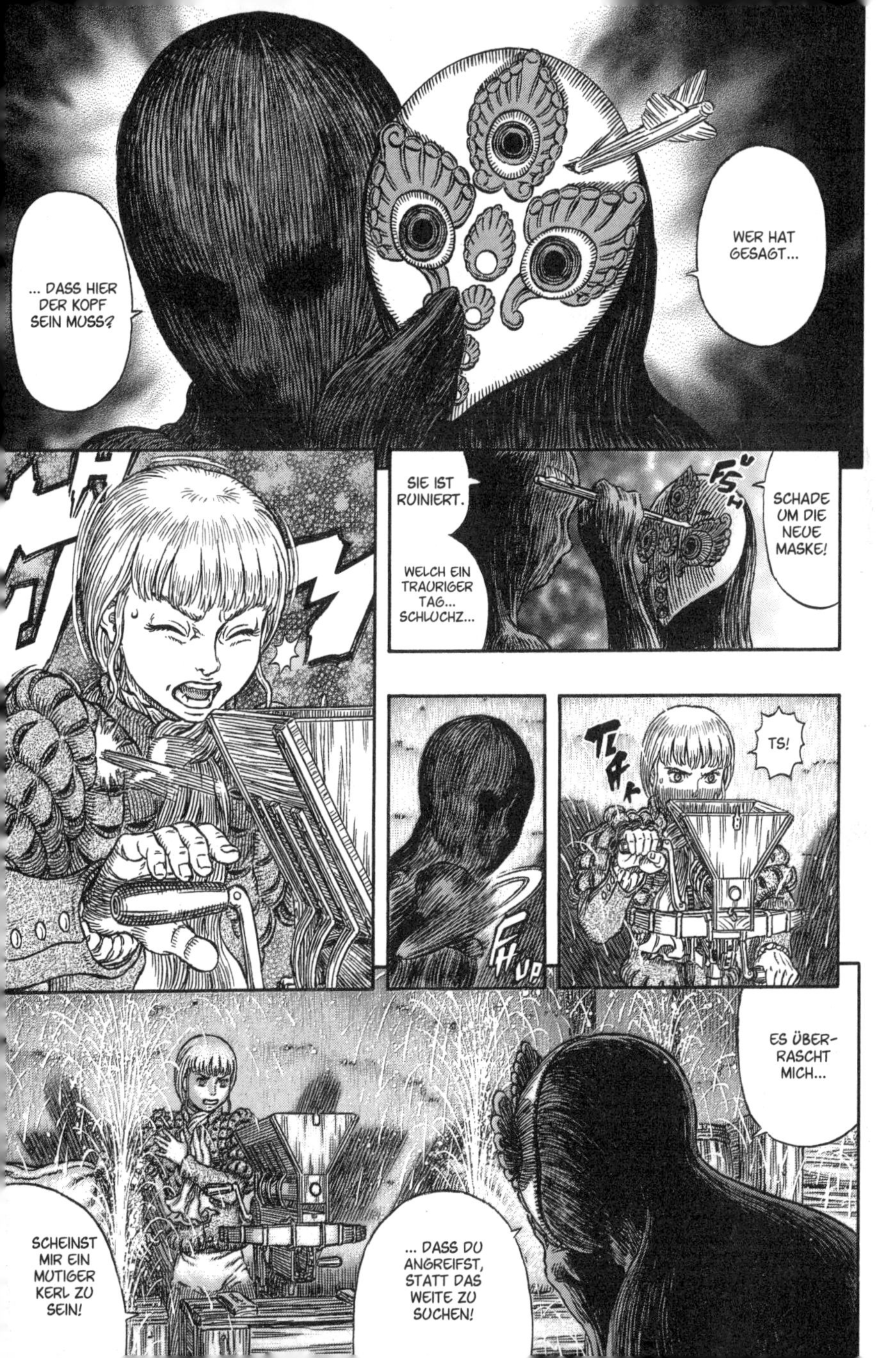
WER HAT GESAGT...
... DASS HIER DER KOPF SEIN MUSS?
SCHADE UM DIE NEUE MASKE!
FSSH
SIE IST RUINIERT.
WELCH EIN TRAURIGER TAG... SCHLUCHZ...
TS!
TLAK
FHUP
ES ÜBER-RASCHT MICH...
... DASS DU ANGREIFST, STATT DAS WEITE ZU SUCHEN!
SCHEINST MIR EIN MUTIGER KERL ZU SEIN!

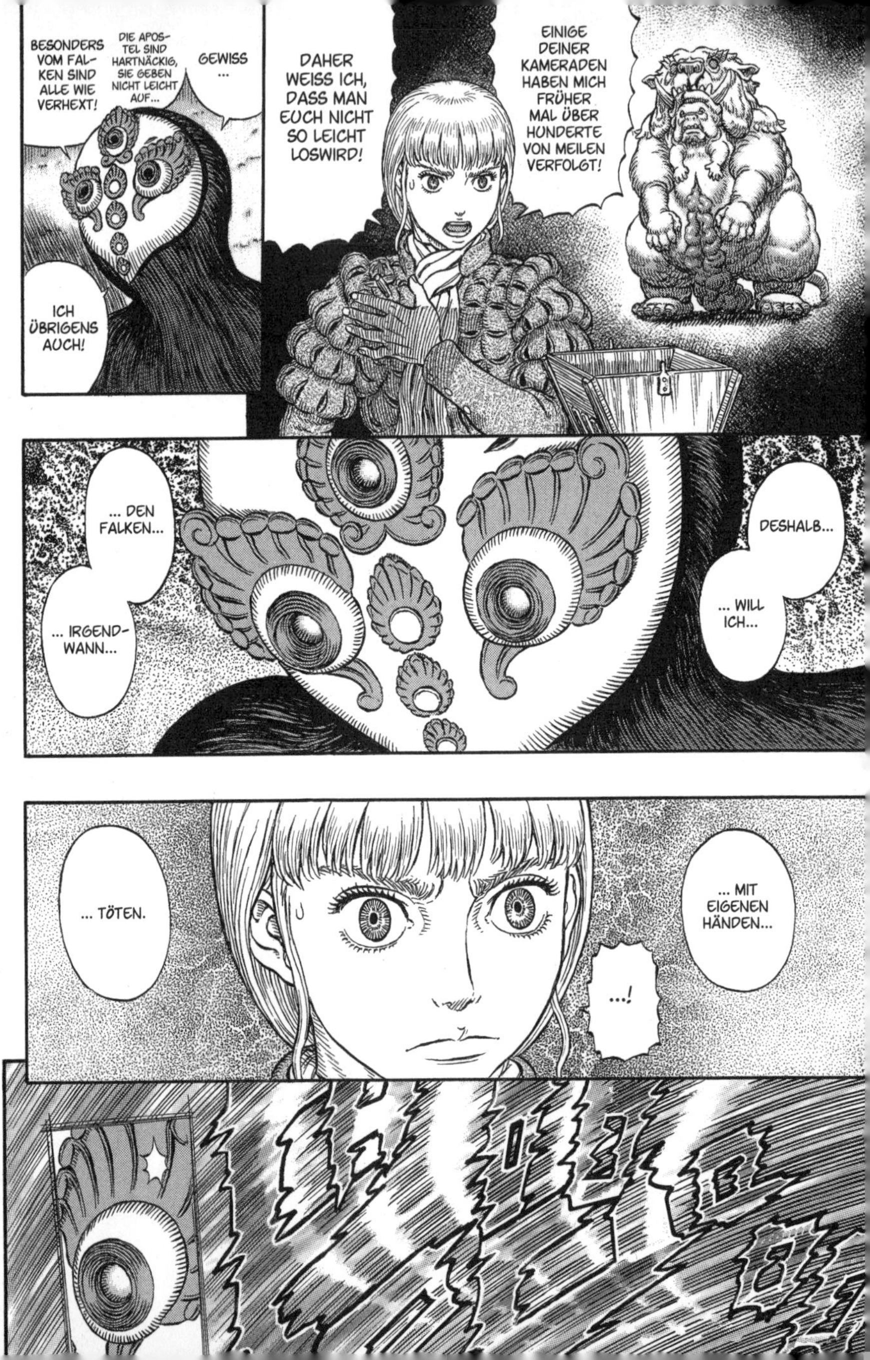

EINIGE DEINER KAMERADEN HABEN MICH FRÜHER MAL ÜBER HUNDERTE VON MEILEN VERFOLGT!

DAHER WEISS ICH, DASS MAN EUCH NICHT SO LEICHT LOSWIRD!

GEWISS ...

DIE APOSTEL SIND HARTNÄCKIG, SIE GEBEN NICHT LEICHT AUF...

BESONDERS VOM FALKEN SIND ALLE WIE VERHEXT!

ICH ÜBRIGENS AUCH!

DESHALB...

... WILL ICH...

... DEN FALKEN...

... IRGENDWANN...

... MIT EIGENEN HÄNDEN...

...!

... TÖTEN.

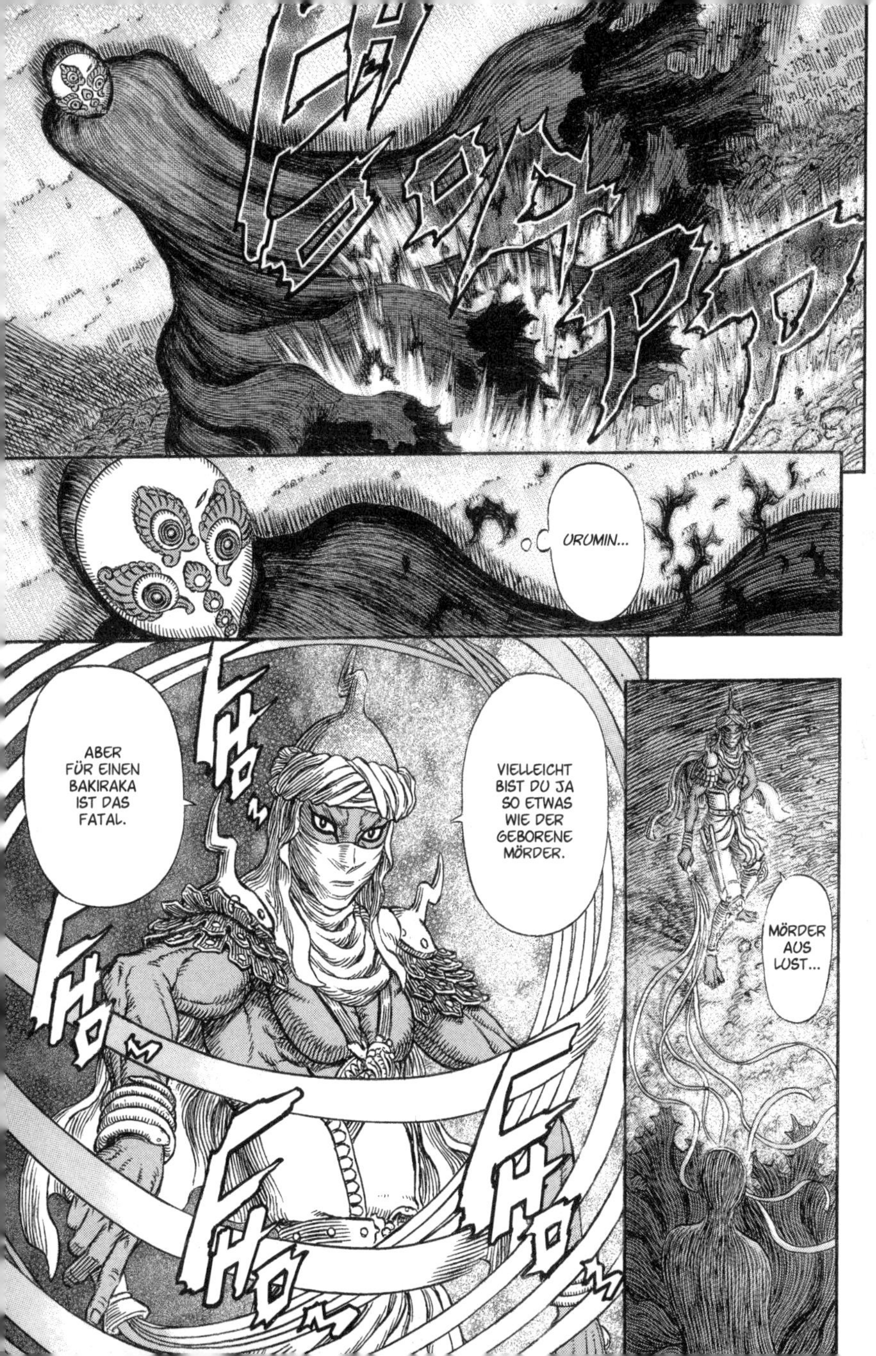
URUMIN...
VIELLEICHT BIST DU JA SO ETWAS WIE DER GEBORENE MÖRDER.
ABER FÜR EINEN BAKIRAKA IST DAS FATAL.
MÖRDER AUS LUST...

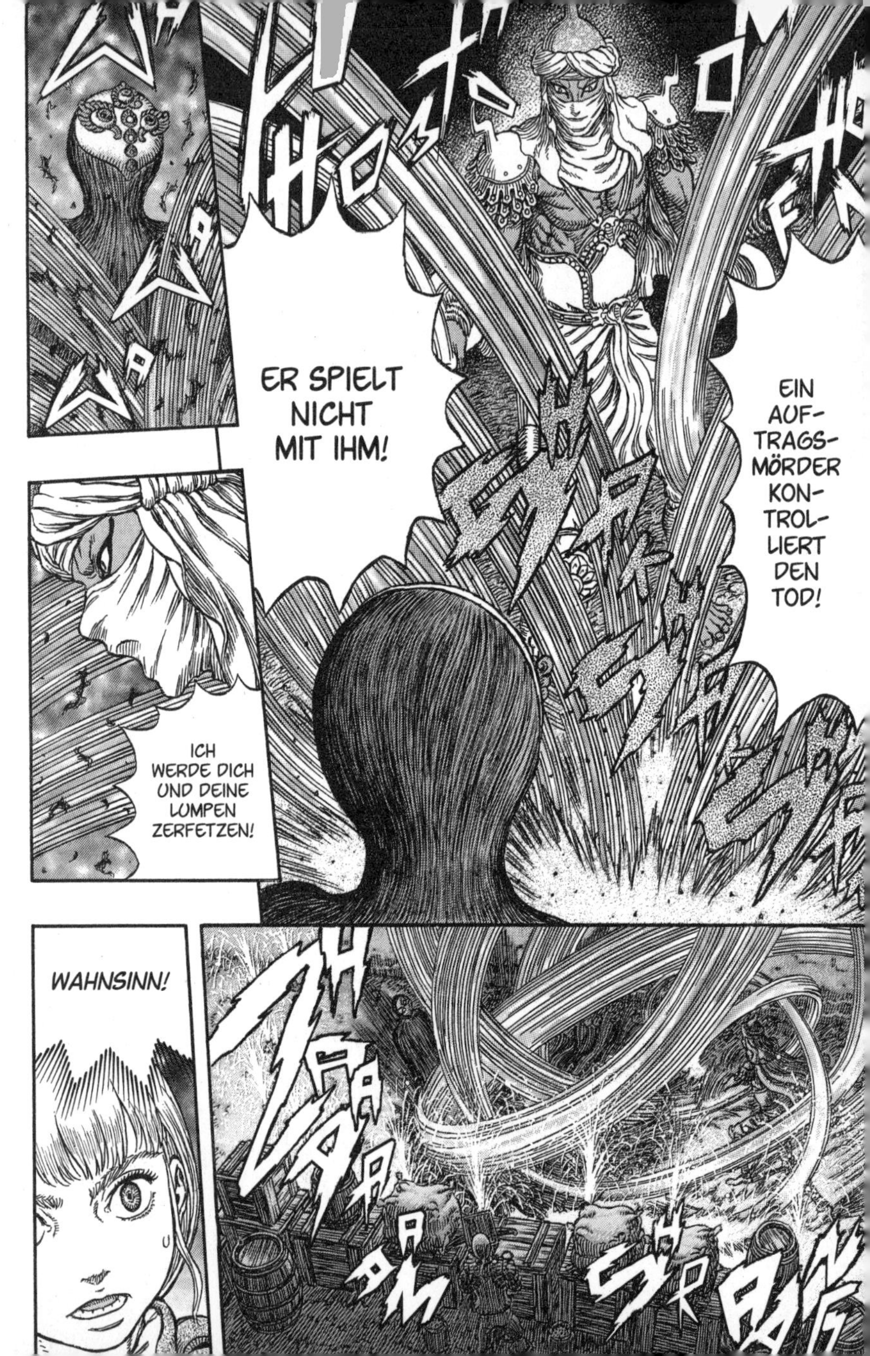
EIN AUFTRAGSMÖRDER KONTROLLIERT DEN TOD!
ER SPIELT NICHT MIT IHM!
ICH WERDE DICH UND DEINE LUMPEN ZERFETZEN!
WAHNSINN!

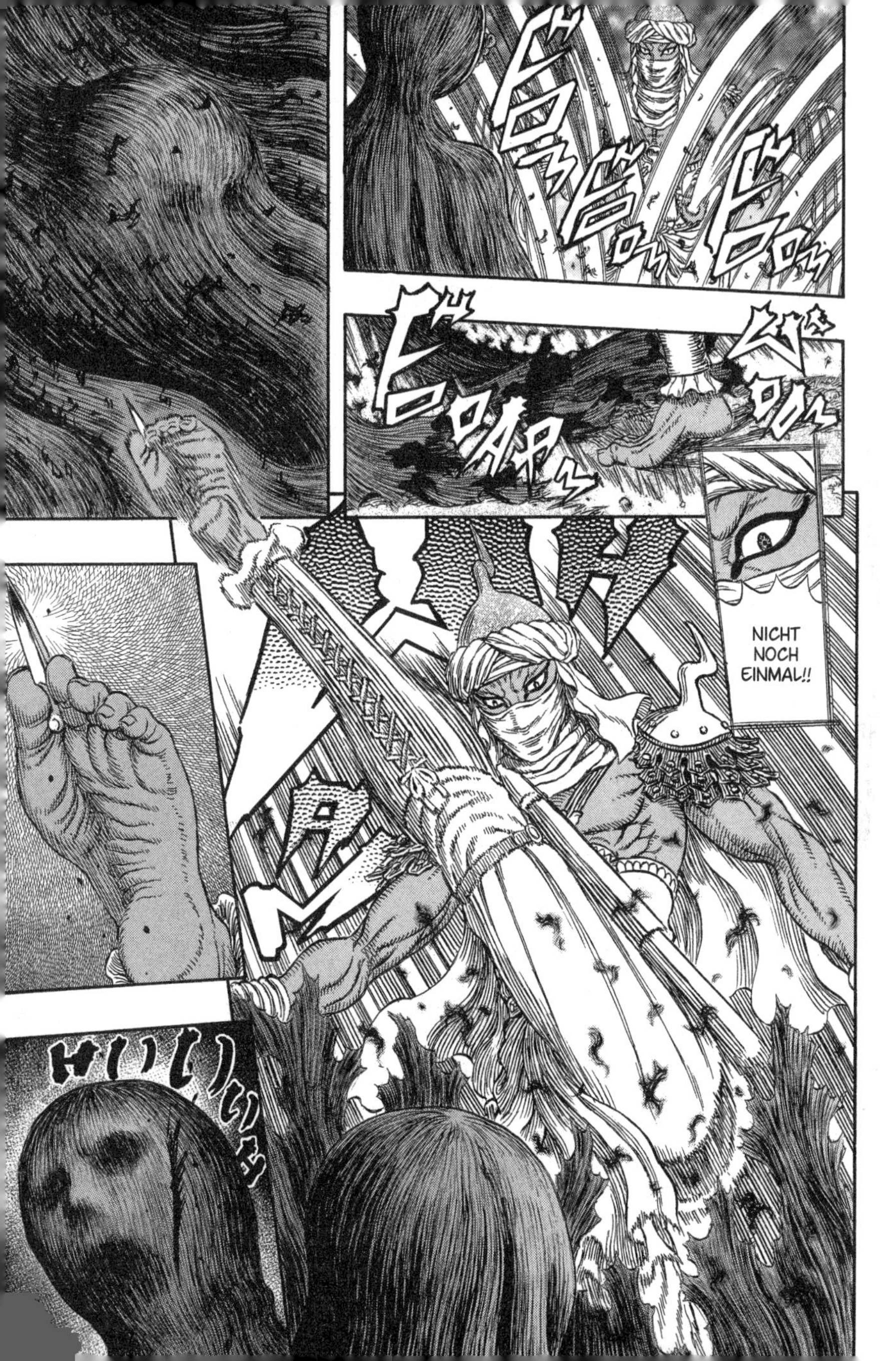
NICHT NOCH EINMAL!!

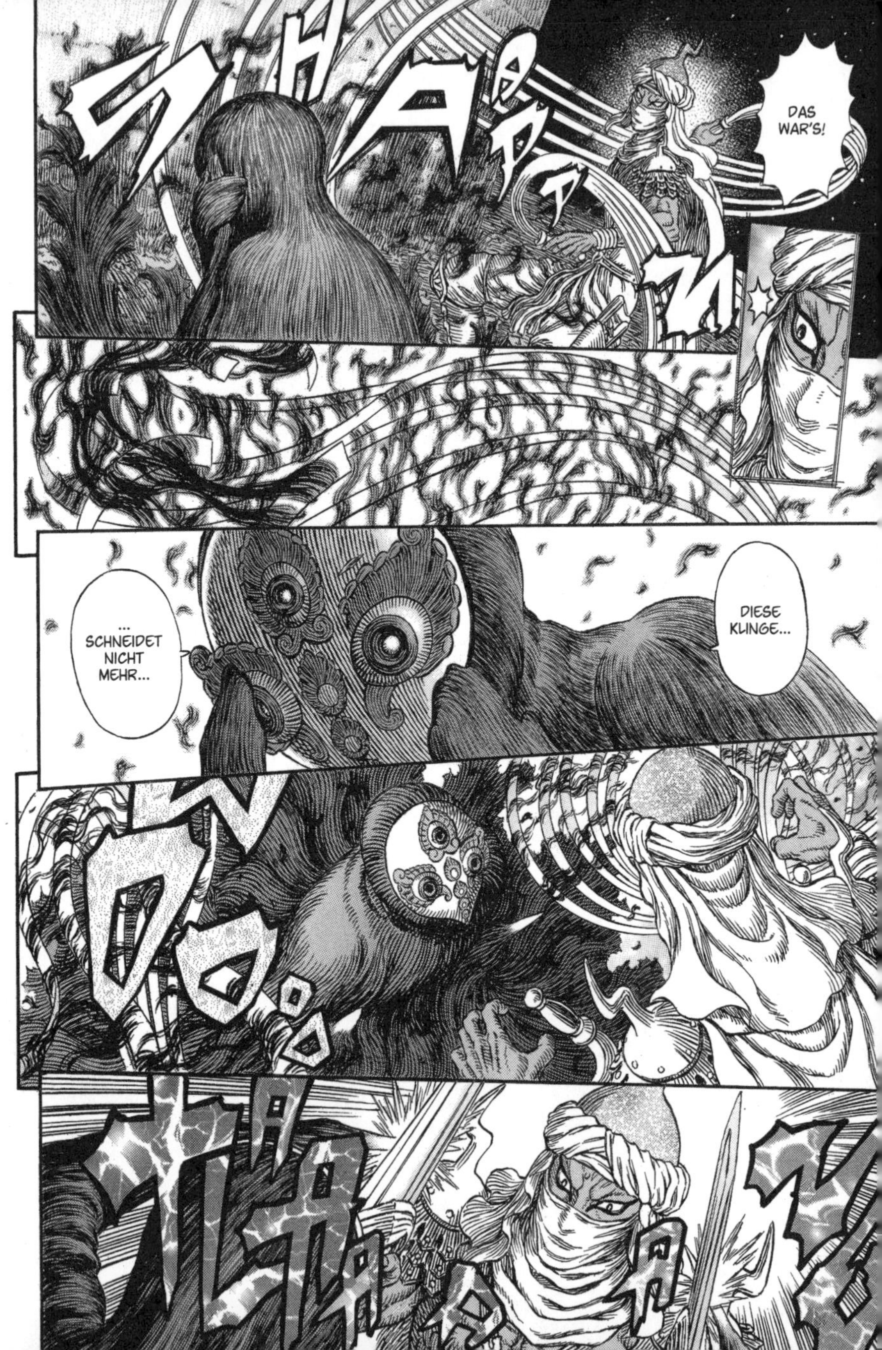
DAS WAR'S!
DIESE KLINGE...
... SCHNEIDET NICHT MEHR...

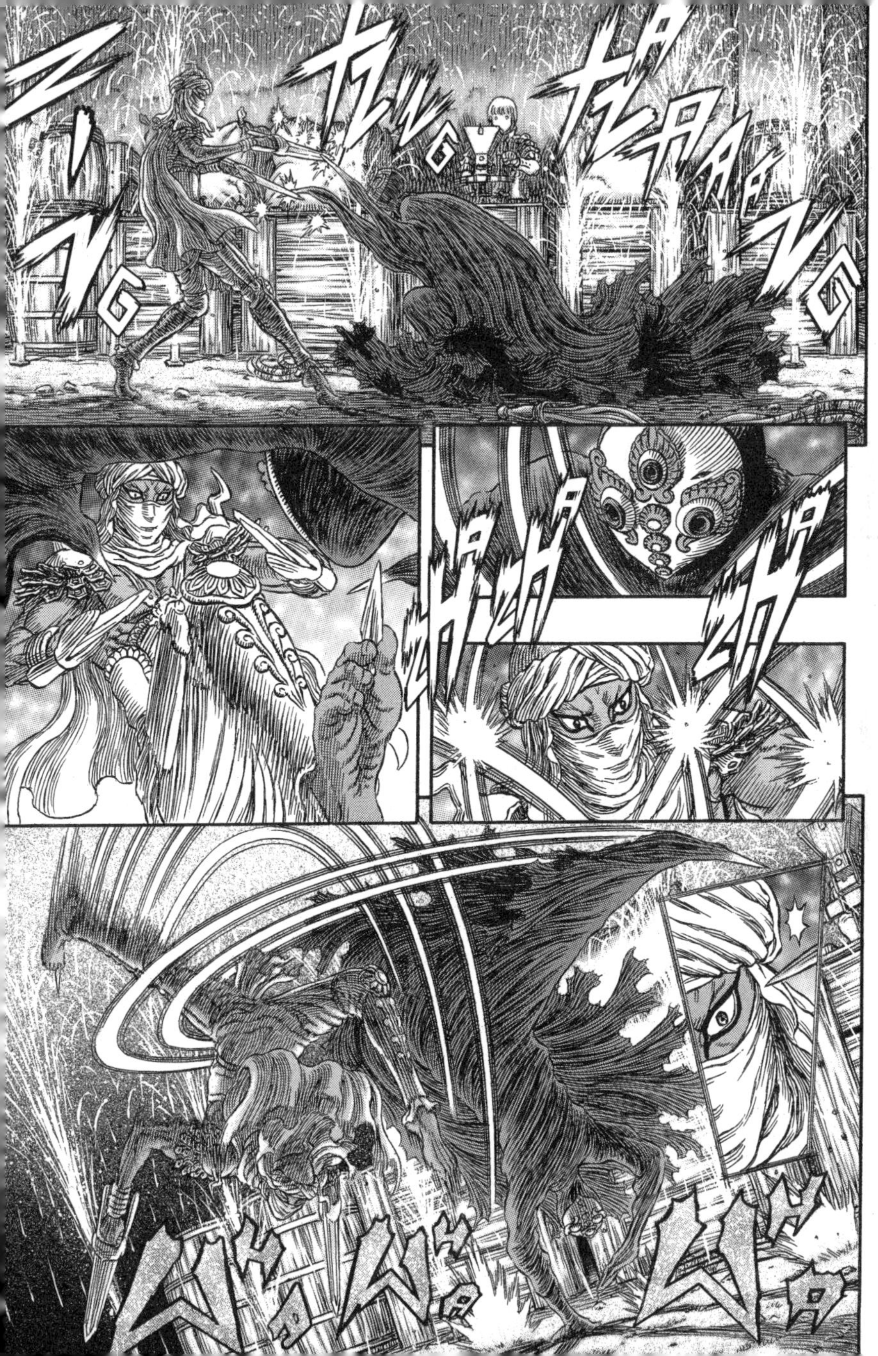
ZING
KLING
KLAAANG

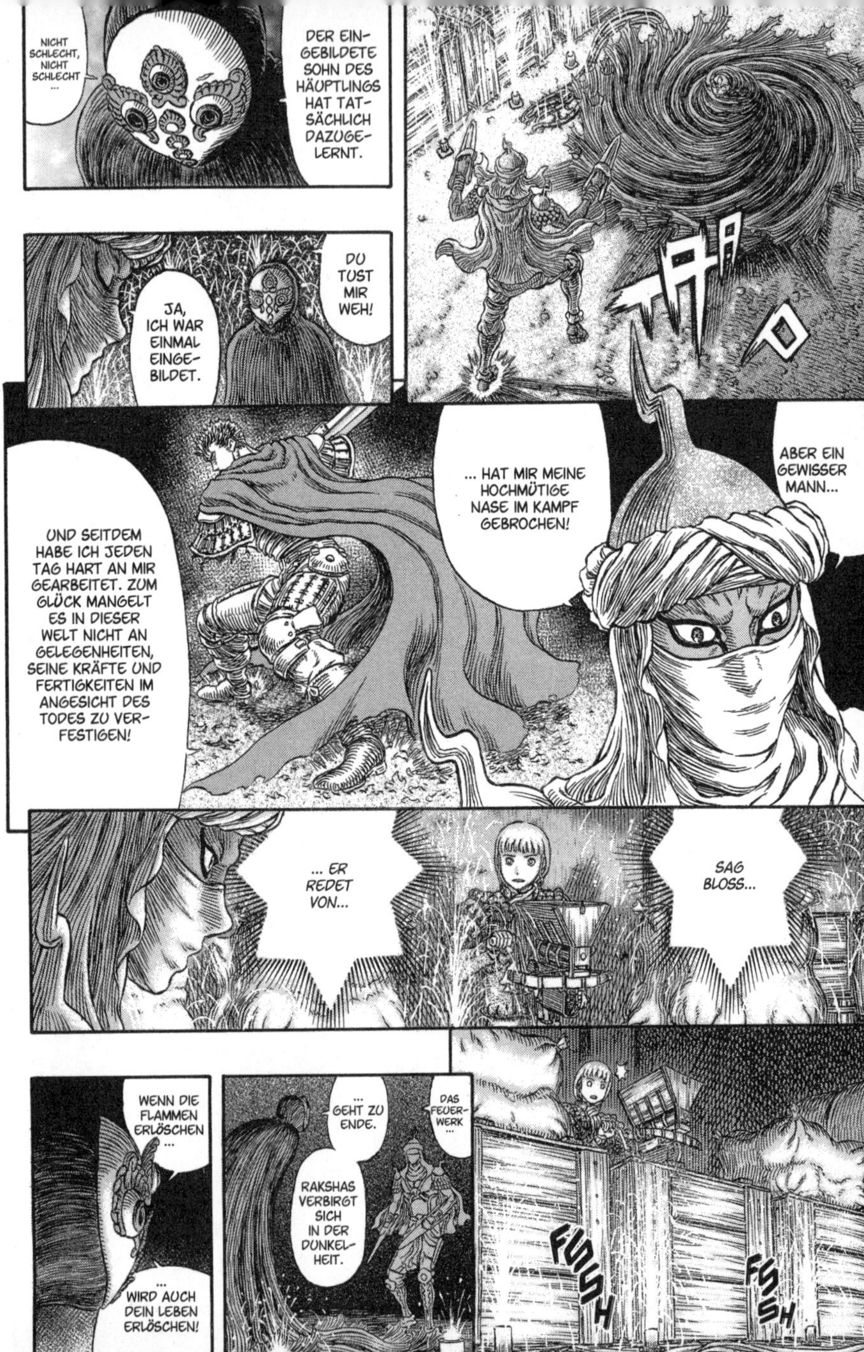
TAPP
DER EIN-GEBILDETE SOHN DES HÄUPTLINGS HAT TATSÄCHLICH DAZUGELERNT.
NICHT SCHLECHT, NICHT SCHLECHT ...
DU TUST MIR WEH!
JA, ICH WAR EINMAL EINGEBILDET.
ABER EIN GEWISSER MANN...
... HAT MIR MEINE HOCHMÜTIGE NASE IM KAMPF GEBROCHEN!
UND SEITDEM HABE ICH JEDEN TAG HART AN MIR GEARBEITET. ZUM GLÜCK MANGELT ES IN DIESER WELT NICHT AN GELEGENHEITEN, SEINE KRÄFTE UND FERTIGKEITEN IM ANGESICHT DES TODES ZU VERFESTIGEN!
SAG BLOSS...
... ER REDET VON...
FOSH
FSH
DAS FEUERWERK ...
... GEHT ZU ENDE.
RAKSHAS VERBIRGT SICH IN DER DUNKELHEIT.
WENN DIE FLAMMEN ERLÖSCHEN ...
... WIRD AUCH DEIN LEBEN ERLÖSCHEN!

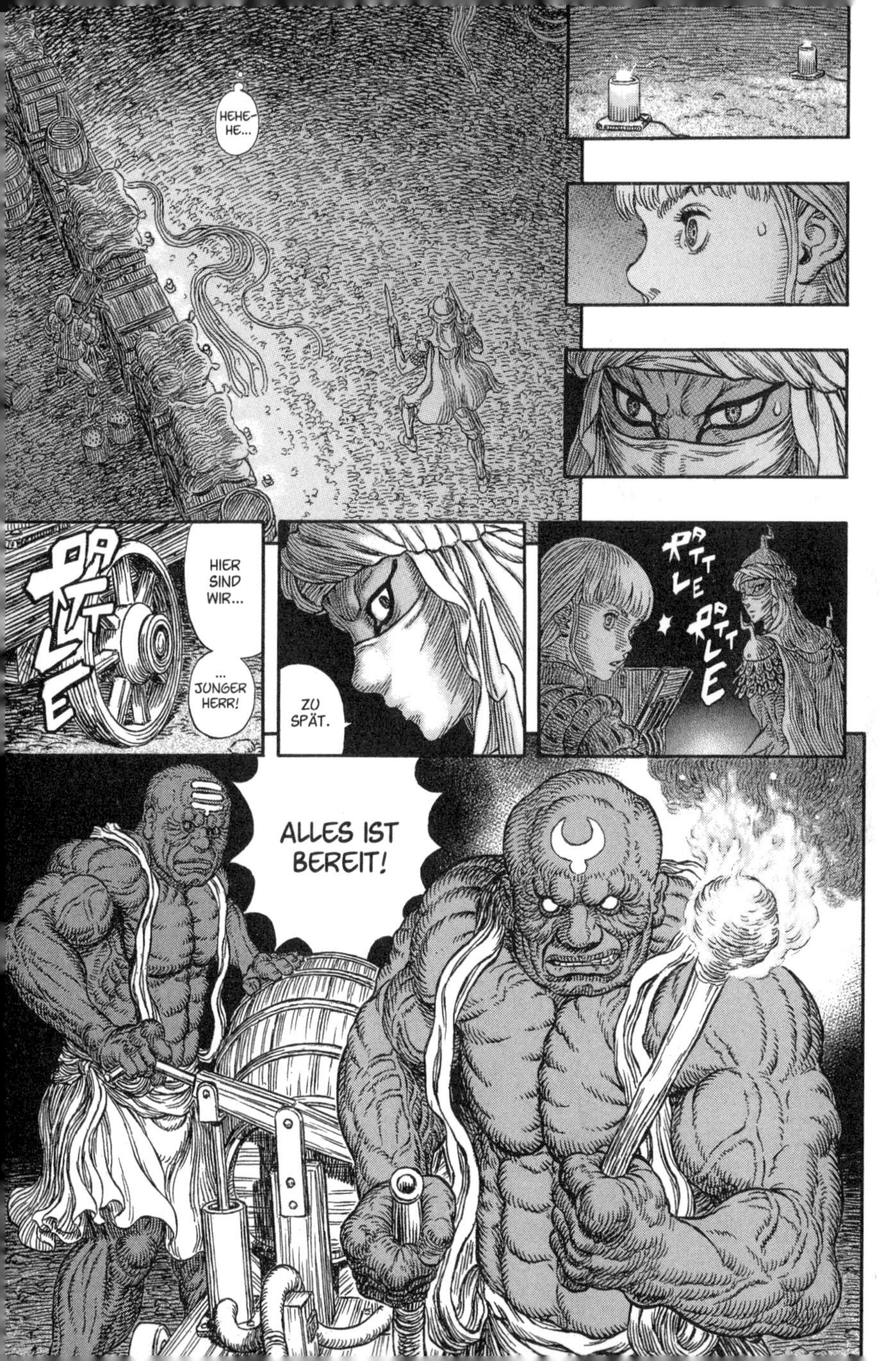
HEHE-HE...
RATTLE
HIER SIND WIR...
... JUNGER HERR!
ZU SPÄT.
RATTLE RATTLE
ALLES IST BEREIT!

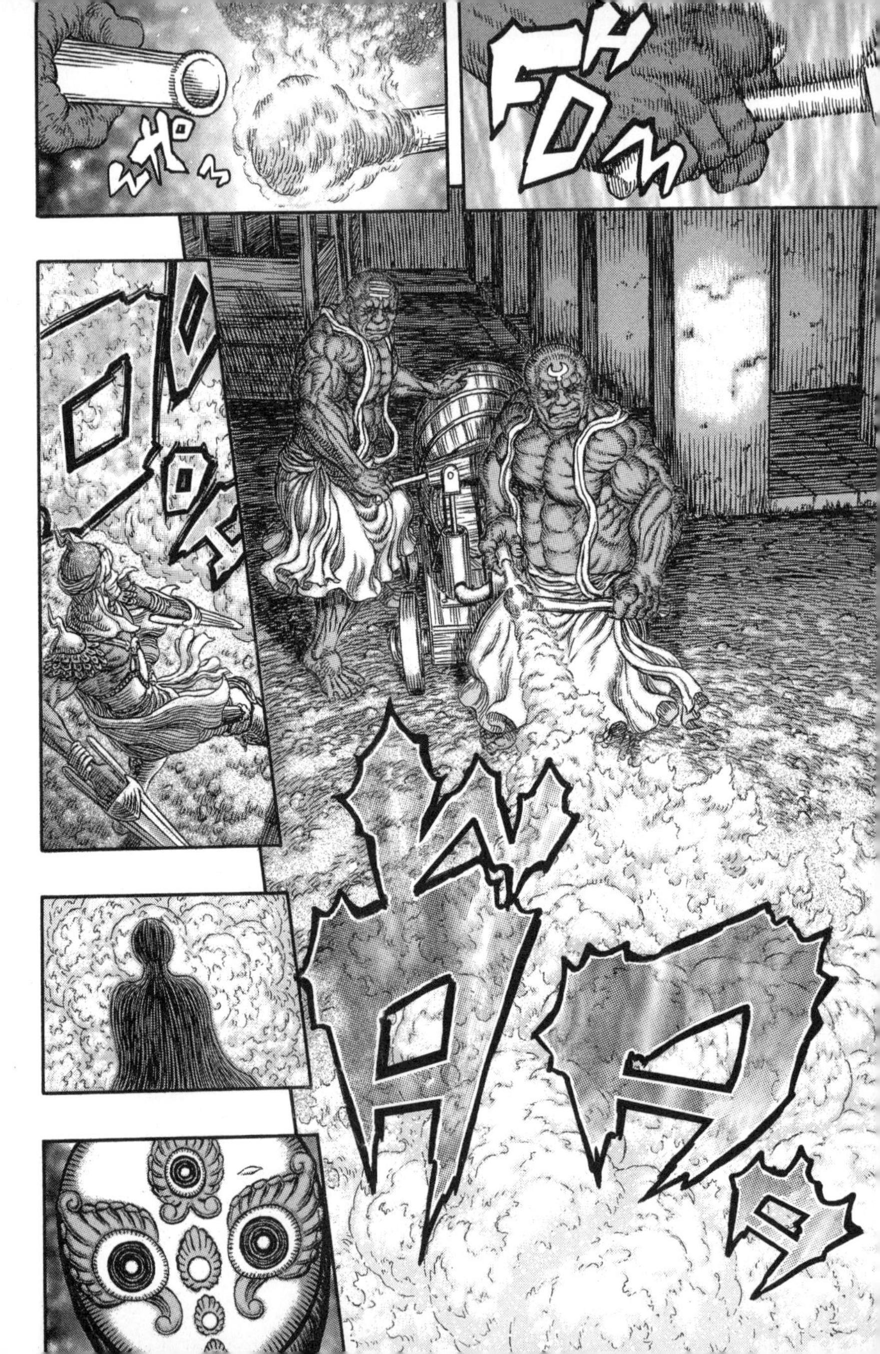

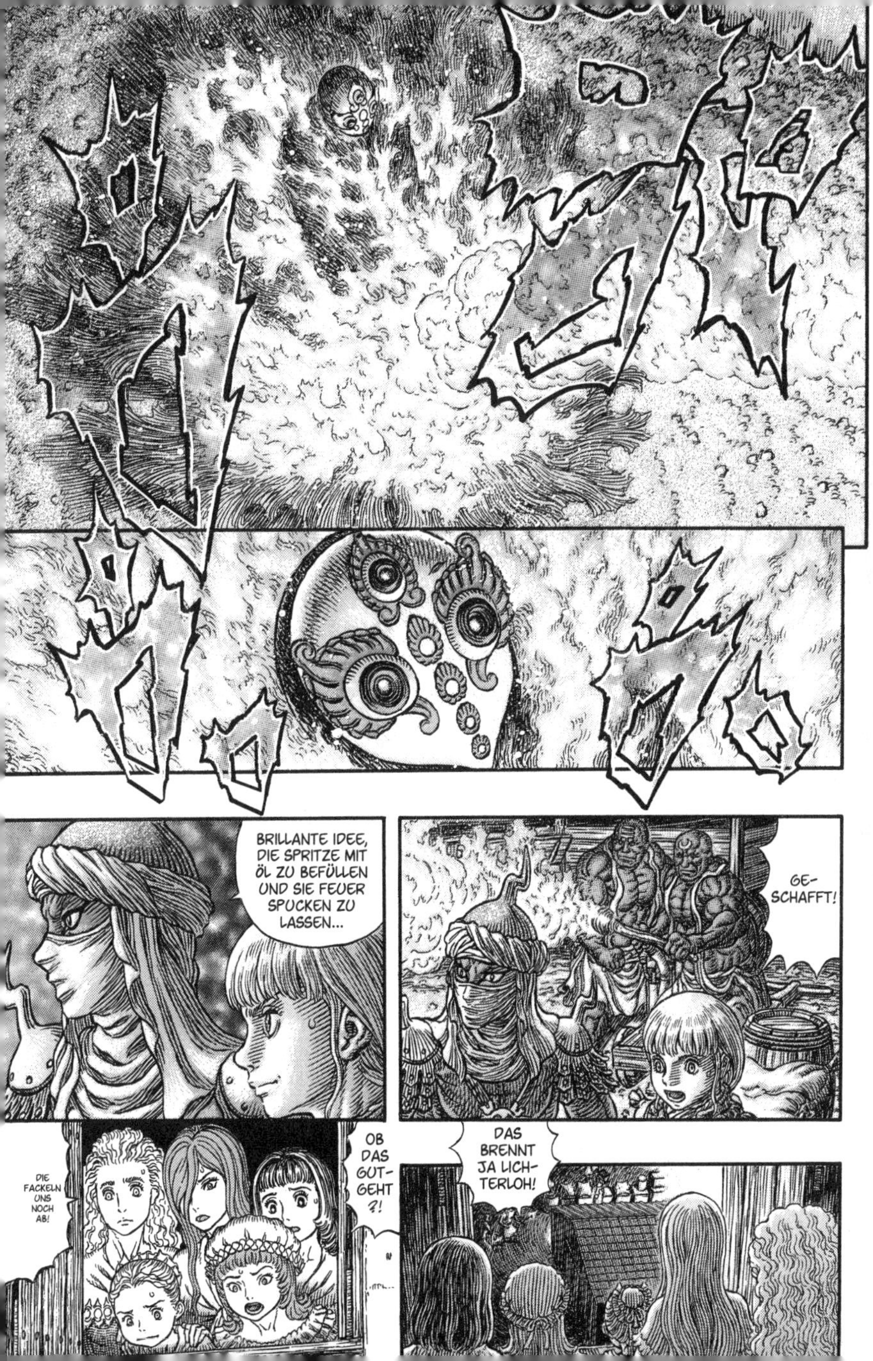
GE-SCHAFFT!
BRILLANTE IDEE, DIE SPRITZE MIT ÖL ZU BEFÜLLEN UND SIE FEUER SPUCKEN ZU LASSEN...
DAS BRENNT JA LICHTERLOH!
OB DAS GUT-GEHT?!
DIE FACKELN UNS NOCH AB!

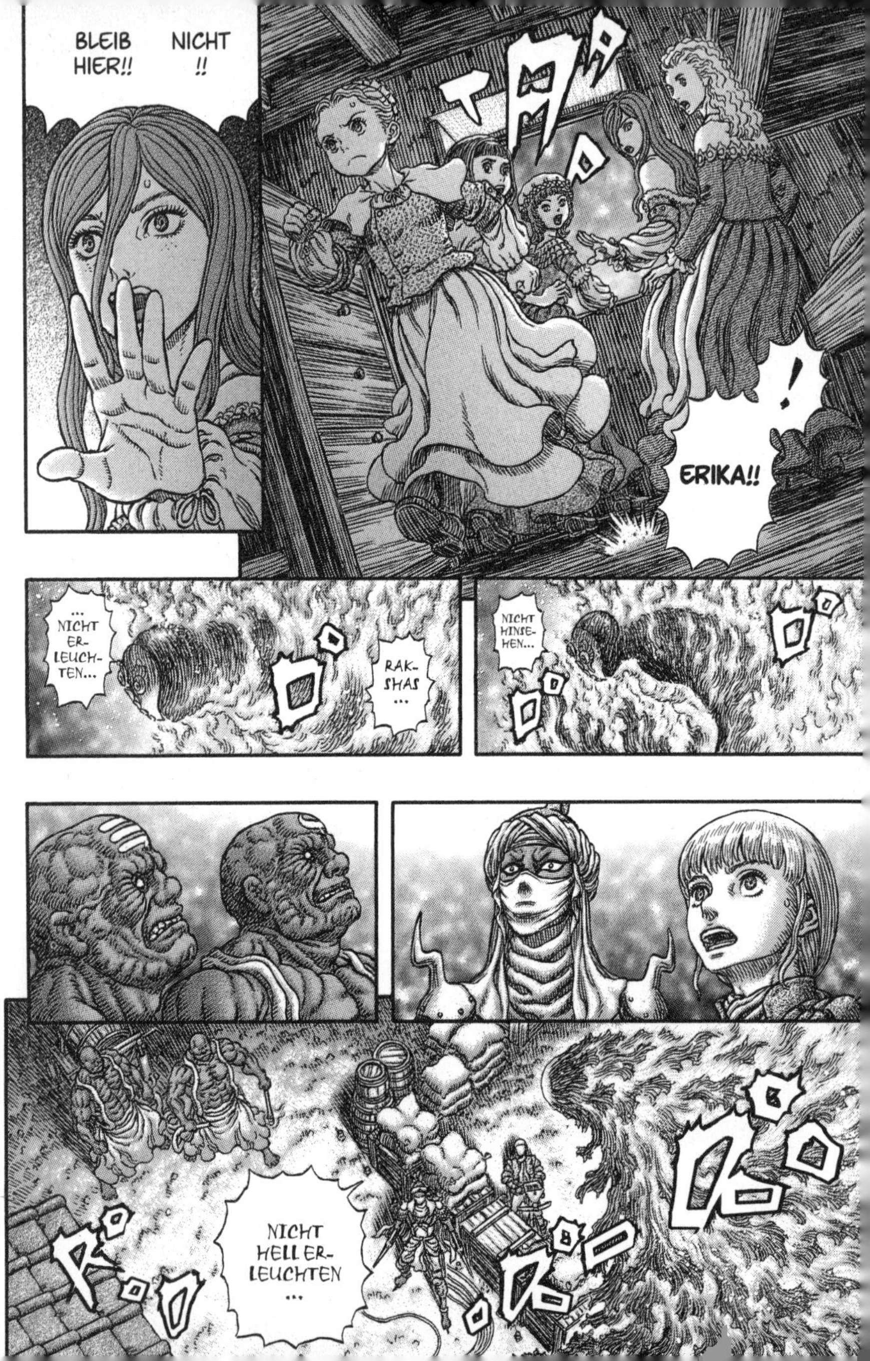

ERIKA!!

NICHT !!

BLEIB HIER!!

NICHT HINSE-HEN...

RAK-SHAS ...

... NICHT ER-LEUCH-TEN...

NICHT HELL ER-LEUCHTEN ...

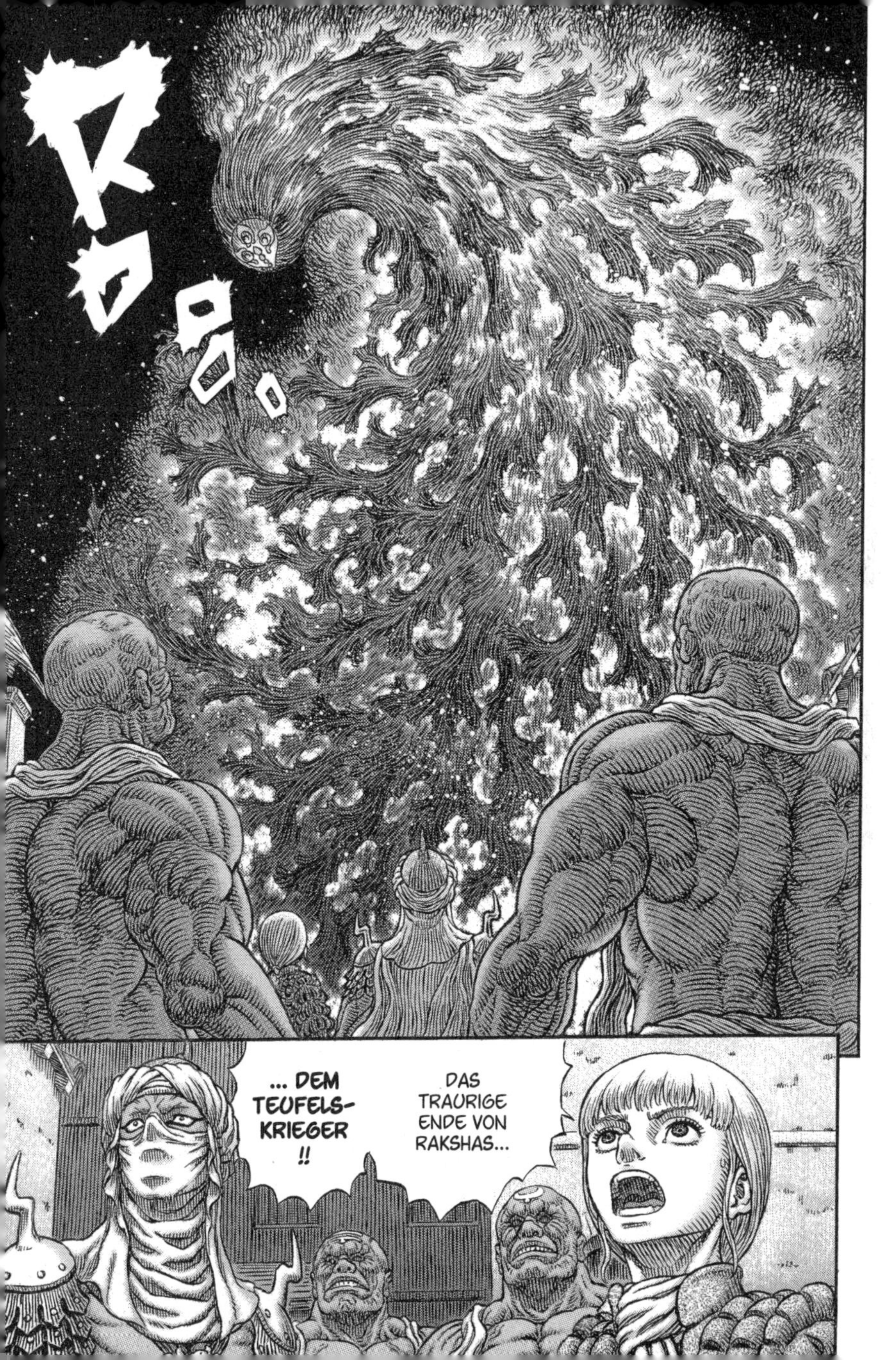
DAS TRAURIGE ENDE VON RAKSHAS...
... DEM TEUFELS-KRIEGER !!

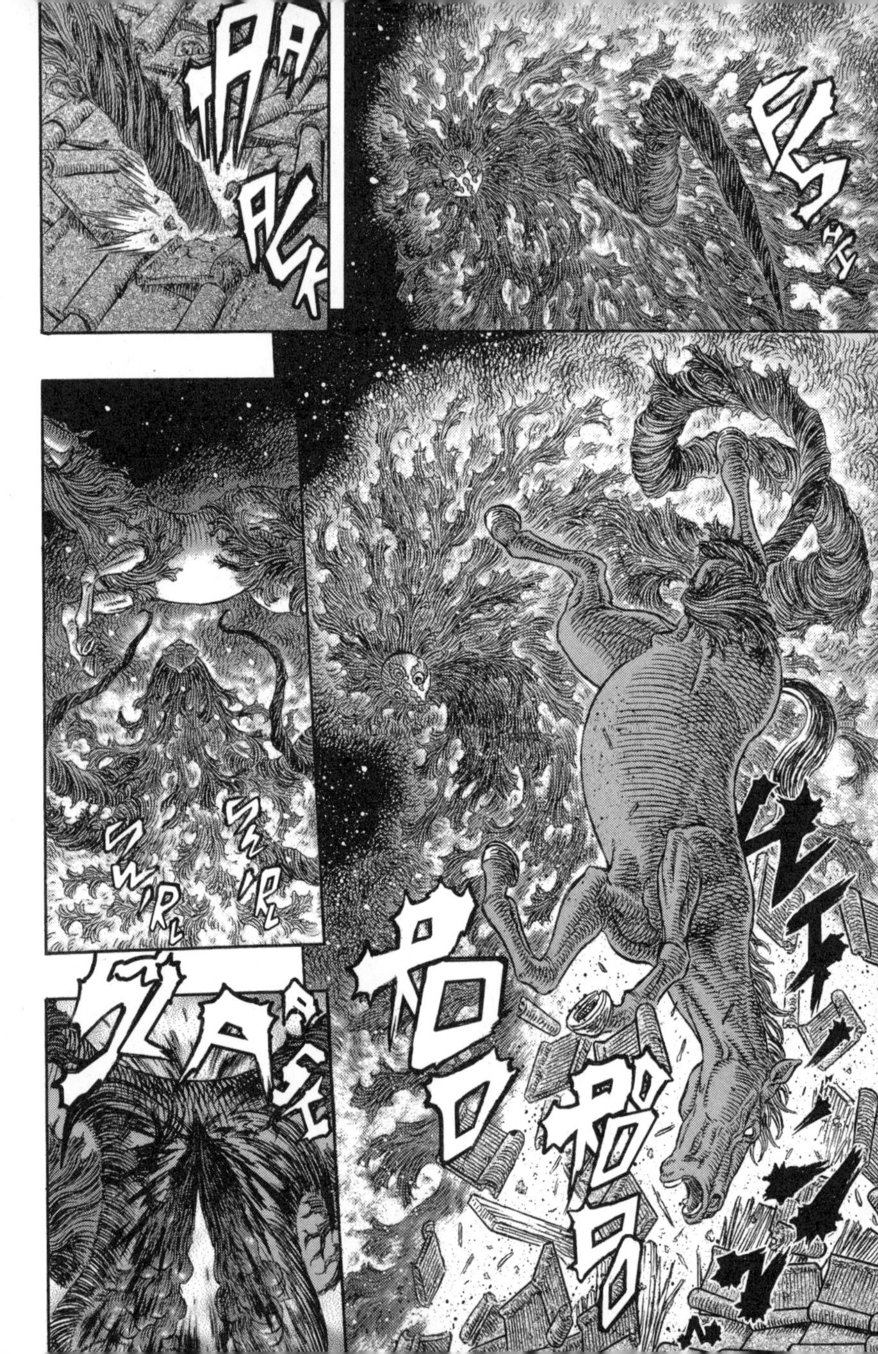
SWIRL
SWIRL

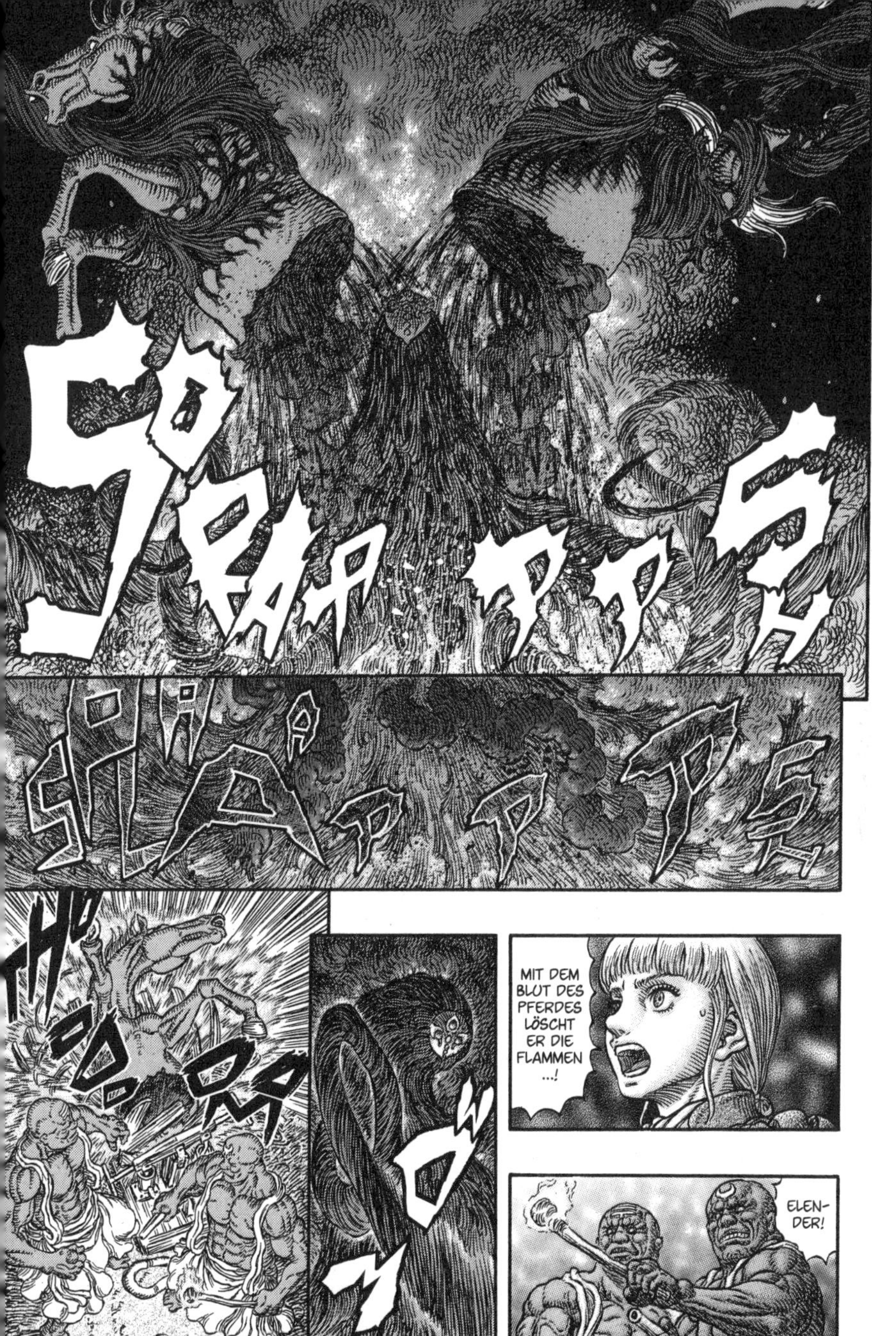
MIT DEM BLUT DES PFERDES LÖSCHT ER DIE FLAMMEN ...!
ELENDER!

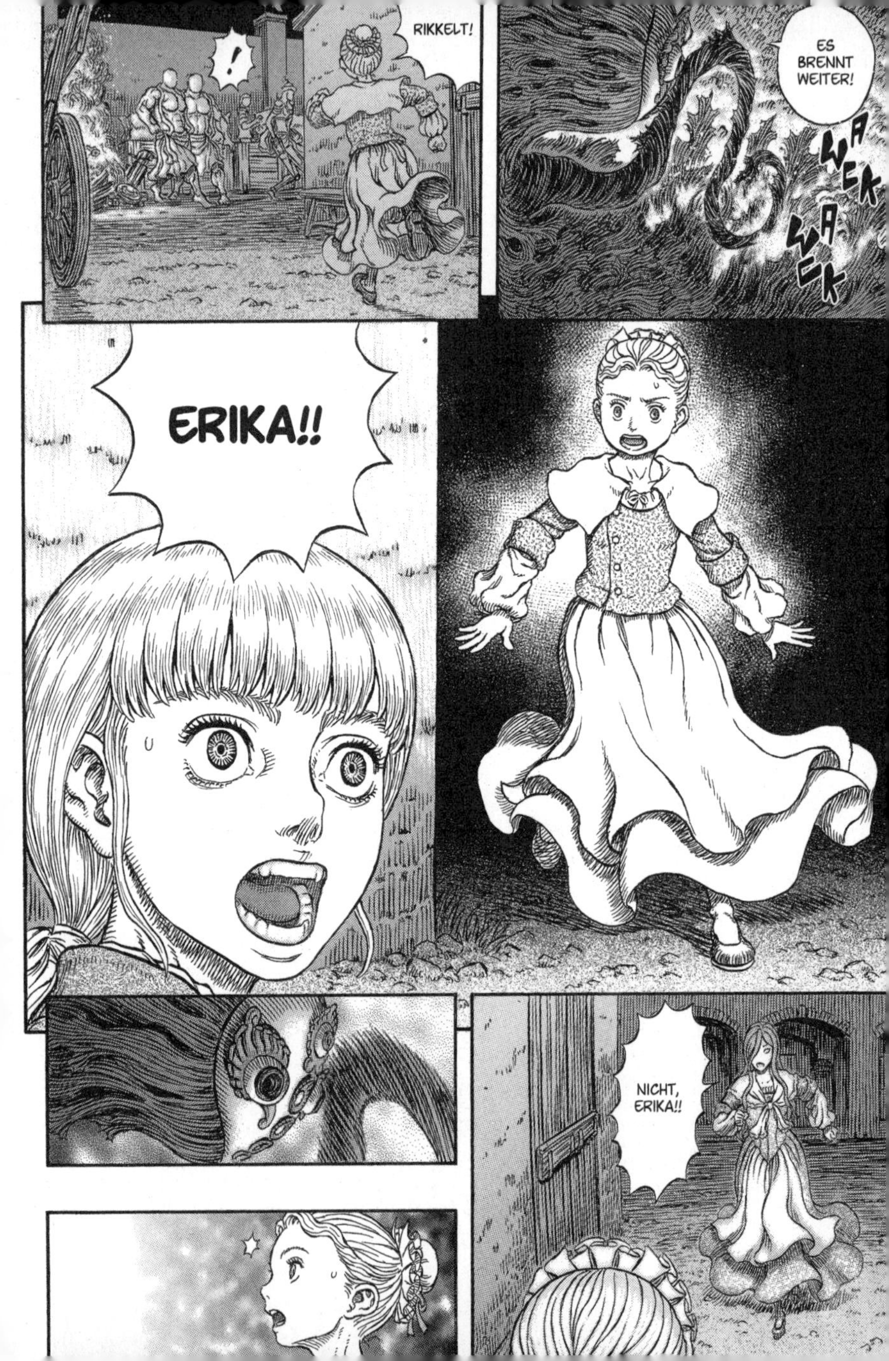

ES BRENNT WEITER!
WACK WACK
RIKKELT!
!
ERIKA!!
NICHT, ERIKA!!

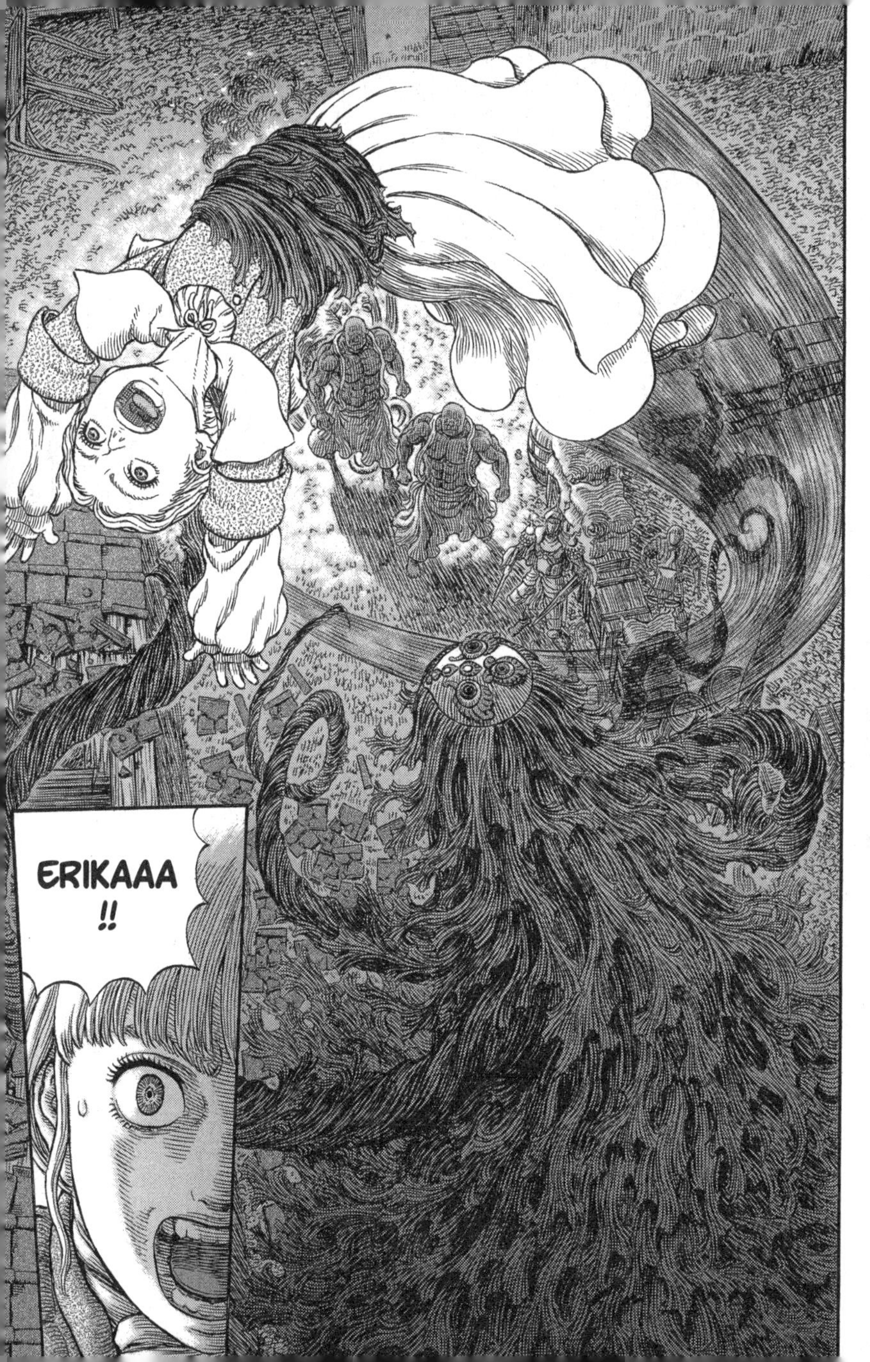
ERIKAAA
!!

FANTASIA: DIE ELFENINSEL | FLUCHT AUF SCHWINGEN

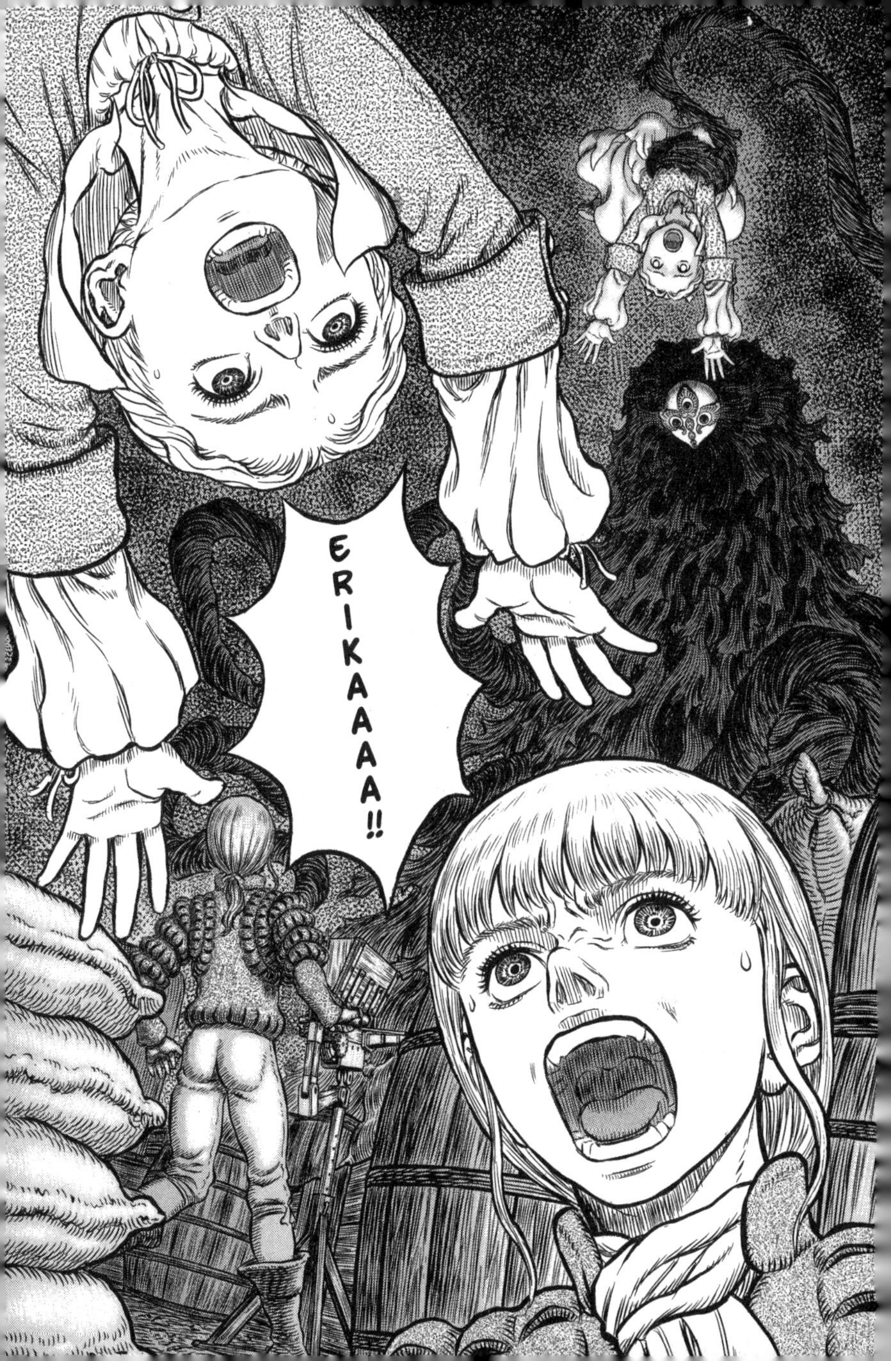
ERIKAAAAA!!

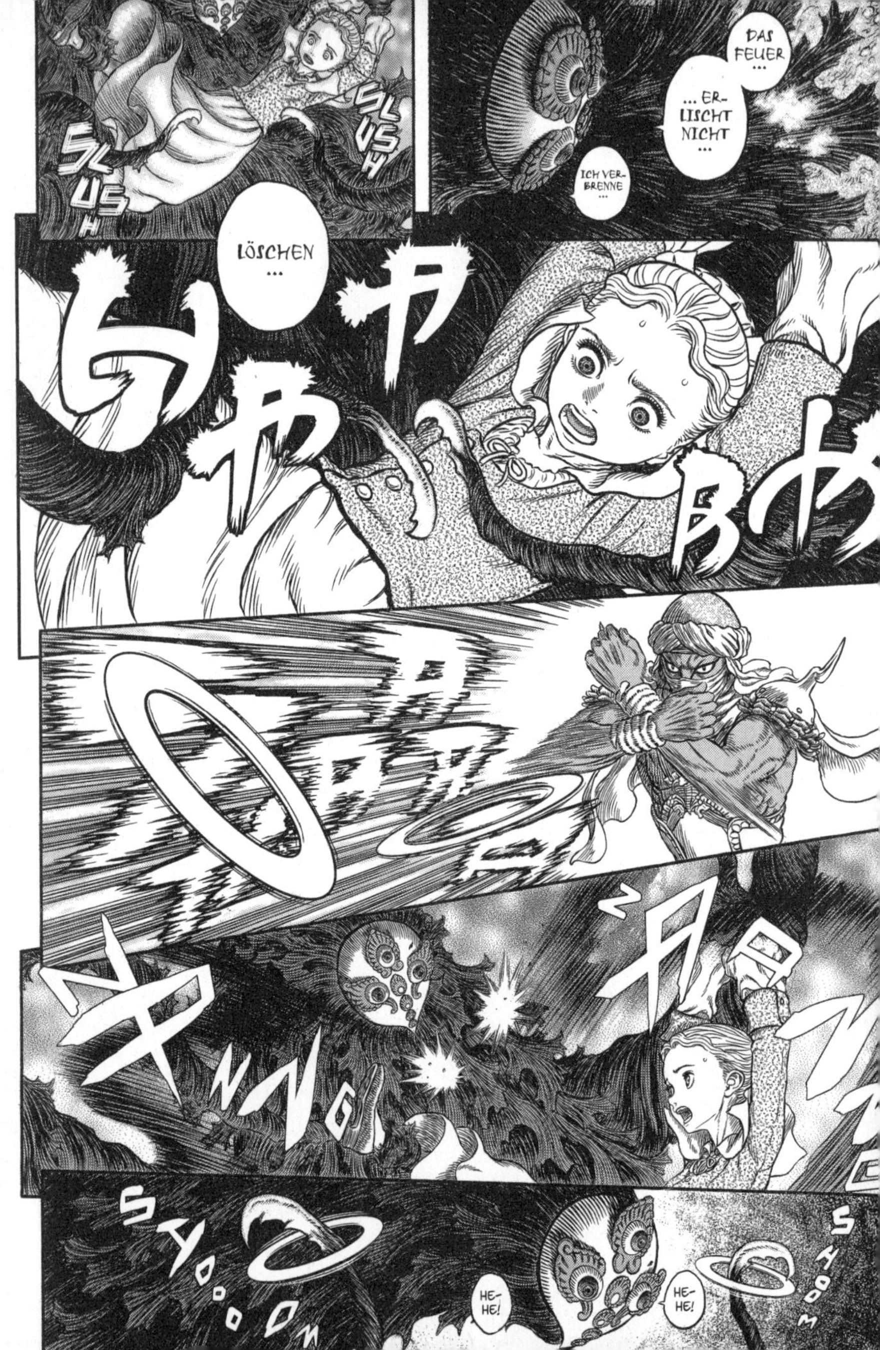

SLUSH
SLUSH
DAS FEUER …
… ERLISCHT NICHT …
ICH VERBRENNE …
LÖSCHEN …
SHOOM
HE-HE!
HE-HE!
SHOOM

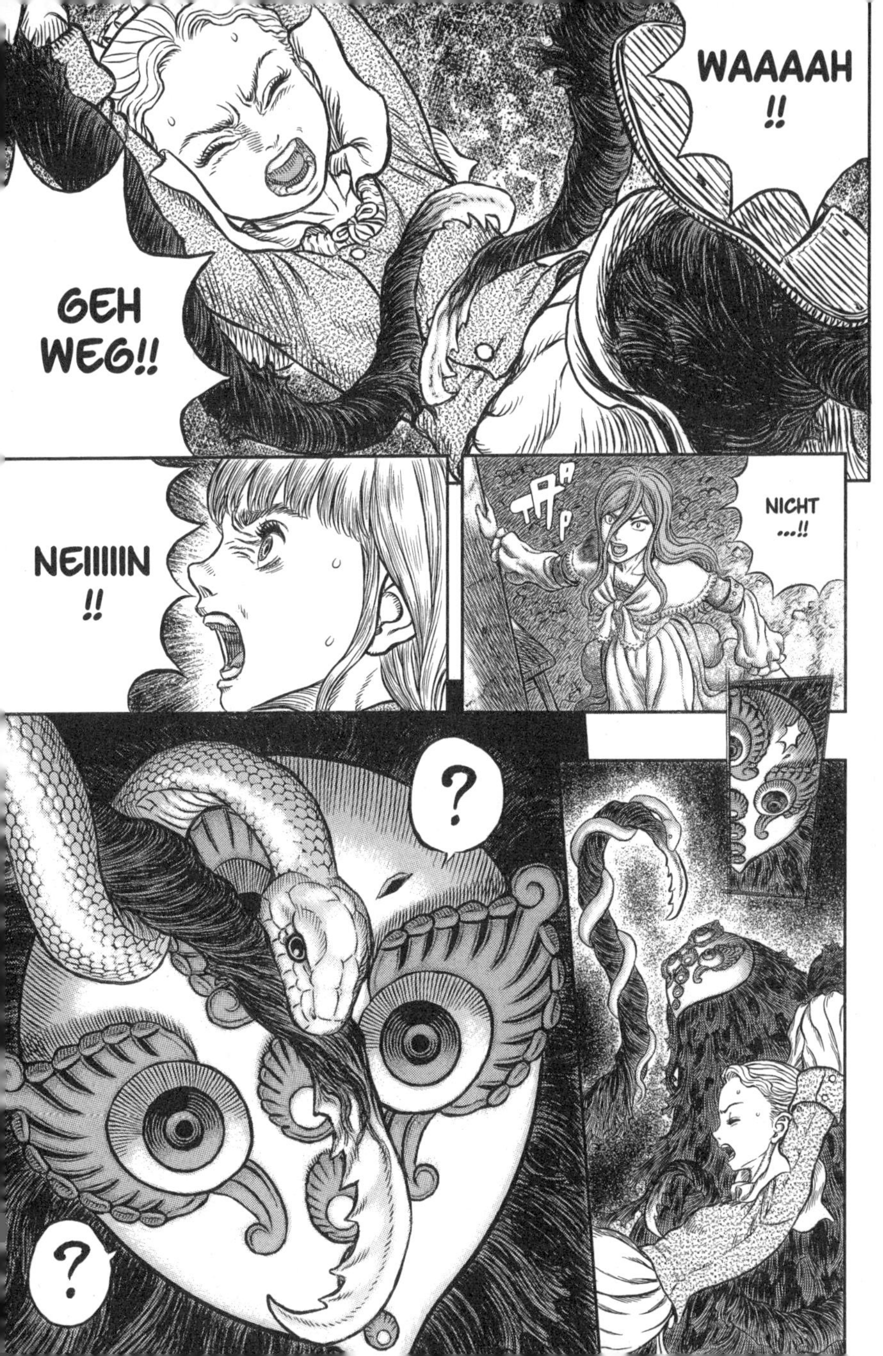
WAAAAH
!!
GEH
WEG!!
NEIIIIIN
!!
TAP
NICHT
...!!
?
?

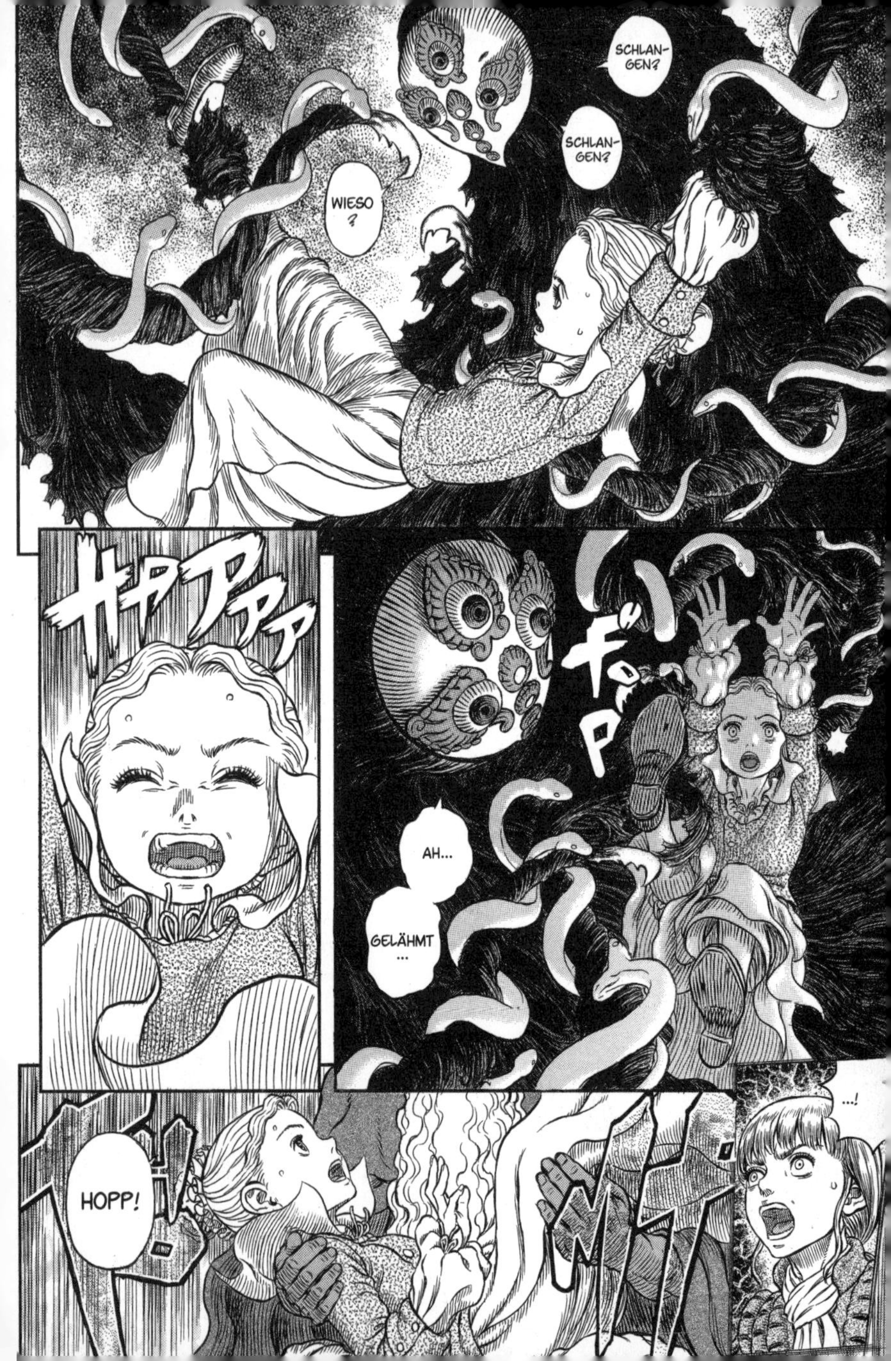
SCHLAN-
GEN?
SCHLAN-
GEN?
WIESO
?
AH...
GELÄHMT
...
...!
HOPP!

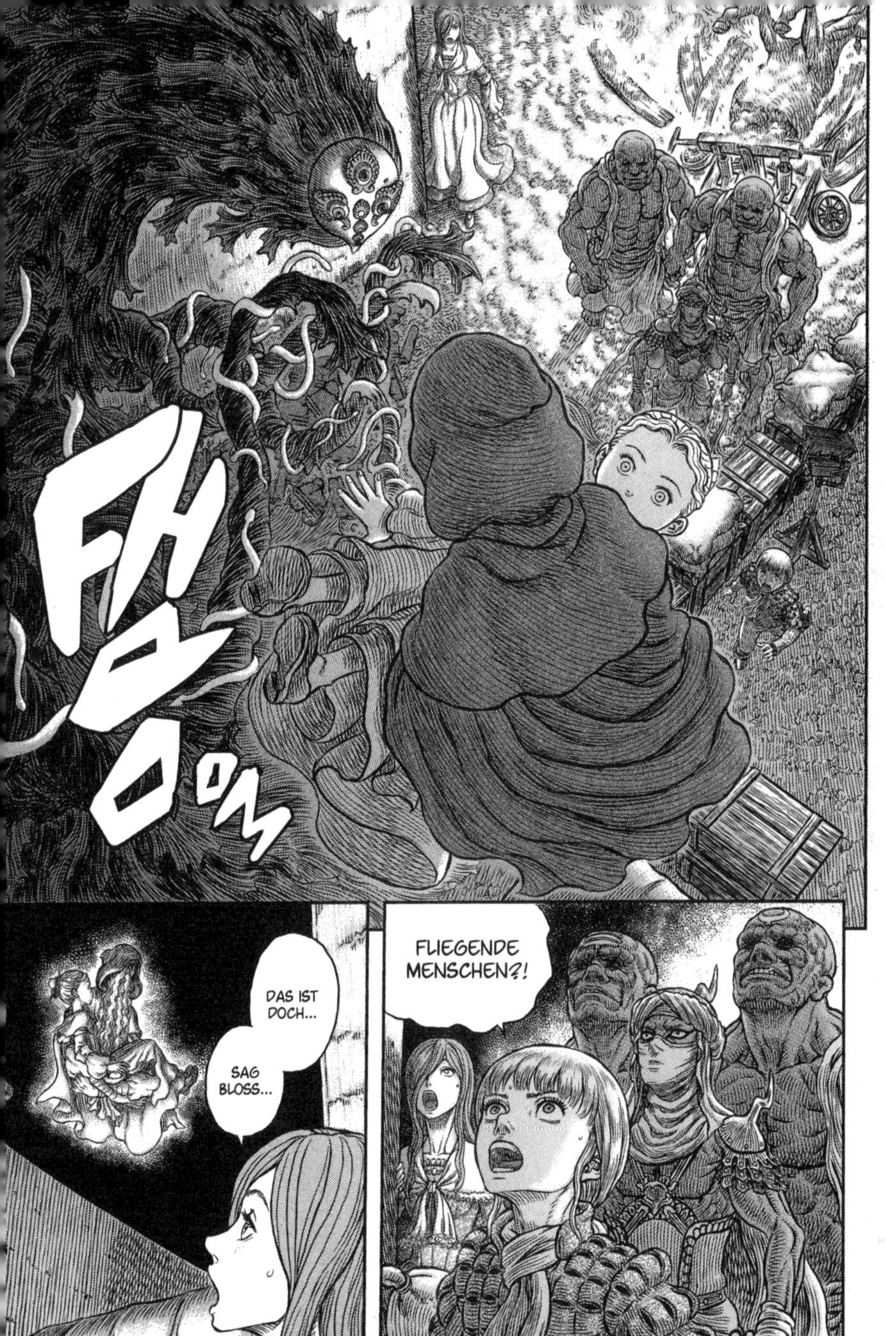
FHOOOM
FLIEGENDE MENSCHEN?!
DAS IST DOCH...
SAG BLOSS...

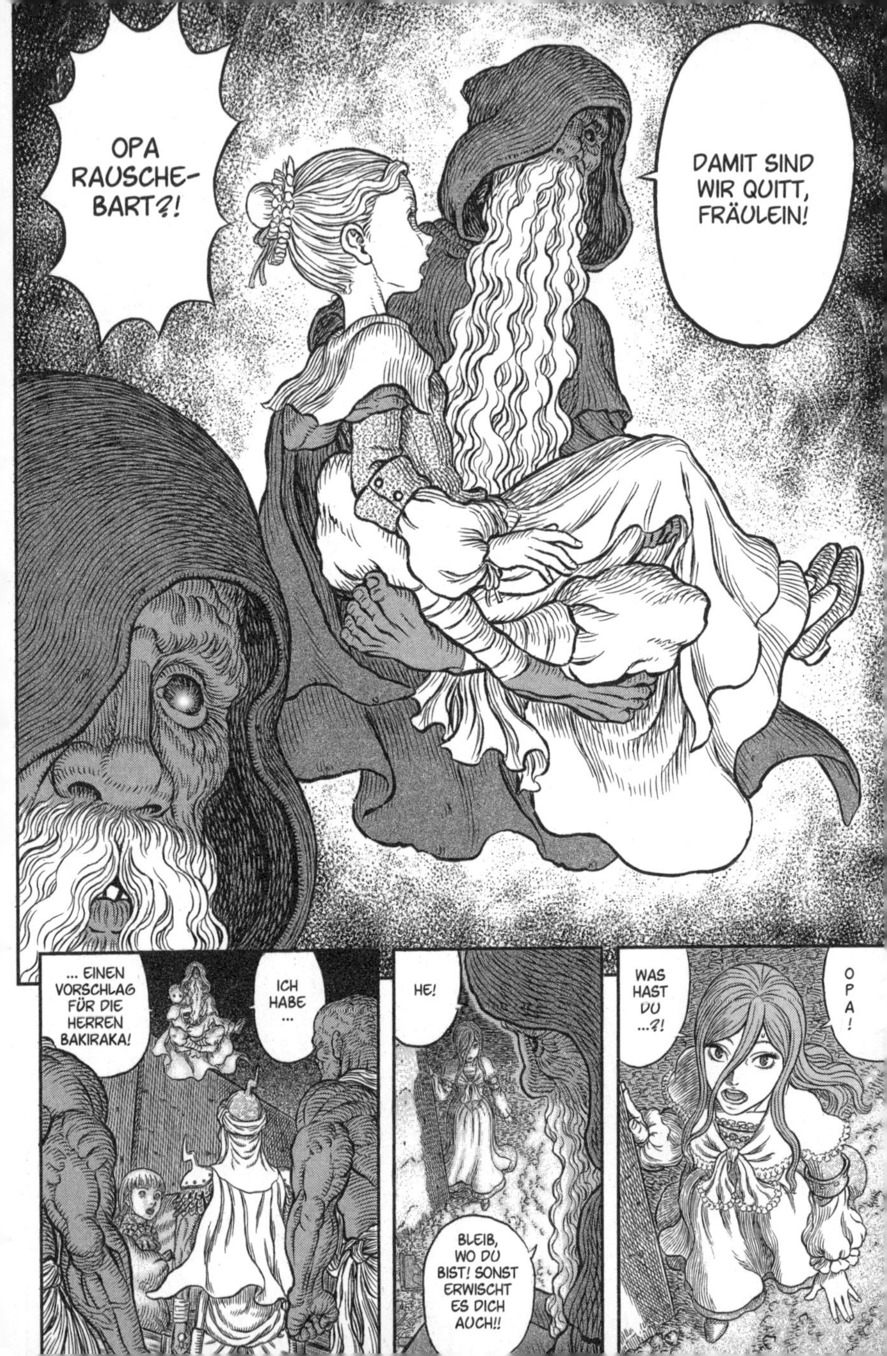
DAMIT SIND WIR QUITT, FRÄULEIN!
OPA RAUSCHE-BART?!
OPA!
WAS HAST DU ...?!
HE!
BLEIB, WO DU BIST! SONST ERWISCHT ES DICH AUCH!!
ICH HABE ...
... EINEN VORSCHLAG FÜR DIE HERREN BAKIRAKA!

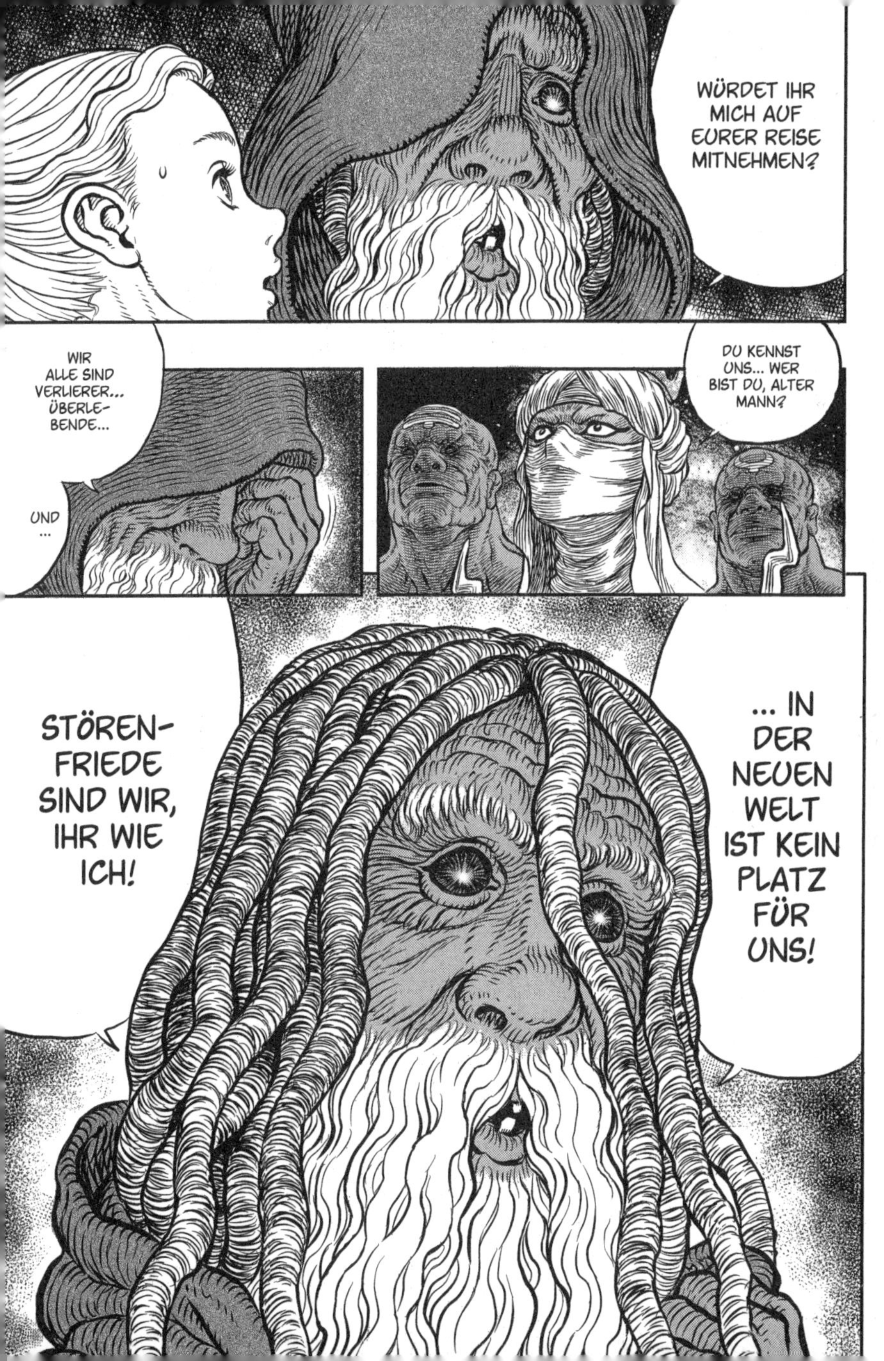
WÜRDET IHR MICH AUF EURER REISE MITNEHMEN?
DU KENNST UNS... WER BIST DU, ALTER MANN?
WIR ALLE SIND VERLIERER... ÜBERLE-BENDE...
UND ...
... IN DER NEUEN WELT IST KEIN PLATZ FÜR UNS!
STÖREN-FRIEDE SIND WIR, IHR WIE ICH!

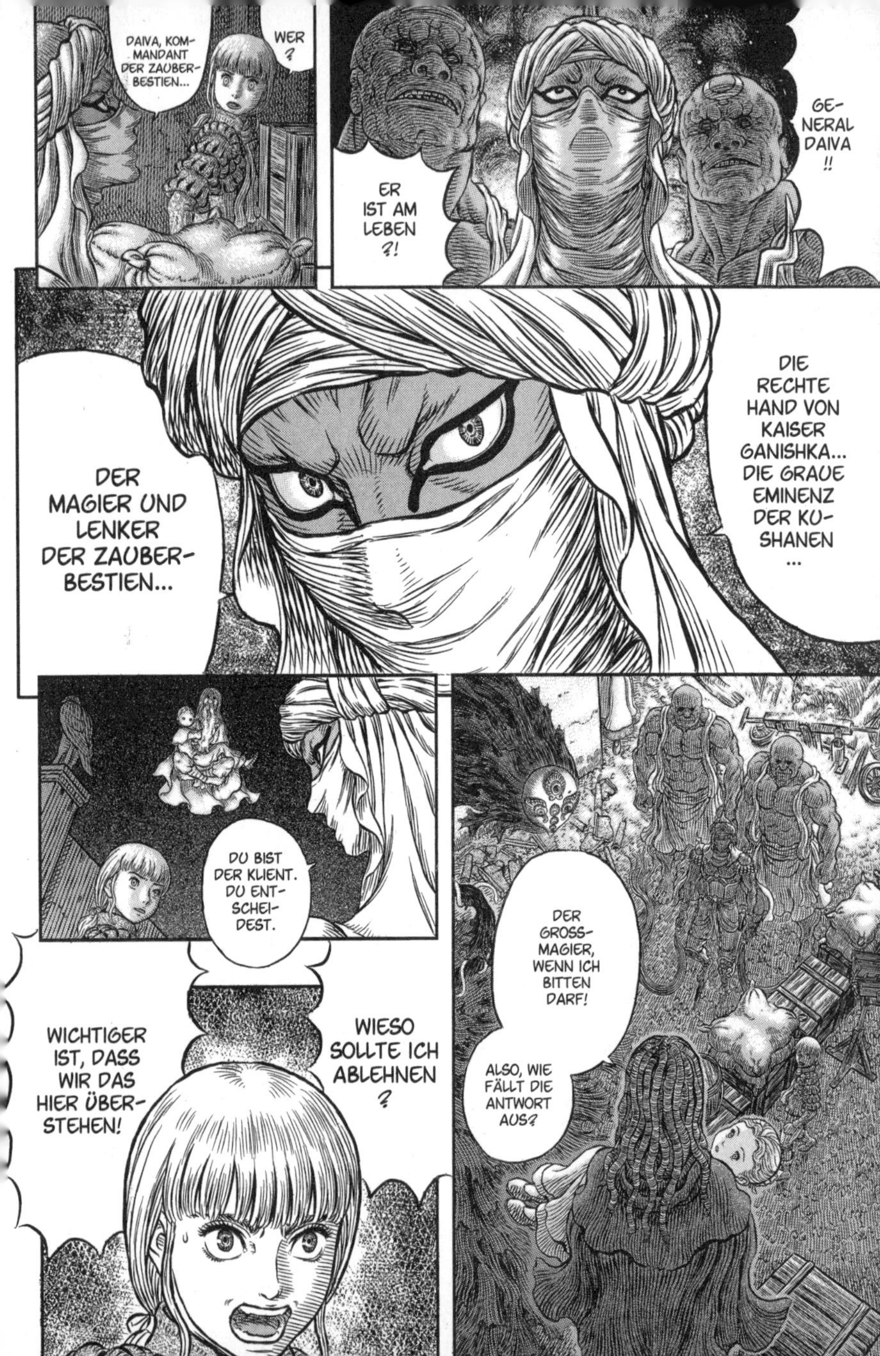

WER?
DAIVA, KOMMANDANT DER ZAUBER-BESTIEN...
GE-NERAL DAIVA!!
ER IST AM LEBEN?!
DIE RECHTE HAND VON KAISER GANISHKA... DIE GRAUE EMINENZ DER KU-SHANEN...
DER MAGIER UND LENKER DER ZAUBER-BESTIEN...
DER GROSS-MAGIER, WENN ICH BITTEN DARF!
ALSO, WIE FÄLLT DIE ANTWORT AUS?
DU BIST DER KLIENT. DU ENT-SCHEI-DEST.
WIESO SOLLTE ICH ABLEHNEN?
WICHTIGER IST, DASS WIR DAS HIER ÜBER-STEHEN!

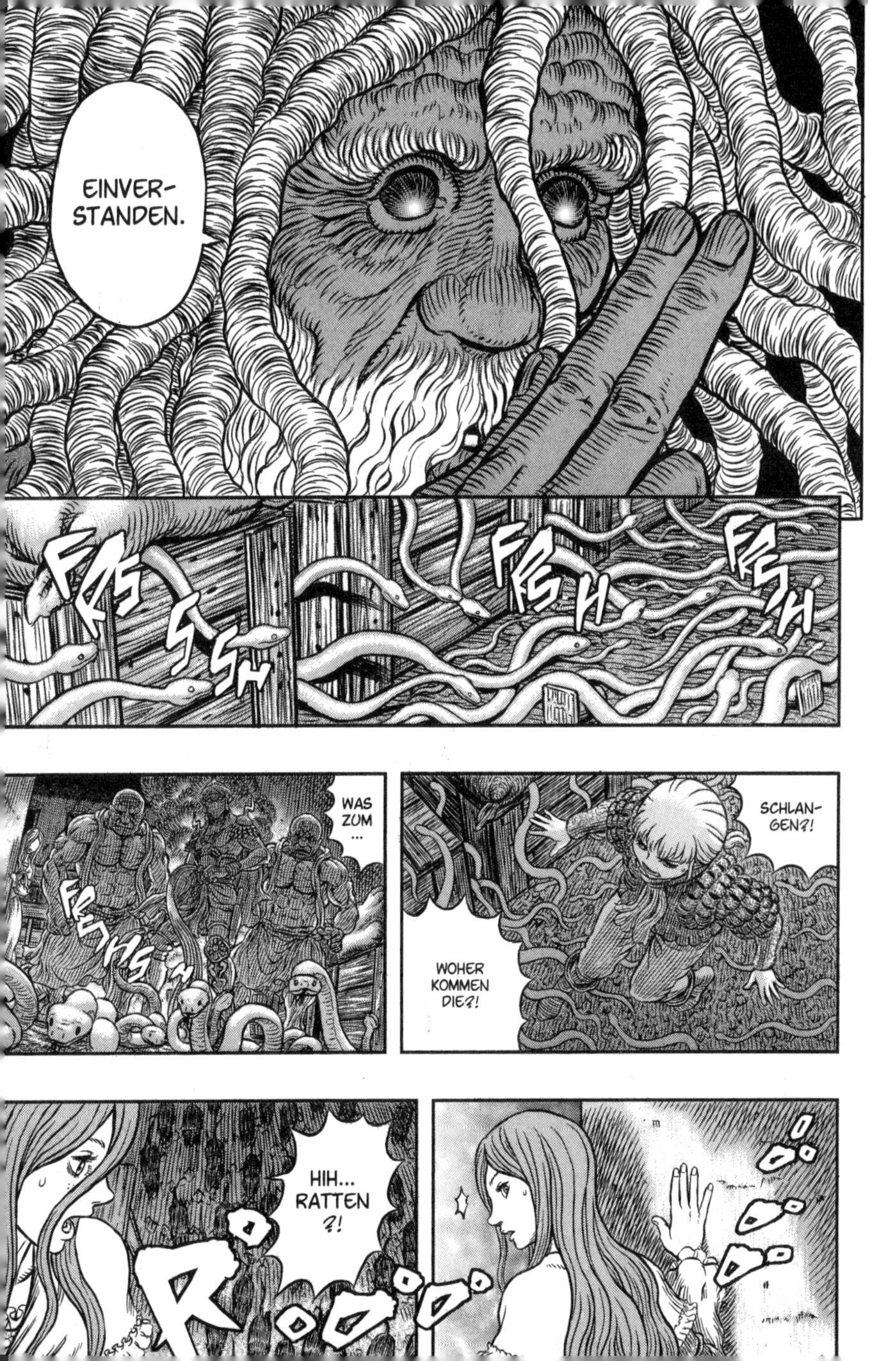

EINVER-
STANDEN.

FRSSSH

FRSH

FRSH

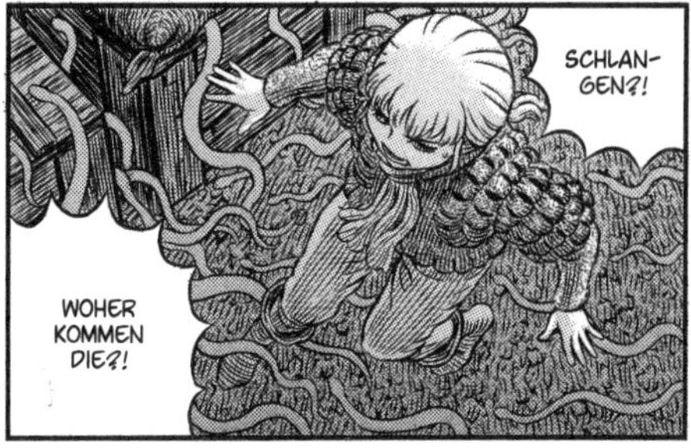

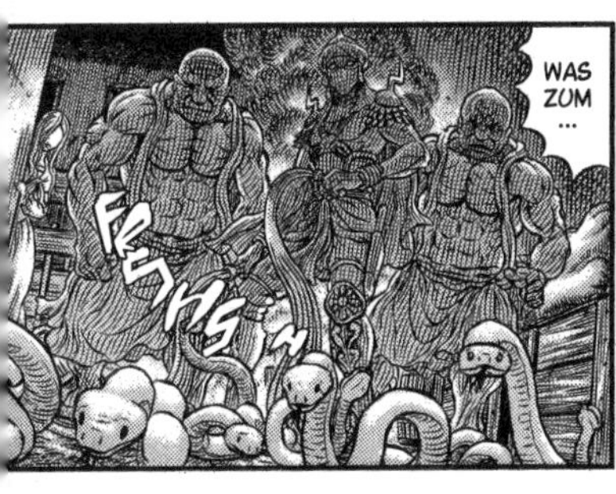

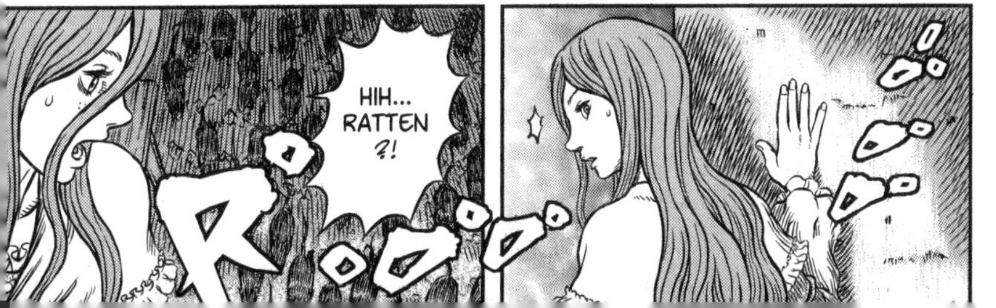

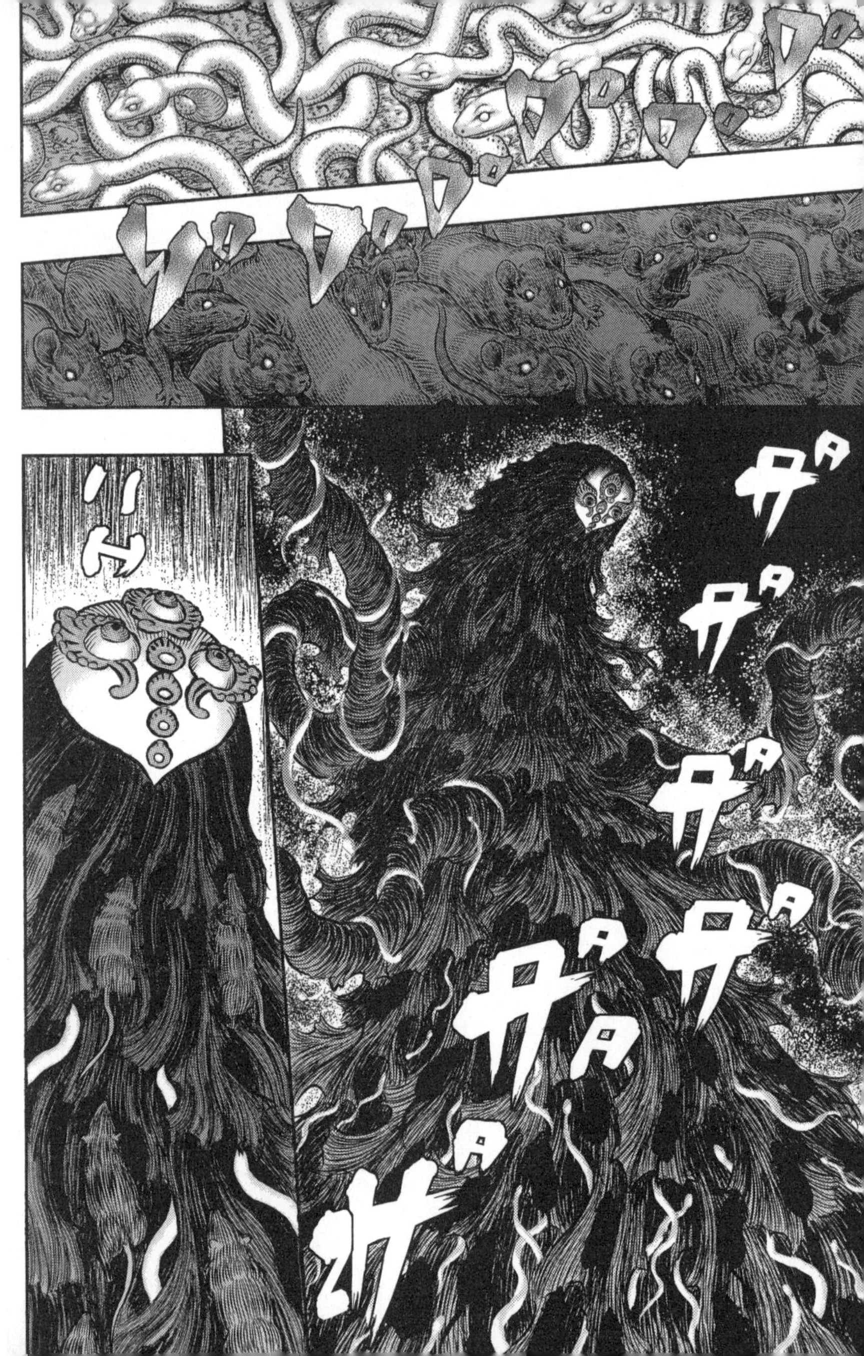
ゾロゾロゾロゾロ
ダダダダダダ

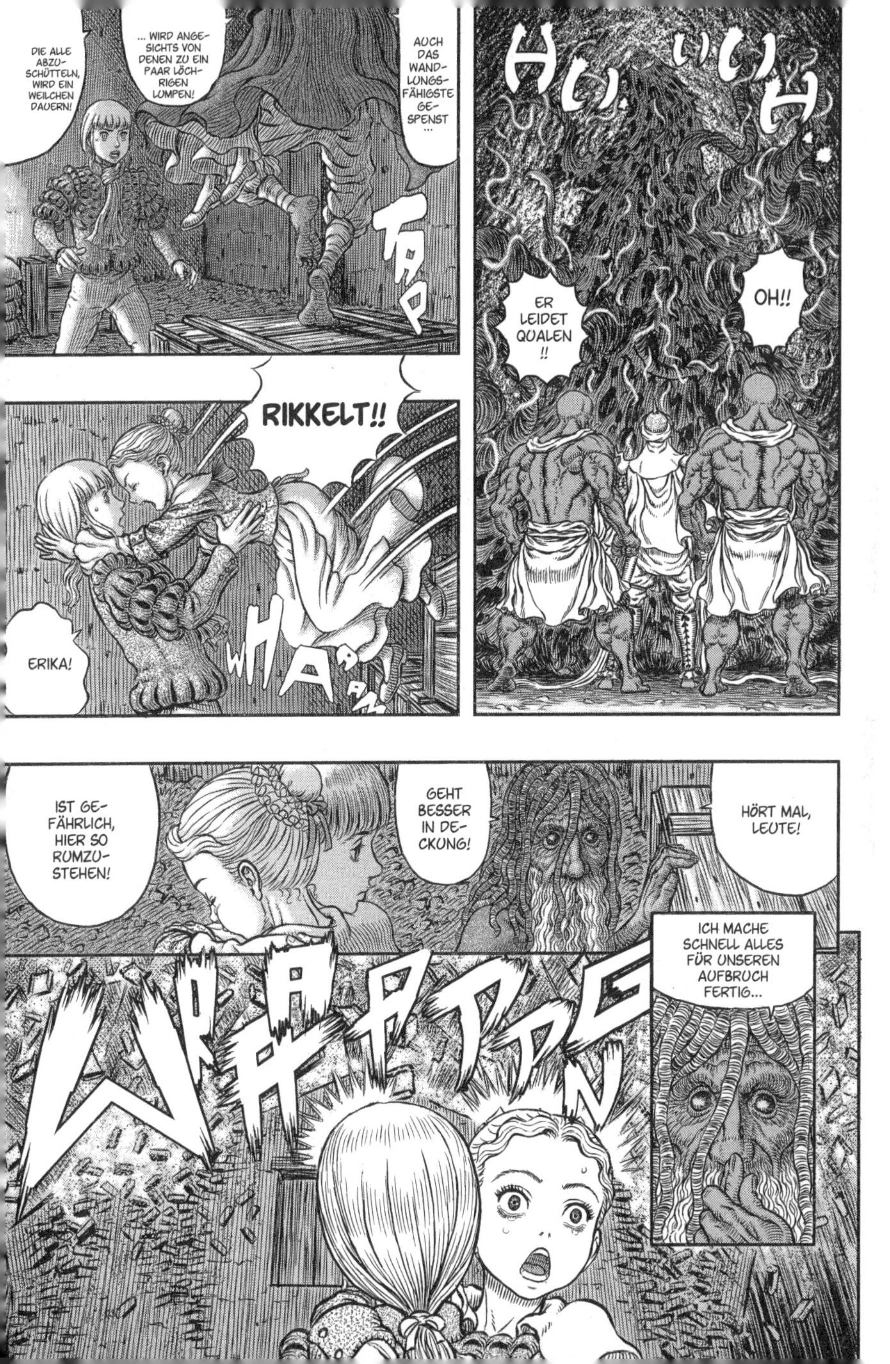

OH!!
ER LEIDET QUALEN!!
AUCH DAS WANDLUNGSFÄHIGSTE GESPENST ...
... WIRD ANGESICHTS VON DENEN ZU EIN PAAR LÖCHRIGEN LUMPEN!
DIE ALLE ABZUSCHÜTTELN, WIRD EIN WEILCHEN DAUERN!
TAP
RIKKELT!!
ERIKA!
HÖRT MAL, LEUTE!
GEHT BESSER IN DECKUNG!
IST GEFÄHRLICH, HIER SO RUMZUSTEHEN!
ICH MACHE SCHNELL ALLES FÜR UNSEREN AUFBRUCH FERTIG...

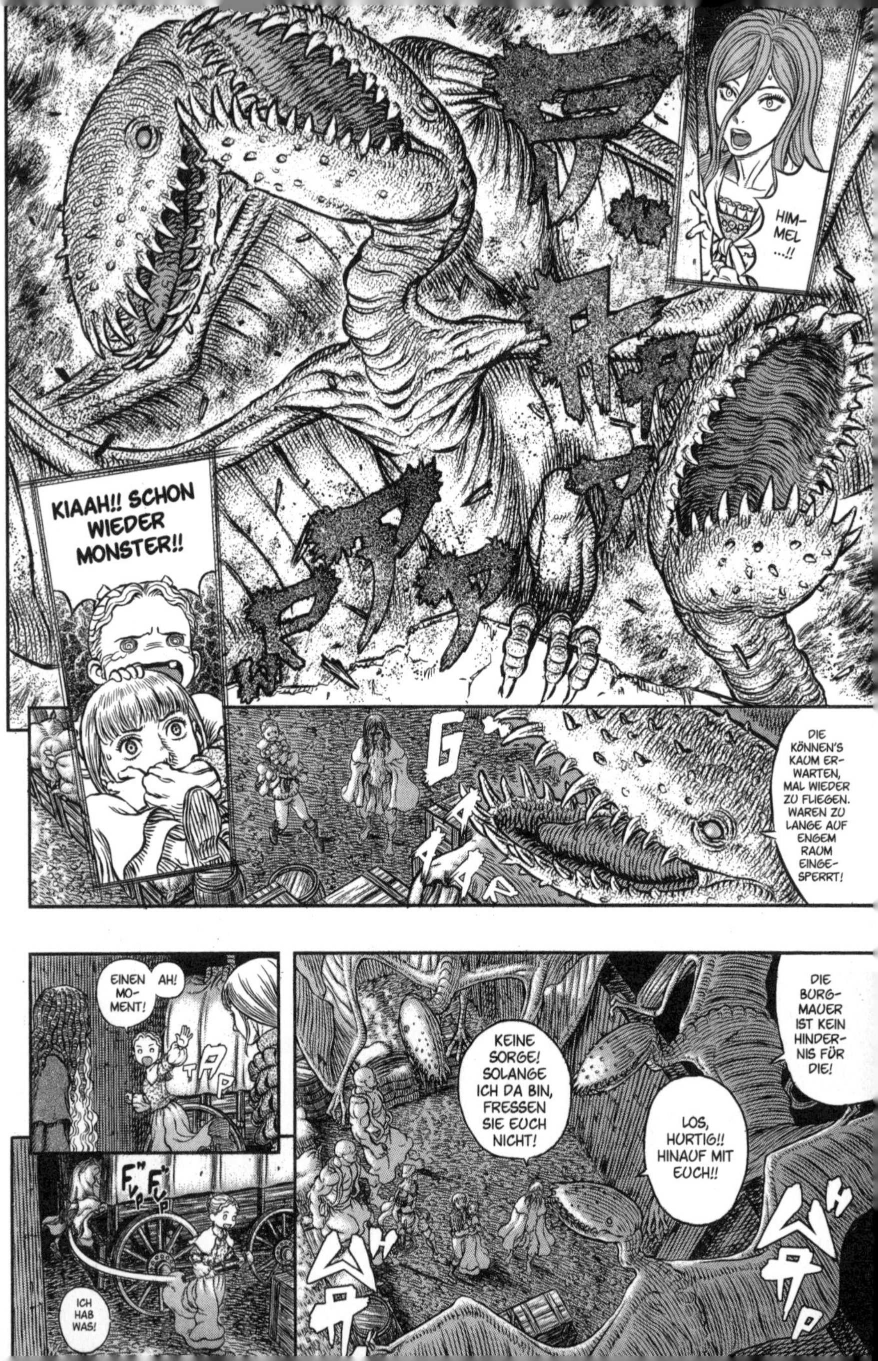

HIMMEL ...!!

KIAAH!! SCHON WIEDER MONSTER!!

GAAAR

DIE KÖNNEN'S KAUM ERWARTEN, MAL WIEDER ZU FLIEGEN. WAREN ZU LANGE AUF ENGEM RAUM EINGESPERRT!

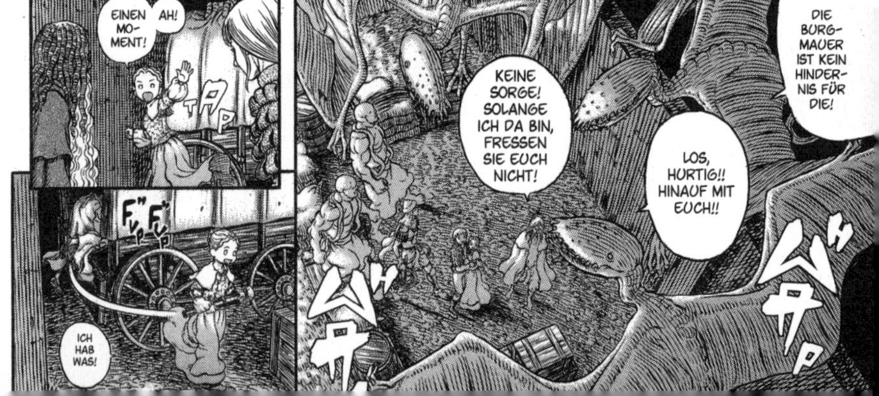

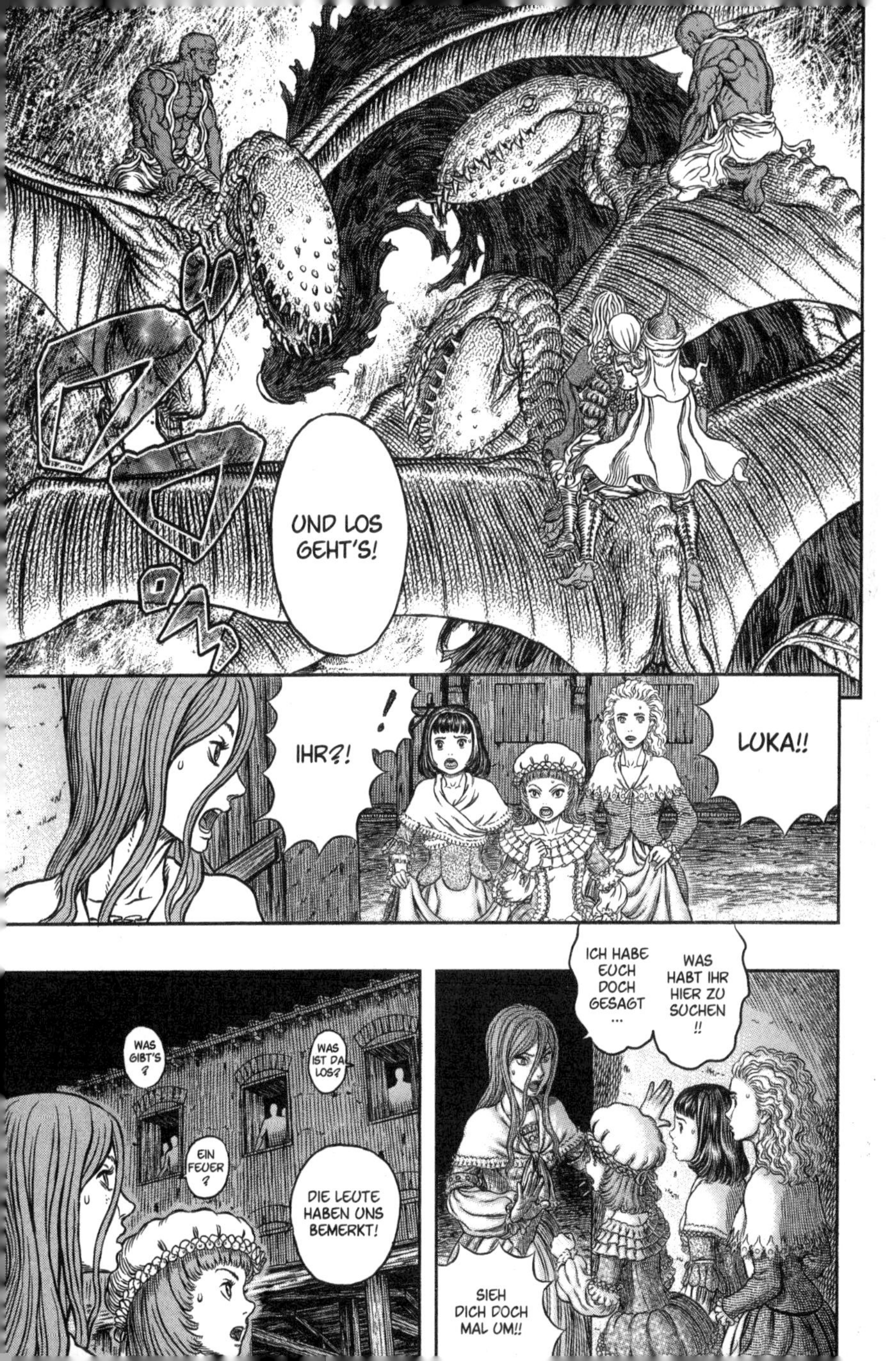

UND LOS GEHT'S!

LUKA!!

IHR?!

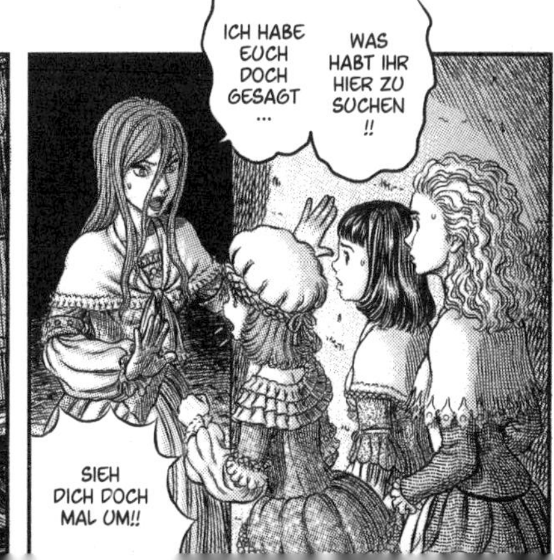

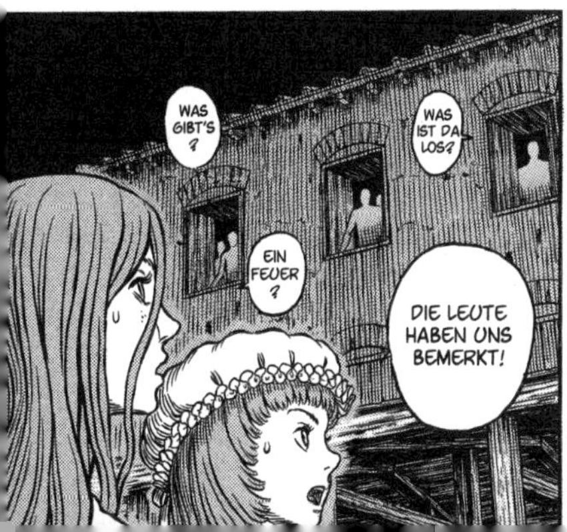

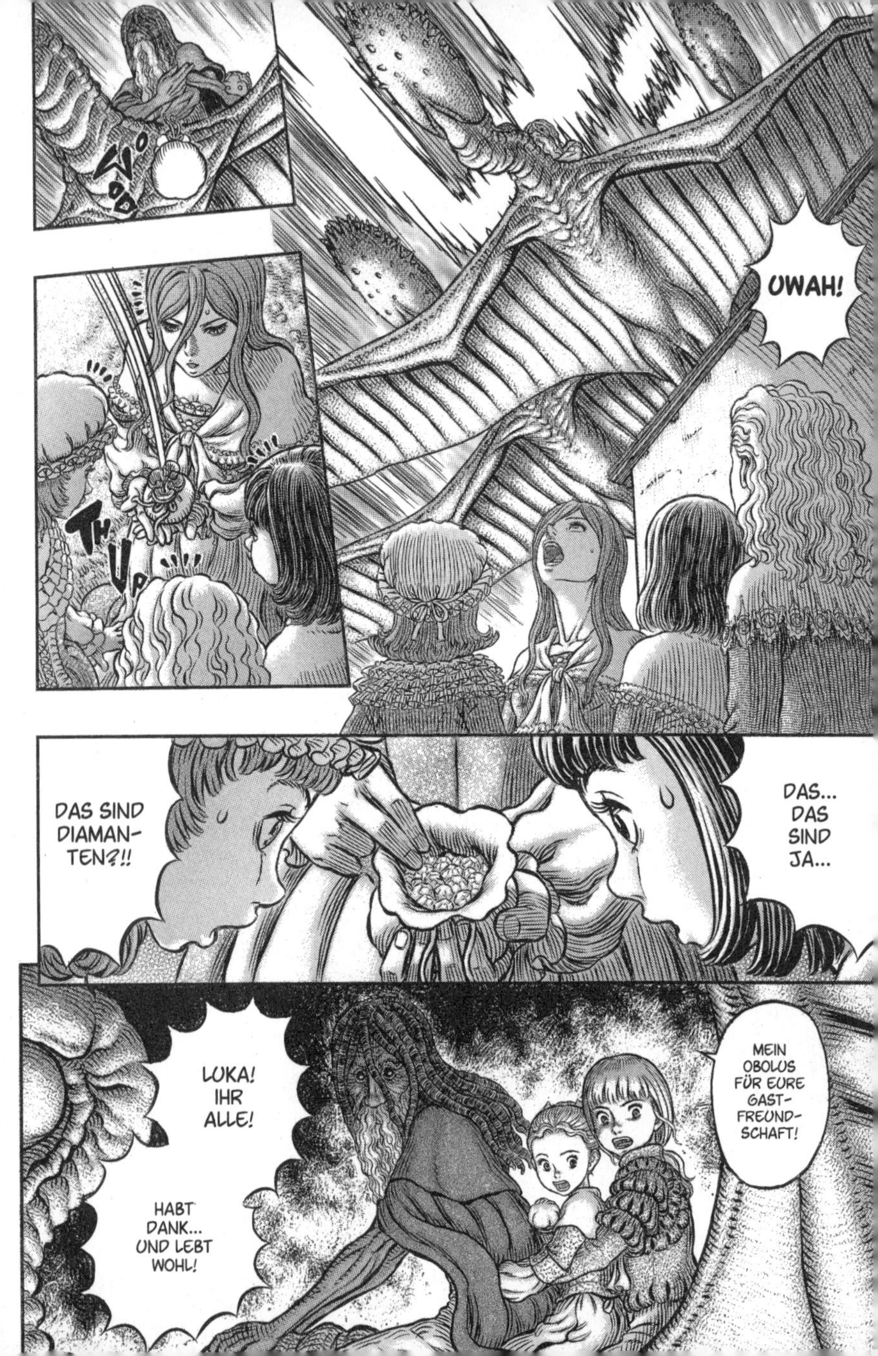
WOOO
UWAH!
THUP
DAS... DAS SIND JA...
DAS SIND DIAMANTEN?!!
MEIN OBOLUS FÜR EURE GASTFREUNDSCHAFT!
LUKA! IHR ALLE!
HABT DANK... UND LEBT WOHL!

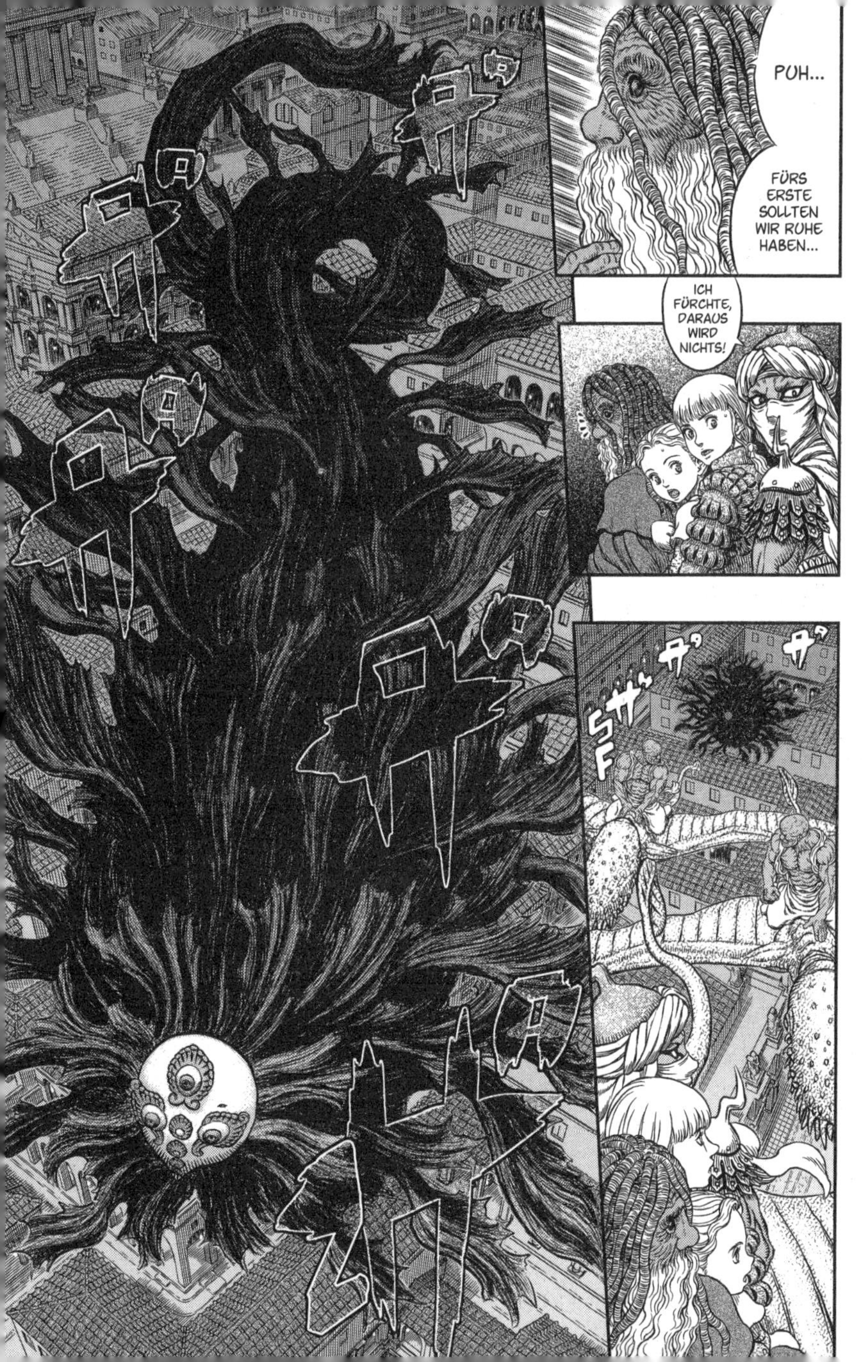
PUH...
FÜRS ERSTE SOLLTEN WIR RUHE HABEN...
ICH FÜRCHTE, DARAUS WIRD NICHTS!
SF

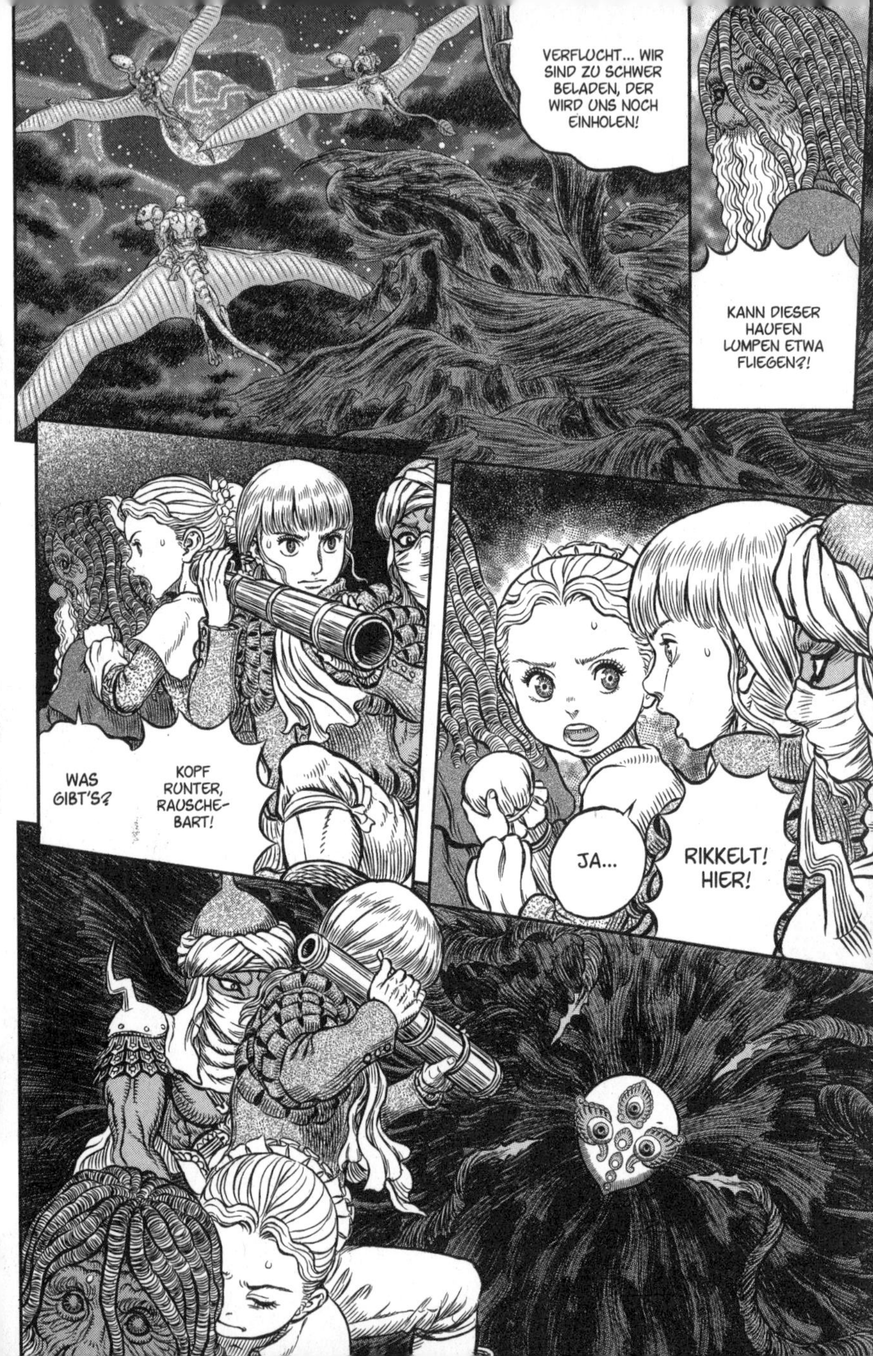
KANN DIESER HAUFEN LUMPEN ETWA FLIEGEN?!
VERFLUCHT... WIR SIND ZU SCHWER BELADEN, DER WIRD UNS NOCH EINHOLEN!
RIKKELT! HIER!
JA...
KOPF RUNTER, RAUSCHE-BART!
WAS GIBT'S?

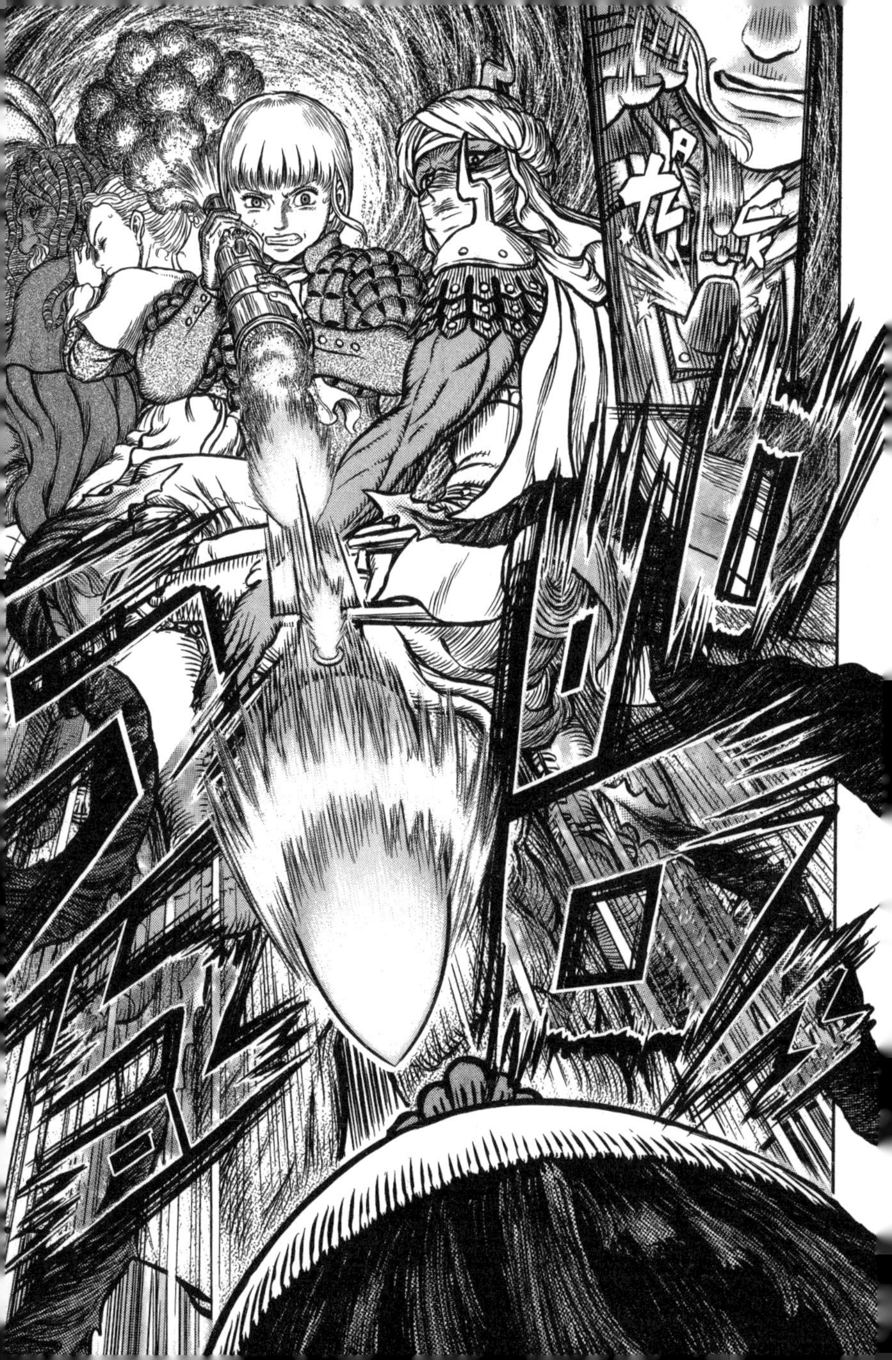

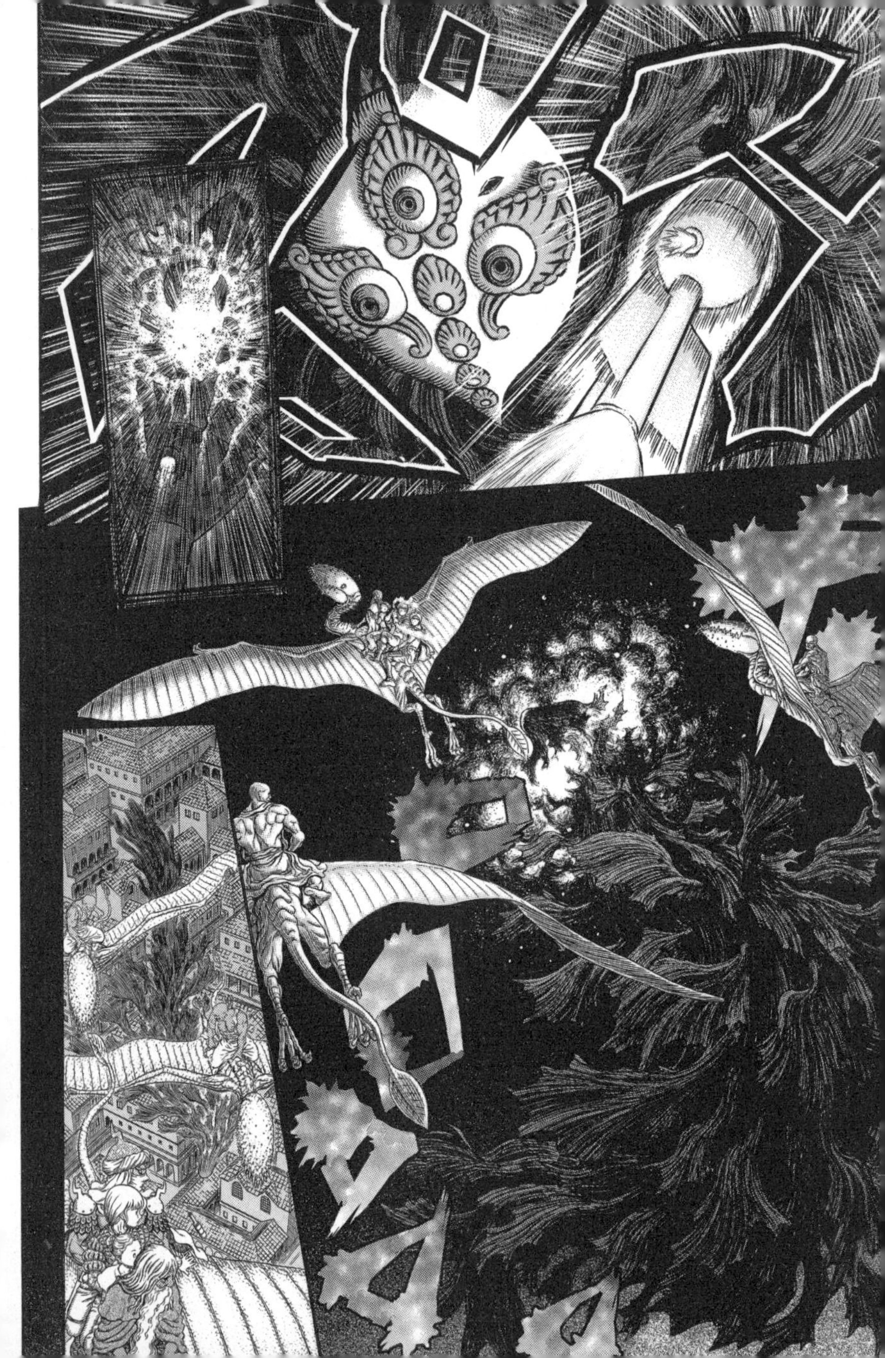

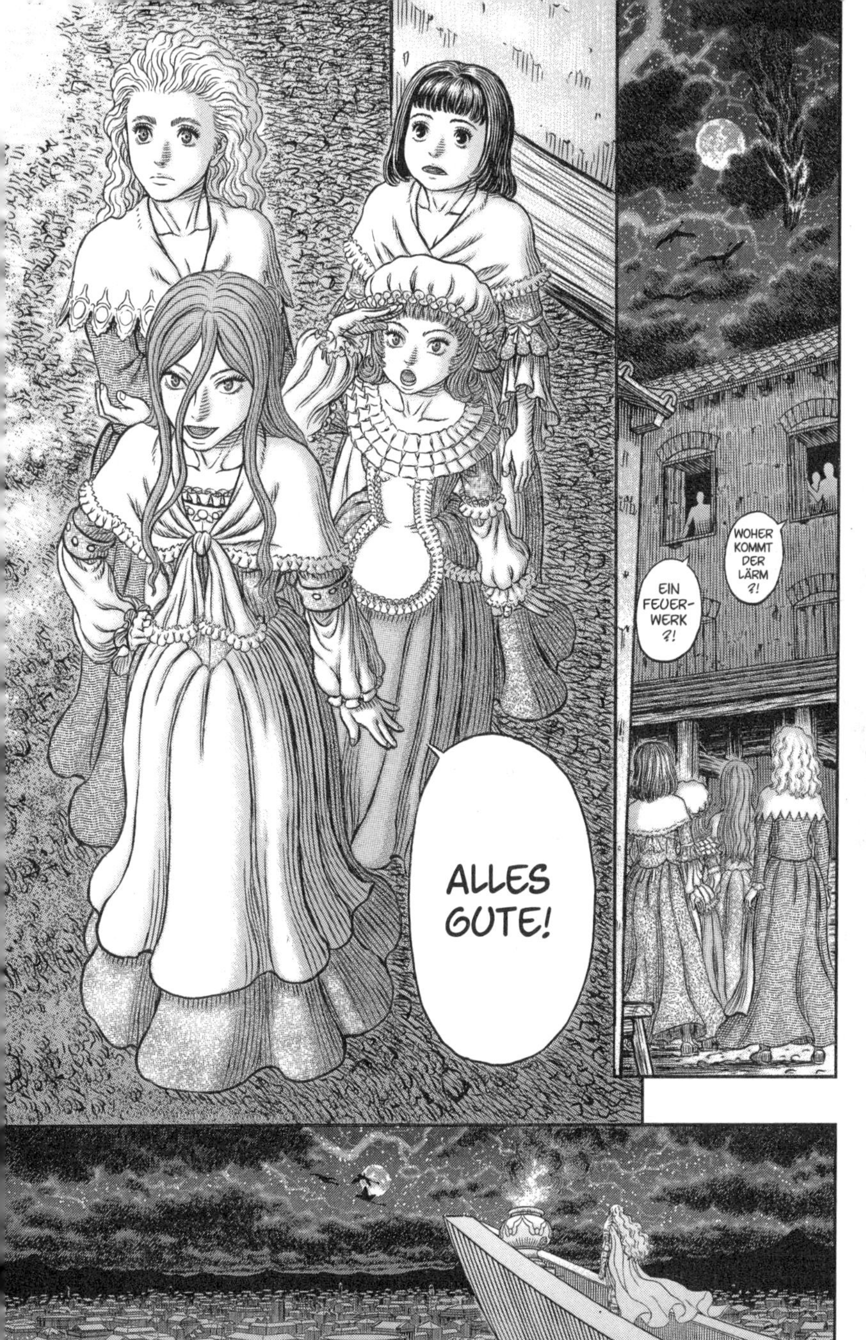
WOHER KOMMT DER LÄRM ?!
EIN FEUERWERK ?!
ALLES GUTE!

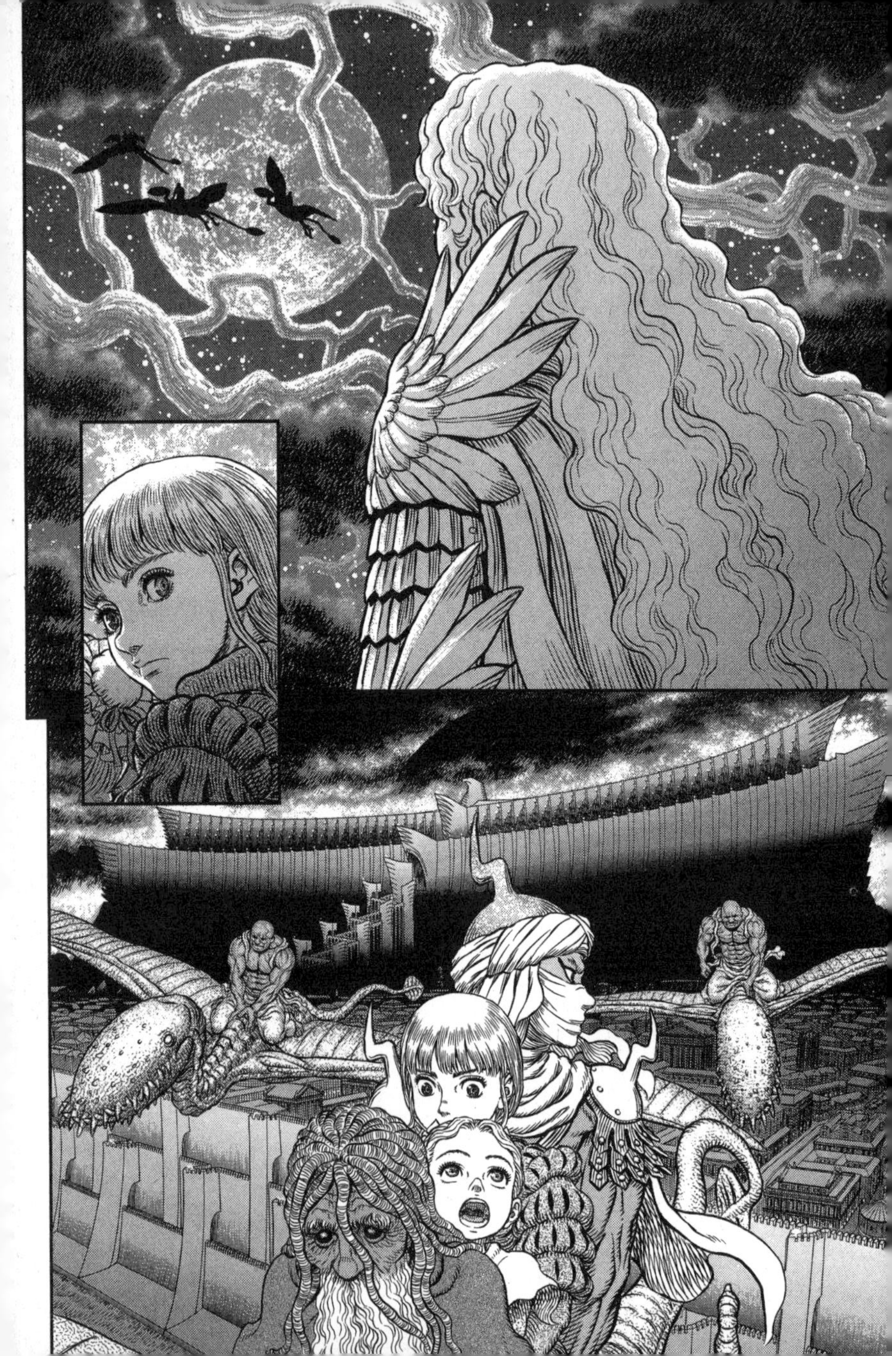

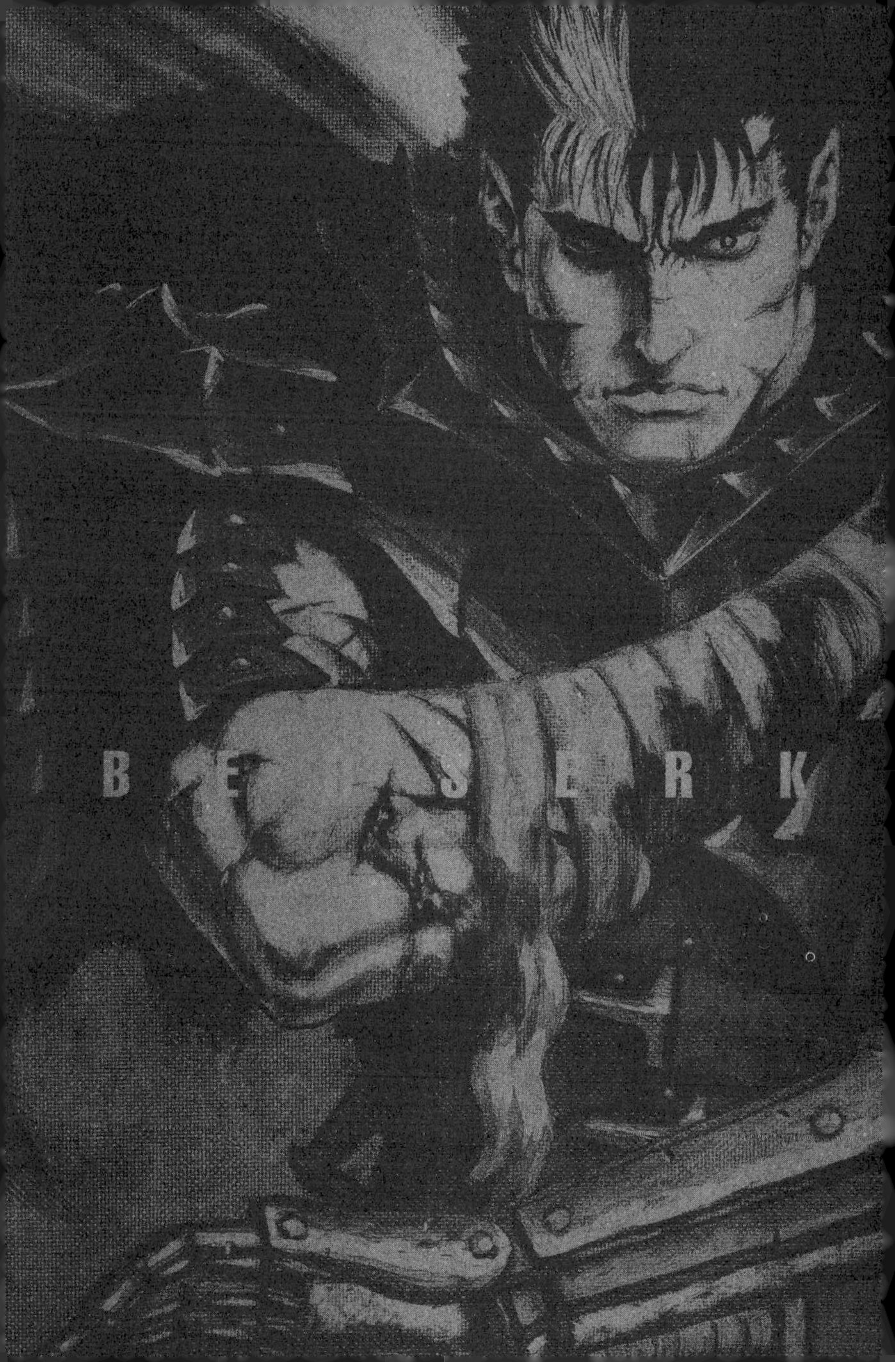

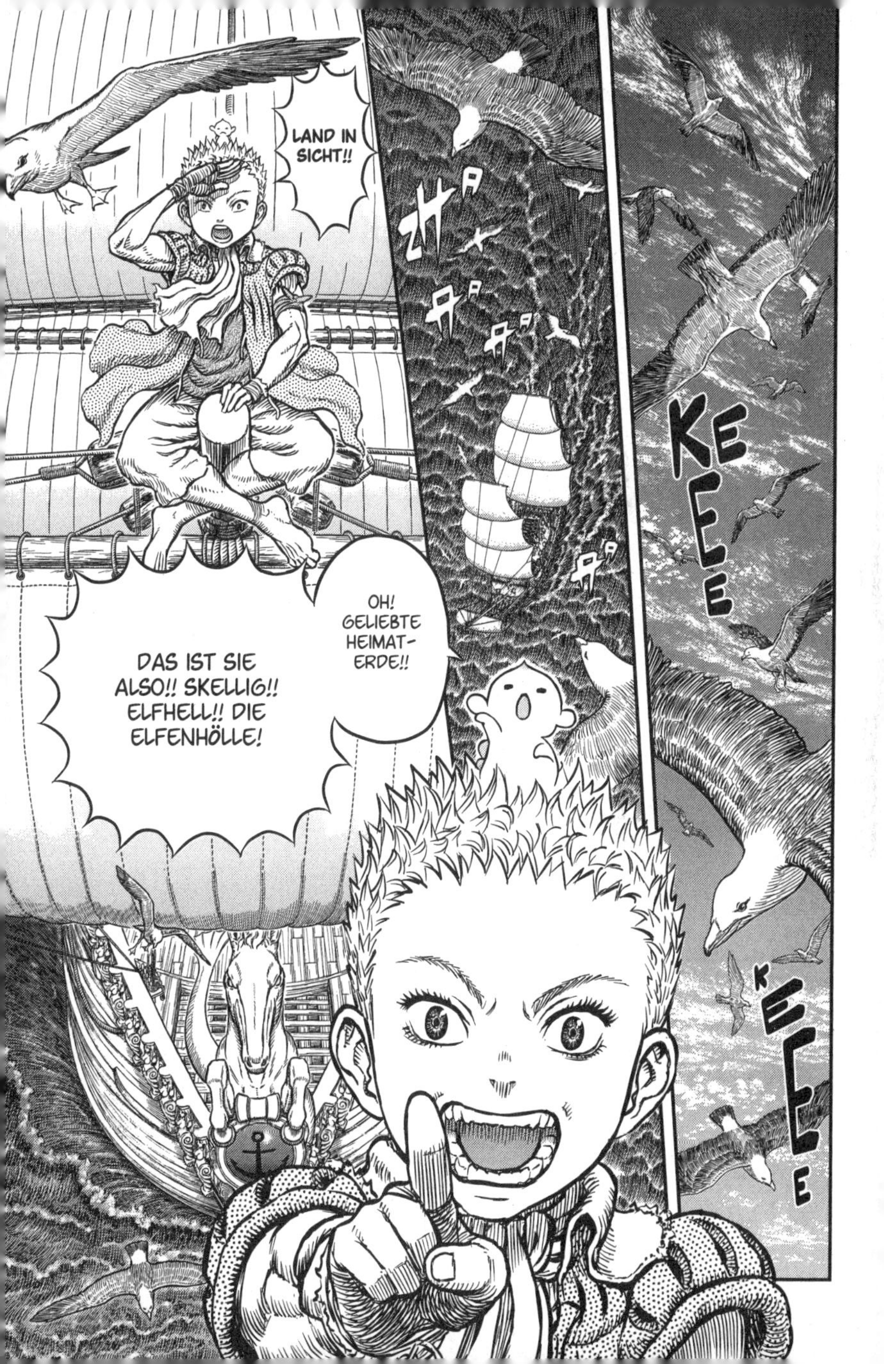

KEEE
KEEE
ZHAAAA
LAND IN SICHT!!
OH! GELIEBTE HEIMATERDE!!
DAS IST SIE ALSO!! SKELLIG!! ELFHELL!! DIE ELFENHÖLLE!

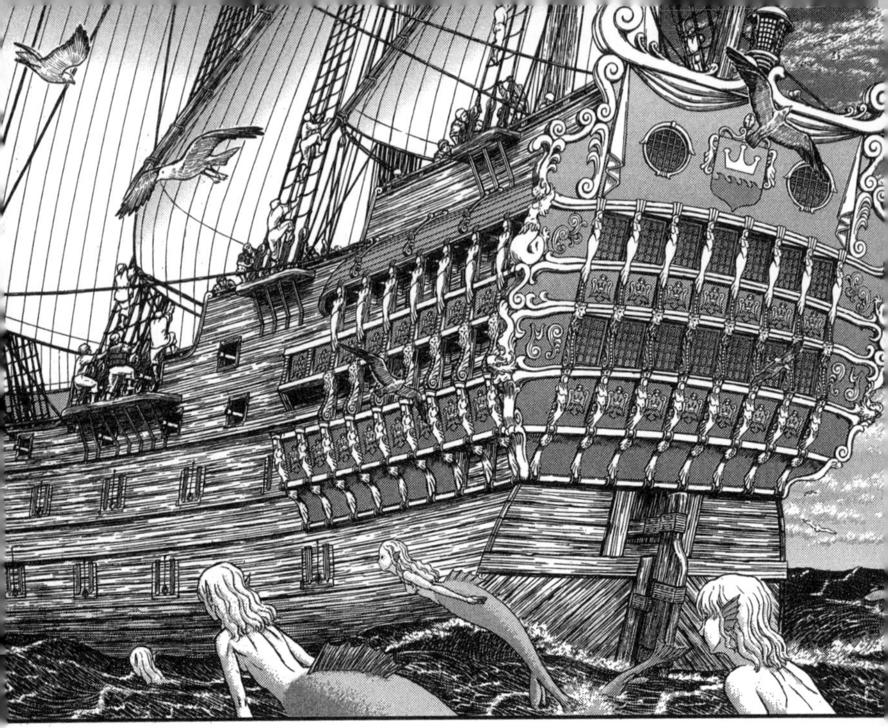

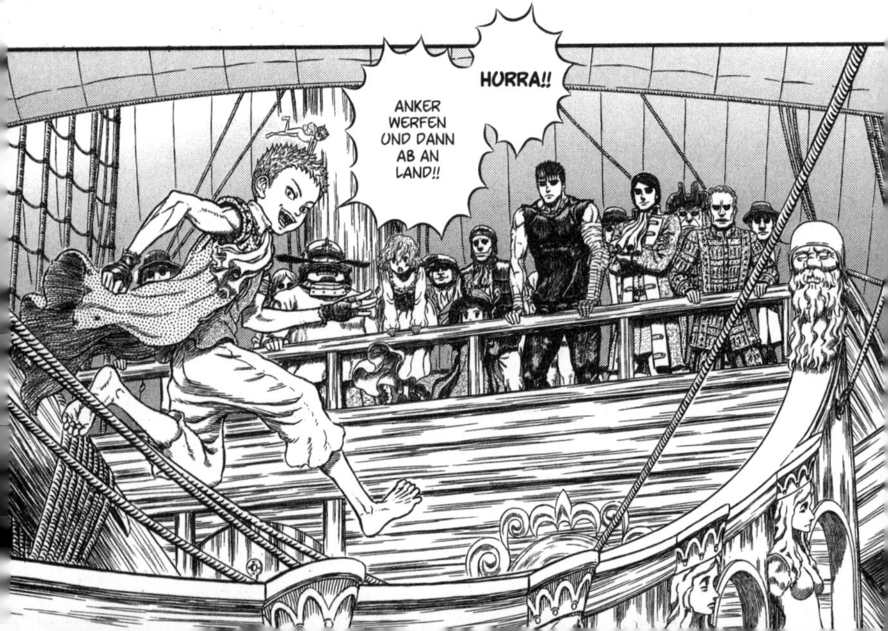

ANKER WERFEN UND DANN AB AN LAND!!
HURRA!!

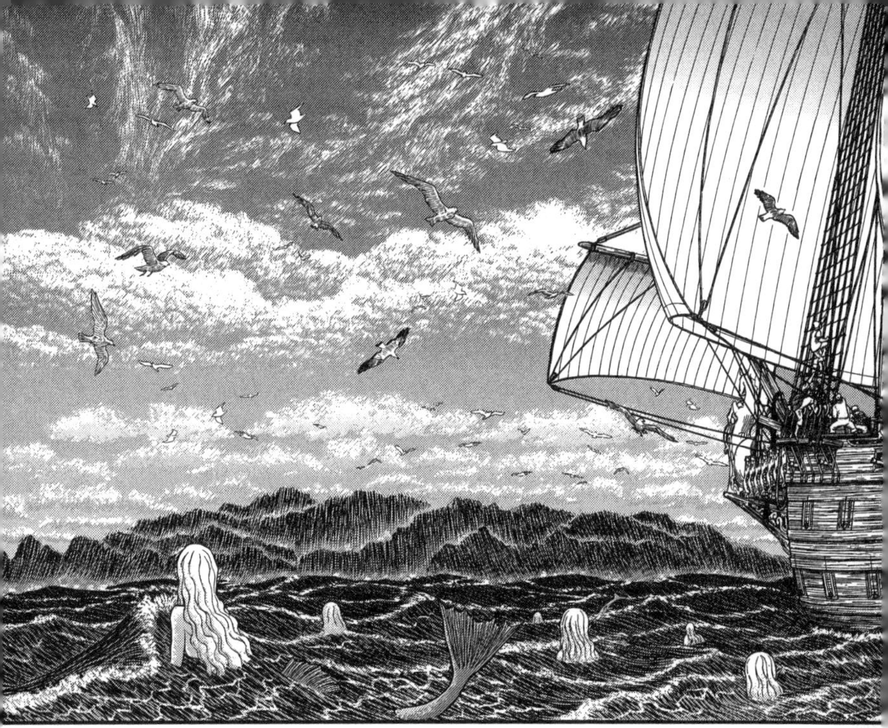

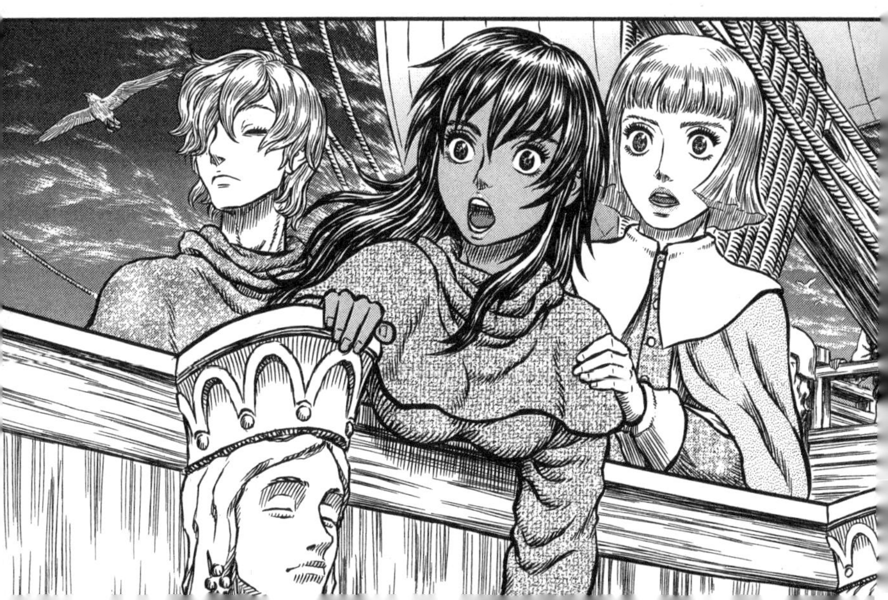

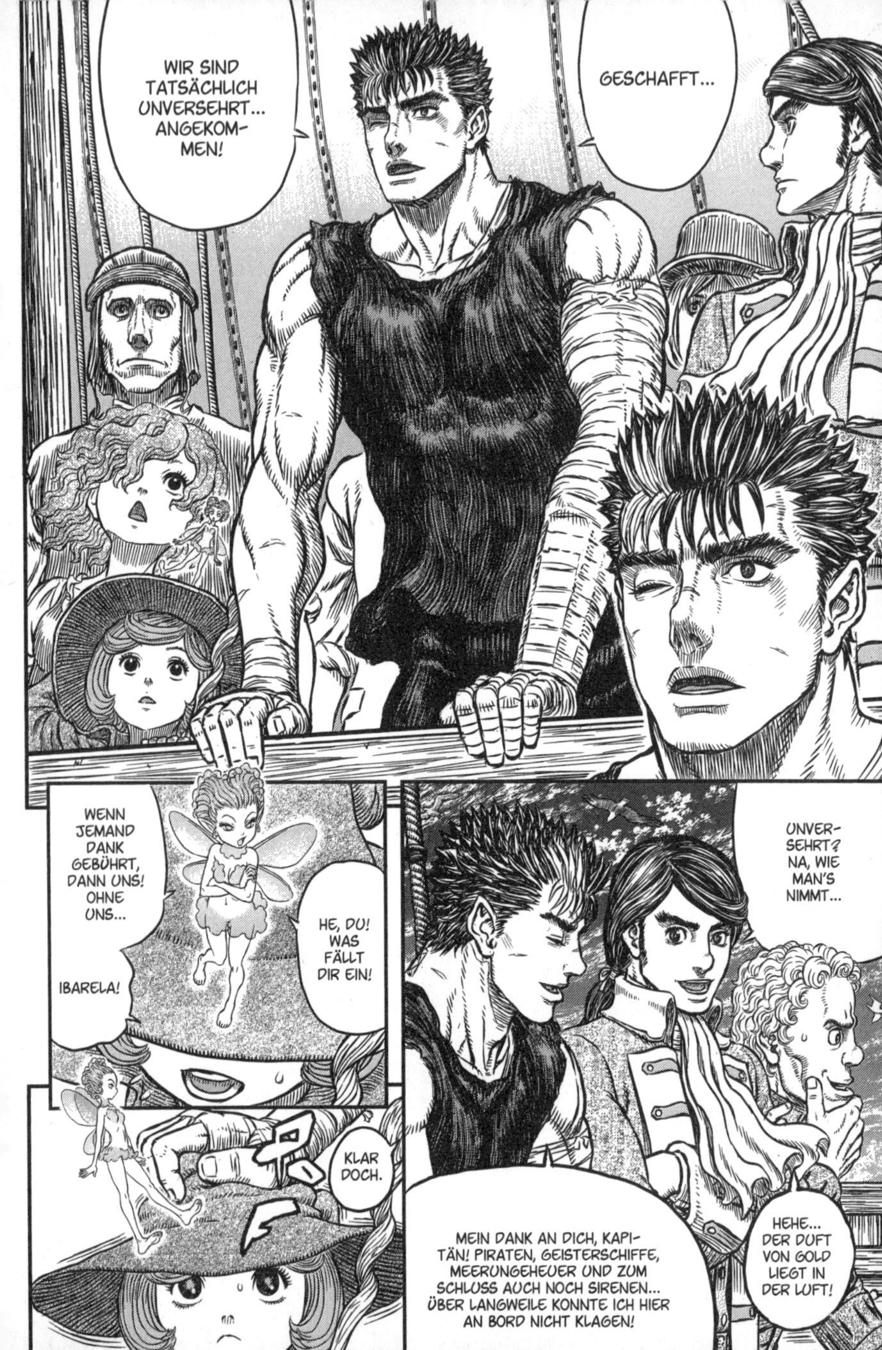
WIR SIND TATSÄCHLICH UNVERSEHRT... ANGEKOMMEN!
GESCHAFFT...
UNVERSEHRT? NA, WIE MAN'S NIMMT...
WENN JEMAND DANK GEBÜHRT, DANN UNS! OHNE UNS...
IBARELA!
HE, DU! WAS FÄLLT DIR EIN!
KLAR DOCH.
MEIN DANK AN DICH, KAPITÄN! PIRATEN, GEISTERSCHIFFE, MEERUNGEHEUER UND ZUM SCHLUSS AUCH NOCH SIRENEN... ÜBER LANGWEILE KONNTE ICH HIER AN BORD NICHT KLAGEN!
HEHE... DER DUFT VON GOLD LIEGT IN DER LUFT!

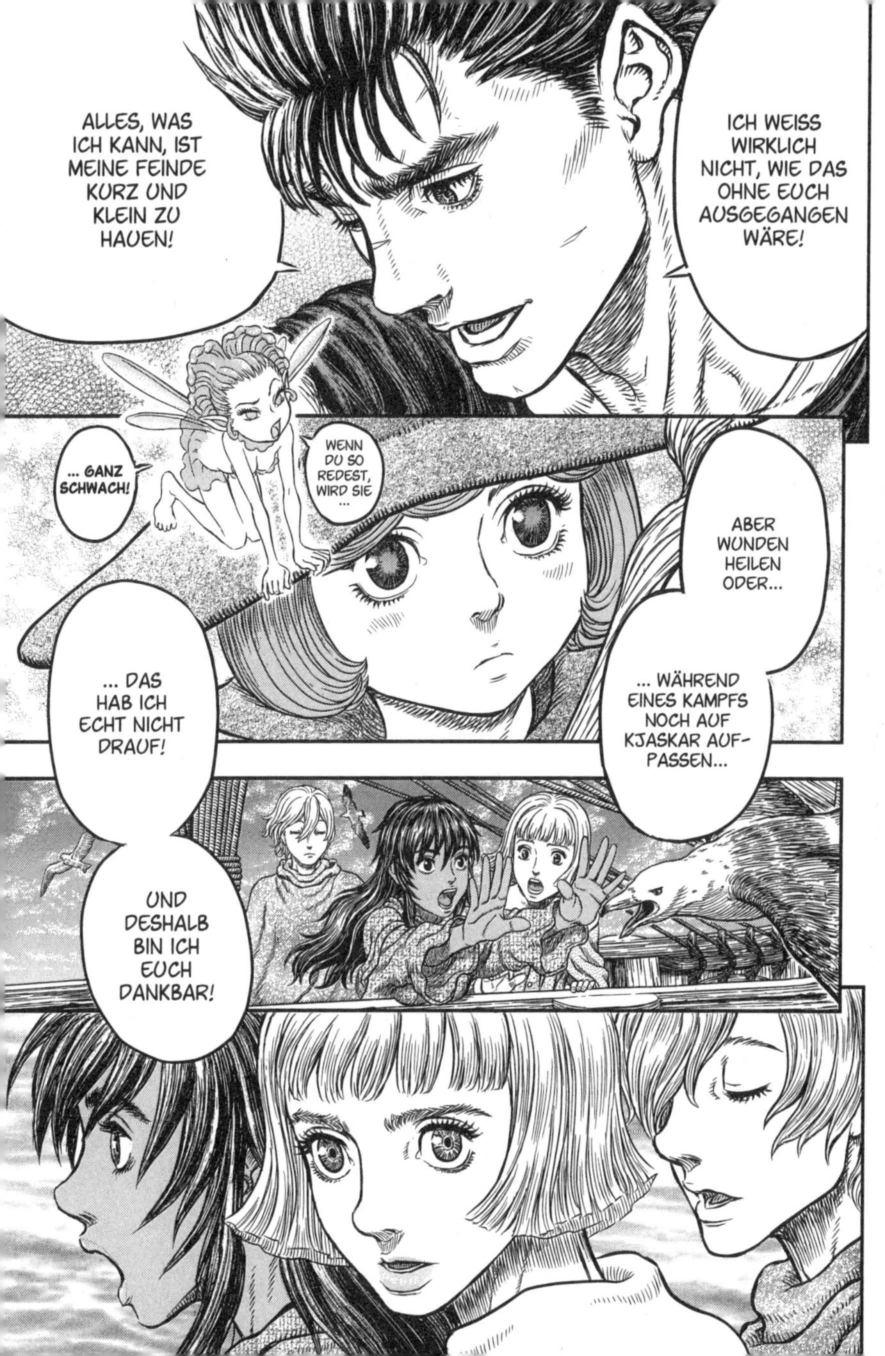
ICH WEISS WIRKLICH NICHT, WIE DAS OHNE EUCH AUSGEGANGEN WÄRE!
ALLES, WAS ICH KANN, IST MEINE FEINDE KURZ UND KLEIN ZU HAUEN!
ABER WUNDEN HEILEN ODER...
... WÄHREND EINES KAMPFS NOCH AUF KJASKAR AUF-PASSEN...
... DAS HAB ICH ECHT NICHT DRAUF!
WENN DU SO REDEST, WIRD SIE ...
... GANZ SCHWACH!
UND DESHALB BIN ICH EUCH DANKBAR!

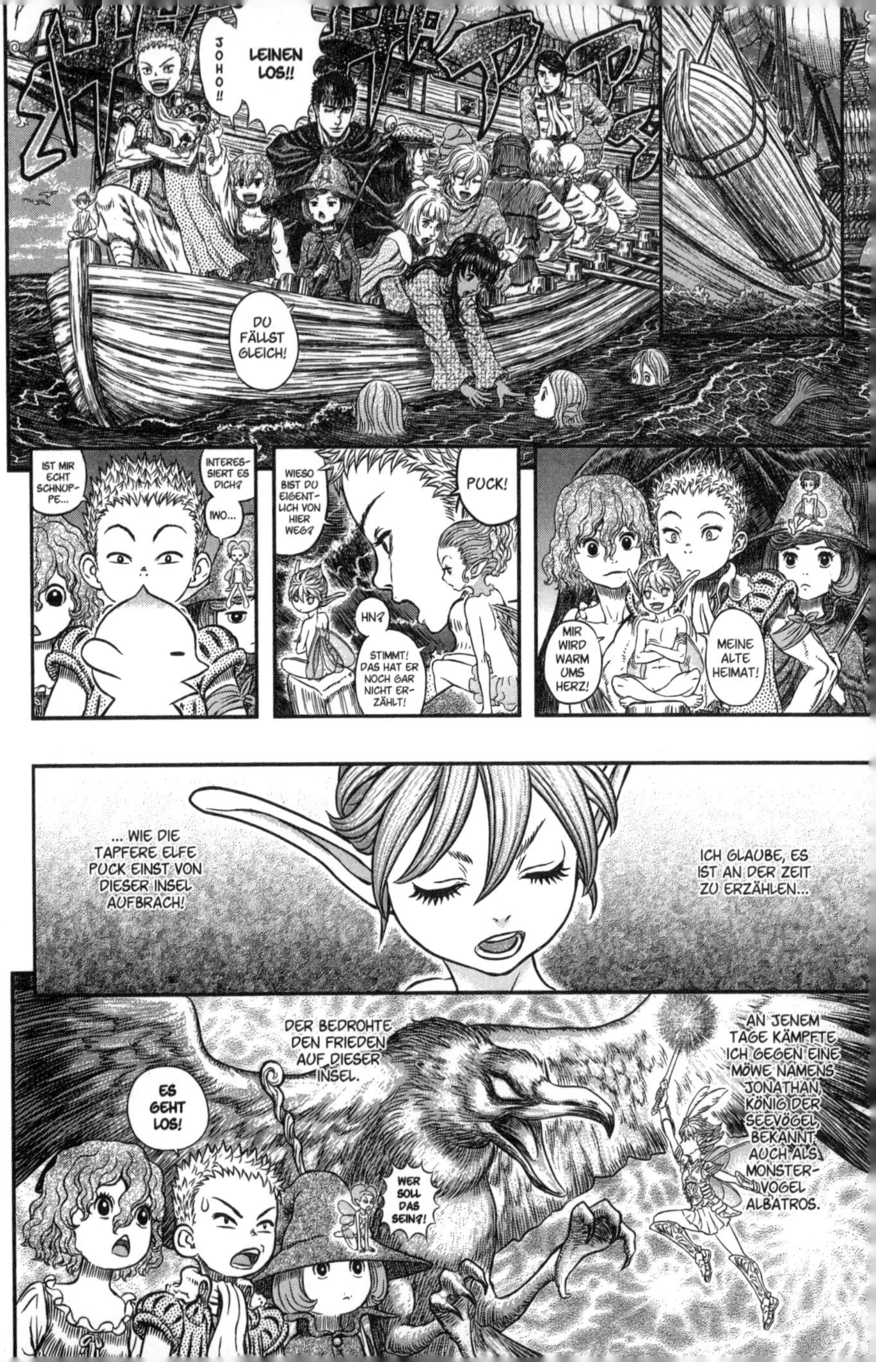

LEINEN LOS!!
JOHO!!
DU FÄLLST GLEICH!

MEINE ALTE HEIMAT!
MIR WIRD WARM UMS HERZ!

PUCK!
WIESO BIST DU EIGENTLICH VON HIER WEG?
HN?
STIMMT! DAS HAT ER NOCH GAR NICHT ERZÄHLT!

INTERESSIERT ES DICH?
IWO...
IST MIR ECHT SCHNUPPE...

ICH GLAUBE, ES IST AN DER ZEIT ZU ERZÄHLEN...
... WIE DIE TAPFERE ELFE PUCK EINST VON DIESER INSEL AUFBRACH!

AN JENEM TAGE KÄMPFTE ICH GEGEN EINE MÖWE NAMENS JONATHAN, KÖNIG DER SEEVÖGEL, BEKANNT AUCH ALS MONSTERVOGEL ALBATROS.
DER BEDROHTE DEN FRIEDEN AUF DIESER INSEL.
WER SOLL DAS SEIN?!
ES GEHT LOS!

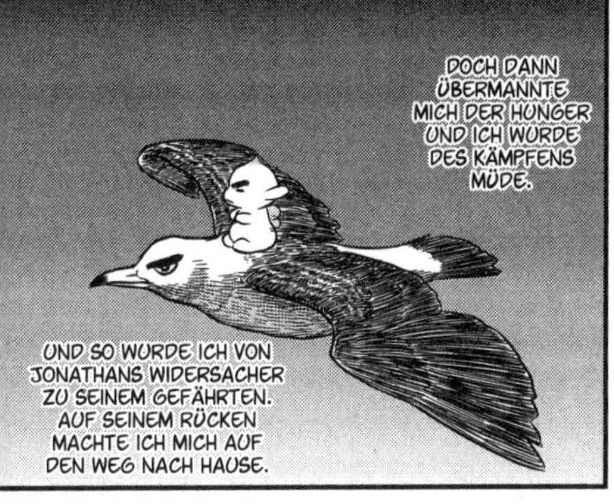
DOCH DANN ÜBERMANNTE MICH DER HUNGER UND ICH WURDE DES KÄMPFENS MÜDE.
UND SO WURDE ICH VON JONATHANS WIDERSACHER ZU SEINEM GEFÄHRTEN. AUF SEINEM RÜCKEN MACHTE ICH MICH AUF DEN WEG NACH HAUSE.

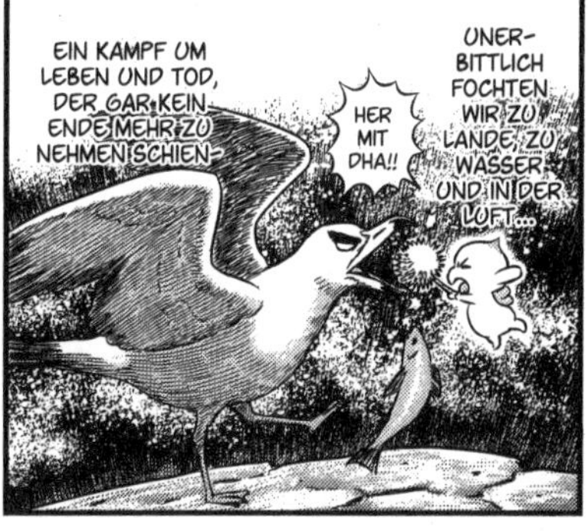
EIN KAMPF UM LEBEN UND TOD, DER GAR KEIN ENDE MEHR ZU NEHMEN SCHIEN-
HER MIT DHA!!
UNERBITTLICH FOCHTEN WIR ZU LANDE, ZU WASSER UND IN DER LUFT...

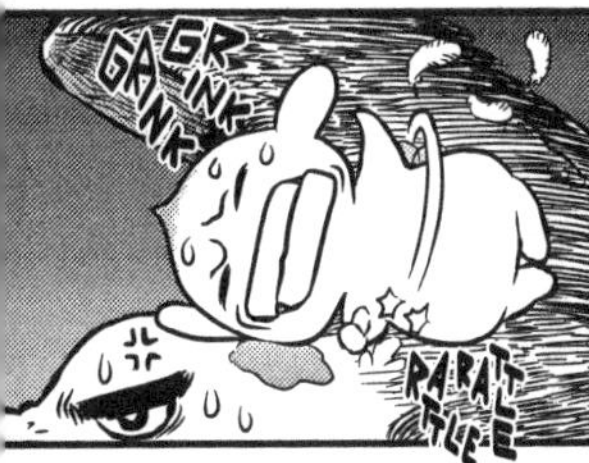
GRINK GRANK
PARATTLE

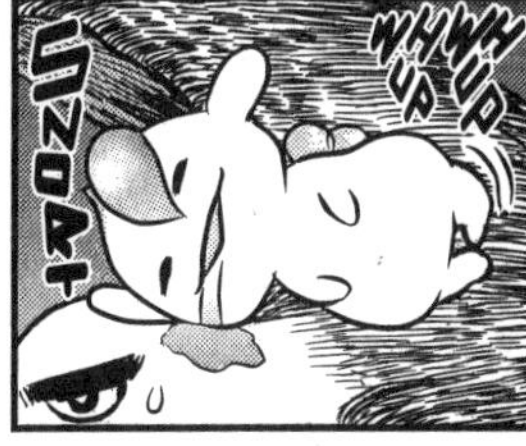
SNORT
WHWUP WHUP

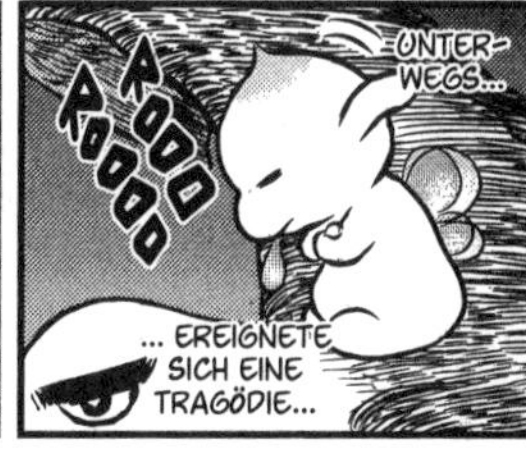
ROOOO ROOOOO
UNTERWEGS...
... EREIGNETE SICH EINE TRAGÖDIE...

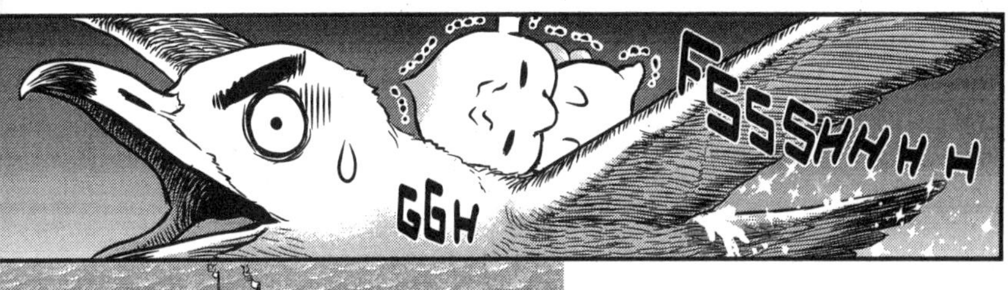
FSSSHHHH
GGH

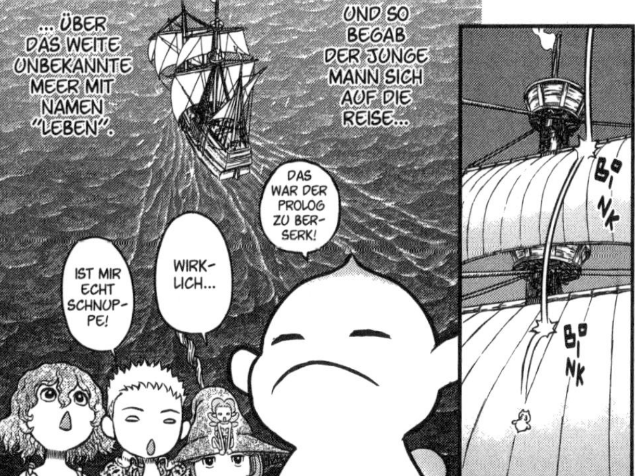
... ÜBER DAS WEITE UNBEKANNTE MEER MIT NAMEN "LEBEN".
UND SO BEGAB DER JUNGE MANN SICH AUF DIE REISE...
DAS WAR DER PROLOG ZU BERSERK!
WIRKLICH...
IST MIR ECHT SCHNUPPE!

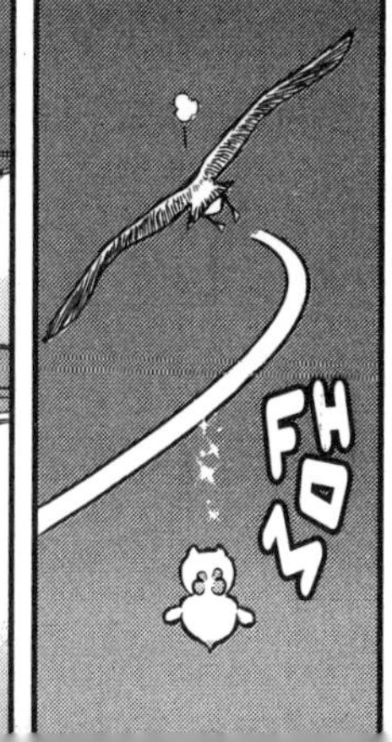
BOINK
BOINK
FHOOM

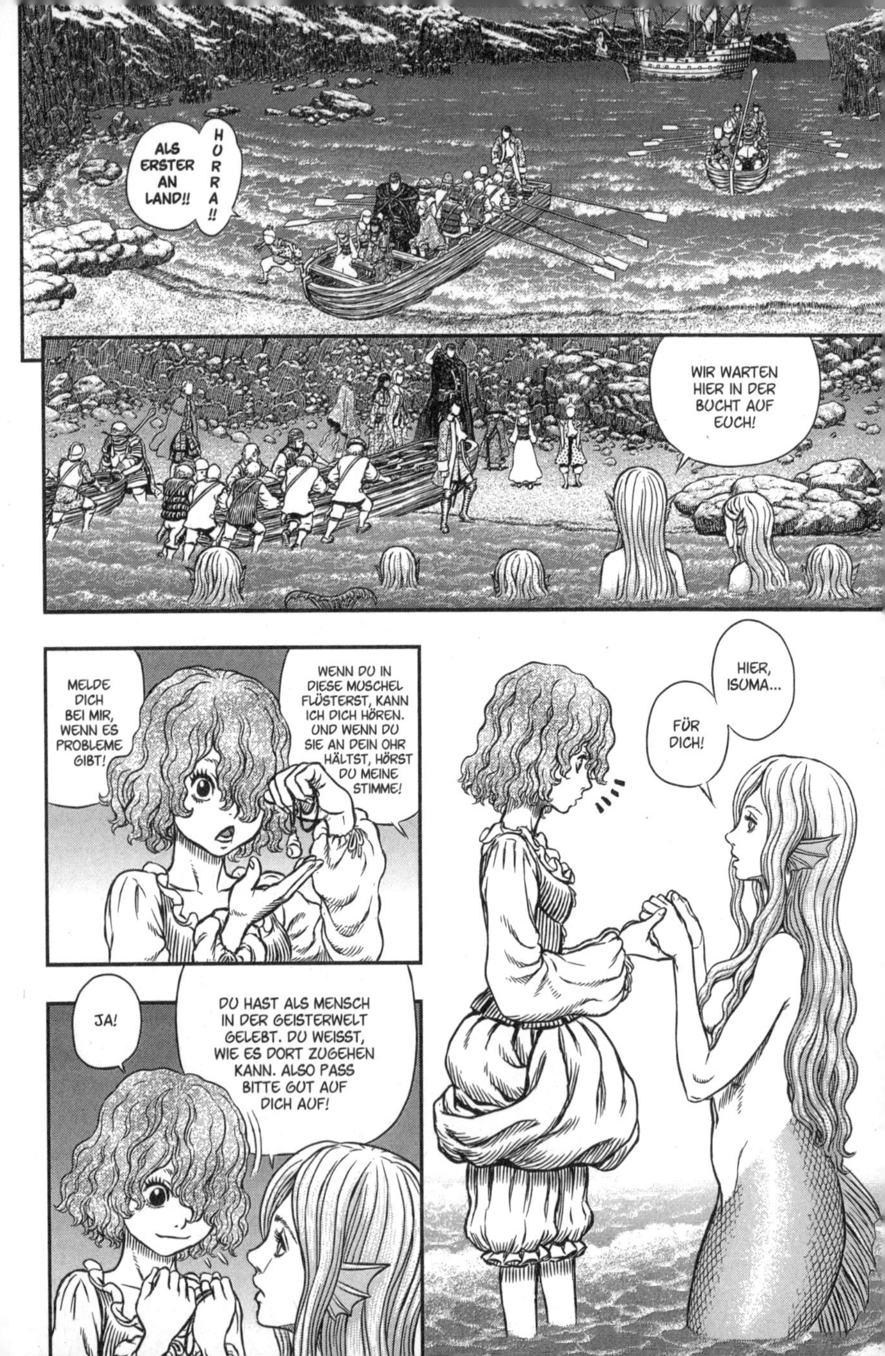
HURRA!!
ALS ERSTER AN LAND!!
WIR WARTEN HIER IN DER BUCHT AUF EUCH!
HIER, ISUMA...
FÜR DICH!
WENN DU IN DIESE MUSCHEL FLÜSTERST, KANN ICH DICH HÖREN. UND WENN DU SIE AN DEIN OHR HÄLTST, HÖRST DU MEINE STIMME!
MELDE DICH BEI MIR, WENN ES PROBLEME GIBT!
DU HAST ALS MENSCH IN DER GEISTERWELT GELEBT. DU WEISST, WIE ES DORT ZUGEHEN KANN. ALSO PASS BITTE GUT AUF DICH AUF!
JA!

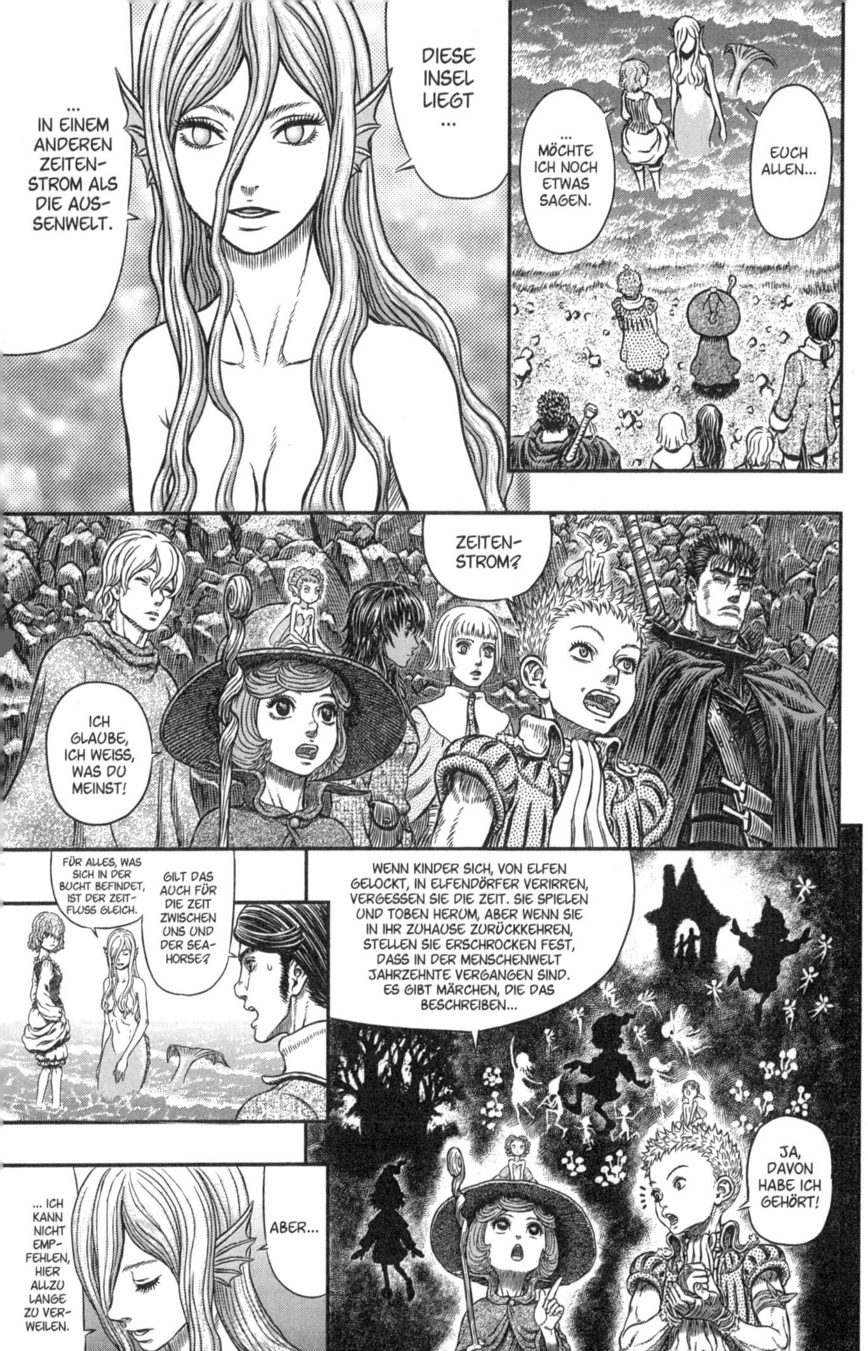
EUCH ALLEN...
... MÖCHTE ICH NOCH ETWAS SAGEN.
DIESE INSEL LIEGT ...
... IN EINEM ANDEREN ZEITEN-STROM ALS DIE AUS-SENWELT.
ZEITEN-STROM?
ICH GLAUBE, ICH WEISS, WAS DU MEINST!
WENN KINDER SICH, VON ELFEN GELOCKT, IN ELFENDÖRFER VERIRREN, VERGESSEN SIE DIE ZEIT. SIE SPIELEN UND TOBEN HERUM, ABER WENN SIE IN IHR ZUHAUSE ZURÜCKKEHREN, STELLEN SIE ERSCHROCKEN FEST, DASS IN DER MENSCHENWELT JAHRZEHNTE VERGANGEN SIND. ES GIBT MÄRCHEN, DIE DAS BESCHREIBEN...
JA, DAVON HABE ICH GEHÖRT!
GILT DAS AUCH FÜR DIE ZEIT ZWISCHEN UNS UND DER SEAHORSE?
FÜR ALLES, WAS SICH IN DER BUCHT BEFINDET, IST DER ZEIT-FLUSS GLEICH.
ABER...
... ICH KANN NICHT EMP-FEHLEN, HIER ALLZU LANGE ZU VER-WEILEN.

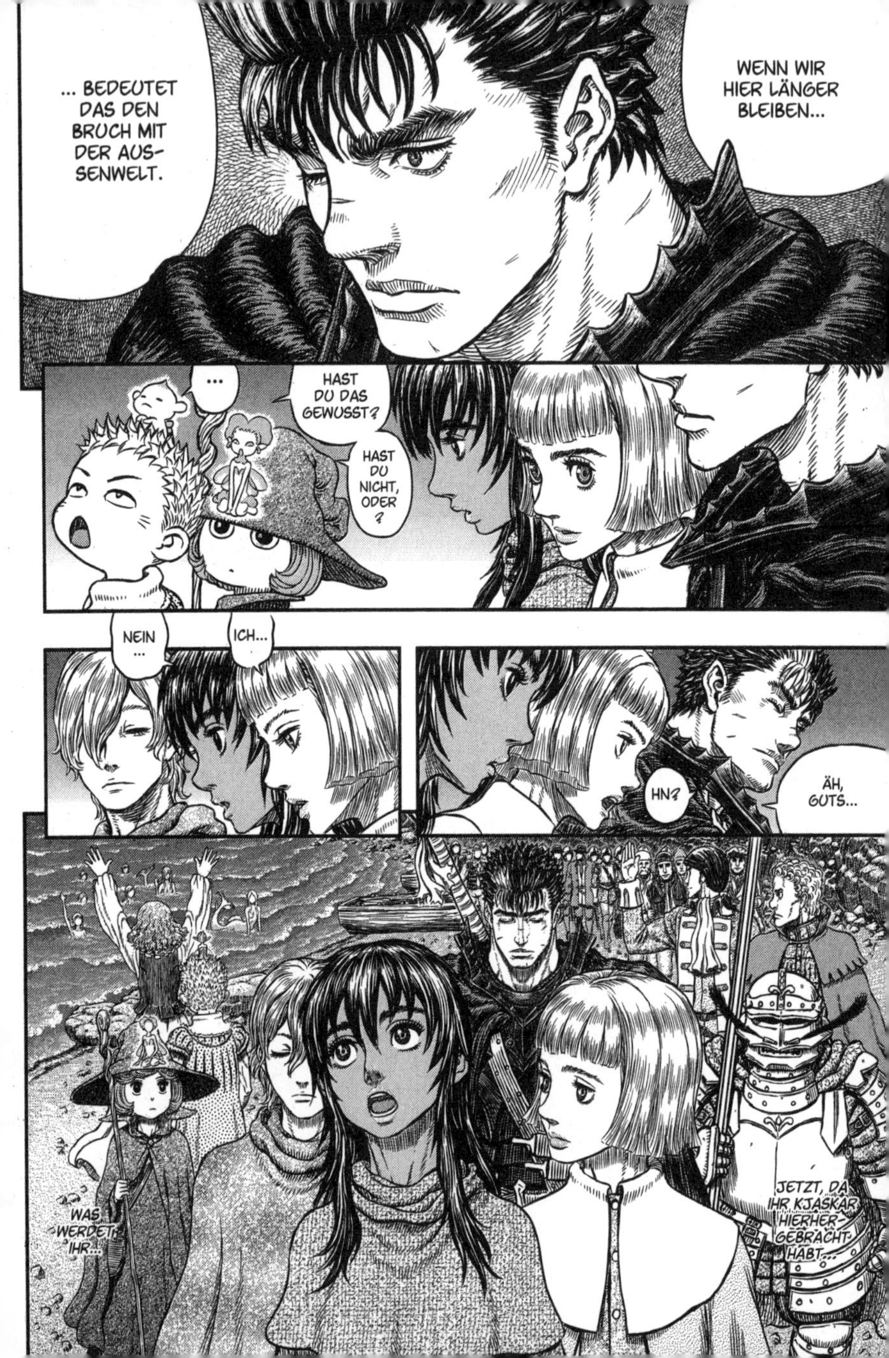
WENN WIR HIER LÄNGER BLEIBEN...
... BEDEUTET DAS DEN BRUCH MIT DER AUS-SENWELT.
HAST DU DAS GEWUSST?
HAST DU NICHT, ODER?
...
ÄH, GUTS...
HN?
ICH...
NEIN ...
JETZT, DA IHR KJASKAR HIERHER-GEBRACHT HABT...
WAS WERDET IHR...

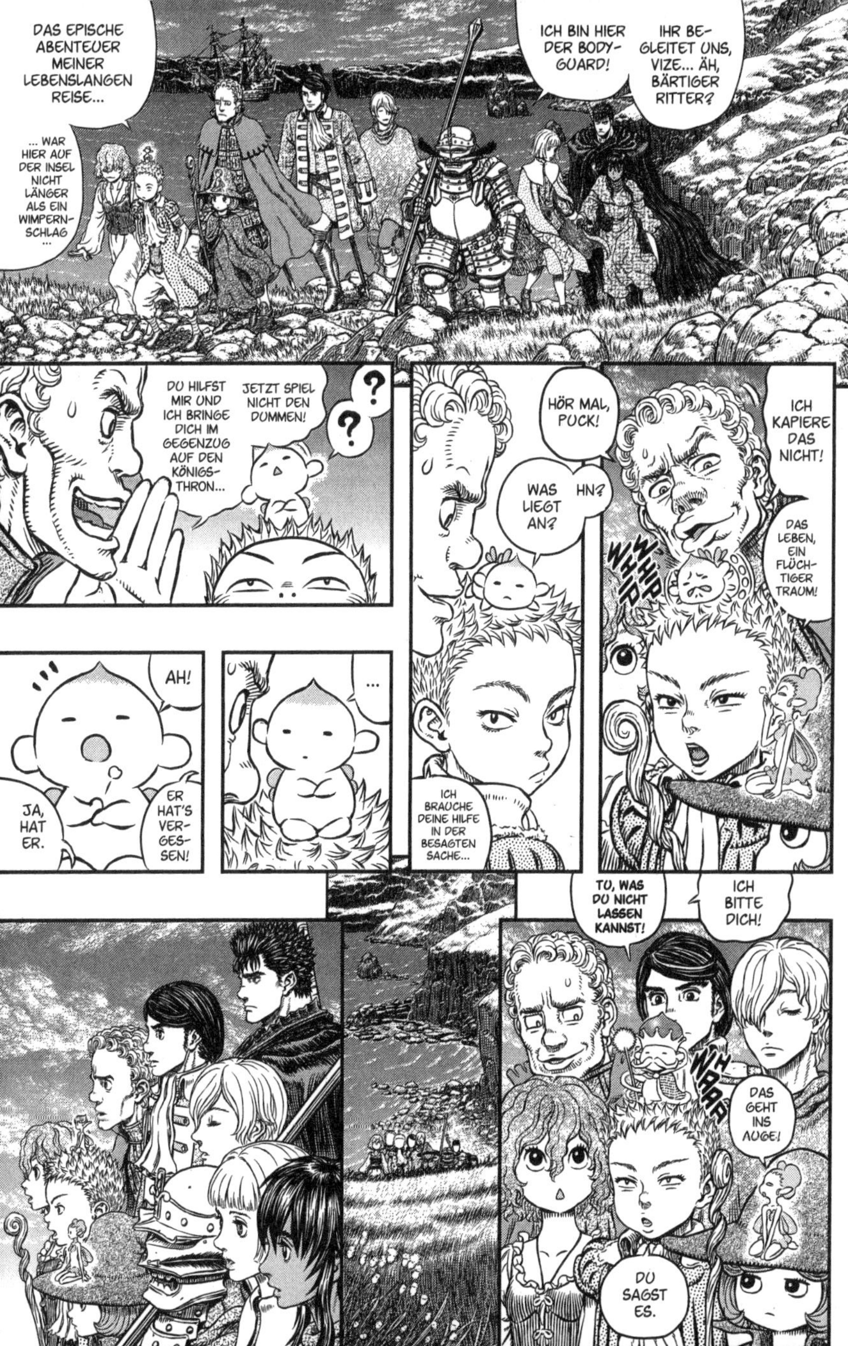

DAS EPISCHE ABENTEUER MEINER LEBENSLANGEN REISE...
... WAR HIER AUF DER INSEL NICHT LÄNGER ALS EIN WIMPERNSCHLAG ...
ICH BIN HIER DER BODYGUARD!
IHR BEGLEITET UNS, VIZE... ÄH, BÄRTIGER RITTER?
DU HILFST MIR UND ICH BRINGE DICH IM GEGENZUG AUF DEN KÖNIGSTHRON...
JETZT SPIEL NICHT DEN DUMMEN!
??
HÖR MAL, PUCK!
HN?
WAS LIEGT AN?
ICH KAPIERE DAS NICHT!
DAS LEBEN, EIN FLÜCHTIGER TRAUM!
WHIP WHIP
AH!
JA, HAT ER.
ER HAT'S VERGESSEN!
...
ICH BRAUCHE DEINE HILFE IN DER BESAGTEN SACHE...
TU, WAS DU NICHT LASSEN KANNST!
ICH BITTE DICH!
HWAAA
DAS GEHT INS AUGE!
DU SAGST ES.

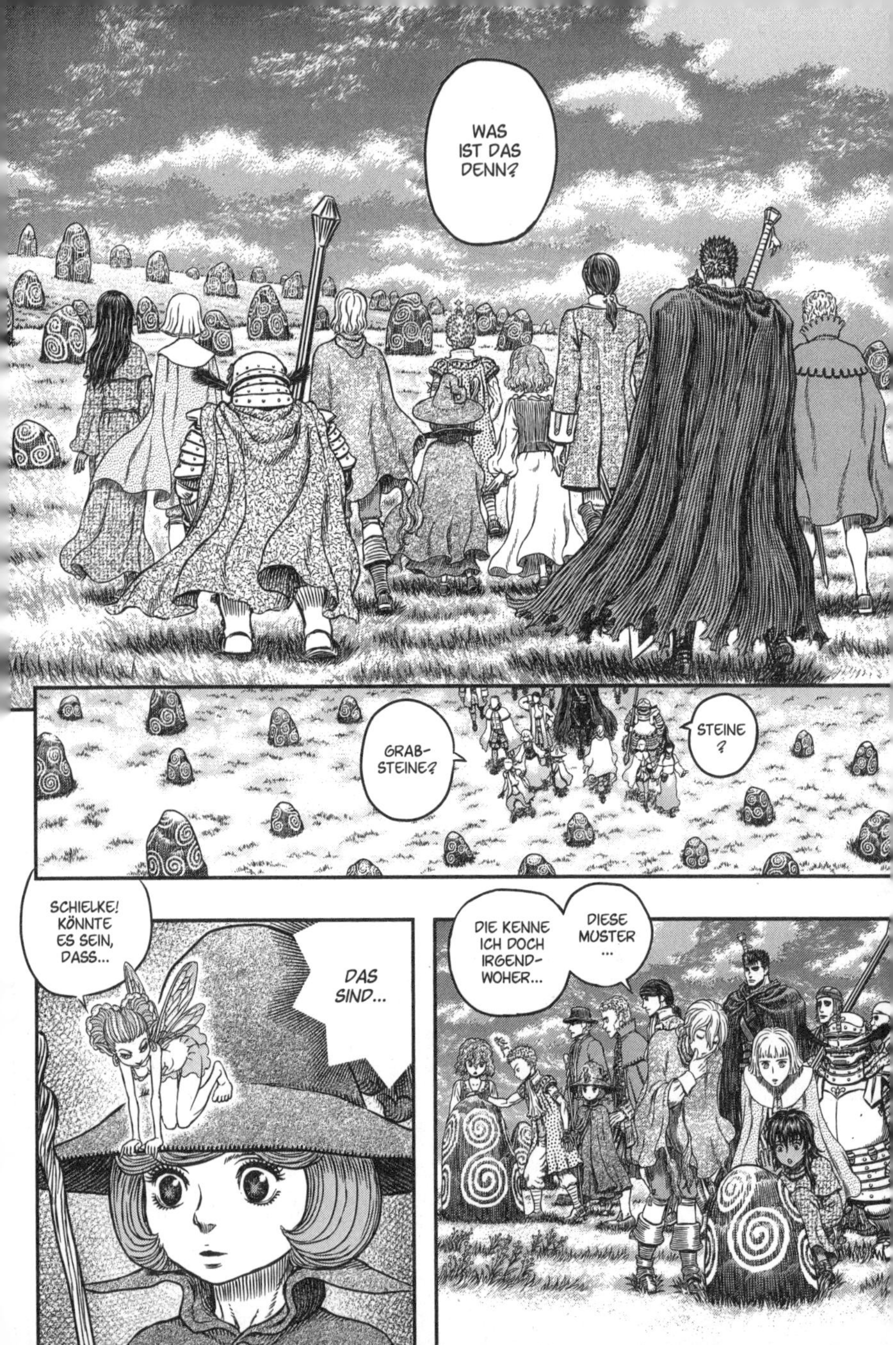
WAS IST DAS DENN?
STEINE?
GRAB-STEINE?
DIESE MUSTER ...
DIE KENNE ICH DOCH IRGEND-WOHER...
DAS SIND...
SCHIELKE! KÖNNTE ES SEIN, DASS...

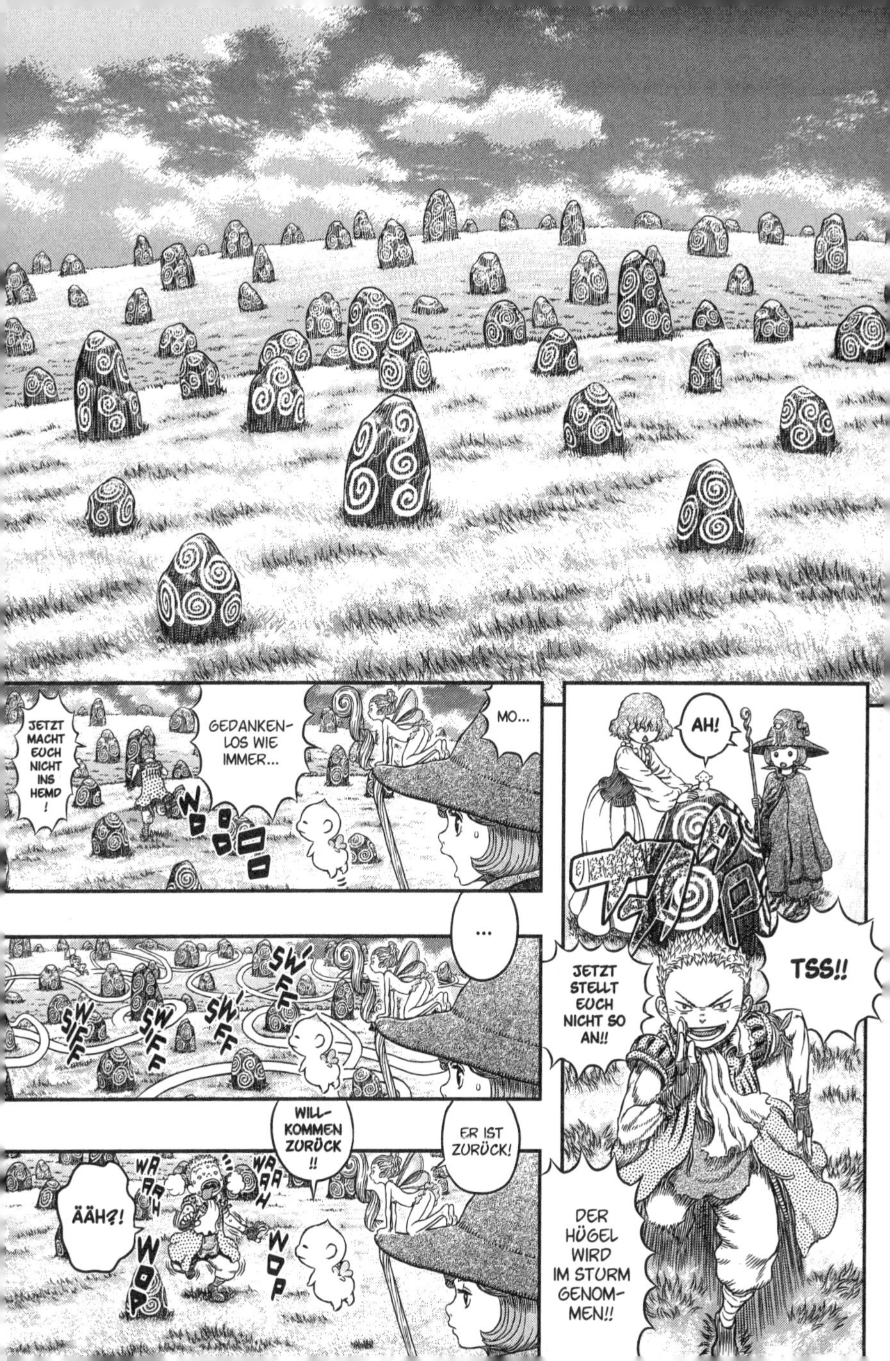

AH!
TSS!!
JETZT STELLT EUCH NICHT SO AN!!
DER HÜGEL WIRD IM STURM GENOMMEN!!
MO...
GEDANKENLOS WIE IMMER...
JETZT MACHT EUCH NICHT INS HEMD!
...
SWIFF
ER IST ZURÜCK!
WILLKOMMEN ZURÜCK!!
WAAH
ÄÄH?!
WOP

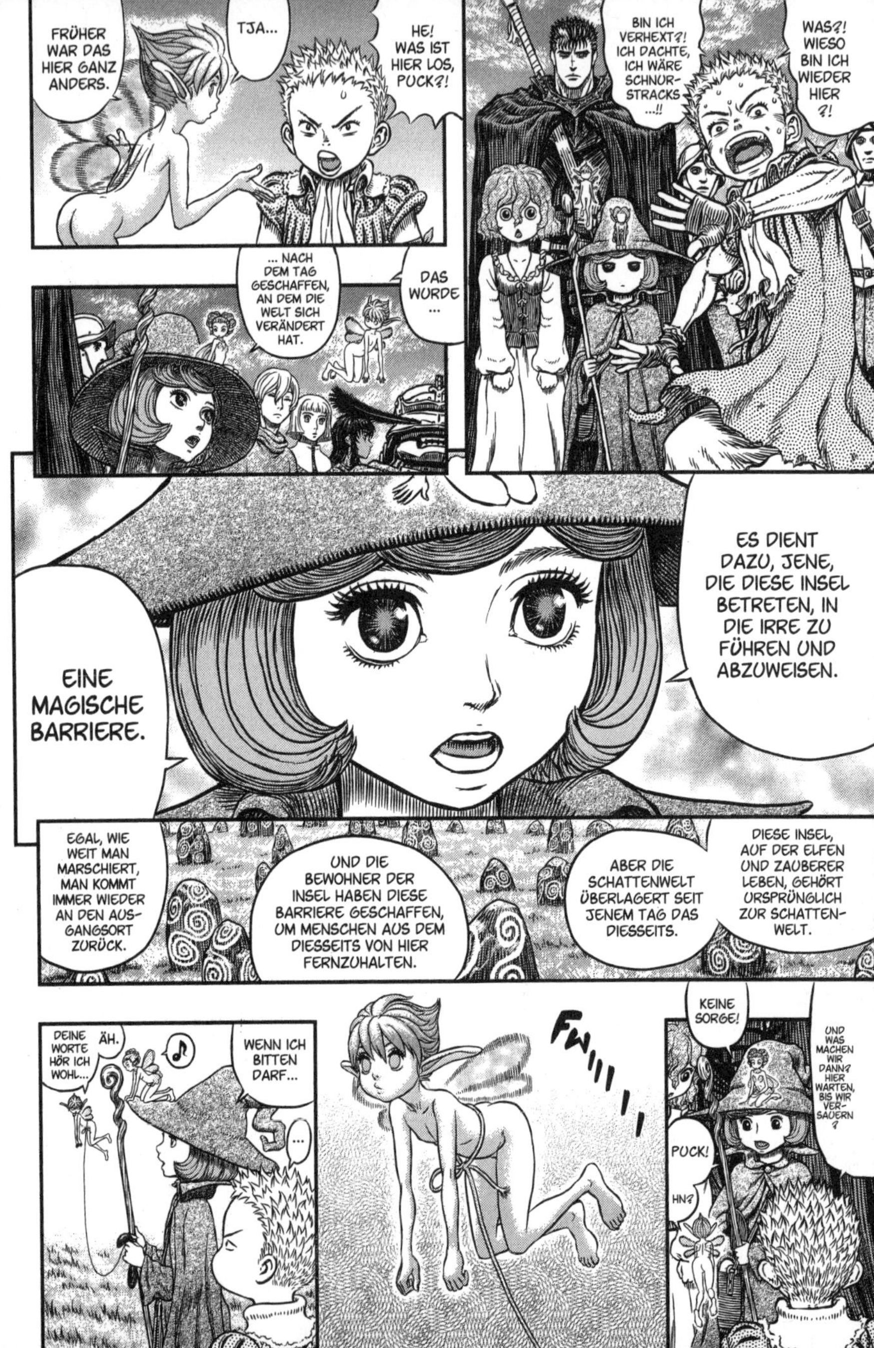
WAS?! WIESO BIN ICH WIEDER HIER ?!
BIN ICH VERHEXT?! ICH DACHTE, ICH WÄRE SCHNURSTRACKS ...!!
HE! WAS IST HIER LOS, PUCK?!
TJA...
FRÜHER WAR DAS HIER GANZ ANDERS.
DAS WURDE ...
... NACH DEM TAG GESCHAFFEN, AN DEM DIE WELT SICH VERÄNDERT HAT.
ES DIENT DAZU, JENE, DIE DIESE INSEL BETRETEN, IN DIE IRRE ZU FÜHREN UND ABZUWEISEN.
EINE MAGISCHE BARRIERE.
DIESE INSEL, AUF DER ELFEN UND ZAUBERER LEBEN, GEHÖRT URSPRÜNGLICH ZUR SCHATTENWELT.
ABER DIE SCHATTENWELT ÜBERLAGERT SEIT JENEM TAG DAS DIESSEITS.
UND DIE BEWOHNER DER INSEL HABEN DIESE BARRIERE GESCHAFFEN, UM MENSCHEN AUS DEM DIESSEITS VON HIER FERNZUHALTEN.
EGAL, WIE WEIT MAN MARSCHIERT, MAN KOMMT IMMER WIEDER AN DEN AUSGANGSORT ZURÜCK.
UND WAS MACHEN WIR DANN? HIER WARTEN, BIS WIR VERSAUERN?
KEINE SORGE!
PUCK!
HN?
FWIIII
WENN ICH BITTEN DARF...
ÄH.
DEINE WORTE HÖR ICH WOHL...
...

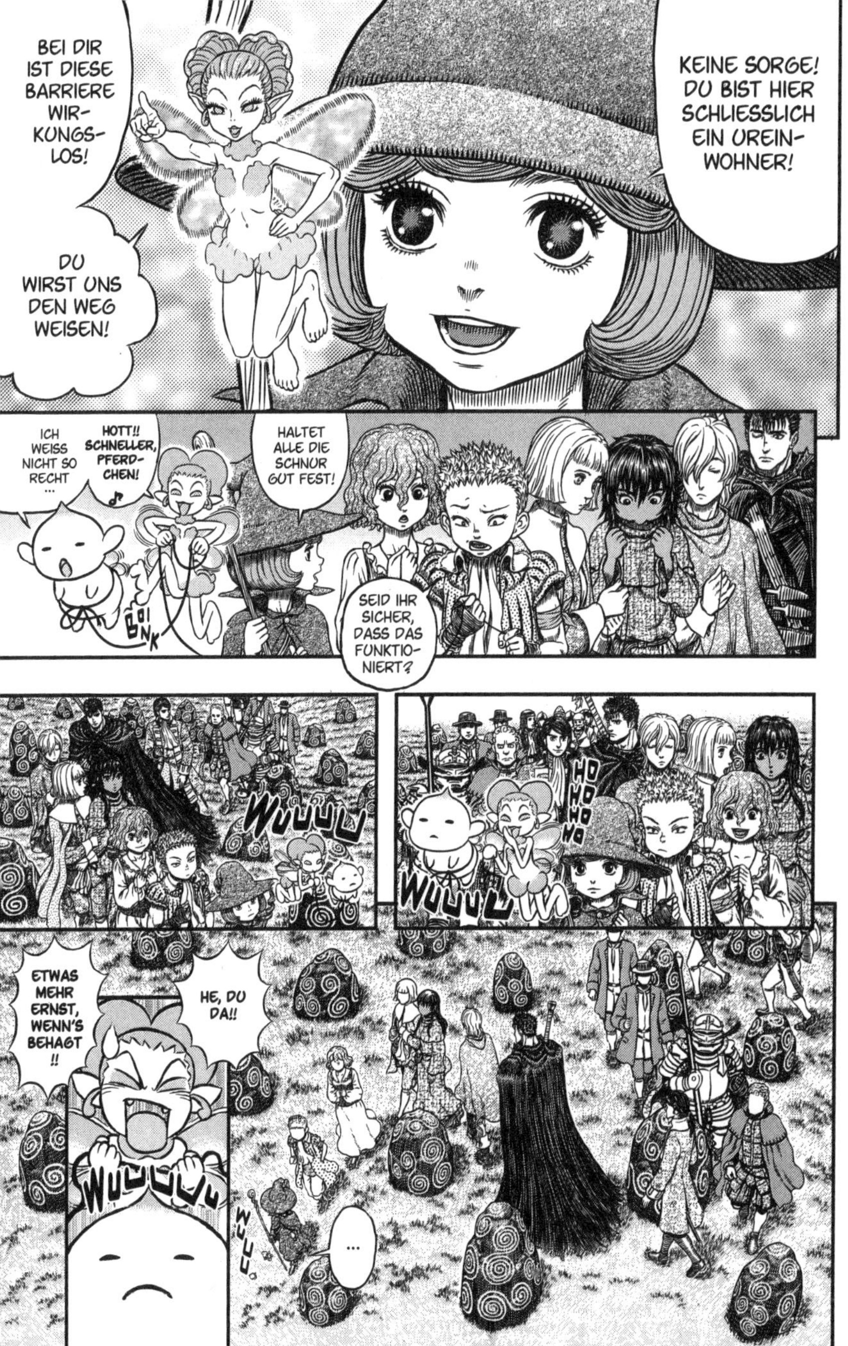
KEINE SORGE! DU BIST HIER SCHLIESSLICH EIN UREIN-WOHNER!
BEI DIR IST DIESE BARRIERE WIR-KUNGS-LOS!
DU WIRST UNS DEN WEG WEISEN!
HALTET ALLE DIE SCHNUR GUT FEST!
HOTT!! SCHNELLER, PFERD-CHEN!
ICH WEISS NICHT SO RECHT ...
BOiNK
SEID IHR SICHER, DASS DAS FUNKTIO-NIERT?
WUUUU
HOHOHOHO
WUUUU
HE, DU DA!!
ETWAS MEHR ERNST, WENN'S BEHAGT!!
WUUUUU
WUUU
...

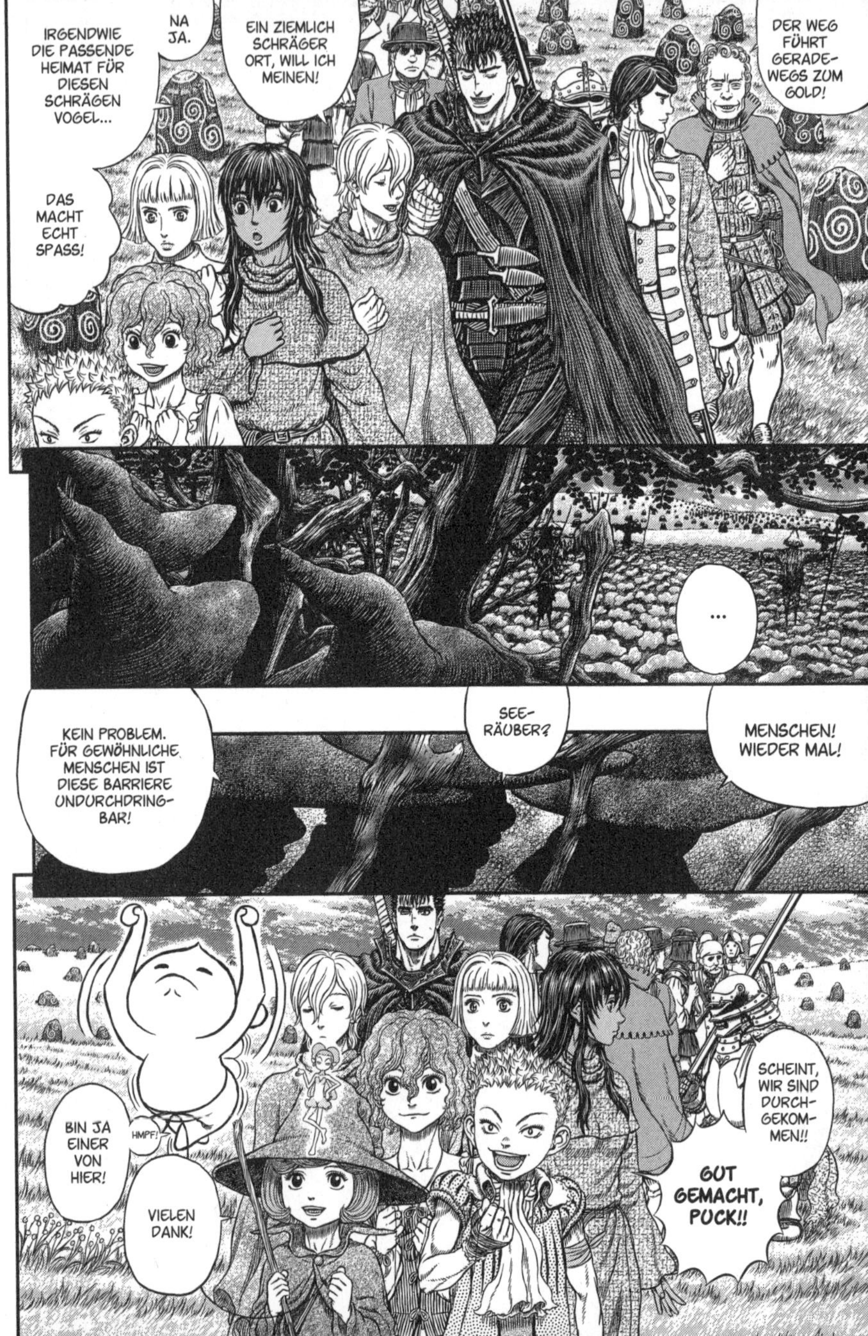
DER WEG FÜHRT GERADEWEGS ZUM GOLD!
EIN ZIEMLICH SCHRÄGER ORT, WILL ICH MEINEN!
NA JA.
IRGENDWIE DIE PASSENDE HEIMAT FÜR DIESEN SCHRÄGEN VOGEL...
DAS MACHT ECHT SPASS!
...
MENSCHEN! WIEDER MAL!
SEERÄUBER?
KEIN PROBLEM. FÜR GEWÖHNLICHE MENSCHEN IST DIESE BARRIERE UNDURCHDRINGBAR!
SCHEINT, WIR SIND DURCHGEKOMMEN!!
GUT GEMACHT, PUCK!!
VIELEN DANK!
HMPF!
BIN JA EINER VON HIER!

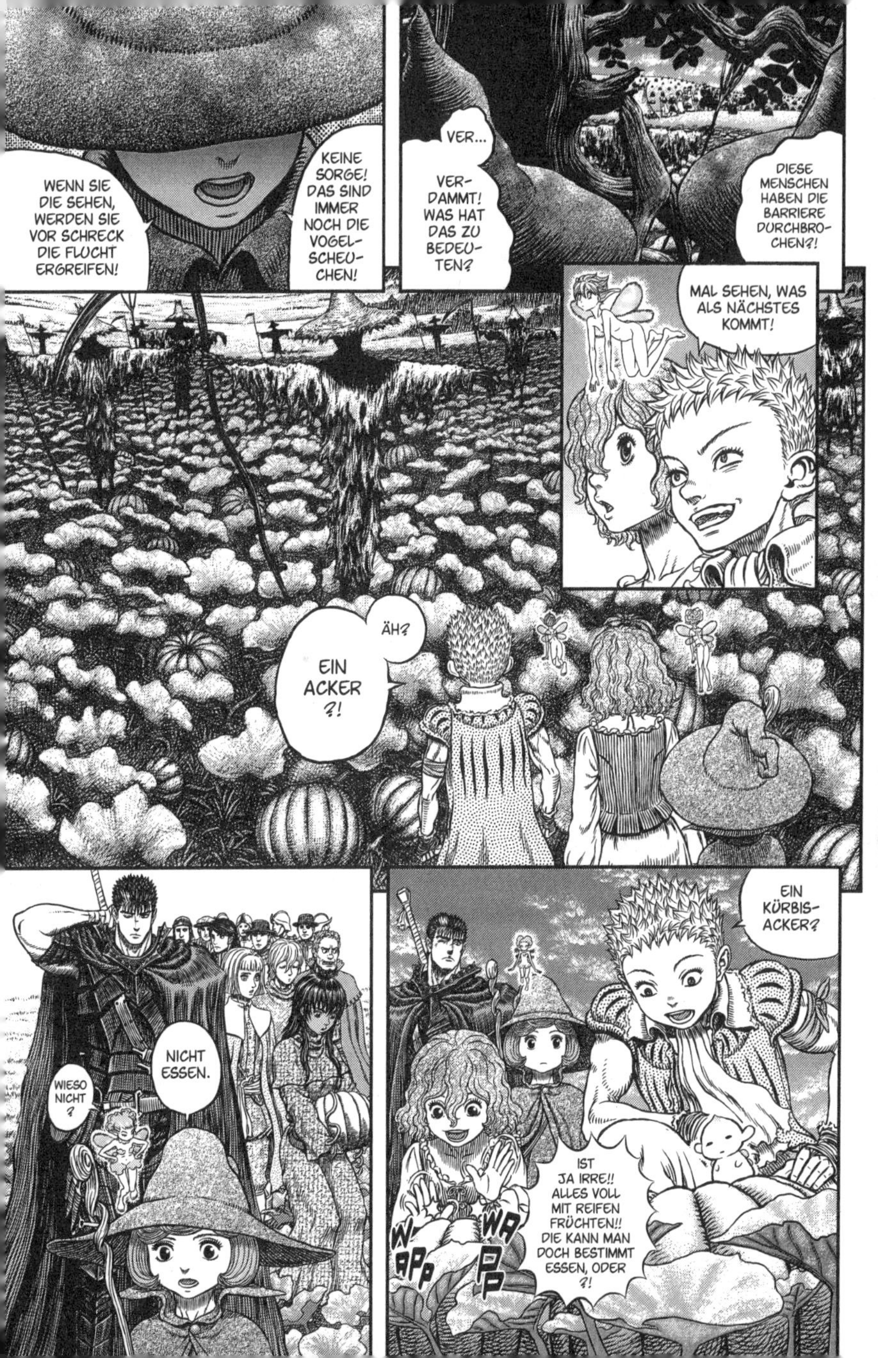
DIESE MENSCHEN HABEN DIE BARRIERE DURCHBROCHEN?!
VER...
VER-DAMMT! WAS HAT DAS ZU BEDEU-TEN?
KEINE SORGE! DAS SIND IMMER NOCH DIE VOGEL-SCHEU-CHEN!
WENN SIE DIE SEHEN, WERDEN SIE VOR SCHRECK DIE FLUCHT ERGREIFEN!
MAL SEHEN, WAS ALS NÄCHSTES KOMMT!
ÄH?
EIN ACKER ?!
EIN KÜRBIS-ACKER?
IST JA IRRE!! ALLES VOLL MIT REIFEN FRÜCHTEN!! DIE KANN MAN DOCH BESTIMMT ESSEN, ODER ?!
WAPP
WAPP
NICHT ESSEN.
WIESO NICHT ?

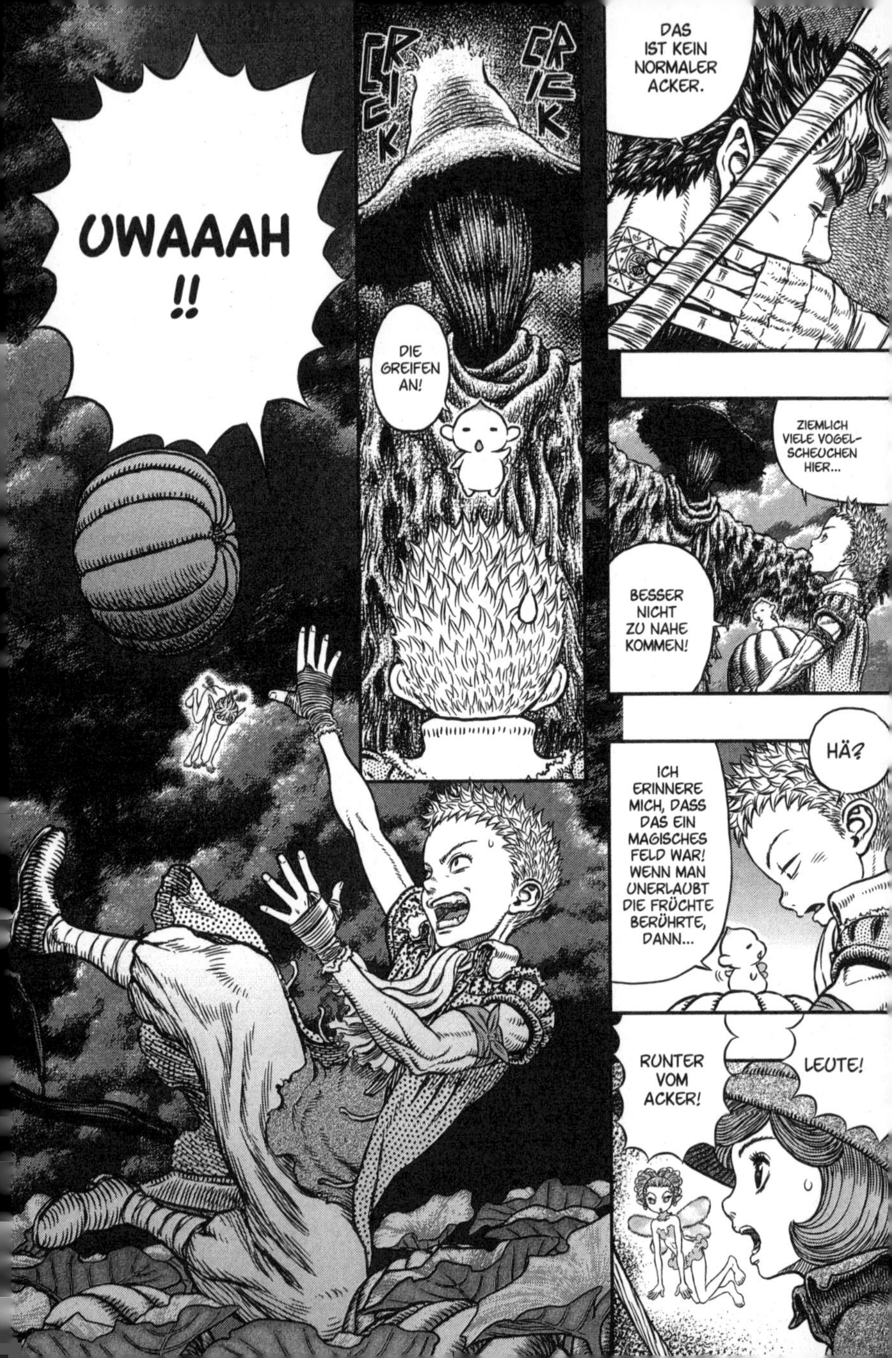
DAS IST KEIN NORMALER ACKER.
ZIEMLICH VIELE VOGEL-SCHEUCHEN HIER...
BESSER NICHT ZU NAHE KOMMEN!
HÄ?
ICH ERINNERE MICH, DASS DAS EIN MAGISCHES FELD WAR! WENN MAN UNERLAUBT DIE FRÜCHTE BERÜHRTE, DANN...
LEUTE!
RUNTER VOM ACKER!
CRICK
CRICK
DIE GREIFEN AN!
UWAAAH !!

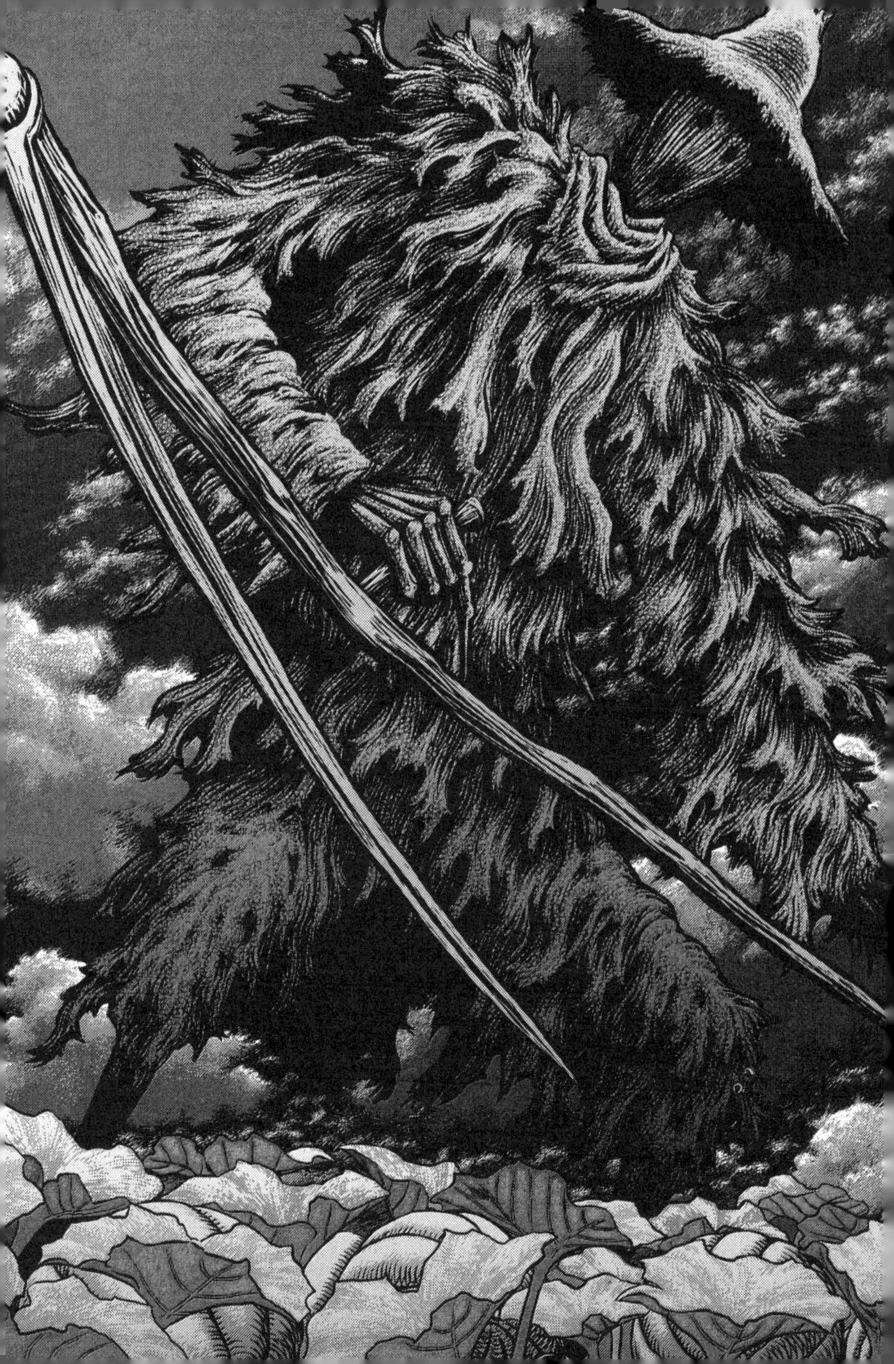

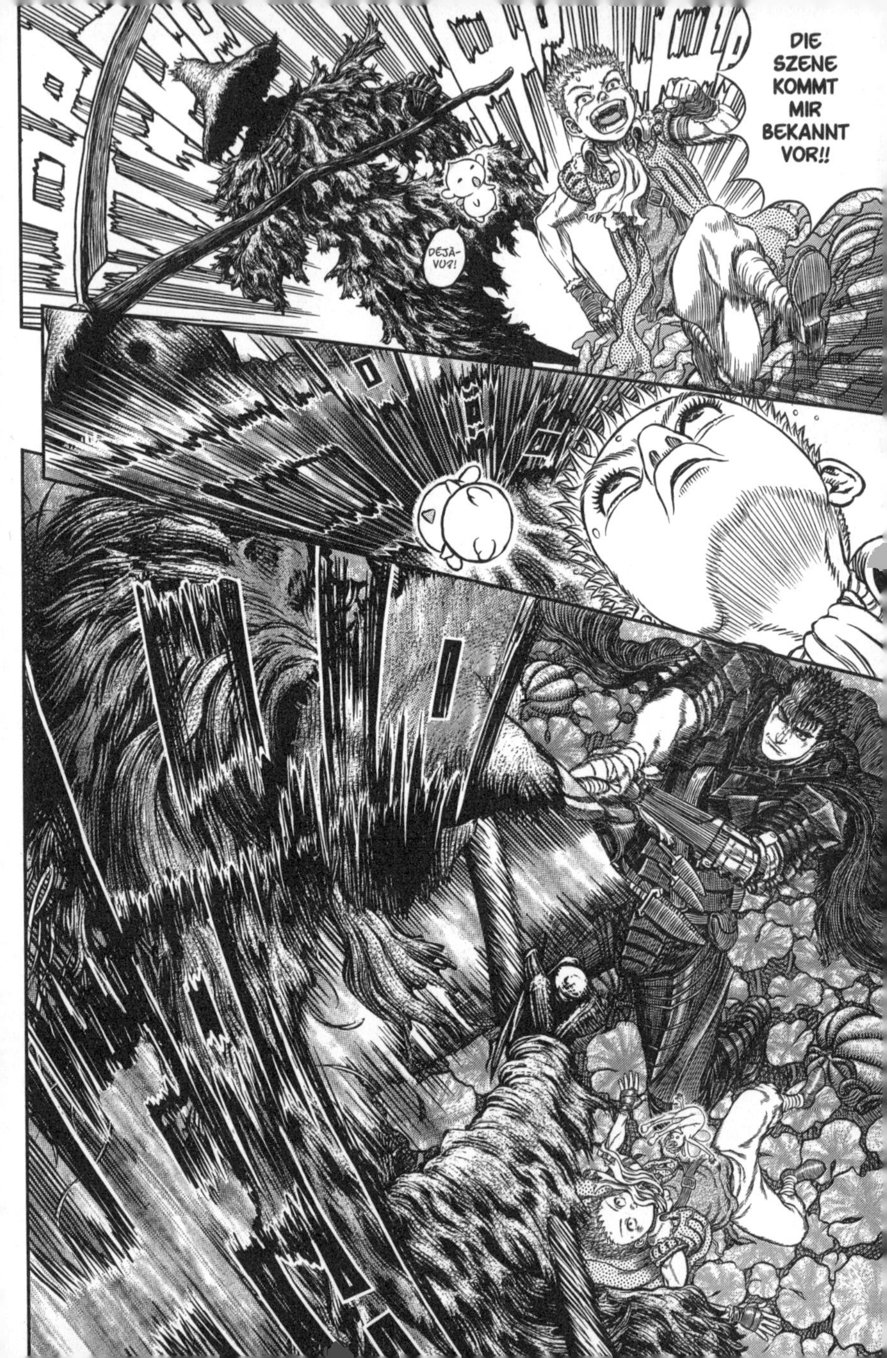
DIE SZENE KOMMT MIR BEKANNT VOR!!
DÉJÀ-VU?!

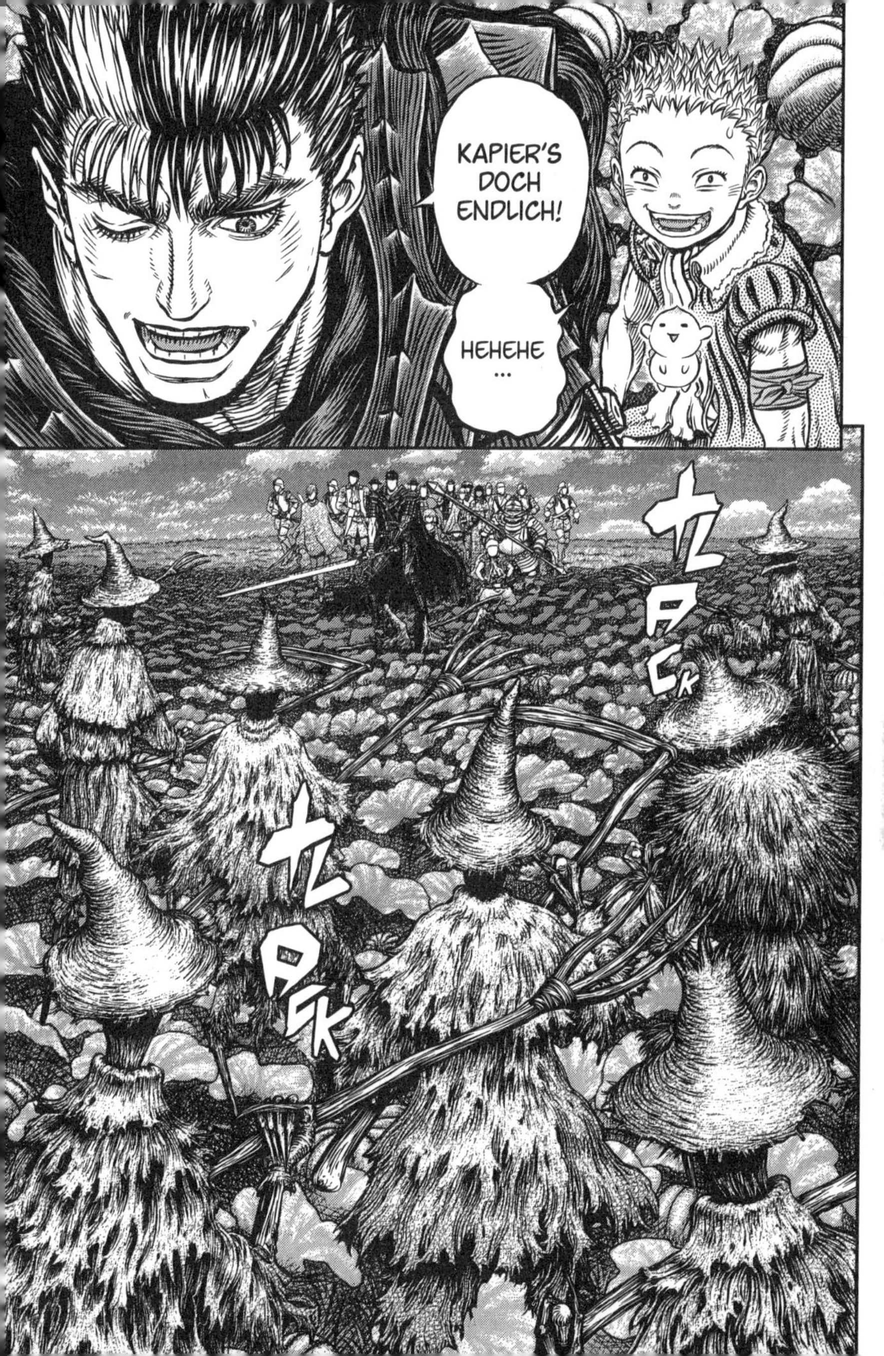
KAPIER'S DOCH ENDLICH!
HEHEHE ...
KLACK
KLACK

NÄCHSTER BAND

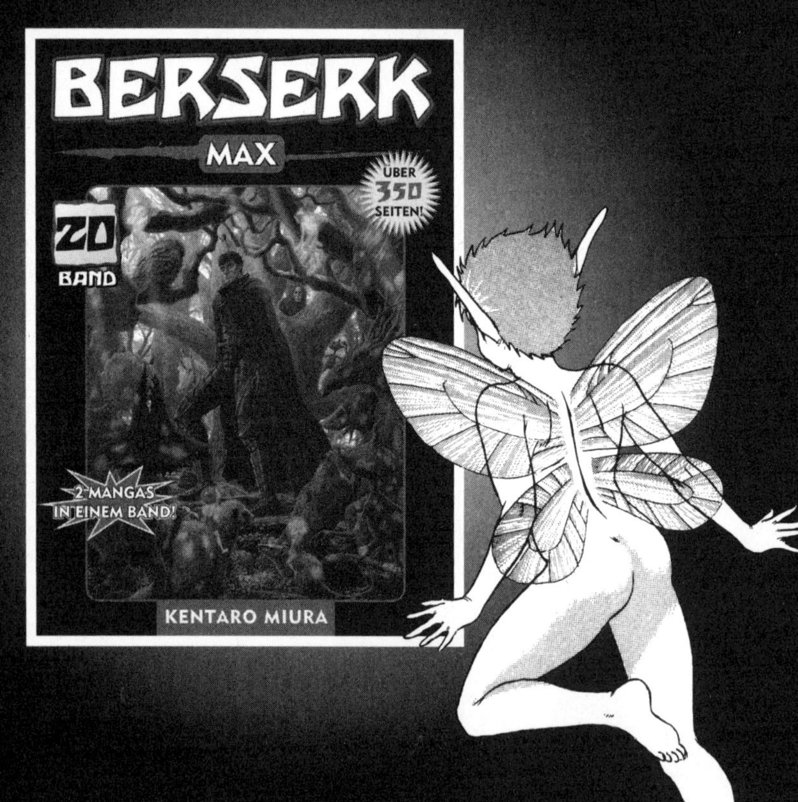

Bereits erhältlich!

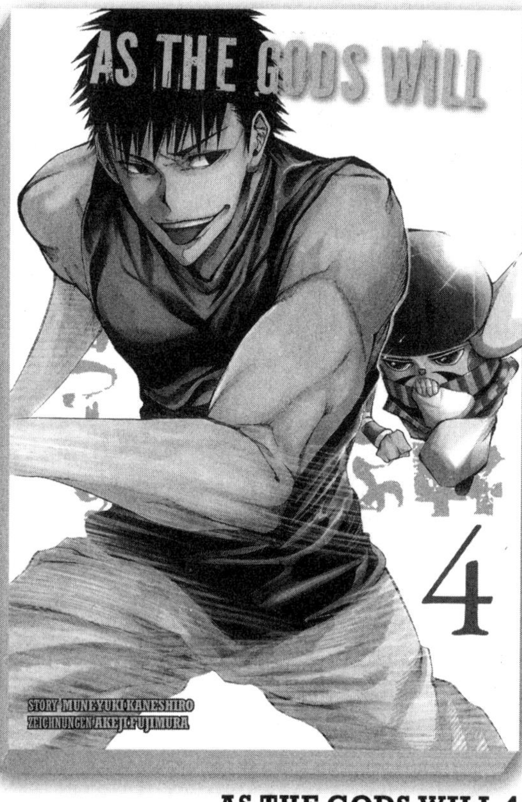

ACHTUNG!

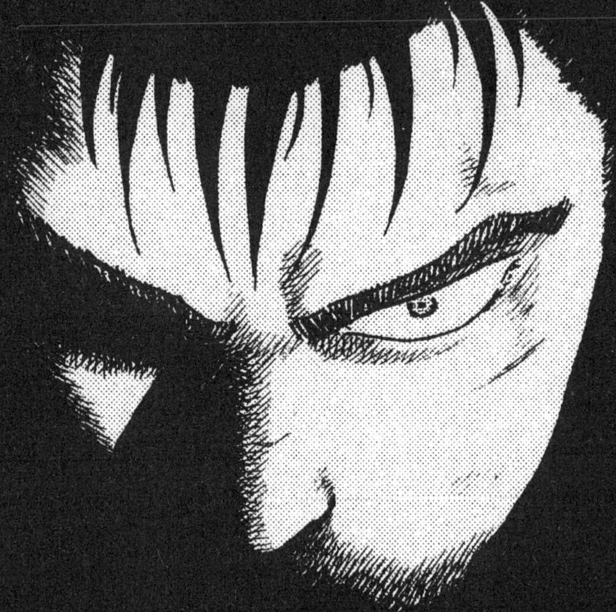

Dieser Comic wird wie im Original gelesen:
von rechts nach links,
also fangt einfach von der anderen Seite des Buches an
und stürzt euch in die Welt von **BERSERK MAX**!

BERSERK MAX erscheint bei **PANINI MANGA**, Schloßstraße 76, D-70176 Stuttgart. BERSERK MAX wird unter Lizenz in Deutschland von PANINI Verlags-GmbH veröffentlicht. Druck: LEGO PRINT S.p.A. Direkt-Abos auf **www.paninimanga.de**. Geschäftsführer **Hermann Paul**, Publishing Director Europe **Marco M. Lupoi**, Finanzen/Logistik **Felix Bauer**, Marketing Director **Holger Wiest**, Marketing **Dr. Rebecca Haar**, **Jessica Langer**, Vertrieb **Alexander Bubenheimer**, PR/Presse **Steffen Volkmer**, Publishing Manager **Lisa Pancaldi**, Redaktion **Marlene Eggertsberger**, **Stephanie Jakob**, **Matthias Korn**, **Philipp Nakata**, **Sebastian Spietz**, **Daniela Uhlmann**, Übersetzung **John Schmitt-Weigand**, Proofreading **Enza Ceraudo**, **Genoveva Fincias Alonso**, grafische Gestaltung **Rudy Remitti**, **Nicola Spano**, Art Director **Alessandro Gucciardo**, Redaktion Panini Comics **Elisa Panzani**, **Ludovica Ungari**, Repro/Packager **Alessandro Nalli** (coordinator), **Anna Boselli**, **Mario Da Rin Zanco**, **Valentina Esposito**, **Luca Ficarelli**, **Simone Guidetti**, **Linda Leporati**, **Fabio Melatti**. **ISBN** 978-3-7416-0343-3

7. Auflage

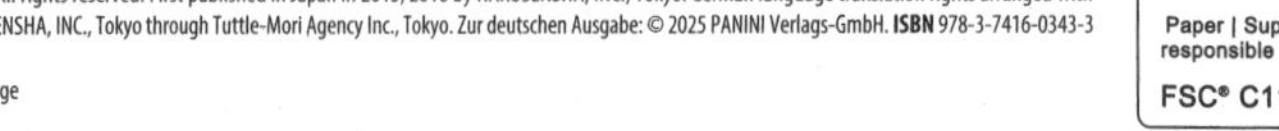

Bibliografische Information der Deutschen Nationalbibliothek
Die Deutsche Nationalbibliothek verzeichnet diese Publikation in der Deutschen Nationalbibliografie; detaillierte bibliografische Daten sind im Internet über dnb.d-nb.de abrufbar.